菲立普・費南德茲－阿梅斯托
Felipe FERNÁNDEZ-ARMESTO
薛絢◉譯

文明的力量

人與自然的創意關係

CIVILIZATIONS

萬物無奇不有，人是奇中之奇。
此物於冬日風暴中渡海，
破怒吼狂浪而行，
諸神之至大者—大地，
她乃恆久不衰不竭—卻遭他的磨蝕，
用犁耕刨，年復一年，
用騾翻掉了土。
他誘捕並且引領艷麗的鳥族，
野獸們與海洋生活的魚群，
用他收緊的羅網，這聰明的人啊。
他憑巧技制服空曠中的飛禽，
山野裡的走獸。鬃毛蓬亂的馬兒
他勒住套住，從脖子上扣住，
山上的蠻牛也是這樣。

言語，風一般的思想
以及造就城鎮的情感，
是他無師自通的，還有避寒，
躲雨。他總有辦法。
未來沒有什麼他應對不了的。
只有死亡
是他無可逃遁的。
——索佛克里斯，《安蒂岡妮》——

啊，廢墟！我向你們尋求教誨！

—— 弗爾尼，《廢墟》——

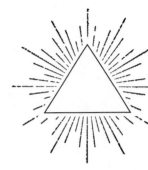

導讀　開啟台灣人文生態學研究的敲門磚

林益仁　台北醫學大學醫學人文研究所副教授兼所長

每一個世代都寫下了他們自身對於自然秩序的描述，它們呈現自然的不同面貌時，大致上也反映了人類社會對自然不斷改變的關注。

——Donald Worster, *Nature's Economy: A History of Ecological Ideas*, 1994

多年來，我不斷尋覓一些有關「自然」論述的經典書目，期待可以提供作為台灣有志人文生態學研究者的基礎知識，並嘗試點燃可能議論的火花。其中，我發現深刻且具有洞見的歷史性著作特別吸引我，主要是因為它們總是勾勒出某種思想與行動背後的發展背景與輪廓，讓人有一新耳目與豁然開朗的感受，例如：傑出的美國生態歷史學者沃斯特（Donald Worster）教授的成名作《自然的經濟體系》（*Nature's Economy*）便是一個最好的例子，因為它抽絲剝繭地解析英美生態理念發展的歷史社會脈絡，並呈現其中與宗教、社會與政治的糾葛，進而指出生態觀念的多元與複雜性，非常有利於破除獨斷且排它性強的生態意識形態，例如某種科學主義至上的生態觀，同時也可以促進有創意又具反省力的人與自然關係。

威斯康辛大學麥迪遜分校的歷史地理學特納講座教授葛隆納（William Cronon）對於構成美國民族性與在

自然保育價值上獨特的「荒野」(wilderness)概念所進行的歷史分析與解構性批判，則是從另一歷史角度對於認識生態思潮的重要貢獻。從帝國主義發展的角度切入，劍橋大學的環境歷史學家古羅夫(Richard Grove)說：「雖然一般大眾關心全球環境受破壞這件事是近期才發生的，但是歷史上因為環境變遷所產生的焦慮感卻不然；相反的，對當代西方環境的關懷與自然保育的嘗試，其起源與歷史是相當久遠的！」在《綠色帝國主義》一書中，古羅夫細緻地分析環境主義的理念根源，可以上溯至十九世紀西方強權對外殖民時，科學家、殖民地官員與殖民地社會文化互動的結果。事實上，不同社群與文化常常利用對自然的不同迷思去組構他們對環境的知識與論述。同樣從帝國主義入手的，還有一位作者克羅斯比(Alfred W. Crosby，編按：其最新著作《寫給地球人的能源史》由左岸文化出版)，在他獲得學術獎項的書《生態學角度的帝國主義》(*Ecological Imperialism*)，指出帝國擴張的歷史中殖民者的生態條件限制，如氣候、疾病、土壤、作物、家畜等，從而帶出帝國的生態環境界線，藉此說明環境因素的重要性。從人文生態學的角度來看，這些歷史性的著作，除了具備生態哲學的論述書籍所著重的深刻概念分析之外，還提供了思想發展的具體社會文化脈絡，依此，思想就不單單只是抽象的概念，而是坐落在實際的時空交錯下的思考與行動，優秀的歷史作品透過人、事、時、地、物的交織，讓思想活靈活現地跳出來，這是我閱讀以上書籍最感趣味盎然且有意義的地方。

❖ 一個生態學角度的「文明」觀點 ❖

然而，以上的陳述究竟又跟導讀《文明的力量》這本書有何關係呢？依我個人的見解，牛津與倫敦大學環境史的教授菲利普・費南德茲—阿梅斯托的 *Civilizations: Culture, Ambition and Transformation of Nature*(編按：美國版的書名)這本書，應該是在以上環境史作品中新開拓出來的視野，重要的是他做了一件前人未及之事，那就是針對「文明」的概念與定義提出了一個生態學角度的省思。這個角度不但將沃斯特與葛隆納所關心的「生態觀念」背後的社會與文化建構，以及克羅斯比所提出的「帝國擴張」底層的生態條件限制都拉進來一起談，亦即將自然與社會／文化的對壘，或簡化地說成「文化決定論」還是「環境決定論」的爭端拿進來討論。因此，這些關鍵議題可以置放在對於「文明」意涵的競逐之中，甚至與近代的歷史理論家，如湯恩比、克拉克、伊里亞斯與杭丁頓等人的「文明觀」辯論。作者意圖衝破環境決定論或是文化決定論的限制，這在書名的主標與副標當中表露無疑，例如：以「civilizations」的複數形式表達出不同的環境類型中所產生的多樣「文明」。其次是標舉出「文化」(culture)與「企圖心」(ambition)對於「自然的轉化」(transformation of nature)，雖然中文譯本並未原文直譯，而採取「人與自然的創意關係」的意譯，作者嘗試調和辯證的自然與文化關係的用心卻是清晰可知的，而這個用心正好構成本書談論「文明的力量」最大的特色。本書最後一章，作者論及「沒有一種環境能倖免文明的影響……卻不能否認是地理條件塑造了本書談論的這個世界……一切發生的事都顯示在粗糙的、凡俗的素材上，卻都是從思想與感情開端的」，正好呼應了上述本書的特色。

❖充斥著地理學想像的歷史書❖

這是一本歷史書，而且是從環境史切入討論「文明是什麼？」的大部頭歷史作品，不過我認為它同時也是一本人文地理學的好書。一般而言，地理學者關心的是「人地關係」、不同人類社群中對於「空間」／「自然」／「地方」的感受、以及這種感受造成對於人類社群關係與制度的影響及後果。有時候，地理學者會將這些關切稱之為「地方感」(sense of place)，或者是「地理學的想像」(geographical imagination)。然而，就某些核心意義來看，地理學家對於這些議題的關心，正好也是人文生態學考察的重點，即：一種人與自然關係的探討。而阿梅斯托教授的《文明的力量》一書力圖從不同的人類文化當中，解析人的社會與自然是如何互相轉化，進而構成他所謂的「文明」，正是闡述以上地理學與生態學關聯性的最佳例證。地理學脫離不了地圖，所以建議閱讀本書時，最好有一份世界地圖隨手參照（中文版附有地圖），免得迷航在作者所開展出來的廣博「文明」知識所涉及的地理汪洋。如果將來有機會對照本書所描述的地景，在類似Google Earth這種3D影像呈現的衛星地圖會更有意思，我相信阿梅斯托教授在主持英國BBC節目時應該也會善用這些工具。或是，類似National Geographic製作的自然影片中所拍攝到的地景與生態畫面，也會有助於想像作者在書中所描述的各式文明產生的自然環境。話雖如此，有圖有像的搭配並非絕對必要。原因是作者本身就是一個講故事的能手，他講這些「文明」故事的能耐是非凡的，其中不僅是在文字的鋪陳上，更在故事情節的安排上。

❖「文明」起於平凡之處❖

作者為了強化自己所堅持的「文明可能發生在任何的自然環境裡」的論點，他選擇了從人們覺得最惡劣的生存環境開始講起，這個論點構成本書的章節安排。從第一卷「荒廢地」(the waste land，本書譯為「荒原」)，作者有意指出即便如此惡劣的環境，都有文明產生的可能。在第二卷中，作者花了相當多的篇幅論證：即便是在不可耕作的草原上，游牧民族依然可以建立偉大的文明力量，像是蒙古帝國。本書的情節鋪成就如作者所言，從一些他所歸類的環境類型，逐步地闡述其中人與自然互動的關係，說明不同的社群如何利用環境的特性力求生存，同時形成社群的宗教儀式、政治儀軌、經濟活動、軍事組織、社會制度與文化傳統，然後又說明這些如何與周遭環境密切互動，以至於產生不同的文明面貌。特別值得注意的是，作者的一些環境分類方式是自然生態學家不會完全同意或是容易忽略的，例如作者在

第六卷中花了相當大的篇幅論述「水域邊緣」的文明，他把「沿海岸」與「海島」放在同樣的脈絡下談論。就這一點，至少在我所知的「島嶼生態學」自然科學知識裡，「海島」是獨立分成一種環境類型的，因此作者的分類不見得會被認可。然而必須指出的是，作者在其獨特的分類中，除了參照自然科學的知識外，更有著人文精神的意涵，因為作者想論述的是，為何同樣都有機會接觸水域，有些文明會選擇親近水域，而另有一些則是選擇了遠離水域呢？在此，作者的環境分類刻意避開由哈佛學者威爾遜（E. O. Wilson）等人所倡導的「島嶼生態學」中比較強烈的環境決定論主張。

就這樣，作者從「荒廢地」開始，接下來談「草原」、「低地」、「森林」、「沖積平原」、「高地」、「沿海岸」、「海島」，最後一路談回他所屬的「大西洋文明」。有趣的是，他並不像克羅斯比以及多數討論文明的學者一般，一開始就將焦點與主要篇幅放在西方文明的崛起。反之，他是從所謂「進步」世界的另一個方向，也就是某種意義下，世界的邊緣或是盡頭開始談，然後才逐步返回論述在大西洋兩端（西歐與北美）的文化如何互相學習與互動，創造出強大的文明力量。接下來，更在結語的地方語重心長地論述了大西洋文明所創造的生態危機與浪漫主義的反撲，並認真地檢討工業化、現代化與所謂「進步」的文明觀點背後的弔詭。作者的寫作手法除了展現了在「文明」的主題討論下，特別的是他有一種迴異於以西方為主的比較歷史學角度，透過這種比較的角度開拓了對於其自處的西方社會的反思。這些反思主要來自生態的批判觀點，而這部分足以讓這本書跟其它的生態哲學與思想論述產生對話。

❖一本跨領域的環境書❖

除了討論「文明」的概念之外，這本書還可以從另一個角度來閱讀，即是一個跨學術領域的觀點。如前所述，它可以同時是一本歷史學中的文明史，也可以是生態研究中的環境論述；它可以是一本歷史的長篇著作，但也絕對夠格作為地理學的經典作品；它雖然旁徵博引了許多不同文化的故事，彷彿是所有人類學家都樂於講述的內容，但卻也處處透露出不同文化社群求生存的思維模式，背後有哲學家喜歡思索的課題。在閱讀中，我還發現了一些樂趣與驚喜，這是來自第四章中作者為了說明古代中國儒士如何將邊疆這樣的地景，以及對居住其中的人群連結到某種宮廷政治的操作（其實，政治某種程度也是文明的表現），並以宋朝大儒歐陽修被罷黜為例，談到他因政治鬥爭失敗而被貶至邊疆，即三峽口的夷陵。作者引用歐陽修的詩句，即「紫䕷青林長蔽日，綠叢紅橘最宜秋。道途處險人多負，邑屋臨江俗善泅。獵市漁鹽朝暫合，淫祠簫鼓歲無休。風鳴燒入空城響，雨惡江崩斷岸流。」來表達他的拓荒精神。我感到驚奇的是，這些詩詞過去僅可能出現在中文課的古文觀止選讀。仔細審視詩句中的文字，才赫然發現這些精練的文字中，埋藏著具體細膩的地景觀察以及某種文化成見，作者在其環境史的論述中所引用的故事，的確讓我有峰迴路轉之後，「看山又是山」的驚喜，原來古文以及其中的人事物都可以作為環境史解讀的材料，這種跨領域考究的功力卓實令人佩服。

❖小結：文明該何去何從呢？❖

任何觸及文明的討論，總是會回到一個基本且似乎是無可迴避的問題，即文明的發展究竟應該何去何從呢？這個問題可以說是本書最為隱晦的地方。作者天南地北的講述許多文明發展的故事，有的已經消失在荒煙漫草之中，有的至今仍屹立存在，雖然作者已經充分地闡明其中自然與文化的交互影響，但是讀者還是要問，究竟那種文明模式可以持續發展下去呢？作者的回答看似是悲觀的。他說：「文明的歷史沒有模式可循，文明的未來也將是無法預測的。」從擅長的航海歷史觀點，他僅提出了「太平洋的發展已經開始把另一群人帶上世界舞台的中央」這種相當沒有前後邏輯推論的主觀斷言，以及像是「『歷史的教訓』太少了，即便有，人們也學不會。……如果把文明曲解為進步，必然會使人失望。」比較起來，在台灣的書市上一貫受到歡迎的《大崩壞》作者賈德．戴蒙的說法就正面許多，他說：「我們有機會從遠方以及消逝的人群所犯的錯誤中學到教訓」，雖然作者在《大崩壞》書中也是舉證歷歷地道出，我們的世界乃處於一種「不可持續的道路上」（unsustainable course），他依然保持「審慎的樂觀」，且認為這種樂觀乃是決定於政治領袖面對生態危機的決心、對於長遠與整體利益的審慎思考，以及認真改變原本深信但卻證明為負面的價值觀。他並指出一個文明的命運在於這個文明的領導者與成員是否能夠在危機來臨之前便預知到問題，而有效地決定該如何回應。多數的文明敗亡乃是因為成員的短視以及自私自利、領導者過度追求自身的權力而忽略了整體生態的問題。賈德．戴蒙對於文明危機的解藥看起來是政治性的，然而他對於小島文明敗亡的分析也是透過生態學的分析所推論出來。本書作者雖然也看到了生態的危機，可是批判的立場比較接近某種深層生態學的人文性主張，也就是謙卑面對自然的態度。「人類並非萬物之靈」的基本立場也反覆出現在作者其它的書中，例如《我們人類》（*So You Think You're Human?*）一書中。在本書的結尾，作者引用了德瑞克．賈曼位於核電廠附近的花園作為他對「文明」概念的隱喻，指出「文明史上即便敗績累累——野蠻占上風、愚昧的殺戮、進步的力量倒退、自然反撲、人類求改善不成，我們卻除了繼續努力維持文明傳統的生命，別無他策。即便是在海灘的沙礫地上，仍然『要耕耘自己的園圃』。」作者雖然沒有明確地指出文明的前行方向，卻也充分地表示了往前行的決心，只不過他的態度比起賈德．戴蒙審慎與深沉許多。

Contents

目錄

第七卷·破浪
BREAKING THE WAVES
馴服大洋

地圖目次

自序
PREFACE

其實只是圖書館的一個小隔間座，我卻想像是在阿瑪麗亞的房間裡。壁紙有厚絲絨，窗戶掛著雙層窗帘，床的四周也圍著帷幕。十九世紀中葉的阿根廷人大多居住在泥土地板的房子裡，阿瑪麗亞房間鋪的義大利地毯卻厚得腳一踩就陷下去。空氣中有濃郁的芳香。每一面來的光線都被遮住，冷熱天候擋在室外，自然被隔絕，只除了壁紙上凸起來的淺金色設計，這是要「呈現光在薄雲之間的明暗變幻」。[1]阿瑪麗亞激起人們非同小可的興趣，雖然住在裡面的女子是貞潔的，它大概是小說中訪客最頻繁的房間之一了。要想像這房間的樣子是很容易的，因為荷西・馬爾莫在他一八五一年的小說鉅著裡描寫得很明確。許多人公認這部作品是開創阿根廷小說傳統的代表。我今天早上動筆工作之前還在讀它。

阿瑪麗亞就像那個時代布宜諾斯艾利斯的所有市民一樣，要表現自己的出眾。當時的阿根廷是個海灣地，大草原是王爵的封地。環境中的一切都令人卻步，放眼四方都是一望無際——遼闊得和視線茫茫相差無幾，沿著海一般寬廣的河、越過大洋一般寬廣的海、走進似乎沒有盡頭的大平原，都是這樣。布宜諾斯艾利斯一段路程之外就是市民所謂的野蠻人生活的地區。在這種地方，文明必須誇張才能被人看見。

追求文明的人並不都是這樣把自己層層裹住，把窗戶掛上厚帘，把自己居住的地方與大自然徹底一刀兩斷。我現在喜歡這麼想：文明是「阿瑪麗亞效應」的產物。文明會製造自己的棲地。文明的程度視其棲地與未經改變的自然環境之間的距離或大小而成正比。阿瑪麗亞效應是什麼力量激發的？不是本能，因為某些個人、某些社會整體是沒有這種本能的。但應該是一種幾乎人人到處皆有的衝動或刺激物，如我在下文中所說的，這股衝動是任何人類可在其中棲居的環境，都無法完全抗拒的。

歷史是一門人性的探究，不是慣常觀念中的「科學」，因為過往的事並不在我們眼前：我們能知道的只是別人對於過往事物的觀感印象。然而，人是自然界浩大無比的連續體的一部分，除非是在人類與環境和生態系統糾結的篩網裡，否則不可能與他們面對面。這本書是一部自然界的故事，人類也包含在其中，這與以前的比較文明史的寫法不同，是按一個個環境寫的，不是按一個個時代或一個個社會來寫的。這也突顯了我著眼的輕重緩急處。我想要變換一下思考文明的方式：把文明描寫成一個物種與自然界的關係，是為適合人類使用而改造的環境，而不是社會發展的一個階段，也不是集體自我改進的某種過程，既不是進步故事的高潮，也不只是用來指大規模文化的名詞，更不是菁英階級認可的卓越境界的同義詞。我要把傳統通行的用法重新做一番整理。我主張「文明」(civilization)這個詞的正確用法應該是指某個類型的環境；但是這個意思已經被誤用的意思淹沒，有待重新挖掘出來。

用任何方法來劃分這世界的環境，都不可能面面俱到。地理學家喜歡把環境構思成未經人類改動的模樣，把它們按自然生態系統而分。按這樣劃分，結果多半是分出三十個到四十個主要類項。可是人原本是自然界的一分子，在他自己所屬的那個生態系統裡多數是居於稱霸地位。我在本書中試用了一套以環境特徵為依據的方法。環境特徵都清楚地反映在文明之中人們實際的生活經驗上。分類方法不論到多麼詳細，每種環境還是會包含各種不同的棲地和生態環境。不同的類項會有交叉重疊。例如，有些沙漠地區的降雨量和許多森林區差不多，幾乎每個緯度裡都有沖積平原。氣溫、土壤、降雨、海拔、與大小水域的關係、距離山岳的遠近、風、洋流，這些都是變數，可能因而使一個類別裡的個別環境彼此顯得很不相同，反而變成與其他類別裡的環境比較近似。隔絕而孤立的程度、交通的便利，又會造成超越範疇的影響——使山脈交疊，海洋縮小。

此外，只憑環境的分類法也不能把該說的都交代清楚。本書要點出的重點之一就是，能跨越環境的邊界至關重要。跨越環境的文明，境內有微氣候與多變化的土壤、地形、資源的文明，都是最有機會興旺的。而且，文化可以完全不受環境影響。移民往往能在與故鄉截然不同的環境裡固守原有的文化。與毗鄰的文化有近距離互動，能使社會的生活轉型或是被外來影響滲透。人類傳播文明的力量是不畏環境阻礙的，也是向環境阻礙挑戰的。

總而言之，環境分類不是一門精確科學。我經一番實驗之後選定一些我覺得實用效果最好的類項。讀者會立刻看出來，構成本書規劃基礎的那些環境並不是互不相關的，也不是彼此排他的，也不是個別同源發生的。許多文明可以歸入不只一個環境。有些文明始於甲環境，卻因為遷徙或流離、擴張而大部分或整個在乙環境中收尾。

我的分類雖然大致根據地理學家劃分生物圈的方法，但是我也自創了一些環境標示。例如，地理學家不會把小島嶼當成內在統一、自成一格的環境來看。但是我這樣的認定不無道理，因為按文明史的角度，靠海是影響社會模態最大的一個環境條件。把威尼斯和復活節島並列來看，很有益於歷史研究。高地也是一個很難確定的類項。怎樣是高，端看相對判斷，沒有客觀準則。由於西藏的高地勢，使得研究者把西藏文明拉出伊朗文明等的討論領域之外，但如果並列討論，將會有一番不同的見識。我把斯堪的納維亞與古代腓尼基相提並論，把斯基泰人與蘇族印地安人相提並論，並不表示這樣做是唯一有理的分類。我倒是認為，這樣組合自有其獨特的長處。如果用別的方式選擇劃分題材，不會有同樣的省悟，不會突顯同樣的類比，也難有同樣的推斷。

本書的每一卷都以一種環境為主題。一開始是講冰原與荒瘠、凍原與針葉林區、沙漠與乾燥灌木叢，因為這些地方在多數人印象中是不利文明演進的。第二卷講抗拒農業或阻撓農業的草原，這些地區的土壤乾燥，布滿草根的表土生不出作物。第三卷談沼澤、熱帶低地、後冰河期森林等含水飽滿的環境。看過這些不利的環境之後，我再詳談多數傳統式文明史起點的沖積平原。接著就是我稱之為「高地」的環境，這是一個相對的用詞，沒有絕對的意思。然後要講到因為靠海而形成的各種環境：小島嶼與狹長海岸地形是航海文明的搖籃。凡是我認為海洋是其中首要元素的地方，都屬於這一類環境，不管什麼樣的氣候特徵，除了要另外考慮洋流與風之外。最後的一個環境是海洋——這個環境尚未孕育出任何文明，卻是各個文明努力要渡越的。遷徙、擴張、併納、穿越新環境，是本書幾乎每個階段都要提到的主題，因為每一種文明都是源起於特定的環境；但有些文明也超越了發源的環境，因遷徙或流離而在其他環境中盤據。

我的要旨在於說明，文明是可能在任何地方產生的。若說只有某些環境是特別有利於文明的形成，乃是一種偏見，如同說某些人的生產力優於他人或某些種族較有從事生產的傾向，都是欠缺根據的。文明在某些環境之中比較難以永續，這是事實。但是，任何可居住的環境都未能完全排除人類為遂其心願而進行的改造。如果一個個環境看去，全世界的文明化作為是雜亂無章的，可能在文明史慣常輕忽的地方稠密度最為顯著。前工業時期最有野心的草原改造，出現在非洲（見第三章）。沼澤地區最有創意的建築者出現在「白人」足跡到來以前的美洲（見第六章）。歐洲人擅長的是在溫帶森林地區發展文明——其實也就是把森林砍光或燒掉，但換到別種環境裡，與別的人們相較，他們的表現並不特別亮眼。

類似的環境在世界上不同的地區會啟發不一樣的回應與對策，可見文明是受環境制約的，不是由環境「決定」的，即便環境的影響無所不在，而且會對某些後果特別有利。但是我並未發現有任何證據可以確定，我們胡亂堆在「歷史」這個標題之下的人類經驗，有哪一個是由什麼因素決定的。幾近一輩子的鑽研使我深信那是隨機偶發的，是在可容許的限度下，由意志力與物質需求的共同作用而偶然發生。否則便是混亂發生的，原因與效應都無跡可循。籠統地說類似的環境之中，卻因不同地點而出現各地差異，這是文化所致，也許是持平而實用的。但如果說世界上某些地方或某些特殊遺傳模式培養的文化會有追求文明的素質，就絕對是錯誤的，這樣的說法不但沒根據，而且與事實證據相抵觸。

我動筆時沒有事先劃定不考慮的項目：沒有把某些讀者或範圍排除。這是一次實驗之作，不應該被誤認為綱領周延的作業。我把它想成隨筆式的小品，因為篇幅雖然長，但比起其他包括整個文明史（有些寫作者所指的「文明」這個名詞是單數的）在內的著作，還是短的。這是試探性質的，有冒險的意思，粗枝大葉，取材方式沒有前例可循的，是為了招惹異議而寫，不是為了爭取贊同。我因為要搶在我把想說的話忘記之前趕快寫下來，所以寫得有些急驚風。這不是慎重考慮後的成果（雖然這個題目我已經想了許多年）。沒有研究助理幫我收集資料，也沒有什麼專家幫我看稿子指出我的毛病。所以，我要仰仗讀者來告訴我錯在什麼地方；不過這樣也不無優點：全書由一個概念貫穿，一氣呵成。

因為題目太大很難控制反而有這樣的好處。我本來的意思是要作個比較研究，但是我也試著談了很多不同的文明一些明顯有別而互不相連之處。如果要把每一種文明都一一講到，會太嘮叨乏味；要從每一種文明中挑出應獲所有人贊同的事實來詳述，也是不可能的任務。關鍵的事實通常都是大家已經知道的，所以也不必再重述。因此，我大約都是從偏僻的角度找出話題，不大用寬敞的概觀。但是，只要講到一般人不談的或不知道的文明，例如阿留申人或非洲巴塔馬利巴文明，或是講到比較被輕忽或是未得到正確評價的文明，例如福建的或西非富拉尼人的文明，我就會納入其基本事實：已經知道這些文明的讀者就擔待一下吧。讀者也該料到，我去過的所有地方、見到的所有人群，在書中不可能都說得鉅細靡遺。我引用的證據、明確的參考資料，都超出一般同樣篇幅的書，不是在炫耀我多麼有學問，而是為了便於讀者發現我的準備工作與現有知識是否仍不夠。我會時而「密集描述」，時而作籠統冒險的概括，就像在雪堆與薄冰之間晃蕩，但總比躲在屋裡閉門造車強些。

我不按慣常理解文明的角度看，不想根據一般假定的「文明應有的特徵一覽表」來評判各種社會。

我也不會按照我對於各種文明中的藝術品與思維模式的好惡來評定其高下。由於我把文明視為人類社會與自然世界的一種互動關係，所以社會的文明程度是按社會本身的條件衡量的。

我自己對於文明是亦愛亦恨的。我就像阿瑪麗亞。雖然一生在英國度過，我始終沒學會喜愛自然甚於文化。按說英國人偏愛鄉間生活、鄉村休閒活動、獸醫、不忌晴雨的健行、以天然風景為模仿範本的花園，他們應該是喜愛自然甚於文化的。我喜歡走在石頭整整齊齊舖好的路面和柏油路面上，以免踩到泥土。對我而言，就算欣賞鄉村風景，也不必身歷其境，應該是從書房窗戶望出去的，或是畫框裝裱好了掛在牆上的。我躲在漿得平板的衣服和四方的房間裡，遠離自然，令我的家人和朋友又氣又好笑。古廢墟令我感動，是因為我當它們是文明經歷不敵自然的戰鬥後所留下的傷痕。但是我也尊重原野的壯闊智慧，甚至是懷著敬畏的，人類加諸自然的創傷也同樣令我不忍。

我的這本書雖然是在自我孤立中完成的，仍舊得到不少我該致謝的幫忙（我自己犯的錯倒沒有賴給別人的意思）。好心檢查我英文的人幫了我很大的忙，但是他們的忠告有一點我沒有接受。我力有未逮的時候總是抬出典故名言來幫忙，忠告者勸我加一點說明，以免沒見過這些典故的讀者看不懂。我卻認為什麼都講得一清二楚的文章讀來是無趣的：讀人家文章的趣味之一就在拆穿某些典故的謎障，卻在某些典故上俯首認輸。引經據典的目的是要激起讀者思維與感受深處的聯想，不必然是為了交代明白。因此，我端上來的菜有些是直接把爐子上的鍋子端出來；有些得從醬裡撈出來才吃得成。而且，典故的擴張本身就是一種帝國主義式的勢力擴張，也像電視上的「競賽無極限」節目。世上已經沒有所謂大家都知道的事，我們每個人都會發現對自己以外的所有竟然那麼無知而覺得不可思議。今天早上我在教堂裡聽牧師講道，聽見他說「前瞻自由的偉人，南非的馬丁路德．金恩與史提夫．畢若」。（編按：馬丁路德．金恩為美國人，另外不是史提夫．畢若〔Steve Biro〕，而是史提夫．畢克〔Steve Biko〕）我向鄰座的年輕朋友低聲說：「這是筆誤。」現在想起此事，倒在懷疑她知不知道馬丁路德．金恩是何許人也。夙昔典範尚在否？

因為應邀演講，我有機會測試本書末兩卷的內容。為此我要向邀約單位致謝（依發表演說的順序）：吉隆坡政策研究中心；普林斯頓大學歷史系與西葡拉美學系；拉特羅布大學與科廷大學的達伽馬五百周年紀念會；哈佛大學歷史系；奧斯汀市德州大學的人文研究中心與英國研究方案；萊登大學的克雷恩堡學院；倫敦國立航海博物館；約翰卡特布朗圖書館諸位會員；明尼蘇達大學福特貝爾圖書館會員們。本書導論內容曾在荷蘭人文社會科學高等研究所的演說中發表，感謝所內環境宜人、同仁們不辭辛苦的協助，以及研究所裡禮遇埋頭寫稿者的固有文化，使我得以在所中完成原稿修訂。我在以上各院校都蒙東道主與參與研討者的幫忙，恕我不能備列諸位大名致謝了。本書大部分是在布朗大學歷史系裡我可以望見校舍古老磚牆與草坪的地方寫成；我慶幸有這麼宜人的環境，氛圍這麼有朝氣，校園裡有禮而關心他人的氣氛，令人如沐春風。內人萊絲莉幫我校讀了手稿。包樂史、布特、查普林、古茲布隆諸位教授，以及瑟巴斯欽、菲德里哥也都校讀了一部分，謝謝他們的耐心幫忙。兩位編輯高手羅森與史道卜斯都提供了寶貴的意見。我要向約翰卡特布朗圖書館的費爾林館長、董事會、諸位會員、研究員與職員們致上誠摯謝意，這裡實在是再理想不過的研讀環境，比較殖民歷史方面的資料尤其豐富。我原本是為了參考殖民歷史資料而來，這本書也正是殖民歷史的一條厚重的、懸吊著的、冗長的線頭。我越來越覺得，所有的歷史都是殖民史，因為我們所有人都是從別的地方走到現在身處的所在。

一九九八年五月三日
於羅德島卜羅維登斯
一九九九年六月至十一月
修訂於牛津及瓦森納爾

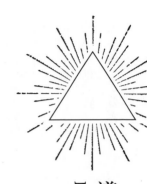

導論　文明慾：多種文明與單一文明

Introduction: The Itch to Civilize

余貝爾：這個狀況是要個別而論的。
摩爾科：我只曉得個別狀況呢，先生。

——葛諾，《伊卡列之飛行》

「唷！」鮑布壓低了聲音道，我也皺起鼻子。撲鼻而來的氣味其臭無比。但是我隨即想到，我們自己的文明氣味也不是多麼好聞的。我們的一些工業城市瀰漫的氣味——煙霧、工廠惡臭、上百萬輛喧囂汽車排放的廢氣、陋巷飄出來的垃圾味，這些又好到哪裡去？我泛起笑意。也許阿留申人聞到那些也會皺起鼻子。我想臭不臭端看你是不是聞得習慣。

——班克，《風的故鄉》

「你有沒有想到過，」他說，「文明險惡得夠嗆？」

——克莉絲蒂，〈玻璃上的影子〉，《神祕的昆先生》

❖文明要素❖

卜羅維登斯鬧區有一個暗淡冷清的廣場，距離我寫作此書的地方有幾條街，一群人正在那兒施工蓋一座溜冰場。工地左右是整排辦公大樓，尷尬的是，都空著無人進駐。據我猜想，卜市的大老們希望在這兒定格一幅活絡的、多彩的、穩重的畫面。溜冰場蓋好之後，帶來了嬉戲趣味，但是冷清依舊。在此同時，打著樂觀算盤的人正在拉普蘭（約在芬蘭與瑞典北方交界處）鋪設起草坪。

有些讀者會說，蓋溜冰場鋪草坪對文明算不上建樹。因為，即便世界一流的冰上舞蹈也難脫俗艷：不外乎亮片服飾、後外鉤旋跳、輕音樂。草坪是英國市郊千篇一律夏季活動的場地：人們在這裡閒談作無聊遊戲。哪一片原野樂意塗上這麼一層亮光漆？

不過我們也該為在水泥叢林裡蓋溜冰場、在冰天雪地裡鋪草坪的英勇表現喝彩。兩者都流露了文明之始的建設與破壞的恐怖矛盾：既是想要運用荒謬的方式扭曲頑強環境的一股衝動，也是忍不住要冒險改善自然的一種欲願。文明之後的結果是模稜兩可的：有時候環境變得煥然一新；有時候變成四不像或完全毀掉。通常的情況是介於兩種極端之間，就像這本書一開始索佛克里斯的那一段話說到的：磨蝕大地、乘風破浪、制服禽獸、帶著「情感」造起城鎮、建造禦寒避雨的房屋。

正如多數刻意要博得讚許的名詞——民主、平等、自由、和平——一樣，「文明」也經常被濫用。文明是一種社會類型，這是當然的。[1]但是，當我們問「是哪種類型？」或是要求加以形容或說明文明的特徵，或是追問究竟該怎麼區分「文明」與「文化」、「文明的」與「沒有文明的」時，麻煩就多了。傳統討論到文明的要素，也就是能使區區一個社會質變而成為文明的那股魔力時，用詞不一而足，有的說是一種過程，有的說是一種系統，或是一種狀態、一種心靈的或遺傳的癖性、社會變遷的機制，但是都不盡令人滿意。已經有很多人把「文明」當作太多不同的意思來講，如今很難擺脫這詞的濫用，還給它一個有用的意思。[2]也許可以從一般人所理解的意思著手，再講我打算採用的意思。

用「文明」指某個區域或人群、時代，大多是因為它在生活方式、思考模式、觀感上顯著有一貫性，與以外的區域、人群、時代不相同。所以我們可以說所謂的「西方文明」，或是中國的、伊斯蘭教的文明，或是「猶太文明」、「古典文明」、「文藝復興文明」，讀者聽者也大概知道我們所指的是什麼。這樣用的理由是方便，而且大家都普遍認可了。但是這是不確切的，也沒有實質意義，充斥了主觀判斷。把「文明」換成「社會」或「文化」，意思其實一樣。所謂一貫性的分野，也是見仁見智。甲所見的一貫性，乙完全看不見，或是乙所觀察到的一貫性與甲不同。

克服這個問題的法子是，認定的確存在某些一貫性，可以用來區分文明：例如相同的宗教信仰、相同的意識形態、認為同屬某種「世界秩序」；或是語言文字相同；或是技術上、農藝上、飲食上有共同特性；或藝術的好惡相同；或同時具有一種以上的相同條件。這些評定準則卻都是武斷的（下文會證明武斷之所在）。而且，某些社會因為有這些條件可以符合文明的標準，但有些文化特徵卻不一定算是文明要素，似乎說不過去，如舞蹈、占卜術、睡眠習慣、兩性關係。

還有一個層面，是用「文明」指一種集體的自我區隔，脫離具有「野蠻」、「原始」、「未開化」特徵的世界。照這個意思，被認為達成這種自我區隔的社會就算是「文明的」。這種用法顯而易見是欠妥當的，因為「野蠻」、「原始」、「未開化」都是不明確的用語，帶著很濃的偏袒與價值認定。這種用法始於十八世紀的歐洲。當時的菁英階級急於否定人性中「低等的」、「粗糙的」、「俗鄙的」的部分，便竭力鼓吹繁瑣禮節、精細品味、優雅價值。進步就等於棄絕自然；回返野性是一種墮落。創建羅馬的兩兄弟雖然是母狼餵大的，終究要完成創建羅馬的大業。野蠻人可能是「高貴的」，其英勇氣魄與高尚道德可以做文明人的榜樣；然而，一旦被拯救脫離野性生活，就應該徹底棄絕野性。[3]所謂「阿威隆的野孩子」，是嬰兒期被丟在塔恩森林裡的一個男孩，靠自己活了下來，一七九八年被獵人捉住以後，承受了文明的實驗，他的監護人並沒有把實驗結果做到讓他們自己心滿意足。按這男孩的老師描述，他可悲的一生之中最辛酸的時刻，也許就是追憶自己獨自生活的時候：

他用畢午餐後，即便不再覺得口渴了，別人總會看見他以美食家似的神態端起本應盛著佳釀的玻璃杯，注滿淨水，小口小口地啜飲嚥下。這個景象之所以引人關注是因為它發生的位置。他靠窗站著，兩眼望向原野，好似這大自然的孩子在這一刻裡試圖融合他喪失自由後僅有的兩件好東西——喝清澈的水與看著日光和原野。[4]

實驗失敗後，他再度遭到拋棄，被交給巴黎中下階層社區一名善心老婦人照顧，留下科學界難以接受的失望經驗。

再有一種常見的用法，是指一個社會的發展史中，假定都要經歷的階段或達到的巔峰。這是我更不能苟同的用法。因為這個用法意味一種發展模式，而我既不相信模式之說，也懷疑發展之論。社會是一直在變的，而且是以不同方式改變。社會並不會發展、演化、進步，雖然按不同的標準衡量不同的時代，會看得出變好或變壞。社會不會循遵範本，不會朝著某種目的進展。歷史不會照原樣再來過，社會不會互相複製，但是不同的社會可能表現出雷同之處，可以按這些相同點來歸類。下文會講到許多社會發展論的例子，都是以先入為主的成見為依據，證明某些結論有理，而把其他的全盤否定。凡是在這種理論架構裡，把文明當作某種階段來看，都是充滿價值評斷的：不是一個頂峰就是危機；可能是燦爛發光也可能是陰霾一片；可能代表進步也可能代表頹廢，不論是什麼樣子，都必然是發展程序上的一個階段，被褒與貶的判斷歪曲了。

十七世紀末、十八世紀初，在法蘭西帝國中部和邊緣之間，有位年輕人窮途潦倒，卻似乎有啟人省思的靈感。他有貴族的背景，但卻可悲，他既難以捉摸又武斷自信。他的家族把貴族名位賣了，換來現款，他卻一直自稱是拉翁堂男爵。一七〇二年間他在巴黎，不久之後「文明」這個名詞的現代拼寫法就在這個城市初次問世。[5]

這位身無分文的前貴族當時正在追懷他鍾愛的加拿大。他年少時期曾在那兒尋覓致富捷徑，並且漸漸對法國人口中的「野蠻人」的天生貴氣產生了仰慕（見第五章）。他想知道，如果把一名休倫族印地安人搬到巴黎，這人對巴黎的壯麗華美會有什麼反應。拉翁堂口中的休倫人來自未被文明擾亂的世界，頭腦不曾被文明的價值成見左右，他欣賞讚歎的是巴黎的石頭，但沒想到這些石頭是人砌起來的，他以為都是天然的岩石群，恰好適合人住在裡面。這樣的誤會顯然是文學一向的好題目。一名十八世紀初期的「野蠻人」見到格拉斯哥的聖基爾達教堂，「他說教堂的柱子和拱門是他所見過最漂亮的洞穴」。[6]野蠻人的驚歎說出了人力模造的環境與自然塑造的環境之間的差別有多麼細膩，那不只是已達文明的狀態，和不同社會類型之間的區別而已，不只是自然環境被改造多少的差別而已。

這些故事點到了「文明是什麼」的問題核心。我建議把它界定為一種互動關係：是人對自然環境的關係，[7]出於人類想使自然符合自己需求的衝動而改造自然環境。我所說的「文明」就是指在這種關係之中的社會。我並不是說所有的文明都一定是好的或壞的，雖然我覺得某些文明頗佳，卻也看出某些文明是有害的。本書的要旨之一是，各種文明通常都過度利用其環境，往往到了自我毀滅的地步。基於某些緣故的文明行為，包括為了在環境中求生，文明都會是驚險的謀略，甚至是無理性的。

❖有黏著性的環境❖

有些社會憑大自然供給的環境湊合著過。他們吃大自然給的產物，住大自然給的空間，或者照著那些空間的樣子造起居住的地方，用的建材是大自然供給的。許多這種社會是跟著季節變化遷徙而生活。也有許多是把環境略做改變後定居下來：例如挖洞穴為棲身之所，或是在洞穴外作些修飾；把需要的禽畜圍起來或放牧；為了便利，耕作時把需要的植物重新組合。也有許多社會冒險干預環境，為的是保住環境既有的條件，或是為自己的生存著想，但並沒有要使環境永久改變的意思。這些社會都踏出了修改環境起碼的第一步：使用火來熟食禦寒，用火燒掉植物或是使植物再生。[8]我說這些文化是「文明的」，是因為它們具有改造自然環境的企圖。

因為文明的標準是其他社會所定的，那些社會一心一意要向自然挑戰，是存心要冒險的、要把世界變成合乎自己的社會。他們重塑地貌，或是用他們自己建造的環境把原有的地貌淹沒，他們拼命要把自己的那種秩序施加在周遭的世界上。有時候他們試圖徹底脫離自然，佯裝人不是生態系統的一部分，聲稱人類界與動物界沒有重疊。他們試圖「消滅人的自然屬性」：把內在的野蠻人切除，用精緻的衣服和禮節馴化內在的野人。

我們看得出他們努力的痕記，文明便是在那些深刻鮮明的線條上豎立起建築物、規劃定居的藍圖、設計花園、整理田畝。他們對規則幾何圖形的酷愛（把幾何圖形蓋在自然的荊棘和崎嶇之上）在文明史中處處可見。文明最強勢的時候，要把自然變成先知預言時間終止時的樣子，把山谷填高，把山丘掘低，把崎嶇的地方鋪平：用水平儀和量尺把世界規整起來，形狀都按照幾何學家腦中的模式。

為了寫這本書，我假定所謂專門只寫人類的歷史（human history）是不可能的。歷史是一門「有人情味」（humane）的學科，因為必定都盈滿了淚、血、情感與仇恨。如果把它當作是一種「科學」，即按舊式定義，可以推出結果的一種學問，我會覺得無趣。人類研究的題材就是人，而對於學歷史的人而言，凡是人類之事都不是題外話。要想清楚了解人，就必須把人放在自然界其他事物的脈絡裡來看。我們不可能脫離與我們連結的生態系統，生態系統是將我們與所有動植物纏在一起的「生命鎖鍊」。我們這個物種是屬於動物世界這個浩大整體的。我們塑造的環境還是用大自然給的東西斧鑿拼湊出來的呢！

因此，一切歷史都可以說是歷史的生態學。這樣說的意思並不是指歷史必須是唯物史觀的，因為在我們與環境的互動中，很多是從心智活動開始的。就像許多文明之中的幾何圖形，都是先想像或發明，之後才形諸外的。傳統文明要素一覽表上的所有項目，都是從心念開始：例如，都市的緣起是嚮往秩序，農業的緣起是憧憬豐饒，法律的緣起是希望建立烏托邦，書寫是源自對符號的想像。

然而，包圍著社會的具黏性的自然環境，的確意味文明史不可能完全按心念或想像力運作的觀點來寫。文明史不是，也不可能成為一個只講藝術史或知識史的題目。文明史要放在土壤、種子、胃裡來講，必須涵蓋工藝技術史的事件，因為人類用工具面對自然時表現得最有效力。文明史必須講到飲食，因為人類依賴環境最甚、破壞環境最甚都是在從環境取得食物的時候。（其他歷史學家曾經批評我寫經濟史多從食物著眼，可是，大部分人在多數時候最在乎的本來就是吃。）文明史必須談到德文Kultur與Zivilisation涵蓋的意思。[9] 探討文明必須先充實許多其他科門的知識，尤其需要讀過考古學、人類學、地理學、美術史的文獻。研究文明必須超越歷史學家劃下的侷限。肯耐下性子看完本書的讀者將會發現，我不講包浩斯的建材，反而講巴塔馬利巴的；我談阿茲提克人的篇幅比談雅典的多；講高棉也比講十五世紀義大利大師的時候多。文明史必然是整體歷史：是從往昔的偏僻角落篩出來、翻出來、掃出來的史料，不是只在資料檔案堆和圖書館裡蛀書就有的。這樣的歷史也許很難寫，卻也令人躍躍欲試。

❖非洲面具與阿波羅雕像：近來的定義與視角❖

美術史泰斗肯尼士·克拉克畢生最重要的研究就是專門研究文明的作品，結果他卻說他仍然不知道什麼是文明，但是他認為自己看到文明的時候可以認出來。他提出的一個馳名世界的比較觀點，也有一些批評者認為是豈有此理，那即是將一只非洲面具與梵諦岡的阿波羅雕像相提並論。阿波羅是一尊時代與由來均不明的古希臘大理石雕像，被一代代的美評家推崇為理想美感的呈現。[10]克拉克說：「這座阿波羅像體現的文明狀態是高於這面具的，我想這是無庸置疑的。」他並且解釋，阿波羅雕像代表了文明的一個不可或缺的要素——有信心為未來的世界而打造；至於這面具，按其含意來看，是來自恐懼自然威力、人受著自然力量抑制的世界。他的好惡是品味的問題——是個人判斷的品味。克拉克認為的文明社會是會重視並且創造不朽藝術的社會，文明的社會會為了未來而大規模打造事物。[11]

如今，自認文明的人可能也希望自己所屬的這個社會，有足夠財力為大家買到創意的休閒；能提供多數人為彼此的福祉一同生活工作的方法；懂得記錄與傳遞從祖上繼承來的智慧；能努力為大家的需求而改變自然環境卻不毀壞自然環境。我們不妨憑這些準則幫助我們「看到文明的時候可以認出它來」。但是如果要定義文明，這些準則幫不了什麼忙。它們清楚反映了如今普遍的努力目標：吾人心目中自己應該達到的理想。這些準則不是規定處方，在其他文化、其他時代裡未必能博得贊同或決定輕重緩急。但文明的各種定義似乎都被這種偏見搞得沒了說服力。各種定義都離不開一個意思：「我是文明的，你屬於某種文化，他是個野蠻人。」我不敢奢望人人對於文明的概念都不帶一絲價值判定；但是至少可以躲開粗糙扭曲的偏見，拋下克拉克承認是「個人所見」的那些偏執視角。

曾有人說，大多數的書都是在引用別的書。我不想再寫一本這樣的書了。讀者若要接著看下去，也許會想知道它與既有的探討文明的著作有什麼異同之處。覺得理論多餘或無趣的讀者，可以跳過以下的一些篇幅不看。我提出這個省事的辦法，表示我覺得這個部分一般都是多餘的，而且大多沒什麼趣味。但是因為我寫的題目與這個領域以往的論述大不相同，已經熟悉這方面著作的讀者會要求在繼續看下去之前，先確定我的理論要旨是什麼。我們一方面基於對經驗事實的愛好想把先置作業都省略，直接講正題；另一方面，我們正待在或正在走進的知識世界是凡事沒有固定、定義看來都靠不住的：這個「進展的」世界裡沒有一個過程是完全結束的，意義從來不會綁死，區分也會消失。我不耐煩在文字遊戲裡繞來繞去，我希望至少每個問題都為確定的目標而發。不過，多數傳統的文明定義都是定義過度了，都太死板、太嚴苛、太造作，不是按證據得來，反而是硬套在證據上的。回頭把它們檢視一遍，看看該避免哪些毛病，對我們有益無害。以下就要回顧一下第一次世界大戰以來的所謂「文明之研究」。

如果說文明史是個被忽視的科門，好像不大合理，因為凡是人寫出來的東西幾乎無一不屬於這個科門。話雖如此，近年來的文明史論著的確一直比較不受注目。兩次大戰之間，這個題目曾是巨擘們的運動場，史賓格勒、湯恩比、柴爾德、孟福特、艾爾斯華・杭亭頓都下場較量過。探討文明幾乎自成一個學門了。第一次世界大戰被說成一場「拯救文明」的戰爭；因此儘管戰爭過去了，確定什麼是文明，文明該怎樣被維護、為什麼應該被保護，都成了重要的課題。[12]

那個時代的所有探討都沒有結果。史賓格勒是個不按牌理出牌的天才，用恐怖預言和拐彎抹角的散文惡整讀者。他有種天賦，能把不同文明用不同的象徵知覺表示，例如，西方文明是用哥德式大教堂裡演奏巴哈賦格的聲音表達。[13]但是，支配他所理解的那些隱喻都是既幼稚又欠缺說服力的：文明都像是活的有機體，終將因衰老而腐朽。他定義文明是文化的「注定命數」，是文化的巔峰階段，是「有機邏輯的結局、完成、終曲」，這可不是恭維的話。他認為，文化必然是已經在走下坡了才可能變成一種文明。他說：「它突然僵硬，它變成壞疽，它的血凝了，它的力氣散了，它就變成了文明。」[14]他聲稱知道什麼解藥能逆轉衰勢，但是，犀利批評他的人士之一說：「那些能預知未來而且自覺未來多虧他們導引的人，他們的行動之中有一清二楚的黑暗絕望成分。」[15]史賓格勒否認自己是悲觀主義者，不過這是悲觀預言家唯恐自己預言還不夠悲慘時的一種自我放縱。

下場較勁的其他重量級人物的表現都不比他好多少。柴爾德不喜歡「文明」這個字眼，想避而不用，結果卻把它的意思說成是定居生活：兩種「革命」之後出現的社會狀態，第一種是農業革命（人類

「能掌控自己的食物來源」），第二種是「都市」革命。[16]農耕與城市生活已經是文明審核表上慣常有的要素，之後柴爾德又加了一項也是慣常有的要素——書寫。[17]孟福特與杭亭頓的著作中，都毫不掩飾地把文明說成價值判斷極濃厚的名詞，分別用來指他們痛恨或欣賞的事物。這並不表示他們的作品是沒有價值的。杭亭頓的才氣，在他龐大數量的作品裡，幾乎每一頁都躍然紙上，但是也都被兩大缺點拖累。一是他難捨偏愛的理論，尤其是他深信長期的天氣趨勢，是被他所謂的「脈動」機制所改變的。他憑此種「脈動」而能把他確認是文明的每一種發展，套用在一個有著有利氣候條件的時代與地方裡。[18]第二個大缺點是他偏愛自己的同類，他會抗拒這樣的偏見，但照例都會屈服。他承認每個民族都有自己的文明標準，但是他忍不住要獨鍾信奉基督教新教的西北歐與美國的新英格蘭地區的文明，他認為這些環境結合了「最適宜」的條件。如果往其他方向走，離耶魯大學越遠的地方越糟。這可能是「世紀病」的一個症狀：湯恩比也認為波士頓以北太遠的地方不大可能有文明。

湯恩比提倡文明之比較研究是不遺餘力的。他為此寫了一部其大無比的作品：有十二大冊，每冊都至少有我這本書這麼厚。這頭巨怪後來卻施展不了威力。湯恩比在這部著作開端的地方向讀者保證，文明與所謂的原始社會有「一種真實明確的差別」，並且談到一個會「突變」成為另一個。[19]讀者把隨後的十一又三分之二冊翻遍了也找不到他說的是什麼差別。他講到的最能具體說明的一段話如下：

> 如我們所知，原始社會裡的模擬學習是以老的一代為對象，以死去的祖先為對象，鞏固著長老們的權勢，並且提昇他們的威信。……風俗統理一切，社會保持靜止。反觀正在文明過程中的社會，模擬學習的對象是有創造力而能號召追隨者的人物，因為他們是人類努力的共同目標之路上的先驅。在朝向未來模擬學習的社會裡，「風俗的大餅」剖開了，社會走上變革成長之路。[20]

嚴格地說，沒有所謂的「原始人」：我們同樣都是長久進化過程裡的產物。把文明與變革混為一談，把變革與「成長」混為一談，顯然根本沒有道理：所有的社會都會變，而每個社會都渴望安定；各種社會都曾塑造世事不會變的假象，要是把這一點排除在文明之外，乃是腦筋有問題。現在回顧湯恩比那種熱衷「先驅」領袖帶領文明走向集體目標的思想，正是在希特勒剛剛得勢之後發表，倒教人不寒而慄。「風俗的大餅」是湯恩比從白哲特那兒借來的；英格蘭的法律和大英帝國憲法都是揉在大餅裡的制度之一。所謂只有不文明的社會遵從「老一輩」與祖先智慧，這種論點如果有理，那麼幾乎所有可以稱作「文明」的社會都要被除名了。因為，如果真有進步這一回事，進步的基礎就是傳統。從來沒有一個社會是憑著漠視先人累積的知識而興盛的。

然而，文明是朝向未來開創的想法具有很強的暗示力量，而且產生了很多未被公開承認的影響。有歷史觀的人類學家會把文明看作詩意的描繪，成為「為吾人的終極目的而進行的耕耘」，成為只以未來定位，而不以過去定位的社會自覺改造。[21]我猜想，克拉克定義文明時，認為文明是社會有信心為未來的世代而打造，其靈感也來自這種想法。這個想法既呼應史賓格勒的悲觀主義，也呼應現代那種充滿末日毀滅論調的氛圍。保羅．瓦萊里所謂的「精神危機」，是來自認定文明「終有一死」的信念（因為文明如同活的有機體，所以會死）。[22]曾有一位評論家說過：「一個文明若知道自己是會死的，就不能充分體現這個名詞的完整意義」。[23]末日意識——與悲觀主義搏鬥之必要——又因為二十世紀恐怖災難頻仍而越來越明顯；但是早在兩次世界大戰之間，已經被這個陰影所深深籠罩。

那個時候所見的未來似乎掌握在發誓棄絕文明的新野蠻人手裡，新野蠻人是共產黨與納粹黨，他們急於消滅整個民族和整個階級，所以駁斥一切人性價值。圖哈切夫斯基是第一代紅軍將領中最頭角崢嶸的，他揚言「要把世界灌醉，……陷入混沌，在我們未將文明夷為廢墟之前不會醒過來」。他希望莫斯科成為「野蠻人世界的中心」。他計畫的行動綱領包括將所有的書燒掉，「我們才得以浸沐在愚昧時代的早春裡」。[24]右派同樣走極端路線的否定文明之說，則不這麼直白，但是潛伏的兇殘起碼和左派一樣恐怖，而且也一樣荒誕。正如圖哈切夫斯基憧憬「回歸我們的斯拉夫精神」，納粹黨對古代民間宗教信仰也有這種幻想，並且把Heimschutz（意指保存日耳曼傳統之純正）變成在石堆圓圈和草地條痕中的神祕追尋。[25]兩派政治極端的藝術與文學都崇尚未來主義：戰爭、混沌、毀滅受到頌揚，傳統被詆毀，機械的美感、強勢者的道德、喋喋不休的胡言才是得寵的。[26]大約也是在這個時期——至少是在瑪格麗特・米德發表論薩摩亞群島性發育成熟的著作之後——文明似乎遭到更進一步的威脅，那是來自對原始狀態的浪漫崇尚。米德勾勒的景象大多出於她的幻想，不是根據田野研究。她描寫的薩摩亞是性方面自由開放的社會，沒有心理學所發現的文明中存在的「不滿分子」的壓抑。不穿衣服的薩摩亞青春少男少女可以自在地嬉戲，沒有任何焦慮和壓抑。[27]

第二次世界大戰並沒有驅散這些威脅；卻顯然把文明弄得更不值得研究了。自從納粹屠殺猶太民族與廣島挨了原子彈以後，系統化研究文明的愛好始終沒有恢復。偶爾會有批評者冒出來痛斥戰前大師們的錯誤或臆斷。我在童年晚期讀了湯恩比前六冊的節錄版，之後讀了皮特・蓋爾毫不客氣的駁斥，就決定再也不看湯恩比了。[28]（我從那時直到這本書快要寫完之前，一直都固守這個決定，後來發現湯恩比的書也不無道理才改觀。）菲立普・巴格比擅長拆人家的針腳甚於自己縫一個，結果只做到把文明等同城市，這不過是把定義問題轉到另一個同樣令人頭痛的用詞。[29]在此同時，湯恩比的仰慕者和以為能改進湯氏遺教的追隨者們安排了各種討論會，也創立了類似某種運動的東西，都沒有多大起色。[30]也是在這個期間，社會學家們（他們往往想像文明是可以用來將社會分類的一個項目）不時催促歷史學家重操舊業，找出文明的特徵，歷史學家一般都不理會。社會學家也曾提出精細規劃的「階段」說、「面向」說、「週期」說，但多屬於社會學家這個行業的產物，來自文明的事實成分比較少，而且都是錯綜複雜捉摸不定，必須先解碼說明才能加以歸類。[31]冷戰時期問世的論「西方文明」的美國教科書多得數不清，我只略翻過少數幾本，說這些作者是不得不舊調重提應該並不為過。這幾十年中最教人耳目一新的見識來自克拉克與諾柏特・伊里亞斯。

當時克拉克要為電視節目寫稿，覺得文明這個概念非寫不可，也許是因為這是無法定義的。[32]伊里亞斯巧妙地避開了通常不得不把文明當作世界共同歷史的模式。他指出（他具有把別人看不出來的明顯事實一語道破的奇才），文明是一種自我指涉的西方概念，「表達西方社會的自我意識。……西方社會近兩、三百年自認優於以往社會或優於同時代『較原始的』其他社會的每一件事」。[33]他從過去慣稱的「禮貌」、「禮節」的角度談文明的故事，文明是西方社會符合現代或近代中產階級與貴族價值的行為標準的變革：是「克制衝動與言行上的改變」，[34]或是十八世紀所謂的人的「刨光與修飾」。[35]這是有根據的探討，也帶來發人深省的結果；但這其實不是一篇文明史的論說——只說到了文明史的一小部分。雖然「文明」是個西方的名詞，本書要講的這個概念的意思卻是相當於——或可以轉換成——普世的用詞。

冷戰期間，另有兩群人一直相信文明是個值得研究的概念：一群是古史研究者與考古學家（但是他們習慣用文明指他們研究的社會而不用理論多加說明）；[36]另一群是一些還相信進步的人。第二類之中的費爾南・布勞岱爾是最具影響力、也最受景仰的一位。他在著述中隨處用「文明」這個詞，以鼓勵學生與學者放寬視角。他於一九六三年所撰，專供中等學校使用的書中，詳細說明了他那很有用的定義。有時候他把「文明」當作文化的同義詞，有時候把在認同與意義型態上有連貫性的社會稱為文明。[37]他也把「真文明」與「原創文化」劃上等號，指的是創新的或明確有別於他者的文化。[38]他明白至少某些文明是可以按環境分類的，並且提出一個這種類項，稱之為「制海權的文明，海的女兒」：舉的例子有腓尼基、希臘、羅馬，以及以「波羅的海和北海為中心的強勁的北歐文明，還有大西洋本身以及海岸上的諸文明」，這些都將在本書第七卷談到。[39]但「制海權的」不是有多大幫助的形容詞，因為其實這些社會多數是由軍人和地主統治的，但我們卻可以因為海洋在其中占舉足輕重的地位而全部歸納到一個標題之下。

這個期間，百折不撓的進步教育論者、英格蘭末代輝格黨人傑克．普倫爵士主編了一大套書，旨在把「人類社會史」全部囊括。因為普倫深信這是進步的故事，是理當成為探討的題目，「文明」這個詞也不斷出現在這個系列書籍的標題中。比普倫編書早幾年前，另有一套以「文明史」為題的書問世，由約翰．派瑞主編，這個系列的第一本書也是由他執筆。[40]這本佳作沒有講理論，甚至不為立論作辯解，身為「大洋史學會」主席的派瑞把重點放在受歐洲文化影響的海洋交流上。這兩套書的每一本都寫得好，有些已經成為當之無愧的經典，但是沒有一本重新檢視文明這個題目。這些書都是歷史；都是人類歷史；雖然有幾本的書名裡就有「文明」一詞，卻看不見任何釋義說明。

另外一位作者，和普倫一樣，有著進步論熱情與保守習慣的奇怪混合，那即是李約瑟。他的鉅著《中國的科學與文明》延續了湯恩比式的文明比較研究傳統。[41]他也與所有的天才一樣，可能因為太聰明反被聰明誤。他的主張是略帶神祕味道的高教會派聖公會教義與天真的毛澤東思想混合體。他有些深信不疑的想法十分奇怪，包括無實際根據就相信是中國探險家開創了中美洲的文明。[42]但是他的傑作表現出我所欽佩的許多治史風範，在我們這個時代是無出其右的：學識淵博，企圖心強，感覺敏銳，忠於證據，立論大膽，鑽研甚深，範圍不設限，以及成竹在胸，悠遊於浩瀚素材之中十分自如。他未完成全作即辭世，但頭幾冊已經改變了我的世界觀。我想像，如果有「銀河博物館管理員們」站在宇宙邊緣，以優勢角度回顧我們的過去，將會把中國當作展示重點，卻把西方文明擠在一只小玻璃櫃的一個角落裡。

如今文明的研究重新列入學院的正式學程了，部分是拜冷戰結束之賜。因為冷戰結束而使研究「國家集團」的人變成多餘，釋出的人力可以投入其他題目的研究；此外還多虧撒姆耳．杭亭頓的功勞。他提出的警告是，繼意識形態的差異之後，不同文明的差異可能成為未來衝突爆發的起因；他並呼籲我們走向「多元文明的世界」。[43]聽見這呼聲的世界才剛習慣馬克思主義傳統中的一種定義，也就是多少把文明等同一種意識形態，文明是受居優勢的「宇宙觀」或受某「世界運作模式」擺佈的一個區域，這個模式當然總是為權勢菁英階級著想而設計，並且施加下來的。[44]杭亭頓雖然不是心甘情願，但還是呼應了這個傳統，把宗教信仰當成不同文明之間的黏著劑，[45]但又不完全達到他認為定義或歸類某詞應有的要求。按他的世界地圖，瑞典與西班牙屬於同一個文明，希臘卻不然。他把很大一個區域劃為「佛教文明」，卻又懷疑未必有這種文明存在。[46]不過他讓其他學者來改進他的定義及歸類。

我們很容易會認為不必把文明當作理論來說明：寫歷史的時候用它來指可以歸入一類的人類社會，當作一個很大的單位——「人類的最大劃分單位」[47]——豈不方便？為了說明基於立論需要而作的分組歸類方式，總是會把歸類說得亂了套，所以索性不用「文明」這個詞，或是不用理論來說明「文明」的定義，是這樣嗎？有些歷史學家可以暢談文明之比較而完全不顧慮自己的歸類是否連貫或前後一致，認為直接談「伊斯蘭世界」、「西方」、「中國」是當然可行的，[48]或者就用我以前提出沒有價值判斷的、最簡約的定義：文明是「一群自認屬於同一群的群體」。[49]

這樣做的結果是使文明與其他的社會型態沒有實質差異；假如我們忘記文明的疆界和布局是隨時在變的，或是想把文明的範圍擴大到包括全世界，結果就會出現諸如以下的亂象：杭亭頓所說的「東正教文明」把俄羅斯和喬治亞劃在一起，他說的「中華」(Sinic) 文明包括韓國和越南，卻不包括日本和寮國；湯恩比說的「古敘利亞文明」不知何故把亞美尼亞人和阿拉伯人一股腦都納入。並不是每一個群體都必須屬於某個「明白易懂的研究單元」；真正能夠清清楚楚研究的單元往往是很小的。

「文明」當作指多個社會的龐大匯集的意思，是個實用的名詞，也是思想家們認為自己在闡述理論所指的意思。如果用令人肅然起敬的複雜語言來表達，照這個意思理解的文明就貌似或聽似一種理論了。例如，涂爾幹與毛斯提出的定義是：文明是「複雜性與團結性的系統，並不侷限於特定的政治實體之內，卻可以確定其時空上的起源……且具有統一性與自己的生活方式」。[50]柯洛柏採用的名詞是「文化整體」；他說文化整體有精神特性，是「自然的系統」，與活的生物相似，以「風格」彼此區別，而風格無所不包，飲食、裙子長度、巨大碑塔、文學喜好都屬之。[51]我們只要看到了「文明是有成因、有意義的整體，不同於邦國，也不同於民族或任何其他社會群體」，[52]就曉得將文明理論化的企圖又失敗了。我們又回到類似克拉克憑本能判定文明是什麼的情況——看到了文明的時候就知道它是文明，但卻說不出文明究竟是什麼。[53]

❖不同文明之間的關係：達成文明的統一性❖

相較於定義「文明」，定義「一種文明」算是不複雜的題目——但也使許多人知難而退。也可以說定義「一種文明」以定義「文明」為基礎：要先弄清楚如何認定一般的「文明」，才可能辨認特定的文明是不是文明。「一種文明」是可以憑經驗仔細觀察，很容易求證的現象。文明有很多種，但是哪個社會可以算是一種文明，大家意見未必能一致。有些學者似乎犯了傻氣，想把文明的數目算清楚。湯恩比認為總共有二十一個。[54]奎格里算出來的是「二十四個」，[55]撒姆耳．杭亭頓說現今世界上有「七、八種」文明，也許有九種。[56]他們所說的「文明」一詞，照例都指一種普遍概念，其真實性還是可以質疑的；要不然就是意指我在上文說的，是所有適於稱作文明的社會都該具備的——「文明的要素」。

我稱之為文明的每個社會，的確都有一些共通之處：都有想要有系統地改造自然的計畫。有共通處並不表示文明的多樣性就受限了。我把書名定為複數名詞的Civilizations，就表示我否認文明不可分之說。

這種不可分之說通常是在兩種狀況之下提出：第一種是，用文明指全體人類社會，而不是指某些社會或所有社會都有的某種屬性或特徵；第二種是，用文明指所有的社會因為進步而傾向往某種狀態發展，這個狀態便是文明。這種說法認為所有的社會只有一個共同的傾向，即是群居，此外並沒有證據可以指出什麼其他傾向。朝向某種歷史的巔峰而進步是癡人說夢，不論巔峰指的是沒有階級的社會，是「聖靈的時代」，是「千年帝國」，是自由民主，或是某種「歷史終結」，都是一樣。所以，再深究這個說法顯然無甚意義。我在本書中探討的文明史是一個比較研究的領域，是有斷裂性的。有時候我還會冷不防地突然轉移陣地，讓讀者體驗本書的不連續性。

讀者會不時看見質疑文明可融合、終將融存為一體的說法。除了講述各種文明遭遇自然的故事，本書會逐步讓另一個故事成形，即各種文明互相溝通，最後就跟著這個故事走。彼此同化是這個故事的內容之一，而且是越來越重要的內容。一個個環境在故事中發生的典型事件，都反映重要的跨文化主題：遷徙，貿易，影響力交流，朝聖，傳教，戰爭，建造帝國，大範圍的社會運動，以及工藝技術、地區特有動植物、想法的轉移。本書講到的某些環境，如：沙漠、草原、海洋，當作文明的背景成分少，大部分或全部都是成為不同文明之間的互通要道。

這個主題必須納入，是因為文明是相互滋養的。也許是由於各種文明多少得以傲慢態度面對自然，它們通常都瞧不起自己的鄰居。例如古希臘和古中國，都認為自己以外的世界全是一無可取的蠻夷之邦。古埃及人甚至認為外邦的居民算不上是人類。我想這不僅僅顯示各種社會裡的人都不願意把外人看成與自己一樣：據說人類的大多數語言之中沒有指「人類」的詞彙，只有用來指「說這個語言的人」的名詞，[57]說得更精確一點，用來指自己群體的這個名詞只限於指他們自己。不過這並不表示指涉外人不能用表示尊重或甚至恭敬的名稱。鄙視非我族類是一種文明的惡行，不是所有的群體皆然。

文明人的這種自我區隔是很特別的，特別是因為這種區隔是選擇性的。同屬於某個文明的人會覺得自己憑著某些成就而與其他人群不一樣。但不同的文明有時候即使彼此仇恨得難解難分，例如古羅馬與古波斯帝國、中古時代的基督教世界和伊斯蘭教世界，仍會形成相互承認的關係，甚至維持彼此不衰。他們就像在鏡中相互看見的敵對雙方。這些文明雖有一些鄰居覺得彼此近似，它們卻往往要向遠處看，甚至往世界另一端去找，希望發現其他文明存在，頗似一些暢銷科幻小說裡描述的外星人，在宇宙中尋覓和他們一樣有智能的生命。除了少數例外（見第十章），任何文明都很難在不與其他文明接觸的情況下有高度物質成就，除非是非常龐大的文明。

多少因為這個緣故，文明的故事必須要包括不同的文明如何建立彼此的接觸，且看，所有自古留存至今的文明都是有密切接觸的。常有人說這些文明將要融合，成為單一的全球文明。本書近結尾的部分會談到一個全球文明是否有可能。如果真有要朝這個目標發展的動向，結果也只會是在既存的眾多文明上再加一種，而不是把所有的文明融入一個總括全體的統一體。

❖ 過程與進步 ❖

既有的論述之中，一些最引人興趣、引起迴響最大的，都是最具個人特色的。王爾德認為，文明是「中產階級厭惡的那些東西」；懷海德說的文明是「表現真、美、冒險精神、藝術、和平特質的社會」。[58] 柯靈烏是二十世紀少數幾位名符其實的形而上學教授之一，他認為文明不是一種社會類型，而是社會成形之前的一種態度：走向「有禮」的理想社會關係的一種心智過程。就實踐面而論，這是指逐漸變得較少訴諸暴力、更有科學精神、更能接納外人。他在世界大戰期間寫過一篇以證實德國不文明為主旨的文章，其中勉強引申出，文明一辭可以用於指朝這個方向改變程度不一的社會。[59] 湯恩比可能是一時大意，也給了文明「向聖潔品味進步」的特質。[60] 克萊夫．貝爾說文明是「理智，經過價值體認予以軟化……是價值體認，經過理智予以堅固並且點明的」，這顯然是代表「有閒階級」私利而發的論點。[61] 批判文明的人士常會說文明是一種霸道，用暴力壓服人，這往往有部分屬實。類似這樣一言以蔽之的判詞，也許可以激盪腦力，或是透露說話者的成見，但是對於劃定一個可供研究的題目而言實在無甚幫助。

「過程」倒是可能派得上用場的概念。從字源學著眼而思考詞義的人會說，按正確字義來講，「文明」

必然是一種過程，因為所有源自法文帶著-isation字尾的字，指的都是過程。[62] 然而，這裡說到的「過程」，都沾染了「進步」的意思。佛洛伊德提出的說法有他一貫的令人既難忘又不安的效果。他贊成把文明視為文化沉澱物的累積——是個人心理昇華與壓抑的集體效應。他稱之為「為性愛本能效勞的一種過程，其目的是要結合單一的個人，然後結合家族，繼而是種族、民族、國家，成為一個大的統一體，即是人類的統一體」。[63] 他想讓人脫離文明具腐蝕性的不滿中得到自由，而文明的不滿即是罪惡感。他這個行動帶來的後果就是「感覺爽的社會」，這也是現代西方社會政治學與心理治療的共同目標。顯而易見，拿這個作文明史寫作的開端是無用的，不過我是真的討厭它。這是養成道德惰性的溫床。我們如果想自求精進，就必須對自己感到不滿。

更有害的是某些社會生物學家所謂的進步之說。他們認為文明是人們憑腦部特別快速的演化而有的優越成就。按這派人士所說，文明是達到「一定的智能及教育水準，……是腦力不間斷的、活的、演化中的發展」。[64] 表現出來的是把特定的表述形式抬高到獨具界定文明特徵的關鍵地位，例如書寫文字或是國家政府，也就是這派人士說的「依高度抽象意義水準，寫成的人類用的象徵符號」；但是，不論把話說得多麼模糊，都掩蓋不了問題的真正重點。他們說：「歷史上的各種文明，不但證實了智能就是力量，而且呈現出多樣的人類智能，皆以象徵的古老形式表現出來。」[65] 這種大量使用隱喻的思考方式，不大可能博得識貨者的看重，卻會唬住一些人。這等於是說，為了強使演化的步調加快，暴政是有理的，不具備象徵符號的那些社會，例如沒有文字的社會、沒有政府組織的社會，就會被貶低為沒有智能的、演化水準不夠的次等類別。

相信進步說的人往往把文明擺在靠近進步終點的位置。按湯恩比的另一句名言，「文明」永遠是「終極的」。[66] 文明照例被當作社會從原始狀態成長的過程之中，達到的一種階段，是不可避免的模式之中的一個時期，是依照人類自然擴增的思維或是憑工藝技術逐漸成熟完成的；要不然，他們會說，社會演化就是機動力量，力量的大小是由經濟和生產手段決定的，或是由人口統計數字和消費需求決定的。有一種順序是：狩獵，放牧，農耕，文明；另一種是：部落，圖騰社會，「複雜社會」；又有一種是從部落頭目制，經酋長制到國家政府；再有一種是從迷信，經魔法到宗教；還有一種是從營地開始，再進步到小村落、村莊、城市。這些順序雖有一些可以用來形容某些社會的歷史階段，但沒有一個是放諸四海皆準的。奇的是仍有那麼多人忍不住要把過去描述成是逐漸進步的。孟福特是帶著偏見來看待文明的，他依然把文明放在進步說的架構裡，其中的「分散的村莊」演化而成為有政府的國家和城市，古老風俗演化成書寫成文的法律，「村莊儀式」演化成戲劇，魔法演化成「建立在開啟遼闊時空與威力觀點的宇宙神話之上」的宗教。[67]

人們誤以為，只因為文明發生在歷史的後期，所以文明是優越的規劃生命的方法，這是演化進步說難辭其咎的。社會不會演化，社會只會改變。如果「適者生存」是一個可信的評判準則，一些非文明在某些狀況下存活得比文明對手要好（見第一章），就應該算是演化水準比較高的了。

❖文明的核對表❖

只要有人拉起一條線用樁子標示這是文明的界線，就會有觀察者來看或想像它與別的線不同在哪裡。幾乎每一個立論的人都提出「社會必須符合哪些準則才夠資格算是文明」的一覽表。但這些核對表全是沒用的東西。

傳統用來辨識文明的所有特徵，都將引起難以解決的問題，甚至是不可能解決的。例如，常見的說法指游牧社會不可能變得文明；「文明始於農耕與明顯有組織的村落生活之確立」。[68]但是，斯基泰人和亞洲大草原上的斯基泰人後繼者都創造了燦爛而歷史不衰的藝術品，修建了不凡的恆久建築，起初是造墓，後來造了供行政、商業用的建築；並且創造了政治經濟系統，以蒙古人為例，政經系統遠遠大於素來有定居傳統的任何鄰邦（見第四章）。

又如，常見的說法認為城市是文明生活必備的條件；卻從未有一家說法能夠清清楚楚區分城市與其他規劃生活空間的方式。本書會談到，像大辛巴威或烏士馬之類的地方，雖然人口眾多建築規模又大，有些評論者卻說這些都算不上是城市。中世紀的墨西哥和爪哇，銅器時代的東南歐，都曾有人偏好組成較小的社群，居住建材簡陋的房子；這些人卻照樣能累積大量財富，創造巧妙藝術，而且大多留下書寫的紀錄（或近似文字的紀錄），爪哇的建築之龐大尤其令人驚歎（見第九章、第十二章、第十三章）。

有些一心要確立定義的人曾經強調，城市社區必須從經濟面來界定——算不算城市通常是用貿易或工業來衡量，而不是以食物生產為準。這樣是行不通的，因為歷史上多數社會裡，可以認定為城市的社群，都曾經是面積更廣的鄉下的一部分，而且其中的多數人口完全是靠農業維生的。如果把純粹務農的社會列為不符合文明資格者，等於推翻了有關這個題目的大量研究，雖然這未嘗不是好事，卻有必要仔細解釋這種主張的理由。但是至今沒有人提出充分解釋。事實上，不分哪一種經濟狀況，都不足以造就城市：只有城市人民的心態可以造就城市。例如西班牙的山蒂亞納德瑪爾的街道上有阻擋牲畜的溝柵，臨街的建築物上卻都有極盡城市裝潢之能事的石雕門面。二十世紀早期美國中西部的每一個類似「黃鼠草原」（路易斯小說中的地名）的窮酸小聚居區，都有一夥力撐都市場面的人。以前邊疆上的首都，無一不是拓荒者的憧憬，在壯大成形或是經濟專化之前，這些城市之中有些設計藍圖堂皇華麗得令人忍俊不禁。所謂城市必然是「後農業」的論點不只是錯誤，簡直是罪惡；是如今工業化世界裡的這種都市的自負之罪，是認定我們的標準是普世通用的大過。

定義文明的人往往把文字書寫列為要素；但是許多有輝煌成就的社會是用其他方式傳遞記憶與記載資料的，包括用結繩、鍥刻木棍、織布、手勢。要說文字與其他符號表詞達意的方式不能相提並論的話，必須拿出充分的理由來。[69]除《聖經》之外，影響西方文學最深遠的兩部作品《伊里亞德》與《奧狄賽》，很可能是從沒有文字書寫的創作而來，與所有社會的古老智慧一樣，是憑記憶口傳的。幾乎每個文學傳統之中的史詩，都保有口傳文學時代的影子。中國小說一直到二十世紀仍依照說書人的傳統分章回，並且在每回結尾賣個關子。本書下文將會講到，許多社會都把值得記住的事，也就是有恆久價值的東西，交託給口述傳遞，卻發明了書寫系統來記錄無聊東西，例如只有短暫用處的帳目、商人的進出貨清單。

一些其他的衡量準則，例如分工、按經濟構成的階級制度、國家政府或類似的機構、制定與執行法律的機關，顯然是提議者基於成見從自己的社會環境找出來的。多數社會有這些條件，因此混合了不同的準則來衡量，就會產生不同的贏家和輸家。不過這些條件沒有一個具有特別的文明地位。[70]其他的假定準則表都太含糊，或是太具有選擇性，或是太倚重先前提出的有關一般社會如何「演化」或「發展」的不完整論點，所以都無甚用處。這些通常都是被當作有系統的分析所提出來的零碎雜燴。一九七八年的「沃夫森講座」題目是「文明的起源」，內容假定應該與灌溉進步、工藝技術、人口壓力、「演化的社會結構」、「財產概念」、意識形態、貿易有關。[71]最後選出城市生活、宗教、文字為僅有的準則：結果是，講座揭示了一些有關城市生活、宗教、文字之起源的東西，卻完全沒提文明的起源。

我主張把文明當作人類與自然之間的關係來看，並不只是在推開其他障礙之後，又在跑道上擺出一組欄架，我不是要提出另一套評量社會有沒有資格算是文明的準則。我要提供一個量尺，可供社會按照其各自改變自然環境的程度，在量尺上找到自己的位置。我選為例子的一些文明是看過文明比較研究的讀者所熟悉的。這並沒有為這個準則背書的意思，純粹是為了實用，以便讀者把比較不熟悉的、罕見的、出乎意料的例子與自己已經知道的關聯起來。同時也要藉此證明，許多被排除在傳統意義的文明之外的社會，其實符合了某些常提的準則，或其實具備了一般所說的可以界定成文明的特徵，或至少可以標識出屬於文明。

❖回到自然：按環境分類❖

把文明按環境分類的主要理由有四。一，這代表觀察視角的改變，與通常的視角不同。即便這樣實驗失敗了，仍然值得一做，因為每種新的觀點都可以擴大視野。歷史要從書頁之間窺見，越常改換觀點，能看見的越多。

二、環境雖然仍由主觀判斷出來的界線所區分的，但環境本身卻是真實而客觀的：雨和沙，熱和冷，森林與冰層，都是看得見摸得著的，強度都是可以計量的。如果不按環境分類文明，而是按「發展」的程度分類，結果十之八九是依觀察者的同情感而決定等次。這些模糊我們視線的準則要除掉。常見的用來把不同的文明分成方便歸類的那些階段或面向、模板或類型，都是研究者構組的，而環境卻是自然賦予的。

三，我主張的方法有傳統為後盾。「文明」是十八世紀歐洲創的一個用詞，當時人們試圖劃清自己與自然界其他事物之間的界線。這麼做也是一種自我馴化：藉社會儀式、禮節、「優雅」言行的規則，把自己內在的野性剔除。再進一步，就是包括改造人性以外的自然：馴養動物，或是用科學方法配種而養出可供人類利用的動植物，或是打造人工化的景致花園，「改進」土地，把有形的環境全面改成適合高雅活動的場景。Polite（有教養的；高雅的）這個詞，以及它在多數歐洲語文之中的同源詞，都含有「擦亮；打光」和「理想國」（politeia）的意思。如果風景的野性太重而不能重新精製，就要加以探索、勘察、測量，甚至由專畫「如畫風」的畫家重新加以想像，將其中的各部分調配安排，把不規則的地方弄平整。一位荷蘭作家在一七九七年間定義的文明，就是指改造自然的過程。[72]湯恩比談論文明的著述有一個優點，就是沒有脫離這個傳統。一九一九年間——早在他變成生態先知和保護「生物圈」行動的發言人之前，他規劃了一個定義，指文明是「一種過程」中的一個階段，「人類個體在這個過程裡越來越不受其環境模造，……越來越使環境順從自己的意志。我想，人們會覺察，到了某一個點上，應是相當突然地，人類將取環境的機械律而代之，成為這種關係之中的支配因子」。[73]幸好他忘記了或是拋棄了這個定義，因為根本就沒有這種轉捩點；環境適應人類是連續而累進的。不過湯恩比是歷史生態學的先驅，從來不曾在描述文明的時候漏掉環境；他的「挑戰與回應」原理（具挑戰性的環境啟發文明的回應），把衡量文明程度的方法描述得既有力又明白（見第十一章）。

四，按環境分類文明可以揭示以下的真相：不能用直線的或漸進的故事把不同的文明歷史說到一處；文明既不取決環境，也不受環境影響；沒有一個可居住的環境是絕對不能文明的；環境的多樣性有助於文明；文明始於特定的環境，但有時候可能征服、移居、跨入其他環境；來源各異的不同人群在不同的環境條件下會有突出的文明表現。世界上沒有一個地區是得天獨厚的，沒有一個民族是獨一無二適合文明的。

整個動物界之中，只有人類這個物種能在地球上的所有地方存活。另外還有寄生在人身體上的物種，因為人走到哪兒就跟到哪兒，所以也能跟著存活。按生態學家的說法，人這個物種的「可耐性限度」很寬。[74]人類攀山涉水，越過冰帽險惡的邊緣，登上極高的高地，地球上幾乎沒有什麼地方是人類不能建立社會的。以前曾有過的想法是，文明只可能在某些種類的環境裡發生。不能是像沙漠、冰原那麼嚴酷的環境，因為人在那種環境裡不可能變成有錢；也不能是像豐饒肥沃的森林那樣安逸的環境，因為人在這裡不需要努力、合作、分配食物。的確，就人類既有的成績單看來，有些環境是比較容易變成適應文明生活的。凡是擁有可利用資源密集且便利運輸地點的環境，文明往往開始較早，也持續得比較久。然而，人們仍有辦法在頑固的環境裡過起文明生活。當今的一些最高價的房地產就是座落在沙漠荒原之中。目標看得遠的人已經在談建立海底社區和太空城市了。只要是人類能生存的地方，都可能發生文明。造訪過小島的人，或是閱讀本書所描述小島環境的讀者會發現，那麼貧乏、脆弱、處於邊緣或孤立的地方竟也建立起文明。土壤貧瘠空氣稀薄的高原上，那些人們的努力精神，也令人由衷讚歎。一般印象中極不友善的雨林環境，曾經存在人類最華麗壯觀，也最費力氣打造的區域。

細看之下，所謂最有利的環境未必如一般想像的那麼有助文明發生，一向被冠上文明「搖籃」的河谷地區，其實可能是苛求的、需付出辛勞的、難以駕御的地方，面對艱鉅挑戰的人類不得不英勇回應。我們會以為溫帶沿海地區是有心開創文明的人最理想的地方了；其實這種環境曾經迫使人們投注長期辛苦的努力，經常面臨氣候、天災、他人的攻擊。歐洲與北美洲有一些環境看來極優越，也是十分令艾爾斯華．杭亭頓著迷又滿意的，純粹是由於這些地方現存的文明還沒有被消滅。但因為這些文明起步晚，沒被消滅也就不足為奇；但也不能因此就說它們存留的時間會比已經從太熱或太濕的環境消失的那些文明更久。存活得晚的文明難道就表示環境是比起步早的文明的環境更有利嗎？

❖姑且為文明喝采❖

也許有讀者覺得我太愛唱反調了，其實我是想把這個研究結果講得明明白白，不留一點誤解餘地。艾爾斯華．杭亭頓是十足的新英格蘭耶魯人，他在一九四〇年代宣稱，「如果有一類型的人一直對於可任由他們取用的機會與發明不顧，不懂得利用」，就可以推斷他們是「天生次等」的。他舉的例子是澳洲土著不願意用槍打獵，布須曼人不肯騎馬，厄瓜多印地安人文化上的故步自封。[75] 換成另一個人來看，也許覺得這些表現可能是睿智的不屑吧！

我們的杭亭頓教授從大部分角度看來是位開朗的人，很嚴謹要求自己不可以有偏見，而且對於「文明上的落後必然意味著遺傳上的智力不足」是表示懷疑的。但是他代表的正是想要定義文明的人士不足的地方。他太愛自己身處的時地，所以沒辦法用任何其他標準來評判世界上別的時地。他就像蕭伯納的

《凱撒與克麗奧佩特拉》之中那位布里坦尼可斯，是個「以為自己島上的法律就是自然律」的野蠻人。他擬了一份「世界文明分布」地圖，是以平均每人擁有機動車輛的數目為依據。[76]他藉比較紐芬蘭與冰島證實「固有智態」之重要：因為兩地氣候相似，冰島的傲人財富、學識、創造力，必然是由於冰島人本來就遺傳了優越的智能。至於紐芬蘭人，只有一個人有資格登上《大英百科全書》。[77]他花了很多精神做這項比較；但是方向不對，都是徒勞。這兩個社會相對的繁榮與學識差異，源於多少世紀以來懸殊的歷史經驗，不可以壓縮成單一的因素。

讀者在後文中會看到，有些非洲人把某些環境變成文明的本領特別高，歐洲人未進入美洲以前的有些美洲人，特別長於另一些環境的文明化，有些歐洲人和亞洲人特別擅長自己環境的文明化，這都可作為衡量事實的依據。各種膚色的人都曾生產過、各種文化都曾誕生過，在環境脈絡中太突顯而不能按「質」分等次的文明，因此很難有一概而論的通則。所謂哪種類型、哪種起源的人必然不會有文明，都是謬論。根據環境條件優劣這樣講，或是根據人種與文化如此推理，一樣都是荒謬的。提出這種概括的人是有血腥臭、啃骨頭的食人妖，或是只會顧影自憐的文化自戀者。有些民族選擇不要文明，也許其中的理性考量並不輸其他選擇要文明的民族。

這樣說並不是贊成那種不敢做區分的、不用大腦的相對主義。文明本來就有程度差異。我們可以用量尺分辨這種差異，但不必因此去做比較價值的蠢事。克服自然困境越是費力，社會就更加文明。「更加文明」並不一定表示「更好」。就可計量的角度看，例如計算哪種生活方式留存得比較久，或是按攝食營養、人的健康與長壽來計量，「更加文明」可能就是「比較糟糕」的意思。假如本書之中譴責了某些文明濫用自然的作為，或指這些文明自作孽，希望讀者不要誤以為我是一竿子打翻人類社會的所有文明。

這個世界是個實驗場所——是浩瀚宇宙之中一個會被消耗的小點。它的耐力很強，不會因為我們作孽而消滅。可是它終究是要消滅的。我們占用地球只是短期的租約。按伊里亞斯的期望，這段時間是夠人類「糊里糊塗在幾條死巷子摸到出路，學會如何使共處的生活更愉快、更有意義、更值得活」。[78]我們應該在占用地球的時候好好用它。用的方式應該是類似一場宇宙豪放行——大膽放任自己的文明衝動，而不是謹慎保守地只求延長自己的歷史。就好像我寧願奮發努力生活之後早死，也不願意在遲鈍自滿中無限期地腐爛。我寧願屬於一個會改變世界的文明，哪怕可能把自己犧牲掉，也不要屬於一個馬馬虎虎「撐得下去」的社會。就如同我寧願投入戰鬥或某種異議運動，也不願意順從優勢的強力。所以我希望成為熱衷挑戰自然的社會的一員，而不願順從地「融入」自然的靜止平衡。眩目的野心比不好不壞的既有成績要好。你如果只顧要傾聽宇宙的和諧語言，就永遠聽不到愛人與詩人獻給上帝的樂音了。

常有人說，社會不是一個有機的存在，拿社群的生命與動物的生命做類比是不對的。這話說得對。但是社會和個人有一個方面是相像的。兩者都是優缺點相混的，最偉大的聖徒和說話最在乎政治正確的公共休息室，都是罪惡混著美德，如同每個良好意圖都伴有意志薄弱的行徑，人與社會都提供衡量對方的標準。與其他型態的社會相比較，文明當然不是獨攬所有優點。真正的多元主義者必須能欣賞它們為生命增添的多樣差異。真正懂得文化相對主義的人，必然會尊重每個社會的自我概念，不會予以譴責。

常見的一種錯誤陳述是把歷史說成我們無法逃避的一個陷阱，說成一個系統，在這個系統之中，長期趨勢必然會無限期地拖延下去。因為，就既有的歷史看來，文明是許多社會類型中的一個，我們很難不去假定這種趨勢是不變的。一些聲音最大的預言，都是末世災難啟示者所發出的，他們認為歷史會循各種不同路徑倒退回野蠻狀態，包括過度利用地球資源，從而養成奢侈超出負擔能力的文明；包括因大眾文化墮落，產生斬斷與自然關聯的城市；包括明知將要同歸於盡的文明戰爭；包括大量遷徙，使已開發世界被飢餓貧窮的人潮所淹沒；包括根除菁英階級、廢棄傳統、消滅一切精緻品味的文化革命（見第十七章）。

如今這些震耳的、嚇人的預言，也和古希臘的卡珊德拉、古希伯來的耶利米的預言一樣，沒有多少人要聽。也許正是因為同樣的話聽多了，不再當它一回事。我不想推翻預言家說的可能後果，但是我認為比較可能發生的是相反的情形：我們不但不會面對一個沒有文明的未來，反而——有一陣子時間——要面對只有文明而別無其他的未來。我們生活在人類的實驗室裡，四周的人都以地球的有限條件所許可的方式過著各種不同的生活。遙遠的冰封世界裡、叢林裡、沙漠中都有抗拒文明誘惑的人，在變遷緩慢、干擾稀少的地方用出奇巧妙的辦法各行其是，保存著習慣和棲居地。當他們受到飛機船隻運來的「貨物」所引誘而屈服，在傳教士、礦工、伐木工人和律師的面前退縮不前時，他們的抗拒能不能繼續下去，讓人感到懷疑。

這片土地曾有巨人。

——柏納貝・寇波，《新世界的歷史》

我追尋的地方
是風最兇猛的，我學會生活
在無人居住的地方，於野蠻的民族當中，
在冰凍的、沒有上帝的、無聲的冰的國度，
遭咒詛，像個活幽靈，在冰川上胡言亂語。
忘了我，朋友們！
你的面容顯露了你的愛與恐懼！
唯有在這裡能存活——共享地極，
與昏目的冰和刺扎的岩石——
獵人的欲望，鹿的疾奔。

——尼采，〈從高山上〉

第一卷・荒原

荒漠，凍原，冰

PART ONE: THE WASTE LAND

DESERT, TUNDRA, ICE

1

冰的主宰：棲居冰的世界與凍原

THE HELM OF ICE: Ice Worlds and Tundra as Human Habitats

歐洲冰河時代．北斯堪的納維亞．亞洲凍原．北極區美洲．格陵蘭

……你曾問過我北方地區的事：那裡有繁多的稀奇事物和民族，以及外地人從未見過的奇景；北方的人和無數的生物，被不斷的無情嚴寒麻痺了，卻仍承受他們必須忍耐的苛刻環境與殘酷氣候；用什麼辦法延續生命，冰凍的大地如何產生有益於生命的東西。自那一天起，我就在往這上面想。

——歐勞斯．麥格納斯，《北方民族記述》（一五五五）

總之，一切都不會在這裡生根。我不說那兒沒有城市了。…連房子也沒有。…一個黑夜…會拖到兩個月那麼久……酷寒難耐，一年中有八個月被雪與冰覆蓋所有的土地和冰域……既然是這樣，你當然以為這地方只會有野獸，必然是沒有人煙之地了。但是的確有人居住著。

——弗朗且斯哥．奈格里，《北方之旅》（一七〇〇）

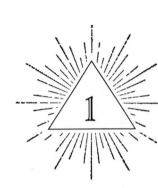

❖歌革與瑪各的大門之外❖（編按：《聖經》裡面，在末日之時，率眾背叛神的人。）

冰凍荒原向來沒被當作文明的發祥地。美國政府在一八六八年間以大約每畝地兩美分的價錢買下阿拉斯加，被國會批評為白費金銀去買一片「終年積雪地區裡的不毛荒地」，土壤是眾所皆知的「凍結深及五、六呎」，而其「氣候不適宜文明人居住」。[1] 其實阿拉斯加大部分是在北極圈以外，有很大面積的地區受黑潮影響不冷不熱，冬季氣溫比美國北達科他州和明尼蘇達州還暖；但「不適宜文明人居住」的批評似乎是有理的。因為至少阿拉斯加的形象是終年冰封的，而冰凍荒原不像沙漠，沙漠還容許文明在自然環境上大肆修改，冰凍的荒原卻不能。

我準備這一章的資料期間，翻閱了十九世紀探險家寫的書中，模糊而色濃的北極冰封世界的版畫地圖。這些探險家迷上了宏偉的冰景和光線折射的奇異新世界。然而，一旦困在北極冬季裡不得動彈，他們就不再抱征服北極的希望，反而覺得受到環境壓迫，思維畏縮了，建設的衝勁也凍結了。約翰·羅斯的感想就是典型的：

> 這地方，這光輝的冰雪之地，從來就是、也永遠將是無生氣的、陰鬱的、令人沮喪的、單調乏味的荒原，人心在其影響之下不再願意思考，也不再覺得可能，哪怕這點可能只是一次，或只有一天之久，有什麼新鮮事物刺激我們；因為視線內是一成不變的寂靜和死亡。[2]

在這種環境裡，沒待習慣的人會想自殺。按十九世紀一位探險家看來，歐洲和西亞的凍原裡「最樂觀的景色也許就是旅鼠了」。[3] 一八二〇年代勘測澳洲西部殖民前景的期間，探測者因為正好是在短暫的雨季時到達，誤以為荒漠是天堂。但是冰封凍原不會這樣，即便是在最好的季節到來，也不會有這種誤解。夏季的凍原也是一望即知毫不友善。一層又一層的永凍土極深，不但不可能耕耘，而且阻止融冰排出流動，形成的水塘在短暫卻炎熱的夏季裡，成了疫蚊的養育場。雖然早在舊石器時代中期，人類開始懂得改變地景，在土地夠軟之處鑿挖燧石和紅赭石，但在凍原這樣的環境，連採礦也是不可能的。

只有冰原這種環境似乎根本不可能發生文明。中古時代的奇聞販子聲稱去過北極，撰寫冒險傳奇的人編造了亞瑟王「征服」北極的故事，這都是因為說寫的人不知道北極的真實狀況；他們還以為暖流會使北極可以住人，能把冰化掉。[4] 探險家和小說家想像中的「消失了的城市」，有著各式各樣的背景環境，獨缺冰原（見第二、六章）。我所知道的唯一例外是拉夫克萊特的一則恐怖故事，他是一九三〇年代的驚悚大師，住處距離我在卜羅維登斯的公寓只隔幾條街。他在一九三一年寫的《瘋狂山岳》裡描寫「米斯卡托尼克大學」的探險隊誤闖了百萬年前妖魔在南極建立的城市廢墟：

巨大的形狀不一的幾何形狀石塊，形成幾乎無止境的迷陣，……在一塊冰山之上聳立起碎裂又坑坑凹凹的峰頂……在足足有兩萬呎高的恐怖古老台地上，氣候可致人於死。只有這些巨大石塔和大得不可思議的石堵，才免於消滅。[5]

文明在冰原中不可能形成，就是透過恐怖故事的幽閉來表達的。

因此，有文字記載的歷史中，文明的寫作者大多覺得自己與沙漠人比較相近，與冰原人的關係很遠。把冰原居民當作異類，總是比較簡單的。芬蘭的北極學術研究傳統這點尤其突出，甚至相當明顯，因為芬蘭人由於親屬關係而被吸引到北方世界。嘉斯特倫是語言學大師，也是十九世紀中葉首位以科學方法探究薩摩耶人所在凍原的人士。他覺得自己「有時候……彷彿置身一些遠親之中」，他說：

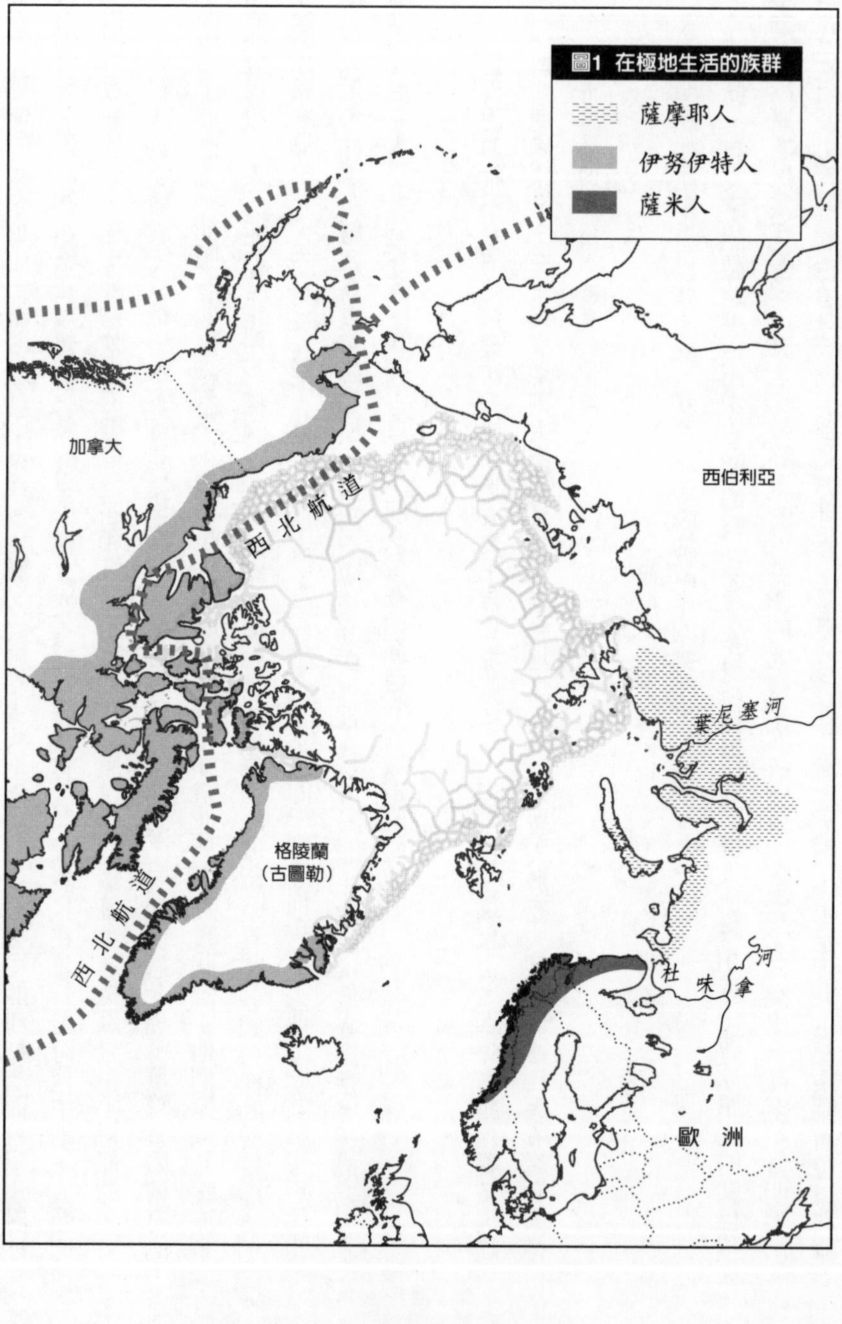
圖1 在極地生活的族群
薩摩耶人
伊努伊特人
薩米人
加拿大
西北航道
西伯利亞
葉尼塞河
格陵蘭
（古圖勒）
西北航道
杜味拿河
歐洲

我甚至想到，這些所謂的大自然孩子的單純本能、無邪簡樸、友善真誠，在許多方面是歐洲人的智慧所望塵莫及的。但總而論之，在跋涉荒原的旅程中，我遺憾地發現，除了這些優點，他們還有許多可厭的、粗鄙的、野獸般的表現，使我憐憫他們而不愛他們。[6]

以嘉斯特倫後繼者自許的芬蘭語文學者凱·唐奈，於一九一一年從西伯利亞托木斯克乘雪橇出發，「從現實奔入奇妙的傳說世界」，去研究薩摩耶人。他拋棄了文明的標誌——「我的好質料西服、漿過的襯衫、床單枕套、牙刷、刮鬍用具」，穿上傳統「野人」的厚重毛皮；雙層麋鹿毛皮，以抵擋攝氏零下四十度的低溫。[7]他決心要體驗冬天的北極，於一九一二年二月到達波科基，這裡也是「塔茲的都會」，所有臨河而居的薩摩耶人的「首府」。他發現，薩摩耶王的「宮」裡的聚會處是唯一像人住的建築：「一個半埋在地下的，有榆木牆的棚屋」，上有泥土和樹枝搭的烟囪。地板上滿滿睡了三十個人。因為太冷，沒有人會在睡覺時寬衣，所以有蝨子跳蚤，臭氣瀰漫。每天雖有幾分鐘的日光，「裡面卻永遠是一片黑暗，因為任何光線都穿不透厚厚的冰窗」。

他參加了一趟毛皮貿易行旅，領教了北極環境的嚴酷。可獵捕的動物太少。一行人為了有食物可吃，從雪中拖回腐爛的獸屍。婦女們把自己身上養肥的蝨子「當作糖果一般」吃得津津有味。即便是守在火旁，溫度也從未高過零度。馴鹿若困在雪堆裡，人們得穿著雪鞋牽牠們出來。這一行人山窮水盡到得用紅越橘製茶，用樺樹刨花當菸抽。他們扔下行李，像奧斯提亞克人一樣在崩雪形成的牆後藏身。唐奈發生了幻視幻聽，又長了凍瘡。寒冷稍緩時的溫度可以升到冰點以下四度。這番經歷卻使他對於「在與野蠻人相處，學會愛與瞭解他們」的冰凍荒漠，產生了濃濃的浪漫依戀。[8]

他的記述呼應了一個悠久的傳統，從彼得大帝（一六八二——一七二五在位）時代就開始的人種研究。俄羅斯人卻不像芬蘭人那樣對自己的「北方小民族們」自然而然有很深的同情。造訪過這些民族的俄羅斯人痛斥他們容忍「豬一樣的生活」——和狗一同睡覺、身上帶著魚腥味、彼此交談時不先鞠躬脫帽。[9] 但是，到了十九世紀晚期，俄羅斯人批評自己的社會時卻認出——或認為——在自然法則下艱苦生活的「自然人」具有恰當的美德，體現了「原始的共產思想」，遵循的道德規範「完全沒有都市文明帶來的種種罪惡」。[10] 英國探險家弗德利．喬治．傑克遜曾經到過威蓋茲，這是基督教未傳入以前的薩摩耶人埋葬死者的「神聖島」。相對於芬蘭和俄羅斯探險家的觀點，他於一九八〇年代發表的觀點比較不那麼絕對，也比較沒有意識形態的色彩。他所見的薩摩耶人是骯髒而懶惰的，但也是誠實又孩子氣的：「他們簡直渾身是蝨子跳蚤，而且有一股不知什麼發出的臭味」，但他們熱情好客，「不會爭吵，也不會在背後說別人壞話」。[11]

如果只是憑藉傳聞而認識冰雪世界，的確會以為他們就是那樣。古代的人大多認為森林已是相當蠻荒的棲居處了。跑到森林線以上的地方居住，顯然就是越過了野蠻的極限，按照探討文明的人士看來，他們如此選擇受自然擺佈是奇怪的。公元一世紀末葉的泰西塔斯提出有關這種人的記述，是現存這類著作中最古老的。他指他們是「極端野性又非常貧窮的」，是擺脫文明焦慮的烏托邦人：

> 這些人相信的是，他們在一定程度上比那些在田裡流汗度日的人、辛勤建造的人、拿自己與他人財產作買賣的人要快樂。他們對於人與動物都不掛心，他們已經做到了最難的一件事：不再受到人的欲望的折磨。[12]

十六世紀人文主義重振了這種蠻族思無邪的神話，把薩米人描述成「不懂得狂怒吵鬧，……沒有社會衝突，不猜忌地住在一起，分享一切，不知欺騙，……不願以爾虞我詐折磨自己……不可能偷竊他人財物」。[13] 不過，在野蠻人品行高貴的神話盛行的同時，相反的神話也一樣盛傳。十五、六世紀的俄羅斯故事把薩摩耶人歸入「獸人」（中古時代傳說中的 similitudines hominis）的同類：他們為了防止皮膚裂開，夏天要到海裡度過；每到冬天，水從他們的鼻子流出來，把他們凍在地面上，他們就死了；他們的嘴長在頭頂上，進食時要先把帽子拿起來才能放上食物；他們長著狗的腦袋，或是腦袋長在肩膀下面；他們生活在地底下，要喝人的血。[14]

即便如今為冰原居民和凍原獵人辯解的人士，仍會陶醉在讚許高貴野蠻人的矯揉造作裡，不能針對自稱文明者的條件正面挑戰。為斯堪的納維亞北方薩米人辯護最不遺餘力的是尼爾斯．瓦爾凱佩，他以自己被歸類為「原始人」為傲，且認為他頗負盛名的性魅力就是由此而來。但是他對薩米蘭如下的形容可沒有帶著反諷意味，他說薩米蘭是「遙遠穹地」，在那兒生活的人是「矮小而發育不良，⋯⋯住在草泥小屋裡，僅能糊口。⋯⋯他們因佝僂病而有弓形腿，煙火燻著使他們眼睛瞇著而含著分泌液」。[15]

❖ 跟著冰走的人 ❖

有些人卻是喜歡冰的。東半球的這種人，在上一次冰河期結束時跟著後退的冰川往北走。他們在靠近冰川邊緣的斯卡特荷姆葬地，現在的波羅的海海岸，把骸骨連同珠子、刀片、紅赭石獻禮一同葬在淺坑裡。他們也會暴力相向，一些骸骨上仍留有作戰受傷的痕跡。狗葬在與人毗連的墓裡：魁梧如狼一般的獵犬與自己生涯的成果葬在一起，包括鹿角、野豬獠牙，甚至陪葬物比人的還豐富。這些狗都是社會的正規成員，資格是憑狩獵的本領掙來的。狗是人的帶領者，是真實生活中的英雄，在現代兒童文學作者眼中這成了奇幻故事。[16] 狗在這個世界是獵人生活裡的固定成員，甚至在神話中常有狗祖先的傳說。例如埃農特基流傳的一個故事，說瑞典有位公主被放逐到拉普蘭，唯一相隨的就是她的愛犬。薩米人是她生下的孩子的後代，所以「像國王般英勇，穿著也像國王」。[17]

獵人往北走的路可以重建或想像出來，根據的是他們的祖先追蹤後退冰川的路徑。西班牙南部洞穴壁畫就有一萬四千年前獵人生活的實況：打獵、戰鬥、採蜂蜜。那時的大地傾斜。[18]陽光熾熱。又一次的嚴寒（可能是由冰河融解的冰水所引起的）過後，約在一萬年前的時候，氣溫開始一路持續上升。獸群開始往北移，[19]狗（以前是狼，後來被馴養幫人獵野馬）[20]就跟著走，和狗一起的人也隨行。[21]法國南部發現的古代堆積殘丘裡，有鹿骨、豬骨、麋骨、野牛骨，因環境多樣而各異。洞穴壁畫中，參與儀式的舞者披上馴鹿皮的裝扮。有些人在從南方逐漸往北擴大的森林裡，或是在冰融後的溫帶氣候區、肥沃土壤、可行船的河川、有礦採的山地，過起了安逸的生活。狗與跟著狗走的人卻要追著馴鹿，往冰川後退的北方走。[22]

研究者無論是出於罪惡感、同情心或就是不相信有人會嚮往北國生活，往往聲稱北國的人跑進荒原是被迫的，不是被吸引的。事實自然是兩者皆有，或是介乎兩者之間。不過薩米人對於史前祖先的遷徙卻有很明確的說法：他們是被自己「對野馴鹿的渴望」召喚而去的。[23]有一種起源神話是說，他們的祖先給自己選了世界上最冷的地方安身，捨下南方給自己的兄弟，因為這位兄弟太孱弱了，在暴風雪降臨時還得躲起來。[24]

多瑙河的鐵門峽谷上，公元前七千年中期的古村萊潘斯基維爾，代表追蹤冰川者北行旅程的中途。[25]薩滿巫者在這裡立起有層層鱗片的魚形石雕，庇佑著住屋幾乎一模一樣的家庭，其中有一座屋子比其他的都大。有些人在這時候改行去捕魚養魚；有些狗轉去牧畜；但仍有人走往像斯卡特荷姆這種地方的路上。我們如今所知的這個世界從冰川露出來以後，凍原民族仍固守著最北方可居住的邊緣，以及他們確知可成為食物資源的那些物種。大遷徙到了凍原後，馴鹿吃的是森林線邊緣和邊緣以外的地衣苔蘚。這些地方的矮小樺樹原始森林中，岩石崎嶇的山坡上，雪掩蓋了蘚類，馴鹿得用自己的蹄挖出三呎深的雪，才能吃到底下的食物。[26]

❖牧馴鹿的人❖

一八八四年間，瑞典最高法院審理有關放牧馴鹿的法規。法律學家奧里維克羅納堅決表示，在北極圈靠牧鹿維生的薩米人乃是劣等文化的殘餘，注定將被自然法則消滅。以干預的方式拯救他們乃是違反自然界改進人類物種的機制：最適者才得存活。這與立法機關討論此議題的特別委員會成員看法不同。他們說，奧里維克羅納和其他達爾文主義者忽視了一項事實：「拉普蘭人的文化是唯一適合瑞典廣闊地區的文化。」[27]

立法機關的說法雖然也有達爾文主義的味道，卻顯然是正確的。在冰上造建築物是不務實的，雖然十六世紀中葉的麥格納斯聲稱「北國人有先見之明，又伶俐」，才會建造雪城堡，外舖冰層得以耐久，藉此練習圍困戰技。[28]在這種地方，地面覆著一層硬冰，環境隨天氣的激烈轉換而變化，不考慮建固定居所才是明智之舉。順從大自然施加的束縛是聰明的反應。最理解自然的人往往不會花太多力氣去改變自然。

然而，東半球北極圈裡最典型的生活方式，表現出是要使自然配合人的需求、要把季節的起伏考慮在可供利用的模式之內、要野獸為己所用的極大野心。這種對自然界所做的改變，是自認為文明的人不容易察覺的，但在那樣的環境裡卻是很可觀的。我所指的是北斯堪的納維亞的中部或「山區的」薩米人，居住在北冰洋邊緣附近、在北杜味拿河與葉尼塞河口之間凍原的奈尼茨人，以及再往東的西伯利亞凍原的楚克奇人、埃文人和克里亞克人。

放牧馴鹿在公元第九世紀已經確立，當時挪威大使奧特勒曾向英國國王亞弗列自誇有六百多頭馴鹿。[29]牧養馴鹿確立的時間也可能更早。馴鹿成為主要賴以維生的方式，其考古紀錄可以上溯至三千多年前。似乎是在公元第一世紀，就進入密集依賴馴鹿的生活型態了。[30]放牧的各種方法，包括在野外捕獵、馴服挑中的個別鹿隻、調節特定鹿群遷移，可能早在幾世紀前就逐步形成。

所謂「節制的遊牧」，漸漸成為共遵的方式。季節性地將鹿群遷移，但視狀況需要進行野放。馴鹿與北美拓荒時代西部牛仔的牛群相似，有很強的群集本能；所以也可以在長時間野放之後再趕到一起，或趕至其他的吃草地點。歐洲馴鹿與美洲極地的大型四足哺乳動物不同，遷移距離比較短，通常不過二百多哩，甚至凍原地區之內也是這樣。被馴服的雄鹿可以當作誘餌，將整群鹿圍趕在一起。鹿群與人類同行，有利尋找新的吃草地點，人類的警戒也能幫鹿群抵禦狼群與狼獾。牧鹿人升的火可以把夏季裡猛叮馴鹿的蚊子燻離。據說，北冰洋沿岸的奈尼茨族捕到了魚會分給馴鹿吃，那兒的馴鹿也很愛吃魚。[31] 比較不密集的牧鹿方式是，未圍趕的期間，馴鹿可以自行走動到常去的地方，依賴牠們維生的人和狗在後面跟著。

大規模放牧只限於凍原地帶，因為馴鹿是這裡的人生活的必需品。居住在森林區的人鹿養得不多，除了用馴鹿當作役畜，還是食物補充品之一。他們移動的範圍很小，一年之內不會超出五十多哩遠，並且放任馴鹿自由覓食，只在需要的時候圍趕。傳統的凍原居民卻不是這樣，他們時時離不開馴鹿，除了馴鹿就沒有別的維生資源了。

放牧馴鹿的生活節奏是從來不變的。每年春季進行第一次遷移，由馴服的雄鹿帶隊，狗群守衛監督。夏季在繁殖地點度過。秋季，包括十月份的發情期，是在夏季營地的中間營地度過。篩選剔除病弱鹿隻之後，再移至度冬地點。[32]上千頭馴鹿集成一群的情形是現代常見的。兩、三名牧人，加上狗群幫忙，就可以管理多達兩千頭的鹿群。[33]只要馴鹿的數目夠多，養鹿人生活所需的一切都不虞匱乏。奈尼茨語稱馴鹿為「吉列普」，意思就是「生活」。[34]馴鹿能負重物，能拖雪橇。最上乘的領群雄鹿是閹割過的，按薩米傳說，應該由一名男子把鹿睪丸咬下來。[35]牧人宰殺馴鹿，取肉與毛皮。喝鹿血、吸食鹿骨髓是立即的能量補充。春天生的鹿角鮮嫩而多軟骨，是上好美食。鹿骨可以製箭鏃和縫針，鹿筋可以做帶子和線；鹿毛有很寬的毛細管，可以保溫，所以毛皮是極佳的禦寒冬衣與冬季帳篷的覆蓋物。馴鹿肉可藉自然乾燥冷凍保存，是牧鹿人的主食，如今也是斯堪的納維亞地區都市餐館裡的佳餚，也是薩米族百萬富翁的致富基礎。在赫爾辛基和奧斯陸，這些薩米富豪的故事都是茶餘飯後的聊天題材。

中古時代文獻曾經零星談到薩米人如何靠馴鹿維生。薩克索（一一五〇－一二二〇？）的史書中就曾讚許十三世紀「遊牧人」懂得使用滑雪板、箭（可能還有十字弓）、矛、帳篷、載重用的馴鹿。但是，冰原裡的生活需要發揮的技能何止於此？四百多年前一位最卓越的北極世界史家是這樣說的：

> 由於熱帶、溫帶的民族顯然不必承受霜、寒、雪、冰、霧淞、狂號的冬季風暴，所以他們難以理解北國嚴寒之中的人要用如何多樣的技能、方法、器具來自衛與應對那些艱苦。……既然大自然已為野獸備齊了各式巧妙的肢腿關節，為了脆弱的人類能過得安適，她有什麼不肯給予的呢？是大自然要人類赤裸地誕生，隨即袒露在無數逆境中，以便他們能用智慧與才能克服這些困厄，那是他只憑力氣與工具克服不了的。大自然也決定了，要他們在遭遇許多障礙與難以超越的阻撓時，永遠有可用的助力在旁。[36]

古代與中古的文獻（有些是斷章取義）之中提到的應對辦法，包括房屋半埋在地下以取暖，高架支起來的儲藏庫可防掠食動物，套索，雪橇，雪鞋，築攔水堤捕魚，用刺樁陷阱捕狐，用奇妙的嘴套控制幼鹿的吸乳量，以確保人類能盡取所需。但是要一直等到十六世紀中葉，一對天主教兄弟約翰與歐勞斯．麥格納斯希望能遏止宗教改革運動在北歐蔓延而開始收集相關資料，北極生活的完整樣模才清楚呈現在世人眼前。

歐勞斯的《北方民族記述》是一部未獲得應有推崇的佳作。他原是斯特拉納大教堂的樞機主教長（後來成為名義上的烏普撒拉大主教），因為瑞典政府是奉新教的，教會是政府的囊中物，他被驅逐出境，懷著流放者的熱情追憶家鄉。他在羅馬人之中以身為哥德人為榮，熱愛北國的一切——除了宗教異端之外。他親身經歷過北極生活，一五一八年到一九年間奉派到這個地區去收教會的歲入。他自稱到過北緯八十六度；嚮往薩米人的習俗和傳說也許就是這時候開始的。他的哥哥曾於一五二六年遊歷拉普蘭靠南的省分雅姆特蘭，結果「把自己的收入用在接濟窮人上，比留給自己需要的還多」。[37]

歐勞斯．麥格納斯在威尼斯和羅馬的期間（那正是傳播福音的時代），把故國想像成如同一個新世界——富饒、美妙、有無數未聽過福音的靈魂等著認識基督。他發起一個北國傳教運動，要藉此扯平斯堪的納維亞王室朝廷投入路德派的損失。他奉行傳教教科書執筆者長久以來的原則：向人傳教時，必須熟悉既有的文化。他也急於教導可能前往的傳教士們，為進入這不習慣的環境之旅做好準備。他們到了那種地方，必須在大雪中前進、橫越冰川、在風向不明的情況下航入羅盤無用武之地的領域。原本他打算實話實說了，可是他忍不住要被自己理想化了的北極形象引誘，把那裡說成「散發金色光輝」的北國；是冰封的富庶之邦；是英雄與德性典範之地；有中古時代遊記傳統常說的各種妙處，但是那種遊記本來就是要糊弄讀者的。

好在北極的奇景太多了，只有很少的地方才需要誇大描述。午夜時分的陽光帶來沒有星星的夏季；月亮照耀「好似燃燒的灌木叢，使人既驚且怕」；滑雪神奇的快速有多麼不可思議；芬馬克的酷寒能保魚肉十年不臭的奇蹟，更是語不驚人死不休的人最愛的話題。和燦爛的北極光並行的是嚴寒「劇力萬鈞」的威嚇，能把大自然歪曲反常：使舟船迸裂，使釘牢的釘子跳脫，凍死生靈，使嘴唇黏在鐵器上「如同用不可溶解的瀝青」貼住，使鼬的毛色改變，使狼目盲，使婦女變成海盜和戰士。歐勞斯絕不同意南方人到了北國什麼也分辨不出的感覺。他陶醉在變異多樣之中，認為連那兒的霧也不是陰昏的。他描述了各種不同的冰，以及雪的「二十種形狀」。[38]

防禦自然侵擾的最後一道工事是魔法。因為魔法是駕馭自然的方式之一，可以說是文明的一種替代物，甚至可以說是文明衝動的最終形式，超越了城市、灌溉、放牧、農耕、濫伐森林、模造景觀、採礦等平常的改變環境的需求。由於北極的居民沒有什麼改造自然的作為是文明世界的人察覺得出來的，所以容易受騙的觀察者無不以為他們擁有各式各樣強大的魔法力。按歐勞斯．麥格納斯記述，住在最北方的比亞米安人是巫師族，「藉魔法換取武器」，藉造雨引發戰爭。[39]其實他提及的法術大多只是占卜預言的形式，不過是密切適應自然世界的人所具備的技巧，可用來解讀自然變遷。包括預測天氣，預知資源過剩或不足，追蹤野獸和軍隊，憑觀察鳥兒飛翔而知道方向。因文明生活而與自然隔離的人，會認為這些技巧神乎其神。

薩滿的魔法能牽制事物的靈性，能召來亡魂為生者效勞。直到十七世紀晚期或十八世紀，薩滿魔法都是藉擊鼓傳遞，直到基督教福音傳來了以後才銷聲匿跡。某些社會相信鼓是薩滿的馴鹿，薩滿乘著鼓進入鬼靈世界。[40]只有幾支伴隨薩米人獵熊者的魔法鼓保存至今。它們也與馬雅人的書籍一樣，被傳教士幾千、幾百地銷毀了。解讀鼓上象形文字的技術已經失傳了，但是，那些用榿木樹皮汁畫在鹿皮鼓面上的紅色圖像，可能曾經提示薩滿巫師記起過往的故事或咒語。或者，按現代的解碼研究，這些圖像可能展示了某種宇宙圖形或天界地圖。

❖海豹膀胱的用途：北極區美洲向自然致敬❖

早期往美洲北極區探險的人都認為，唯有會施魔法的人才耐得住那裡的嚴寒。馬丁．弗洛比舍隊伍中的一些人，在一五七七年七月最後一次遠征北極時遭遇大雪，他們抓來一名老婦人，「剝掉她的厚底靴，要看看她是否長著魔鬼的分趾蹄，因為她相貌醜陋與畸形又放了她」。約翰．戴維斯於十年後也來到這裡，觀察了薩滿，把他們歸類為「能施多種法術」的巫者。[41] 美洲北極區和歐亞的北極區一樣，與文明常態距離遙遠，但似乎更不沾染文明，更缺乏按自己意願改造環境的人。

歐亞的冰原居民跟著冰往北走，美洲的冰原居民似乎更可能是越過了冰原前面，沿著亞洲與美洲之間未冰凍的陸橋走，因為其他的海被都結冰吸乾了。他們進入美洲以後遇上了冰川，就緊靠著冰川邊緣待下來。前不久的研究曾指出，一些遺跡或許可證明上次大冰河期以前美洲就有人居住了，這是不實的猜測。[42] 總之，我們如今所說的伊努伊特人和尤皮克人，或籠統所說的愛斯基摩人，顯然比較晚才來到這裡。他們走冰橋而來，或是從亞洲渡海而來，在後退的冰河最後所覆蓋的地帶定居下來。[43]

起初他們必須緊守著樹木生長的緯度上限，為的是有照明和取暖的資源；所以早期美洲人煙最北極限的紀錄都是在森林環境或混合凍原，而不是在冰川。然而，真正的極地居民擁有的是無樹木文化。約翰．羅斯於一八一八年見到西北格陵蘭的「北極高地居民」時，他們自認是世界上僅有的一群人。這些人在別人無法忍受的棲居地裡與世隔絕。[44] 他們使用的是獨角鯨齒製的魚叉、鯨骨的雪橇、隕鐵製的工具。對於歐洲人通常用來與在地人建立友好關係而送上的禮物，他們反應冷淡。倒是木製物品立刻激起他們要據為己有的欲望。

人能夠在冰原安身（也許遲至公元前的一千年）的關鍵，是發明了油燈。皂石鑿刻的燈，用海豹或海象的油脂為燃料，這可能是從古人往石灶的火上添獸脂而來。[45] 獵人有了油燈，想要隨意走到離家多遠的地方都沒問題，可以追蹤麝牛到牠們在北冰洋岸的終老墓場，煮了牠們的內臟蘸海豹油吃，也可以跟著遷徙的馴鹿走到牠們舐鹽的鹼土地。因為美洲馴鹿不是獵人隨時高興就可以獵殺的，必須等到冬初鹿毛長得夠厚能製成溫暖冬衣的時候。[46] 在冬季氣溫常降至攝氏零下四十五度、夏季最熱也只有攝氏十度的地方，就得靠它禦寒。在這種地方也需要大型哺乳動物的肉與脂肪，因為從十一月中到一月中的正午已經日暮，即使在夏天，陽光也是斜射，熱力很弱，沒什麼能量。

懂得使用油燈的人不需要依賴森林生活，可以到冰原去打獵，那兒的海生獵物多，又沒有競爭者，氣候把大型哺乳動物的死屍保持不腐壞。海豹要潛到冰下的水中去飽餐魚類，獵人就拿著矛等在海豹深潛後浮出水面的冰上出入口旁。獵人乘著獨木舟在海面上，可以用魚叉捕海象和海豹。魚叉上有特製的鋸齒刃，能鈎在獵物的肉裡，待獵物掙扎得精疲力竭之後，再把牠拖過來，宰殺後再用手工製的有海象牙冰刀的雪橇帶回家，使用海豹油脂的人們也與其他社會一樣，使用自己需要的技術之後，就把其餘的拋棄不用。我們因為時刻被傳統的技術發展模型所誤導，所以無法想像弓箭這麼了不起的技術竟被棄而不用，以為只有文明倒退的野蠻人才會這麼愚蠢。其實，冰原上的生活得靠巧思，獵人也絕對不會放棄任何有用的東西。從他們一絲不苟的皂石雕工和海象牙雕工也可以看得出來，該想到的他們差不多全想到了。

弓是森林邊緣地區狩獵小型獵物的有用工具，在冰原中除了人與人互鬥時用得著，對狩獵大型獵物的冰原來說都是無用之物。我們自己隨時都在拋棄有用的工具，卻不會因此說自己是野蠻人。要用其他東西取代襯衫硬領、傳統自來水筆、有時針分針的手錶、三輪腳踏車、扣褲襠的鈕扣等東西，已經越來越難了——這些東西都或多或少比已經取代它們的、那些華而不實的東西強些。澳洲原住民捨棄弓而不用，大半是因為發現比弓更簡單的捕豬技術效率更好。塔斯馬尼亞人發現不必費事去製作骨製工具照樣可以正常生活，就不再使用骨製工具了。日本人在十七世紀時放棄火槍不用，也許是基於貴族式的感想：武士們受不了戰爭有損人格的一面。西班牙人未踏上加納利群島以前，島上的人是棄絕航海的，他們也不是全世界唯一這樣做的島嶼人。技術發展走回頭路乃是變遷中普遍存在的部分，通常都是有意義這麼做的，而且有很充分的理由。[47]

早期冰上狩獵者的建築，幾乎不會形成什麼地上風景。夏季的居所是掘入地下的，用帶草的泥造成牆，用毛皮覆在上面當作屋頂。到了冬季，他們移進冰原去獵海豹，用壓緊的硬雪塊砌成雪屋——也就是西方社會每個兒童想像的北極畫面裡，必有的那種圓頂冰雪屋。但是他們也會用石頭排出大工程。例如石頭巷道，獵人把美洲馴鹿趕進巷道後，就逼牠們走上墜湖的死路。[48]另外偶爾可見未加砌工的乾石頭堆遺跡，一般認為是第一個千禧年之內所做，用途不明，但有可能是舉行儀式的地方。

在這種緯度的區域，氣溫上的幾度差異就足以使生態系統變樣：每當冬轉夏、夏轉冬的時節都是這樣。陰鬱黑暗與熾烈日光交替，生命從冰洞和縫隙鑽出來，又在太陽消失、黑夜籠罩時縮回去。結構性的氣候改變可能移動定居地點的界線、使某些物種絕跡、使延續數百年的文化消失。大約一千年前發生過這種事，持續了一段時間的偏暖天候打亂了冰上獵人固有的生活方式。根據我們目前所知的綜合研究，後繼的那種文化乃是侵略者的包袱。這種文化由北冰洋南緣的濱海遷移者傳布，從東往西，走的路線是我們現在所謂的「西北航道」。[49]最起碼，探險家約翰．包克史多斯已經證實這樣遷移是可能的，已知的事實也符合這個說法。

教他駕駛愛斯基摩皮筏的那些愛斯基摩人稱他為「老肥」，因為他在艱困處境中什麼東西都願意吃。愛斯基摩皮筏不是等閒之物，包克史多斯第一次看見的那一艘就搭載了八、九名帶了行李的乘客、一座帳篷、兩個爐子、一個發動機、一些容量一百一十加侖的木桶、兩頭大海豹、十來隻鴨、一對雁。[50]包克史多斯買了一艘三〇年代造的，並且用傳統材料修繕過：木肋條用海豹皮做成的繩子捆緊，綳上五頭海象的整張皮。海象皮很厚，用針縫只扎穿一半，形成不透水的縫線針腳。他們雖然在皮筏上裝了發動機行駛，卻也體會了早期冰上航行者的艱辛：舟船緊挨水岸，隔著幾呎距離，才可以躲開曾經阻塞歐洲輪船的浮冰，在緊密冰凍的冰之間操作。乘筏人可以迅速將輕便的筏子從包圍的浮冰中撬離，可以隨時登岸紮營，把筏子倒過來當作營帳。[51]

專家們主張這些人屬於圖勒傳統，雖然「圖勒」是格陵蘭的地名，卻相當適切。「終極圖勒」是古典想像中的地理極限，指西方盡頭之地。圖勒人是獵鯨者，和阿留申人一樣（見第十一章），能夠架著輕飄飄的筏子航向外海，用魚叉捕殺巨鯨之後，把獵物放在充了氣的海豹或海象膀胱製的浮舟上拖回家。如今阿拉斯加西南部每年冬至舉行的納卡修節，顯然就是從昔日製作海豹膀胱浮舟的儀式流傳下來的。按傳說，海豹被宰殺後靈魂住在膀胱裡，所以在一連串盛宴、跳舞、面具娛興、儀式薰香過程中，這膀胱都被尊為狩獵夥伴，最後再鄭重地沉到冰下的水底。[52]

他們也帶著狗在陸上狩獵。這種狗十分適合冰原打獵，以前在北美洲大陸上是沒有的。獵人們捕獵大型動物，所以能夠把獵肉分給大群隨行的狗吃。獵鯨的技術也可以用於獵北極熊；存下許多熊齒，都是做魚鉤的好材料。他們有一套方法特別適於捕獵北極熊或在浮冰上曬太陽的海象。即是，插到獵物之後，再把魚叉固定在一個大塊的浮冰上，把獨木舟也抬上浮冰，讓受傷的獵物拖著走，待獵物停止掙扎，再拖牠回家。[53] 他們以鯨骨為構架來蓋夏季的房屋。他們也重新採用了弓：用海象牙製弓，弓上雕刻了作戰場景和乘船持矛者把馴鹿困在河中的畫面。[54] 後來，氣溫下降加上鯨魚變少了，他們不得不重拾祖先的一些適應策略，住屋與冬季獵海豹方面的改變尤其大。如今自稱伊努伊特與尤皮克的人，都是圖勒人的後裔，混合了多種不同的傳統以及文化。

❖比文明還強：伊努伊特人與歐洲人競爭❖

曾有人把冰原說成停止發展的民族的避難所，這些人的生活方式注定要被進步與文明的成就消滅，只是在未被消滅前，在文明厭棄的、根本不想競爭控制的環境裡，延續著古老的生活方式。約翰・羅斯向讀者發問：

這世界上的野蠻人、不文明的人的命運難道不是向比較精巧而更通達者、向知識與文明屈服嗎？

這是世界的通則，也是正道：感情用事的慈善心發出的一切哀嘆——其中不乏荒謬或應予譴責的作為——也不可能動搖這麼明智且確立的常規之一絲一毫。[55]

如今，造訪伊努伊特人，也許會覺得他的預言正在實現。不是因為有他所謂的通則常規存在，而是因為傳統文化往往會被正在全球流竄的商品崇拜熱所淹沒或引入歧途，是因為頑固的環境即便不被現代科技搗毀，也會被弄髒。不過，如果確有某種「通則常規」在作用，它中意的是伊努伊特人面對自然的方式，而不是文明世界面對自然的方式，至少以能長遠存活為標準來說時。伊努伊特人能檢驗這個假說。他們的歷史包含一個類似實驗室案例的競爭經驗，對手是來自歐洲，一個文明的、有野心的、侵略環境的文化，時間是在我們所認定的中古時代。

大約是在圖勒人入侵的同時，斯堪的納維亞人循相反方向來到亞北極區的格陵蘭與北美洲。十一世紀的不來梅主教亞當描述格陵蘭這座遙遠之島時，是幻想與事實參半的。他說：「格陵蘭遠在瑞典山岳與菲恩山脈對面的外洋之中。⋯那裡的人因為水中含鹽而呈淡綠色，格陵蘭的名稱也是因此而來。人們生活的方式與冰島人一樣，但比冰島人凶猛。⋯⋯據說基督教最近也迅速地在那裡傳開。」[56]

傳播基督教的人遷移之路走得艱辛，可以說不輸圖勒人。他們的技術，按我們的評斷標準，要比圖勒人的先進很多。他們面對大自然的強有力態度——不適應自然，而要自然適應自己——按本書的觀點而論是比圖勒人文明的。他們巨大的木製船是用鐵釘固牢的，和伊努伊特人的獸皮獨木舟比起來必然是舖張過度。他們的布拉塔里市是中古時代基督教世界最偏遠的前哨，是花了心血建設的地方，修道院（最多的時候）共有十七所，還有石材造的教室，鐘是青銅的。嘉達爾的十字形大教堂於一一八九年至一二〇〇年建造，建材用的是沙岩和模造皂石，有鐘樓、玻璃窗、三個壁爐。儲存納稅物的倉庫有一條過樑重達三噸。有最大的農莊供應貴族式生活所需，有巨大的宴會廳可以款待扈從。[57]

他們安居的早期年月中，環境可供給剛到的這些人的資源很多。最先鼓吹斯堪的納維亞人殖民格陵蘭的人是紅髮埃里克。據說他用「綠色之地」這個名稱是為了吸引人們前往，其實他並沒有說假話。那時格陵蘭雖沒有森林，卻有可利用的柳樹叢、樺樹與花楸的矮林。雖沒有穀類，卻有濱麥、萹蓄、亞麻，以及多種可食用的草本植物和漿果類。魚類和禽類都很多，還有大群的美洲馴鹿，這是冰島沒有的條件。有海象、獨角鯨、狐、鼬、絨鴨、鯨魚、北極熊可以獵捕，將毛皮、象牙、鴨絨、油脂外銷。如果能活捉到游隼，賣到歐洲市場上可以當作貴重的禮品。格陵蘭人將各式獵獲物混合繳交什一稅給遠在挪威的宗主國政府。他們也為了日常生活中的交易很快就培養出優良的「格陵蘭羊」。[58]

但是，凡是發生與伊努伊特人正面對峙的事，結果都是伊努伊特人勝利。斯堪的納維亞的格陵蘭人在他們比較靠近北邊的「西部」殖民區裡，被他們稱為斯克拉林人的原住民打敗了。卑爾根市主教派來的「巡查官」巴達森，要負責處理格陵蘭教會的世俗事務。他於一三四〇年代晚期乘船來到殖民區，看到了實情。「他是執法官指派到西部殖民區去面對斯克拉林人的人士之一……當他抵達時，發現全無人影，基督教徒與不信教者都不見了，只剩下一些野牛和羊隻，他們便宰殺野牛與羊為食物，盡量裝載上船，隨即啟航返回。」[59]這段敘述並沒有考古紀錄可以證明屬實，卻如實表現了當時人們認為這片殖民地的下場。東部殖民區在一四〇五年至一四〇九年間仍在繁榮中。當時冰島貴族出身的窮光蛋歐拉夫森和大隊人馬從挪威出發直航而來，是為迎娶一位貴族新娘。他受到豐盛款待，並且參與審判一名當地人藉「妖法」誘拐了其中一位訪客的新娘。但是當時東部殖民區已比以前更與外界隔絕，前往的人也更少了。[60]

殖民地毀於伊努伊特人之手的說法，大多受到教宗尼古拉五世（一四四七—一四五五年在位）一封信的影響，信中講到「我們聽說位在大洋最遠端」的格陵蘭的可怕消息。他說，三十年前「野蠻的異教徒從鄰邦渡海而來，用火與刀劍蹂躪這座島（據說是很大面積的島）。島上除了九個教區因為山路陡峭阻斷劫掠者之外，其他什麼都不剩」。[61]這個事件如果確曾發生，顯然也沒有把殖民地整個消滅。雖然正史上對此事隻字未提，但遲至一四八〇年代，英國商船還到格陵蘭來貿易。

殖民者生活越來越艱辛，這可以從他們消失時留下的骨頭堆找到痕跡。他們持續食用海豹肉，但在殖民的最後階段卻沒有捕食被夏季浮冰阻住的斑海豹。他們努力繼續畜養牛羊、放牧馴鹿，但是草地越來越難找。花粉研究證實，中古時代晚期的天氣變潮濕，這有可能導致生活更不易。氣候變冷的證據不夠確定，但是當時有明顯證據顯示，歐洲相同緯度的地區正經歷「小冰河期」。

最後一批殖民者無論是被消滅，或是逐漸凋落，或是自己決定遷走，似乎都被氣候變冷逼到山窮水盡的地步。[62]他們消失後到哪裡，是如何消失的，沒有人能確知。反觀伊努伊特人的生活方式，不曾毀於任何力量，唯一抵擋不住的是二十世紀入侵的工業科技、消費主義、傳教士、現代商業、流行文化。如今北極圈以上的緯度也有了「按定義來看屬於危害環境」的城市。[63]諾里斯克有將近二十萬居民，房屋建在永凍土之上撐起的支材上，一年二百八十八天用暖氣，時時刻刻在掃雪，「路燈比位置較南的俄羅斯城市的路燈明亮四倍」。看起來，在某些環境之中施展文明是不合理的，與其按人的意願歪曲自然，不如向自然低頭。

2

土地死亡：沙漠中的適應與反適應

THE DEATH OF EARTH: Adaptation and Counteradaptation in Deserts Of Sand

北美洲西南．祕魯北部．撒哈拉．戈壁．喀拉哈利

這是死的土地
這是仙人掌土地
石頭肖像在這裡
豎起，他們在這裡接受
死人之手的哀求……

——艾略特，〈空心的人〉

以為創造宇宙天地者賜予終年不斷生機的大自然，會如同患病般變成荒瘠，乃是一項罪惡；有正確判斷力的人也不宜相信，大地已像凡人般變老，因為它曾獲賜神聖而永恆的青春，被稱為萬物之母，注定要永續滋生萬物。此外，我不相信這種不幸臨頭是自然力的暴怒所致，寧願相信是由於我們自己的過錯造成；因為農業原是我們所有最卓越的祖先最謹慎處理的事務，我們卻交給我們所有最劣質的奴隸，如同交給了劊子手去處罰。

——寇倫梅拉，《論農業》

❖向霍霍坎學習：如何在沙漠中建造文明❖

愛瑞卡．瓦格納的一則短篇小說裡某人物抱怨說：

這裡沒什麼了不起。是啦，是有沙漠，還有像大峽谷這種地方，可是這對人有什麼用？教人覺得渺小。你站在大峽谷邊上想，哼，何必呢，有了這個幾億年老的、比我一輩子做什麼都大的東西，何必還找麻煩去做什麼呢？人家說它能振奮人心，我倒覺得它教人垂頭喪氣。[1]

我想這個人說得沒錯。荒涼環境——沙漠或冰原——的抑制作用可能使文明根本無從發生。除了遠洋外海之外，最難駕御的材料就是荒原所提供的。你能雕刻冰，雕出來的成品卻會回歸大自然。你可以把沙堆高，風卻會把它刮平。在獸皮帳篷和冰雪屋沒入背景環境的地方，大肆改造景觀是難以想像的。荒原冰隙的壯觀結構和岩石與冰塊形成的巨塔，顯然是人力無法逾越的。

瓦格納的故事主角於是在亞利桑納州鳳凰城外的一處停車場裡，試圖重現英國巨石陣古蹟的精神。他看了一個講「古代人之神祕莫測」的電視節目，他全憑自己的靈感發現，古代那些宏偉浩大的建造行動其實是為了駕御能量與產生能量——未必要靠捕捉星辰的威力或組合幾何魔力或醞釀神祕力，而是靠激起人類的雄心。他憑典型美國精神重實效的常識，致力實踐表面上看來是瘋狂的想法：把破爛的舊汽車半埋入水泥場地，自己造一個巨陣。果然，接觸了這項建造行動的每個人都變得熱情或自負，都對這共同的作為有所貢獻。

但是，這東西按未來的考古學家的判斷標準看，顯然全無用處：又是一件「古代人的神祕莫測」。故事主角較年幼的兒子叫絕：「了不起，爹！」這個舊車巨陣具備了後現代沙漠市鎮大街的所有缺點——

「形狀像大熱狗或像牛仔帽的餐館，都是窮酸相的灰泥造的」，這種街道也是主角厭惡的。[2]不論形狀多麼不入流，它們都代表文明的傳統：試圖改造自然，方便人來使用。建築理論家勸我們「向拉斯維加斯學習」，正是因為這個在沙漠中建起來的城市的俗艷與滑稽可以代表人類在本來不能住人的疆域所留下的戳記：是自然被庸俗征服了。

如果與許多真正古代翻修荒原的企圖相比，我們現在所做的有一大堆都顯得太弱了。典型美洲沙漠裡那些還沒有被後現代餐館文化滲透的地方，高速公路疾馳過的荒原，顯示多數人多麼不想把時間耗在這裡。沿著公路旁是一小段一小段不起眼的沒顏色的小房子——沒有生氣、灰灰的、帶著沙土、做工粗劣、矮得不招搖，好像不好意思或不敢在荒野裡大剌剌地挺立。只有它們的看板帶著雄心衝入視線。巨大的廣告板和號誌牌瞪大了眼睛直視著過往車輛，比耀眼的天空還鮮亮，拂開了風與塵土。沒有一件看來是定下來的。每個招牌都等著被拆掉，都是要讓風亂翻、讓沙掩蓋了的建築。

拉斯維加斯要玩比膽大的遊戲，可惜沒有一點冒險精神——只會把沙漠裡蹩腳的小鎮加油添醋。[3]它的最上乘建築用的材料是電力照明，夜晚亮起來的時候沙漠就消失在黑暗中。這時候，遼闊的荒涼就不再能把城市比下去、使下注賭客感到渺小了。電力一旦切斷，似乎什麼都不剩了：道路和停車場在黑暗中就像片片污斑；「婚禮教堂」的霓虹尖塔關燈之後又變回平房小屋。夜晚人聲鼎沸的賭場，多數其實只是加了豪華裝潢的棚屋，幾小時前還很迷人，或至少是耀眼的，在白晝看來好像衣服還沒穿整齊，支柱和電纜露在外面，捲著垂著，好像拉鏈沒拉好的褲襠和沒拉直的襪子。建築師范裘利使拉斯維加斯出名的那個時候，你若往沙漠裡走，再回頭看那片「繁華區」，只有沙丘飯店從那堆殘骸黑影之中戳出來，但看來也不可能耐久：不像一棟建築，倒像被風吹翻了的瓦楞紙箱。現在最著名的賭場凱撒宮又有一項故作從容的改裝環境行為——其實它的所有「文明」配備都是畫虎不成的東西，即使是乳房變得特別大的一尊仿「米羅的維納斯」雕像。由於凱撒宮——以及整個拉斯維加斯城——的建築比例全無數學概念，支撐希臘式廊頂三角牆的柱子看來營養不良，好像要撇成外八字。守衛的羅馬百夫長們對著空盪的柏油碎石路怒目而視，只留下二輪電影院的鄉土氣。建築物形成的新天際線的主角是由電力打亮的一座「基奧普斯金字塔」冒牌貨：要向文明傳統——人類在沙漠中奮鬥屹立最久的成績——看齊。就文化意義而言，拉斯維加斯其實始終是一片沙漠。

至於瓦格納小說主角所居住的鳳凰城，情形就不同了。現代鳳凰城的第一批定居者是一八六〇年代晚期來的，曾經想利用殘存的古代灌溉系統來耕作灌木叢生的沙漠地，「浴火鳳凰」的名稱也是因此而來。索爾特河的水加以適當導引，足夠創造「亞利桑納花園」。後到的移民形成興旺的務農社區，也吸引更多人企圖在亞利桑那州別處把一片片土地文明化。如今的鳳凰城中有一些房地產是全世界價錢最昂貴的。這個城市在全美排名是第九大。五代以前的人如果說要到這裡來住，別人會認為他們腦筋有問題。現在的鳳凰城卻把沙漠扼殺得太有效率，而且面積非常廣，如果不是炎熱高溫與無雲的天空，在鬧區裡的人根本渾然不覺外圍的環境。筆直的棋盤式街道重複著文明向來要強予自然的規則幾何形狀，荒野已經織進這個網路。

有些早期的建設者偏愛西班牙教會建築的風格，採用仿土磚的建材，也有人喜好維多利亞時代哥德式，但是多數巨型建築是把棋盤格子的模式豎立起來，就好像要占用天空為殖民地。可是沙漠畢竟就在不遠處，新的環境敏銳性使得郊區建屋者漸漸調整了自己的價值觀。建築師萊特自一九三八年起就以鳳凰城為冬季根據地了。他針對草原環境設計出來的住屋式樣——開闊、水平地伸展——在沙漠更是自在。到了六〇年代，人人都希望自己的家是與自然融為一體的，從那時候起，多數新的建築都設計成躲在樹叢與岩石之間，不管周圍有沒有可供融入的景致。最具代表性的建築出於小愛德華·索耶之手，大多會用到噴沙，並且有扭成仙人掌形狀的管料裝潢。[4]鳳凰城在不同層次上對於沙漠既是反抗的也是順從的。文明在不利環境中是存或亡，端看怎樣在兩種態度間謀取平衡。

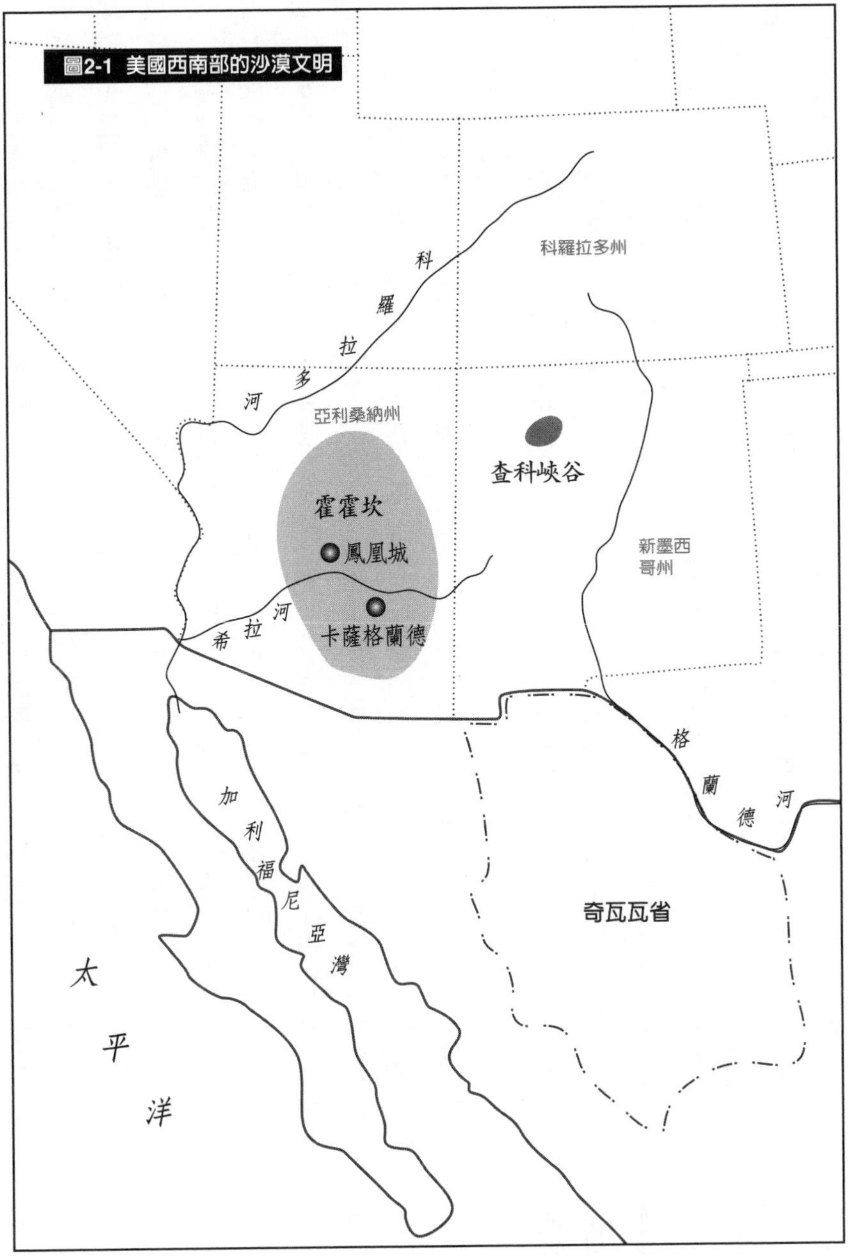
圖2-1 美國西南部的沙漠文明
科羅拉多州
科羅拉多河
亞利桑納州
查科峽谷
霍霍坎
鳳凰城
卡薩格蘭德
希拉河
新墨西哥州
格蘭德河
奇瓦瓦省
加利福尼亞灣
太平洋

瓦格納小說中的人物如果沿著聖佩卓河走，可以把車開到更早以前人類反抗沙漠而留下痕跡的地方。那是距離鳳凰城不遠（按美國的標準計）的卡薩格蘭德古蹟，用沙漠沉積黏土製成的土磚造成，有五層樓高。大約六百年前建成的時候，周圍有外牆和一棟棟小房子。它代表的是最後的邊塞，也經歷過建造巨大建築、聚集繁密人口的漫長歷史，如今成為荒漠。當時的建造方案（或一系列方案）範圍擴及現今的亞利桑那州、科羅拉多州、新墨西哥州部分地區，位在聖胡安河與希拉河上游之間的高地。

大舉建造的時代，也就是十一世紀與十二世紀早期，這個地方也許不像現在這麼荒蕪頑強。索爾特河有時候會氾濫，但不是經常性的，因此不足以產生沖積土壤。降雨量可能比現在多，但是絕對要靠灌溉，幫助作物在幾乎沒有雨的夏季發芽生長。水如果能送到田裡，栽種的玉米、棉花、豆類就可能按預期生長，不至於受高海拔氣溫起伏之害。灌溉渠道要開得很長才可達成任務；但是顯而易見，十二世紀以降的逐漸乾旱經常造成困境。起初，統治者的對策是往另外的地帶擴張，進行雄心更大的建築，更兇猛地召募勞工。然而，從文化區一連串的定期縮小，以及聚居地的重整，可以看得出來一次又一次的危機造成了衰退。

在分水嶺的西南邊，位於希拉河谷之中，考古學家所說的「霍霍坎」文化區域，灌溉渠道所及的地方幾乎都有很像球場的土墩和平台。這些都是環境比較不艱困時期更古老文明的標記，證明這兒曾受到來自墨西哥的文化影響，統治階級重視繁複的儀式。北美考古學時下流行的是，避免以是否類似墨西哥古人的程度為依據來分類一切。但是我們確實有充分理由假定，影響從南方沿格蘭德河而上，或是順著穿過奇瓦瓦省的卡薩格蘭德的路線傳來。這裡曾發現阿茲提克人的貿易商品（時間上比沙漠城市略晚）；卡薩格蘭德有為銷往外地而製作的首飾，還有飼養金剛鸚鵡，牠的羽毛可在墨西哥高價售出。

這是玉米、棉花、一些栽培用種子所走的路徑，它們所屬的農藝技術可能也跟著走；它們所需要的政治解決方案——社會合作、灌溉規劃——很可能也一併跟隨。當然，某些政治上的解決方案和灌溉技術在霍霍坎傳統之中可能是獨立發展的，完全避開南方來的影響。霍霍坎的球場狀墩台也許和史料較多的墨西哥社會中的類似建築一樣，平台是供民眾和統治者觀看的地方，球場則是武術展演場。我們不宜貿然將西班牙到來以前的球賽一概而論，因為球賽規則和作用各地不同，形態非常多樣。但是只要比賽上場，都是模擬作戰的，[5]從來不是為了與賽者消遣或觀賽者取樂而設計的「比賽遊戲」，而是可藉此界定戰士階級的勇猛比試，比較接近騎士之間的較量，而不是足球賽。

鄰近霍霍坎區域的北邊有一個文化更為可觀，有國家政府體制的證據，涵蓋的政治統一範圍有十五萬平方公里以上，北起聖胡安流域高地，南至小科羅拉多河以南，西從科羅拉多河，東至格蘭德河。證據就在其驚人的道路系統，最寬可達九公尺，從查科河源頭附近大峽谷四周的一群遺址向外輻射。只有兩種需求可能造就這麼大的網路：可能有某種儀式在進行，要求並強化地方之間的緊密關係；或是為了移動軍隊。這些道路連接的遺址各有其原創性與昂貴的裝飾加工，照例道路都是被不規則狀的廣場圍繞，廣場再被圓形，還有蜂窩般的長方形小空間環繞，最後全都包在巨大的外牆之內。主體建築是用修整的石頭，鑲上細琢石。屋頂的巨大木材是就近採自山坡上的松林，在沒有樹木的沙漠裡是了不得的財富炫耀。政治一統性也藉著大規模處決人犯來強化，遺址有一大堆嚇人的死者骸骨，有壓碎的、有敲裂的、有撬開的，像是進行過一場人肉盛宴。然而，查科峽谷的人也與許多在沙漠中野心過大的人一樣，顯然錯估了自己的力量。積極建設的行動在十二世紀中葉突然終止，因為長期乾旱已使正常生活過不下去了。[6]

查科峽谷的實驗突然垮了；秩序無從執行，社區只好遁入山崖岩石間可以自衛的高處，遠離了田野。霍霍坎文化則重新整理過，再熬了一百多年。其實沙漠並不必然這麼輕易就將文明扼殺。只要安排得當，沙漠可以一再繁盛，即便只有前工業時代的技術也能如此。民族植物學家那布罕研究過世界上最乾燥的沙漠，他發現，索諾拉的帕帕戈人會視天氣條件調整務農生活，利用少量的地表水灌溉快速成熟的豆類作物。[7]按這樣的實驗看來，精密的固定式農業可能發展得起來，這種農業是反覆試過的，如今許多乾燥不毛之地仍在運用，令人驚歎。

最驚人的遺跡可在祕魯北方的沙漠看到，這片沙漠很窄，面向著海，背後是安地斯山。除了聖嬰現象帶來出乎預料的氾濫，平時幾乎是沒有雨的，只有差不多每晚都下的含礫與鹽的沙雨。除了仙人掌之外，幾乎沒有自然生長的植物，如今從土中掘出的古代陶皿破片上仍可看出畫著仙人掌的圖樣。這個沙漠卻有與眾不同之處。位置雖然只在赤道以南五度，卻很涼爽，平均氣溫只有攝氏十五度，而且有海洋來的霧造成的潮濕。平原淺灘上佈滿小河流，公元最初幾世紀中的海岸漁民因而可用來灌溉。

這些文明在公元一〇〇年至七五〇年興盛。考古學稱之為莫奇文化，就如同他們有同屬一個群體的意識。其實他們應該是分屬多個不同的、小的政治群體。他們的注意力和想像力一直投注在海上，即便從事耕作與灌溉，依舊指望著洪堡洋流與太平洋寒潮形成的豐富捕撈水域。他們留下的陶器上生動地畫著獵海豹的情景，有被捆住的擄獲物、裝滿戰利品的罐子，放在漁人拼命划的乾蘆葦船上。

從多數殘存的繪圖可以看出，腹地內陸也是尚未發展農耕的，有的只是在仙人掌之間拖出獵物或是在山上獵鹿。甚至河岸上也不生植物，因為沒有其他滋養，只憑水不足以使沙化為生命。倒是大海提供了沙漠河畔變成菜園最重要的用具：近海禽類繁殖地取來的鳥糞。有小片的人造綠洲形成，可以豢養馴化了的火雞和天竺鼠，也可種植玉米、南瓜、辣椒、馬鈴薯、木薯、熱帶水果、花生。花生因為特別受人喜愛，所以有人加工成金的、銀的花生。[8]

從他們的墓葬可以窺見政治菁英階級的樣貌。土磚造的平台（平台是在最肥沃的田中，為了舉行皇家儀式所打造的舞台）底下，躺著戴鍍金面具、扮演神祇的死者，陪葬物顯然都曾是珍寶：飾有鹿、雁、戰士（三者都是獵捕目標）的耳飾；有活人獻祭場景裝飾的權杖；金或銅製的縮小人頭串成的項鍊，眼睛是鑲金的；鐘上刻著割下來的獻祭人頭圖樣以及接受獻祭的神祇，這神祇的形象也是許多藝術品上的裝飾，他們揮舞著骨製的刀。聖荷西德摩洛墳地裡，一名女子四肢包在貴金屬板裡入葬，以鍍金的銀流

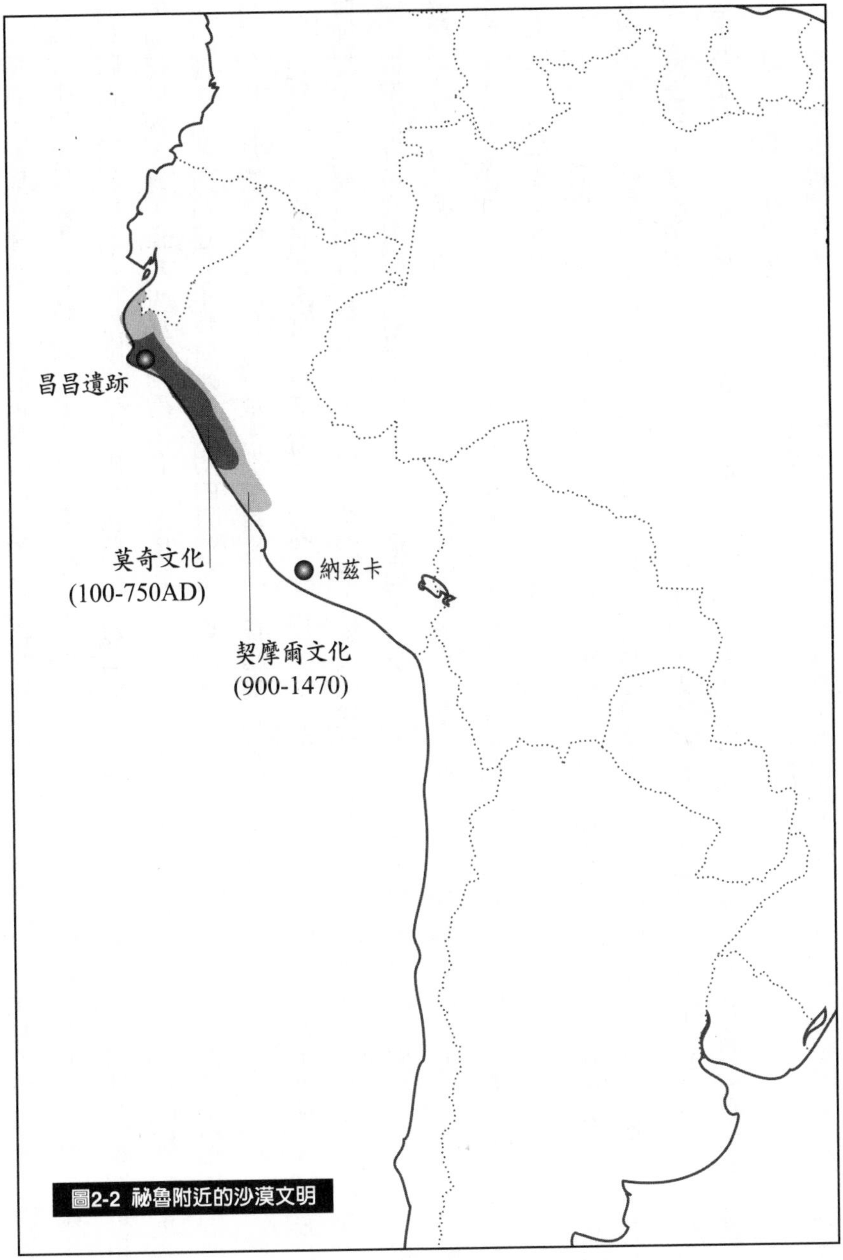

圖2-2 祕魯附近的沙漠文明

蘇為冠飾。[9]

莫奇人的歷史顯示了沙漠的侷限與沙漠的可能性。他們們雖然展示了財富和武力，環境卻是變幻莫測的，生態也是經不起打擊的。第六世紀多次發生乾旱，這可從祕魯南方高地的蓋爾卡雅冰帽以及往北的烏阿斯卡蘭發現的果核推斷出來。由於我們不甚理解莫奇人的符號語文，不可能正確地解讀第七世紀的傳統圖像紀錄，但是可以隱約看出有新的儀式，因此可能是面對自然荒蕪時產生的政治回應。如果確是這樣，這些對策達到了暫時延續文明的目的。八世紀中葉以後，不再有新建的土墩場子，製作的陶器也不如以前那麼耀眼了。莫奇谷地南端堆起來的土丘和灌溉土地都縮小了。

建造昌昌這個首都大城，是北方的人又一次在沙漠上留下文明刻痕的作為。現在所見的昌昌城就像沙地上的一連串小圓丘和波紋，好似一座沙堡突然一抖就垮了下來的樣子。建城用的沉積黏土製的土磚，被聖嬰現象的氾濫沖刷得不成形了。但是仍可一眼就看出文明城市的精確幾何結構。十三、四世紀發展顛峰的昌昌城，占地將近二十平方公里，庫藏大量財富，也因為有財富而助長了工匠技藝。金匠所用的黃金要用美洲駝商隊運來，駝隊就安置在城中心的市場畜欄裡。金匠們製作的產品把古墓裝點得華麗無比，以致殖民時代的西班牙人有到墓葬「挖寶」一說。

城中的生活得以維持，是靠著重啟莫奇人的灌溉系統並且予以擴大，加上大量儲存度過乾旱與洪災必需的資源。吃魚對多數城中居民而言已經成為偶一為之的享受。從考古採樣可以看出，主要蛋白質來源是畜養供宰食的美洲駝。[10]遇上年頭不好，聖嬰現象毀了運河，就得靠儲存的資源恢復元氣。[11]所以必須為了存活而實行苛政，城中的君主貴族時時不忘自保安全。他們的住處都築著高牆、碉樓、急轉彎的走廊，以防百姓不軌。

向外擴張會增加子民，也製造更多敵人。昌昌城其實是帝國的首都。以昌昌為中心的契摩爾王國，統一了海岸平原的大部分地方——總長約一二八〇公里。弔詭的是，擴張征戰的程度正反映了帝國最終的致命弱點。征服掠奪的行動期間，也是契摩爾王國的莫奇谷中心地帶灌溉系統停止開發的時候；甚至昌昌城的王宮倉庫也在十五世紀初葉征服行動的最後階段中萎縮了。因此，契摩爾統治者似乎是在藉征服外敵來攫取國內缺乏的資源。這種策略是很難無限期持續的，因為剝削關係使臣屬的人們怨恨沖天；懲罰制裁卻不能太嚴，否則貢賦會有折損。契摩爾帝國維持了大約五百年。印加人從高原進軍消滅他們之後，沒有重蹈覆轍，他們把這裡的人趕到別處重新安頓，任由昌昌城沒落消失。

不過，按沙漠文明的標準看，契摩爾是一次很不錯、維持也較長的實驗。通常這裡的王國都不必等到被征服者消滅。大自然只憑自己的力量就可以打點了。例如莫奇人遭遇的災難，似乎也毀了這片沙漠南端的人另一樁傲視環境的壯舉。納茲卡人是探尋考古之謎的人特別鍾愛的題目，其實不無道理。他們改造的谷地比莫奇人據有的地方更惡劣、更乾燥，卻在這裡創造了獨特的、莫測高深的不朽藝術：它是畫在沙漠表面上的圖案，輪廓清晰，巨大無比——寬度幾乎有三百公尺，只有從製作它的人爬不到的高度才能夠一覽無遺。這些圖案不僅僅是有如出於神祇之手的作品，而且永遠令觀者充滿想像。

畫圖案的畫布是蒼白光禿岩石表面的紅黑色氧化物沖積層。幾乎從不降雨的環境把它保存得完好如初。圖案中有動作柔軟的魚、飛馳的蜂鳥、展翅待飛的鸕鶿、一隻巨猴、和十分寫實的蜘蛛。此外還有條長直線，顯然沒有目標方向。有令人費解的幾何形狀，包括螺線、不規則四邊形、三角形，製作者全都測繪得毫無差錯。離譜程度不一的解讀包括：這些圖案是泥土占卜術、是曆法計算術、是「神祇的戰車」的跑道。[12]

❖ 湖裡撈蝦：撒哈拉的文明極限 ❖

納茲卡人的灌溉系統必然是比莫奇人的更複雜、更具表現創造力的，因為他們是藉地下輸水道取用地下水的。就我所知，唯一可以和他們相提並論的是如今撒哈拉沙漠最不宜居住地區的引水系統。利比亞內陸的費贊地區，地下有長達將近一六〇〇公里的灌溉通渠，都是鑿開石灰岩引流地下泉水而成。這些水渠曾經供應一個古代文明所需，後世人雖想探索卻苦無史料，只能從古希臘羅馬的記述得知那是加拉曼特人統治的地方。建在費贊的各個城市四周都是沙漠。這與傳統據綠洲而居的文明是不同的，因為它是用複雜的水利工程汲取撒哈拉的廣大地下水。撒哈拉是三層結構的沙漠：沙土之下是石灰岩，石灰岩下面是水，水是從周圍山脈流下的水所匯成的地下海而來。沙漠地區的主食一向是椰棗，但從加拉曼特人的廢物堆遺跡看來，椰棗並不是這個地區的基本糧食之一，甚至小米也不是。加拉曼特人——或他們的奴隸或農奴——在方便供水的地方栽種小麥，在條件略差的地方種植大麥（可銷往羅馬領土）。

加拉曼特人的起源不明，雖有許多關於其起源的理論，但都不足取信。他們的文明所仰仗的灌溉系統也不一定是自己發明的，有可能是被他們征服的民族所創。雖然他們生活的地區有自己的古老文字，他們也與四、五種文字系統的使用者有一千年的接觸，卻沒有加拉曼特文字的任何紀錄留下來，甚至可以在沙漠環境中保存的碑銘鐫刻也不曾留下。希羅多德（西元前四八四？－四三〇／二〇）最初提及的加拉曼特人，是從事奴隸交易的掌權階級——「駕著四匹馬拉著的戰車捕獵」黑種人。[13] 羅馬人筆下的加拉曼特人帶有野蠻異國風：臉上有儀式意義的刻痕和刺青，以飾有鴕鳥羽的頭盔遮面。

他們統治的國家無疑是人口眾多而歷時長久的，他們的文明富饒而醒目。公元前十九年，羅馬對於加拉曼特人的劫掠行為忍無可忍，據說當時考內留斯．巴爾布攻下了加拉曼特人十四座城——不過這不免有征服者自誇的成分，在他們的首都留下一座紀念碑。紀念碑矗立在無人的廢墟之中，以外便是一望無際的平坦沙漠。[14] 到了公元五六九年，加拉曼特人仍有在位的國王與拜占庭言和，並且接受了基督教。公元六六八年的紀錄（是很晚以後所記）中仍有國王，這位國王身患重病，向穆斯林入侵者投降的時候還略咯了血，之後被套上鎖鏈押走。此後就再也沒有關於加拉曼特人的記載，消失的加拉曼特人因而成為現代研究者好奇的題目。

加拉曼特人的文明成果究竟有多少，仍有待確認。不過他們在四周沙漠越變越乾的時候仍維持長久不衰，是頗不平常的。在那樣的環境條件下，文明未必是上策。費贊地區也有野心不如加拉曼特人的社群撐得比他們還久。詹姆斯・魏勒於一九六七年發表的作品中講到，他曾走過以前被加拉曼特人統治的地區。他要去的地方是世界上僅餘的幾百個「食蟲者」生活的區域。那些人是撒哈拉的達瓦達人，他們自稱是「被神遺忘的人」。不知是多少世紀以前，他們在一處偏僻的綠洲找到了避開侵略者和劫掠者的安全之地。這地方太貧瘠乾旱，湖水含鹽太重，別的社群不會想要來。他們的食物以椰棗樹的果實為主，飲用的是這無雨荒漠中的地下泉水。此外，他們在湖中撈取可以賣錢的碳酸鈉沉澱，以及一種特殊的鹹水蝦。費贊地區的人視之為上乘的催情食品，西方人嚐過都說既黏又臭。在魏勒著書的時代，圖阿雷格人有時候會拿香菸和油來換取這種「蟲」。

達瓦達人的地域是別人拿去也無甚大用的，而他們則是徹底順從自然而生活。他們住在湖畔，但是不到湖裡航行。他們僅有的建材是棕櫚葉和一塊塊泡鹼——清真寺就是用泡鹼建的。他們會編繩索，但是不會織布縫衣，也不會打毛線。他們沒有黏土，所以不會製壺罐。魏勒在他們的村中沒看見輪子。婦女們撈湖蝦是用竿子掛著繩編的籃子，在水淺處耙撈。沒有人想過用養殖的方法增加捕獲量。[15]

達瓦達人顯然是一個被絕望之地嚇得不敢妄動的民族。他們並不符合慣常描述的沙漠生活模樣，因為他們的適應方式不是流浪。但是他們遵循遊牧民族的一些經典方法：把生活需求降低到最基本的層次，不逞雄心去承擔終使莫奇人和納茲卡人滅亡、使契摩爾與加拉曼特被征服的風險。撒哈拉會啟發聽天由命的意念。現在一片黃沙的地區，即使以前肥沃富饒、有森林、到處是可獵動物的時候，也一樣使人覺得渺小無用。一萬年前留在岩石上的繪畫與雕刻之中，獵人都畏懼地躲著，不讓長著大角利牙的掠食動物看見，要不然就是死在大型掠食動物的腳下。[16]

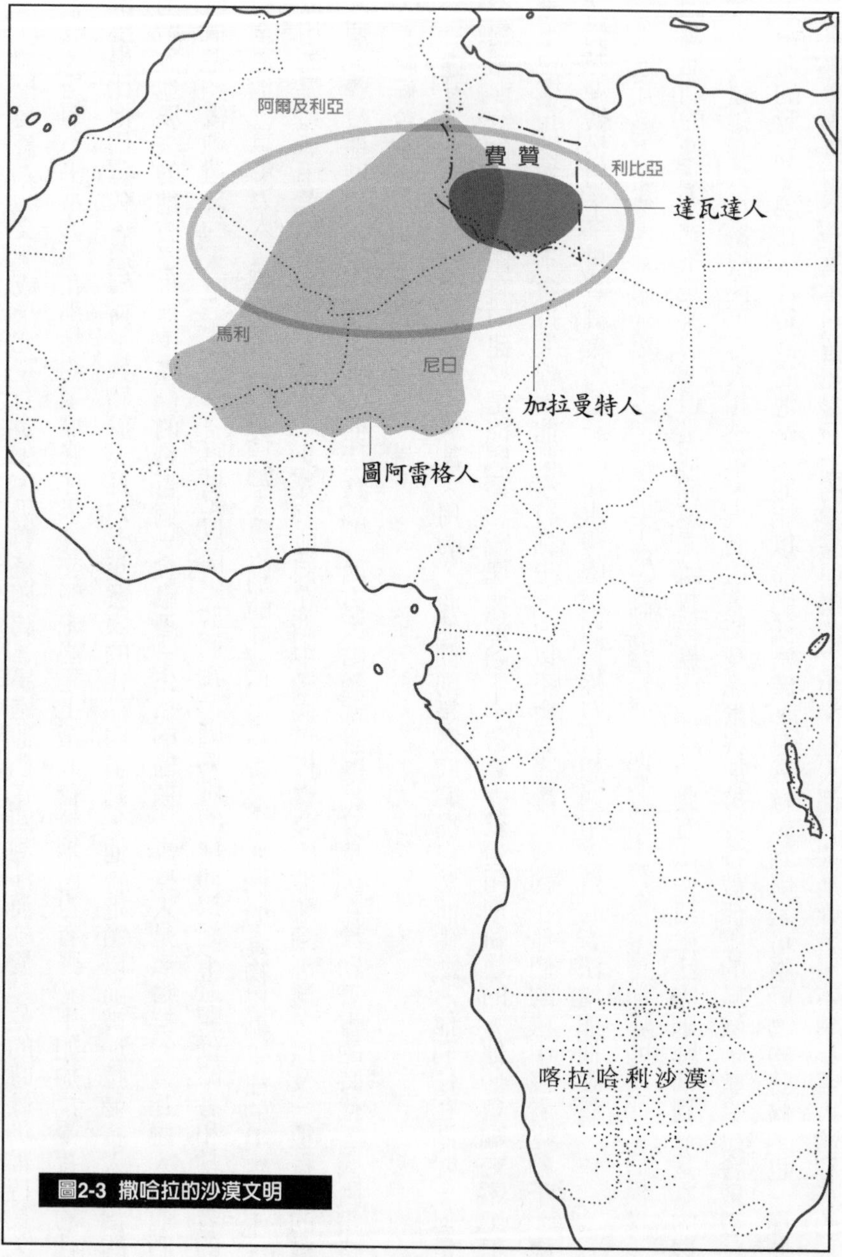

圖2-3 撒哈拉的沙漠文明

沙漠通常是按降雨量界定的，一般是指年降雨量不到三百毫米的地區。但沙漠的本質指的卻是欠缺維持生活的辦法，而維生之道又有賴其他因素影響：土壤品質、氣溫、風吹日照發生率。沙漠應該就是一種本來就無法提供足夠食物的環境，人到了這裡必須力求適應才能夠存活。沙漠之中如果不可能灌溉，如果沒有達瓦達人可以吃的那種現成食物，如果生活在沙漠裡的人不喜歡固定在一個地方，人們就只得隨著罕有的食物水源集中點而移動。自然而然發展出像貝度因人那樣的適應方式，依賴沙漠邊緣上季節性的牲畜遷移，這些地方的山地和不同高度的野外草場，可以隨季節提供放牧草地。如果是在沙漠最中心的荒原，就訴諸道道地地的流浪遊牧。

如今世界上最力行流浪精神的，當然就是撒哈拉的圖阿雷格人。每個西方人腦海中的沙漠居民形象，都來自他們創造的浪漫傳說：他們是終極反抗者，因為他們生性不服輸。他們遵循自然規則，不會向人低頭。他們的文化中處處是積極養成的奇特個性，所以與四鄰的其他文化都不同。男性包裹著厚面罩，大量使用十字形為標幟和基本圖案，在伊斯蘭世界是獨一無二。女性地位也是獨一無二，不戴面紗，自由社交，自選婚配對象，主動離婚，擁有財產，財產、地位、權利可以母傳女。

就流浪遊牧者的標準而言，他們有自己的全套字母是很不尋常的。這是幾乎完全沒修改過的古利比亞書寫系統，在公元前四百年以前的碑銘中可以看到。圖阿雷格人在使用這套字母上是有嚴格規定的：字母由女性傳承，寫情書、寫在居家用物上當咒語才可用。男性在帳篷外（帳篷裡是女性的領域）營火邊吟唱的史詩和歌謠，卻是口傳而不用文字記載的。總之，圖阿雷格人因為有絕不妥協的貴族氣質而與眾不同。除了婦女和世襲的教長之外，所有人的理想志業都是上戰場。維護家系純正嚴格到了狂熱的地步。英勇行為比財物的價值高。只有可當作戰利品的貨物，例如牲口和極方便搬動的小飾物，才會受到重視。人生的目的是贏得威信聲望，墮落貶損是最下等的敗壞。

有人提出圖阿雷格人是加拉曼特人後裔的說法，說得很有理。[17] 這也許有幾分確實，但是在圖阿雷格生態系統中最重要的環節——駱駝，從加拉曼特人的角度來說，實在太晚才出現在撒哈拉沙漠。唯有採用駱駝騎兵，才能進行圖阿雷格自我定義基礎的那種戰爭。圖阿雷格的營地和部落之中，劫掠是有儀式意義的事，掠奪物傳來傳去，但是並不殺人。這些劫掠行動是生活正業的練習，而圖阿雷格人的正業就是向商旅隊伍強索過路費、奪取奴隸、恐嚇沙漠邊緣的市場，有時候會搶市場的支配權。這些活動必須憑藉長途辛苦的乘騎行程，以及快速撤退回到沙漠棲身處的本事。駱駝馴養及廣泛使用的確切年代，是個爭議甚多的題目。可以確定的是，駱駝原產地不是撒哈拉沙漠，在北非沿岸地區廣泛使用駱駝時正值羅馬帝國的晚期，也許是公元第四、五世紀的事，在此之前只限於耕作的用途。

遊牧成功的關鍵是不只牧養一種動物，因為不同畜種的供乳會因季節而各異。[18]但是，如果沒有占很大比例的駱駝在內，圖阿雷格社群會被困在敵人可以輕易進入的、或是極易遭遇競爭對手的境地。圖阿雷格人的自傲自負包括不在人面前吃不是遊牧者所生產的食物。十六世紀初期，摩洛哥探險家利奧．阿非利加諾在圖阿雷格人的營地接受款待，就有過一次典型的經驗：他與同來的夥伴吃到了小米麵餅，主人自己卻只吃畜乳和肉——肉是切片烤的，調味品有香草

以及黑種人地區來的香料，加得很多。……王爺看出我們的驚訝之狀，便和氣地解釋，說他是生在不生長穀物的沙漠，族人們只吃自己土地出產的食物。他說他為招待來往的陌生人才去取得足夠的穀米。[19]

利奧猜想這樣「克己」的表現有做給人家看的意味，以後的學者也這麼認為。遊牧者如果想要穀物，必須藉以物易物取得，或是去劫掠，或是收取穀物納貢，否則他們就必須自己去採野生穀類。圖阿雷格人的價值系統不允許他們自己去採集、研磨穀物，所以他們必須到沙漠邊緣定居的人們之中去得到臣屬

者或叫奴隸來做。因此，戰爭是維繫生態的基本必要經濟活動。

❖不安寧之地：不同文化之間的沙漠高速通路❖

沙漠似乎迫使人向自然低頭，會遏止文明的企圖。沙漠卻也在歷史中扮演關鍵的角色，像海與大洋一樣是必要的空間，不同的文明要經過它們而傳遞。圖阿雷格人的榮衰以前是仰仗橫越撒哈拉的通路，這些路線銜接了地中海諸文明與撒赫勒（編按：撒哈拉南邊的半沙漠地帶，見第三章）的諸文明。而穿越戈壁與塔克拉瑪干的多條通路，構成「絲路網」的經緯，把歐亞大陸兩端的文明連接起來，沙漠本身即便不能培育文明，卻能灌輸養分給它周遭的文明。伊斯蘭教經過撒哈拉傳至撒赫勒；中國的科學工藝技術散播至歐亞大陸各地，部分是憑藉航海路線，但主要是藉絲路所穿越的沙漠（見第四章）。[20]

十四世紀中葉的伊本．巴圖塔，曾生動地記述穿越撒哈拉最乾燥不毛之地的經驗。那時候撒哈拉的黃金交易將要達到高峰；在西非突出部的航行路線未開通之前，往黃金源頭除了沙漠沒有別的路可走。穿越從摩洛哥的希吉馬撒到馬利帝國邊疆的瓦拉塔之間的沙漠，需要整整兩個月。道路根本不知在哪裡，「只有風颳起的飛沙。你看見一個地方有沙山，繼而看見它們被移到另一個位置。」因此嚮導要價很高：伊本．巴圖塔僱的這位要價一千「米特卡」的黃金。據說盲人可以成為最上乘的嚮導，因為視力在沙漠裡是會騙人的，魔鬼也會戲弄沙漠旅人，使他們迷路。走了二十五天，到了塔嘎扎，馬利最需要的輸入品就是在這個到處是蒼蠅的鹽礦市鎮生產的。這裡的房子是用鹽塊造的，水是鹹的，卻很珍貴。接下去的一段旅程通常是十天滴水不沾，有時遇見在荒漠遊蕩的野牛，就可能從牠的胃裡取一點水。除此之外，唯一的生物只有虱子，唯一可攝食的其他東西就只有沙漠塊菌。到達瓦拉塔之前的最後一處水井距離瓦鎮有四八〇公里，位於「有魔鬼出沒」的地域中，那兒「沒有看得見的道路或行跡……除了被風颳來颳去的沙，什麼也沒有」。然而，伊本·巴圖塔覺得沙漠是「光輝的、煥發的」，而且能陶冶性格，直到隊伍進入離瓦拉塔只有幾天路程、更酷熱的地帶，他們的觀感才改變，這一段必須在夜晚行路。祖上多少代都是知識分子和世故人士的伊本·巴圖塔，抵達目的地時對黑種人之地感到失望。他一得知所謂慷慨的款待就是一杯加了少許蜂蜜的凝乳，他就確定這裡的人不會有可取之處。[21]

敘述穿越撒哈拉之路，照例都是滿篇沙漠意象。絲路卻比穿越撒哈拉之路長得多，而且跨越的許多荒野環境都是遊記作者捨不得不提的。沙漠的部分有一種令人安心的可預測性，所以遊記故事大多會強調季節變化所造成的其他自然環境危險。馬可·波羅在遊記的開端就說：「他們簡直無法用三年半的時間走完全程，因為他們必經之地有雪、有雨、有洪水、有暴風，也因為他們冬天乘騎前進不似夏天那麼順利。」[22]這是誤導的。他想說的險境非常之多，沙漠占的分量卻最重。他從未埋怨遭遇盜匪、官吏敲詐、官僚作業耽擱，卻因為擔心塔克拉瑪干沙漠之行而焦慮。

商旅隊伍將要進入塔克拉瑪干之前，會在沙漠邊緣暫停一星期，吃飽歇足，帶上夠一個月用的補給。按照常規，隊伍越大越安全，但是一隊不能超過五十人以上，因為難保接下來的三十天裡能找到稀少的水源供人畜使用。水源可能是偶爾可遇的含鹽沼地綠洲，或是水道變換不定的河，可能被沙漠嚴寒凍成冰，而且都藏在形狀一模一樣的沙丘之間。[23]最糟糕的狀況就是迷路，「被鬼靈騙得離開了正路」。馬可波羅曾說：

> 甚至白天也會聽見這些幽靈的說話聲，你時常有幻覺，以為聽到了許多樂器的旋律，尤其覺得聽到鼓聲，以及兵器撞擊聲。因此，旅人隊伍要謹守密集隊形。就寢之前要樹立記號標明次日要行進的方向。他們還得在每頭牲口頸上拴些小鈴鐺，聽著鈴聲才不會走散了。[24]

鬼的說話聲不會比中國史料所說的「神鷹號叫」更刺耳，大概也不會比龍吼更大聲。斯坦因在二十世紀初來中國探尋沙漠城市遺跡時，在敦煌發現近千年以前的古經卷，那時候中國人就說荒漠裡有龍。[25]十四世紀的畫家把這些鬼想像成黑色的、健壯敏捷、凶狠無情，揚起截斷的馬腿跳著舞。[26]蒙古人認為，在馬的頸部抹上血可以使鬼近不了身。沙暴是惡鬼使旅人迷失方向的伎倆，發生時天突然暗下來；空氣含著沙；風颳起陣陣碎石；颳起的大石塊在空中互撞，碎塊就砸在人畜身上。

一本寫給義大利商人看的中國之行指南，包含一些有用的忠告。例如，「你應當讓鬍子長長了，不要剃掉」。在亞述海的塔納要僱上一個好嚮導，費用再貴也得僱。「假如經商者願意在塔納帶一名女子同行，其實是可以的。」從塔納出發時只需要帶上二十五天所需的麵粉和鹽，「其他物品都甚充裕，尤其是肉類」。旅人必須偕同一名近親上路；否則，萬一他在據說「晝夜都很安全」的路上死亡，他的財物會被沒入。[27]走這幾條路多少天可以到哪個城鎮，都有詳細說明，一路上都有蒙古治安官保護。每一站的兌換率都有清楚記載。哪一段路適於哪種交通工具也都有說明：前往阿斯特拉罕應乘牛車或馬拉篷車，視個人要求的速度與付得起的費用而定；阿斯特拉罕以後到中國的河流系統，必須搭駱駝隊或用馱騾。路上的通貨是白銀，但是到了中國必須向當局兌換成紙幣。[28]

行程費用便宜，載貨代價卻貴。去程估計只要所攜白銀現錢的八分之一。但是，回程所需的錢，包括所有開銷和僕人費用，每一匹馱畜就要花掉相當於整趟出門費用的錢。乘馬雖然是旅人的上選，運貨卻得靠駱駝。按十四世紀晚期一位地圖繪製者所畫，前往中國的駱駝負著各式各樣形狀的包袱，每匹駱駝負重一八〇至二二五公斤，行路中不必像馬餵食那麼多次，而且駱駝蹄子踩在沙上不會陷下去。[29]

因為路程又遠又辛苦，商隊必須偏重攜帶小件的高價值貨物，固定走天山至崑崙山之間的路線。這個路線上有人群聚居處，有可以補給必需品的綠洲或水井，有時候還有生長沙蔥的草地，這種草「一般認為比青草好，……而且……增加駱駝平時已經很驚人的臭氣」。[30]沙漠走廊能不能開發，關鍵在於水的分布。沙漠的水來自四周山脈的內陸匯流，經地下渠道在沙漠底下分布各處。此外的唯一大量水源——戈壁中心唯一留在地面上的水道——是額濟納河，發源於祁連山，注入沼地湖泊。這裡的黑水城——馬可波羅稱之為額濟納——築有二十一公尺高的厚牆，城牆上有至少七十處高塔，可保衛行路中的貿易者。這座城十之八九是靠貿易生存的，因為額濟納河能維持的那一點農業不敷這麼大的城所需。[31]黑水城也不是絲路的沙漠這一段路上的唯一城市，唐代絲路上星散著中途小站式的城市，還有許多洞穴供旅人歇腳，供僧人居住。自一八七八年起直到第一次世界大戰期間，這些城市被找到、挖掘、畫入地圖，數目多得出人意外。最初誤打誤撞發現遺跡的賴格爾博士還以為在吐魯番附近發現的是羅馬人的古城。[32]

成績最卓著的人是考古學家兼探險家斯坦因，堪稱是英國愛德華時代的印地安納瓊斯。他漫遊中亞的古代遺跡，在荒涼草原

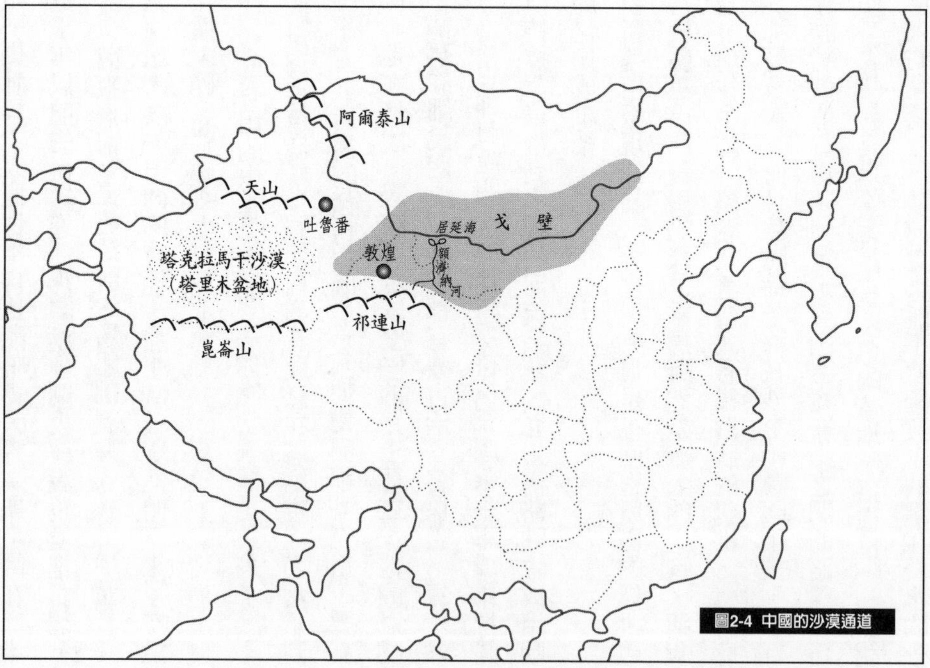

圖2-4 中國的沙漠通道

和矗立高山上都看到廢棄的碉堡和中途小站。他到敦煌去找異於常俗的寶藏，這裡的山洞小室曾是公元一千年以前的貿易商躲避熾熱與嚴寒的地方，斯坦因到來時早已沒有商旅停留；但是仍有僧人，在這兒照顧光禿岩石和沙地之中的佛龕神洞，到處蒙著一層風沙。斯坦因走近了看，

> 一大堆黑暗的洞穴，多數很小。……蜂窩般佈滿昏暗的岩石表面，從崖腳向上呈現不規則的多層次。……岩面上仍看得見的洞口之間有階梯相連。……我立即注意到所有的岩洞裡都畫滿了溼壁畫，至少從洞口看見是如此。「千佛洞」裡的確住滿了佛的尊容。[33]

洞窟內的一個封住的密室裡，是他想要的寶藏：一大批古文件，是上千卷的佛教經文和商業契約，都被僧人視為太神聖而不得取閱。

斯坦因費了很大周折，在一個炎熱無雲的下午，乘守衛「吃足了鴉片」睡著後，和一名肯聽他要求的出家人打商量。這出家人

> 此時鼓足了勇氣，當著我的面開了粗糙的門……進入岩石鑿成的凹室，……密室的景象使我目瞪口呆。在這出家人的一盞小燈發出的暗淡光亮下，是一層層漫無秩序的一大堆手卷札。……室內所剩的空間只能容兩個人站立。[34]

敦煌壁畫描繪了商旅隊伍的生活、商人們的虔誠，甚至也畫出了行商們的面容和他們留在故鄉的家小。手抄卷札是比較難解讀的，斯坦因的漢學修養還不到能看得懂的程度。但是，內容逐漸解讀出來之後，證實敦煌洞窟毫無疑問有更重要的世界史價值。敦煌不但是歐亞文化交會的要衝，也是——如一間洞

窟壁上所書——「漢胡互通之地」，是「亞洲的咽喉」，「往西方大洋」的道路像頸子上的血管般在這裡交集。[35]岩壁面上的洞窟是供旅人歇息的豪華公寓。旅人們來自千里之外，把中國、印度、中亞和我們所謂的近東連成一串，注入其他通訊系統，傳至日本和歐洲，越過印度洋再到東南亞、近海的阿拉伯、東非。

從中國到那裡的路是所謂的「迂迴之路」，是最荒涼難走的一條路，因為距離水源渠道遙遠，通過沙漠中央，沿途只有沙丘或石頭，如帶過商旅隊伍者常說：那兒「不見人影」，「只有苦水可喝」。[36]中國於十七世紀向西擴張期間，戈壁成為前往新疆的軍隊和商旅的另一條大路，北方又有了另一條通路。那是從百靈廟起，由陰山與黃河的大轉彎處隔開，「蒙古的所有道路似乎都在這裡分開」，[37]緊貼著山邊，以便汲取東阿爾泰山匯流地下的泉水。

旅行以「站赤」分段，這是軍方以每隔大約兩天行程設置的小站，人員到此可換馬，旅客可以睡在毛面襯裡的羊皮筒裡。各站之間的路可以循著駱駝糞的蹤跡找出來。在沒有檉柳生長的地方，駱駝糞也可以充當燃料。歐文・拉鐵摩爾於一九二六年穿越戈壁之行的一位同伴曾說：「只要給我看駱駝糞在哪兒，什麼路我都找得到。」[38]額濟納河以西有一段絕無人煙、覆滿黑礫石的路；走這一段必須強制定量分配飲水。駱駝如果在滾燙的礫石路上失足絆倒，會起血瘀和足墊腫起，所以死在這一段路上的駱駝為數不少，拉鐵摩爾看見駱駝屍體幾乎一個接著一個。[39]

除了這段所謂的「黑戈壁」之外，即便在沙漠中也可以補給食物——向土爾扈特牧人買瘦羊：價碼會很高，因為沙漠羊毛皮是高價商品。一六九〇年代至一七七〇年代間，由於土爾扈特人被迫流亡到遙遠的窩瓦河，這段戈壁通路走起來就更加坎坷了。不過清朝政府知道必須維持沙漠有路可通，才可能有效地將新疆納入版圖，所以就在把土爾扈特宿敵幾乎消滅殆盡之後，讓土爾扈特人重歸故鄉。[40]

除了沙漠以外，最大的障礙就是沙漠邊緣的山，往南有天山，北邊往蒙古心臟地帶走的一條路上有阿爾泰山。天山山脈屏障著塔克拉瑪干沙漠，是全世界最難征服的山之一，長約二八〇〇公里，寬四八〇公里，最高峰有七三一五公尺。其間又有窪地，使環境格外奇特：吐魯番窪地竟低到海平面以下一五〇公尺）。拉鐵摩爾於一九二六年試圖穿越，被「惡鬼般的」風逼退，這風「颳起像沙子似擦刮的雪」，一千匹駱駝在酷寒中「咬牙切齒，嘰嘎聲如釘子般刺耳」。[41] 北京主教曾在一三四一年間說：「蒙古人未興起以前，無人相信越過了這些山脈還有能居住的地方。……但是，蒙古人，憑上帝恩准，也憑驚人的努力，確實越過了，而我也越過了。」[42]

❖打滑山的鬼靈：布須曼人與文明❖

雖然不同的文明會越過沙漠而互通，雖然有些沙漠可以用智巧變成適應文明的生活，但生存資源最稀少的地方仍是大自然表現得最專橫之處，在可存活與不可生存邊緣上生活的一個典型例子——有些研究者認為那是一個原型，乃是喀拉哈利的布須曼人。世人所知的這一群人，根本不試圖改變環境，反而讓環境在他們身上引發明顯的適應。可以與他們的情狀相提並論的只有他們的鄰居科伊科伊人。他們的婦女臀部、髖部貯存脂肪，似乎是大自然為防飢饉與乾旱而設計的。[43]

因為有這種徹底聽命於自然的證據，也許還因為這種特殊的身材令人想起許多地區的古雕刻、古陶呈現的臀脂過多的人像，許多人士把布須曼人歸類為原型的「原始人」，說他們代表保存下來的土著生活的罕見實例，這種生活則是所謂的人類祖先在狩獵採集維生的時代所過的生活。布須曼人的居住地是南半球地圖上一個孤立的小點，這與其他被假定為原型原始人的群族雷同，例如曾經帶給達爾文啟示的火地島人、被早期畫家描繪為類人猿的塔斯馬尼亞人，也都是生活在「地球上最偏遠的地方」。[44] 一九二五年有一支美國探險隊伍去尋找他們，當時公然聲稱是去探尋所謂的猴子與人類之間「過渡的那個環節」，後來也宣稱已經找到了。[45] 以訛傳訛的喀拉哈利之謎，又因為有消失的古城之說而更加荒唐。「偉大的」法利尼這位說話不可靠的探險家，自稱找到了採石場裡修整過的一些石材，「是某個遠古時代人類的雙手搬送而來……等著用於建造某個壯觀的公共建築」。[46]這麼一說又增添了布須曼人的奇特性……他們在有可能產生文明的環境裡似乎原始到了荒謬的地步。

我稱他們「布須曼」，雖然用這個稱呼好像倒退回已經過了時的用法，這是因為現在流行的名稱「桑人」其實一樣值得反對：「桑人」是外界所加諸的，用來指「遊走覓食者」。在最熟知這個名稱的文化裡含有貶意，意思不外乎以腐肉為食的、行乞的、依賴的生活方式。[47]布須曼人是我們這時代邊緣「原始人」巨大變革的代表。他們以前是被鄰族辱罵的，連科伊科伊族牧人提到他們也會吐口水，[48]班圖族和波爾人（南非荷蘭裔白種人）都拚命要捉拿他們。不服統御的特性使他們沒有利用價值——除非是童年期就抓來做奴隸。即便如此，小奴隸不惜冒生命危險一再設法逃回部落的故事越傳越多。這種癖性使布須曼人被鄙視為無可救藥的野蠻人，卻讓一些人將布須曼人的生活浪漫化了，認為那象徵崇高的精神——不順從是自由的核心價值。羅拉．馬歇爾於一九五〇年代初開始在布須曼地區進行人類學田野研究，沒人相信她的團隊真的會對這群順手牽羊的賊感興趣，大家都認為她真正的目的是找鑽石。[49]

羅倫斯．范．德．波斯特是修正布須曼人形象的功臣。他覺得自己與他們有某種神祕的親近關係，這是他兒時從黑白混血的褓姆眼中初次領會的。他會深入沙漠去「追尋」他們的棲居地，既是與BBC電視工作組合作的一次商業行為，也是實踐他在日本戰俘營面對死亡時發下的誓言。按他戲劇化的習慣，他認為布須曼人是「我的出生之地」的「原始」居民。在他看來，布須曼人可以說是這片土地的守護者，不讓他們的棲地被近幾世紀的南非暴虐惡行糟蹋了。他們遵守完美的自然道德律，一切財產共享，對陌生人友善照顧，只在為求生存的時候「無惡意地」殺人。搜尋幾個月後他終於找到真正的「野性布須曼人」。波斯特對這個人的愛慕帶著很明白的情色。這位樣品「本身有一種奇妙的野性之美。甚至他的辛辣氣味也帶有未馴化的大地與野生動物生命的精髓。那氣味是古老原始的，有如蒙娜麗莎的微笑般撩撥人。」[50]

波斯特將自己當作布須曼人的榮譽成員，簡直到了極致。一次典型的例子是，他本來期望拍攝布須曼人在佐迪洛山（又稱打滑山）神聖水域的季節性集結，結果攝影機失靈了，他便認定是山中鬼靈因為他觸犯禁忌而憤怒，原因是同伴之中有人射殺了一頭疣豬而「沾了血」。這所謂的禁忌顯而易見是假的，是擅長操弄他的善感性情的嚮導編造出來的，其實布須曼人捕殺的大批獵物也都在附近。可是波斯特深信不疑，一定要同來的人員全體簽署一封向鬼靈道歉的信，再把信放進瓶子，埋在一處古代岩畫大角羚底下，「此乃鬼靈有能力使血肉之軀另創生命的鐵證」。[51]

布須曼人目前的環境並沒有向文明讓步。喀拉哈利最令他們中意的地方是名符其實的「乾渴草原」。[52]這裡的大部分土地覆蓋著厚達三至三十公尺的沙。在喀拉哈利中部這片一萬一千平方公里以上的地區之內，只有九處恆定的水源，四處半恆定的水源。因為平均高度在海拔一一○○公尺上下，沙漠高原的不良條件在這兒都有。夏季氣溫常在攝氏三十五至四十五度之間；冬季夜晚又會降至冰點。這片地的北邊山丘是三條地下河流的發源地，三條河按當地兩處恆定水塘取名為杜布／多／達（Dobe/Do/Da）。布須曼人取水的方式包括用蘆葦鑽入地下吸飲，或是從窪地或樹根之間的暫時積水坑收集。[53]中部沙漠區裡沒有恆定的蓄水塘，窪地一年裡僅僅六十天有水，棲居在這裡的人所需的水，只能仰賴有水分的瓜類、塊莖、蘆薈，或是在難得獵殺動物後從其胃部獲取水分。[54]人人都在觀望一朵朵雲的動靜，問道：「下了嗎？」「……我們想像的卻是一望無際滿是漿果的原野，以及滿地的土堅果」。[55]

布須曼人的食物一半以上是從廣大灌木叢地區採來的可食植物。蜂蜜是貴重的補充食品。范・德・波斯特童年時就學會採蜂蜜——要用麻醉品把蜜蜂燻走。其餘的副食品就是狩獵來的。因此，布須曼人的主要科學是植物學，他們的化學和技術主要都是關於狩獵配備方面的。波斯特聽從妻子建議隨身帶了來福槍，在布須曼人之中享有「偉大獵者」的盛名，因而有機會觀察他們的狩獵生活。他看見他們編野劍麻做弓弦和捕獵網，[56]用蛆、植物根、毒蛇液調製毒藥塗在箭鏃上，使用的毒藥視獵物形體大小、耐力不同而各異，[57]他看到他們的箭，是有三節的，所以，箭頭一旦射中目標，會留在獵物體內，即使沒有流血，獵人也曉得自己沒落空。波斯特仔細觀察他們的追蹤方法，精細到了極點，他們竟能辨認某一隻獵物在整群動物中的足跡。他跟著他們追蹤受傷的獵物，一路追到毒藥藥性發作，獵人們才上前去用矛結束牠的生命。有一次，他跟著獵人們跑了十二哩路不曾稍停，追蹤的是他們偏好的獵物——一頭壯碩的大角羚，捕獵成功引得全營地的人禁不住歡唱[58]，這樣的伙食是難得的盛宴。通常菜單上只有豪豬和跳兔，而且有一系列禁忌顯然是為了讓嬰兒和老年人優先吃肉而設計的。[59]

我們不可誤以為布須曼人與自然和諧共處的畫面就是全部的真相。布須曼人在自己所屬的生態系統裡，要與其他物種競爭稀少的資源，也與其他物種一樣，竭盡所能向自然需索。但是，沙漠環境裡能供布須曼人維生的東西太少，迫使他們不斷遊走搜尋，適應的上策是合作。布須曼人沒入灌木叢躲著，不讓他要捕食的動物和要捕食他的動物看見。他暫時住的地方看起來就像沙漠灌木叢。他也會在方便取得石頭的時候用乾石頭築起小的藏身處，爬進這裡面睡覺是比較安全的。這就是他所能做的最接近修改棲地或樹立建築物的表現了。他的音樂、歌唱、舞蹈等藝術，剛剛創作便隨風逝去。他的神聖儀式，例如前往恆定水源之旅、將死人暴露給吞噬的神祇，都不會留下持久的標記。

這是最接近無文明的生活方式了。但是這個生活方式並不是沒有優點沒有學習沒有道德沒有愛心沒有小小奢侈的。霍霍坎和查科峽谷的城市和道路現在是廢墟——小圓丘和凹痕。黑水城被沙漠淹沒，在一片黃塵的天空下，莫奇人和契摩爾人已經消失，得從他們喜歡裝飾在壺罐上，蹲坐著扮怪相的滑稽人像來追憶，而且並不確定。在沙漠中建起文明都曾是了不起的壯舉，但是，在鳳凰城、拉斯維加斯之類能靠別處輸送大量資源來維持生存的例子出現以前，沙漠中的文明都是保不住的，布須曼人雖然面臨文明的誘惑、競爭對手的侵犯、仇敵的屠殺、環境持續不休的敵意，卻依然故我。

「你為什麼冒險進到一個只有強人才該來的地方？」他問，
「你難道不曉得，你渡河的時候就把一位朋友扔下了嗎？」
「你說的是誰？」
「法律……」
——詹姆斯・芬尼摩爾・庫柏，《大草原》

至於世人，他的年日如草一樣。
他發旺如野地的花。經風一吹，便歸無有。
他的原處，也不再認識他。
——〈詩篇〉一〇三：十五—十六

第二卷・草葉集

不可耕作的草原

PART TWO: LEAVES OF GRASS

Barely Cultivable Grasslands

3

颷風：北美草原與茂密的稀樹草原

THE SWEEPINGS OF THE WIND: Prairie and Grassy Savanna

大平原・非洲稀樹草原・撒赫勒沙漠之邊

那瓦布・希爾瓦爾・汗……擅於務農勝過經商，有一則他以實際方法證明論點的軼事，茲錄於下。他與一位羅漢閒談這個他最喜歡的題材之時，命人取來一支小麥穗子，並以雙手搓這麥穗，然後數著搓下來的麥粒。他知道這位羅漢到過德里或久安普，經歷過酷熱灼烤和各種辛苦磨難，回來時若是把一個盧比的本錢變成兩個盧比了，就在頭巾上多拴一個結，手揣在懷裡，得意非凡。希爾瓦爾說：「我靜靜待在故鄉守著家人，往土裡種一粒麥子，就能收四十粒；也就是我用一個盧比得回四十個盧比。這樣說來，我們倆誰的交易比較划算？

——馬森，《俾路省、阿富汗、旁遮普旅程的故事》

❖難以駕馭的草原❖

草原應當是有利於文明生成的。早期定居的社群選擇結籽量較多的草本植物來種植，由於穀籽裡儲存了油脂、澱粉、蛋白質，因而能創造出營養價值幾乎比野外一切可食物都高的食品。效果最好的有黑麥、小米、玉米（見第五、六、八、九章），以及按現代多數評等方式算來名列最優等的穀物——小麥。小麥的適應力雖不如人類，因為人類憑獨一無二的設計天才和運用技術的本領，能棲居而存活的環境之多，是所有物種之冠。但是小麥傳遍全世界，入侵各式各樣的棲地，快速演化而不絕種，卻是其他生物都比不上的，如今全世界小麥生長的面積超過六億畝。我們認為小麥是文明傳統的象徵，因為它代表人類改造自然，為自己所用的成績——我們能把一種草變成人類的食物，憑科學將野外的無用之物改造為延續文明的元素。小麥證明人類無疑能夠徹底控制自己置身其中的每一個生態系統。

我們看見的所有學院、博物館的三角山牆上「進步之勝利」的浮雕，都少不了麥穗的圖像；我卻能想像，這種觀念在某個世界裡會變得很可笑。幾年前我發明了一種幻想的人物，稱之為「銀河博物館管理員」，並且請讀者想像，這些管理員從遙遠的未來隔著浩瀚時空，用我們這些捲在歷史中的人不可能有的客觀眼光回顧我們的世界，他們所看到的我們的過往，將會與我們所見大不相同。他們也許會把我們歸類為弱小的寄生蟲，自以為了不起，卻不知自己已被精明的小麥利用，成為小麥散播到全世界的工具。要不然，就是把我們看作與可食用的草本植物有著寄生的關係，互相依賴而一同在地球上占地聚居。

小麥是影響我們現在與供給我們未來不可或缺的資源；然而，從另一方面看，小麥對我們的過去並不具代表性。少數幾種草本植物雖然非常重要，而且越來越重要（小麥又是其中之最），但在人類歷史上大部分時候，生活中的草本植物除了當裝飾品外並無耕種用途。讀者如果搭飛機經過阿布達比或巴林的上空，會看見人類在沙漠中煞費苦心培植的片片草地，或是看見拉普蘭百萬富翁的私人高爾夫球場，有如被宇宙珠寶匠嵌在光禿岩石上的一顆寶石，你也許會認為，不可食用的草本植物也可以種下來與自然對抗。可是，這些人工草地和小麥田、玉米田一樣，都是人類晚近作怪的產物。許久以前，草原上生長的多是人不能吃、但卻適合反芻動物與其他消化道更好的動物食用的禾草類。因此，草原一直是牧人和獵人的家，只不過他們不能長久定居。「草會枯萎」，世界上最廣大的草原確實有這種好景不常的現象：雨季短暫，大地時而蔥綠，時而一片塵土。動物群一年中大部分的時候都在移動。

世界上最大的草原在冰河期冰川沒有覆蓋的地方，在土壤乾燥貧瘠得長不出森林的地方，在赤道森林和沙漠之間的副熱帶地區。這三處典型的遼闊草原都位於北半球。歐亞大陸乾草原從中國東北到黑海西岸，在中亞山脈與沙漠之北，呈彎弧狀；北美大平原從洛磯山脈到密西西比河谷和大湖區，坡度往東北一路緩降；北非稀樹草原和撒赫勒地區，是撒哈拉和雨帶之間橫過非洲大陸的一塊狹長地帶。

歷史上的大部分時期，歐亞大陸和美洲的環境有許多共通之處：都比非洲連貫一致，覆蓋地面的草都比非洲的頑強，伴隨著零星散佈的林地，例外的只有搭接到中亞的狹長「森林乾草原」。兩者都等於沒有可靠的沖積平原，草的種類也比非洲少，主要都是針茅草。非洲卻不是這樣，撒赫勒的真正草原與以南的稀樹草原連成一體，稀樹草原的形態就很多樣了：間歇會有樹蔭，氣候比較潮溼，可耕作的沃質土壤很多，多的是可獵食的大型動物；非洲平原上即便最類似歐亞乾草原的地方，原生草種也比歐亞與美洲草原豐富，而且是多汁的；尼日和塞內加爾的沖積平原創造了相當適宜栽種小米的田地。所以這種環境給了非洲一個具有歷史意義的優勢，按傳統的衡量標準而論，這優勢包括農耕與定居產業、城市生活、巨大建築、文字化的程度，非洲草原文明改造自然的作為，是比歐亞及美洲草原文明的作為還要明顯的。

過去大部分時候，在北美洲大平原區生活的人對付自然的方式是最不專橫積極的。甚至到了一八二七年這麼晚的時候，詹姆斯．芬尼摩爾．庫柏在《大草原》中描寫白人入侵，擅自占據土地行動時，這兒似乎仍是一個沒有前景的地方，「一片不能養活稠密人口的廣闊地域」，[1] 但後來卻變成建立富庶農場和城市之地。大平原這個棲地欠缺撒赫勒那樣可助長文明的生態多樣性；它能夠像歐亞大陸乾草原一樣成為兩旁不同文明的交流大道，也確實發揮了這種功能：但是，格蘭德河與科羅拉多河之間的西南部諸城市，以及密西西比灘地築墩者（見第五章）造的城市，即便是在富裕華麗的巔峰期，也都是相對較小規模的作為，始終沒有產生如舊大陸不同文化間，在乾草原連繫下那種源源不絕的文化、工藝技術的往返交流。

如今的北美大平原是「世界糧倉」，在其上，有一些人類有史以來設計過最具生產力的農場。除了農業，大平原上經營大牧場也有一段不算長的歷史，如今這裡西部和南部區域的高地平原仍然十分興隆。這麼徹底被人們的需求改造的一片土地，以前竟然一直受著自然的主宰，只有小塊貧瘠的地方有人耕作，只有稀疏的人口跟在美洲野牛身後，這似乎是不可思議的。只有舊大陸來的入侵者能做到這麼不可思議的事：先來的是馬和牛群，這些馴化的四足動物是新大陸自更新世以來不曾見過的。接著入侵的是人，有些人用強大有力的鋼鐵硬把生滿草根的表層土翻了起來，他們栽種了以科學農藝法培植的小麥品種，能在多變的氣候與沒有冰川作用的土壤之中茂盛生長；也有人帶來了工業基礎建設，他們建了鐵路，才能夠把收獲的穀類運送到本來不符經濟效益的遠距之外，他們用刨鋸得精確的木條和廉價的釘子，草草建成如汽球般輕巧的住屋架構。[2] 建築工人和城市居民創造了牧場牛肉的龐大需求量。攜帶連發步槍的人消滅了原來生態系統之中的兩大重要環節：野牛群和捕野牛的獵人。

最先來到美洲的歐洲人以為會在這裡看到文明，因為他們不知道大平原真實的樣子。一五三九年間，一位傳教士的黑種僕人在主人前面開路偵察，尋找墨西哥以北不為外界所知的民族，他臨終時神智不清留下的胡言亂語被斷章取義，聽的人又憑著自己的希望加以誇大：希波拉是北美洲內陸七大城之一，比特諾奇提特蘭還大。按照越傳越玄的謠言，希波拉城的神廟外表舖著一層綠寶石。[3] 這種傳聞造成的影響，可以從胡安．馬丁尼茲在加泰隆尼亞繪製的地圖上看得出來：有一只美麗鍍金的羅盤，從奇瓦瓦和西納羅阿直指向一個有圓頂、尖頂、角樓等多座城市在其中的繽紛區域。而這個區域其實並不存在。[4]

法蘭契斯哥．瓦茲蓋茲．德．柯羅納多率領兩百名騎馬的精銳隊伍去找這些城市，人馬後面還跟著由一千名奴僕組成的支援縱隊，他們也趕著馱騾和供宰殺食用的牲口。據說希波拉位在「越過山脈」的地方，所以，他們一五四〇年四月走出熟悉的領域後，就姑且溯溪而上，到莫吉揚邊緣的集水區，再跟著河往下走。柯羅納多讓支援縱隊在後頭，帶著兩百名精銳走進高地，結果發生嚴重飢荒；有些人試著用有毒的綠葉植物充飢後死亡了。走了兩個月，他們來到時有人跡的路上，第一次看到了城市：是普威布洛族人的小鎮哈威胡。他們找到了定居社會的文化，卻不是他們所追尋的遍地黃金之城。

尋找希波拉之旅起初只找到了「善良人們」規模不大的聚居處，西班牙人認為他們是「一心務農而不好戰的」，[5]只擁有少量的綠松石，沒有寶石翡翠。不過，柯羅納多也是在這裡第一次聽到他所謂的「牛之鄉」——美洲野牛棲居的平原區。[6]他第一次看見野牛，是畫或刺青在普威布洛使節團一員的身體上，這使節團來自靠近草原的小城吉基特，還帶來野牛皮的盾、袍子、頭飾。他跟隨使節團一行人回城，並挑選了一名頗有群眾魅力的人當嚮導，此人有「與水罐裡的魔鬼交談」的本領。[7]據稱他略通一點納瓦特爾語，這也許只因為他是後來確認為康曼契族的族人，而康族語和阿茲提克語同源。柯羅納多聽信了傳聞——有個城邦的獨木舟由四十人划槳、船首上鑲著金，[8]所以採納了這名嚮導的建議（無疑是個因層層翻譯錯誤而歪曲的事實），決定轉往北走，要前往一個被認為富裕的、都市文化的社會——基維拉。他騎著馬「走在遼闊無比的平原上，我雖然走了三百里格（一五〇〇公里）以上的路程，卻沒走到它的盡頭」，一路上一直看到野牛。[9]

西班牙人對於大平原區居民的記述，呈現的是一種完全依賴美洲野牛的生活方式，同時也流露出記述者的偏見：不文明的生活既迷人又可厭、既高尚又齷齪。土著除了野牛肉，不吃別的東西，身披野牛毛皮、用野牛革帶子繫住，住的是野牛皮帳篷，足登野牛軟皮鞋。他們無所畏懼地接近外來生人、對外來客自然而然地大方款待令人感動，但他們的餐桌禮儀看在西班牙人眼裡卻是野蠻的。他們會一手抓著一大塊肉直接咬下去，然後用一把厚燧石刀割一大口的量，沒嚼碎就吞下去，像鳥類吃東西一樣。他們會生吃不加熱的油脂，用清空了的牛腸胃去盛滿血……待口渴時飲用。他們剖開牛腹之後，把胃裡嚼過的草擠出來，再喝下殘留在牛胃裡的汁液，說是因為這含有胃的精華。[10]

這些習慣很容易被誤認為是比較不理性的，並成為他們仍有獸性的證據，而按照那時候的法理觀，比他們優越的人理當征服他們，或是把他們當作奴隸，但其實這些習慣都是受限於荒涼土地上食物資源稀少，所發展出來的典型適應方式（見第二章）。

柯羅納多在「平坦有如海面的土地」上尋找五個星期毫無所獲後，確定帶路的人是存心要害他迷路；可是，路上遇到的印地安人被問到基維拉在哪裡時卻又都揮手往北指。柯羅納多於是下了西班牙征服者的大膽決定，令大部分的人員回頭，自己帶著羅盤和三十名騎馬的精銳繼續向北走。他們只以野牛為食物，並且模仿神話中走迷宮的妙計，沿路用野牛糞堆成歸途的辨識標記。

柯羅納多終於找到基維拉，它是現今堪薩斯州賴斯郡的克魯溪，位於大平原上草長得比較長而密且高度漸降的邊緣地帶。被誇大了的「城市」是由鋪了草皮的房子形成的村落，裡面住著「眼睛像浣熊」、臉上刺青的基里基里族人，這些人辛苦地耕種位於逐漸沿著阿肯色河往西擴展的村莊裡的小片田地，他們擁有的技術和資源很少，無論務農者或打獵者都不足以用來改造環境。但是，柯羅納多改變了他們的世界：他帶來了馬，因為有馬和長矛，他能在兩週內屠殺五百頭野牛。徒步的基里基里人雖然也能設陷阱捕殺多頭野牛，馬背上的獵人卻有另一種層次的威力。這揭示了未來，不過這個未來竟然還很遙遠，因為要再過一百多年，馬才成為大平原上人人必備的夥伴；儘管遙遠，到來時仍發揮了脫胎換骨的作用。

騎馬打獵使大平原區成為適宜生活的地方。甚至在白種人還不曾認真前來爭奪這個區域的控制權以前，這裡就成為越來越多移入者競爭的角力場，許多人都迫於白種人建造帝國的壓力從密蘇里以東被驅

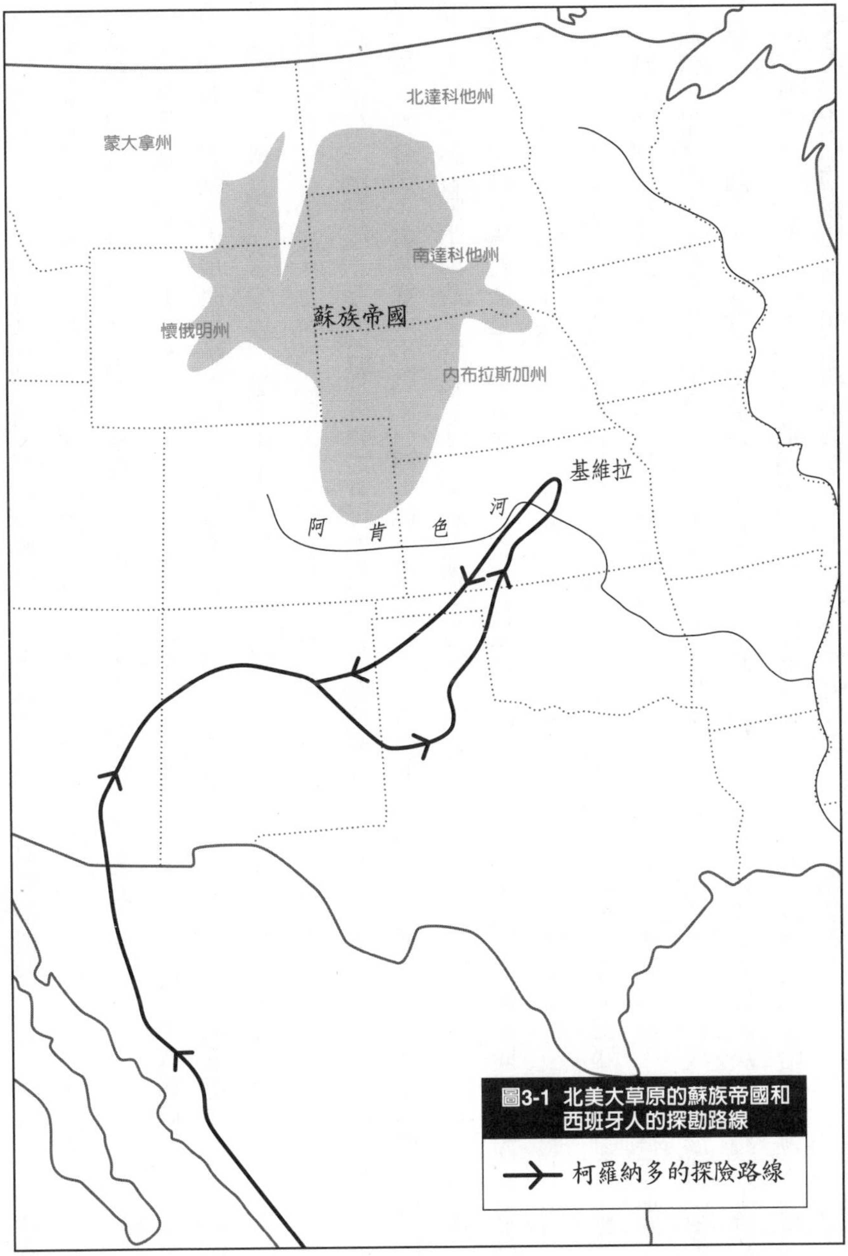

圖3-1 北美大草原的蘇族帝國和西班牙人的探勘路線

趕而來，或是被吸引而來。素有農耕傳統的人都向遊牧生活靠攏，所有人都轉向以牧馬兼獵野牛為主要的生活方式，這也使得彼此因共用道路和草場而動輒衝突。北美大平原變得很像一度是「多民族大沸鍋」的歐亞大陸草原。到了十八世紀晚期，蘇族大有成為北美大平原上的蒙古人之勢，他們棄農從牧，有潛力稱霸，變成了讓密蘇里河上游仍維持定居生活的人們聞名喪膽的惡勢力。[11]

即便蘇族改採了馬背上的生活方式，以及依賴屠宰野牛的經濟形態，卻依然不放棄傳統的森林經濟；征服勢力涵蓋大平原之後，他們又向新的森林區擴張，勢力西進到獵鹿仍受特別重視的地方。黑嶺是他們從基奧瓦族、夏安族、克魯族手中劫掠而來的「肉品倉庫」。蘇族還靠天花傳染之助，征服了厄里克拉族與歐馬哈族，這也類似白人帝國主義對不曾免疫的民族的一種典型破壞力。[12]蘇族人信奉帝國社會的價值：酬賞戰功甚於其他社會成就，擁有戰利品與分配戰利品都可以使人的社會地位提高。並不是白種人把帝國主義帶進大平原，白種人只是以競爭者的姿態進入已經在這裡形成的蘇族帝國。這段期間，大規模獵殺野牛創造了貿易盈餘，因此，獵人有錢在吃食方面多了玉米，儀式行禮時有了威士忌，兵器中增加了槍。馬的數量大增以後，大平原成為這個地區之外各白人殖民區取得馬匹的來源。貿易頻仍可能也使歐洲來的致命疾病傳染機率提高。在由血肉之軀的馬所確立的文明傳統之後，後繼者之一是「鐵馬」——火車頭。美國工業乘鐵路入侵大平原，不過是一連串轉變的最後一個、擊破力最強的步驟。

按我們傳統版本的草原歷史，這種徹底轉型是按某普遍的模式來進行，大多情況下會變得更進步。草原轉型是從附近農耕文化的影響開始。如果沒有工業技術，草原雖然可能無法轉變成適宜農耕，但是草原民族可以向定居的鄰近文化學習，或者，可能不知不覺地在所謂不可避免的經濟決定論過程中發生改變。按這種分析觀點，戰利品、賄賂、貿易所累積的財富將把部落社會轉變成進貢附庸社會。憑長幼論尊卑或親屬的義務都不如戰功重要；遊牧結群變成作戰隊伍；血親的關係被經濟等級取代，氏族關係被階級取代。政府（或領袖人物）變成了「頒授軍階者」與資源分配者；強大的、中央集權的權威系統興起，並且按照領導者累積財物的多寡而擴大規模。[13]所以，草原會培育耀眼卻壽命短暫的帝國主義，這種系統最終是靠鄰邦的繁榮而生存，卻在對鄰邦開戰時自取滅亡。

蘇族式的帝國主義有一長串的先例在前，或多或少都符合馬克思主義者當初研究匈奴人時提出的草原社會模型。為了便於理解北美大平原，不妨就所有的亞、非洲草原帝國主義做個比較；但是，最接近的類比應該是與條件最近似的環境歷史相比：阿根廷的無樹大草原在大致同一時期受到相似的影響，包括草原邊緣的農人和城市居民的闖入，以及馬、牛、羊群帶來的經濟機會。白人世界並不是這裡唯一的財富和文化影響力的來源：在近代早期，大草原新型經濟活動包括畜牧與採礦，大草原居民因而能另外開闢對智利的貿易，並且從阿羅坎族學到大規模酋長制的制度。阿羅坎人是南美洲西南部了不起的戰士，在西班牙帝國邊疆以外保持著有效運作的獨立。到十八世紀中葉，內格羅河與科羅拉多河畔的酋長們，例如卡卡波這位「南美大草原的匈奴王」以及他的兒子「兇猛者」卡納波，已經把選任戰爭酋長的職務變成世襲統治。他們安排賺錢的羊駝毛皮交易，聚集象徵地位的後宮妻妾群，以「其他各族之王」的姿態接見耶穌會傳教士，召募上千名戰士而對布宜諾斯艾利斯構成威脅。[14]到了一七八九年，自封為「西班牙啟蒙運動」倡導者的亞力山多．馬拉史比納走過南美大草原，對於牧場文化很不以為然，大嘆「渾身沾滿屠宰牲口之血的習俗」會「使人忘記每一條宗教的、社會的原則」。[15]

像這樣的例子固然別有含意，但是必須放在兩種背景裡來看，才可以完全理解。第一種背景是歐亞大陸草原，也就是孕育草原帝國主義最頻仍的地方。這種地區的本土文明不強，或是被鄰近其他文明所鄙視或畏懼，卻也是文明史中關鍵的文化傳遞過程發生的地方。第二種背景是非洲撒赫勒地區的各個民族，這裡的人們有改造自然的雄心，所以在草原裡建起城市的世界。第一種是文明的通道，第二種是文明的搖籃。接著我們就從搖籃講起吧。

❖稀樹草原上的建築師❖

現在的多哥與貝南境內的巴塔馬利巴人自稱時使用的「巴塔馬利巴」，意思是「世界上真正會建築的人們」。[16]「會建築的人」大約是巴塔馬利巴這個名稱中「馬」音代表的意思，更貼切的意思也許是「建造者」。所有的巴塔馬利巴住屋都遵循一種模式，不會偏離：樓層平面圖基本為圓形，其上是有懸臂的平台；橢圓形角樓中央有門，兩側高聳的糧倉都是圓錐形、角狀頂並鋪有茅草。建材很普通：土磚、稻草、粗砍的木材。造法一成不變。不過我們不可能對他們爭取建築榮譽的表現無動於衷。一番努力的結果也極為美觀：大片的角樓和高塔狀的糧倉沿著主牆起伏，構成華麗的曲線；茅草圓錐形塔頂也添加氣派和美感。每一座房子都是一個小世界。房子依照太陽的行進路線，與村子形成某種方位關係：房子的門對著日落方向，糧倉直向上伸，有如在向天界祈求，又好像在仿效樹木生長，而樹木也就畫在角樓的土磚上，畫好之後才蓋上茅草頂。按巴塔馬利巴的意象，天空是一棵樹，星辰是樹上的果實。每次建造都是造物主庫伊葉當初創造大地的再現：豎立木頭支柱，用富含鐵的土當填料，用木炭標示界線，用一隻雞和一隻母牛進行神聖的落成典禮。[17]

巴塔馬利巴人雖有很強固的建築倫理，卻對建城建國沒興趣。他們的文化帶有些許不群居的、甚至是反社會的傾向。他們的村子小，各家住屋間隔很遠。每棟房子都是自給自足的，有自己的畜棚，以及製作與儲藏食物的全套設備。另有一些供社群儀式用的房舍，但並不常見：巴塔馬利巴社會不企求團結。人們聚居在偏遠的稀樹草原裡是幾代下來逃避政府干預的結果。長久以來，他們盡可能讓自己不受政府管束，盡量遠離政府的威嚇力量。這一切都顯示他們選擇生活在和群聚生活一樣文明的環境裡。巴塔馬利巴人在有意識、有計畫、有規律地重整庫伊葉大地之中過生活。他們的村子周圍有著用犁在大地地表畫下的整齊水平線裝飾。

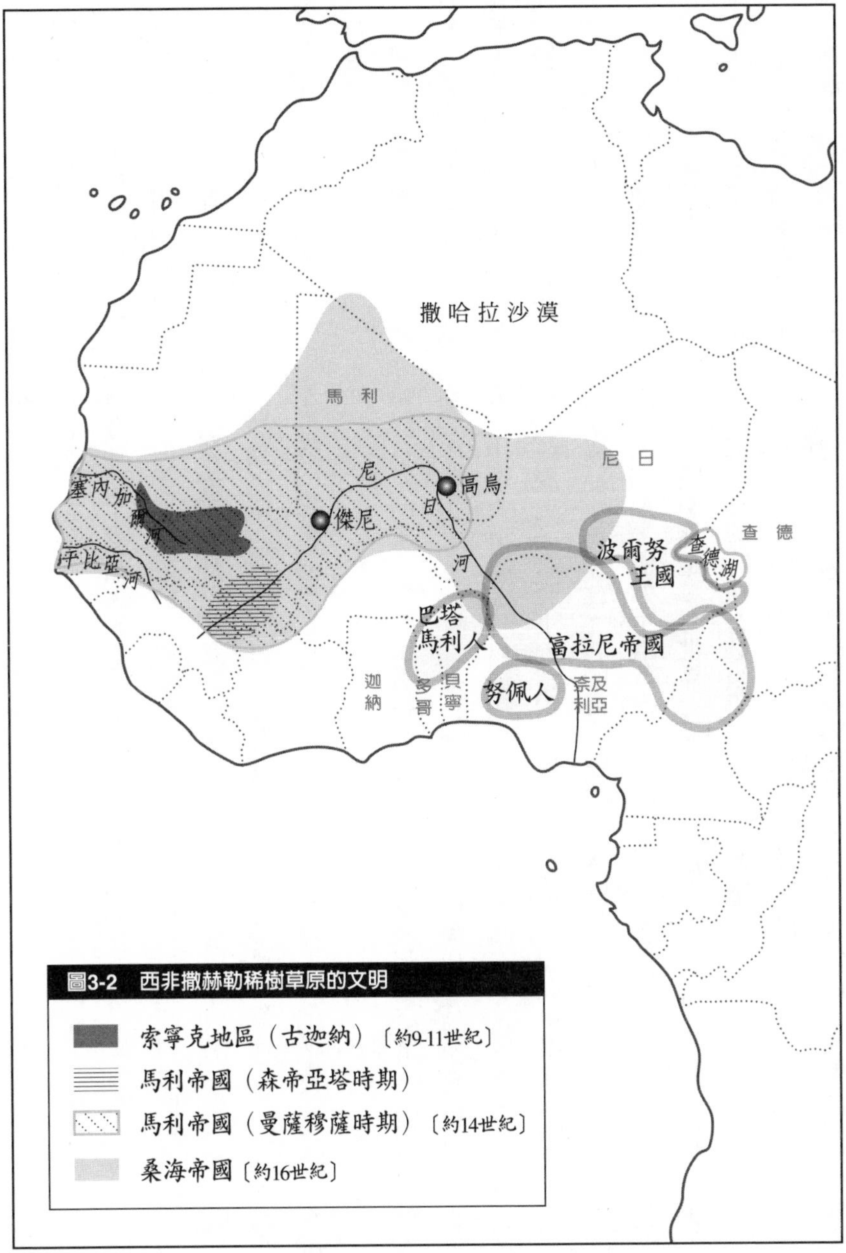

圖3-2 西非撒赫勒稀樹草原的文明

按許多稀樹草原的標準看，巴塔馬利巴的土地是很適宜農作的。地勢高（但依舊炎熱），氣溫在攝氏十八到四十五度之間，有阿塔科拉山脈發源的溪流供給灌溉。夏季降雨量豐富，所以草原與矮叢的景觀中間有片片樹林點綴。這裡一向有過剩的穀類收成可換取鐵製物品，以及不同功能的陶器、織品與貝類。

在緯度略往南、條件相似的奈及利亞，努佩人的傳統生活（有些方面至今未改）又明顯不同了。他們蓋房子的本領不如巴塔馬利巴人，但是房子外觀富於裝飾，而且他們喜愛城市生活與擁擠的環境，居住在戶數上千的都市稠密區，與其他社會建立密集的商業接觸，並造就了具備複雜政治結構與龐大騎兵的「黑色拜占庭」。在十九世紀早期富拉尼人征服的時代，據說國王的御用馬廄共有五千五百五十五匹駿馬。[18]這些差異很難以環境因素解釋，也不能用化約論的招式帶過：反映的是文化逐漸進展時所累積的好惡。

農業國家與農業社會在西非稀樹草原興起，程度遠遠超過歐亞大陸草原。乍看之下，這似乎很令人意外。非洲稀樹草原面積比歐亞大陸草原小得多。因為地理位置較南，擠在極度乾燥的沙漠和雨林之間，是有文明的雄心也不易駕馭的環境。中亞大草原卻可以銜接相同緯度上的不同文明，這些文明可以在互通中彼此影響。賈德．戴蒙的大陸比較歷史名著有十分精闢的見解。他指出，類似緯度地區的溝通交流能助長影響力的擴散，因為動植物適應起來會比移入有明顯差別的氣候區時來得容易。[19]他認為，多少也是基於這個緣故，按照可粗略量化的指標，例如軍事效率、技術本領、可衡量的物質繁榮、全球互動時代中對致命疾病的抵抗力等，歐亞大陸都算是具有世界上最強勢的文化；而非洲、美洲、澳洲的條件就較遜了，因為交流舞台比較小，也因為交流的通路必須跨越不同的氣候帶。

不過，撒赫勒地區也產生了與中亞草原基本特性差不多的情況，只是規模比較小。這兒也曾是（至少有潛能成為）大陸上的大通道；也曾是不同騎兵勢力競爭的地區，有時候也開創了易遭武力攻擊的大帝國，雖然這種帝國不可能持久。撒赫勒從未出現過如中亞草原帝國主義者所建立那麼大範圍的霸權，後者曾創建了包括整個中亞大草原並連接起歐亞大陸盡頭的政權（或至少是進貢附庸的網絡）；如果撒赫勒有過這種帝國霸權，吾人的歷史可能是另一番樣貌了！尼日河彎曲地區的文明會在古代就與信奉基督教的努比亞或衣索匹亞相連，非洲文化的「水平式」交流也會比伊斯蘭教與撒赫勒貿易從北向南傳播的交流更多彩多姿。文化上的互惠影響往往可以滋養工藝技術的創新：歐亞大陸的文化往來的確有這種效果，假使撒赫勒地區曾經被開闢成一條東西交流的走廊，非洲也許根本不會把龐大的工藝技術優勢拱手讓給歐洲，也不會促成近代以後西方帝國主義在非洲威力橫掃。

撒赫勒的帝國實驗始終不曾傳佈到整個走廊，部分原因可能在於這個地區一直是勢力均衡的狀態：一個圍繞查德湖而跨越撒赫勒的王國久盛不衰，阻擋著在其以西先後興起的帝國往這裡打開通路。若與歐亞大陸的大草原相比，撒赫勒只是窄小的一條連接線，橫在線上的像波爾努王國這樣的阻礙就難以從側面包抄。歐亞大陸的騎士可以策馬朝任何方向走出自家的棲地，撒赫勒的騎士卻不能硬闖大沙漠或是在稀樹草原有瘴氣的南緣停留太久。

阿拉伯文獻最早述及查德湖岸，是在第九世紀晚期。文中對於「蘆葦茅屋」、沒有市鎮、人們只穿圍腰布等簡陋衣著，都充滿鄙夷。[20]但是，當此地人們接受伊斯蘭教以後便漸漸獲得阿拉伯人的尊重，馬格里布北方的人往這邊移民，各國君王也把土地賜給穆斯林學者和有德行的教長。快要進入十五世紀時，也許是因為撒哈拉沙漠侵蝕，或是因為沙漠遊牧民族威脅，波爾努前身的這個王國的重心從湖的北岸往西岸移了。這個王國能優先接觸摩爾人的學術、官僚制度、工藝技術；到了十六世紀，成為撒赫勒諸國之中最先獲得槍械火器的一個，這些槍械來自土耳其和西班牙。一旦最壞的情況發生，大湖是個可以退守的沼地據點。從波爾努收稅官傳統歌謠的刺耳吟唱聲中可以聽出政府的苛刻效率，

窮人是芥草，

他們是馬匹的秣料；
窮人啊，努力幹，我們才有得吃。[21]

平靜的繼承模式卻產生了一個個專橫的統治者，例如死於一四九七年的阿里．嘎吉，自己僭用先知繼承人的「哈里發」稱號；又如一五六九年至一六〇〇年在位的阿婁瑪，曾經「發動三百三十次戰爭，展開一千次襲擊」，為了要毀掉椰棗，選在棗椰採收季節去侵略敵人。到處都有邦國興起又衰亡，卻沒有一國有力量消滅波爾努，這要一直等到法蘭西帝國主義來到查德湖岸以後了。

如果我們按一般評估文明的標準看，撒赫勒地區最悠久、最不凡的成就應該在更西邊，也就是尼日河帶來貿易和洪水的地方。傑尼的清真寺堪稱是全世界價值最被低估的偉大建築：看來好似糖果的土磚建起的巨大甜點，就如同一位大巨人撒下大把軟糖，疊成一堆塔樓。因為伊斯蘭教純粹主義者看不慣它誘人的美貌，十三世紀的原始建築已經毀於一八三〇年；現有的建築體是一九〇七年之作，但是完全與傳統古風一脈相承。[22]傑尼大寺或是相距不遠的舊寺前身，以及古今大寺所在的這個區域，自從公元前三百年起就包含了都市生活、商業貿易、工業。一開始是一些農人和鐵器工人在現今的傑尼傑諾聚集安居。這裡河水泛濫沖積的土壤可種植小米，到公元第一世紀時又有稻米出產，供給十分稠密的人口所需，因此，王宮的宣示可以「從碉樓頂上高喊出來，再由傳報者逐村一一宣告」。[23]

尼日河中游是天然的集散中心，原產的金屬與食物都不少，北來的鹽、本地的銅、南來的奴隸，以及最重要的——塞內干比亞與伏塔河中游豐富礦藏來的黃金，都在這裡聚集再散發。藉這種貿易致富、壯大、精悍、展露侵略性的國家很多，第一個就是在第九世紀時興起的迦納，位置距離現代的迦納很遠，是在索寧克地區，在尼日河中游的西部。古代迦納的首都是寇姆比撒列。據遊記所載，這裡有石頭和刺槐木造的房屋，王宮建築群裡還有一座座圓頂的涼亭。據說國王是由一條聖蛇挑選的，這聖蛇的口鼻極為敏銳，能從競爭者之中嗅出誰是有君王氣質的。

國王之城的周圍是一些圓頂小屋和樹叢，裡面住著術士，負責宗教崇拜事務。這裡面也有國王的墓與偶像。樹叢有人守衛，任何人都不准進入或察知其狀況。皇家的監獄在這裡，被監禁在內的人以後永無消息。……他們的宗教是膜拜偶像的異教，國王逝世後，他們會在埋葬處建起巨大的木質穹頂。……他們把以前侍候先王飲食的人帶進來，然後把穹頂的門關閉，用草墊和其他材料掩蓋。人們運了泥土來堆在其上，直到它變成一個大土丘為止。……他們向死者獻牲祭，並且奉上烈酒。[24]

寇姆比撒列於一〇七六年被夷為平地，據說居室也被一掃而空，侵略者是騎著駱駝而來的狂熱者阿爾摩拉威人，自稱「阿爾摩拉威人」意指隱士兼戍衛者，既以遁世苦修為志，又投入新兵營似的嚴苛磨練，成為維護正統的鬥士，聖戰的英雄。但是他們來自撒哈拉沙漠深處，那裡尚未完全伊斯蘭化，即便穆斯林宣傳者大加鼓吹，顯而易見他們和他們今日的鄰居——圖阿雷格人是相似的：他們的伊斯蘭信仰版本是適應沙漠的，衣著的細條布片來自拜偶的文化背景，他們出身的拜偶教文化之中，男人要以面紗罩住自己的臉，而且要聽從女人支配。

阿爾摩拉威世界裡最傑出的強勢女人是了不得的潔娜布・阿爾納夫扎威亞，假如後來才記錄下來的傳說確實無誤的話。她在十一世紀中葉的撒哈拉以美貌、財富、勢力聞名。「有人說精靈會指點她，有人說她是女巫。」想掌握大權的人莫不向她求婚，她一概拒絕了。後來，按神靈啟示，她選中了阿布・巴克爾・賓・烏瑪・阿爾拉姆士尼，他乃是蓋世無雙的駱駝騎士。按傳奇故事，她命令他蒙住眼睛由她帶入滿是黃金的地穴：她說這些黃金全部是神藉她之手賜給他的。待她再領著他回到光天化日下，「他不知道自己是怎樣進入金穴，也不知道是怎樣出來的。」[25]

阿布．巴克爾於一〇七〇年創建了馬拉喀什（編按：今摩洛哥西南部），但他骨子裡是個開疆闢土者。他動身往南去征服拜偶的異教徒和黑種人，與潔娜布離了婚，把她託給他的親戚尤索夫．伊本．塔什芬。他回來的時候告訴尤、潔二人：「我來只是為了把權柄交給你們。」[26]於是他再回去作戰，後來死於沙場，據傳是在所謂尼羅河源頭的月亮山脈，但他的墓在現今茅利塔尼亞境內，據說受到聖人陵墓般的照顧。[27]

古迦納是各種傳統世仇的受害者：沙漠遊牧者仇恨它的定居者與貿易者；基本教義派仇恨它隨和的拜偶信徒；苦修者仇恨它安逸的生活；自以為是的窮苦者仇恨這個城市坐擁黃金。不過，它在受了阿爾摩拉威人重挫之後又恢復了元氣。按十二世紀中葉的記述，他們是徹底的伊斯蘭王國，國王尊敬真正的「哈里發」，以可作為模範的平易可親態度執行公義。他的華美宮殿、宮中的藝術珍品和玻璃窗戶、象徵他統治權的巨大鑄金、他拴馬的金環、他的絲織衣袍、他的大象和長頸鹿，都在伊斯蘭世界其他人眼中呈現一幅異國華麗的圖像，也反映穆斯林的同感。但是好景不常，索寧克的這個古國經歷很長一段時期的停滯與衰落之後被侵占了，都城也被來路不明的異教侵略者徹底毀了。[28]

❖撒赫勒的帝國主義❖

古迦納的歷史不夠清楚，我們要談的下一個大國既是歷史題目也充滿神話。馬利帝國的創建者是森第亞塔，他的生平故事是典型的非洲君王傳奇。他童年時跛了腳，被女人嘲笑，失去了應得的遺產而被放逐。憑著本領以及（按虔誠信仰原則）捍衛伊斯蘭教的精神，他在十三世紀中葉的某個時候打敗了敵對者的法術，贏回自己本來應有的地位。他以自己的曼丁戈族人為基礎而壯大建國，還東征西討集合了以前迦納帝國的土地，加上尼日河彎曲地區西邊的各個主要貿易國的領土。這個故事大綱有多少史實成分，十四世紀末葉的馬格里布史家伊本．喀爾敦都考證過了；雖然如今馬利的皇家史記已亡佚，但伊本．

喀爾敦在當時確曾翻閱過。

森第亞塔的帝國心臟在內陸，屬於尼日河與塞內加爾河上游圍繞的領域，位置大約在現今馬利國境的西南端。說曼丁戈語的菁英階級統治著稀樹草原的家鄉，以及涵蓋撒赫勒的帝國，領土往北伸入沙漠，往南擴及雨林。黃金在馬利境內由精明的專賣者經手，往北運到撒哈拉商人手中，再由他們的商隊運至地中海的港口。黃金產地是眾人嚴守的機密。[29] 按所有的記述（也許是根據傳聞寫的，未必是事實），黃金是以「無聲的」交易取得，交換的貨物展開放著等候收取。關於黃金的來源有各種怪異的說法：黃金是像胡蘿蔔一樣長出來的；黃金是從植物梗上割下來的；黃金是螞蟻從小塊粒養大的；是生活在洞裡的赤裸人採掘的。真正的來處比較可能是布惹地區，在尼日河流域上游，以及甘比亞河與塞內加爾河的上游源頭區。此外，有一部分可能來自伏塔河谷。[30]

馬利的中間商始終不能掌控黃金產量。這是因為每當君王試圖直接對採礦地行使政治權威，當地居民就採取一種「消極抵抗」或「勞工行動」，暫停採礦作業，即便如此，馬利帝國仍控制了從南方到撒哈拉邊緣的瓦拉塔與廷巴克圖的通道。因此，市場買賣仍是由統治者控制的，金塊被統治者收為貢品，只留金沙交到買賣者手上。

十四世紀的一位統治者——曼丁戈語稱號為「曼薩」——曼薩穆薩，享有世上最富有的君王的盛名。馬利國力強大，所以輸入的鹽運達境內各地時，價格漲為原價的三、四倍。統治者曼薩於一三二〇年代的麥加朝聖之旅，有五百匹載滿黃金的駱駝隊的陣仗；多種不同的記述都說，他獻給埃及聖殿與餽贈權貴的黃金導致了通貨膨脹，最嚴重的估計高達百分之二十。歐洲人的地圖會在曼薩的領土之內點綴一個個染成金色的城市，並不完全是空想。曼薩曾帶了埃及的建築師回國，在廷巴克圖與高烏興建清真寺與宮殿，其中仍有「米哈拉布」（指著麥加方向的拱門）的遺跡留存至今；另外，還有他的南都尼亞尼的一處覲見廳也留存下來，尼亞尼是森第亞塔帝國所建，位於森林區邊緣，是交易可樂果與黃金的中心。按伊本・喀爾敦的記述，曼薩建了「一座美妙大廈」，有圓穹頂，外表塗了熟石膏「用斑斕多彩的雪花石裝飾」。[31]

一三五二年間，遍遊穆斯林世界的伊本・巴圖塔從丹吉爾出發，走上他最後一次重要旅程，他要越過撒哈拉沙漠去親自看看馬利帝國。雖然人們說伊本・巴圖塔僅僅「略通科學知識」，但其實他受過擔任官職的馬格里布貴族子弟按例應有的完整教育。他在一次麥加朝聖之旅中培養了「鑽地旅行」的熱情。他的故事在贊助者所在的菲斯宮廷裡令聽聞者目瞪口呆，而且在反覆傳述中越說越奇。他自己所寫的遊記，從現存的部分可以看出幾乎是完全可信的。他在穿越撒哈拉之旅以前，已經去過東非、印度、阿拉伯、波斯、「金帳汗國」的領域，而且據說正值他的觀察力最精準入微的時候，他也去過中國。他在瓦拉塔遇到的第一個馬利官員駐守的前哨基地，他不滿地表示：「那時我才懊悔來到這個國家，因為他們的人言行無禮又痛恨白種人。」文化衝擊隨即帶給他巨大震撼。他不明白從遙遠外地運來小米的代價非常高，而抱怨這裡的食物難吃。他到尼日河去方便的時候發現有人窺伺而非常憤怒：後來才知道人家是來保護他的，擔心河中的鱷魚咬傷他。婦女們不知羞恥、兩性關係如此隨便都令他震驚；不過他很贊同訓練兒童背《古蘭經》的方法——將兒童用鏈子拴住直到會背了才放開；他也稱讚黑種人「對不公義之深惡痛絕」。他到達曼薩的宮廷之後，覺得這位統治者卑劣的言行在大量黃金的襯托下很突兀。曼薩的遮陽傘上跨坐著一隻金鳥；他的無沿小帽上插著晃動的金飾，必須用激將法才能夠獲得他的慷慨款待：「我見到其他君主時該怎麼說起您呢？」有些宮廷禮儀很可笑，尤其是詩人們進宮的裝扮：披畫眉羽毛，加上「木製的鳥頭和紅色的喙」。食人族的使節因為獲得曼薩賞賜一名女奴，就進宮來拜謝，身上還沾著剛被他們吃掉的女奴的血。伊本・巴圖塔說，幸虧「他們說吃白種人有害，因為白種人的肉不熟」。[32]

即便有諸多反感，伊本・巴圖塔仍禁不住讚歎馬利宮廷的隆重壯麗。他發現曼薩受子民擁戴的程度超過世界上任何其他國君。黑人之邦通常不會受到阿拉伯作者的尊敬：所以，伊本・巴圖塔以及另一位阿拉伯觀察者伊本阿米爾．哈吉布會驚嘆連連就格外不尋常了。這位曼薩的每件事都表現著威儀：他的莊嚴步態、他的上百隨扈、隨扈們的鍍金警棍；有事求見者要先表現出謙恭的行為（匍匐拜倒、頭上「沾塵」），再由一名中間人傳話；曼薩在覲見中每一發言必有輕撥琴弦聲與眾人唯諾聲相伴；還有謁見時穿露趾鞋的人、打噴嚏被曼薩聽見的人都將處死等變來變去的禁忌。[33]

曼薩的軍隊主力是騎兵。從現存的古代馬利騎兵陶俑可以看出端倪：垂著眼皮的貴族撅著嘴唇發出命令，昂揚的頭上戴著冠飾的盔帽；他們僵挺地坐在轡頭華麗的馬背上；有些人穿了胸甲或背著盾牌或拴著圍裙式的皮革甲；戰馬配著有花環的籠頭韁繩，體側刻著裝飾；騎士掌握的韁繩很短，手臂繃緊。十四世紀中葉，曼薩憑著這些騎兵的武力，確立了西起甘比亞河與塞內加爾河下游、東至高烏以下尼日河谷、南起尼日河上游、北至撒哈拉沙漠的廣大領土統御。貿易接踵而來，超過了領土界線。商人階級叫作「萬嘎拉」或「底烏拉」，他們的根據地伸到了曼薩直接統治的權威範圍之外，例如在阿肯人的地域西北角上的貝溝建立聚居地，並且從那兒向森林區的酋長收購黃金。十四世紀的曼丁戈人是一支經營商業貿易也擴張帝國的民族，作戰與做生意都擅長。然而，馬利帝國也像中世紀晚期偏遠世界的許多前途看好的帝國一樣，因為與鄰國相距太遠而衰亡了。[34]

馬利帝國邊境有叛亂與外邦侵略，內部核心也有惡鬥。從大約一三六〇年開始，穆薩這位「曼薩」的後代就與他的兄弟——曼薩蘇萊曼的後代發生權力鬥爭。大約到了十四世紀末，尼日河下游的桑海族脫離帝國統治，高烏也不再屬馬利管轄。這是一次重大打擊，因為高烏是森林區與沙漠地區之間的重要貨物集散地，馬利的壟斷勢力可能因而被包抄。一四三〇年代，沙漠來的圖阿雷格人奪占了瓦拉塔和廷巴克圖。再過二十年，葡萄牙探險隊逆甘比亞河而上，寫下馬利邊境前哨第一次直接與歐洲人接觸的紀錄，這時候曼薩勢力所及的範圍只限於曼丁戈族舊有的心臟地帶了。

歐洲闖入者遲來一步，未能親睹黑種人帝國全盛時期的風貌，現在看來會覺得這是最可悲的歷史反諷。歐洲人當時只從傳聞知道馬利帝國，把它想像得華麗無比。一三二〇年代馬約卡製的地圖，以及一三七五至八五年之間繪製的「加泰隆尼亞地圖冊」，都把歷代曼薩畫成拉丁語系國家的國君模樣，不同的只是臉是黑色的。圖中的曼薩蓄鬍，頭戴王冠，坐在寶座上，手持寶球與權杖，完全是老於世故的人，而不是未開化的蠻族，風度不輸基督教世界任何一位王者。先有了這樣的期待，再目睹衰敗中的馬利，自然大失所望。一經狎弄，曼薩的繼位者就成了歐洲人眼中的怪物，就像十五世紀晚期與十六世紀的葡萄牙舞台上呈現的黑人丑角，都是粗糙的種族歧視之下的刻板人物，垂著猿猴般的生殖器。[35]

桑海族繼起的帝國，始終不曾像馬利帝國全盛時期那樣廣泛地統御關鍵的商業中心，因此國勢也不像馬利帝國那麼強固，那麼有久盛不衰的把握。建國君主索尼．阿里是個「術士國君」，因為喜歡炫耀多神信仰又在政策上模稜兩可，受到伊斯蘭學者教長們的鄙視。富拉尼族的最高教長阿爾馬格里曾經抱怨，

> 他選出自己的顧問，每當他想要為一己之私做某件事，就召集顧問，對他們說：「這麼做難道不合法嗎？」他們就答：「是合法的，您可以這樣做。」他們就這樣附議他的自私行為。[36]

桑海帝國後來被索尼．阿里的繼位者穆哈馬．圖萊強行引入伊斯蘭信仰主流。穆哈馬．圖萊原是個狂妄的將軍，篡得王位後為了表示自己是真命天子，就進行了一次場面浩大的麥加朝聖，效法一百七十年前馬利那位國君曼薩大肆慷慨施捨又炫耀黃金的朝聖之旅。他的登基與在位，可以算是世界史上的重要事件，因為他贊助伊斯蘭教，又有戰功，對於伊斯蘭教在撒赫勒的傳播有極重要的影響。他使得伊斯蘭信仰得以越過撒哈拉沙漠確立下來，成為日後西非的優勢宗教。[37]

君權和穆斯林知識界的結盟，促使桑海成為「真主的恩寵之國」。這增加了商人的安全感，因而刺激了貿易。也由於資源集中在具有經濟效率的宗教機構手中，促進了小規模的資本主義。[38]新的運河、

水井、堤壩、蓄水庫建好以後，耕作田地面積擴大了，尤其是在這個地區已有悠久栽種歷史的稻米也發揮了更大的利用價值。

拿定主意的人不畏艱難，而桑海黃金的誘惑引來了決心一闖沙漠的潛在侵略者。一五八〇年代，摩洛哥的蘇丹阿赫馬·阿爾曼蘇爾決心要一試。他告訴大臣：沙漠不是不可能穿越的。行商駱駝隊能走過去的地方，組織良好的軍隊一定更沒問題。他於一五八八年要求桑海，依照高得過分的新價碼支付託運撒哈拉的鹽。這是故意的挑釁，桑海不甘示弱的回覆就是送上標槍和一把劍為禮。摩洛哥便出動備有九千匹駱駝的大軍，還有由一名西班牙人帶隊的兩千五百名摩里斯科（受過基督教洗禮的穆斯林）射手，以及一列用駱駝拉的大炮。一百三十五天走二千四百公里的路程（大部分為沙漠），這批武力大概折損了一半，但剩餘的火力足以輕而易舉擊敗只有長矛可用的桑海人。[39]

摩洛哥把撒赫勒劃成一塊殖民地，安置了兩萬人在此，卻沒辦法讓占領地維持原貌。阿爾曼蘇爾死後，殖民者落腳的社群因為多與當地人通婚，創造了自己的黑白混血政府，自己掌控黃金流動，不再提交摩洛哥處理。有兩世紀之久，撒赫勒地區的勢力非常分散，不可能發展帝國主義。桑海帝國只保住原先勢力的殘餘；物質文化也已衰落。韓立希·巴特於一八五四年來到一度是桑海國都的戈戈，發現這所謂「黑種人世界最光輝的城市」已經潦倒至「一小群窮人淒涼住所」的地步。[40]

帝國發展似乎轉向東邊而去。迦納、馬利、桑海先後興起，帝國的心臟地帶也越來越往東移。最後一個撒赫勒帝國又在東邊興起，位置在桑海與波爾努之間，這個地區以前由多個豪薩族的政治體（可以算是城邦）分據。伊斯蘭教在這個地區並不普遍，對於生活範圍不出河畔小村的農民幾乎無甚影響，只在統治者宮廷裡獲得支持，穆斯林教師和讀寫神職人員在宮廷受到歡迎，但大舉傳教的行動則不受歡迎。君王並不願意把掌控人民的力量讓給伊斯蘭教法專家和聖人，也不願意把立法權交給「教法學」的解讀者。伊斯蘭教在畜牧社群——富拉尼人之中最為盛行，富拉尼人原是北方的畜牧者，歷經數代才來到這裡。有些人繼續放牧生活，有些人改採定居生活但不放棄畜牧傳統。由於富拉尼人自稱是十五世紀末就皈依的伊斯蘭信徒，以致豪薩王國的宮僚系統中有很多人是富拉尼人，多數居住在市鎮以外的學術界人士亦然。

穆斯林與多神教信仰者之間、農民和牧民之間、王室和神職人員之間的關係，可想而知是緊繃的，這種衝突隨時可能引發戰爭與權勢的重新分配。十九世紀初期爆發暴力衝突，隨即興起了一個富拉尼帝國。整個事件的核心是一位信仰虔誠的聖人——烏蘇曼・丹・弗第奧。他憑一個微笑就能安撫暴眾，憑一聲高喊就能聚集大軍。[41] 他受到阿拉伯南方激烈的瓦哈比教派改革者的啟發，既模仿他們，又與他們對抗。他與瓦哈比教派有志一同的是痛斥信仰不純正並迫害生活不純淨的人，但是他也崇敬被瓦哈比派打入萬劫不復的那些聖徒和玄祕人物。他稱自己是「吉布瑞層層波浪之中的一個波浪」，而吉布瑞是神祕主義的教師，在麥加學習到崇拜瓦哈比派式的狂熱，但也恐懼他們的殘暴。烏蘇曼雖然遺憾自己未能去麥加朝聖，卻憑吉布瑞的教誨而能跟上伊斯蘭世界的大潮流。他因為具有群眾魅力，自認是先知預言中的「重振信仰者」，是開啟宇宙反基督力量的救世主馬赫迪的先驅。[42]

從生態的角度看，富拉尼帝國是畜牧者又一次試圖在撒赫勒地區進行季節性的長程放牧。從地緣政治的角度看，是統一撒赫勒的又一次無功而退。然而，統攝富拉尼君主的修辭卻是一種清楚的宗教自覺。烏蘇曼是直接由真主委派的，他藉異象傳遞使命。他以和平倡導者的姿態展開使命，告誡拜偶像的多神教徒，敦促信仰虔誠者精益求精。因為受民眾愛戴，國君不得不親近他，並且與哥比爾的國王雍法建立很好的交情。雍法也許真的自認王位是靠魔法得來，因為通俗迷信的說法認為酋長具有施法術的魔力。但烏蘇曼所帶來的訊息：「伊斯蘭的信仰是絕不妥協」並不受王室的歡迎；他在富拉尼人和學者之中的權力基礎對王室來說是種威脅，追隨者又加大這種威脅，他講的道也使慣受賦稅脅迫與無端受奴役壓迫的農民燃起希望。

雍法和其他國君敷衍拖延烏蘇曼的要求，烏蘇曼的戰鬥性格卻越來越強。一七九四年間，他看見了異象，在真主與先知以及所有聖人面前，他佩上了「真理之劍，要對真主的敵人拔出鞘」。[43]即便有此異象，他仍然遲疑了十年才發動聖戰。按他的追隨者所說，是因為雍法企圖殺害他並奴役豪薩的穆斯林，他才憤而開戰。不過他已經五十歲了，也許是因為等不及要應驗命運，於是他向不信真主者（按他的定義，凡是反對他的人就是不信真主）宣戰。這在他一生所貫徹的不容異己、不妥協、訴諸恐怖手段的行為之中，是個決定性的時刻。

烏蘇曼被推舉為因受他鼓舞而集結的軍隊領袖；不過他在戰場上的角色很像摩西。他的兒子精通兵法知識，他在兒子負責後勤與戰術時禱告。豪薩的各個政治體因為彼此互戰而國勢變弱。穆斯林大軍熬過幾次戰役之後，產生了強大氣勢，因而逐漸成為豪薩地區大多數城市的主宰，到了一八二〇年代，進一步成為帝國的主宰，領土從波爾努的邊界延伸越過尼日河，並在梭克托建立用日曬土胚築造的都城，建造都城是沿襲文明傳統的大功業，是刻意與荒野對抗的行為。據傳烏蘇曼贊成用日曬土胚的理由是：腐化人心的財富絕不會傳到這種多石頭的不毛之地來。[44]

烏蘇曼鼓勵戰士殉道所賜予的獎賞是什麼呢？以下的概述襯托出，為非世俗目標而戰鬥其實有多麼不易：

> 這青年將可得到七座市鎮，裡面全是烏黑眼珠的少女。每位少女有七十件美麗的袍子可穿，有一萬名奴僕聽她使喚。少女時時渴望擁抱她的丈夫，如此兩人要擁抱整整七十年。他們要一再相擁，直到他們都疲累了。他們除了歡愉的遊戲，沒有別的工作。[45]

富拉尼軍隊會與所有因禁欲主義而打勝仗的軍隊一樣向聲色犬馬低頭，其實並不令人意外。戰爭尚未結束，烏蘇曼的親信阿布都拉·賓·穆哈馬已經在譴責：

> 那些人的目的只在於統御國家及其百姓，為了享受逸樂與謀求官位……為了納集姬妾與華美衣飾，以及在市鎮中而不是在戰場上疾馳的馬匹，為了侵吞神聖的獻禮，戰利品與賄賂，絃琴、笛子以及擊鼓。[46]

雖然某些十九世紀的歐洲人毫不猶豫地把梭克托的帝國斥為偏僻、孤立、落後，它卻是與撒赫勒文明傳統一脈相承的文雅國度。一位與大探險家韓立希·巴特成為朋友的酋長就有一個測量天體的星盤和一本阿拉伯文的亞里斯多德與柏拉圖作品，而且他熟讀大部分伊斯蘭世界的歷史，特別熟知西班牙歷史。[47]識字讀書不是神職人員的特權，城市居民普遍能識字，但農民和奴隸都是文盲。[48]在十九世紀中葉，帝國最大城卡諾的居民有三萬人，城牆長十八公里，有十三座城門。[49]商人的家宅中央有敞亮的中庭；方形的清真寺表現信仰基礎之堅固；王公們的宮殿華麗而通風，覲見室有拱門，椽木是防白蟻的棕櫚材。巴特認為這個帝國整體而言是繁榮的，相較於鄰近他國的水準和惡劣氣候的限制，尤其非比尋常。糧食供應很充裕，輸出貨物很多樣。主要的製造業有軟羊革、精染布與刺繡、原料棉花、靛藍染料、菸草。梭克托為政治中心的時代是豪薩地區少見的無饑饉時代。[50]

富拉尼帝國（或是統治者自稱的「哈里發轄國」）延續了一百年。按這個地區的標準，這算意料之中。桑海的帝國壽命是一世紀，馬利有兩世紀。梭克托在開端的時期最強盛，過了烏蘇曼繼位者的統治期，征服的氣勢結束以後，邊境侵蝕與內部分裂就逐漸削弱了中央結構。在舊城邦的首府裡掌握統御權的王公們，實際上和以前城邦的君主差不多獨立。豪薩人雖然大都以些許真誠接受了伊斯蘭教，卻始終沒有真正安於富拉尼的統治。歐洲帝國主義於二十世紀初到來時，新勢力向富拉尼人挑戰，豪薩人大都表現得無動於衷。

富拉尼雖然國力蹣跚，如果大英帝國沒有介入，也許仍能繼續維持原貌。這裡發生的狀況，與十九世紀末大英帝國勢力所及的許多前哨地區一樣，殺進來的武士引爆危機，緊逼著當地欠缺攻擊性的政府立即攤牌。類似狀況也在西藏和貝南發生（見第六、十章）。在奈及利亞北部，攤牌時刻的英方代表正是擴張大英帝國的最佳紀錄保持人：盧押爵士，是為大英帝國自我信念憒而忘我的典型。由於富拉尼堅持教義、要求高標準的品行，諸如奴隸買賣、接待白種商人及傳教士等俗事引起的邊境緊張情勢無從解除，以及統治者「哈里發」根本拒絕與不信真主者接觸，甚至連外交使節也拒不接見，一旦衝突爆發，優勢是一面倒的：一門重型野戰炮和四挺機槍連擊，造成這位哈里發和他的兵將在布爾瑪屍橫遍野，撒赫勒傳統的最後一個帝國於一九〇三年七月七日滅亡。但是我們應該將撒赫勒的整體文明與工業化以前的歐亞大陸草原及美洲大草原相比較。結果是，相形之下，非洲的成績幾乎在每一方面都略勝一等。

富拉尼的倒數第二位君王於一九〇二年五月致函盧押，當時他自己已經有些老糊塗了，國政也已經搖搖欲墜，這封尊嚴無比又固守傳統意識形態的信無異於宣判自己死刑：

> 朕諭示。謹記朕斷不允許爾等任一人駐居我邦。朕絕不與爾交好，且嚴禁任何與爾等過往情事。此後雙方斷絕一切交通，除非兵戎相見。穆斯林僅可以聖戰應對不信者。此乃全能真主之叮囑。真主尊大無始無終。

4

文明的康莊大道：歐亞大陸草原

The Highway of Civilizations: The Eurasian Steppe

此時它看來如同墳墓未修剪的美麗毛髮。

——惠特曼，〈我自己的歌〉，《草葉集》

東離西有多遠。

——〈詩篇〉一〇三：十二

❖歌革的荒原：歐亞大陸草原❖

你在這裡可以摸得到風。你會在風沿著中亞山坡颳下來的時候感覺到寒冷，大草原的溫度會降到零下四十度。你會在風沙颳進眼睛、頭髮、毛孔的時候感到刺痛。你會感覺它拍打著被夏陽烤乾的面頰，或是它在春季驟雨中的捉摸不定。部分的大草原在秋季裡乾枯，冬季裡被雪覆蓋，但是雪只有薄薄一層，牲口用蹄子就可以刨出雪下面的草莖。草原地貌通常是一片平坦，沒有突出地物，但是有些幽深隱密處也會有出乎意料的發現。一八五六年間，俄羅斯地理學家彼得．謝苗諾夫踏上穿越大草原的旅程，決心

「不成功便成仁」。他曾在莫斯科東南的梁贊黑土草原度過童年，想像不到再往東走會遇上吉爾吉斯「穹頂似的斑岩坡」和山脊，以及「森林草原地」的零散樹林地。[1] 草原上的變化，一般而言都是極端的。草原的氣候就像心情變化不定的人一樣，能把嚴苛的部分藏在迷人魅力的背後，甚至只露出一片寧靜安詳。約根·畢契曾於一九六二年駕車走過蒙古大草原。他見路旁有錐形的石堆（這是數百年來騎士路過留下的記號），便停下來，欣賞著風吹在草上形成的波浪，烈陽與飄過的雲使草的顏色從銀色變成灰色。他走過整片怒放的野花，花兒開在從未有人理會過的土地上：有純白透亮的火絨草、鮮紅的剪秋羅、橙黃的柳穿魚、野芝麻，以及一望無際的蓬子菜。[2] 比他早兩百年的一位到頓河的旅行者，對於草原也有類似的印象：

> 大地似乎鋪滿了最鮮艷最美麗的花朵。……即便白天最熱的時候，沁人心肺的微風送來上千種香氣，空氣也全是芬芳的。雲雀唱個不停，各式各樣彩色斑斕的昆蟲或在空中飛舞或蹲伏在花心。……如家鴿般溫馴的斑鳩在我們的車子前後飛著。[3]

坐在馬車或汽車裡欣賞荒野是很容易的事。站在車外的人望見的大草原，卻是毀滅力的來源——兇殘怪物在這裡孕育、長著狗頭的野蠻人是這裡培養的、匈奴的腹地就是這裡。按傳奇故事，亞歷山大在這裡逮住歌革和瑪各兩個邪惡民族，把他們鎖在銅門裡。可是，從長城到喀爾巴阡山的這一段銅門沒鎖上，遊牧民族可以從很多空隙進出，放牧、打仗、建立維持不久的帝國。感覺敏銳的或是懷有成見的旅行者，如今到這裡仍可以想像有「隱約的肅殺」伺伏著。[4]

也許是因為環境嚴苛，生活中不時有競爭、暴力，所以這個地區的工藝技術發展蓬勃而早熟。公元前五千年中期，聶伯河中游往東流處的斯萊德涅·斯多格文化，就有騎馬的人，他們留下的廢物堆裡有很多馬骨，是目前所知最早馴養馬的人類。公元前三千年的墓地挖出來的篷車，有拱形篷箍，設計出給牛拉的構造，巨大的輪子用實心木材製成，這是比西歐同類的成果都超前的。這些篷車都被閉鎖在內襯石頭的幽室裡，好像是要供死後使用，墓穴在寬闊的石塊堆下面，有坑柱支撐。同一時期的世界上其他社會，都沒有富裕到能埋葬這麼大、這麼精緻打造、這麼貴重的物品。這個使用有輪運輸器的中央草原地區，可能就是替未來從大西洋到中國東海與南海的人們發明牽引技術所預備的溫床。如今在烏拉山脈南部發現最古老的戰車，約是公元前兩千年初期的產物。[5]公元前一千年，製造篷車的技術，已轉移到鐵器製造和首飾上了。按季節而移動的放牧生活——甚至遊牧的生活——總是能有閒暇發揮技術創意和藝術巧思，這些往往令鄰近的定居者讚歎，必然也因此感到威脅。草原上的人也發明了馬鐙，這是遊牧民族的騎兵令務農民族喪膽的祕密武器。受害者百餘年後才追趕上這門技術，在這段期間，草原邊緣的山腳和綠洲地區出現了都市生活。[6]

古希臘人有時候會把草原居民——他們稱之為斯基泰人與薩爾馬希西人——當作來自異種人的世界，既狂野又兇惡。希羅多德對他們很感興趣。他記述了普羅康尼修的阿里斯蒂亞一次夢幻般的經歷。阿里斯蒂亞在「被太陽神附身」的狀況下，到頓河對岸的世界展開神祕之旅，前往「獨眼族亞里馬斯匹人的地域，過了這個地域便是守衛著黃金的獅身鷹首獸，再過去便是北國人，他們的領土伸向大海」。阿里斯蒂亞並沒有活著回來講述遊歷的故事，只有他的鬼魂回來，而且是用詩體講的，因為他原是位詩人啊。[7]

從另一種角度看，草原人是古希臘人固定交易的伙伴：希臘工匠把他們畫在日常生活的場景裡，例如：擠著羊奶，或者縫著羊毛皮的斗篷。這些景象都發生在斯基泰君王統治下，也呈現在金匠製作的藝品上。例如在亞速海與黑海之間的庫勒奧巴發現的王室古墓，有一隻球形金杯，杯上有蓄鬚的戰士，穿著及膝外袍，打著綁腿，他們不是在作戰，不然就是在作戰的空檔裡，互相包紮、整治牙齒、修理弓絃、

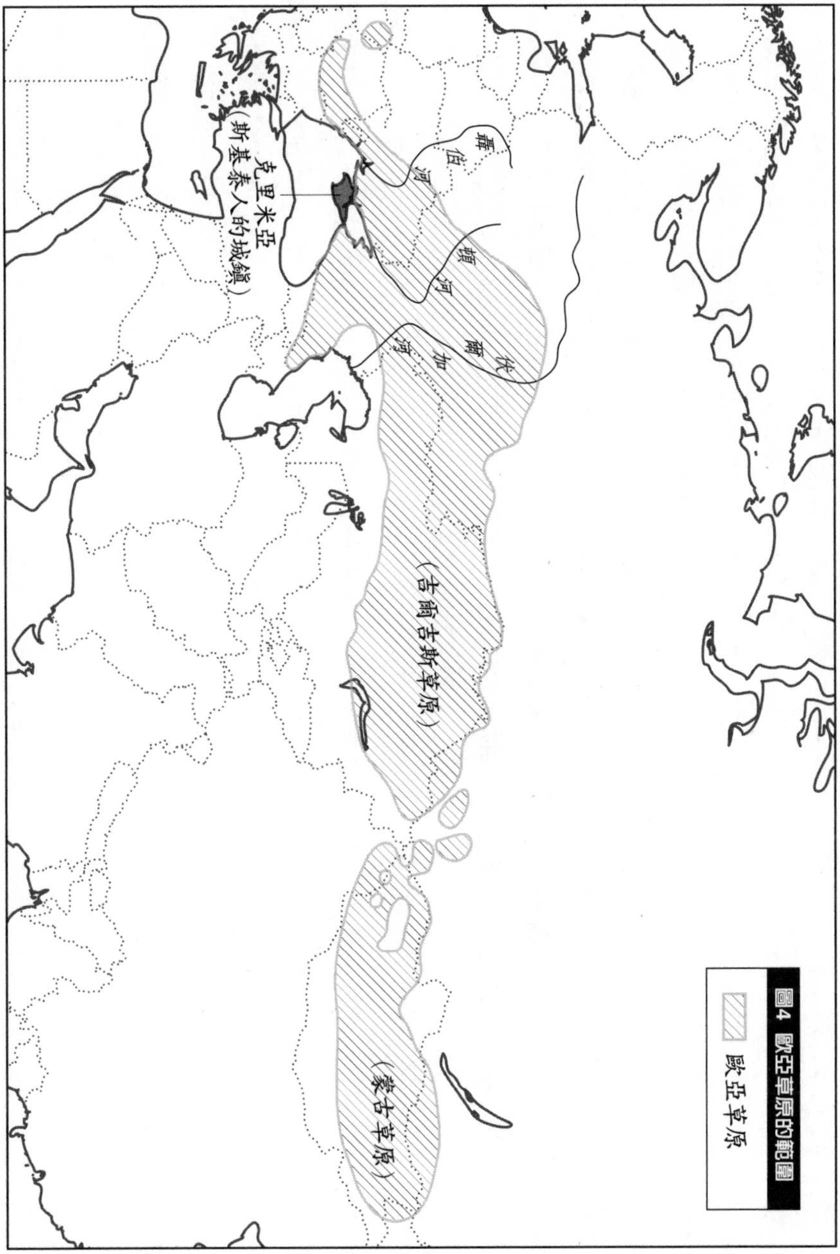
圖4 歐亞草原的範圍
歐亞草原
克里米亞
（斯基泰人的城鎮）
聶伯河
頓河
伏爾加河
（吉爾吉斯草原）
（蒙古草原）

解開馬腿捆縛、閒聊講故事。他們以狩獵著稱，第二專長才是作戰，甚至在戰場上看見奔逃的兔子也會分心。顯然他們的自我形象也是這樣，例如在克里米亞刻赤半島發現的陶俑，是戴兜帽的獵人與狗一同追兔子，證實了獵兔是他們偏愛的美術題材。[8]

在窩瓦河谷所發現的公元前五百年的國君古墓裡，有很多與希臘人、克爾特人交易的貨品。克里米亞地區與周圍一帶的斯基泰人，曾經從博斯普魯斯王國的希臘商貿中心受惠。這裡是「斯基泰的那不勒斯」，占地四十畝有石築城牆的氣派重鎮。這乃是斯基泰人最大的城鎮，可能也是他們唯一的城鎮，因為基於財政考量，斯基泰往更內陸的領土可能容許其他民族占據，例如芬族人。草原裡也接受了大都會的時尚。在聶伯河與頓河之間的霍克拉—諾弗切卡斯克發現公元第一世紀的一個珠寶冠。珠寶中央是薩爾瑪希亞王后，她穿著希臘服飾，梳著希臘髮型，看來似乎把自己當作雅典人了。她的頭頂之上有精心製作的鹿，正在吃著金質的無花果葉——按草原傳統這或許是裝飾著鹿角的馬。公元五世紀的西伯利亞古墓中也發現用毛氈、黃銅、塗金的馬毛做成的鹿角裝飾。[9]

然而，並非所有的草原民族都長期安頓於一地而與鄰近他族變得熟悉友善。草原這條大通道有助長途遷移，而馬是非常有力的運輸工具。草原兩端盡頭的歐亞大陸文明一再發現新興的草原勢力堵在門口，或是長趨直入他們的家園。每一次有草原勢力到來或入侵，就會再一次發生文化互滲或同化，再一次將草原勢力驅退或是向草原勢力歸順。例如，第五至第十世紀的基督教世界對一波波的草原入侵者或吸收，或消滅。匈奴人——阿提拉王在新婚之夜因血管爆裂驟逝之後，他們似乎也元氣耗竭；阿瓦爾人——查理曼最後圍剿他們的時候發現，逸樂與戰利品已經使他們鬆懈無力了；保加利亞人——軍臨君士坦丁堡城下時用聖杯交換了人頭骨杯，以供克魯姆汗豪飲之用；馬扎爾人——在匈牙利草原落腳之後，變成了捍衛基督教的勇士，在拜占庭和羅馬受到推崇與延攬。反觀西歐，那時候還是個「受侵略之地」。[10]

同時期的中國也有一連串相似的經驗。匈奴人於第五世紀入侵羅馬帝國的那個時候，契丹人侵入了中國。契丹人也許是因為草原發生大災禍而受害，南下仿效文明化的活動：交易馬匹、耕作小米，終至自己建立一個與「中華」分庭抗禮的帝國。這個期間，回紇人、吉爾吉斯人（各自號稱擁有十萬騎兵），以及其他突厥民族，都與中國締結了層次不一的主從關係：有的被逐回草原，有的得了好處——接受以禮物為名的進貢，有的暫退到領土界線（如長城）之外窺伺著，使邊疆軍民時時處於不安狀態。回紇人是漢化不完全的一個明顯例子。他們建起一座「農業富庶」的城市，有十二個鐵城門，卻依然持續越界的恐怖擄掠。公元七五九年，被迫和番的寧國公主倖免回族傳統裡夫死陪葬的要求，但是她仍「遵照習俗割臉毀容而哀泣」。[11]

❖儒士所見❖

中國人面對始終存在的夷狄威脅，態度是恐懼不安，同時又相信文化接觸可能促成遊牧民族的文明化。這種心態可以從宋代文壇仕途成就都極卓著的歐陽修生平與作品中看見。我們應該先看看他充滿悲劇曲折的生平，也由此可見政治遊戲之中有些事是千古不變的。他於一〇〇七年生於四川，父親是個小官吏；歐陽家族才剛有了出頭的機會。他四歲時父親便死了，由鄉下的長輩撫養。他厭惡吉州是窮鄉僻壤，努力自我文明化。

予少家漢東，漢東僻陋無學者，吾家貧又無藏書。州南有大姓李氏者，其子堯輔頗好學。予為兒童時，多遊其家，見有弊筐貯故書在壁間，發而視之，得唐《昌黎先生文集》六卷，脫落顛倒無次序，因乞李氏以歸。（〈記舊本韓文後〉）[12]

他因為文章風格不合乎當時的常規，兩次科考不第。以激進態度看待傳統，想要擺脫傳統，突顯個人特色，他的生涯成敗都是由此而起。雖然他終於成為著名的思想家和名臣，他最卓越的才能還是在寫作上，也是基於文采，他的地位至今屹立不搖。他認為「荃者所以在魚」，卻不可「得魚而忘荃」。[13] 第三度入科場，他聽從一位賞識他才華的學者指點，考到了頂尖的成績。但是例行的調派職務又令他感到無能為力與被邊緣化：

今市之門旦而啟，商者趨焉，賈者坐焉，持寶而欲價者之焉，賫金而求寶者亦之焉，閑民無資者攘臂以游者亦之焉。洛陽天下之大市也，來而欲價者有矣，坐而為之輕重有矣。予居其間，其官位學行無動人也，是非可否不足取信也，其亦無資而攘臂以游者也。(〈與張秀才棐第二書〉)[14]

一〇三四年間，歐陽修的官僚生涯向前大跨了一步：調進京城擔任館閣校勘職務，在黨爭不斷的宮廷裡，他自然是不受歡迎的人。「變法派」的成員多數主張用人唯才，並將此視為把當權派掌控的官職任命大權奪過來的方法。而歐陽修卻相信變法是改進臣子事君之道的良方。後來因為他寫文章為一位失勢的變法派（編按：范仲淹）辯護，被貶到了三峽口的夷陵。

強權政治的這個不測後果，把他帶到中國的蠻荒之地。在契丹威脅之下，這裡是用「漢化」來當作契丹的殖民邊疆的策略。移民都往四川擠，圖的是利用鹽井發財，找機會種植茶與桑。政府對當地部落採取「招安」政策。為了築道路、建房屋，深山森林也被砍光了。漸漸地，四川的東西兩半——多山的東邊是有河川與岩洞的浪漫野外、富庶的西邊是天府糧倉——也成為華夏的一部分。

歐陽修的詩道出了把蠻夷邊境文明化的拓荒精神：

紫簞青林長蔽日，綠叢紅橘最宜秋。道途處險人多負，邑屋臨江俗善泅。
獵市漁鹽朝暫合，淫祠簫鼓歲無休。風鳴燒入空城響，雨惡江崩斷岸流。
（〈夷陵書事寄謝三舍人〉）[15]

在琴樂中也聽得出這個意思：

急者淒然以促，緩者舒然以和。如崩崖裂石，高山出泉，而風雨夜至也；如怨夫寡婦之嘆息，雌雍雍之相鳴也。其憂深思遠，則舜與文王、孔子之遺音也。（〈送楊寘序〉）[16]

他的為官生涯被宮廷裡的黨爭拖累，到一〇三〇年代才回京先後擔任館閣校勘、樞密副使、參知政事。他投入了復興古文運動，主張「文從字順」的簡明流暢文風。他與同屬古文派的人士也根據兩大方針改革科舉制度：一是提倡為社會服務的精神，二為盡量放寬國家召募人才的背景。舊制只重詩文技巧與經典熟練，新制轉為偏重策論。

歐陽修自己的文章表明他是要倒退回古代，恢復上古「禮樂俱興」的完美大同世界。他個人的教養則是正合乎歷代盛世宮廷人物常見的典型：溫文儒雅、有厭世心理、感情進退合度。他的一些讚美歌妓與醉酒的詩作，使他成為同黨道學先生和敵黨監察官員攻擊的目標。

在好說教的、黨派互別苗頭的大環境裡，他這樣放縱自己會遭遇什麼後果，其實是可想而知的。低俗的指控對他如影隨形。他觸犯了自己說的「廉恥立人之大節」，變成「不廉則無所不取，不恥則無所不為」。[17]

首先是一〇四五年，他監護的一名晚輩女子指控婚前遭他強姦。這個嚴重指控無罪開脫了，他又因為把用這名晚輩的嫁妝買的地產登記在歐陽家名下而丟了臉。他的為官生涯因被貶滁州而中斷了三年，據他自己說，這三年裡天天喝醉酒。古文派占上風的期間，他站回了朝廷中的重要地位。一〇六七年卻再爆醜聞，有人指他與長媳亂倫，因為查無實據，顯然是惡意造謠。這一次的陰影他始終未能完全擺脫，他一直被調任外地官職，至一〇七一年才獲准退休。

這個期間，他不贊同的變法派占上優勢。主導變法的王安石篤信佛教思想啟發的神祕理想主義，歐陽修卻敬謝不敏。王安石認為人生如夢幻，禪理入法與實際結果一樣重要。他對政府的社會責任有極端的想法，主張聽取「農夫僕婦」的意見。[18]他的變法是從當前問題著眼，並不師法古代。歐陽修不願與他為伍，退隱到自己的「醉翁亭」，「不怕先生責怪，只怕後生笑」。[19]

歐陽修的整個為官生涯中都主張以和順的態度處理草原民族的敵意。他認為，文明遲早會在與野蠻對峙中獲得勝利；對野蠻人不能用脅迫，只能感化；野蠻人不會順從強力控制，卻能受模範的影響；用拳頭打他們不倒，卻可以用手指輕輕撥開；戰爭不能使他們服輸，「仁德」卻可以使他們歸順。與他同屬古文派的一位人士也說過：「何不收起弓劍，改以謙和辭令與厚禮……遣送公主和親……輸運貨物以鞏固締盟。雖有損君威，卻可暫緩三界戰事。……豈可耗華夏資財於蛇豚之鬥？古人視夷狄之寇如蚊蚋。……乘此議和以防民亂。天若使賊子知恩澤而止邊塞烽火，乃宗廟之幸也。」[20]

這是宋朝迫不得已的政策。歐陽修因此喟嘆漢朝王昭君和番時的身不由己，「誰將漢女嫁胡兒，風沙無情貌如玉」。她只能藉琵琶「自作思漢曲」，曲調傳回漢境，漢宮女子「爭按新聲譜」，她們卻「不識黃雲出塞路，豈知此聲能斷腸」。[21]

❖蒙古帝國興起❖

歐陽修的時代，以及隨後的兩百年中，北方草原群雄爭霸，騷動從未停止，而且不時爆發過界。自認文明的鄰域都敬而遠之。到了十三世紀，情況整個變了，因為有史以來第一次——就已知的史料而言——發生整個草原世界統一在一個國家政府之下。

這一次與史上所有的大革命一樣，以血腥開始而後才走上建設軌道。蒙古諸部的聯盟是這股勢力的核心，起初是向鄰邦挑戰，屠殺定居的民族、將城市夷平、鄙視敵人的精緻文化，似乎要把文明毀滅。結果它卻成為歐亞大陸文明史上獨一無二的改革力量。首先，草原世界以外的民族從基督教世界到日本，都在恐懼歐亞內陸這股前所未有的毀滅力；然後，他們全都在草原征服者維持的和平局面下連成了一體。蒙古恐怖征服戰的一百年過去以後，大草原變成快速交通的大道，將歐亞兩個陸塊連起來，助長兩個大陸的文化傳遞。

蒙古人的征服武力比以往任何草原帝國擴張得都遠，而且持續時間比以往的草原帝國都久。這主要歸功於一位征戰領袖的雄才與群眾魅力。現在的人提到成吉思汗，會有兩種不同的神話。蒙古以外的世界往往把他的名字當作殘暴的代名詞；在蒙古人的心目中他卻是民族英雄（在共產黨統治下的蒙古國，他屬於偏離正統路線的人，有損「愛好和平的典型蒙古人」的名聲，所以不可提起他）。[22] 一二一九年成吉思汗召見了長春真人丘處機，從這一則故事可以看出，成吉思汗對於當時欣賞未被腐化之質樸野性的人士來說，確實有很強的吸引力。「閉關多年」的丘處機是受人崇敬的賢者；他卻在高齡七十一的時候以三年時間長途跋涉到興都庫什的山麓去見成吉思汗。他雖然「欣然往赴龍廷」，卻不肯為此而違背自己的一些原則：他不與新入選的後宮佳麗同行，也不要進入「無從取得菜蔬之地」，也就是大草原。但是他穿越了戈壁，登上「寒氣徹骨」的大山，熬過艱苦的荒野行程，護送他的衛士都在馬匹身上抹血以防惡魔侵襲。[23]長春真人的弟子曾經記下成吉思汗的一段話：

> 天厭中原驕華太極之性，朕居北野嗜欲莫生之情，反樸還淳，去奢從儉。每一衣一食，與牛豎馬圉共弊同餐。視民如赤子，養士若兄弟。[24]

正是丘處機所欣賞的特質。草原暴力向外伸展，挑戰了鄰居的文明。成吉思汗在草原世界強制進行或說誘發了史無前例的政治一統，他所完成的部落聯盟的確是草原居民對抗四周定居社會的一次大團結。聯盟被一個單純的想法鼓舞：上天賜給蒙古人以武力征服世界的大權。成吉思汗死後，征服戰激發的巨大能量把大軍帶到易北河（一二四一年）與亞得里亞海（一二五八年）。一二六〇年又遠到了非洲邊緣上。蒙古軍滅南宋之戰十分辛苦，因為步兵在稻田裡無法施展，攻城時又必須使用一向不熟練的設備，至一二七六年才告一段落。

當時南宋宮廷瀰漫著絕望悲戚，謝太后表示國家淪落至此乃是朝廷之過，天象本來已經現出警示徵兆，朝廷卻麻木不仁；洪災是劇變的警訊，朝廷卻不知反省；民間早已哀鴻遍野，朝廷卻失察；三軍在忍飢受凍，朝廷卻未予安撫。[25]

最後一戰是一二七五年的常州之役，當時正在常州的某位詩人寫道：百萬大軍自西而來。抵抗無力，四顧無援而準備一死，戰場塵灰依然刺鼻。究其始末，卻遍尋不著耆老，細說古城殘照與故人斑斕。[26]

公元一二七六年，年幼的恭帝在大臣逃遁、母后準備逃亡行裝的時候向元軍送了降表：

> 宋國主臣顯，謹百拜奉表言：臣渺然幼衝，遭家多難，權奸賈似道背盟誤國，至勤興師問罪，臣非不能遷避以求苟全，只以天命有歸，臣將焉往？謹奉太皇太后命削去帝號，以兩浙、福建、江東西、

湖南、二廣、四川、兩淮現存州郡，悉上聖朝，為宗社生靈祈哀請命。伏望聖慈垂念，不忍臣三百餘年宗社遽至隕絕，曲賜存全，則趙氏子孫世世有賴，不敢弭忘。[27]

另一位詩人汪元量當時在南宋最後一個據點臨安，投降協議就是在這裡定案的。他寫道：

殿上群臣默不言，
伯顏丞相趣降箋。
三宮共在珠帘下，
萬騎虬鬚繞殿前。（〈湖州歌九十八之三〉）[28]

這便是朝中當時的景象。人們的創痛從流傳下來的文字紀錄可見一斑：自殺遺書、混亂中的殺戮造成妻離子散，都是字字血淚。多年後，在道觀中司職的聶碧窗仍在追憶妻子「到底不知因色誤，馬前猶是買胭脂」。[29]

蒙古大軍所到之處，人們莫不聞風喪膽。亞美尼亞的史料中就警告西方世界的人提防「反基督的先鋒……他們相貌醜陋，沒有悲憫心腸……把屠殺當作婚宴縱酒一般的樂事。」傳聞不斷湧入日爾曼、法蘭西、勃艮第，甚至傳到西班牙。這些地方的人從未聽說過蒙古人，此時蒙古人卻成了他們驚恐想像中的妖怪。有人說他們長得像猴子，像狗一般吠，吃生肉，喝馬尿，沒有法紀，殘暴無情。[30] 據可靠傳說，成吉思汗曾說過：「我最大的樂趣就是使敵人流血，使他們的婦女流淚。」[31] 蒙古軍圍城照例都以屠殺收場，在希拉特城則是男女老少無一倖免的屠城。巴格達被攻陷後，末任的哈里發被蒙古軍踐踏而死，這是刻意的褻瀆行為，藉此表示對敵人的鄙夷。

蒙古人卻不止於這種形象所指的含意。成吉思汗在大業發展中漸漸成為有遠見的立法者、文化學問的贊助者、恆久帝國的擘劃者。我們若要了解蒙古人的建設能力，就必須把注意焦點從他們表現毀壞力的戰場挪開，看看他們在自己家裡是什麼樣子。從如今草原遊牧民族的帳篷和群體活動中，仍可看出他們當年的生活方式。我們也可以從當年方濟修會使節的記載，重建生動的細節。這位修士於一二五三年被法國國王派來晉見窩闊台，目的是與蒙古人建立外交協議。他離開法國後於五月乘船渡了黑海，再乘篷車穿越大草原。

他寫道：「三天後，我們看見了蒙古人，我實在覺得自己好像進入另一個世界。」十一月走到了肯喀克，「又餓又渴，凍僵了又精疲力竭」。十二月間登上了令人敬畏的阿爾泰山，他在「可怕的險崖之中誦念信經，以驅離惡魔」。終於，在一二五四年的棕櫚主日（復活節前的星期日）抵達了元上都哈拉和林。那時的上都仍只有比營地略大的規模，如今則只剩下圍牆遺跡。[32]

盧布魯克的威廉修士一再說自己只是單純的傳教者；他卻接受了大使才有的禮遇，而且顯示了情搜專家的技能。他看出蒙古人隨季節遷徙的生活是有科學根據的，而且有軍事效率的盤算在其中。他注意到：

> 每位指揮官因位階不同帶領多寡不一的人群，他清楚自己放牧草場的界線，知道自己在春、夏、秋、冬各季分別應到何處放牧。[33]

有用的情資一概逃不過威廉修士的眼睛。此外，他也具備修士典型的對傳教對象文化的關注。他的觀察所見，是以後幾百年的人都不及的。走進現代的蒙古包，仍可看見威廉描述過的用物陳設、主從空間、生活模式。[34]

蒙古包的結構是用數十根木棍插在一個大圓箍上為頂，「大圓箍用木柱支起，包頂木棍是一端粗一端細，細的一端朝上，會合於一個小圓箍，煙囪從小圓箍中央像頸子一般伸出」。支架結構外面覆蓋白的毛氈，白色是用白堊或骨粉塗的，或是染黑，「在包頂裝飾一圈各式不同的精美圖案」。蒙古包門口上面裝飾著鳥禽、牲畜、樹木、蔓藤的拼綴。

這種氈房有些大到直徑有三十呎。我有一次丈量一輛篷車的輪轍寬達二十呎，蒙古包架在車上時兩邊都突出到輪子以外五呎有餘。我數了一數共有二十頭牛拉著。……車軸有船桅那麼大，車上有一個車夫站在包的門口駕御著牛隻。[35]

直至今日，蒙古包裡的陳設情形還是一樣。

他們卸下蒙古包後，門口必然朝向南……車子拉近，車身在兩側距蒙古包各有半箭之地的位置，使蒙古包立於兩列車輛中間，如同位於兩片牆之間。[36]

一家之主的每位妻妾各有自己的包。主人的臥榻在包內的北端，面向著門口。婦女的坐席在東邊，男子的坐席在主人的右手，與漢族的安排相反。代表祖先神靈的氈製圖像「家堂神主」都掛在包壁上，男女主人頭頂上方各有一位祖先神靈，中間還有一尊守護者的像。婦女與男子席位上分別有母牛與母馬的乳房裝飾。一家人會在主人當晚選定共寢的妻妾的包內聚集飲酒，飲酒之前要祝奠天地。威廉在記述中說：「我若是能畫，就會把一切都畫給讀者看。」不過他的詳盡描寫已經彌補無畫之不足了。[37]

威廉清楚地描繪出草原地形的特質——平坦得可以由一名婦人駕御用繩索連起來的三十輛車。「他們走到哪兒都沒有建立『恆久的城市』，他寫道，「對於『將要來臨』的聖城耶路撒冷也一無所知。」

他們把斯基泰——從多瑙河到太陽昇起之處——瓜分了，每位指揮官……知道自己在春、夏、秋、冬各季分別應到何處放牧。

他也描寫了一種反映草原生態的飲食習慣。蒙古人雖然畜養多種牲口，馬卻是他們的生態系統中最重要的一員，幾乎與北美大草原的人類生活離不開的美洲野牛一樣重要。馬乳是蒙古人的夏季食物。自然死亡或太老而被宰殺的馬匹的內臟和肉，可製成冬季食用的肉乾和香腸。「馬後腿的皮可以製成很精緻的鞋。」豪飲馬奶酒具有莊嚴意義，因為可以伴隨著不同的儀式：灑酒敬天地與家堂神主、音樂伴奏、酒量競賽——敗者被擰耳朵而「痛得張開喉嚨」，他人則鼓掌喝彩。[38]

威廉也生動地描寫了大汗宮廷生活的例行作息，又詳細記錄了他與經常喝得醉醺醺的蒙哥汗的一次談話。蒙哥汗雖然好說大話又自以為是，也流露了那個時代的蒙古人之所以強大的一些特質：包容異己、入境隨俗、尊重傳統。按威廉所理解而作的記述，蒙哥汗說：「我們蒙古人相信上帝只有一位，我們生與死都在祂裡面，我們也是向祂獻出虔誠。」然後蒙哥張開手掌說：「可是，正如祂給了手掌五根長短不一的指頭，他也賜給人類不同的宗教。」[39]

在蒙古勢力所維持的和平之下，草原生活方式沒有改變。但是蒙古征服者面對其他文化時是很有彈性的，蒙哥汗的包容異己就是實證——忽必烈也對馬可波羅表達過差不多的意思。因此，蒙古人雖然在家鄉維持著自己的傳統，卻願意在家鄉以外的地方有選擇性地接受同化。例如在中國，蒙古人就採納了被征服的社會的做法。一位蒙古將領主張把一千萬漢人消滅，成吉思汗卻下令擬一套課稅方法，向這些人徵收五十萬兩白銀、八萬匹絲綢、四十萬袋穀子。成吉思汗出征時用綴著黑犛牛尾的蘇魯定矛旗，他的後代改用遮陽的華蓋。成吉思汗出行騎馬，他的孫子要乘四頭象拉的車。祖父住氈帳便很滿意，忽必烈卻在山東建了金碧輝煌的行樂宮。

有些漢人子民厭惡忽必烈的異族行徑，包括用馬奶酒祭天、大塊吃肉，以及大量任用儒生菁英階級以外的人為官——而且很多官員根本是外國來的人。馬可波羅說，

> 漢人都厭惡大汗的統治，因為他把草原人的地位定在漢人之上，那些草原人大多是穆斯林，漢人無法忍受，因為這使他們覺得和奴隸差不多。此外，大汗統治中國是憑武力得天下，名不正言不順。因此大汗不信賴漢人，把治國大任交給草原人、阿拉伯人、基督教徒，這些人隸屬王室家族，效忠他本人，他們都不是在中國生長的。

忽必烈的確依舊是蒙古大汗；但是他也很明確做著漢人的皇帝，主持應舉行的儀典，穿著漢服，學習漢語，贊助文藝，維護傳統，促進漢族子民的福祉。馬可波羅在他宮廷中的職位有點像《天方夜譚》那位給國王說故事的雪赫拉莎德，把蒙古帝國各個偏遠角落的奇聞軼事收集起來。他所見的忽必烈是「自人類有始以來，能宰制人民、領土、財富最強大的一人」。[40]

蒙古人征服全世界的大業，因為遭遇抵抗，也因為世界太大，所以有了極限。一二四一年間，蒙古大軍因為要參與推舉王位繼承人的庫里亞台大會而折返，使西方基督教世界躲過一劫。一二六〇年間，蒙古軍因為遭到罕有的敗績而未攻入非洲，對方是埃及國王的奴隸軍隊。這位國王精力過人，曾誇口會在有公文急件時從澡盆跳出來光著身子處理，再於四天內將回信從開羅送至大馬士革。[41]忽必烈征伐中國以南和以東的戰事，都只有短暫的勝績。例如爪哇，只是令一名當地王爺取代另一位王爺，並沒有帶給中國長久的利益。占婆國和越南雖然得向中國納貢，但是還不足以抵銷征戰的成本。遠征每一個地方

都因為距離、敵人與氣候難測使原本的戰績化為烏有。爪哇本來可能成為世界上第一個遠程海權帝國的第一個殖民地，卻因為季風使元軍不得其門而入。忽必烈的海軍進攻日本時被「神風」——使背風岸變成死亡陷阱的大颱風——逐退了。[42]西歐則是因為太遙遠而且欠缺吸引力，所以倖免於難。一二九六年間，蒙古軍「像肆虐暴風雨一般」[43]試圖入侵印度，逃難的人群湧入各個城市，蒙古人卻在多次失敗後撤退了。

歷史上的征服者常後濟無力，遊牧民族戰士會受被征服者的逸樂生活所誘。蒙古人也被戰爭的成果馴化了。治理帝國的責任，以及與定居的文化接觸，將他們文明化了。蒙古人製造的恐怖一旦達到極限而轉為和平，蒙古帝國就愛上藝術與和平。盧布魯克的威廉看見上都官殿的底座上有

一個吹著號角的天使在一株銀樹的頂上，一條鍍金的蛇盤繞住她，銀質的獅子守衛著；馬奶從獅口冒出，銀樹的枝子噴出多種烈酒，是用米或乳類、蜂蜜釀製的——都是供大汗飲宴之中使用。

建造這新奇裝置的那位巴黎來的建築大師，當時仍住在上都。[44]這是蒙古人打通草原大道使影響力得以暢行無阻的典型例子。

❖蒙古大路：文明的通道❖

蒙古人一旦明白道路可以帶來文明的益處，就變成維持道路暢通安穩的警察。例如，天主教教廷派來的使節皮亞諾卡比尼的若望，拜蒙古驛馬隊之賜，在一二四六年間用一〇六天的時間就走完了四千八百公里的行程。那時道路上的例行作業對我們也許很難想像，但卻是人類歷史上關鍵的一環。如果沒有

蒙古統御下的和平，我們很難想像西方歷史會是怎樣發展的：因為中國的思想和工藝技術從這些通道傳往西方，使歐洲人放寬了眼界。蒙古大路在歷史上的重大影響，並不只限於蒙古帝國的邊疆，而是遠及這些通道所到之處。

獨一無二的大探險家拉班．掃馬，便循這些大路從忽必烈的京城大都，走到了巴黎。

他走的不是中亞草原的路，而是蒙古人管理維安的南行之路，必須經過波斯。因為他是我們所知，目睹過中古時代歐洲的唯一中國人，我們忍不住要跟他一起走一遍這趟行程。他會往南走，是基於啟發他此行的動機要求。他是寺院派出的景教信徒，想要看看耶路撒冷，並且造訪景教信徒的社群，也打算靠信徒們的布施提供他一路所需用度。因此，他必須走沿途有許多景教寺院的絲路。他留下來的日記（是經過後人多次編校的版本）中，未到伊兒汗國之前的記載都是讀者沒聽過的地方。到了伊兒汗國，他在馬拉蓋（編按：在現今伊朗大不里士城南百餘公里處）見到了景教的大教長馬．登哈。當時的馬拉蓋是蒙古帝國西境的知識重鎮，城中的圖書館共有四十萬冊書，新建的觀象台是著名的科學工藝中心，也是學者們聚會的地方。這裡正是東方智慧西傳之路上的理想小站。馬．登哈先預言拉班．掃馬可以完成耶路撒冷之行，然後就盡可能阻止他再走下去。他先任命拉班．掃馬代表他加入伊兒汗的隨員隊伍，之後又用拔擢晉升的機會引誘拉班．掃馬——這是必須返回中國才能得到的機會。

後來馬．登哈死了，拉班．掃馬非但未能就此脫身，反而因此陷入波斯政治更深。原因是，與他結伴旅行的好友被推舉繼任為大教長的職位，成為後人所知的雅巴拉哈。拉班．掃馬衷心希望能完成耶路撒冷朝聖，如果達不成這個願望，就寧願回寺院靜修。但是兩個希望都落空。一二八六年間，大約已是他離開中國十年以後了，伊兒汗又挑中他代表出使西方基督教各國，目的是與各國商議結盟，以抵抗共同的敵人：埃及的馬穆魯克（軍人階級）統治者。

他在前往羅馬的途中看見了埃特納火山爆發，目睹了安茹王朝與亞拉岡王朝的一次戰役。到了羅馬又獲得一項殊榮：被正在舉行推選教宗的祕密會議接見。可是，新教宗未選出的期間根本不能執行公務，他便決定踏上旅程前往巴黎。最近的許多次十字軍出征都是從巴黎發動的。他在這裡做的記述也第一次透露他對於外交職責和信仰以外事物的關注。他在巴黎看到蓬勃的知識活動，令他想起馬拉蓋的景況，這裡有數學、天文、醫藥、哲學的學院，也有神學院。折返波斯之前，他為英格蘭王施行聖餐禮，又在一二八八年棕櫚主日接受新任教宗尼古拉四世給的聖餐。聖星期四這天的彌撒中，信眾齊聲道「阿們」時他覺得腳下的地都震動了。不過，他攜回長篇大論的信函裡沒有承諾與蒙古結盟，內容不過是勸伊兒汗受洗歸主、勸景教徒改過自新、告誡伊兒汗宮廷中的天主教徒信心要堅貞。[45]

拉班．掃馬的出使任務證實歐亞大陸實在太大了，蒙古帝國維持的和平雖然貫穿了通路，卻還不能彌合文化的鴻溝。拉班．掃馬與他的通譯員共通的語言只有一種——波斯語，從他記述的天主教行事細節與西方政治狀態，可以明顯看出他把翻譯的意思搞錯了，可想而知還有更多翻譯誤解。例如，他把外交上的遲疑表示誤認為是充分贊同，把基督教徒的團契誤認為是教義上的一致。即便如此，在馬可波羅與其他西方人都是由西往東行的同時，他能完成西行之旅，證實蒙古和平維持歐亞道路暢通的效力不凡。拉班．掃馬的日記雖然殘破不全了，卻仍是當時歐亞陸塊兩端可以互通的最鮮明證據。我們很難不做成這樣的結論：西方文明當時的革命性經歷，包括工藝技術進步、美術上的創新、調整過的新科學，都可以部分歸因於蒙古人因開創或維持通路所帶來的影響。

後來，蒙古人自己把城市生活慣有的文明傳入了草原。在十六世紀中葉，呼和浩特——蒙語意指「青色之城」——成為現今內外蒙古邊界上的固定首府。建立這座城的俺答汗仍然保留了祖傳的一些習俗，例如痛風發作時兩腳踩在劈開的人體裡。但是他也在城外的山上建起一座座佛寺，派人到北京城去請回佛經，命令人將譯成蒙文的佛經刻在磨光的蘋果木上。[46]

然而，文明史中的草原並不是搖籃，而是催化劑。蒙古統御下的和平局面與歐亞大陸往來交通最密集的期間是同時發生的，歐洲的傳統因此改道而行，即便不是因此改了道，也因此能在它本來就要走的方向上進行得更為平穩。中國人發明的紙原本已經由阿拉伯人傳到了西方，據說製紙的秘訣是公元七五一年在費爾干納的塔拉斯一役，由被擄的中國工匠洩露給撒馬爾罕業者的（見第十章）。歐洲人卻遲至十三世紀晚期才採用，把它視為我們如今所謂的資訊科技的一大突破。火藥和鼓風爐等造成技術徹底改變的資源，也是在蒙古帝國的時代傳入歐洲的。西方的科學成長很像中國歷史悠久的考證學：側重經驗，以感知的真實性為依據，要求先觀察自然而後才著手駕御自然。[47]

令拉班・掃馬稱讚不已的巴黎大學裡，師生們養成用真正科學的方法理解宇宙構造的態度。結果成就了十三世紀巴黎百科全書派發揚光大的綜合治學方法，代表人物是那個時代最偉大的（也是任何時代首屈一指的）學問家——阿奎那。他的視野無所不見，他的作品內容精確地分門別類，廣納一切得自經驗與閱讀的知識。在離巴黎不遠的沙特勒的玻璃裡可以看到類似這樣的視覺，整個宇宙在其中以略圖呈現。那是可以衡量的宇宙，由一位法國畫家所畫，宇宙夾在幾何學家耶穌手持的圓規中間，就像鑷子夾起絨球一樣。[48]

一二四〇年代在巴黎擔任教授的羅哲爾・培根認為，用科學的方法觀察，可以確認《聖經》的內容，醫學實驗可以增加知識，用科學可以威嚇不信上帝的人而使他們歸主。他是位作風獨特的人，因為努力鑽研拜偶異教徒和穆斯林寫的書籍，被同時代的人猜疑；他的光學研究反映出那個時代的人相信可被觀察到的事物自有其真實性。他將自己塑造成智慧的放鷹獵人形象，即一個憑經驗而學習的人，使當時最靜不下來的一位實驗家著迷。這位實驗家即是神聖羅馬帝國皇帝腓特烈二世，因為厭惡常規而有「驚世駭俗者」的稱號。腓特烈是放鷹狩獵的專家，很以自己在這方面知道的比亞里斯多德還多而自豪。據說他曾令人將兩名男子開膛破肚，藉此觀察睡眠與運動對於消化有何影響。他將兒童放在無聲的環境裡養大，「以便證實他們是否能說初始的語言——希伯來語，或是能說希臘語或阿拉伯語，或至少能說他們父母的語言。但是實驗白忙一場，因為這些兒童都死了」。[49]

從某個角度看，西方繪畫當時逐漸偏好寫實，乃是對於知覺的一種禮讚：畫家照自己看見的而畫，等於把以往認為不配入畫的題材地位提高了。十三世紀初葉開始有的玫瑰經祈禱，鼓勵信徒用日常生活的場景想像神聖的奧祕，就好像親眼目睹奧祕一樣。於是這個時代的科學與宗教便藉美術而連結了。方濟會修士們委託藝師做畫的教堂，把觀看者帶進了神聖空間，如同親眼看見基督與聖徒們的生平事蹟。教堂裡的畫以前所未有的寫實挑動虔誠信徒的情感，他們也像當時新興的科學思想家一樣看得目不轉睛。那些畫以愛包含著整個大自然：有聖方濟當作宣道對象的烏鴉、各種動物和風景，有他呼為姐妹和兄弟的太陽和月亮。

這些實驗法與想像法，都不能使西方的科學與中國並駕齊驅。中國始於公元前一千前的科學傳統一直持續著觀察與實驗的方法。[50]道家的寺院只有一個名稱——觀，意指觀察自然世界，再就自然現象作解釋的地方。按儒家的觀點，道士離不開怪力亂神。但是道家也說，想要駕御自然的人認為，自然和一般畜牲一樣可以馴化，像敵人一樣可以被主宰，但是必須先認識理解自然。這不是怪力亂神，所以，道家主張觀察、實驗、分類的科學方法。[51]腓特烈二世的怪異行徑在中國已有先例，傳說商紂王曾經把大臣比干的心挖出來看，為的是求證聖人心有七竅之說。他看見農人在冰冷的水中走動，便下令將這些人的腿骨劈開，以便檢驗低溫對骨髓有什麼影響。[52]西方社會當作新奇之物的紙、火藥、羅盤，在中國都是古老的發明。改變世界面貌的那些關鍵科技，大多數是中國先有，西方後來跟進，中西差距小則一世紀，大則十三個世紀。公元十三世紀是中國科技西傳的起點。而蒙古統治下的和平乃是促成科技西傳不可或缺的條件。[53]

為什麼其他的大草原沒有發揮類似的影響？為什麼北美大草原和南美大草原上的文化互動在十九世紀以前只有很小的影響力？為什麼歐亞大陸平原兩端的文明互惠沒有在非洲的撒赫勒地區發生？以美

洲而言，發展受限於兩個條件：一是起步太晚，再者就是草原是北南走向，若發生文化的南北傳遞就必須越過重重巨大的氣候障礙。北南文化交流間或發生過（下章會談到），但是規模小，影響不長遠。至於非洲，前文說過，撒赫勒的政治歷史從未嘉惠過長程的文化傳輸；西邊的每一個擴張的帝國勢力都遭遇波爾努人的阻擋，或是面臨沙漠來的侵略者的挑戰，所以沒有一個族群能夠有蒙古人在歐亞大陸、蘇族印地安人在北美草原那樣舉足輕重的分量。弔詭的是，就長遠的帝國建設而言，非洲稀樹草原要比歐亞大草原和北美草原富裕得太多了：這裡孕育了當地的文化，占據一小塊領土就能很滿足。有帝國主義野心的政府會沿著從北往南跨過全區的貿易路徑而擴張，以統一沙漠邊緣與森林邊緣為目的。也就是說，撒赫勒地區之內，從東到西的擴張比較不那麼有利可圖。總之，這裡雖然始終沒有成為不同文明之間的高效溝通大路，卻產生了更可觀的影響：本土文明——按文明生活的慣常標準看——比世界上任何可以相提並論的環境所產生的文明都更精采、更值得稱道。

鳥兒們建造——我卻不建造；不，但是拚搏，
時光的閹人，生不出一部喚醒人的作品。
我的啊，生命之王，給我的根雨水吧。
——傑拉・曼理・霍普金斯，〈主，您實是公義的〉

……俄羅斯的多爾帕特附近一個村子裡，逢到需要雨的時候，
照例由三名男子爬上一處神聖樹林裡的樅樹。
其中一人以一支槌子連連擊打一只鍋或小匣，模仿雷聲；
第二人以兩根燃燒的木頭互擊，使火花迸出以模仿閃電；
第三人被稱為「造雨者」，他用一把細木沾著皿中的水四下灑著。
普洛斯卡村的婦女和兒童，為了中止乾旱使雨降下，
慣常於夜晚赤裸著走到村子的邊界，在那兒把水灑在地上。
新幾內亞以西的大島吉洛洛，或哈爾瑪赫拉，巫師造雨時
用特定一種樹木的枝子浸入水中，再把枝子沾上的水滴灑在地上。
在斯蘭島，只需將某一種樹的樹皮奉給神靈，把它放在水中便足矣……
——弗雷澤，《金枝》

為什麼我仍未到我們的樹林中，
遠離這些險惡的河岸！
是你們，殘酷的人，你們與你們的律法，
是你們才該被稱為野蠻人。
——《休倫人：喜劇》

第三卷・下雨

熱帶低地與後冰河期森林的文明

PART THREE: UNDER THE RAIN

Civilization in Tropical Lowlands and Postglacial Forests

5

原始林：後冰河期的溫帶林區

The Wild Woods: Postglacial And Temperate Woodland

濫伐森林的事例・美國密西西比沖積平原・北美溫帶森林・歐洲

如今只有地上的凹坑留下這些居所的舊址紀錄，有埋在土裡的地窖石頭，還有草莓、覆盆子、懸鉤子、榛木叢、漆樹在陽光充足的草地上生長著；一些油松或有節瘤的橡樹占據了以前安置煙囪的角落，一株氣味香甜的黑樺搖曳的地方也許是原來門檻石的位置。有時候井坑是看得見的，那兒曾有泉水湧出；現在是乾而無淚的草；或是被深深覆蓋，……等到以後才被發現，……是這一族的最後一個人離去時用一塊平的石頭蓋住之後，上面又被草皮掩蓋。

——梭羅，《湖濱散記》

誰知道人們會不會以某種事業或利益為名來砍掉這森林，不過，不論他們用什麼法律，不論他們是誰，我都會大吼這些野蠻人：「我不准你們這樣做。……這是國君、主教、王子、農民的森林……它既不屬於你也不屬於我。它只屬於上帝。」

——史蒂芬・澤羅姆斯基，*Puszcza Jodłowa*

❖恐懼樹木：學習清除森林❖

一〇九八年，摩列姆的羅伯和同伴們帶著里昂大主教的授權函，回到自己的寺院募集一項新冒險行動所需的人力。他們召集了二十一名先鋒，

> 熱切地出發前往一處叫作西鐸的荒野，位於沙隆教區之內，是幾乎無人涉入、只有野獸生活的地方，那時候還覆蓋著濃密的林地和荊棘叢。這些篤信上帝的人來到時明白，這地方越是世俗人不喜歡、不想來的，就越適合他們。他們砍倒又清除了生長得密密麻麻的灌木和樹叢之後，便建起一座寺院。[1]

這是在未被充分利用的邊疆上的一次殖民作業。也是一種「再征服」，把多神異教信仰的部分領土收回來。森林是魔鬼伺伏的地方，還有精靈和小妖怪、樹精和搗蛋鬼、頭上長枝葉的人，魔鬼也會化成他們的身形。森林裡有藏在橡樹裡的巨人，有邪力附在樹上：一棵棵的樹會自己走來走去，用藏在節瘤裡的隱形眼睛窺伺，用糾葛的枝條把人困住。森林裡處處是未用除邪儀式消滅的恐怖：恐懼在古人視為神聖的樹叢陰暗處出沒，掠過樹叢的蕨葉間。查爾斯．金斯利曾經講到中古時代居住在中歐森林區以西的人如何看待森林，說得十分真確：

> 是黑夜與奇事之地……多的是麋鹿和野牛、熊與狼、猞猁與饕餮，也許還有更可怕的野獸。……因為那裡有迷途的野蠻人和流浪兒，比文明世界的任何迷途者流浪兒都醜惡……；人們被迷惑，變成野獸、瘋傻、巨人、食人怪、狼人、強盜、亡命徒一般，其中許多可能比狂人還要殘暴；赤身露體，

生活在洞穴和叢荊裡，只受自己的激情與慾望支配，不知何謂規矩；以人肉為食物；婦女或兒童或無武裝的男子若是落入他們的掌爪，下場將很悲慘。[2]

古時的森林沾滿異教的羶腥。甚至比較普通的林中空地，也留有神話中的山林仙女與長著羊角羊尾的男仙。地上的腐葉土上印著他們的身形和腳步。樹脂氣味的森林被男仙女仙淫樂過後的殘餘物黏附。像彌爾頓這樣的清教徒，也能把巫師和怪物對女神海克蒂做出可憎儀式的情景，想像得頭頭是道。異教的樹叢長出神樹、神木，被基督教的傳道者砍了拿來建教堂，造十字架。土爾的聖馬爾定砍樹時，旁觀者挑釁他敢不敢站在樹倒下去的位置，結果他劃了一個十字便使樹倒往別的方向。聖卜尼法斯沉著地取蓋斯瑪地區的神橡木為建材蓋禮拜堂，因而使更多人皈依他的信仰。查理曼大帝在公元七七二年把厄明蘇爾一地的樹叢夷平，為他的撒克森戰爭增添了神聖意味。[3]十二、三世紀衣索匹亞修院領袖聖達克拉哈曼紐，大肆耗用「魔鬼的樹林」(見第十章)。衣索匹亞的另一位聖徒，十二世紀的葉姆里哈納．克列斯多，在砍樹木為建材的時候遭到撒旦的責罵：

「你為何使我離開了岩石？——我在那居處有如此多人崇拜而令我欣慰。」……於是葉姆里哈納砍倒了所有的樹木與荊叢，全部付之一炬。[4]

基督教最廣為人們接受的象徵，就是一棵樹被連根拔除或砍倒，改造變形，再釘上釘子。基督教在中古時代的好同伴是騎士精神，這套思想也對森林有反感，憑想像產生的「林中野人」，是無數藝術作品之中與武士為敵的角色，會向文明而節制的武士兇猛挑戰，「生吃肉與魚」，[5]企圖霸占土地與女人。每個實行濫伐的文明都有類似的森林邪魔。古代蘇美神話之中狼養大的野人恩基杜，追隨國王鳩加梅士，並且慫恿鳩加梅士去與一個更野的吃人魔交戰，爭奪黎巴嫩的森林。[6]全身長毛的森林野人，是中國恐怖神怪故事常見的角色。紅毛猩猩的馬來語原名就是「森林人」。周達觀在《真臘風土記》裡講到吳哥窟有可怕的如獸類般野蠻的森林人（見第六章）。西班牙的阿罕布拉王宮的覲見室畫了野人的形象。多數文明的邊緣上，都有不聽駕御的森林人，是野蠻人可怕行為的代表。

在基督教的世界裡，中古時代普遍寫下馴化森林居民的成績，甚至在藝術家的想像中把野人文明化了。許多武士的盾形紋章都用他們裝飾，西班牙巴亞多里的一所道明修會學院也用他們當門口守衛。巴伐利亞的一幅十五世紀畫作中，一名貴婦在教野人下棋。[7]比利時的班士城堡大廳有一幅一五四九年畫的芭蕾舞劇情節，穿著蓬亂綠衣的野人們與蛇髮女妖作戰，之後又乖乖地被衣裳華麗的仕女牽走了。[8]即便是中世紀文學作品之中最兇狠的野人，也可以文明得出人意料。他便是十四世紀英國敘事詩《高溫爵士與綠武士》之中的反派人物。高溫為了按約定去會他，必須穿過森林的荒野，克服有「極巨大的古老橡樹」的「驚人野境」。一路上，高溫經歷了蟲蛇與狼群、熊與野豬、野人與叫作「伊旦」的樹狀巨人。他在光禿的石頭上睡覺時「差點被雨雪凍死」，鳥兒在葉子落盡的樹上凍得「哀聲呼痛」。在林中稱王的獵人們歡迎他來教導「比力氣的訣竅」——這是有禮的行為——以及「不能教的高尚言談」。這些在大自然中成長的人們覺得高溫是「一位優秀的教養師尊」。與他作對的綠武士卻是森林的顏色；頭髮像野草；體格壯實如一棵樹。據說他是「地上最惡劣的荒地」之主，「一揮拳便可取人性命」，而且「遵照魔鬼的囑咐敬拜」。然而，高溫見了他以後，覺得他像高貴野蠻人的前身，是個恪守約定的人，能調教圓桌武士的品德。[9]

既然野人與有農田有城市的世界接觸後可以馴化，文明的人也可能歸化森林生活了。中古時代的歐洲相信，獵人與毗鄰的野人一樣「流著黑血」。獵人被吸入森林，受誘惑而染上掠食者的習慣，不得不模仿野獸的捕獵方法——留心獵物的氣味、默默地追蹤、兇狠地肉搏，他們也會「被激得狂怒」。獵人確實要冒著感染狂犬病的風險，野獸啃咬或濺血似乎能使人爆發獸性，因而證明「黑血」之說不假。[10]森林不但是沒有文明的地方，而且是文明之敵。

基督教世界邊緣上的森林面積，隨著福音傳播而縮小。熱帶環境裡也一樣，伊斯蘭教邊疆上的森林縮小了（先一步在這裡砍伐森林的希臘化文明，已經掠奪了木材、樹脂、柴薪，伊斯蘭文明可對付的溫帶森林沒剩下多少）：以東孟加拉為例，穆斯林從十三到十八世紀在叢林中陸續建起寺院，移居者紛紛往這些地方集中，之後清除森林的行動才向外擴散至全境。[11]不同於穆斯林去建築寺院，中國人比較把純粹世俗的事當回事，於是北方的與熱帶區的森林至今大多仍未砍伐，溫帶區的綠色森林卻成了農業擴散下最早遭殃的地方之一。《詩經》中就已經講到樵夫們高高興興揮斧的情景。與荷馬描寫伐木人的鐵刃聲在森林中迴蕩是異曲同工。[12]

人們卻沒有因為這種天然資源那麼容易消失而覺醒。中國很早以前就有理性管理森林的政策。山水畫也把森林理想化了。但是，只要森林維持著原始狀態，引起中國人的反感不亞於歐洲人對森林的反感。第八世紀的大詩人李白聲稱走過中國西南的未開化之地，看過蜀道的驚險，說那是「磨牙吮血」者和胡人主宰的地方。他說：

> 蜀道之難難於上青天，
> 使人聽此凋朱顏。

後來歐陽修寫了〈太白戲聖俞〉諷刺李白好酒貪杯，是在酒醉後的想像裡經驗蜀道的森林世界：

李白落筆生雲煙。
千奇萬險不可攀，
卻視蜀道猶平川。
宮娃扶來白已醉，
醉裡詩成醒不記。[13]

古木參天的森林的確存在；人也不必走到離京城那麼遠的四川去體驗。大約千年以後，工人為了建造北京皇宮而伐木的時候發現：

深山空谷人跡未到之處，有與洪荒同齡之林。樹木茂密叢生，險惡之至。毒蛇猛獸出沒於山林。蜘蛛大如車輪，網垂及地，若捕虎豹為食之狀。[14]

基督教世界對森林的恐懼，終於逐漸被文學、經驗、伐木人的斧頭化解；中世紀聖徒們的生平事蹟、有關狩獵的記述，成為人們征服森林的證據；十八世紀末與十九世紀初的人種學者踩著森林中的小路，走到傳說的黑森林魔王埃爾孔尼克與格林童話「糖果屋」的所在地，也把這些民間故事收集成冊。這些都屬於破解神祕的過程，與神祕破解並行的便是濫伐：啟蒙思想在荊棘樹叢中殺出一條路。真正仔細解開森林糾結之謎，卻要等到十九世紀晚期的詹姆斯．弗雷澤。

弗雷澤會走向荒野，是出於對高度文明化的追求：要為經典讀物課程的標準文本作注釋；要講解維吉爾的古詩中伊尼亞斯為證明自己的國王資格而採「金枝」的故事。在維吉爾的古羅馬時代，地中海歐洲地區原有林地大部分已被砍完，有點像刮過鬍子只留下鬍渣的下巴。距此三百年前，柏拉圖曾經哀嘆阿提卡地區的森林「現在只剩下蜜蜂的糧食，……而之前砍倒的樹，如今仍完好地在大宅院的屋頂下充當橫樑」。[15]為亞里斯多德作傳的提奧弗拉斯特在公元前兩百多年的時候就認為，希臘的降雨量已經受到濫伐森林的不良影響。[16]但是仍有部分片斷的森林殘留下來，弗雷澤找到了他認為是真正的上古山毛櫸與橡木樹叢，是「久遠以前的義大利曾有的景況」[17]，留在一座已休眠火山的斜坡上，在羅馬市就看得見，除了有人投來欣賞的目光，不曾受過打擾。

耐米湖仍像古代那樣遮蔽在樹蔭底下，樹林中的野花在春天怒放，與兩千年前並無二致，湖位於古老火山口的極深處，以至於清澈的平靜湖面幾乎不會被風吹起漣漪。湖面四周蓋滿了茂密的植被，一路鋪到水邊。只有北側例外，有一長而平坦的路，隔在湖與山腳中間。這便是悲劇發生的地點。[18]就是在這裡，狩獵女神黛安娜神廟的每一任監守者必須將前一任殺死，才能夠頂替「樹林之王」的頭銜。弗雷澤繞著這個題目作了一番細瑣的人類學考證。按他解讀，儀式之前要先從某種樹折下一支樹枝，算是犧牲一位神祇，或是犧牲一位神界之王，或是以人替代應當被殺的神。他積極鼓吹他所謂的這種科學方法的人類學研究，但他窮追自己這種見解的動機卻是含糊的。他認為：「我們可能會發現，將上帝與野人串在一起的鎖鏈是同一條而沒有斷的」。[19]他寫了二十五年之久的《金枝》共有十二冊。有那麼一陣子，學術研究困在弗雷澤的箝制中無法自拔。雖然後來研究風潮轉向別處——學院傳統是一條「忘川」，把巨人與過去一同埋葬，他的一些題目仍是人類學家抓著不放的。

《金枝》的主題，尤其是專講森林聖地的那些章節的主題，是從我們對於風景深藏著的記憶而來，就我們每個人所知，風景從來都是存在的。樹木雖然不死，卻會改變。樹木會顯露岩石與山不會有的生命和經歷危險的痕跡。樹木必須更新生命，但是會在隨著季節死亡又復甦的時候，或是用腐植質給土地施肥的時候，表現出一種應許人類永生的生命周期。

弗雷澤蒐集了非常多有關禁止砍樹的實例。比如伊洛廓伊族印地安人，要造獨木舟的時候寧願使用自然倒下的大樹，不贊成侵犯大樹巨人的生存權。加里曼丹的達雅克人不砍老樹，並且會血抹被風颳落的老樹果實，以安撫老樹的靈魂。閩南地方的樵夫不砍榕樹，恐怕砍了會招致老榕的報復。東非的瓦尼卡族認為，砍一棵樹的罪孽與弒母一樣嚴重。從巴伐利亞到菲律賓，從衣索匹亞到多哥，各地的樵夫都會在砍樹之前先求樹的寬宥。[20]伊瑞希克松因為砍了穀物女神的一株橡樹，被樹神們施加了平服不了的飢餓感。[21]宋朝洪邁的隨筆中記述一家人本來打算賣掉祖墳地上的樹木，卻有一群白鬍子老頭託夢警告：「我們在這些樹中住了三百八十年，將來是要做棺材用的。……你們豈可隨時想砍我們就砍？」於是這家人就打消了原意。[22]

因此可想而知，在森林生活的人是不願濫伐的。外來的征服，或是內在的文化變遷，才會發生濫伐森林的事，例如西多修會僧人因為對綠色森林有偏見而產生行動。只有在這種時候，對樹的恐懼超過了對砍樹的恐懼。對森林以外的人而言，森林具有壓迫力。陽光早被樹葉吸收，根本不會降臨人的頭上。樹的節瘤就像捏緊拳頭時突起的指節。西方的政治想像中，森林是模稜兩可的環境，自由之樹每抽一根新芽，就會長成壓在頭頂上的專制大枝；每棵五朔節花樹，也可以當作行絞刑的吊人樹。中古時代的綠色森林裡有皇家狩獵園，也是綠林好漢藏身的地方。詩人布雷克認為櫟樹是暴虐之樹，[23]多數英國人眼中的櫟樹卻是古代平等主義的守護者。英美傳統，保皇黨要用「保皇櫟枝」制衡輝格黨和「愛國者」的「憲法櫟枝」。小說家庫柏所鍾愛而守護著的「德行質樸」的森林，與納粹頭子戈林崇拜的森林在同一個緯度上。十九世紀波蘭的自由鬥士眼中，森林有時是自由的象徵：當他們被人多勢眾的俄國人打敗後會在森林中藏匿，但冬季食物不足時，困在森林裡則如同坐監牢。[24]

從城市和田野來的人走進森林時，會覺得墮入險惡：這種環境會隱藏你的天敵、使你迷失、挨餓，所以你會想用火和斧頭與它對抗。後冰河期的北半球，有很大一片在未經濫伐之前，面積大得根本找不到邊際的森林。逃出這種森林的唯一方法就是把它砍光。森林代表原始的自然，也挑動文明的本能。描寫森林的人會毫不猶豫地套用建築意象，可見樹林對建築者也是一種誘惑。古式殿堂的柱廊就是在模仿整列的樹幹，拱門模仿枝條；樹枝是椽木和支柱的靈感來源。門廊就是神聖不可侵犯的樹叢。[25] 按古羅馬的維楚威亞斯的解釋，建築的起源是生長於森林的「如野獸般的人們」試圖再造被火毀掉的環境，用剩餘的樹枝和分岔的支撐物圍成牆。[26] 十八世紀哥德式建築復興運動之中的混合哥德風，來自自然的靈感，不亞於對中世紀美學的仰慕。[27] 從那時候起，建築師如果想使建築物呈現有機結構，往往會回過頭來模仿樹木。我腦中浮現高第作品的景象：李爾紡織村禮拜堂的內部裝潢，支柱都像巨大的樹幹；米拉公寓的怪誕外觀，像一棵從濕地裡長出來的龐大紅樹，掛著水滴，用原始生命力撐著。[28] 自然界的鳥兒和河狸利用樹木築屋，河狸還會將整棵樹截斷，清出一塊空地，成為從事農耕者效法的模範，森林居民從中得到啟發而改造自己的居所。

此外，多數溫帶森林砍伐後留下的空地，上面的土壤十分適於耕種。歷史上的規則是（例外也很多），因為森林地的土壤適合農耕而清除森林。森林生長在冰河融化以後的北半球地區。在過去曾覆蓋著冰的地球眉脊上形成一條深色的大寬帶。大寬帶的裡面和周圍溫度，只要達到大約攝氏十度以上的時間長度足夠樹木生長，這裡就會長出濃密的大樹。只要供水條件恰當，闊葉樹木（通常可供給人類近乎完整的棲地）就可以在年降雨量超出四百多公釐的地方形成森林。

過了這個門檻，因為樹木的種類、不同樹種的組合、土壤的形態、溫度的高低差異而有各種不同的情況。美國西北岸和紐西蘭北島西海岸一些零星的溫帶雨林區，每年雨量都超過最低需要量的兩倍以上，在這種地方，食物豐裕，所以不需要特意管理環境，但別處的森林卻幾乎不夠維持人們存活。溫帶森林的邊緣連接著針葉林區，針葉林再過去便是凍原。熱帶森林情形亦然，過了邊緣便是稀樹草原。灌木叢林地越來越稀疏之後便進入沙漠區，或是變成濕地。多數人會在這些環境中來回，尋覓其中的微環境。我們將會談到，森林居民嘗試過的一些最大膽最有前途的文明作為，都發生在不同環境相互銜接的邊緣上。

在這種環境中進行的改造，從小規模的燒墾到將整座森林砍光，各種程度都有。令人費解的是，為什麼有些森林地被夷平以建造大城市後，具備文明的所有要件，有些森林地雖然是同樣適於建立大城市的環境，卻只住著馬馬虎虎改造一下環境的人們，甚至仍是喜歡森林的人們的家。這個問題多少都與新舊大陸的差異有關。新大陸的森林居民發展得晚，建設的也是比較不過度的文明。舊大陸的溫帶森林卻在文明者的斧頭所到之處快速消失。

這個問題的「解答」是，美洲大陸普遍有某些缺陷，所以西半球一直是落後的或野蠻的，後來歐洲人來了才有所改進。十八世紀盛行把新大陸當作烏托邦世界，這主要歸功於帝國主義者與殖民者的文學。法國博物學家布豐卻很不耐煩，他於一七四七年勾勒出另一幅美洲圖像，是氣候惡劣的、有矮小野獸的、植物發育不良的、人種退化的反烏托邦。後繼者持續這看法，最有力的人士之一就是荷蘭的狄鮑。他認為西半球會把任何膽敢跑去的蠢人殘害到無可挽回的地步。他寫的一篇論美洲的文章，收進啟蒙時代的聖經——《百科全書》的附錄之中。這一派觀點引來追隨者，挑起了爭議，也誘發了以高尚野蠻人概念為題的科學探討。但拓荒的精神卻依舊勇往直前。傑佛遜在出席巴黎的一次晚宴中提出了有力的反駁。他說，在場的美洲人都比法國主人們個子高大，美洲的本土物種有很多不但和歐洲的不相上下，還比歐洲種來得大。[29]就文明層面提出的辯駁，會放在本書下面幾章的架構裡來看：溫帶森林地以外的特定環境中，例如熱帶森林和某些高地，美洲的本土文明其實不輸舊大陸任何地方的文明。事實是，狄鮑才剛提出美洲自然條件較低劣的理論不久，考古學家就開始在墨西哥市主廣場[30]以及馬雅圓場草皮[31]的石頭底下挖出古老美洲文明的精采證據。

大家也不要以為歐洲人未到來以前，美洲推展文明化的歷程被他們自己的生態情感遏止了。有一種時髦的浪漫神話，將早期美洲的一切與一種生態的政治正確劃上等號，認定原住民是「與大自然合而為一的」。世界上所有地方的人都在運用各種不同的辦法應對環境構成的侷限；沒有哪一種人是本性就比他人品德高尚、比他人純真無邪、比他人欠缺理性的。每一個地方的人都必須或多或少管理、利用、掠奪其他的物種。人們回應環境的方式，從毫不留情地改造環境以配合人類的需求，到另一極端的想盡辦法適應環境的要求，差異是一條量尺上漸變不斷的梯度。我希望能證明，西半球的歷史也一樣突顯兩種極端的實例：有些人群對待自己所屬生態系統的其他成員，其態度是默默配合與謹慎自制；有些人群的態度則是毫不鬆懈自己想要推展文明的衝動——施展把周遭世界按自己的設計重造的雄心。歐洲移民未到來以前，美洲溫帶森林地的小規模利用，不能硬生生套入單一的理論，這必須憑逐漸累增的證據，按比較的觀點來談。

❖ 北美洲林地的早期文明 ❖

考古人類學家正統理論之一的「文化傳播論」，一向把北美洲森林地的人群歸在文化依附性的地位，只有在適合的作物和技術從別的地方傳入後，才能夠使環境適應農耕需求。其實，農業也與多數的好點子一樣，可能分別由不同地方的人自己想出來的。新大陸北部的農業，最初的基礎作物是本地原生的，培植這些作物的方法也是在原地發展的。[32] 俗名「耶路撒冷洋薊」的菊芋最早在公元前三千年即在北美原生地種植（或被人類「管理」）。其他多種不同的向日葵和菊科灌木能結含油豐富的籽，藜科植物、蓼屬植物、五月草的收成物可以磨成麵粉。[33] 葫蘆科和南瓜屬也都是北美森林區原生的，十分容易適應農業栽培。

如果有熱帶原生的「奇蹟作物」來到這裡，會被冷落好幾百年。例如玉米，在公元第三世紀時從西南方傳入，卻等到第九世紀，有了生長季節較短的變種以後，玉米才使北美的農藝徹底改觀。玉米的地位一旦確立，就帶來南、北美洲各地都有的專橫制度：集體行動與統治階級的規劃（見第二、六、九章）。土壤必須按各地的土地性質作準備：田土可能需要堆成脊狀或聳起；森林可能必須清除。糧食過剩時需要有權力結構來管理。糧食得進行儲存，倉庫得有人看守，儲物重分配得有人管理。大量勞動力為了要建高墩而動員，為了築固城防、為了鋪張展示的宗教、為了統治者需要用高台執行那些戲劇性的政治活動而動員。位置靠近儀典中心的田地可能種植儀式用的糧食，也可能是私人地產。環繞這些田地的是大面積的公有田，收成的穀物和澱粉類的種子大概要繳入公有糧倉。

玉米耕作的時間正好與這些發展同期：這並不表示這一切是玉米耕作引起的。仍然以本土種籽類和南瓜屬為主要食材的務農者，生活在分散的小村和個人農地上，其實（就我們所知）也有與玉米耕作者相似的發展。他們也建起土造的、幾何形狀精準的大院落，製作奢華的陶器，以及銅質和雲母組合的藝品，也造了狀似領袖人物墳陵的建築。我們也不能假定玉米奇蹟在飲食上是百益而無一害的好事：玉米取代本土作物以後，並沒有使人們變得更長壽或更健康。從密西西比沖積平原和附近出土的食用玉米者的骨頭和牙齒可以看出，羅病與致命感染都比「玉米奇蹟」以前的人嚴重。[34]

最能集中完整呈現玉米文明的典型特徵是，九至十三世紀以密西西比河谷和其他河畔的季節性洪氾平原上的考古遺址。這裡是幾百年累積下來的農家作物的溫床。有著池塘和湖泊的腹地，可提供理想的養魚場，補充田地作物的收成。像馬雅人這樣的熱帶低地社會的籌集食物的環境，是運用各種發明與辛勞創造出來的，但密西西比築墩者的這種環境卻是大自然賜予的。

典禮中心區的佈局模式令人想起古中美（例如：馬雅文明）的傳統，有平台，頂上隔成小室的結構，大致圍繞著大廣場形成一個群。我們可以出於理性地認為，它們在審美觀和政治含意上並沒有受到南方的巨大文明的影響。墩台隨著一代代的足跡而擴大，每次擴大都是建造者眼中的歷史延續，每一章都直接堆在前一章之上，無法區分。[35]

這些神聖空間進行過什麼儀式，我們只能想像。喬治亞州的一處遺址發現跳著舞的巫師銅像，巫師做全套的神靈打扮，戴面具，配著雙翼，手執人頭骨製的響器，要使自己進入恍惚狀態，[36]也許正在神聖的木製棚架和巨柱之間穿梭，有些遺址仍殘留一些未朽壞的痕跡。古代的密西西比河下游的納齊茲族在墩台之上舉行祖靈崇拜，並且在墩台頂上燃著不滅之火。[37]像奧克拉荷馬州的史匹羅這樣比較邊緣而貧瘠的聚居地，位於後冰河期森林地最西邊，統治者死後也會被抬在大轎上入葬，轎上舖滿從遠洋以外運來的華麗織品與貝殼珍珠。統治者的侍從必須陪葬。由於經常在墓葬死者身旁發現貝殼類製的杯子，可以推斷他們也有飲酒儀式，類似歐洲青銅時代「寬口陶器人」的儀式。這類儀式藉飲酒誘發視覺效果，其景象都刻在杯上，包括具有象徵含意的突變動物，如長著翅膀的蜘蛛、有觸鬚的蛇、頭上生角的魚、蛇尾的山獅、身披羽毛的貓。

現在的聖路易市以東，靠近馬掌湖的卡霍基亞是最精采可觀的遺址，位置在北美林地幾乎最西北的端點上。這樣的邊陲位置也許是它能興旺的一個因素，因為這樣可以成為夾在互補的文化與環境地帶中間的一個商業「通道口」。[38]它當年的範圍有多大，曾經繁榮到什麼程度，我們很難下斷語。現在有一條公路穿越這個遺址。後來工業時代的郊區市鎮仍緊守在它的邊緣上，破壞了附近的鄉野景觀。有些人士估計，這個遺址面積是五．五平方哩。中央墩台有大約三〇公尺高，按一八一〇年第一位到此的探險家描述其外觀，是「奇大無比的土墩，驚人的程度不亞於凝視埃及金字塔的經驗」。[39]這樣的比較不算失當，土墩的基座面積約十三畝，和埃及金字塔之中最大的一座相同。

這位探險家想像遺址上原有的城鎮規模應該和十九世紀初的費城差不多。其實卡霍基亞全盛期（大約公元一二〇〇年的時候）的規模也許不過他所估計的五分之一，建城區內的居民是一萬人。[40]不過這裡是北起朗恩湖南至卡爾溪，從現今的聖路易市以西，到密西西比沖積平原最東邊的麥多納湖與大馬雷湖湖畔的這一整片土墩群中，築造得最用心的一座。這個土墩群以外，從河岸的米契爾到馬修斯，以及

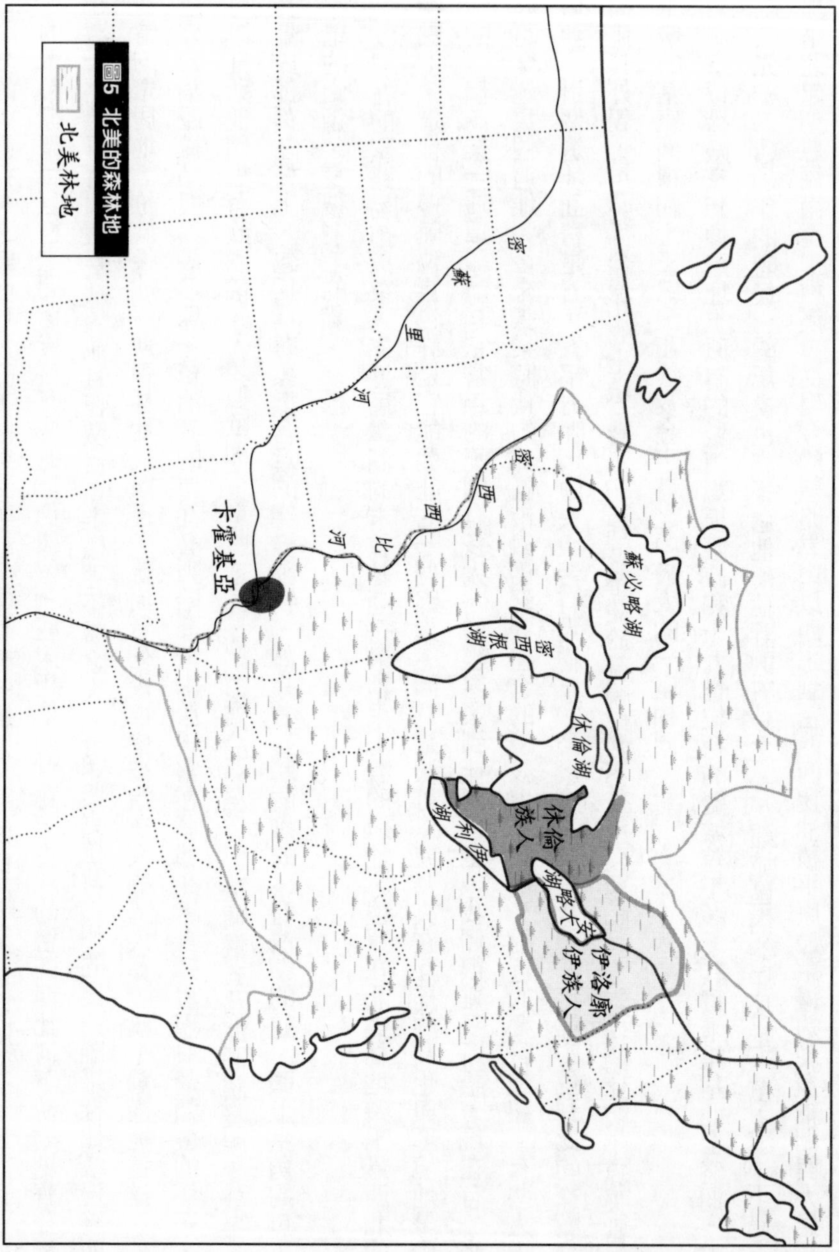

圖5 北美的森林地

從菲佛到朗恩——分別位於伊利諾與密蘇里的高地，也有類似的遺址群，但規模都比較小。卡霍基亞的面積以及在這個墩台世界裡的中心位置，都使它看來頗像史前時代都會地的一個中心點。因為有鶴立雞群的架勢，有人認為它應該曾是類似國家政府的一個首都，是「首善之都，性質與眾不同」。[41]或起碼也是一個文化中心，影響力向四周擴散。有關卡霍基亞發展經過的論述應該都是推測的。但是這裡顯然在許多世紀以前有過一陣突然的榮景，在十一世紀中葉曾經大興土木，而同一地區內的一些較小聚落卻在這個時期衰落或是被拋棄。這時間上的巧合，使人想用帝國勢力的模型來解讀卡霍基亞的興起。

遺址中的墳墓葬有地位尊崇的人士。陪葬寶物包括銅製的工具和飾品，包了銅的骨製品和玳瑁製品，金質和銅質的面具，還有上千件墨西哥灣來的海貝，以這麼內陸的地方而言，當然都是貿易熱絡的最直接證物。後來的權貴墳墓中埋有精細製作的箭鏃，這是卡霍基亞文化變遷的寶貴線索，只是很難解讀。無論這些箭鏃是否是戰爭或狩獵成功的戰利品，或只是誇耀身分，都是貴族們在階級分明而易有衝突的社會之中的配備。卡霍基亞的政治勢力在走弱以後，仍保有神聖光環，壺罐、貝製品、皂石雕刻、小斧刃等（應該是舊有儀式中的用物）流傳到一百哩以外，也流傳到墩台居民消失或離散了上百年以後。

貴重物品的集中地點如果不是墓葬地點，很容易令人想到是廟宇聖殿。有一個在卡霍基亞東南的遺址——現在是一個汽車大賣場——就有這樣的一處寶藏庫，裡面有些雕刻品透露了神話歷史或象徵符號系統的蛛絲馬跡。有一個女子像是在馴服一條蛇，這蛇有多條形狀像葫蘆藤的尾巴。另一個女子像是跪在墊上，捧著出土時已折斷的玉米莖。[42]別處遺址也有一些主題相同的雕像和殘片：女性守護者守護著玉米和大蛇，有些人還捧著盤子，似乎是在奉上牲祭，這是卡霍基亞工匠特別在意的主題。

一五四〇年至四一年西班牙探險者初次來到這裡時，有些這種典型的遺址仍健在。有一些一直存留到十七世紀。人們會離棄這些地方，大多與侵略行為的影響無關。墩台建造者的時代很短。他們的世界在十一世紀的時候形成，經濟繁榮、藝術多產的時間不過一、兩百年。經過一段時間的停滯或衰落之後，密西西比文化遺址就在十三、四世紀的時候被居民在大約四代之內捨棄。這可以說是比查科峽谷的文明興衰，比馬雅文化的城市衰亡更難解的一個謎。後者至少留下了昌盛時期的清楚紀錄，而且馬雅城市生態脆弱的情況是明顯可見的（見第六章）。密西西比文明中心不耐洪災；雖然環境的先天條件豐厚，供應生活的農耕地卻不容易擴增，而且很可能已利用到最大限度，甚至過了頭。與其他作物相比，玉米在他們的環境裡是比較不適合的糧食，因此生產玉米的型態也是比較不適當的社會組織基礎。玉米比較適合地勢較高或比較乾燥的土地，而這些地方能賴以維生的其他選擇也較少。

❖榆木長屋：常綠邊疆旁的文明❖

薩嘉爾神父一六二三年「到休倫地區的長旅程」還沒走到闊葉林地帶，他便開始為加拿大移民農人已有的定居耕作生活而興奮。不過，還是有些事令他憤怒，因為魁北克的商人從不耕作，他們只求藉毛皮交易賺錢，「害怕他們把土地變得更有價值以後，西班牙人會來把他們趕走。」然而當地的牧師和傳教士仍開墾了果園，等到薩嘉爾抵達大湖區北岸的休倫族領域之後，大為吃驚，因為土地太肥沃了，豆子迫不及待從土裡冒出來，「富足森林」的樹種、果類之多樣，是加拿大其他省分「無可比擬的」。[43]

這些溫帶森林區卻沒有培養出可以與歐洲同樣環境之中相似的文明，也不像熱帶森林區的馬雅人或高棉人那樣曾有光輝的過去。密西西比沖積平原與以北、以東廣大溫帶森林區的關係，令人想到奧爾梅克人的心臟地帶與其外圍雨林區的關係（見第六章）。但古中美洲沼澤地邊緣與森林區中心之間的銜接處，卻從未包納像北美洲這麼多樣的區域。雖然靠近森林區的北端，漫長寒冷的冬季限制了玉米農業，但這裡的森林有很高的價值，所以不可砍伐：棲居其中的各種可獵動物以及草木植物，都是社會各階級一般食材中不可或缺的項目。

在森林地，有一種特有的社會空間：長屋，是僅次於耕作玉米的重大發展。有大家庭觀念的社會，多半會讓越來越多的家族成員住進同一個屋簷下。中古時代晚期，森林區域東北部有些遺址的長屋變得其長無比，最長的超過了九十多公尺。以後的長屋都比較短，但是長度仍足以證明這些社會十分重視集體、家族情操、共同利益。伊洛廓伊族人愛用榆木建長屋，就觀察研究所見，並不是基於什麼實用考量，而是因為木材本身的特性，這種木材顯然與其他樹種不一樣。

好爭勝的社會把剩餘能量奉獻給戰爭；有長屋的社會卻被歸類為喜好建立盟友、聯盟、團結聚落的典型。在「有歷史意義的」時期，也就是有白種人觀察者做記錄的時期，在長屋族群所屬地域的森林裡占地落腳的人，包括被本土戰爭與歐洲殖民行動逼走的難民，以及位於其東邊森林被人掠奪的難民。其中最被歐洲傳教士和「哲學家」所偏愛的是休倫族人，他們在仰慕者的眼中最能體現秉性的智慧，而且顯然有接受文明的傾向。薩爾嘉神父是「親休倫癖」的創始人。在他的記述下，休倫人對待他和對待同胞充滿仁厚善意，對外人和自己人一樣是愛好和平的，不論建屋、耕作、造獨木舟，技術都超越「拙劣」的阿爾岡昆族鄰居。

這一派言論被專門批評舊世界的路易·阿芒·德·隆·達斯延續下去。這位啟蒙批評家的親族把貴族頭銜賣了，他卻仍以拉翁堂爵爺自居。他虛構的休倫族人物亞達里奧是抒發他反教權思想的傳聽筒。他自己與亞達里奧在樹林中散步時討論了《聖經》譯文的瑕疵、共和主義的優點、自由戀愛的功過。後來亞達里奧也成為伏爾泰筆下「足智多謀的」休倫人的取材原型。拉翁堂說，法國國王「是唯一幸福的法國人，因為只有他享有令人稱羨的自由」。[44]他向浪漫主義者和革命者提議一項免去繁瑣的婚姻習俗的方法。據他說，休倫族女子表示同意婚約就是吹一下自己中意對象手中的火把。另有一項關於休倫人的提醒：休倫人愛好和平，卻驍勇善戰。據他說，五十名休倫人可以「不用武器，只憑卵石」就阻擋五千名法國人的進攻。[45]此外，他們與大湖區一些其他族人有一套傳統的表示數字、日期、地名的標記系統，構成書寫系統的核心。用這套標記系統能記錄軍隊和傷亡數字、戰役勝負的結果、旅程長短、會面地點與戰場的位置。[46]

休倫神話令歐洲人傾倒的明顯例證，是一七六八年在巴黎上演的一齣作者不詳的喜劇。伏爾泰的「休倫賢者」形象可能是此劇的靈感來源，也可能是此劇直接抄自伏爾泰。劇中主人翁休倫人在一切的才智表現上，不論是狩獵、愛情、對抗英國人，都高人一等。他懷著知識分子的雄心走過世界，「要看看世界是如何造成的」。別人催促他穿著該像法國人（他被假定為法國人，告訴他應該跟著時尚走），他答：「猴子是這樣，人卻不應該。」一位款待過他的人說：「即便他欠缺傑出學問家的啟蒙，他卻頗有見解，很令我拜服。我恐怕他若變得文明了反而沒那麼有見地。」在當時的喜劇情節免不了的三角戀愛苦惱之後，他煽動群眾把囚禁他心上人的房子燒掉、把牆砸破。結果他因煽動叛亂被捕：「他的罪行明白無誤：這是暴動。」這似乎比《貓的大屠殺》更加凸顯一七八九年大革命的預兆。崇拜高尚野蠻人的風氣於是助長了民粹政治，也預示革命爆發。[47]

為了要衡量啟蒙思想在森林裡的發展，我們忍不住要先探索一下休倫人的真實面貌。不過，研究森林文明起落的最鮮明範例是伊洛廓伊族——休倫族的鄰居兼仇敵，因為伊洛廓伊族的存活力堅韌，物質文化可觀，政治傳統富於創造力，戰爭上有重大的成功與失敗。伊洛廓伊族說的語言和休倫族一樣，兩族的基本特徵也相同，但是伊洛廓伊族始終未被白種人收養為寵物：他們太桀驁不馴，敵對時太棘手，做盟友時又太不可預測。

伊洛廓伊這個族名屬於五個同盟的部落，勢力最強的時候是在中古時代晚期與近代早期，當時據有哈德遜河上游到伊利湖西岸的最富庶森林地。十八世紀中葉又加入了外地移來的第六個部落——卡羅萊納的特斯卡羅拉。他們在培養富裕社會的最理想森林地，在落葉及常綠林木界線的邊境上。這裡有剩餘資源供想施展野心的人。居民可以利用沼澤、河川、湖泊，文明化往往須必備的環境多樣條件。這便是伊洛廓伊人盤據的地方，占地差不多大的其他森林地，條件無一比得上。

再往西去，森林漸漸消逝成為草原；往北邊與東邊，樹木的種類越淘汰越少；往南則沒有大湖區那種可以利用的沿岸地帶，伊洛廓伊各部落之中只有位居最東邊的莫霍克人少了這個優勢。薩嘉爾神父也指出，大湖區北界與南界的中間地帶，進入伊洛廓伊心臟地區以後，氣候大為改善，很適宜農耕。優良玉米收成的關鍵界線是每年有一百四十天不會結冰的地區，這種氣候帶就在安大略湖和伊利湖以北，沿著休倫湖與密西根湖的南岸。

正是因為伊洛廓伊人聚居的森林具有生物多樣性，促成按季節移動的生活方式，所以他們並不嚮往也無暇建造城市。他們的生活跳不出周而復始的栽種、收割、捕魚、狩獵，以及汲取楓樹糖漿。汲取楓樹糖漿必須在早春時節，栽種玉米是在森林另一處的長屋附近。度冬時，最好讓機動的狩獵隊伍散居在不同的營地。市鎮地點每隔一段時間就必須搬移，因為土壤會耗竭，森林資源會用光。即便如此，季節適宜時仍會有很多人口集中。十七世紀大湖區最大的一處聚居地是伊利諾的卡斯卡斯基亞，一六八〇年的人口超過七千，[48]但一般來說，休倫人與伊洛廓伊人的聚居地人口各在一千人上下。

人口的主食是典型的三合一：玉米、豆子、南瓜類，這是從美國南方來的套裝文化。伊洛廓伊生活的色香味，從盛在樹皮皿裡的玉米粥可以體現，加上碾成粉末的煙草濃郁芳香，這是伊洛廓伊神話幾乎都會提到的神靈們的食物和吸入劑。為了在森林中闢出可耕種的空地，在沒有硬金屬工具的情況下，清除樹木只得用辛苦的焚燒與環切的方法：在樹幹離地面二、三呎的部位切一圈，再在地上堆起樹枝焚燒，反覆這樣做，直到樹樁燒透了為止。薩爾嘉神父一反慣常改用輕描淡寫地說：「清出空地是個難題。」[49]從現今伊洛廓伊的塞尼卡部落中所保留的繪畫，可以見到燒墾式農耕的民間紀錄，祖先們在高大的樹樁之間耕種田地，[50]並且保存了可傳給後代子孫的狩獵魔法，也因而得到子孫們的敬拜回報。

伊洛廓伊人和鄰近的他族如果沒有高效率的伐木技術，就不可能把森林的難題解決。我們如果假定他們不能在技術上創新所以困在長屋裡，可能是錯誤的。人類社會會取得自己需要的技術。他們一旦對自己棲居的地方感到不滿，就會想方設法改變環境。北美洲的森林居民和歐亞森林居民不同的是，眼前沒有範本可以鼓動他們，讓他們對現況不滿。對於在北美洲西南與密西西比河沖積平原試圖建立城市的人群而言，建立城市的這個求存策略也行不通。不像羅馬，這裡的森林不曾遭遇充滿敵意的意識形態挑戰，但羅馬市民的宗教信仰和基督教的思考模式是敵視森林的。伊洛廓伊人每次戴上儀式中的「假面孔」，就是在宣示對森林的忠誠。「假面孔」是族人在夢中瞥見的或是在樹葉間窺見的神話人物的形象。[51]神靈們以脫離驅體的頭，長髮撥動，眼睛凸出，鼓脹著腮頰，吐著舌頭，鼻子疙里疙瘩，要求人們奉上玉米粥和煙草。受到供奉的神靈會將療病的力量賦予這些面具，使巫醫不怕火，能空手劃起餘火未滅的灰燼，吹在病人身上。

伊洛廓伊人是美國歷史上最先被劃入保留區的印地安人，至今仍擁有小片的殘餘森林。伊洛廓伊從十七世紀人口停止成長的時候開始衰微，原因可能是歐洲人帶來的疾病，導致原住民大量死亡（這種情形在美洲大陸各地都發生過）。人口減少並沒有讓資源變得充裕，因為逃難的人群往大湖區移動，毛皮交易帶來的競爭也越來越激烈。歐洲人的皮草需求對森林印地安人造成的影響，類似歐洲人對奴隸的需求在西非諸邦造成的影響。毛皮交易不是暴力的本源，卻使暴力惡化，而且軍火使暴力加劇。起初，十七世紀的一長串戰爭中，伊洛廓伊的人力和英製槍械頗有把整個大湖區變成伊洛廓伊帝國的架勢。但是，伊洛廓伊勢力擴張下的受害者得到法國人之助，起而反攻，於一七〇一年強制締造全面和平。白種人自己的敵對競爭（一七六三年以前是法國人和英國人爭，一七七六年以後是英國人和美國人爭）使印地安人的政治體能夠繼續存在；但是美國獨立革命促成各部落選邊站，打散了伊洛廓伊的聯盟。印地安人住在保留區的制度，是從殖民者獲勝之後開始，這個制度也把伊洛廓伊人趕出了傳統的根據地。一七八〇、九〇年代劃定的保留區，大多數在十九世紀中葉便已廢止，這時候的伊洛廓伊人口只剩下五千人左右。如今仍有伊洛廓伊身分的人，多數已是與其他美國人無甚差別的都市居民，只在節慶時期回到長屋參加聚會，自傲地再執行戴面具說故舊的儀式。

❖歐洲人追著森林前進❖

忠於古羅馬情感超乎尋常的林吉・戴維斯，近期的一系列偵探驚悚小說都是以韋斯佩先（公元六九－七九年在位）時代的羅馬為背景。其中一部的主角所負的任務即是前往歐洲森林邊界，也正好是羅馬帝國的邊境。[52]他厭惡自己來到的這個環境，陌生異地，有野獸，氛圍邪惡，有怪異吵雜聲，林下灌木叢多刺絆腳，老樹上「爬著蕨類，像佈滿皺紋的臉」，還有一個羅馬軍營，裡面只剩下大殺戮下的死亡者骸骨。森林是野蠻部落的領域，這裡的人和自然對於羅馬人而言都是險惡的。

羅馬帝國馬馬虎虎試過一番之後，便決定這個森林綿延的地區（包括歐洲北部的大部分平原和萊茵河高地）不值得文明化。泰西塔斯所說的日耳曼諸部落居住在覆滿了有刺毛的森林與惡臭的沼地。他知道這裡可以改頭換面成為良田，日耳曼人卻寧願要養不肥的牛群。他們手中沒有金銀，是因為窮得無可救藥，不是因為克己。[53]他們不但不要建城市，「而且住房彼此都不靠近」，他們喜歡「隔開居住，分散在他們中意的溪泉、平地、樹叢附近。……他們甚至不使用石頭或牆磚」，住處只用粗砍的木材，或是挖地穴鋪滿「大塊的乾糞」。[54]他們的食物很簡樸——野果、新鮮獵物的肉、凝乳。「他們解饑完全不用繁瑣烹調或開胃食品。但是若為了止渴他們可就沒有這樣的自制力了。」要想征服他們，上策就是先把他們灌醉。[55]

總體而言，羅馬殖民的地區森林已經清除，例如歐洲北部或是靠大西洋的這一邊，都是已經接受地中海榜樣和文明生活理想的地區，這些地方的原住民也已經把自己的森林清除了大部分。正如神學家特圖良所說的，以前時代的「著名蠻荒地」，如今已經被人性所構成的「新森林」所取代。[56]開墾得很早，而且比較不費力，主要是因為這裡的人適合接受文明，土壤與氣候適於農耕的原因還沒那麼重要。於是，地中海陽光下的、灣流暖氣中的、土質鬆而易耕區域的森林都被砍了。至於土壤太冷太濕而不宜種植小麥的地區，以及耕作起來太費力的地區，森林都完好如初。旅行者走在邊疆上，會覺得羅馬的道路在某些地點撞到了樹林。

斧頭劈砍的聲音和鐮子砌刀的聲音是並行的。與森林對立的是城市，犧牲森林也是為了城市的理想。雖然城市隨著羅馬帝國在西方的衰亡而萎縮，城市的理想從未被遺忘或放棄，這理想只不過被基督教化了。第十世紀有一位德國主教，他從維洛那攜回的一幅城市圖，看來仍是羅馬式樣的城市。他畫的這幅圖中只出現了一座教堂，卻有很多神殿和牆垣高堡，以及「宏偉的、令人難忘的大圓劇場，維洛那啊，這是為你的壯麗而建。」第八世紀寫的一首讚美維洛那城的一首詩，前二十四行都是在講那些為敬拜羅馬神祇而建的殿堂。不過，詩人在讚美之餘也表達了否定：「看哪，邪惡人們的建築多麼精美，他們卻不知道上帝的律法而崇拜著木石造的偶像。」詩人認為，維洛那真正了不起之處，是有三十六位聖徒的遺物，這使它成為「義大利上百城市中獨一無二的富有者」，也在它的城垛上排列出「最聖潔的守護者」。[57]

因此，基督教崇拜、城市生活、羅馬自覺意識的每一次擴展，都要犧牲樹木。查理曼在第八世紀晚期能夠千辛萬苦推進到易北河去征服日耳曼人，部分原因就在於曾是森林居民的人已經自我變質，換上法蘭克人的樣貌。他們換上了務農的習慣，改進了砍樹的裝備，強化了黑麥品種和犁具，可以在曾是森林的土地上耕作。這片邊疆在第十世紀中葉有了自己的首都——壯麗的馬格德堡。神聖羅馬帝國皇帝奧圖一世便令人把他自己想像中的情景刻在象牙上——他在眾多聖徒圍繞下把馬格德堡獻給基督。但是，如果把這一次打敗森林的比數，與西方基督教十二世紀前後的大擴張所造成的影響相比，算是小巫見大巫了。

❖十二世紀，歐洲樹木的消失：從森林到城市❖

一一三二年間，開封建了一座新的王宮，木材大老遠來自青峰山，「因為自唐代以降木材便難以取得」。[58]大約在同時，歐亞大陸另一端的建築需求也難以滿足，因為森林被砍光了，建築者拼命爭著要樑木和搭架子的木材。

聖丹尼的修道院長蘇傑便是其中之一。他是個身材瘦小卻有高大雄心的人，要建立一座世界上最美好的教堂，在裡面裝滿寶石黃金與上帝之光，讓這裡成為最像天國的人世環境。他期望後世在他修道院的聖母堂裡，在寶石般璀燦的玻璃窗上，看見他匍伏在聖母腳下的模樣。他滿腦子想的景況，如今仍可以在教堂門上的淺鑄裝飾和手抄書頁邊上的圖畫中看到：鋸工、木工、石匠、雕刻師，正在鋸著樹木雕鑿著石頭，要把低賤的原料變成至美。

他斥資興建的教堂快要完工時，他問木工到哪裡能找到夠大的桁樑來造符合他想像的頂部。他也問了巴黎來的木工。他們的回答是：「這一帶找不到，剩下的森林太少了。」師傅們沒當一回事地越說越誇張：這麼大的桁樑得從外地大老遠運來，可能要從奧澤爾運來。要花很長時間。要花大把銀子。蘇傑寫道：

> 我做完早課回到床上，想到我也許該自己到附近的各個森林去找一遍。我早早起身，放下我所有的其他工作，量好了所需的桁樑尺寸，就動身前往伊佛林的森林。半路上我們在謝夫魯斯谷停下，召來我們自己的森林看管人，以及以木工技術聞名的當地人，問了他們，要他們宣誓據實以告。不論要花費多大工夫，我們在這裡能不能找到我們需要的尺寸的木材？他們微笑——如果膽子夠大還會笑出聲來。「整個這個地區都找不到那樣的木材了。」我們不理會他們，憑著信心帶來的勇氣，

開始在樹林裡搜尋；找了快要一個小時，發現一棵達到需求尺寸的木材。穿過荊叢，在森林深處，濃密多刺的糾結之中，找了有九個小時，也許沒那麼久，我們找到了十二棵（因為需要的是這個數目）也做了記號，大家都感到驚訝，旁觀的人尤然。木材運到聖堂後，我們歡騰地把它們安置在新頂蓋的空間上，讚美著榮耀著主耶穌。我們找到的木材正如我們所需，一根多餘的也沒有。[59]

這是新風格建築的開端——給世人一個嶄新的面貌。這是歐洲馴化荒野的龐大行動的一部分，這時候阿爾卑斯山以北的百分之八十土地仍覆蓋著森林。哥德式建築透過減少鷹架來節省木料，是適應森林縮小的一種建築風格。[60]十二世紀最活躍的修會是西多修會，他們駁斥蘇傑的審美觀點，但是也偏好擴大規模的作風。他們把森林地夷平，在荒野建起一座座巨大的寺院，如今這些建築舊址上往往只剩殘敗的遺跡。

大約在蘇傑到法國最中心砍下最後一批巨大木材的同時，班堡的主教奧托帶著幾名同伴出發，要把基督教傳到博美拉尼亞去。他的助理赫爾包德在此行中作了日記：

> 走過波蘭邊界上的烏契之堡，我們進入把博美拉尼亞與波蘭分隔開來的大片鬱鬱森林。這條路之難走，實屬筆墨無法形容：我們幾乎在途中送命。因為這片森林以前從未有凡人通過，除了波蘭公爵在預定要征服整個博美拉尼亞之前先洗劫的一次任務之外。當時他為自己和軍隊劈出一條路，把一棵棵樹做好記號或砍掉。我們謹守著記號的路線走，但是困難重重，因為有毒蛇和多種猛獸，還有在樹枝上築巢的鶴們胡攪蠻纏，他們又嘎叫又拍翅膀打人，令我們苦不堪言。此外，不時遇上沼地把我們的大小車輛陷在泥淖裡。所以，要在六天之內走過森林到達博美拉尼亞邊界的河岸，是難上加難。[61]

憑這種深入森林和沼地深處的過程，一大群人開始學術研究之路。研究者在因殖民與商業而向亞非擴張、打開窗口望出去之前，先打量自己世界裡的森林和偏僻地區的陌生面孔。最具代表性的探索者也許是威爾斯的傑洛德。他的威爾斯與愛爾蘭之旅，是一個諾曼化了的、英格蘭化了的人探尋自己的克爾特民族之根，是一次與自己面對面的行動。他曾經譴責威爾斯人亂倫混交，愛爾蘭人是不信正統宗教的野人——應該被英格蘭人征服。在傑洛德眼中，愛爾蘭的野蠻表現在一艘英國船在康諾特海岸撈起來的，兩名蓬頭垢面的赤裸野蠻人。兩人置身在枝條編成的捕魚小舟裡，看見麵包時感到吃驚。至於威爾斯人，保有牧人民族一向的德行，他們之中「沒有人是乞丐，因為每個人的家都是大家公有的」。傑洛德設計出一個有高複雜度的社會發展公式，來解釋他觀察到的矛盾現象。他說：「愛爾蘭人是野性的森林民族……生存全靠畜牲，生活得也像畜牲；這種人沒有捨棄原始生活的模式，還過著鄉下的生活。」[62]

環境開放後，傑洛德的這種發現之旅變得更普遍，不僅便利了農耕與定居，也便利了旅行與貿易。寫朝聖指南的埃梅里．皮考自認把文明沿路帶到康波斯特拉的聖約翰的聖地，走過住著恐怖野人的山區，那些人過著惡劣至極如野獸般的淫亂生活，為了把酒賣給旅人而在河川中下毒。隱士和君王合力在這條路線上築路、修橋、建客棧，提供了一片文明的綠洲。朝聖者在隆斯弗的羅蘭招待所有軟床鋪可睡，可以剪個髮，「還有標致樸素的婦女提供服務」。[63]

在邊疆擴張的背後，有規模不算大的技術革命在提增生產力：曲形刃的犁能把土挖得更深了。效率更高的碾磨坊，更精準的金工技術和產品（尤其是武器和玻璃製品方面的精準度提高），都有助於擴大商業範圍與財富流動。這些變革在十一世紀初葉到十三世紀中葉之間發生，西歐的人口在這段期間加倍成長。

結果，再次都市化、舊城市復興，以及文明往新闢的地方延伸。按威爾斯的傑洛德所說：「人類的等次是從森林進展到田野，從田野到市鎮與市民的集會。」擴張不僅僅是征服與貿易延展的後果，而是文化輸出的一個過程。衡量文明進展的最佳方法，就是計算市鎮的成長——這是那個時代認為最文明的規劃生活的方法。甚至早已奠定地位的城市也可能經歷文明精神的更新。例如塞維里亞的依西多祿曾說過：「城牆造就城市，文明社會卻是靠人建立，不是憑石頭建立。」新興城市建立的同時，舊城的公眾感也重新燃起。按照維城人的傳統說法，維洛那城創建的那一刻，就把主保聖徒仙諾刻在大教堂的山牆拱形上，「以尊貴安詳之心，賜給城民一面應予維護的旗幟」。聖阿納塔西堂的立面上，刻著他把市民聚集到聖三位一體面前的景象，每逢舉行集會，人們就看著這些設計，既可藉此象徵市民意識，也能夠強化市民意識。米蘭市的集會中心面對著聖安博的教堂，這裡也裝飾著同樣有神話意味的場景：憑聖安博的法力創造了米蘭的社群。事實上，很少有社群在第十世紀變成城市，多數是到十一世紀末或十二世紀初才成形。在這個似乎是刻意要回歸古代典範的時期，許多義大利城市設了「執政官」。十二世紀中葉，弗萊辛的奧托就認為，城邦自治是北義大利的典型狀況。各個城市不再聽命於某個位高權重的保護者，例如主教或貴族、修道院長，而是自己做自己的「主子」，甚至把管轄權延伸到城外鄉間。奧托說：「幾乎沒有一位貴族或大人物不承認自己城市的主體性。」有些城市其實是獨立的共和國，會不聽從應該聽從的統治者，而與別的城市聯盟；有些城市想爭取這樣的地位卻不成功。

羅馬城於一一四〇年代與一一五〇年代兩度驅逐了教皇，宣布自己獨立。當時最著名的僧人聖伯納怒斥羅馬造反者：「你們的祖先使羅馬受人敬畏。你們卻使羅馬被人看不起。現在羅馬是個沒有頭的軀幹，一張沒有眼睛的臉，一付變陰暗的面容，因為教皇是你們的頭，樞機主教們是你們的眼睛。主耶穌預言人的仇敵就是自己家裡的人，現在昭然若揭了。這是罪惡之始。我們恐怕會有更壞的事降臨。」[64]造反者的行為卻呼應了一種根深柢固的文明觀：相信羅馬古風是最佳模範，以為城市環境能培養德行。因此城市人民具備自治與治理周圍鄉野的條件。聖地牙哥康波絲特拉的市民也表現了這種態度：他們在一一一七年間企圖把大主教和王后一起燒死在宮裡。自一一四〇年代起，倫敦的市政官按律應被稱為

「男爵」；但市徽上都裝飾著主保聖人——聖保羅與聖湯瑪斯．貝克特——生前都曾公然反抗君主。這種城市的自負背後有民意和漸增的財富為後盾。學院等大型機構也在城裡興起。

基督教世界另一端的諾夫哥羅德與普斯科夫，要對抗農田的惡劣氣候，這些農田供應著市民糧食。市民受饑荒困擾的時候比受外來敵人威脅的時候還多。即便到了如今，諾夫哥羅德的城牆似乎仍然嚴峻地瞪著沒有設防的原野。古時候的諾夫哥羅德卻是藉著控制通往窩瓦河的運輸通道而致富。諾城的居民從來不過數千，卻有大建築記錄著城市發展史：一〇四〇年代的克里姆林宮牆和五座圓頂的大教堂；十二世紀初葉的一系列王侯建設，象徵領地王侯與城中貴族分權的時代；一二〇七年在市場由商人所建的聖巴拉斯克瓦教堂。

自一一三六年起，地方自治便在諾夫哥羅德占上風。這一年發生反叛，也創建了以古代為榜樣的城邦——與義大利的共和市相似。世襲的城主弗斯福洛德在這一年被推翻。諾城年鑑和憲章中約略提到發動叛變的革命人物：有商人身分的市政官波勒斯拉夫、市政公告的宣報員米羅士卡、市政委員瓦斯亞它。弗斯福洛德被指的罪狀條條都含有中產階級的價值觀：「他為什麼不關心一般百姓？他為什麼要發動戰爭？他為什麼不英勇作戰？他為什麼偏好遊戲娛樂甚於政務？他為什麼飼養那麼多獵隼和獵犬？」[65]諾城的主教尼封特卻支持舊的秩序，他拒絕為新的城主主持婚禮，因為新城主曾經與弗斯福洛德藏身的普斯科夫城交戰。由於教會支持，被趕下台的弗斯福洛德死後榮獲被封聖的安慰。[66]從那時候起，市民的原則便是：「城主如果不賢，就把他扔到泥巴裡！」

隨著斧頭而來的城市世界，散落在田野和草原裡。基督教世界文明者所想像的景致，曾十分逼真地被描繪下來。十四世紀的羅倫采蒂把城市與鄉野的好壞治理都畫在錫耶那執政官府的各面牆壁上。城市是寺院地產勘測員們仔細籌劃的，是有遠見的人在森林裡開鑿出來的。弗羅茨拉夫的湯瑪斯主教便是這樣一位，他於一二三七年啟動了開發尼瑟河岸八千畝「黑橡木森林」的計畫。不過才一個世紀的時間，這裡就改頭換面，變成有村莊、農田、酒館、磨坊和教堂的景觀。[67]

本章開端談到的西多修會積極建造寺院的行動，是種馴化荒野的作為，而且比建造城市做得更專注。聖伯納自己的修道院則變成一處神聖田園詩的場景。曾有一位十二世紀的寺中人或訪客殷勤地告訴不像他有幸能置身其中的讀者：「你若憧憬克列弗，以下所寫便是反映真實情景。想像中有兩座山丘，中間有一條峽谷，峽谷越到接近寺院的地方也越寬闊。」他對每一項對自然的修改都感到得意：溪流被改道後可以供應釀酒坊的水源和動力，以及磨坊和鞣皮坊的用水；水渠截斷可以灌溉土地；他喜歡待在覆滿青草的果園裡，天氣熱的時候尤其舒服；他讚許整理過的森林地，「在山丘脊上披著蓬亂的一層樹木」，他可以到那兒去拾柴，並且挖掉「雜生的幼枝，以免它們妨礙了粗壯的橡樹往天際挺立，妨礙了酸橙樹易彎的枝條伸展，妨礙了柔軟的梣樹自在長大，妨礙了扇形的山毛櫸完全張開。」不過他最喜歡的還是秣料草場，

這個地點有許多美妙之處是悅目的，振奮精神的，撫慰傷痛的，激起崇拜上帝之心的。它令人想到吾人都渴望的天國之福，因為大地的笑容展露的各式色彩是眼睛的饗宴，且有撲鼻的芳香……因此之故，我在戶外愉快的忙碌中，也深深領會了表面之下的樂事。[68]

這位僧人的田園詩境也是山野的一部分。

歐亞大陸的溫帶森林漸漸消失，後繼的便是人類打造的工整環境：村落、耕地、草場、整理過的森林地。由於牛、羊帶來副產品和飲食補充，牛、羊、馬、騾又提供動力資源，牧草地成為後森林時期生態之中的要角。此外，這也導致歐亞大陸居民對致命傳染病有較高的免疫力；因為畜群是龐大的感染源，於是畜牧者與鄰近的人練就了適應能力。[69] 就這些方面看來，美洲森林地如果沒有可馴養的大型四

足動物的，文明要覓得容身之地就比較難了。新舊大陸的森林地命運截然不同，關鍵當然就在此。美洲一旦有了馬和牛，森林地便開始消逝，速度幾乎和舊大陸的一樣快。繼之而起的城市，發展的規模也一樣大，一樣形形色色，而且也深植於類似的多樣生態系統之中。在其他類型的環境裡，例如熱帶低地、沙漠、高地，只要新大陸的人有駱馬和羊駝之類的動物可用，或是在沒有大型馴養牲畜也無關緊要的地方，他們就能以不輸歐亞大陸人的效率改造自然（見第二、六、九章）。

歐洲人無法砍光的森林，都用聖徒的名字命名了，在腦中把它們馴化了。在中世紀德國，由於定居的城市生活擴張，把泰西塔斯嘆為觀止的一望無際森林，縮減成地圖上一整串邊際切得工整分明的一小塊一小塊林地。道路貫穿這些林地，果園在林地上散布，放牧場在林地中星星點點，還有清出來的空地在其中，空地上有狩獵小屋和花園。孟斯特的雕版裡所描繪的黑森林，獅子並沒有與綿羊同群，但是熊和山豬友善地與鹿和牧神泰然共處，畫面也是一樣的極樂。森林最終變成造景庭園、林蔭大道、都市公園了。昔日曾是男女山神歡會處的布隆森林，變成《金粉世界》之中公子淑女的閑遊步道。如今的山坡地「再造林」，種上整齊畫一的松柏，連暴君見了也會說這是改良自然的佳作。若延續維楚威亞斯等早期建築者企圖模仿森林的精神，那麼樹木最後的還擊便是，在沒有木材的情況下，現代的水泥柱若要造成樹幹紋理的效果時，只好用塑膠製的桁樑來裝飾。

6

黑暗之心：熱帶低地
HEARTS OF DARKNESS: Tropical Lowlands
腓特烈韓崔克島・奧爾梅克心臟地帶・亞馬遜下游流域・低地區馬雅・高棉谷地、貝寧城

熱帶地方白天的某些時刻，
所有公民都要歇著，
脫掉衣服出汗。
那是最聰明的傻瓜也曉得遵守的規矩，
因為太陽這時候太毒，
我們都得躲開紫外線。

——諾爾・考華，〈瘋狗和英國人〉

所謂赤道不能存在文明的假設，被持續不斷的傳說否定了。真主聖明！

——伊本・喀爾敦，《緒論》

❖能住人的地獄：在沼地耕作❖

能住人的地獄——氣候最惡劣、土壤最不適於耕作、空氣最混濁、水質最骯髒、最險惡的環境在什麼地方？本書已經講過明顯符合這些資格的所有地方了。如果不是因為出生地，有誰願意過撒哈拉的達瓦達人或生在塔茲的薩摩耶人的生活，誰會願意長久待在這些地方？歷史上有些流放罪犯的殖民地，是刻意選來折磨人的，例如惡魔島與瑞維拉吉多島都是勉強可以維持活命的地方。澳洲北岸的外島馬欽巴，如今也可以登上許多人間地獄的排行榜：按某些方法計算，這裡的死亡率、犯罪率、毒癮率、衛生不良與性行為隨便導致疾病發生的比例，都是全世界最高的。島上居民的祖先都是用殘暴手段被徵集而來，他們被迫提供勞動力，遭受毫不留情的剝削，然後被拋棄，任其自生自滅。

我自己列出來的地方，乍看好像勉強可以算是宜人的，因為曾經被定居的務農者開發過。但是，這個位於新幾內亞南部外海上的腓特烈韓崔克島（現在也稱作克里龐與多拉克）惡名在外，有惡臭的沼澤、危害健康的瘴氣、無葉蔭的灌叢、難熬的酷熱與嚴寒。這個環境比撒哈拉的費贊或西伯利亞的塔茲都還嚴峻，連壯觀的沙丘和冰山也沒有；而且，說來令人難以相信，這裡不是罪犯被強制來殖民的地方，居民是自願前來的。因此，這是天然的、可住人的地獄：可住人的意思也指，住的人不是沒有別處可去而非得設法生存下來不可。在一九七〇年代晚期，這片面積四二〇〇平方哩的地方居住了七千人，利用沼地維持的傳統生活方式大致仍是原狀未改。

這座島很像一個斜面的盤子，所有的高地都位於外緣，所以降雨都滯積在內部。島上的大部分土壤都是濕軟的沼澤，著名地理學家賽潘蒂認為在這裡區分陸地和水域根本無甚意義。[1]有雨的時候雨勢都很猛，但是下不下雨不易預測，所以很難預先計畫栽種與收成時間；蚊蟲繁殖迅速；乾季的泥太厚，人步行走不了多遠，連接各村莊的水道也無法行舟，因為船會陷在軟泥裡。寒季非常冷，而且是突如其來的，所以年年發生肺炎瘟疫；然而，一年之中大部分時候陽光熾烈，必須等到日落後的夜晚，才能在無樹遮蔭的島上行路跋涉。

現代人類學家都小心翼翼地避免指責與現代西方社會生活水準差距很大的衛生習慣。但是，腓特烈韓崔克島上淤塞水道的泥巴是塗在人身上的，而且是從頭到腳徹底塗滿，人和環境幾乎合而為一，這使得研究島民生活的專家忍不住要提到島上的基曼姆人塗在身上的那層厚泥：「如果厚泥變得礙事了」，他們才會把泥刮掉。男人要除頭虱，就塗上滿頭泥，等泥巴乾了再剝下來，虱子就跟著乾泥塊一起剝掉。[2]這是個神話傳說般的野蠻之地，人類如同困獸，在大自然最不懷好意與同類敵人最無情的情況下，過著最卑劣、最無人性的、最短命的一生。按向來的（卻是錯誤的）說法，這險惡的沼地只有無處可去的人會來居住，他們躲到這種地方就不怕被人找到了。第一位來到這裡的歐洲探險家在一六二三年間描述了這座島的情況，雖然他根本沒看見任何本地人，卻根據所見的島民住家和垃圾推斷他們必然是「發育不良的、窮困的、骯髒的」。[3]

其實住在這裡的人是自願前來的，而且用僅有的自然資源創造了奇蹟。傳統的沼地居民村莊（在未被政府所建的現代式組合房屋取代之前，雖然組合屋後來又立即被棄置）看來頗有「熱帶威尼斯」的味道，居民在村莊中移動要乘窄長的獨木舟，窄到在舟中站立時必須一腳前一腳後。村莊中的小屋各自建在人造土丘上，土丘是用沼地挖出來的淤泥堆成。由於樹木不多見，小屋建材是用西谷椰子樹，屋頂則用乾燈芯草舖在藤條圈上。防蚊設施是由一層層耗費工夫的保護草或葉子所編的，最厚可以舖到七十幾公分。

種植食物的菜圃跟搭建房屋的平台一樣，是用沼地淤泥堆成的，泥塊之間用一層層混著蘆葦的泥塊加固。造一個菜圃要花一、兩年時間，種山藥和甜薯的菜圃尤其費時，因為堆泥必須高出水面更多；所以人們花幾年時間一點一點往上堆，盡量減少白耗的工夫。菜圃必須隨時注意維修，因為堆高的泥土在乾季裡會裂開，下大雨時也可能垮掉或是被淹沒。維護工作是居民互助合作完成的。互助合作的報酬是享用「瓦蒂」，這是島民使用的一種酒類，在需要使用的時候大家互相供給。也因為習俗和資源有限，生活上不乏互助的時刻。婦女懷孕期間，芋頭和山藥等多種基本食材都是禁忌，所以有孕婦的家庭必須仰賴集體施捨。栽培瓦蒂需要專門的技巧，瓦蒂的供給則是由少數幾個人掌控，整個社群都依繫這幾個人的社會責任感。

普遍崇尚瓦蒂（腓島的最西端除外）的傳統也顯示，大自然對這個島既苛刻又慷慨。人們可藉著飲用瓦蒂舒解生活的艱苦，經常整夜醉得近似癱瘓；但是，由於瓦蒂必須與足量的食物一起使用才能夠發生作用，然後迅速將食物嘔吐出來，所以沒有什麼滋養的益處，只有家有餘糧的人經得起這樣的揮霍。食物的來源不只限於農作物，野生物產也是不可或缺的補充。馬皮亞蕨可以碾碎製成麵粉之類的食物，因此可以儲存很久——不像塊莖類不能久存，所以可當作防饑之用。袋鼠在濕季裡都聚集在島上有限的幾塊乾地上，很容易獵殺。海岸的魚多而易捕撈，島上的人將大量毒劑投入水中毒魚，海浪會將毒劑擴散出去。[4]

既然腓特烈韓崔克島上的人能在條件看來這麼不利的環境下安居，我們就不難發現，條件較好的沼地更可能在文明歷史上成為要角。高原地區降雨流入內陸盆地，造成沼澤或溼地萌發農業，並不是很稀罕的事，新幾內亞的高地區域就是一個例子（見第十章）。古代阿茲提克帝國的經濟基礎，也來自水澇的土壤（見第八章）。以往研究古早農業的考古學家把注意力放在比較乾的土地上，這些地方的古代食物樣本保存完整，依地層堆疊，廚灶遺跡十分清楚，一如李察．麥克尼希尋找玉米栽種的起源時挖到的墨西哥遺址那樣。[5] 如果是在沼澤的環境裡，這麼完整的證物會迅速消失，只能偶爾找到一點必須耗費很長時間去組合的證據。因此早期沼地農業的證據，才剛開始在中美洲、新幾內亞，以及非洲某些地區露出曙光，開始發掘。

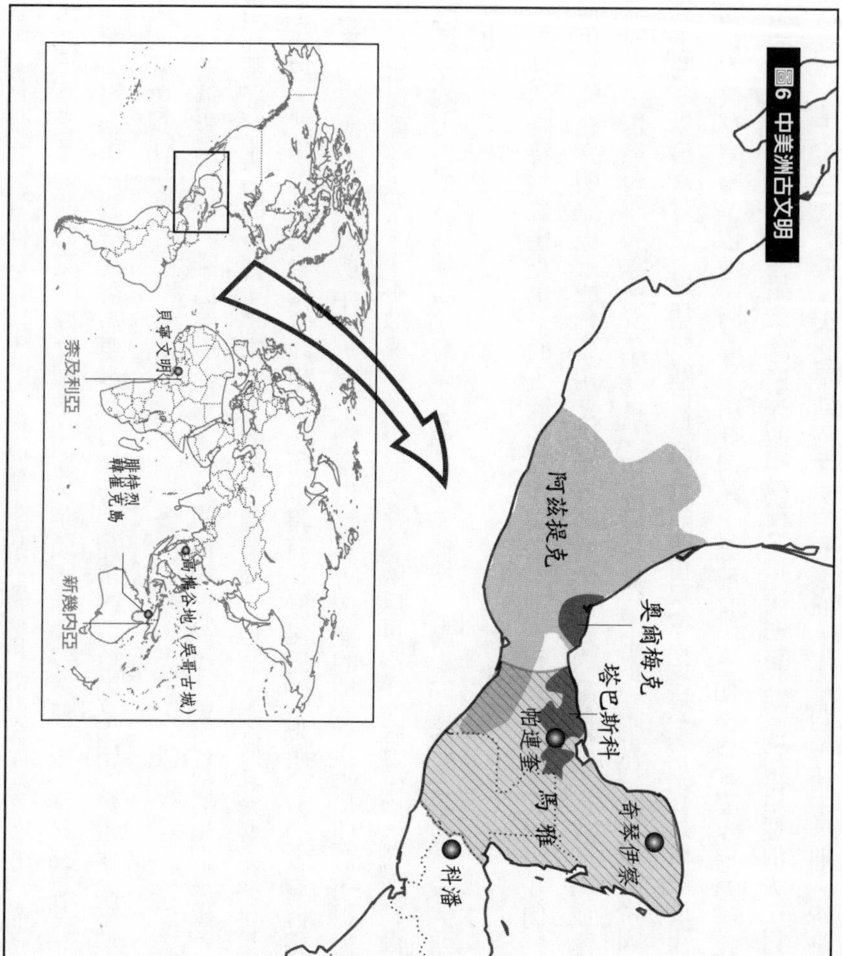
圖6 中美洲古文明
阿茲提克
奧爾梅克
塔巴斯科
帕連奎
馬雅
奇琴伊察
科潘
貝寧文明
奈及利亞
雕特烈
韓雀克島
高棉谷地（吳哥古城）
新幾內亞

歐洲的沼地往往在外名聲都不好，例如俄羅斯的普里佩特，是周圍的俄羅斯人、波蘭人、烏克蘭人心目中的危險原始地區，英格蘭人鄙夷愛爾蘭人的詞語也都以沼地為比喻。但有兩個海岸濕地區域——威尼斯列島和濱海荷蘭，卻產生了西方文明之中一些最耀眼的成就（見第十二章），足見文明是可以在濕漉漉的地上建立的。

最鮮明的實例在墨西哥。三千多年以前，曾經建造拉凡塔城的民族就居住在塔巴斯科低地的沼澤區一帶，他們可能從別處來，也可能本來就聚居這裡（我們無法確定）。這些人締造的文明預示了中美洲其他的歷史，有些學者認為，這個地區後來的所有文明都受到拉凡塔文化的滋養。一般慣常稱拉凡塔文化為「奧爾梅克」文明，這是誤導的用語，因為考古學家和藝術史研究者都用該詞指涉多種不同的事物。它可以指一種人物造像風格與浮雕風格，或泛指多種類似的風格，會如此籠統是因為一百多年來並沒有確立奧爾梅克工藝品的歸類方法。「奧爾梅克」也用於指各式各樣古中美洲環境中發現的一種文化「症候群」，並不特指沼地文明。這些用法行之有年，一時很難改掉。關於這個題目，儘管每一派專家的判斷都不一樣，但奧爾梅克文明始於沼地的可能性很高：因為聚居時間最長久的證據都是在地勢低的紅樹林區遺址發現的，地點靠近沼地、雨林、湖濱、海洋的邊緣。奧爾梅克世界的創建者居住在那個環境的邊緣地帶，可以利用多種不同微環境的食物資源，效率日益精良，這一點是與一些高地文明相似的（見第十章）。奧爾梅克文明最古老的巨大建設，是在公元前兩千年末期建在寇薩寇爾科河旁的一片高地上；不過，沼地農業的早期發展情況，應該與其他文明的歷史差不多（見第五、十章）。

塔巴斯科沼地農業的萌發，比我們冠以「奧爾梅克」文明美稱的第一批重要藝品和儀式中心還要早一千年。那裡一向都有大量可供人類採集與獵取的食物資源，水生動植物和禽類會聚集在沼澤表面進食，同時也被掠食。人類能在這麼富裕的棲地安居樂業並不奇怪，奇的是人們會在這裡大規模建築，努力地發展複雜的都市生活：在不適合建築的土質上大興土木，在酷熱潮溼的氣候中役使大量勞動力。這些發展與開始種植適合環境的高產量玉米是同一時期，加上沼地土丘的最佳作物——豆類和南瓜，三者都成為敬神用物和酋長盔帽上描繪的植物。[6]這個地區的農業最初只限於泥土自然堆積的脊地上，之後又可以人工土丘補充不足的耕種空間，或起碼也能藉淤泥堆在天然堤岸上所形成的高於漲潮線的空地來種植。土台和土脊之間的水道可以養殖魚、蛤、龜、鱷，或者在沒有人工土丘之前可能養在天然的水塘裡。一般認為，建築華麗石造儀式中心的人，最初也是靠燒墾森林、直接在木灰上播種而孕育出勞動力與剩餘的社會能量（見第五章）；但這種觀點很沒有說服力。因為就現有的研究證據可知，凡是憑這些方法維生的社會，沒有一個能夠繁榮到與奧爾梅克相同的程度。公元前二千年前後，奧爾梅克的聖羅倫佐城已有很多蓄水庫與排水系統，都與城中的道路、廣場、金字塔、人造土丘整合在一起。

甚至在這麼古的時期，美洲諸文明已經有了共同的文化：建造墩台，對稱美學，規劃以神殿與廣場為中心的都市藍圖，統治階級高度專業化（包括酋長、文書官、祭司）；統治權的儀典包括流血與活人牲祭；宗教以巫醫傳統為基礎，有多項流血儀式，君王和祭司在其間會呈現恍惚的狀態；球賽儀式（見第二章）；農藝以三大作物為基礎；遠距貿易，可能已接近古中美洲文化區全盛期的規模（若真是如此，那麼奧爾梅克地區使用的玉就如一般推斷是從瓜地馬拉來的，或者奧爾梅克風格的藝品擴散各地也算是證據）。但這些都不能證實奧爾梅克是古中美洲諸文明的始祖，更遑論是所有新大陸文明的起源。擴散論模型每次被推翻，幾乎都是因為努力要應用此理論的考古學家發現了新證據。奧爾梅克其實是一群文明複雜發展過程中的一角，這些文明興起的地點彼此相距甚遠。但是我們也不能否認奧爾梅克的影響遠播，已經與和他們有相同歷史經驗的其他群體發生了互動。[7]

我們腦中的奧爾梅克形象，其實也就是他們最引人注意的成就：古中美洲最古老的巨大雕刻——其大無比的頭，材料是玄武岩，這不是一般的商業行為所能取得。重量可達四十噸的石塊和巨柱，藉拖運或水運送到百哩以外，再經雕刻師之手變成兩種樣貌：一種狀似美洲豹；另一種是人類，通常就是一個大頭，生著杏核狀的眼睛，表情非常豐富：緊繃、皺眉，冷笑著宣告命令，嘴唇張開。按學院裡典型的命名方式，這種臉可能被命名為「巨頭八號」，望著那雙冷峻的眼睛時，令人感覺正面對著又一位好大喜功的建築狂。[8]有些石雕人頭是公元前一千三百年之作。這些作品集體形成了所謂的奧爾梅克審美觀：對於人形的偏好，在古中美洲早期諸文明中獨樹一格；欣賞圓形線條與自然主義形式，是多數後來的文化近乎單調的生硬美學所望塵莫及的。

這個時期的儀式空間和高台，以拉凡塔的遺址最具代表性。建築地點在現在被紅樹林濕地環繞的一座島，建材是一百公里以外或拖或滾運來的石頭。城市的焦點是一座將近三十公尺高的墩台。墩台有個中庭因為有瓷磚舖地而格外堂皇，一般都認為瓷磚拼出的圖案是典型的豹臉，只是被刻意掩埋了。其他建築底下也埋有類似的獻禮，也許和教堂地基暗藏聖跡的用意相同。

有一個埋在沙底下的精細模型，也許是為了奉獻給神，其中的人物顯然正在執行某個典禮，令人想到墩台上可能舉行過這個儀式。立起的石碑前有一些腦袋鼓大變形的人，突顯刻意畸形的頭骨。這些人大致圍成一圈，除了腰布和耳飾就沒有穿戴其他衣物，每個人都張著嘴，體態是放鬆的，看不出為什麼如此。其他作品之中也有這種人物，有的正在獻上一名少年豹人——小小的半豹半人，有的舉著火把或象徵男性生殖器的東西；也有些畫面中他們是跪姿或坐姿，狀似不安定，好像準備進行巫師施展法術化為豹的過程。[9]

統治者葬在石棺裡，以能夠長久保存的材質把他們包裝成生前的偽裝模樣：鱷魚的身體與鼻子，豹的眼與嘴，羽毛的眉好似舉起的手。[10]這種面孔很像奧爾梅克藝術中常見滿腮鬍子的豹人，也很像雕刻中巫醫變身為獸的那樣子。[11]統治者被安放在有大柱的墓室裡，精製的個人配備之中包括玉或魟魚脊骨製的放血器。後人仍可看到他們的模樣雕在拉凡塔來的玄武岩御座上，他們坐在長凳式的御座上流血：讓自己流血，或是讓俘虜流血。畫面中的俘虜作屈從狀，無力地倒在御座的台基上，被繩子捆住拉向一個戴著鷹形頭飾的巨大中心人物，此人從這群人之中傾身向外，像在告誡似的。

這些替人類與自然做中介的中介物掌管著環境，卻不能把文明無限期地延續下去。拉凡塔和聖羅倫佐最後一批的大規模建築，也許是在公元前四世紀時所建。下一個階段的古中美洲文明退入沼澤區的腹地，進入雨林，馬雅城市的高聳屋頂伸到了樹冠之上。我們跟過去之前，不妨先走一趟全世界最大、最具代表性的雨林，就在亞馬遜河四周，趁此評估一下這個類型的環境能不能延續定居生活。走這一趟多少可以證明，除了緊鄰河岸的地區，雨林深處甚至比沼澤區更難按人類的意願改造。

❖亞馬遜流域區：雨林的挑戰❖

華特・羅理爵士第一次探險蓋亞那無功而返之後，於公元一五九六年回憶此行的時候說，假使運氣好，他原本可以

> 前往大城瑪諾亞，或至少可去其他許多更近在咫尺的城市和鄉鎮，我將獲得巨大成果，但是上帝不願在這一次賜我恩惠：假如我有幸能去成，我甘願畢生在那兒度過，假如有人能去到那兒、征服那些地方，我敢擔保，他的成就將超越柯泰斯在墨西哥與皮薩洛在祕魯的一切作為。……不論哪一位君王擁有了瑪諾亞，勢必成為比西班牙國王或鄂圖曼蘇丹擁有更多黃金、更美好的帝國、更多城池與子民的君主。[12]

蓋亞那雨林裡並沒有羅理指稱的「偉大黃金之都」，也沒有什麼其他城市，沒有證據指出這裡曾是他所說的遭驅逐的印加朝廷所在地。但這是前輩探險家的美夢：在「密林」之中意外撞上某個消失蹤跡

的古文明。世上尚無第二人擁有像約翰．洛依德．史帝文斯的經歷，他於一八三〇年代和四〇年代的探險行動，開啟了現代考古學界的馬雅文化研究。與他合作的版畫家弗瑞德里克．凱瑟伍德栩栩如生地捕捉到文化的感覺，馬雅建築與雕像從包圍的森林之中挺出，森林緊密得如同纏在它們身上。史蒂文斯是老練的作家，把每一次發現寫得如此振奮與得意。讀者跟著探險者的眼睛穿越樹叢而過，費力地搜尋，到走近了才窺見本來難以發現的遺跡。舉例來說，公元一八四一年到馬雅潘時，史蒂文斯說：「我們是最早來勘查這些遺跡的人。它們千百年來未受注意，幾乎無人知曉，逕自與叢生蔓長的熱帶植物搏鬥。」[13]自封為「吳哥朝聖者」的皮耶．婁蒂完成朝聖之旅的時候，吳哥窟遺址已經聞名於世，遇見馬雅文明時，他卻還能寫出突然發現蔓生樹木之下有寶物的快感：「我仰望頭頂上密不透光的參天大樹，猛然看見一個巨大的笑臉從上方俯視我，頓時混身有如血液凝固了一般，隨即看見另一面牆上也有一副笑臉，然後看見三張臉、五張臉、十張臉，從四面八方都出現了。我正在周圍雕像的環伺之下。」[14]考奈里斯於公元一八一四年被帶到爪哇的波羅布都大佛所在地，當時動用了兩百名壯丁砍除樹木，六星期後才露出整個結構體的輪廓。[15]

我們標準觀念中的「叢林」——熱帶低地叢生的濃密森林，是不宜建築、不宜種植等文明生活必要條件的環境。這種地方會吸引人去，除了祕密城市的傳說，還因為盛行一種與熱帶森林實況抵觸的印象。通俗的迷思認為，熱帶森林是無需勞碌的逸樂之鄉，張開嘴巴就有熟了的果子掉進來，所以那裡的人都很懶惰，欠缺建設文明所需的吃苦耐勞精神；必須等到有不要求衣褲燙出折痕的「英國大爺」或其他不了解叢林真相的外人到來，才能夠掃除惰性，用農莊和城市改造環境。這種印象與事實相去太遠，不值得討論。只有剝削者才會以種族歧視觀點，把被剝削的森林居民視為不知上進的次等動物。

略曉事實的人都知道，雖然熱帶森林多產，但並不能輕易供給大量的食物：因為競爭的物種密度極高，可食用的食物只偶爾可得。因此，在森林中採集食物的人必須不斷移動，經驗不足的探險者也會在看似資源豐富的森林中挨餓至死。降雨量大的森林區內沃土很稀少：有益的礦物質在濕熱狀況下會迅速耗盡；有機層往往都很薄，而酸、鋁、氧化鐵的含量會很高。[16]即便在雨林之中，密集的耕作也需要藉助灌溉渠道與仔細堆造的園圃，像是古中美洲低地馬雅人造的那樣；否則就得仰賴沖積土，例如吳哥所需的糧食種在洞里薩湖岸邊，那裡氣候比較不潮濕，乾季也稍長。

熱帶森林不論是多產或險惡，顯然都不利於文明生根。甚至有人認為熱帶森林是主動「去文明」的：泰山傳奇講貴族血脈因叢林生活變成了猿人，持的就是這種觀點。從另一個層面看，泰山的故事提出另一個主題：森林裡會顛倒常態。亞馬遜的意象也表達這種意思：最初到來的西班牙探險者用神話中的女戰士族「亞馬遜」給大河命名，認為這些人就藏在探險隊伍無法走到的森林深處；瑟巴斯欽．凱伯特按這次探險繪製地圖時，畫出探險隊大戰亞馬遜的場景，正如許多希臘神廟壁雕中的英雄馴服亞馬遜族一般，搏鬥著這片蠻荒的環境。[17]

文明在熱帶森林中成熟的速度的確比在其他環境中緩慢，例如亞馬遜雨林，現在仍住著顯然被大自然延宕在所謂低度發展狀態的族群，他們有一部分人仍然維持幾千年前至今不變的生活方式，最近才被巴西政府的「第一類接觸」方案納入紀錄。然而，不到五百年前，亞馬遜也曾證實文明有可能在其中醞釀。一五四一年底，第一批西班牙航海者來到：五十八名男性，乘著本地製的木筏和幾艘向印地安人要來或搶來的獨木舟，筏子上的鐵釘是用碎鐵片打成的。他們是典型被發財夢帶來卻遇難的尋寶隊成員，目的地是位於祕魯內陸的一處「肉桂之鄉」。他們順著納波河而下，時而划行，時而拖著舟筏，急於找到食物。按卡斯帕．德．卡爾瓦哈修士的記述：「結果不如我們所料，我們走了兩百里格（約五百公里）也沒找到食物。」反而「蒙上帝恩賜，我們有了新的、前所未聞的發現」，這就是最早的從亞馬遜河與納波河交會處到大西洋的一段紀錄，航行者途中所見的河岸世界是一處正在萌發的、變化多端的文明。

這次探險是意外促成的。故事太精采，不能略過不提。這一行人本來無意扔下留在營地的同伴，只是飢餓才出動覓食，後來覓食失敗，也沒有力氣逆流划回營地；他們被激流沖了幾天，一直靠不了岸。卡斯帕修士說彌撒「如他們在海上時那樣舉行」，但是沒有分聖餐，恐怕舟筏搖晃把麵餅掉入河裡。一五四二年一月八日，他們已經在河上漂了十二天，靠岸後接受了可憐他們的印地安人給的食物。有了體力之後，他們決定繼續往下航行到海邊，但要為這趟航行造一條雙桅橫帆船。當下最欠缺的是釘子，兩名有工程經驗的士兵被指派去打造煉鐵爐，他們用餓死者的靴子做風箱，把木頭燒成炭以供熔煉使用。除了必要的武器和子彈之外，他們把所有的金屬收集在一起，二十天內製造出兩千枚釘子；鐵器時代於是在巴西雨林中展開了。

士兵必須先找到一個食物供給比較方便的地方，才能開始造船的工作。他們始終未能練就精良的覓食本領，還好在印地安人養殖烏龜的人口稠密區取得了充足的烏龜肉，另外也補充一些「烤貓肉與烤猴子肉」。他們在這裡花了三十五天造船，用浸過瀝青的印度棉花填塞縫隙，「船長向土著要這東西，他們便送了來」。

因為五、六月裡一再遭遇懷有敵意的舟船，這艘船不久後就變成了戰艦。作戰時，只能仰賴十字弓，因為彈藥老是弄濕，而這段期間的軍糧是他們突襲河岸土著村落搶來的。六月五日這天，他們為那條河命了名。他們在一個村子中發現了一處有防禦工事的禁入之地，頂上雕刻著美洲豹。「這建築是值得一看的，我們覺得它宏偉非凡，便問一名印地安人這是做什麼用的。」他答說他們在那裡進行崇拜統治者的儀式，而統治者是「亞馬遜族人」。再往下游航行中，他們聽到謠傳說，北方有一個女戰士的強大帝國，統御了七十多個村子，擁有大量金、銀、鹽、美洲駝。會有這種故事，必然是從西班牙人誘導式的問話和土著們被斷章取義的回答而來。這一行人順流而下的航程估計約有九千公里遠，進入大西洋之後不久，西班牙人勇戰亞馬遜族的故事就在歐洲流傳開來。[18]

儘管亞馬遜族之說是無中生有的，但在亞馬遜附近存在重大文明的想法卻是可以理解的。卡爾瓦哈的記述是亞馬遜河生態史研究者的重要課題，那時的亞馬遜若沒有經過改造，就很難養活很多人——但可以憑文明的野心改進其生產力。西班牙人雖然「走了四百哩」仍找不到野生食物，卻也看到了人口稠密的邦國與居民上千的市鎮，住在牢固的木造建築裡。這種有發展前途的社會藉養殖烏龜和魚類供給食物，並且耕作一種處理不當會有致命毒性的苦木薯，但只要將毒液榨出，就是營養成分很高的食品，雖然不過是碳水化合物。[19] 考古學已經證實卡爾瓦哈的記述可能不假，在亞馬遜河口類似環境的馬拉島上，五至十五世紀之間曾經有一個喜好建造大墩台和進行土木工程的社會，留下的證物雖然不夠做確切的評估，但從現存的遺跡看——包括密集的爐灶群和著色繁複的陶器，卻可以與一般歸類為「有文明的」奧爾梅克、密西西比的墩台建造者做比較一番。

按習慣在河畔耕種者的觀點看來，亞馬遜河在沖積平原（巴西稱之為varea）的類別中沒有什麼特別。水位上漲時是緩慢的，使農人來得及採收作物，之後下降卻很快，幾天之內就回到最低水位，使耕種可以從容進行。[20] 如果築起的園圃和堤岸夠高，玉米（一百二十天可成熟，但發芽後不耐泡水）一年可採收兩次。然而，整個亞馬遜盆地有史以來的主要作物一直是苦木薯，這是「人類所栽培收穫最高卻最省力的作物之一」。[21]

有「亞馬遜使徒」之稱的耶穌會教士撒姆耳．弗里茲，將十七世紀末至十八世紀初的生涯奉獻給保衛河畔教會與抵抗葡萄牙奴隸販子這兩件事。他曾記錄了沖積平原上原始文明的殘留形態。定居河畔的奧瑪瓜族人擁有種植苦木薯的田圃，

> 住屋一般都位於島上、河灘上、岸邊，都是地勢低而易被淹沒的；雖然經驗不斷教導他們，河水高漲時他們的田圃會流失，而且時常連吃都成問題，他們卻拿不定主意是否要把房子和田地移到離河遠一點的高地，說是他們祖上就一向是棲居在大河畔的。[22]

弗里茲的無奈，許多試圖與熱帶澇區居民共事的西方人也有同感。他們都深信，比較乾的土地上更適宜耕作安居。但這個錯誤的想法曾使近代腓特烈韓崔克島上許多人賠上了性命，弗里茲自己在一六八九年水災期間也差點餓死。當時他與更下游的鳩里瑪瓜族人住在一起，鳩里瑪瓜人有男女都上戰場打仗的傳統，他認為這可能是亞馬遜神話的由來。弗里茲會落得挨餓到做乞丐的淒慘地步，是因為他自己太不懂熱帶的求生之道，未必能歸咎於土著農業技術不佳的緣故。[23]

弗里茲注意到，這裡的人是在一、二月採收作物，趕在三至六月的河水氾濫期以前，把玉米儲存在住屋裡，卻把木薯埋在坑裡，這糧食坑有許多時候是被水淹沒的，糧食可以這樣存放一、兩年，這樣埋存的甜木薯和苦木薯雖然可能腐爛，榨過之後卻比新鮮的更好吃、更有營養。他們用木薯製酒、做麵粉和麵餅。洪水未退期間，人們住在墊高的樹皮地板上，出入住屋都用獨木舟。這也不算是異常的事，因為他們的生活永遠是在河上礁湖裡捕魚划舟度過，他們的捕魚划船技能也比世上任何一個民族都要高超。

最初到來的外地人所記錄的那些族群，等到一代之後，下一批探險者順流而下時，幾乎就都已經消失，下落不明，也許是被探險者帶來的傳染病消滅了。其實，雨林文化即便在最好的年頭也難保長存。再往森林內陸走，越過奧瑪瓜式的河岸管理區域，想締造文明更是危險。西方人以前評論本地農業時都認為，把森林永久清除才能取得可耕土地。如今他們主張推展生態上負責任的「永續」原住民文化，接受低產量，以採收天然物產為主。「雨林脆果糖」這種「政治正確」的甜食，便是從味蕾上喚起這種精神。脆果糖摻入冰淇淋或糖果塊裡，在美國包裝出售，這也把森林的形象從幽暗變成鮮艷，激起了樂觀的感覺。其實，傳統本土的燒墾農藝令鼓吹森林永續利用的人士感到反感的程度，不亞於令那些一心要把森林化為平坦牧場的人士感到反感的程度。「燒墾」幾乎是一致例行的整地方式，孟杜庫魯印地安人是代表性的實踐者，在它巴鳩河旁花了三天時間就把近一百公尺寬的一大片森林全部砍光。他們把砍完的森林放上兩個月，晾乾後再放火燒。耕種時則是用一根棍子將泥土捅開，再把插條或種籽放進土裡踩平。燃燒樹木可以將一些養分儲存回土中。砍倒的樹木有時候會刻意留一部分在原地，一則可以引開損害耕作物的害蟲，再則可以將樹木再釋出一些養分。然而，這樣做都彌補不了暴露土地所迅速耗竭的養分。將森林夷平之後，腐殖土是無法累積的。這樣的燒墾耕作法使得人們必須不斷遷移，因為內陸闢出來的農地，可耕作的時間不超過三年。[24]

我們不免會以為，雨林中的多數民族是在自然條件許可下積極地改造環境。其實有的民族只靠搜尋覓食，可以算得上是順從自然而生活。不過大部分的雨林區域都「留有人類的污跡」。所謂「處女」雨林或「原始」雨林之說，往往失之草率。[25]這裡的某些文化運用自然的程度，連最初來此的西班牙探險家那麼挑剔的觀察者都得承認是「文明的」。因此，曾有兩個（以任何標準都是）了不起的文明在熱帶低地的雨林裡延續了好幾世紀（這些地方的年降雨量都超過或接近二千公釐），這也就不值得驚訝，至少不必太驚訝。馬雅文明（在現今墨西哥南部與中美洲）與高棉文明（在今柬埔寨中部低地）都證實，在這麼苛刻的環境裡也能以極度的堅忍造就非凡的輝煌。

❖開口說話的石頭：低地馬雅❖

從公元前兩百年到第九世紀，是馬雅社會密集的創造時期，馬雅社群建造了上百個城市，高聳過雨林的樹冠。馬雅人也創造了（或是從奧爾梅克的原型成功發展了）目前唯一已能解譯的、可以完整表達人類思想的美洲大陸書寫系統。馬雅人用這套書寫系統記錄歷史，因為十分詳實，所以我們對於第五世紀科潘（現在宏都拉斯境內）的金剛鸚鵡王朝歷代君王的年代，比同時代的歐洲君主還要確定。馬雅數字系統包含了「零」，曾用作天文計算，可跨越上百萬年。專業藝師的作品不論按哪一種標準看都是精美絕倫的：玉雕細如縷絲，只有用玉刀才能刻入這樣的硬度；皂石的深紋凸雕肖像；鑄工華麗的科潘香爐；陶器和灰泥工；細緻的瓶上繪畫；戰爭與活人獻祭染紅的壁畫；繪畫風格多樣──從寫實風到一絲不苟的精確幾何形式應有盡有。

馬雅的世界（至少在文獻保存完好的年代）是一個個的城邦，由具戰士身分的君主統治。有些君王留給後世的印象十分鮮活。[26]帕連奎的帕卡爾（在位期間六一五─八四年）葬在大金字塔底下，金字塔上刻著他統治朝代的勝利紀錄。在入殮的石板上，他被描繪成神性君王族的祖先。從他腰部長出的一棵聖吉貝樹似乎根部不穩而傾斜，樹幹膨脹著生殖力，伸開的枝椏籠罩著世界。基里谷阿（有時候向科潘納貢，有時候與科潘對抗）的君王「卡瓦克天空」（在位期間七二五─八四年）只統御著一個小邦；卻規劃了全馬雅世界之中最大的一個儀式廣場，在廣場上擺放了至少十七座表彰自己的巨碑。科潘有一篇全世界最長的碑銘，刻在大階梯的側牆上，頌揚著君王的祖德和戰功。我們如果看了大英博物館展出的殘塊，用點想像力，就能重建雅克斯潘（七六三─約八一〇年）這位君王退入裝飾著宇宙神像的內室、從自己的陰莖放血的場景。這個儀式的用意之一是要誘發夢境般的異象，所有的馬雅君主都藉此與神祇溝通。君王的妻子也要進行類似的溝通儀式，將一條插有釘子的皮帶穿過她們的舌頭。放血之後的君王要穿戴盛裝披掛，成為神祇的代理人或化身，例如雅赫契蘭於公元七二四年二月十二日舉行這個儀式，由妻子把豹形面具呈遞給他戴上，她的臉上還沾著牲祭的濺血。化為神的君王隨即領導全體執行儀典或展開戰役。[27]

最大的一座馬雅城市也許是提卡爾，建在現今瓜地馬拉的培頓地區一片廣闊的雨林裡。由於考古研究和歷史資料相當詳盡，我們可以清楚地知道它如何盛極轉衰突然敗亡，這種發展軌跡基本上與低地馬雅文明之中的所有大城是一樣的。提卡爾的歷史碑銘上所記的最古的傳奇年代是公元前一一三九年，但是，證據所示巨大建築大約是公元前四百年開始興建的；至於把君王當神一樣崇拜而雕刻的形象與銘文，是公元第三世紀才開始出現；國君的名字則從公元二九二年起才留傳後世。

提卡爾的人口約有五萬，簇擁在全城中心的聖殿、王宮、祭壇四周。民居大多是住在緊密柱牆上覆蓋茅草頂的小屋；這種小屋在貴族豪宅牆上的浮雕中明顯可見，至今仍是鄉村多數居民所住的典型房舍。城民養殖蝸牛與魚類的狹窄水渠就挖在堆高的農作土台之間，土台上可種植南瓜、辣椒、麵包果（麵包樹的果實，如今主要被當作有價值的花園植物），以及最重要的作物玉米。[28]

玉米是營養與能量效用都特別好的一種食物。歐洲殖民者未到來以前，美洲的多數重要文明都以玉米為絕對首要的主食（見第二、五、九章）。馬雅與美洲許多原住民社會一樣，把玉米視為具有神聖性的植物。耕玉米田的人是玉米神的僕人；神化為食物犧牲自己，以回報僕人的辛勞，因此人類必須以獻祭回敬神的施恩。君王除了在戰時率領民眾的職責之外，更須擔任掌理自然界的要務，要獻上他自己的血和牲祭（包括活人與動物）的性命（祭品是在戰爭中擄來或狩獵時擒來）。獻祭的動物可能是西貒或鹿，如墨西哥梅里達市一所博物館裡的浮雕所示，扛在悠閒的獵人肩上的那種；或是年幼的美洲豹，在祭壇遺址曾發現這種骨骸。

十九世紀與二十世紀大部分時期的學者多數認為，馬雅人是獨特的愛好和平與觀星的民族，受著哲學家兼祭司的治理。現存唯一譯解出來的低地區域古文獻是關於曆法的，至於揭露王朝血腥衝突的高地文獻，被學者指為晚近的資料而不予重視。猶卡坦後期，城市裝飾著極度殘暴嗜血的圖像，應該更是血腥，像奇琴伊察球場上那樣反覆出現勝利者砍掉失敗者腦袋的畫面，就被指為摻雜了墨西哥中部民族的影響，甚至被認為是象徵性的表達，並不是生活的真實。其他在奇琴伊察壁畫中的戰爭場面則被學者歸類為描述某種神話故事。低地遺址中的君王雕像和華表石柱，則被當成了神像。一九四六年間，烏蘇馬辛塔河畔的彭納姆帕克第八世紀壁畫被重新發現，戰爭場面與俘虜在儀式中被殺的情景，都畫得非常仔細，近似真實而有臨場感。這無疑與三百年後的奇琴伊察「戰爭藝術家」的紀錄出自同一個傳統。

學者譯解馬雅文字在一九五〇年代漸漸有了進展之後，馬雅社會的真實本質才被揭露出來。首先發現的是，雕刻文字之中包含大量的真實地名。文字紀錄的是人世歷史時間中發生的真實事件，並不只是星辰日月的天上世界。把年代記得分毫不差、繁複的數字計算、對天文學的著迷，都是為了更重要的俗世目的：為王朝的歷史提供架構。碑銘文字細述了君王的在位年代、他們的自殘獻祭行為、他們的歷代祖先、他們參與的戰爭以及他們獻祭了多少擄來的敵人。以前學者認為馬雅人在球場上搬演宇宙天體的運轉，此時也明白球場的真正用途，是戰士菁英階級的鍛練場地。一九七三年在帕連奎遺址舉行的會議中，碑銘學家在一次集會裡就一鼓作氣揭露了提卡爾城的全部歷史，包括第七世紀的大部分與第八世紀一部分時期。[29]最近又有人指出，把馬雅人的紀錄全當作歷史也是誤導，學者不應忽略銘文所含的傳奇性質與宣傳意義。[30]即便如此，揭露一個消失文明的亡佚歷史——如同那些石頭裡的舌頭開口說話，仍是現代學術研究之中最令人興奮的事。把戰爭不斷的歷史紀錄解譯開來，是最磨人的研究過程。

提卡爾城因為糧食生產效率高而能動員作戰人員，所以在與鄰邦競爭領土資源和獻祭牲口的戰爭中擁有優勢。後果好壞參半，提卡爾變成吸引侵略者的磁鐵，也成為本土貴族爭奪的一大戰利品。公元三七八年曾發生過帝國式的侵略行動，當時有位提卡爾的貴族，登基成為鄰城瓦哈克敦的新王，歷史家按雕刻文字認出這位新王是「冒烟蛙」。此時提卡爾的政局混亂。冒烟蛙稱王時正好有一位名叫「彎鼻」的統治者發動政變。四二〇年間，彎鼻之子「風暴天」卻得從另一個篡位的君王手中奪回政權，並且在他為自己立的大碑上鉅細靡遺地為自己的登基辯解。公元四七五年發生另一次革命後，描寫君王的方式也有了改變，負責寫宣傳文字的人會篡改家系宗譜內容。[31]

第六世紀君主更替得很快，顯然與經濟衰退期有關係。提卡爾於公元五六二年被敵對的卡拉科城征服，記功碑遭毀。除此之外，提卡爾在利用雨林環境上出現難以克服的問題，經歷一百餘年的萎縮期。不過，六八二年興起的君主阿可可逆轉了這個頹勢。阿可可的名字用圖樣來表達的話就是一條可可豆莢，可可豆在當時是高價值的商品，在產地以外的遙遠北方需求量極大。阿可可時代的重振榮景，也許是因為改變了利用土地的方式，以生產高價值輸出品為主。阿可可鼓吹提卡爾的歷史榮耀，開創了紀念「風暴天」的信仰，他自己則要在提卡爾歷史上的重要日子時自殘流血。他也贊助各種藝術：公元七一一年在某個祭壇，刻著歌頌天體相合的馬雅古詩，這可能是目前僅存的一首馬雅詩。最重要的是，他對於建設工作永遠精力充沛，提卡爾的許多美麗古蹟都要歸功於他。他為自己建造的陵墓金字塔，在夕陽西下時，從金字塔頂端，仍隱隱閃現他的巨大肖像所反射的光芒；在金字塔底下，則有一百八十件刻工精美的玉和獸骨陪葬，刻的是他被神祇接引到陰間的旅途情景。[32]

公元八六九年以後，提卡爾不再有年代記事，也沒有碑刻藝品。原因雖然各家說法不一，包括爆發革命、外力入侵、集體心理創傷，但顯然是在艱難環境中求存的奮鬥最終還是失敗了。從居民遺骸可以看出死於營養不良的跡象。前後大約不過百年的時間，低地區域的所有其他大城都走上同樣的或類似的命運。

然而，馬雅文明並未就此告終，而似乎是撤到比較有利的環境，如瓜地馬拉的高地和猶卡坦的石灰岩山地，大城市的生活在這裡延續或迅速恢復。有些大城，如伊辛且與馬雅潘，在十六世紀西班牙侵略者到來時仍是重要的勢力：這些大城留下了美妙傳奇性的遺跡，但是並沒有表現出低地區域「古典時代」令人讚嘆的所有特色。這些城市沒有碑銘雕刻，石雕也極少。他們的作為比祖先的單薄，耗在奢華藝品和沒有實益的學術研究也比祖先少。不過他們和祖先是同一族人，神話遺產和記憶可以上溯到古典時代。他們的樹皮紙書冊記載著和祖上一樣的曆法、有相同的歷史與預言相結合的風格，這一切從一五四〇年代開始，直到一六九七年，西班牙人的征服行動終於截斷了所有馬雅歷史的延續。

低地大城的壯麗再也沒有重現：以後聚居的人數越來越少，規模也越縮越小。建築龐大碑塔所需的人力再也無法湊足，供給專業藝師工匠的餘錢也不如以前那麼多。馬雅文明之偉大變成了一種民間流傳的記憶，低地區域的城市都被森林包圍而動彈不得——如同中了魔咒的睡美人古堡，要等後世的考古學者再來發現。馬雅的這種結局，以及其他多種特質，都令人想到吳哥古城。

❖對蛇的鍾愛：湄公河的高棉文明❖

吳哥本身就是一部文獻紀錄。它是全世界最動人最有說服力的廢墟，大約千年以前建城，被捨棄了五百年，幾乎被森林吞噬，卻因二十世紀考古學的努力而重見天日。吳哥古城喚起柬埔寨人以祖先為傲：大吳哥寺是全世界唯一被放在國旗上的建築物。吳哥也助長了一種毀滅性的現代意識形態。因為赤棉用吳哥來象徵一個孤立的農業社會，在酷熱森林裡可以達到的巔峰狀態，並且要把工業科技和中產階級從這個理想境界剔除。如今遊客到此，會深信這裡正是文明的定義：宏偉的想像在逆境之中大獲全勝。

吳哥是一個極大的文化區域的中心。這個區域從暹邏灣至越南，從西貢到湄南河谷，各處星散著高棉式的古蹟。這是一個有低地意識的文化，籠罩著對於北方扁擔山脈高地民族的恐懼，或是與之戰鬥不休。大規模建築的歷史很長，從公元第六世紀延續下來，到第八世紀晚期建築工事尤其密集，大多數的龐大建築集中在吳哥城和吳哥周圍，而吳哥城自第十世紀中葉起一直是歷代國王的都城。自然環境按打造優質城市的標準，在巧手改造下重新雕琢，就像十八世紀英國的造景花園。建設出來的成果井井有條，包括狩獵園、花園，以及專門供奉神祇的園林。園林裡，禁止砍伐與褻瀆行為，褻瀆者（在此大小便者）要受罰墮入廟宇中有著清楚描繪的三十二層地獄。[33]

吳哥地區的一切繁榮都來自農業。高棉與中古時代的東亞、南亞、東南亞的許多國家都不同，它沒有礦藏、沒有龐大的商船隊，也沒有重大工業。吳哥因為湄公河的特殊水力現象，享有源源不斷的富足。季節雨造成的河水氾濫，連湄公河三角洲也吸收不了，此時洪水便往後氾流至洞里薩平原。土壤因此飽含養分，只要管理得當，能將水引至水庫，這裡的稻作就可以一年三穫。

高棉的情形與馬雅相似，城市的重心隨國君的構想與改朝換代而挪移，於是巨大建築群就越添越多。基於生態原因，高棉首都只能在相當小的範圍之內移動。歷任國君每每重建宮殿（而且每每是在血腥爭奪王位之後），因此吳哥城區中各處都有神聖貯水庫、典禮中心、祭壇建築群。其結果與馬雅的情形雷同：來到這裡的旅行者常驚喜連連，在始料未及的地方遇見被森林圍住、與別處隔離的石雕建築。還有其他與馬雅相似之處：吳哥的建築形態雖由層層雕飾佈滿，好像華麗的衣褶飄帶順著高塔而下，其實一眼就可看出基本結構中明顯的幾何形狀——一切都是有稜角的、挺直的、精確的，在緊密的石鷹架上鋪開，每座大建築的架構都是由上千根垂直柱和水平楣樑組成。高棉的城市和馬雅城市一樣，似乎是為了戶外生活和展示而建。多數建築的內部是低矮陰暗的，光天化日之下的大廣場和大通道卻裝飾鋪張，使人看得眼花撩亂。閒人不可任入的屋室都蓋在直長陡峭階梯的頂上，爬上去既費力，走下來也令人頭暈目眩。古高棉與馬雅的文化都以碑銘記錄天文事件，也都刻下宇宙的運算數字。馬雅古典時代的雕刻和碑銘專注於兩個主題：維修曆法與歌頌君主。高棉則不然。在高棉，藝術本來是專門用來描繪天堂的，到了十二世紀的蘇耶跋摩二世時代才做出當時保守臣民眼中必是離經叛道的事：他在他所建的全世界最大寺廟——吳哥窟的牆上雕了自己的肖像。在他以前，只有已故的君王或王室先祖可以成為雕刻主題；從此以後，膜拜當朝君王取代了膜拜不朽的神祇。

蘇耶跋摩的肖像在吳哥窟的一條柱廊中反覆出現。其中一幅特別美的造像是為了對抗惡劣的天候，在他周圍簇擁著防日曬的陽傘和排除潮濕的大扇，呈現出王者之尊。扇子的微風吹動了他臂部的衣袂。

[34]一條死蛇被他懸空拎起，也許是影射他登王位的過程：他年少時就跳上御用大象背上殺死了前任國王，篡取他的王位，「如同靈鳥加魯達降在山峰上殺了大蛇」。吳哥窟的和諧完美體現蘇耶跋摩稱王是名正言順的：他開創了一個新紀元；開天闢地的景象在浮雕中重現，還有善神惡神較量法力、長生不老的靈藥從大海中騰起，迎接婆羅門教宇宙觀的黃金時代。[35]

按印度教傳統，吉祥時代應該有一百七十二萬八千年。蘇耶跋摩的時代卻在一一二八年終結，距他登基的時間也許不到十年，從那時候起高棉就飽嚐對越南和占婆（編按：今越南中南部）一長串陸海戰爭的敗績。不過，吳哥的壯麗卻是每一代君王都在翻新的。一二九六年奉命出使高棉的元朝臣子周達觀，就見識了輝煌依舊的真臘國，國王史林多跋摩的「銷金白涼傘」在眾多覬覦王位者的涼傘起落時獨樹一幟。周達觀在《真臘風土記》之中表示，這裡「雖則蠻貊之邦，未嘗不知有君也」。國主外出乘金轎，以吹螺聲前導，宮女纖手捲起轎簾，臣民才看得見金轎之中坐在獅皮上的國主。人們一律伏地叩首，待螺聲停止、王駕去遠才敢抬頭。

周達觀稱許這種尊崇君主的表現，但對於人們公然表露同性戀的癖好卻有反感，據他說，他們招攬從中國來的人尤其殷勤。他譴責真臘的為人妻者不忠貞，與丈夫分隔兩週便紅杏出牆。他對傳聞中請託僧人「親以手去室女童身」的習俗十分感興趣，不過儒家著述中本來就有僧道淫亂的主題，這些傳聞未必屬實。他對當地的印象都因「地苦炎熱」而大打折扣，他認為是天熱導致「每日非數次澡洗，否則不可過」，但過度浸浴又會致病。他與高棉人一樣擔心森林與山區的野蠻人來襲，那些人總用弓箭、矛槍、毒藥互鬥。從他描寫京城廟宇的文字可以看出，他很欣賞這種都市風格。

他細述都城周圍長二十里、有五門的壯觀之後，說「所以舶商自來有富貴真臘之褒者，想為此也」。他放眼所見，處處都有耀眼的黃金飾物。這證實高棉的出口貨物價值不菲，因為高棉國內並不產金。城中東邊有一座金橋，橋的左右立有金獅，橋基飾滿佛像。城中央有一座金塔，另有一座銅塔比金塔還要高。國宮又在另一座金塔之上，據說，國家政局能夠穩定，是因為國主每夜在塔上與一個九頭蛇精交媾。這種傳說的由來可以從真實的高棉習俗中得到印證：國君的形象（代表國君的正當性）被嵌在雕刻的陰莖之中，陰莖象徵賜予正當性的創造萬物之神。這正當性的表徵存放在京城中心的一座高塔裡，這裡是宇宙中心的象徵，國君在此與神祇祕密交合。吳哥到處可見蛇的意象，使周達觀相信蛇應該是神祇。[36]

晚近高棉歷史有很大一部分可以從周達觀的記述中讀出。多數他所讚賞的石塔金塔是在雄主闍耶跋摩七世在位期間建造的。他特別仔細描述大吳哥城的城牆、城壕、南城門、巨塔，但大吳哥城只是浩大建築行動的一個中心點而已。這個大計畫是在京城周圍建起廟宇、華廈、館驛，以及（據說）上百個醫療所，它們都用巨大的人面作裝飾。塔普倫寺有一座刻著闍耶跋摩公共衛生政策的碑柱：

> 百姓患病為他帶來的折磨甚於他自身患病，因為臣民受苦就是國君受苦，比他自身受苦尤甚。……滿懷慈悲的國君表達了意願：我但願能藉此一善功救所有生靈脫離苦海；但願柬埔寨的所有國君為此一大任奉獻，在我的基礎上繼續努力，為他們自己、他們的子孫、他們的妻妾、他們的臣子、他們的朋友成就一個永無病痛的解脫節日。[37]

醫療所分配的資源顯示高棉的財富根柢有多麼雄厚：每年一一一九二噸白米，由八三八個村莊的八一六四〇個進貢者繳上，另外有四六八二磅的芝麻，二三二磅小豆蔻，三四〇二磅肉豆蔻，四八〇〇〇劑解熱飲，一九六〇匣止血膏藥，以及等量的蜂蜜、糖、樟腦、黑芥末、蒔蘿、芫荽、茴香、薑、辣華澄茄、香根草、肉桂、苦欖仁、棗醋、蓮子。

最有效的預防方法就是祈禱。一一八六年，將闍耶跋摩之母供奉為「圓滿智慧」形象的塔普倫寺落成，廟宇的基台石碑就說明了它是如何地富裕。三一四〇個村落被賦予供應的責任。捐獻物包括一套重達十擔的金器，差不多等量的銀器，三十五顆金剛鑽，四〇六二〇顆珍珠，四五四〇顆寶石，一只大金盆，八七六件中國幔，五一二張絲墊，五二三把陽傘。這個有五千人常駐的固定機構，每日還有白米、牛油、牛乳、糖漿、油、種籽、蜂蜜等需求。供奉太后廟每年所需的物品有蠟、檀香、樟腦，以及二三八七套供二六〇尊神像穿戴的衣服。碑銘的結尾說：

> 國君做了這些功德，懷著對母親的至孝祈禱：但願吾母因為我的諸般善行功德，得脫離輪迴之海而成佛。[38]

佛教在此時成為國教，多少與闍耶跋摩的妻子虔誠禮佛有關。因為闍耶跋摩「步上聖賢之道，行走於痛苦的烈焰與憂傷的海洋之間」[39]而不在她身邊，她就靠信仰求得慰藉。巴揚寺——周達觀所說的「金塔」，其扎實的中心正號召著古高棉都城的墩台；內室裡卻沒有前朝供奉的印度教天神的神像，只有一尊象徵開國君主的佛像，這位開國之君的形象也雕在外牆的壁緣上，「望向四面八方」。印度教扎根本已很深，在周達觀到訪的時期，高棉才剛從闍耶跋摩開始，轉向以佛教為主的宮廷文化。吳哥大城的藍圖與寺廟相同，都呼應了印度教與佛教宇宙觀的神聖設計：中央是大山，軸心相同的建築列，岩石的外牆，周圍環繞著水。大自然只是神祇粗鑿過的，必須由人類加以規則化，才能夠符合神界的理想。十一世紀印度的建築師羅摩康達．高拉卡拉從奧里薩邦來到吳哥，奧里薩邦內有穆斯林統治下所建最上乘的印度教寺廟。高拉卡拉見到的吳哥建築基本原則是

> 造物主……按尺寸與數字擬了宇宙藍圖。……祂是建廟者的原始依據與榜樣，建廟者也要集建築師、祭司、雕刻師……於一身。這個小宇宙必須以大宇宙為準而定位……必須與太陽的軌道以及諸

天體的運行一致……一座廟宇的藍圖絕不是用量尺就可以完成的單純算術作業，而是由於已將日、月、星辰的不同步運行納入一個綜合體，……因此也象徵日、月、年所有周而復始的時序。[40]

優陀耶迭多跋摩二世建設的十一世紀吳哥京城，以一座塔為中心，塔上刻著典型的碑文：「他認為宇宙的中心是須彌山，所以應該在都城中心立起須彌山。」[41] 闍耶跋摩七世在大吳哥城四角設置的碑銘，也比照這個傳統，把中央塔、外牆與城壕尊為神聖：「第一座山峰穿入雲霄，其他的伸入蛇蠍世界的淵藪；國君斥建的勝利山與凱旋海都是象徵他偉大的功績。」[42] 闍耶跋摩在位期間，緬甸的婆羅門學者仍可以到柬埔寨接受許多「吠陀經卓越專家」的教導。梵文碑銘自一二五三年間就從鄰邦占婆消失了，柬埔寨的梵文碑銘卻一直延續到一三三〇年代。[43]

後來，吳哥城的大規模建造停頓了一百多年。赤棉宣傳的那種神話是不可信的，吳哥城並不只是一個向內看的農業社會。巴揚寺有一處浮雕呈現了東南亞的海上世界：海中游著大群的魚，海上滿佈著漁船、有華傘的遊樂船、船體吃水很深的戰艦和商船。高棉也是這個世界的一員，但沒有像中古時代晚期的室利佛逝和麻喏巴歇那樣積極從事遠途貿易（見第十三章）。吳哥的統治階級也不可能無限制地養著龐大軍隊，或是像以前那樣投入龐大的奢華建築計畫。高棉用稻米換黃金的機會越來越難，因為自十二世紀起，東南亞其他地區的稻田面積就越擴越大，原因是在統治階級和宗教機構贊助下，當地人民用新的技術改造天然條件不如吳哥的森林。當泰國人的財富、動力、侵犯行動都在擴大的同時，高棉人卻停滯了。到了一四三〇年代，泰國人把能帶走的戰利品全部帶走之後，高棉人縮小了領土範圍，以金邊為中心，把吳哥扔下給了森林。

❖死亡之城：貝寧❖

令探險家失望的是，熱帶非洲根本沒有像提卡爾和吳哥這樣的地方；但是，非洲有貝寧城。歐洲向海外擴張的最初幾百年中，貝寧的壯麗導正了白人的觀念，使他們不再隨便斷定黑種人沒有創造文明的能力。中古時代馬利文明的耀眼光景，曾經擄獲十四世紀西方基督教世界的想像，卻在雙方有了接觸之後消逝了（見第三章）。葡萄牙的國王曾以平等地位對待剛果國君，地位夠高的黑人貴族也能擔任神父和主教。然而，接觸多了以後，情況就改觀了。當地的葡萄牙人往往覺得土著粗鄙。甚至祭司王約翰的傳奇雖曾在歐洲引起一陣亢奮（見第十章），衣索匹亞的華美卻已不孚期望。一五七〇年代的葡萄牙侵略者征服不了莫塔帕，西方文獻之中卻把這個地方說成是奇風異俗的野蠻之邦（見第十章）。

不過，貝寧卻有很長一段時間免於這種普遍的鄙視。一六八八年一位荷蘭雕刻師的作品中，貝寧城看來廣闊而方正，尖頂的建築顯得莊嚴堂皇，尖頂之上有巨大的鳥雕塑，這是傳說中的天界信使，仍可在現存的銅鑄之中看見。有一件現存的古物是本地製的貝寧王宮模型，牆壁裝飾華麗，中央御室之上是雅致的圓錐形頂，證明荷蘭的製圖雖然誇張了一些，卻是有事實根據的。[44]

貝寧於十五世紀初開始從一群較小型的社區之中竄起，以後逐漸聲名遠播。[45]這個城市即便有值得稱美之處，能受到歐洲人重視仍是令人意外的：因為既太熱又太潮溼，熱病容易滋生，氣候又不利文明發展。每年降雨量將近兩千公釐，王宮裡有儲雨的蓄水池，下大雨時的巨響把上朝的言語聲都淹沒了。自一五三八年起就有紀錄指出，[46]宮中有以人獻祭的習俗。貝寧的建築雖然牢固宏偉，印著浮雕，有銅質的裝飾板，但卻是土造的——歐洲的建築標準一向認為泥土是劣質建材。但是在十五世紀正值貝寧的全盛期，歐洲人對貝寧有了興趣。在歐洲人心目中，貝寧是尼日河下游諸城邦中戰力與藝術都特別傑出的一個。戰爭與藝術都與崇拜君主相關，君主被尊為具有神性，據說不需要吃飯睡覺。

貝寧藝師最擅長的兩種工藝都融入祭壇奉獻之中：一是銅製品，富於表情的銅製人頭呈現國君與太后風格化的肖像。自十八世紀中葉起，又添上精雕的象牙，如羽飾般插在銅製的中空人頭頂上。貝寧並沒有書寫文字，王宮的裝飾板（鑄著宮廷景況和重要戰爭場面）卻「有如卡片索引一般，每有禮儀上的爭議，就根據它來斷決正誤」。[47]

祭壇的用途如今已不可考，兀鷹在祭壇上啄食被綑住、被堵住嘴、被肢解的戰俘。矛、盾、劍、斬下的人頭裝飾著祭壇的擺設。大型的土木工程是「一項紀錄，記載著半分散社群融合成都市社會的漫長過程，這個社會需要都市層級的防衛」。[48]大約是在十五世紀中葉，小社群逐漸集成大社會，貝寧從此成為一個進攻的國家，漸漸往外攫取臣民、貢品、奴隸。到十七世紀初期已擴大到五百哩以上，觸及尼日，到達海岸，把貝寧河濕地森林納為殖民地，連拉哥斯都有臣屬的社群。[49]

為戰勝與豐收祭神，祭典中除了用活人，也用鱷魚、泥魚、可樂果、棕櫚葉（象徵棕櫚酒）、小羊，以及專為適合森林[50]而養育的牛。這些都是典禮用的食物，很費心地包裝，而且很節省地食用。可樂果由御用的侍從畢恭畢敬端上，這種香料味道苦而有刺激性，由國王分贈給晉見的酋長。[51]從十六世紀初期起，山藥就成為主食。貝寧不是因農業而是因商賈致富的。奴隸買賣不是重要的商業項目，不像在鄰邦達荷美那麼重要，這是因為貝寧人寧願把多餘的俘虜留著自己用，或是因為歐洲奴隸販子寧願在海岸收購奴隸——折損率比較低。貝寧的礦產不豐，大部分所需的紅銅以及工藝品使用的所有黃銅都靠進口。歐洲人到貝寧來貿易，最初是為了取得貝寧胡椒。[52]在十九世紀晚期棕櫚油買賣量暴增之前，象牙一直是貝寧的最大資源，十八世紀的歐洲象牙主要由貝寧供應。[53]

後來貝寧開始走下坡。貝寧的「奧巴」（即統治者）在十七世紀變成遊手好閒的人，不上戰場，退縮到儀式裡，在王宮裡足不出戶，賭博中把大量珊瑚珠揮霍掉，只顧與後宮的五百名妃嬪享樂。阿肯祖瓦一世是一六九〇年代一位雄心萬丈的奧巴，他重啟貝寧復興的時代，卻也引發內戰，使貝寧對其臣屬社群的影響力變得更弱了。[54]現存一些最精美的藝品似乎顯示貝寧在十八世紀時曾有過繁榮再現的光景。貝寧從未仰賴奴隸輸出賺錢，所以沒有受到奴隸買賣衰退的影響；其他國家在十九世紀中葉經濟瓦解時，貝寧全身而退；某些競爭對手國因為棕櫚油市場需求量漸增而興隆起來時，貝寧卻退縮為一種自我孤立的姿態。

貝寧如此不熱衷貿易，構成英國人介入的理由。十九世紀執行方式更趨殘酷的活人獻祭，給了英國人藉口。一八九一年奪得王位的奧風拉姆溫試圖公然對抗英國，可是他連自己的國家也控制不了，想撤除不聽命的酋長也使不上力。一八九六年英國傳教士被屠殺雖不是經過奧風拉姆溫的許可，[55]但英國人的還擊卻勢在必行。英國的報紙宣稱這次征服貝寧是「一場聖戰」，是「對抗死亡之城的光榮事功」。[56]對貝寧採取報復行動的英軍之中有人拍下照片，顯示這個城邦正走向衰敗，王宮在沒有被英軍的大炮打成稀巴爛之前就已經傾頹倒塌了。

熱帶低地的每一個文明或原型文明，都在未成熟或從壯麗轉向衰弱的時候被扼殺，巨碑高塔都被森林吞沒或沉入沼地。熱帶的某些低地雖然提供豐富的生活工具，但自然環境的狀態大都不穩，文明是脆弱的。幾乎每一環境中的每一個文明最終都被自然征服，化為廢墟。但是，熱帶地區某些文明能夠持續那麼久，表現得那麼輝煌，已經比它們最終的衰亡更令人驚訝了。

在雨林和沼地建立文明的辦法，有某些明顯相似的地方：吳哥的風格會使人聯想到馬雅；奧爾梅克與瑪甲哈羅的土墩也彼此相似；貝寧文明的政治是城邦之間相互競爭的世界，令人想起馬雅的政治生態。不過，差異比雷同更為明顯。想要探討為什麼熱帶地區有文明雄心的民族，其成果差異這麼大，也許不可能找出令人滿意的答案。為什麼腓特烈韓崔克島上的人做不到類似的水準？馬雅人怎能超越特別困難的雨林環境限制，達到其他雨林環境都達不到的成就？——唯一可以與馬雅相提並論的成就，發生在環境條件明顯好得多的吳哥城；為什麼有些雨林產生了偉大文明，有些雨林只被居民稍作改造，有些雨林裡的人只會遊走覓食，安於自然所給的一切，並不試圖改善環境？這些問題仍然無解，我們卻可以特別點出一個結論：文明雄心不斷在熱帶低地出現，而且往往成績不錯。在雨林和沼地環境出現文明會令我們覺得意外，好像「消失在叢林裡的城市」忽然現身。不過因為這種意外頻頻發生，我們多少有點料到它會出現。

美妙的泥巴！

——麥可・弗蘭德斯與唐諾・史萬，〈河馬之歌〉

我知道尼羅河。

當它被引入田地，它便將生命賦予每一個鼻孔。

——克努姆神廟石柱銘，傳為法者王迪鳩瑟所立

第四卷・發亮的泥地

漸漸乾燥的氣候裡的沖積土

PART FOUR: THE SHINING FIELDS OF MUD

Alluvial Soils in Drying Climates

7

荒涼平坦的沙地：誤導人的近東案例

The Lone and Level Sands: Misleading Cases in the Near East

查桑巴沖積平原．約旦河谷．蘇美與埃及

播厥百穀，
實函斯活。
……，
綿綿其麃，
載穫濟濟，
有實其積，
萬億及秭。
……，
匪且有且，
匪今斯今，
振古如茲。

——《詩經》，〈載芟〉

在阿富汗的一天早上，我遇見了一列男子，穿著鮮艷的綴繡外套，燈籠褲，尖頭鞋子。他們帶著兩面鼓，唱著跳著，揮舞著鐮刀。一群婦女跟在後面，都裹著披巾，顯而易見也是在歡慶著。我站住用結結巴巴的法爾西語問：「是有婚禮還是什麼喜慶日子嗎？」他們露出詫異的表情，說：「不是啦。我們只是要去田裡收割小麥。」

——傑克・哈倫，《作物與人》

❖出產作物的泥土：密集農業的始祖❖

踩入泥巴它會吱吱作響，會移動。把泥巴放在太陽底下曬，或是把它用模子做成磚再放進窯裡燒，又可以用來做堅固的房子。有利的泥土甚至能成為建立文明的基礎：富饒的泥土，裡面流動著生命，能塑造把它放入模子的社會，帶給社會集體回報，這回報包括可經營管理的食物資源。在古代美索不達米亞，模造建廟宇用的第一塊磚乃是國君的職責。「阿卡德印記」所展現即是神祇用泥土創造世界的景象，諸神把泥土調混了，帶著泥土登上梯子，再把泥土製的磚抛上已砌好的一層層磚上。[1]

洪水退下之後鋪在陸地上的泥土，含有供給作物生長的豐富養分，定期氾濫的河水帶來的淤積泥土尤其富含養分。這種泥土最方便利用：不用犁耕就可以栽種作物，也容易揉捏堆疊做成非天然的砌塊與堤牆。沖積平原可以養活稠密人口，如果有強勢的統治階級規劃農業，收穫更不成問題。掌控糧食生產與分配的人，可以利用自己的財富來實現理想中的環境，把泥土的景觀打造成城市，建立大廈巨碑，累積閒暇，僱用能讀寫的階級，出錢贊助藝術。

文明並不是「起源於」沖積土壤（雖然沖積土壤有益文明壯大），農業也不是。但是這種環境的確能孕育某些類型的農業，孕育的農業又可滋養某些類型的文明。這類文明專門栽培一、兩種主食穀類的量產農業，在土地上挖出疏洪溝渠和灌溉水道，在地貌上劃下刻痕，塞滿「非天然」的作物，因為它們不靠人為力量不會演化也不能存活，所以是「非天然」的。這種農業是文明衝動的極度表現。這種農業餵養了擁擠的、都市化的、高度規律化的社會——是人類住的蜂窩，是追逐集體目標的專制。

有人說，這種社會的「水力學」把它們變成了專制社會。[2] 從比較公允的觀點看，可以說這類社會是典型烏托邦：按理想境界構想，被經驗定型。管理水之複雜不易（或擴大來說，抵擋自然之不易）使這種社會任由組織人群的知識宰割，為了獲取與處理得之不易的糧食也會如此。過度調控的動機——以及環境過度利用與過度利用往往導向衰弱滅亡的原因——都深藏在人的野心之中，這野心即是追求文明的衝動。

其他環境後來也各自發生為了解決大量人口吃飽與統治的問題而訴諸同樣的對策（見第二、九章）。所以，沖積土地雖然特別適於密集農耕，古人為什麼會開始從事密集農耕，卻不能只憑沖積土地的屬性就解釋明白。我們自己的農業就是古代農業的直系後裔：我們種小麥的大草原就像古代穀田的放大。因此我們不難理解，研究者為什麼在最近以前一直認為，上古的務農祖先是在努力要做到和我們一樣，那是因為我們給自己的評價最高，所以認為以前的每個步驟都是朝向進步，每一步都當然是經過理性判別的後果。可是，我們對於沖積谷地文明的早期農業知道的越多，就越會覺得任何社會都不應該放棄在富足環境之中狩獵採集的「原始富裕」生活。為了無利可得又費事費時的農業而放棄狩獵採集，其實是自討苦吃。[3]

在傳統研究裡，沒有人問過「人為什麼要發展密集農業」——因為認定這是理所當然，所以只問「這樣做的想法是怎麼來」，就好像這是有什麼革命性似的。[4] 如今我們既知道，從採集轉型到耕種形態在各式各樣不同的環境中頻頻發生，而且是個別自行發生，其中多數趨於更密集，這樣看來轉向農業就不再顯得奇怪或特別了。沖積土壤上的農耕趨於密集也不再像是革命性的一步，因為農耕和採集都是管理食物資源連續未斷系列的一部分，很難劃分彼此。[5]一位現代大師說得很好：「即便最簡單的狩獵採集社會也很清楚地知道，種子栽下去是會發芽的。」[6]古代沖積谷地的農藝不過是這個連續系列的另一個部分——只不過比其他部分更令人費解罷了。

種穀的人賴為主食的栽培穀物，每一種都比原來的野生品種的營養成分低，不過每個耕種單元的結實量比野生品種的多，食用前的準備工夫也比野生穀所需的少。可是，準備食用之前，這些作物必須栽種並且加以照顧，這是非常累人的工作，耗費的時間和力氣都比採集野生穀類所費的多。仰賴農作將使食物種類變少，遭遇饑饉與疾病的機率升高。栽種者必須與寄生蟲作戰，灌溉水渠會滋生病源，定居的人口擁擠在一起，成為有害微生物攻擊的目標。人口出生率提高（這是社會農業化過程中的一個特徵）對於致命的病毒有利，因為沒有免疫的罹病者源源不斷。[7]同時，狩獵本來是每個人可從事的消遣，在農業社會裡變成統治階級的特權，大魚大肉也變成權勢階級才有的享受。文明帶來的其他精緻事物（如為滿足權勢階級而耗用全民資源建造的高塔巨碑），對大多數平民而言不過是更苦的勞役與更苛的暴政。[8]

這樣說並不是在唱浪漫高調，推崇以狩獵採集為主的殺伐社會。從以前到現在，那種社會仍是血跡斑斑，和仰仗量產農業的社會一樣不平等，只不過不平等的模式有異。[9]密集農耕者捨棄的不是黃金時代的純真，而是一些實實在在的優勢。農藝學家傑克．哈倫是歷史生態學界的先驅，他的說明是最確切不過的：

> 人種論的證據顯示，不務農的人也做農人所做的每一件事，但是工作不像農人那麼辛苦。採集維生者會用火燒的方法清除或更改植被，會播種，種塊莖植物，保護植株，會擁有土地、房屋、奴隸、一棵棵的樹，會在第一批果實成熟時舉行儀式，會祈雨、祈求豐收。……他們會採收禾類種籽，會

打穀、篩糠、把穀粒磨成粉。……他們會挖植物的可食根與塊莖。他們會將有毒的植物去毒食用，萃出毒來捕殺魚或獵物。他們熟知各種不同的藥用草木。他們理解植物的生命周期，知道四季循環，也知道什麼時候可以在什麼地方輕易收獲大量的天然植物資源。有證據顯示，採集者的飲食優於耕種者，採集者餓死的事例少，他們的健康狀況普遍較佳，罹患慢性病的例子較少，蛀牙也遠比耕種者少。我們不免要問：那麼為什麼要轉而務農？為什麼放棄每週工作二十小時與打獵的樂趣，換取長時間在大太陽下勞累？為什麼要以更辛苦的工作換來養分較差、供應比較起伏不定的食物？為什麼甘願承受饑饉、病疫、害蟲、擁擠的生活條件？[10]

如果想避而不答這些問題，那麼你可以說農業密集化是不可避免的過程，是「歷史軌跡」或必然「進步」的一部分。但是歷史是沒有軌跡的，沒有什麼事是不可避免的，至於進步，大家仍在等著瞧。常見的一種回答是，本來漫無系統的務農者是為了需要新的資源才開發了技術，而需要新資源是因為人口增加，或是因為人們已經把其他食物資源捕獵殆盡。[11]可是這些理由顯然與事實發生的時間順序不符。狩獵標的物絕跡（或顯著減少）的事實，沒有一件是在這種時候、在這種地方發生。最積極的農耕文化確實會有人口成長，但人口成長大多數是農業密集化的果，而不是因。[12]人口壓力可以解釋農業密集化不可逆轉的理由何在（逆轉會釀成災難），卻不能交代密集化是怎麼開始的。畢竟，只有在資源充裕的地方才可能進行密集農耕，與其說是資源「不足」導致密集化發展，不如說資源「充足」才是密集化的先決條件。

用各種唯物論都解釋不清量產農業的起因，研究者就只得轉而求諸宗教，或是往整個文化之中尋求原因。試圖只從理性著手，或只按經濟學家所說的合理性觀點來解釋文明，實在是走錯了路。我們已測試過經濟自由主義，結果卻發現它的作用充其量只達到尚可。[13]既然如此，我們大可拋掉有關人性的一種最難纏的古老迷思，其實人並不是經濟的動物。我們做的決定並不必然是受利己之心的指導，集體做的決定尤其不是。懶散與任性是比利己心更普遍存在的人性特徵，人們在尋找長遠獲利的時候，幾乎都不會選擇一個必須立即犧牲時間或自由的方法。總之，任何人只要能根據事實做一下本益比的計算，就絕不會推動或忍受幼發拉底河、尼羅河、印度河、黃河諸谷地所仰賴的那種農耕系統。

因此，有學者認為古代人選擇農業是宗教信仰的反應，我們會忍不住想表示贊同。[14] 犁田或刨穴之後再播種再灌溉，都是含有很深的「膜拜儀式」意義的舉動：是神的誕生與滋養的儀式，人需要的食物就來自這位神；這是交易的獻祭——以勞力交換糧食。許多文化都把種植糧食的能力說成是神的恩賜或咀咒，或是文化英雄從諸神那兒盜取的祕密。馴養的動物既可充當食物，也可當作祭品與占卜用。許多社會都栽種一些只送上祭壇而不端上餐桌的植物，例如焚燒的香、致醉藥草，以及安地斯高山社群當作祭品用的一種玉米（見第九章）。作物既是神的象徵，耕作就是一種膜拜。

某種農藝或農業體系如何起源，不能夠放到實踐這種農業的社會生活以外來看。如果只估算物質上的優缺點，往往不容易找出文化上的原因。以往啤酒花收成一直是傳統的英國勞動階級假日活動。「曬製乾草」——這可以說是勞動之中比較不討厭的一種——到現在仍是指「痛快地玩」的俚語。本章開端引用哈倫的一段記述，準備收獲作物的阿富汗人都盛裝、懷著娛樂的心情。收穫時節是集體歡宴感恩的日子，也是使社會團體排除歧異、展開兩性追求、化解仇恨的時機。迫使人民修建灌溉系統的那些「東方暴君」都知道，集體勞動經驗幫助社群的鞏固。他們訴諸的道德規範，頗類似如今一些不畏懼公民道德淪喪而發起社區活動的「雞婆」型人物。非理性的辛苦勞動——例如本書第二章開頭講到的小說人物要在鳳凰城再建巨石陣——可能有良性作用。勞動生產的糧食給大家吃了：這又開啟了建構社會的另一個契機。因為，如某位大賢曾說過：「如果靈魂如同是胃，心靈交流除了一起吃一餐之外還會是什麼？」藉歡宴來契合的社會，藉慷慨排場而蒙利的領袖，都必然會覺得密集農業和龐大的儲糧食庫是有用的。

不同凡響的浩大文明乃是被一種特定的、有樂共享的融洽之情所帶動。[15]

人們針對環境而做的選擇，受文化的影響多於理智判斷，文化的影響甚至比有形的危急還重要。所以，農業不一定在有利農業發生的地方（所謂有利，是依理智判斷或決定論所預料的標準而言）。美國加州和南非都有一些堪稱全世界最肥沃的農地，如今正栽培著一些全世界最美味的水果和最具經濟效益的葡萄園。這兩個地方都自幾千年前就吸引人們來定居，但早在最原始的農耕出現之前，南非開普省的科伊科伊族人始終停留在畜牧上，沒有「進步」；加州有來源不同的各族人群，維持狩獵採集的生活方式不改，附近索諾拉沙漠比較惡劣的環境裡卻早就有了農業。

這倒也不怎麼令人意外：環境既然合你的意，何必修改它？在其他環境之中選擇農業的人作出來的決定才令人意外。除了黃河谷地的情形比較特殊之外，就所有密集農業區域而論，開始發展農業時的氣候都太乾燥，如果不引河水進行灌溉，根本無法維持密集農業，只夠簡易型農業之用。然而這裡的人並不是非務農不可，尤其不是非得從事密集農耕不可。這些地區包括各式各樣的微環境，有些地方多的是可捕獵的野味，有的地方有野生穀類，很方便用傳統採集者的方法收獲。[16]

我們試圖理解最初將農耕密集化的人究竟打著什麼盤算，應該從三個脈絡著眼。第一，這些社會中的農業是文明的「套裝」或「症候群」的一部分，滿足想把大自然文明化、歪曲、染色、悶死的欲望，是想把城市的幾何圖形帶進田野的戰果。第二，我們所說的這種農業可能是社會變遷的果，而不是因。姑且不論生產糧食的原始方法是什麼，生活在狹帶淤泥的沖積平原上的人，必須以集體行動管理水才能過得安心，因為野生糧食和居住的地方需要藉排水溝和堤壩來加以保護。我們可以嚴肅地考慮，最初跑到沖積平原河岸定居的人說不定是難民，是被競爭者從獵物充裕的狩獵環境趕出來的，按某種粗糙卻重要的標準看來，反而比周圍那些「野蠻人」差一等的人。

第三，有一個眾所周知的——卻從未在這個前提之下引述的——實例可以作類比。這個例子即是十九世紀歐洲人選擇了工業化。那時候的鄉村農民生活雖然不是溫飽無虞，卻比在都市工廠為了賺一口飯吃，而過著窮苦、骯髒、畜牲般的生活要好。前工業化時代的手工業雖然必須經過學徒階段，永遠待在社會底層，卻多少有自主權，有控制自己工作環境的能力。雖然工業化改善了往後的生活水平，工人們被迫做的犧牲卻不是無我的殉道行為。他們的生活完全被毀了，他們的身體不能正常發展，受到虐待，他們的童年被剝奪或是心靈在可怕的「適應期」受盡折磨。他們根本被愚行和貪婪活活地當作祭品。

早期紡織廠裡的環境有多惡劣，從客觀資料可以看出來：汗流不止、倦怠、腸胃不適、呼吸困難、動作費力、循環不良、心智麻痺、神經衰弱、肺侵蝕、中毒，都與機房空間狹小、機油與染料含毒有關。十九世紀中葉的工廠照例都要求每天工作十四小時，甚至十六小時。醫療當局早知道，工人容易生病的主要原因之一是挨餓導致的抵抗力變弱。早期工業化都市的貧民區都是可怕的疾病溫床和治安死角。貧民區人口是從農村連根拔起遷來的，脫離了老家的生活節奏，陷入工業經濟中最劣勢的不穩定，可能一夕之間就一無所有。[17]

然而，正如量產農業的興起被歸因為理性與必然的進步，量產工業的開端也被稱為人類勢在必行的一步，甚至批評工業革命早期惡行惡狀的人士也不例外。例如十九世紀歐洲的社會主義者，雖然痛斥工業化殘害工人的生命，卻為歷史邁向這個注定的高峰而喝彩。如今我們還在清理工業革命的殘渣，追究進步論謬誤的人卻更少了。當初發明使用蒸汽動力的那些人，現在不大可能被尊為智能或品德高人一等、想像力略勝一籌的人，同樣地，早期引入密集耕作的人也一樣。

工業化的缺點為什麼會被照單全收？從這裡可以看出量產農業為什麼會在倡導它的社會裡被容忍。原因其實在於，事情是偷偷發生的。最初的階段是良性的，一旦勢頭聚積形成劇變，弱勢者的健康與幸福就一股腦地被犧牲。工業化的這種過程，可以從目睹它發生的畫家所採取的觀點看出來。十八世紀晚期的畫家一律以「獨眼巨人的單一視野」來看待工業化，如同維拉斯奎茲的名畫《伐爾肯的熔爐》所表現出來的浪漫觀點。例如杜拉摩畫的一七六〇年代羅馬的硝石工廠，德．盧德堡一八〇一年畫的煤溪谷，圖中大火爐冒出的毒臭烈焰似乎是田園詩背景裡的一股神威。這幅作品現存倫敦的科學博物館，旁邊還掛著記錄工業革命後來發展的其他畫作。在威廉．伊比特的筆下，十九世紀中葉的雪菲德好像一座烏托邦城市，與周遭的山巒融為一體。五十根工廠煙囪和教堂的尖頂平行，整齊劃一的綠色調沒有被冒出來的煙打斷。畫中的礦場和鐵道組合成另一種市集風景，到處是鐵軌和工寮。前景有工人們在悠閒地歇息，有兒童在嬉戲，有一個布爾喬亞家族滿意地望著這城市。再看婁瑞一九二二年畫的無名城市，反映的是十九世紀後半期工業化幅度擴大、腳步加快以後的情景。除了大團黑煙後面露出的一小片昏暗天空，看不到一點大自然的痕跡。火柴棒般細小的人們是蒼白的、面目模糊，在煤氣燈影下呆板地動作著。幽靈似的大教堂在背景中朦朦朧朧，像快要撐不下去的精神價值。[18]

如今我們仍看得見，古埃及和蘇美文化的神殿牆壁和壺罐上有宣揚量產農業的畫面：圓鼓鼓的麵粉袋、體態完美的農民、灑著水的園圃正在抽芽。[19]農業的早期階段，應該經歷過多樣而富足的成果，可以證明這些畫面不假。後來生產糧食的壟斷權確立，支配了生活之後，一切才變了質。實行量產農業的人變成依賴這種農業，一如我們已經變成依賴工業：只要越過了一定的門檻，一旦農業運轉起來，開始刺激人口成長，人口密度就會增高，從此以後非得仰賴量產農業不可。

❖上帝的果園：沖積土的原型❖

所有的農業都在修改環境，都表示追求文明的衝動，最積極的莫過於乾燥氣候區沖積土壤上的農業。這種轉變過程的開端如今可以在耶利哥和查泰土丘重建起來。這兩個地方有現今所知可以稱為「城市」或潛在城市的最古老遺址，是所謂的「原始都市聚居地」。

古代耶利哥城遺址的方圓之地，在海平面以下一九八公尺，靠近地球一處大裂縫的底部，看起來不像能有出息的地方，摸著嚐著也不像。如今，這是被魔鬼的氣息吹了的地方，有惡臭且熱，覆著硫與鈉的殼，被一條無情的河淌得粘滑不堪，魚兒順流而下便死在海的鹽水裡。然而這個地方在一萬一千年前可不是這樣；古城牆挺立在廣闊的沖積扇上，沖積土是沿著猶太省山丘涓滴的支流沖下來的，水注入從加利利海向南流的河裡。約旦河有很厚的淤泥，河道在古老的泥灰與石膏的灰色沉澱層之中蜿蜒，這沉澱是曾經占據谷地的湖留下的，如今湖已乾枯。積澱的河岸形成《聖經》時代的「耶利哥叢林」，獅子便是從這裡上來突襲羊舍，如上帝警告以東地區要發生災難。[20]因此，約旦河谷的這個部分對被驅逐的沙漠居民而言屬於「上帝的葡萄園」，約書亞帶領的以色列人便有此一說。這座城以前是激烈爭奪之地，常被征服，而且有很長時期荒廢無人跡。這是戰略上的要衝，扼守著越過「谷地兩邊峭壁中的河流切開的裂縫，從沙漠區到巴勒斯坦」的一條路。[21]想在這裡生活的人都得築起防禦工事。

耶利哥有「全世界最古的城」之稱，因為它有公元前一萬年建造的居住所。這些住所建得很牢固，牆厚達兩呎，用石頭為牆基，再用厚泥疊起磚層。[22]最初挖掘出來的城垣廢墟之中還有高二十餘呎的瞭望塔，可以相當確定是公元前八千年所建。[23]耶利哥早期居民的文化已經無法重建，有些細節處卻令人躍躍欲試。例如，他們會保存人頭骷髏，用灰泥往上面模造五官，好像要賦予生命和個性。他們用軟玉製造護身符，他們顯然用嬰兒當祭品，在一只有熟石膏襯裡的盆上切下嬰兒的頭。[24]他們吃的穀物是從沖積平原天然植被中的大麥和小麥品種中挑選出來栽種的。市鎮占地十畝，可以容納大約三千人或略多一點。即便現在看來，沖積帶的範圍仍然夠大，就算栽種的穀物是一年一穫，只要有適量的狩獵畜牧補充，足夠餵飽三千之眾。[25]

耶利哥之外應該還有其他類似的城市，只是尚未被挖掘出來。一個明顯可做比較的例子是七千多年前建造的查泰土丘。此城用泥磚建在一片沖積平原上，位於現今的土耳其境內。查泰土丘的耕種土地由查桑巴河流域氾濫形成，河水注入的一個湖如今已經消失。作物有小麥與豆類。都市區的面積三十二畝，居民房屋如蜂巢般排列，不是像我們所熟知的以街道相連成列，而是沿著平屋頂的走道成列。房子都設計成一個樣子，窗格、門口、爐灶，甚至磚塊都有標準的形狀和大小。[26]雖然目前尚未發現類似的其他遺址，但查泰土丘應當不是獨一的特例。這裡有一處壁畫，畫的可能是另一個相似的城市聚居地；這裡也有來自托羅斯山脈，甚至紅海地區的貨品。查約努之類的遺址年代比查泰土丘更古，規模比查泰土丘小，卻遠從約旦河谷與查泰土丘交通往來。像查約努這樣的村莊，居民會把人頭骷髏集成堆，在磨光的石板上進行獻祭。這小遺址令人聯想到查泰土丘。

居民用工藝產品交易原始物料因而致富（按當時的標準看），累積的貴重物品有精緻的刀刃和鏡子，是用黑曜石製作的，還有他們逐漸發展用紅銅技術製造的產品。但是他們始終順從自然界力量的擺佈。他們膜拜有強壯威力的事物，像是長著角、伸著舌頭、非常巨大的公牛，蹲伏著的豹，噴火的火山，咧著嘴、背鬃直立的大野豬。多數居民在二十七、八歲到三十二、三歲時死於自然力的擺佈，死後按儀式將屍體餵給兀鷹和胡狼，之後再將骸骨葬入集體墳墓。

查泰土丘城維持了將近兩千年，在使用的水源乾枯後走上衰亡之路。即便是在公元前六千年初葉的全盛期，也是空間不足、交通不穩定。由於資源太不敷這個都市所需，以至於沒能造就另一個偉大古文明。多數學者甚至不承認查泰土丘是一個文明，不過，這也許有失公平。[27]

造就無可否認的重要文明，必須仰賴集中的資源，而集中資源必須靠順暢的交通來促成。人類有史以來對於遠程水路交通的依賴幾乎從未中斷過。航海技術一直幫助著文明向海外伸展。過去五百多年中，人類發展了跨越海洋的技術。但是，歷史上大部分時候是由河川提供長途旅行與貿易通道，文明形成也都是在河流周圍的水道旁。河川提供了沖積土和貿易通道，故而孕育出一些最燦爛的古文明：包括底格里斯河與幼發拉底河中間的美索不達米亞（大部分在現今伊拉克境內）；埃及的尼羅河谷地；現今巴基斯坦境內的印度河河谷；中國的黃河流域平原。

這四大文明在過去兩千至四千年中或消亡或改頭換面，但是影響力不減，仍在塑造我們觀念中認定的文明。我們只要聽見「文明」二字，腦中浮現的影像就是金字塔和人面獅身像、下大上小的梯形塔建築和楔形文字版，商朝青銅器和萬里長城，被風吹蝕得幾乎沒入周圍沙漠的廢墟。在這個錯誤的卻頑固的傳統之中，考古學家一直把這些早期的河谷世界稱為文明的「搖籃」，認為文明的成果是從這些地方向外傳播到全世界。

❖回到傳播模型：大河谷地區❖

常規的文明史是從這些地方開始的。我在這本書裡把這些地方拖到比較後面才講，把它們和森林、沼澤、沙漠、山地的居民放在一起而沒有優待，可能被別人指為故意作怪或好出鋒頭。其實我這樣做是為了突顯三個要點。本來這三點應該是由讀者自己看出來的，現在為了避免招致誤解，我還是自己明說了吧。第一，把文明史按年代順序排，必定會有誤導。假如文明曾有歷史的開端，有一個誕生時刻，我們並不知道那是什麼時候。例如，以前一向確定蘇美文化是第一個有資格稱為文明的說法已經被戳穿了。因為我們越來越知道，文明的核對表會因為時空不同而有差異。以農耕而言，蘇美文化比新幾內亞（見第九章）和東南亞都晚，可能也比祕魯晚，而約旦河谷和這三個地區也難分先後。[28]拜近期考古發現之賜，中國有比蘇美文化更古的可以歸類為書寫文字的實例，東南歐發現的可能也是。世界上最古老的城牆，我們已經知道是在耶利哥。最古老的巨大陵墓建築，按現有的資料可知是在馬爾它（見第十一章）。

總之，所有傳統認定的文明生活要素，並不是依照你以為那樣的順序演化出來，快慢不一，而且經常會倒轉折回。農耕與採集並行的社會裡（人類社會大多數是兩者兼而有之的），兩者的消長沒有軌跡可循，不會有某個時刻整體明確倒向哪一方。狩獵者往往會藉焚燒、圍欄、驅趕等方法來管理獵物的吃草地點。採集者通常會把種子放回土裡。安達曼島的婦女會在採集野生薯之後把莖葉放回土裡，以便「唬住普露嘉女神」，因為野薯屬於這位易怒的女神所有。[29]一九六〇年代晚期，一些「胡搞的考古學家」在泰國的一處山洞裡尋找早期農業的證據，發現了一萬兩千年前存在窖裡的一批種子，顯然是準備栽種用的。[30]

第二，取消蘇美、埃及、中國、印度四大文明一向的首要地位，改從最能清楚理解它們的脈絡來觀察。四大文明可能構成孕生文明的一個環境類別，卻未必是最優質或最有利的一類。耐著性子把這本書看到這一節的讀者，應該已經曉得，文明的衝動其實到處都存在。凡是人類能棲居的環境，幾乎每一個都受到人類欲望的影響，想把環境改得更便利。修改的成績在沼澤或泥地上，在森林大雨之中，在幾乎不下雨的河岸邊，可能都一樣了得。

第三，把這四個古老的河谷文明一起放在故事起點的習慣，會鼓勵我所謂的「傳播論者的錯覺」。一向都有人在說，文明是「傳播」的，而不是因其他方式發生的。我認為這是兩種自欺的行為所導致的。第一種是自以為了不起。我們如果假定（有史以來的人一般都這麼假定）我們自己的生活方式代表人類努力的巔峰，我們就必須把這個生活方式說成獨一無二，起碼也要說成是極罕見的。這時候如果我們發現我們認為應是獨一無二的某件事竟有很多其他實例，我們就只好說這是傳播造成的。然而，文明化其實是件尋常東西，是再普遍不過的一種衝動，所以幾乎每一個可以住人的環境都被這股衝動變了樣子。面對自然能夠謙遜到放棄或嚴格限制自己出手干預環境的人太少了，遠比把自然打碎再照自己喜好重塑的人要少，因此要去解釋謙沖自制的心態，應該要比解釋追求文明的心態困難得多。

第二種自欺可稱為「遷移主義的謬誤」，乃是把前人對遠古時代的想像做了強力扭曲。我們學來的有關史前時代的知識，其實是十九世紀晚期和二十世紀早期歐洲正處於自己偉大帝國時期所規劃完成。那個時代的經驗使自封為宗主的民族深信，文明是優越民族傳下來給劣等民族的東西。文明的導引力量是征服者、殖民者和傳教士。如果任由野蠻民族過他們自己的日子，他們會陷在文化停滯的泥淖裡。不言而喻的是，那個時代的自我知覺其實投射在人們對於古代的描述上。例如，不認為真正造起英國巨石陣的人有能力那麼做，就如同白種人看到大辛巴威的遺跡時說那是外來的人所留下的（見第十章），如同說馬雅城市是在外地人的指導下造就的（見第六章）。威塞克斯青銅時代早期，族長們擁有的大量黃金，曾被假定來自古希臘邁錫尼的國王。愛琴海的精緻宮殿生活（見第十一章）也曾被說成抄襲自近東地區。遷移主義的學術研究認為，史前時期的每一項發展都類似十九世紀歐洲殖民主義，每次重大改變都受惠於文化優越的移民或學者，野蠻世界因為有了這一線光明才邁向文明。由於學者滿腦子都是猶太民族的神聖歷史和希羅多德的大遷徙故事，當然會對這樣的看法相信不疑，還在地圖上為文明的進展定路線。這麼做等於幫那個時代的大課題找到充足理由：世界上的民族有優劣等級之別，應按智能劃分。[31]

學界流行的說法已經隨著文化環境而改變了，以前歸入「傳播論」與「遷移論」的那些變遷如今改用「變遷過程」來解釋。按此，農業不必然得向別人學習才會，雖然有時候的確是跟別人學來的。在甲地促使農業產生的過程，照樣會在乙地促使乙地產生農業。書寫或類似書寫的其他傳訊方式也是如此。以前被尊為「最初的」或「開創的」偉大河谷文明，現在不再被認為彼此互有影響，更遑論還會有全世界都去模仿的文明範本。[32]

有些關於文明要素是擴散出去的老舊說法，在這番重新思考後仍倖存下來，理由不一。例如書寫，以前常有人說（現在也仍有人認為）書寫文字是美索不達米亞人發明的，其他文明中的書寫都來自模仿。西方世界的科學和數學，仍被溯源到古埃及文明。印度河谷仍被一廂情願奉為印度文明的心臟，雖然根本沒有充足的證據。前不久曾經幫助人類駕御環境並改變世界的大多數重要發明，還被說成從中國傳出來的。

上述的這些傳播或其他類似狀況，有些的確發生過。文明必須能接納多種影響，否則就會枯萎或停滯。[33]商朝人很可能從長江流域的文化學來殯葬習俗，從中亞吸收了一些藝術，從草原文化學得如何使用戰車，從南北鄰邦學來甲骨占卜。[34]但是這些都是很一般性的交流，不同的文明因此變得更豐富。如果認為除非有古代河谷文明的幫忙，不然自己就沒辦法發展出文明，這樣就不對了。有人想證明美洲的文明是從埃及或中國傳入，這未免有些傻氣，因為可列舉的相同點太少也太不重要。科潘（見第六章）的君王蓄著鬍子，威儀十足，卻實在不像中國的皇帝。[35]歐洲的巨大建築、數學、天文，早在地中海東部的任何影響傳入以前就已經存在。書寫文字在相隔很遠的地方各自發源，產生的方式也很不一樣。

由於我們對早期書寫系統的理解不斷迅速增進，因此有關書寫文字的發展年代與定義已經亂成一團。一套方法必須能傳達多少訊息才夠資格算是書寫（見第九、十章）？美索不達米亞人的圖像書寫算是圖畫還是書寫？[36]為了回答這些難以捉摸的問題，不得不徹底修改傳統傳播論的陳述。直到公元前兩千年的商朝甲骨文時代，中國文字才有清楚可讀的形態；黃河以南的半坡遺址所發現的陶器可以證明，中國早在公元前四千年的時候就有了記錄訊息的符號系統。這些符號可能是數字或是製陶匠的辨識記號，因為符號簡單，一次只有一個，並沒有連接起來的文意可言。那麼，這是書寫嗎？抑或是算不上書寫的其他東西？前不久在武陽發現了更古的龜甲——可能還要早一千多年；但是龜甲上的記號似乎沒有含意。把一個個孤立的符號組合在一起，說出意思，闡述道理，是非同小可的事，只不過我們太習以為常，不會想到這一層。有些文化可能得歷經上千年才能跨出這一步，甚至書寫系統已經在其他特殊用途上（標籤、占卜、官印、咒文）存在很久，卻遲遲未補臨門一腳。

過去，傳播論的錯覺太過強烈，所以認為沒有沖積河流的肥沃土地就不可能有文明。[37]我們現在有十足把握可排除這種假說。沖積土壤並不是唯一能夠滋養古代文明的環境。不過，沖積土地的確顯出一些優勢，也發展了共同特徵：泥土給它們顯著不同於周遭其他環境的樣貌和觸感。因此，沖積土地的居民養成一種特有的自覺，自認與毗連環境的野蠻世界有所不同。沖積土地上都有控制並導引洪水的必要措施，也必須為發揮土地的最大效益而規劃農耕，因此有強大的國家與合作的生活模式。因為土質肥沃，沖積土地可以積累過剩的資源，過剩的資源帶給人們對未來的信心，而寄望未來的信心正是文明的一大先決條件。

這些優勢並不表示河谷諸文明中的人生活很悠閒自在。逐一看過之後，我們發現這些文明都要付出極高代價，甚至可能要人命，也會發現這些文明的成績得來多麼不易。

❖從蘇美到巴比倫❖

多數的文明史是從這裡開始講，傳統的推估方法也認為「歷史的開端」是在這裡——幼發拉底河與底格里斯河下游中間，靠近過去曾經被波斯灣淹沒的部分溼地，現在位於波斯灣以西的地方。考古學家挖出公元四千到兩千年前住在這裡的人類遺骸，解讀他們的書寫文字，對他們懷著一種同理心。從資料看得出他們是有技能的工匠、有想像力的寫作者、有進取心的交易者、有公益精神的統治者與立法者、有效率的官僚、善於諷刺的幽默家。他們的自我造形在兩千年的藝術中維持不變：圓圓的腦袋，大肚皮，愛好音樂、宴樂、戰爭。他們自認為有別於鄰邦人這點是有所本的，因為他們的語言特殊，彼此有同一套統一在「蘇美人」名稱下的認知觀念，他們的土地即為蘇美地區。

蘇美人在不產木材的地方能造船，在沒有金屬礦藏的地方製造了傑出的青銅藝品，不用石材就建造了神話般的城市，用柴枝、蘆葦、泥土就能建造河堤水壩。他們生活的土地資源不足之外，環境也與他們做對。他們有一則諺語說：「熟穀子會生長嗎？我們不知。乾穀子會生長嗎？我們不知。」[38]太陽烈得教人睜不開眼，令土地發燙。颳大風時，大地「像個壺似地碎裂」。[39]

如今的陽光和風依舊，底格里斯河與幼發拉底河從遙遠的降雨之地，經過烤焦的景觀，滲入地底，就像窗玻璃上淌下的水滴一般。公元前五、六千年的時候，這裡曾經勉強算是比較不乾旱的地方，當時農業正在逐漸確立。如今這裡的雨量每年只有一五〇到二〇〇公釐，夏季的氣溫在樹蔭底下也超過攝氏五十度以上。蘇美心臟地區的降雨量從來都很稀少，而且降雨只限於冬季。即使利用灌溉系統，夏季仍舊酷熱乾燥到不能生產早期城市所需的糧食，所以必須仰賴冬季作物——小麥、大麥、洋蔥、亞麻籽、小扁豆、鷹嘴豆、芝麻、野豌豆。為了在洪水淹沒線以上的地勢造房屋，以及導引並儲存用水，這裡的人都必須辛苦地挖土。從公元前二千年阿卡德的一段詼諧對話可以看出，底格里斯河與幼發拉底河從頭至尾，整個美索不達米亞文明之中，掌控糧食供應靠的都是細膩的政治學和經濟學。主人先說：

僕人，服從我。我要把糧食給我們的國家。
給吧，老爺，給吧。把自己的糧食給了國家的人——
他的大麥還是自己的，他的利息收入卻變得非常多。
不，僕人，我不要把糧食給我們的國家。
別給，老爺，別給。給東西就像付出愛。……生下一個兒子……
他們會咀咒你。他會吃掉你的大麥，把你消滅。[40]

這裡一旦下雨，就是挾著狂風的暴雨，天空佈滿片狀閃電。古代詩人如此描述，「風暴之神懷恨下令，把這國家都耗盡了。」帶來肥沃沖積土的洪水也因為變化莫測而可能要人命。尼羅河與印度河按大致可預測的節奏消長，底格里斯河卻隨時都可能氾濫，把堤壩都沖毀而且溢出溝渠。即便沒有洪災的時候，沙漠風暴也會把農人颳得窒息，把作物都掩蓋。美索不達米亞文學（是以書寫形態保存下來的最古老虛構文學)的世界是由風暴與洪水之神主宰——至少也是籠罩在祂們的陰影之下。

至尊的神祇恩利爾「召來摧毀土地的風暴：狂吼掃過天際的颶風……像滾滾洪水般無情的暴風雨，吞沒本城的船隻。……祂將這一切收集在天界之底，在沙漠灼熱的兩側點燃。這火便如正午烈焰般燃燒。」[41]也有詩文讚揚大地與水——這兩股善的力量一結合便創造了沖積土壤。大地是農作物的家，擬人化後名為寧圖，常以正在給嬰兒們哺乳，或是被嬰兒們圍繞的形象出現。男性神安基代表滋潤土地的水，祂的神威使「底格里斯河與幼發拉底河的水純淨，使蔥綠的草木豐饒，使雲變厚，賜給所有耕地充足的水，使犁溝中的玉米揚起頭來，使沙漠中處處有牧場」。但是這兩位神是次等的神，要聽從暴風神和洪水神的呼來喝去。

美索不達米亞殘留的古文學中最著名的就是史詩《基加美修》(現存的版本大約是公元前一千八百年所寫，但口傳版本形成的時間更早)，是塑造美索不達米亞環境的那些自然力造就了這個故事。史詩中的英雄遭到會噴火、吐瘟疫的妖怪攻擊，諸神介入幫忙，用灼熱的風把這妖怪變瞎了。基加美修深入「死海」去找長生不死的祕密，結果遇到一家人。這家人是唯一逃過因神祇一時任性而造成大災禍的人們，這場災禍是遠古的大洪水，把這家人以外的人類都消滅了，甚至害得諸神自己「像蹲伏的狗兒一般瑟縮在牆邊」。[42]

基加美修是文學創造出來的人物，已經是流傳很久的傳奇。但是基加美修也是一個真實人物，至少歷史資料中真的有位名叫基加美修的國君。史詩中引用了有關歷史人物基加美修的一則諺語，說：「有誰以他那樣的權威統治過？」他是公元前兩千七百年(這是最廣為各家贊同的年代)烏魯克城的第五位國君。詩中也提到他城中的一些奇觀——城牆、花園，以及蘇美文化中一律建在城中心、有巨柱大廳的神聖區。

公元前四千年末期，蘇美已是城市林立，每個城只准膜拜自己供奉的一位神，各城都由君主全權決

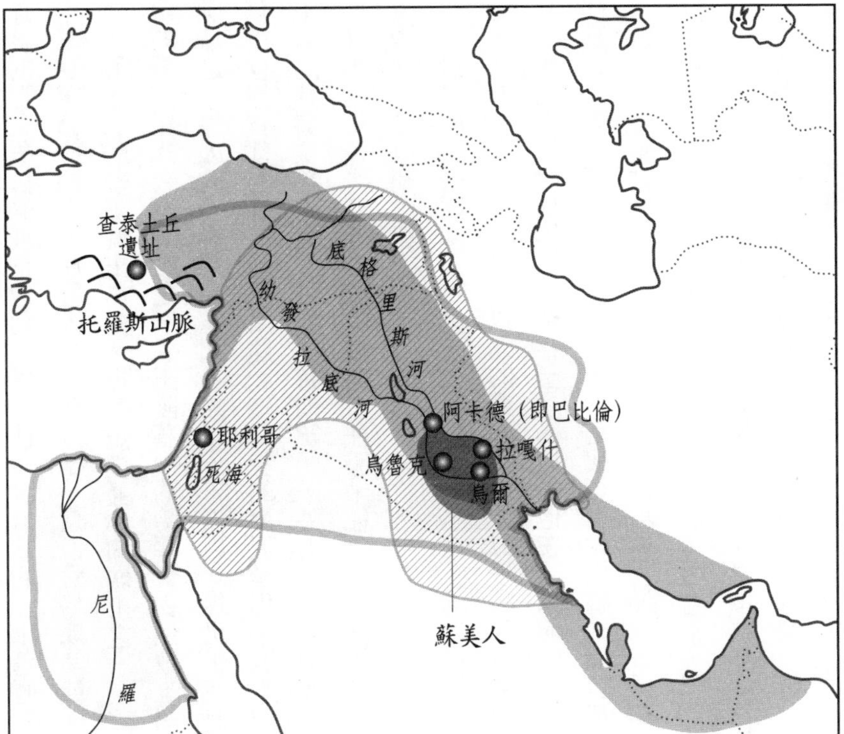
查泰土丘遺址
托羅斯山脈
幼發拉底河
底格里斯河
阿卡德（即巴比倫）
耶利哥
死海
拉嘎什
烏魯克
烏爾
蘇美人
尼羅河
阿卡德王國（薩爾貢所立）
亞述帝國(911-612 B.C.)
巴比倫王國(612-539 B.C.)
圖7 兩河流域的古文明

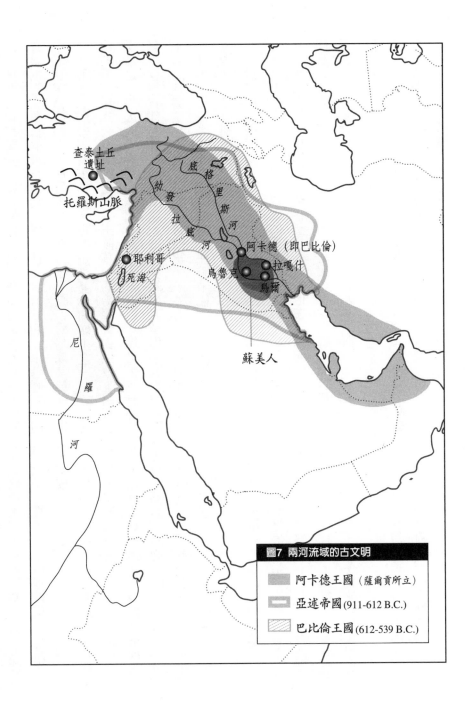

定與鄰城的戰和關係。城外附近的原野裡還有畜牧的社會，但甚少在紀錄中出現，也許恩基杜這個毛髮蓬亂的野人象徵的就是他們。恩基杜經過恰當的文化適應——刮乾淨鬍子、換上衣服，他便成為史詩之中基加美修的盟友。原野人是邊緣分子，還沒資格成為蘇美城市的正式成員。

最著名的蘇美城市烏爾，也是規模最小的城市之一。這是《聖經》故事之中亞伯拉罕的故里，有輝煌的戰爭紀錄，貿易發達，君王陵墓中的陪葬寶物無數，還有公元前三千年晚期建的巨大金字形神塔。神塔之中最大的一座聞名遐邇，峻工一千五百年後仍被尊為神所造的。烏爾大神塔是在烏爾城漸漸成為蘇美世界首都的那段時期所建，這一步的發展是出乎意外的，與蘇美政治勢力一向的分配不一致。交戰不斷的蘇美城邦本來不可能長時期統一，外力介入卻迫使政局改變。各行其事的城邦於公元前三千年中期被美索不達米亞北方來的侵略者征服，征服者薩爾貢是上古世界締造大帝國的君主之一，據說他的軍隊曾經打到敘利亞與波斯。

這樣的大帝國卻不可能永久維持下去。一、兩百年後，本地的蘇美勢力重振，把薩爾貢的後繼者趕走。曾有一段時間，烏爾以北的鄰邦拉嘎什似乎成為蘇美的首強，國君谷第亞是最受崇拜的蘇美君主，有二十七座紀念他的肖像留存至今。但是他在公元前兩千一百年的某個時期被烏爾的一位君主烏爾納慕罷黜。烏爾納慕王朝所建的華麗神塔與奇偉的城牆，使首都烏爾有了馳名世界的樣貌。幾年之內，就有遠自伊朗高原和黎巴嫩海岸來的進貢（這些都記錄在泥版上）。由烏爾所稱霸的王室生活常景——打勝仗、收貢品、慶功——都細緻描繪在一只公元前三千年的豎琴共鳴箱上。

美索不達米亞的經濟重心在公元前二千年漸漸移往兩河上游，原因不明。河流改道使各城邦陷入困境；淤泥堆積使貿易船隻無法靠岸；波斯灣另一端發生戰爭；可能還要加上印度河谷一些大城市的消失（見第八章），都擾亂了商業活動。「野蠻」部落來的移民和侵略者耗損了蘇美的元氣，把蘇美的力氣榨光了。新的經濟契機也在這個時候從北方浮現，因為經濟發展使得在敘利亞以及伊朗和安納托利亞高地一方面有了新市場，一方面把舊市場擴大。敘利亞的埃卜拉遺址發現的檔案證實這裡曾是重要的商業中心，與美索不達米亞有重要的文化聯繫。埃卜拉的商業是國營的，商人就是使節。有十多個城市把黃金、白銀、黃銅、紡織品送到這裡販售。埃卜拉也是紡織品與金、銀、青銅冶煉的工業中心。這裡雖是貿易中心，其實土地肥沃，農產自給自足還有剩餘。按著名專家推估，王室穀倉儲存的糧食夠吃一千八百萬頓飽餐。現存最完整的巡迴調查上記載，種植的小麥有十二種，豐富的酒和食油之外，還有八萬頭羊。[43]

這個期間烏爾衰退，成為一個祕教中心和遊覽勝地。蘇美語文也緩緩式微，從日常通行的語言變成儀式典禮上專用的語言，就像現今西方世界的拉丁文，以及巴塔哥尼亞教堂中的威爾斯語。當初薩爾貢的軍隊把他們自己的北方語言傳遍了底格里斯河與幼發拉底河。蘇美諸城衰頹消失後，後世對它們的記憶主要只留在高原與沙漠來的侵略者所使用的稱號裡，因為征服者藉這些頭銜榮耀自己，也使自己的統治權威有正當性。

美索不達米亞的政治領導地位不再屬於烏爾，離開了蘇美，移到幼發拉底河上游一點的巴比倫。巴比倫因為遭受激烈戰爭和外邦征服的衝擊，國力變弱，但卻熬過了美索不達米亞所有侵略者的蹂躪，在外邦帝國陰影下維持了五百年的區域性重鎮，在自治與獨立之間搖擺。巴比倫在歷史上留下不可磨滅的是漢摩拉比法典，這法典其實是從更新蘇美立法者的成果而確立的，但公元前一千八百年的漢摩拉比國王卻說這法典是太陽神授予的。巴比倫的歷史地位包括建造世界七大奇觀之一——空中花園——的藝術美譽，以及對埃及、希臘、阿拉伯的數學與天文的貢獻。到了公元前七百年早期，巴比倫經過長期斷斷續續抵禦亞述侵略之後，似乎漸漸支撐不住。亞述人來自底格里斯北岸，以蘇美傳統為尊，對自己有戰無不勝的信心。

公元前六八九年，亞述國王西拿基立，也就是《聖經》上所說的「像狼衝入羊圈般」攻打耶路撒冷的這位，率大軍前來報復巴比倫人膽敢藐視亞述的行為。他要不是屠殺、就是驅逐巴比倫居民，把主要建築夷平，把被摧毀建築的瓦礫拋到河裡，在城內挖溝，誓言要把巴比倫變成沼澤。西拿基立的兒子念及巴比倫昔日的光輝發了慈悲心，恢復了巴比倫城。但是下一代的亞述巴尼拔卻再度施行報復政策。

公元前六四九年，據說亞述巴尼拔將五十萬巴比倫人逐離家園，阻止任何人潛逃回城，並且宣布：「凡是逮到活人，一律用來祭奠我祖父西拿基立在天之靈。」這時候的巴比倫仍具有號召群眾反抗亞述人的某種神祕力量。亞述軍隊沿幼發拉底河拉開太長，在其陣線上遇到了敵人，就是巴比倫時來運轉的機會。納波普納瑟（西元前六二五－六〇五年）抓住巴比倫「抗暴軍」的有利時機，如他的碑銘上所說，以「無名小卒」的身分策劃了巴比倫復興。他自誇「擊潰了以前使同胞們背負重擔的亞述人」。[44]

於是巴比倫再度成為帝國都會，接收了亞述瓦解後留下的真空。到了尼布甲尼撒二世主政的朝代（西元前六〇五－五六二年），巴比倫達到巔峰。他的武功在《聖經》中都有記載，說到他洗劫所羅門王的聖殿、把猶太人民擄走、擊潰卡基米什的埃及人，有褒也有貶。他的建築功業更為後世所稱道，甚至成了傳奇。這歸功於他的兩大建築奇蹟，一是空中花園——據說是為了取悅一位妃子而建，另一是寬度夠四輛戰車並排而跑的城牆。除了巴比倫城之外，他在美索不達米亞各地都重建起神塔和城牆，以落實他自我標榜為「恢復古代光榮」者的形象。從現今留存上了釉的磚面上優雅邁步的獅子、公牛、龍仍可看得出當年的華麗氣象。尼布甲尼撒是製造戲劇效果的高手，是招攬名聲的天才。世人雖然久仰他的大名，卻隱約覺得這些名聲的基礎不穩，釉面磚華麗的表層下是易碎的東西。[45]

例如他的空中花園，一方面代表他成功的自我宣傳，一方面也透露他的成就欠缺證據。因為巴比倫距離希臘太遠，太少有希臘人真的來過，不知道記述空中花園的那些希臘人是否親眼得見，實在令人懷疑。儘管如此，愛好搜奇的人士卻抗拒不了這個名稱的吸引力。按希臘漫遊者的描述，空中花園是一層層高上去的階地，高到和城牆一樣，每層都用拱形牆支起來，拱形牆堅固得可以撐住「足夠栽種最高大樹木那麼厚的泥土」的重量。從幼發拉底河打上去的水順著花圃涓細流下，要使美索不達米亞平原中的人想起山的壯觀。空中花園是七大奇觀之中唯一沒有明顯宗教目的的（按慣常的定義而言），卻完全表現了七大奇觀的共同特質：大手筆地與自然對抗，改變自然風景的原貌，設計巧妙的引水系統挑戰重力。

像尼布甲尼撒這樣恣意在建築上揮霍又自負的人，很可能會想斥建空中花園。但是巴比倫的歷史紀錄卻都沒有提到這件事，相關的考古遺跡完全找不到。有些考古挖掘甚至已經證實巴比倫其他傳奇的真實性，卻無法證明曾有空中花園存在。因此學者們認為，整個空中花園之說是希臘騙子們的浪漫捏造，也可能是希臘人把巴比倫和尼尼微混淆不清的結果，尼尼微的亞述君王們喜歡造園，不惜耗用巨資鋪張蔚為奇觀的效果。如果是這樣，那麼空中花園真可算得上是七大奇觀之最，因為只有它是僅憑傳聞就令全世界稱奇的一個。[46]

也許因為尼布甲尼撒做得過了頭，或是因為再沒有這麼強悍的領袖，所以巴比倫沒有再強大過。公元前五三九年，巴比倫一戰未打就被波斯侵略者占據。希臘地理學家斯特拉博曾於基督紀元初期來到巴比倫的廢墟憑弔，這時候的巴比倫城已經因為受侵略者的破壞，統治者的漠不關心，「變得殘敗不堪」。斯特拉博說：「這宏偉的城市已經變成一片大沙漠。」然而，美索不達米亞的文明卻有非比尋常的耐力，比阿拉伯海另一端的印度河谷文明延續得更久，印度河谷的諸城曾經空無居民長達一千五百年之久（見第八章）。可以與美索不達米亞並論的是情況相當不錯的尼羅河谷，它的衰勢並不急劇，轉變也看不太出來。從東邊的美索不達米亞或哈拉帕（在今巴基斯坦境內）前往古代埃及，最便利的方法是乘船，我們可以透過紅海——這條古代的貿易路線去看看埃及。

❖從地下來：「尼羅河的禮物」❖

這是女王哈茲赫蘇特最自豪的作為：她要世人在她死後銘記不忘。記錄此事的場景占去她神廟柱廊之下的半壁牆面，大約是公元前兩千年中期所繪。這是一趟顯然異想天開的旅程：乘船到埃及人所知最遙遠的地方——一個出產焚香與象牙，豹與猴子，烏龜與長頸鹿，黃金、烏木、銻之地，這次出航不是真的，只為了製造可供宣傳的主題。女王投注在這次遠征上的財力和感情，當然不能與建造她的神廟相比。

哈茲赫蘇特需要更耀眼的功績加持，藉異域的珍奇寶物引起人們欽佩，也可彌補她欠缺的正當性。因為她是自古以來唯一在埃及稱王的女人，而埃及的君王就是現世的神，這是活著的埃及女人可望而不可及的地位。她活神仙的地位暫時沒有受到質疑。在當時的埃及，以及差不多同時代的其他社會裡，取得財寶（和朝聖一樣）走的路途越遠，在人們眼中可敬可畏的程度往往越高。[47]這與近代早期的歐洲一樣，國王的資格之一是坐擁大量財寶。哈茲赫蘇特要的還不止於此。她既是成了神的君王，就該享有一個香料樹的花園，造這個園子必須往彭特這個地方去取材。她明正言順成為埃及王的資格之一就是，她不是凡胎，而是阿門拉這位神祇進入她母親身體所孕育，「帶著一股神聖芬芳，以及他的所有香氣——也就是彭特的香料之氣」，[48]出身不輸歷任法老王。

如今我們並不知道彭特在哪裡，但這條路要走很長一段紅海的旅程。渡紅海的航程難免既漫長又危險，因為風雲太難測了。從哈茲赫蘇特神廟的壁畫可以看得很明白，目的地彭特是個熱帶或亞熱帶地方，靠近大海，非洲式的文化形態明顯可辨。哪一個地方有彭特的全部物產，各家學者的意見不一，但是索馬利亞很接近標準答案。而且事隔將近三千五百年，原生動植物多少會有所不同。如今我們眼中的索馬利亞是全世界資源最少、生活水平最低的地區之一。古埃及時代的索馬利亞卻是冒險家嚮往的財富泉源。這裡的物產是人見人愛的小物品，但埃及人卻派出五艘船來取，這是因為用來換這些小東西的物品是單位價值不高、數量卻很龐大的東西。彭特專產寶貴的奢侈品，埃及則是強大的糧食生產國，經濟完全是為量產的密集農業而設計。前往彭特的任務不僅僅是與異文化相遇，而且是一次不同生態環境的會合，也是彼此交流的機會。

假如埃及的文本所述屬實（但很有可能是吹噓），那麼彭特的人見他們到來時將表現出大為驚訝的態度。「你們怎會來到這從未有埃及人來過的地方？」文本中說他們這樣問道，吃驚地抬起雙手，「你們是從天而降的嗎？抑或是渡海而來？」他們這麼說，就好像渡海與從天而降一樣不可能做到。據哥倫布說，他第一次渡大西洋之旅終於抵岸時，島民們見到他也是這麼問的，比的手勢也是這樣。後來這就成了遊記文學的慣用指述，藉此表示探險者所造訪的地主嚴格而論是比較劣等的、很容易受騙的人種。[50]埃及用其他表示野蠻與愚鈍的特徵把彭特人誇張化了：彭特的國王胖得離譜，弓著身體的大臣們都長著鬆垂的嘴唇。按埃及文本所言，雙方交換禮物時，聰慧精明的埃及人占盡便宜，但這是按埃及人物品價值的原則所下的判斷；如果按彭特這邊交涉者的觀點來看，對於交易結果應該也是十分滿意。總之，彭特的好東西與埃及提供的回敬完全是兩碼事。彭特擁有「一切奇妙之物」，而埃及提供了「一切有用之物」。彭特的黃金是用公牛形狀的砝碼計算秤重的，活的香料樹一棵棵栽進盆中搬上了埃及的船。埃及人付給的代價是「麵餅、啤酒、葡萄酒、肉、水果」。[50]

可見，埃及是一座食物製造機，法老王的經濟政策就是致力於日用豐裕。不過不是人人日用豐裕，因為多數人的飲食只有比維持生存略多一點的麵餅和啤酒，[51]而是為了有餘糧儲放在穀倉裡以備不時之需，交由朝廷和祭司們掌管。在炎熱乾旱且隔一陣子就有水災的環境之中，不向大自然低頭不只表現在改造地貌建起衝天的金字塔，更重要的是積穀防災，使人類不會被主宰洪水的隱形力量打倒。安葬拉美西斯二世遺體的神廟裡的糧倉，大到可以儲存夠兩萬人吃一整年的糧食。一位大臣的墳墓壁畫中，得意呈現了維持國家溫飽的稅租清單：一大袋一大袋的大麥、一堆堆的烤餅和堅果，上百頭的牲口。[52]國家儲糧似乎不是為了固定的重新分配——重新分配歸市場機制，而是為了饑饉時賑災。按後來的文本（大約是公元前兩百年後期）中記錄的古代傳說是這麼說的，等到「飢荒年」結束，「到穀倉借糧的人們將會散去」。[53]

收集貯存穀糧的方法非常重要，其重要性不亞於治水系統，因為洪水氾濫的範圍變化莫測。民間傳說中說，大旱一次就釀成「七個荒年」，那時候「每個男子都吃自己的兒女」。[54]曾有先知預言，「埃及的河川枯竭」使河岸變成沙地的時刻會再來。[55]拉美西斯之後，洪泛面積曾經縮小。阿馬爾納一處古墓壁畫裡有糧倉內部的模樣：六列塞得滿滿的食品，包括一袋裝的穀子、堆疊的魚乾，都放在磚柱支撐起來的架子上。[56]一個強大的朝廷不能沒有積糧防災的遠見。穀類都是強迫徵收，在嚴密監控下運到糧倉儲藏。

埃及人如何看待環境，可以藉歷史上的生態求證。用土壤樣本就可拼湊出乾貯食物的年代。公元前三千年中期的埃及是「紅」土地中間的「黑」土地（編按：埃及人將土地分成「黑土地」和「紅土地」，黑土地是肥沃的尼羅河土壤，紅土地是荒原的沙漠，保護埃及免受侵擾）；黑土地是沿著尼羅河兩旁的長條洪泛沖積土地，再遠一些是漸趨乾燥的沙漠，情況與現今差不多。同樣在公元前三千年的這一千年裡，畫家描繪的動物種類變少了，孟斐斯的狩獵壁畫顯示，原本獵物繁多的地方變成荊棘叢、沙土或光禿的岩石。[57]雨下得少。埃及文學最著名的一部作品之中，虔敬的法老王向太陽神禱告時說，雨是神賜給外邦人的恩惠，是從「天界的尼羅河」降下的，[58]「死亡的滋味」即是苦渴的感覺。[59]一位埃及祭司曾告訴索倫，埃及以外的地方會下雨，「我國卻從未有水從天上降入田裡：反之，水都是自然而然地從地底下湧上來。」[60]

尼羅河不但是生機盎然泥土的源頭，也是這條狹長黑土地的大通路。第十一王朝的大臣梅克特拉曾是船隊主人，他在底比斯的墓中壁畫就繪有他生前所擁有的船隻，包括遊艇、駁船、食物供應船、捕魚船，展示出船上宴樂的大陣仗。國王出巡走的河道，起迄點都有「法老停泊宮」，其中有磚造神龕和戰車的練習場。[61]陵墓中常見各式行船的模型和繪圖。底比斯古墓壁飾中裝載穀子的駁船、運油罐的船、運大綑秣料的船，都停靠在市場旁。[63]人世間藉河運輸，神界亦然。公元前三千年中期的法老王基奧普斯，就有送他的不朽之身上天的船。放在與他的金字塔毗連的某個坑裡的，是一條運他的屍體到安葬處的駁船，而目前考古挖掘的另一個毗連的坑，存放著送他上天的船，這艘帆船要航過冥界，與每天夜晚送太陽重返生命的船隊一起行走。人世的這條尼羅河是當之無愧的文明動脈。文化與貿易都可以自在地從河岸進入。尼羅河也具有政治上統一的功用，因為埃及帝國的形狀如同一把簸揚的扇子，長條的扇柄是尼羅河，三角洲是展開的扇身。史前曾有上、下埃及之分，統一以後延續上千年的歷史中也一直留著一分為二的記憶，法老王戴著雙重的王冠。第一個王朝始自美尼斯，他將上、下埃及統一，然後在兩國交會的孟斐斯建都城。

每有灌溉系統，就有生命存在。精密的灌溉系統能夠創造它自己的微環境，例如裝飾底比斯古墓的果園和花園。園裡有一名園丁揚起汲水桔槔；這是公元前三千年的發明，水桶裝在起重架上可以從滿是蓮花的溪裡舀起水來，再倒進園裡，只要一個人就能操作，園丁的腳邊還有一隻狗。即使不依賴這種發明，埃及的耕作區域已是生物非常多樣的棲地，尤其是尼羅河三角洲，熱鬧的沼澤地聚滿了可採集狩獵的動植物。埃及人對野外的想像，來自沙漠和沼澤。奈巴門就被描繪成在紙草蘆葦、蘸草叢、水生植物及禽類的環境中狩獵。[63]大都市的雕刻師也從蓮花和紙草得到靈感。第十九王朝時在東北邊三角洲建的拉姆瑟斯城有一篇頌詞，用豐富的色彩描畫出環境之美。

> 充滿一切美好……池中有魚，湖上有島。草地青翠……；河岸生長著椰棗；沙地上甜瓜茂盛……穀倉堆滿大麥和雙粒小麥，直達天際。

洋蔥和青蔥、萵苣、石榴、蘋果、橄欖、無花果、甜酒都一一記錄，還有「吃蓮花的紅魚」、燈心草叢和紙草，也沒有遺漏。[64]上埃及的環境雖然比較單一，但沖積平原和沙漠之間也有一長條放牧牲畜的草原。埃及與其他容易文明化的環境一樣，是一個交叉點，結合了多樣的棲地。

不過沼澤的潛力卻不如泥地。尼羅河氾濫既帶來農業生產力，也造成限制。淤泥必須汰舊換新，因為一次氾濫造成五十公分深的泥土含氮量，到下次氾濫前已經減少了大約三分之二。氾濫留下的淤泥不論有多少層，埃及人能用於耕作的表層土壤總是相當淺，[65]所以農人得忍受水災。但是要得到氾濫的好處還需要集體加以管理，需要在高度不同的位置挖水塘、築堤、開溝、造運河，把水引到需要的地點，儲存起來，輸送到遠處的田裡。公元前四千年的某位國王就是以挖運河的形象示人。[66]公元前二千年的通俗雋語說，法官乃是「受苦難者的堤堰，守護著不讓人們溺死」；貪腐的法官是「淹沒受苦者的湖」。[67]疏浚、掏泥、開溝、攔水的結果，便是用文明雕琢出另一個世界，形狀精準而對稱。希羅多德認為看來像是把自然的模型硬扳顛倒，成為人造的文明，[68]埃及人認為這說法算是一種恭維。

黑土地太窄令埃及人不安。他們對待埃及以外的態度是傲慢加上沒有安全感。沙漠有些許防堵野蠻民族侵略的功用，因為這是幾乎不能住人的地方，但那些位於埃及邊疆上還算有生產力的環境裡的居民，就只好不斷受著劫掠者的威脅。但是沙漠也是塞特統御的領域，這位邪神的混沌世界時時伺機要顛覆宇宙秩序。對沙漠居民的嫌惡來自文明的自覺，不過這種心理不常見，除了沙漠蠻族戰勝埃及人的時候，才興起厭惡之感。例如當希克索人的君王冒著酷熱從利比亞沙漠打進埃及時。

希克索人也與其他征服定居民族的遊牧者一樣，在被復國的埃及人趕出去之前就被埃及化。三百年後的拉美西斯三世自稱憑勇猛與神的帶領，把占據埃及的神祕「海洋民族」（據說也曾經擊潰西臺人，但搗毀許多青銅時代的國家）打退：

> 河口以戰船……躍動的馬匹……形成一堵堅固的牆一般……我是英勇的戰神，挺立在它們的最前面。集體從海上來的人，有河口最強的火力迎著他們，岸上有長槍陣包圍他們。他們被拖上岸、團團圍住、趴下受死，之後屍堆成山……[69]

CHAPTER 7

荒涼平坦的沙地：誤導人的近東案例

天災與蠻族侵略即便帶給埃及各種禍患，埃及沒有敗亡，固有特色維持了三千多年，直到融入羅馬統治的世界為止。此後埃及的宗教信仰雖遭遇挑戰，卻遲至基督教傳入才被真正挑戰。埃及文明在這個期間逐步地、有去無回地沉浸到地中海區域的文化大雜燴裡，這過程可以從最後法老王殯葬的風格看出來。從「法尤姆肖像群」石棺上睜眼直視的面孔可以看出，這已經是受希臘羅馬風格影響的、屬於更廣泛的地中海風格，埃及帝國的美術已經變成羅馬帝國之中的地方藝術。有些文明會被環境變遷毀滅或改頭換面，可能是過度開發資源的自食惡果；可能是在不同環境中轉換而改變自己的特性；也可能是因為遭到征服或反叛，因文化衝突造成的滅絕。

人類從事建造是為了使生者愉悅，給死者安頓。大量建造大規模的聖所、神廟、陵墓，反映了一種健全的「輕重緩急意識」，畢竟，我們死掉的時間比活著的時間長得太多。最能堅守這個輕重緩急原則的文明，就是古埃及文明。正是因為殯葬習俗太受各界重視，最後發生徹底變革的事乃是自然不過的，但埃及的某個早先的發明卻成為我們對於埃及文明的印象。古埃及有將近一百座金字塔是在一千年的時間之內建造的。令搜奇人士特別驚嘆的卻是吉薩的那三座排成一列、其大無比的金字塔，在現今的開羅市裡就能望見。深深吸引著觀光客的想像和神祕學愛好者。這三座金字塔雖然是古代七大奇觀之中最古老的，卻是至今唯一仍屹立的。建造的時間也許是公元前三千年的中期，歷經了三位法老的統治期，安葬的是第四王朝的三位國王：基奧普斯給自己造的是第一座，也是最大的一座；哈夫拉的這座雖然略小一點，卻因為建在比較高的地基上而較醒目；麥瑟里努斯因為無法建造和先人一樣大的陵墓，開啟了建造比較小的金字塔的風尚。

古代建築令人激賞的特質，在吉薩顯然可以一覽無遺：金字塔都是引人注目的，因為它們立在一片平坦中，從進入視線的那一刻便使人好奇著迷。它們都是傲慢的，因為只有自認是神的君王會自負到想給自己建這麼大的墓。它們在沙漠烈日下的雄偉光彩教人心生敬畏，一般人覺得它們象徵毅力，有美感的人會覺得它們具有魔法威力。它們曾經是富麗堂皇的，表面覆蓋耀目的石灰岩，頂上閃閃發光——可能是飾金的。它們代表不向自然臣服的精神，是沙漠平原裡的人造山，是沙的環境之中的巨大堅石，也是除了黃銅沒有更尖銳的工具的世界中，石工技藝的登峰造極。它們在技術上是發明，在藝術上是原創，因為金字塔一打造完成時，就同時具備了藝術與技術上的成就。嚴格而論，最大的金字塔乃是首創之作，在它之前只有類似的「實驗」。樹立金字塔的技術太莫測高深，所以到今天仍是學者辯論的題目。

金字塔的首要特徵就是大——古代有資格稱奇的事物都得夠大。拿破崙一七九八年的埃及戰役期間曾經來到吉薩，當時他靠著基奧普斯大金字塔壁，估算塔身用的石材就足夠造起把巴黎圍在裡面的城牆。按現代人士的估計，這座金字塔裡面的空間可以放得下羅馬的聖伯多祿大教堂、倫敦的聖保祿大教堂，餘下的空間還夠放進佛羅倫斯和米蘭的大教堂。有四千年，大金字塔一直是全世界最高的人造建築，希羅多德來訪時，它已經兩千歲了。史上第一位詳細描述它的旅行家就是希羅多德，他也開創了引據基奧普斯金字塔嚇人統計數字的傳統：按他那個時代（公元前四世紀）的遊覽指南所說，十萬人次的勞動力工作近二十年，光是所吃的蘿蔔、洋蔥、大蒜就花掉五百萬磅銀子。[70]

金字塔的一些最驚人的特色，是古代撰述者沒有辨認出來的，因為這些都埋在遺跡底下。最難估算正確的，莫過於測量水平面與規劃建地。大金字塔的基座沒有一個地方偏離正確方位超過半英吋（一・二七公分）。形狀極近完全正方，每邊長二二八・六〇公尺以上，各邊的長短相差卻不到二〇・三公分。只用量長度的繩子和製圖三角板，不可能擔保這樣的準確度。造金字塔的人用天文觀察數據校準金字塔壁，將一顆星在北邊地平線上劃出的弧形二等分後來確定正北方：大金字塔的南北軸定位偏離不到十分之一度。[71]

量好了建地位置之後，就要往離尼羅河岸很遠的地方去採石礦，再運來。石灰岩可以用黃銅鋸切割，再用沙子（很費工但效果很好地）打磨。金字塔使用的最大宗建材是花崗岩，這卻是當時的工技處理不了的。每塊石材（最重的可達五十五噸）可能都是用硬度更高的石頭敲打下來，或是用磨石粉擦出狹縫再把楔子鑿進岩石表面。我們只要想到，造這麼大的金字塔可能需要用到大約兩百萬塊石材，就不難估計投注的勞動力有多大了。

石材是用拖橇搬運，專為運石材鋪設的大路上有一名工人用潤滑油潤滑路面。約要一七〇人才能夠拖得動最重的石材。石材在尼羅河水高漲時拖過河，放在一個大斜坡的腳邊。目前考古學家已經發現殘留的一些斜坡道，所以可以確定埃及人用斜坡道把石材送上所需的高度。要送上大金字塔頂，斜坡必須有便利操作的斜度，所以斜坡道可能長達一哩以上，而且很可能（雖無直接證據，憑常識也可推斷）要在斜坡道上墊高石頭，至少上面的一段要墊高。因為那時候尚未發明滑輪裝置，即使有足夠的木材可以搭鷹架，也應付不了大石塊那樣的重量，所以只好用橇桿將石頭送上去，一吋一吋加高，以襯墊支撐。[72]

只有在尼羅河氾濫期，農民不能做常規工作的時候，才有大量的集體勞動力可用。有人甚至認為，監造金字塔的人本來就打好算盤要提供工作機會，給沒有農忙可做的人。大批奴隸在皮鞭威脅下做苦工，是沒有事實根據的幻想。固定聘用的工人都有專門技能。如今仍可看見當年採石工人留在石塊上表現專業自負的口號：「工匠組：我等法老的白色冠冕多麼大啊！」琢磨雕飾石材與採選法老墓室和走道的內部用石材，也是專門工匠才能勝任的工作。不過，金字塔畢竟是高壓專制下的產物，把國家的大量資源挪到歌頌君王的使用上。我們往往以為，偉大的藝術作品都是藝術家自由發揮的成果。歷史上大部分時代的事實卻相反。在多數社會裡，唯有暴君或壓迫百姓的統治階級的龐大權勢和極端自私，才能夠鞭策、動員足夠的人力與資源來完成偉大的藝術。

話雖如此，個人的創造力在金字塔的構思與實現中仍占重要分量。從建築師的模型和畫在石灰岩片上不完整的藍圖看來，確實是有專業的建築師參與其中。吉薩金字塔的建築師都沒有留下名字，監造基奧普斯金字塔的大臣黑蒙未必是設計者之一。按傳統說法，造金字塔的原始構想來自第三王朝法老的建築師伊姆霍特普。他為主子設計巨大陵墓的菁華便是一座多層的平台，平台面積逐漸縮減，越往上越小，形成「階層金字塔」或「登天階梯」。後來，從這種形式轉變成真正的金字塔（各邊改成平整的斜坡）是改朝換代以後的事。按傳統的估算，應是在公元前兩千七百年末期。

即便有第三王朝階層金字塔的背景，第四王朝出現正宗金字塔的革新風格仍顯得太突兀。專注於「金字塔學」這門偽科學的人士想出一些怪誕的「解釋」，大多將數字組合「解碼」為根據，這些數字據說是基奧普斯金字塔的比例準則。於是金字塔變成他們眼中歷史年代的貯存庫、預測未來的工具、外星人帶來的禮物、通法術的占卜家的神殿。這些說法的背後其實都是不肯接受事實的執迷不悟在作祟，事實是，金字塔就是國王的陵墓。

要想理解基奧普斯為什麼要這麼大的陵墓，為什麼要造這麼獨創的形狀，我們必須先回憶古埃及人的一種思考模式。我們要理解他為什麼甘願把造陵墓當作自己在位時的大事？為此耗用了所有可用的剩餘勞動力，徵召了上乘的才能之士？我們不妨用他那個時代的人看待金字塔的眼光來看這件事。第五王朝一位國王的陵墓拱頂石上刻著向朝陽禱告的話，道出了金字塔功用的精髓：「祝願吾王展顏得見越過天界的地平線之主！願祂使吾王成光芒四射之神，永恆而不朽！」埃及人心目中每座金字塔自有名號，顯示這是爭取名列仙班的一種手段：「基奧普斯是地平線之神」；「麥瑟里努斯是聖神！」[73]對於古埃及人而言，「死」乃是人生第一大事。據希羅多德記述，他們甚至在晚宴時把棺材擺出來，提醒狂歡的人勿忘永生。埃及君王的宮殿沒有一座留存下來，我們對於他們的一切認識都是從他們的陵墓而來，這是因為他們為死後永生而造的建築是認真的，對於活在人世的短暫生命所居住的地方卻懶得耗費工夫。金字塔高可沖天，要把主人送上日月星辰的世界。看過吉薩大金字塔在太陽西斜時之壯觀景象的人，不可能體會不了古代文本中一位被尊為不朽的國王對太陽說的話：「我踏著你的光芒如腳下的斜坡而來。」這些金字塔當初包覆著石灰岩、有鍍金或磨光的壓頂石，模擬陽光的效果必然更加動人！[74]

雖然不能說古代文明把文明的種子播撒到其他社會，但古代文明的確造成了一些歷久不滅的影響。埃及與美索不達米亞的文明都衰落了，殘留的遺產又被後繼的文明傳遞出去。埃及文明的後繼者是希臘羅馬文明，美索不達米亞的後繼者是波斯。另外兩大河谷文明——印度與中國的文明，乍看之下卻有截然不同的影響。從哈拉帕遺址看來，就好像是有人故意抹滅了印度文明的痕跡。目睹這些廢墟給人的殘敗不振之感，是任何破壞景象都無法比擬的。至於中國，文明開端的地點現在仍有人住著；不但一直有人居住，而且文明的使命從來沒有疲弱過。下一章將要講到，中國歷史綿延未斷的說法，就某些方面而言，一向失之誇大。可是，大致上確實可以說中國文明是獨一無二經得起考驗的文明成就。如果再深入檢視，又會發覺印度文明與中國文明仍有很深刻的共通之處，兩者都能（或據說兩者都能）超越起源的環境而攻占新的區域，或是到新的區域落腳。多少是因為如此，所以這兩大文明都有非常強的耐久力。這種效果不是預料得到，也不是有意策劃的，不過我們或許可以在回顧時指出一些促成這種效果的事實與影響力。

8 鞋與稻米：超越發源環境的中國與印度

Of Shoes and Rice: Transcending Environments of Origin in China and India

印度河．黃河．長江

所以你就以為一個回聲是印度？

——E．M．福斯特，《印度之旅》

我們似乎在其陰鬱中發現中國悠久往昔的累積。

——谷崎潤一郎，《陰翳禮讚》

❖沙上的印記：印度河畔消失的城市與印度的起源❖

他說自己的名字是查爾斯．馬森，在巴米揚巨佛的腳下寫道：「若有哪個傻瓜攀上這巨佛，就會知道查爾斯．馬森也曾到此一遊。」

他過著考古學紳士的冒險生活，在一八二〇與三〇年代探索神祕東方；他寫下自己旅行與遭遇的傳奇故事，流露道德家的世事無常感與浪蕩子追逐女子的癖好。據他自己說，他天不怕地不怕，喜歡談情說愛，得不到幸運之神眷顧，但是有上帝保佑。可靠的資料顯示，他去過危險的、偏遠的、從未有人提過的地方。他的方式與威爾弗瑞・賽西格的相似：跟低社會階層的人在一起，看見了受特權禮遇的遊客永遠看不到的祕密。他是上乘的觀察者和報導者，英國十九世紀在阿富汗的戰事就仰仗他提供的情報。他是英國陸軍的一名逃兵（但是將自己的真實身分保密），又愛吹牛，同時代的人都不怎麼相信他說的話。

一八二六年間，他在前往「祭拜亞歷山大祭壇」途中，被人帶去參觀一處大城遺址上的磚造牆垣遺跡，這城據說「遭到天譴，被君主的欲望和罪行所摧毀」。他為了躲開小蟲叮咬而爬上廢墟的最高處，當下湧起一陣無法抗拒的衝動，這樣的衝動往往激勵了重大發現。

> 眺望眼前的景象，俯視我們立足的地面，不可能看不出亞里安描述桑加拉的每一點都在這裡印證了——磚造的堡壘，伴隨東北角的湖（或其實是沼澤）；墩台有三排戰車保護……墩台與堡壘之間的壕溝，保護了這個地方，武器便是從這裡發射。[1]

這些細節，以及與桑加拉相似的地方，都是馬森自己的想像；[2] 但遺址卻很真實。只不過開始考古挖掘與遺址確認是一百年以後的事。在沒有展開正式挖掘之前的這一百年裡，遺址磚石被搜刮充當拉合爾鐵路一百哩長鋪路基用的道渣，且被大君派來的考古勘查員當作「只有兩百年歷史的市鎮遺跡」。其實，哈拉帕是四千多年前在印度河谷興盛過的獨特的古文明大城之一。[3]

目前流行採用的視角是，把伊朗高原周邊所有古代河谷文明一併納入；而我主張把印度河與黃河並列討論，因為這樣可以說明文明怎樣超越其發源的環境。這兩個文明走的路徑可相互對照：黃河文化雖然一再遭遇外來征服與內部變遷，卻不曾因此中斷向谷地擴張或滲透；但印度河谷文化消失了，只在地表留下一些痕跡，或是被風沙覆蓋在地表以下。然而，如果學術研究重建的路徑正確，印度河文明只是移到印度的別處去。現代權威人士中最專精且審慎的雷蒙與布麗姬．奧爾欽認為，「印度河谷文明是古典印度甚至現代印度的模子」。[4]

印度河文明在發展過程中透過阿拉伯海與其他地方有了接觸，但它基本上仍是一個本土產物：最初期、最小型的都市發展，比較近似俾路支（約在今巴基斯坦西南部、阿富汗南部、伊朗東南部地區）的高原社群，而與伊拉克的較不相同。它所跨越的範圍的環境多樣性高於埃及，但是包含的微環境不如美索不達米亞的多。研究印度河文明可以從地方研究和區域研究著手（目前的專家大多贊同這方法），引人注目的是，此區域的文化同質性非常鮮明：任何一個村莊或城市的居民搬到別的村莊城市都能安之若素。街上景觀大同小異，都是仔細分級的房屋，同一個式樣的磚造屋，有的是用窰燒磚，有的是用土磚，行政區與住宅區的規劃沒什麼差別。

有人認為這麼一致的設計肇因於政治一統，這樣的推斷並不可靠。蘇美世界有些方面也幾乎是同一樣式，但其政治卻是分裂的。馬雅與古希臘文明在價值觀、習俗、信仰上也都非常一致，政治上的爭鬥卻從未休止。但是，即便不談政治中央集權（根據目前已知的事實很難斷言是不是中央集權），印度河谷世界的廣大和一致性已讓人印象深刻。最遠的邊境前哨到達阿富汗北部的舍都卡爾，早在河谷文明初期，「商旅隊城市」孟迪嘎就有天青石和黃銅的貿易。在孟迪嘎這個商貿城市，其堅固城牆後面就看得到大堡壘，側面露著整排的圓形壁柱雖然已損蝕，仍舊大得驚人，如同一頭巨獸的兩肋，從這裡望去，平原上的商貿路線盡收眼底。[5] 除了這種位於山丘沙漠環境的聚居區之外，印度河谷生活的基本架構，可從洛塔爾看出來，洛塔爾是在坎貝灣的海港，依賴稻米與小米；至於「都會型」的地方，主要依賴小麥和大麥。[6] 其他關於這個文明證據不足的部分，可從考古發現與美術作品得到補充。印度河谷社會的階級分明，統治嚴密，巨大的倉庫證明政府掌握資源再分配的權力，秩序嚴謹的住宅把不同的階級或種姓隔開。廣闊的公用地顯然應該與組織人力有關，是調度軍隊嗎？抑或是奴隸？學童？處理廢物的系統一絲不苟，街道底下的管道看來是某位都市計畫大師的傑作，表現出主政當局注重清潔衛生。樣式統一的磚必定是從公營磚窰和曬製場出品。氣勢雄偉的城堡圍起來的空間，為了提供上層社會使用，就像最大城摩恩卓達羅的寬敞洗澡缸一樣。哈拉帕卻沒有帝王之尊的住所，也沒有類似其他社會膜拜君王使用的器物，有人因此猜想哈拉帕是共和國的政體，或是由祭司團形成的神權政治。這樣的臆測很危險，因為本來也有人對馬雅文明做過這種臆測，碑銘解碼之後才知道那是個血腥世界，由具戰士身分的君主所統治的各邦（見第六章）。哈拉帕遺址沒有特別華麗的墓，人骨遺骸也沒有顯露用飲食劃分社會地位尊卑的跡象，這點與其他文明不同。[7]哈拉帕有權勢階級，但顯然是用其他方式來區分。

哈拉帕的藝術贊助者和藝師在雕塑方面只做了少量的陶俑，偶爾也有銅塑，其他的是比較不經久的藝術品，不過留存下來的少數幾件雕塑都是專家之作。摩恩卓達羅的一座人像模樣莊嚴，有杏仁形的眼睛，蓄著長長一束鬍鬚，頭上的冠冕或束髮帶看來是要鑲寶石用的。他披在肩上的一件衣服上綴滿三葉草的圖案，伸出的左臂已經不全，但應該是在做一種象徵的或儀式性的手勢。有人說他是位祭司國王或哲人國王，但這些憑空掛上的標籤無甚意義：既然沒有其他相關資料佐證這種說法，我們能做的只是描述他的形貌而已。

哈拉帕世界通用單一的書寫系統。字母幾乎已經解碼，[8]但不會有像馬雅字母解碼成功時那樣，使整個當時的政治形態令人一目瞭然（見第六章），也不會像馬里、阿馬爾納、埃卜拉的檔案那樣源源不斷揭露外交事務與進貢的事實。現存的史料只限於泥封印和護符板上的文字，多數是商業用的，印在商船綑貨的繩索和麻袋布上，或是在一堆堆棄置的物品之中。

這些封印的明確用意雖然無從得知，卻告訴我們製作封印者所想像或觀察的世界會是什麼樣子。其中不乏自然主義的動物圖，特別有趣的是長著鬍子的犛牛、正在大啖食物的老虎、優雅的公牛正嗅著香爐般的東西；比較典型的是反寫實的風格，包括騎著馬的大象和犀牛，以及一些費解的神話場景：人變虎、海星變獨角獸、頭上長角的毒蛇變成枝葉茂密的樹，都是正在變形而尚未完全成形的狀態；還有一幅畫面是人被直立起來的公牛授精後化為一棵樹；常見的主題是一隻像猿的動物守住一棵樹，正與老虎大戰，猿和虎的頭上都有角。[9]

印度河文明的城市生活與沖積土壤上的密集農業，顯然都比埃及、美索不達米亞、中國的農業要來得脆弱。從許多遺址看起來，有些地點當初只延續了幾百年，有些是在公元前兩千年初期就被居民捨棄。這些地點究竟如何步上終結之路，引起學者激烈辯論，一派認為是被侵略者突然終結，另一派則支持因生態轉變造成逐步衰敗的理論。如果以為這些城市從未經歷過外人侵略、內部叛亂、鄰邦衝突，未免難以置信；但是，如果因此說摩恩卓達羅所出土的骸骨、城牆上的焚燒痕就可以證實發生過這些重創（早期考古挖掘者曾經如是說），又太草率，畢竟連假定是死於大屠殺的骸骨，也找不出多少傷痕；[10]另有些遺址即使遭受大屠殺仍延續到公元前一千五百年以後。氣候越來越乾燥，地質構造的災變也可能造成河川位移。[11]印度河的東部大支流薩拉斯瓦蒂河兩岸本來社區稠密，[12]卻因塔爾沙漠逐漸入侵而消失。然而，這一點也不足以解釋人們為何棄城而去，因為印度河仍年復一年吐出肥沃的淤泥，鋪成大片良田。可以推斷可能是因為其他資源供需上出現危機（與儲糧失策和居民對生態不當管理有關），如畜業，使得小麥與大麥之外的補充食物來源不足。另一個可能的原因是發生了瘟疫（也許瘟疫與缺糧同時來襲），而且是比瘧疾還兇的傳染病——從埋葬的骸骨可以查出瘧疾致死的線索，這在處處是積水的環境裡很難避免。[13]這些都是猜測，我們並不知道居民為什麼離開，又遷到了哪裡去。

把這些城市的荒廢消亡與「印歐語系的遷徙」扯到一起，對於解答這個問題幫助不大。所謂「印歐語系遷徙」，在世界史之中算是最陰魂不散的課題之一，而且背後有一套似是而非的道理。十八世紀末期，有人把歐洲一些語文與印度語、伊朗語在結構上和語彙上的相似之處一一列表比較，所有語言是從同一個「原始語」而來的說法就出現了。按這種說法，說「原始印歐語」的人因為遷徙與征戰，把自己的語言從「故鄉」傳播出來。十八世紀末起，學者們就一直在尋覓這個「故鄉」，從北極（有一派學者很嚴肅地相信是從這裡往外傳出去的）到喜瑪拉雅山都找遍了。這整套的學術研究都是編出來的，沒有事實可以證明「原始語」曾經存在，或證明曾有一個共同祖先民族的「原始語故鄉」，考古學文獻中也沒有任何關於這遷徙的蛛絲馬跡。

受人文學科傳統訓練的學者會以為一切語言源於同一個始祖，這看法可以理解，因為他們把整個語言當作手稿本處理，從不同的版本歸納出一個原始本。然而，這樣的類比會造成誤導。就我們所知，語言幾乎在多個方言之間拉扯，這些方言的分野又很模糊，不同的語言又在交界處互相影響，產生變異與混種詞。辨識原始語故鄉的一種方法是，把印歐語系各種語言之中共通的動植物名詞找出來，循這個線索去找到說原始語的人之棲居環境。然而，原始印歐語的詞彙本來可能就是從多個不同環境而來的。由於詞彙包含指高山平原、河川湖泊、雨雪的字詞，動植物名詞所指的物種又多得數不清，那麼按這個方法看來，印歐原始語的故鄉必然是生態多樣得超乎想像，要不然就是區域遼闊到沒有所謂的「故鄉」可言。

也有人試圖重建說印歐原始語的民族之生活原貌，這是很冒險的事。常有人說，我們如果必須根據拉丁語系各種語言通用的字彙來推斷最初說拉丁語的文化，必定是假定了他們都信奉基督教、喝咖啡、抽雪茄煙。若按這種方法審慎推敲，便會說出以下的話：印歐原始語的民族曾經使用船和篷車、畜養狗；他們將自然擬人化並加以敬拜，獻祭牲口；工作、禱告、作戰分別有專職的團體去做，分工的各個團體社會地位有別；他們會把新娘娶回家，會憐憫寡婦，會保衛自己的社區，會放屁。但即便是範圍這麼有限的特徵（要再加上其他的也可以），也未必屬於單一社群，比較可能是不同群體的經驗組合。雖然常有人說原始印歐語可能是在與外界隔絕的孤立狀態中發展成形，或是在冰雪、山岳阻隔的環境中產生，但這都只是幻想，是找不到證據的癡人說夢。

語言不是只靠遷徙與征服而傳播，低層次而小規模的開墾、貿易、福音傳道，以及各式各樣的文化接觸，都可能促成語言傳播。有時候，原本是借來的混和通用語，會取代本地語或是把本地語徹底改變，如同創造了另一種語言。有時候，統治階級使用的語言會傳遍整個社會。各式詞語會像進貢品一樣傳過邊界。總之，某些語言被劃入印歐語系，是基於演化表上一條單薄的詞語主幹與一些語法和詞形變化的細枝，這些細枝其實也可以嫁接到另一種幹莖上去。陷在印歐語系起源之爭的漩渦裡很容易忘記「印歐語系」是個分類用語，代表的是學者的看法，不是語言如何演變的事實。如果把說印歐語系的人都歸為源自一個共同祖先，其愚蠢程度不輸把如今所有說英語的民族都指為來自英格蘭，或是指所有說史瓦希利語的民族都屬於同一個族裔。[14]

雖然想透過解開哈拉帕碑銘的內容，來解開哈拉帕人使用語言的企圖沒有成功；即便如此，印度河鄰近地區的口傳文學太精采了，並沒有亡佚。《梨俱吠陀》在口傳了數百年之後才形諸文字，讀者和聽者一樣能被它的感染力帶回已消失的英雄時代，頗似許多人說的（也許搞錯了）荷馬史詩道出了青銅時代的真實記憶。

從客觀角度看，在《梨俱吠陀》中吟唱毀滅之頌的人，似乎與十九世紀、二十世紀初期學者口中的雅利安人不屬同一群。他們是定居的人，住在旁遮旁不知有久了，不是新來者，也不是遊牧民族。他們想望的是肥美富裕的世界，浮著奶油、流著牛奶、滴著蜜。[15]他們擅長騎馬與駕駛戰車，這與定居的生活方式並不衝突，因為許多定居民族每逢到戰爭時，仍要仰仗善騎的菁英。他們看重誇耀與豪飲；他們的火焚儀式包括燒掉敵人的住處，他們最鍾愛也最垂憐的神祇因陀羅是真正的「城市毀滅者」，但那只是毀滅之神的職務之一，其他還包括移山和屠蛇。[16]有些城市在《梨俱吠陀》的詩人見到的時候已經是廢墟，[17]居民從城市逃走，「被火神驅逐」而「遷移到別的國度」。[18]

假設印度河谷文明最後一批居民確實遷移了，會遷移到哪裡？當文明再次浮現時，是在恆河谷地。但已相隔了數百年且出現在不同形態的環境中，這裡雨量豐沛、森林茂密、用鐵斧能清理出農耕需要的空地（見第九章）。恆河文明與印度河為中心的文明有一段重疊時期，但其間恆河畔不曾發現殖民定居者，在這裡發現的唯一與印度河有關的工藝品是儲藏用的精製銅器，與印度河的工藝不完全相同，但兩者在裝飾風格上有明顯的關連。[19]

並沒有充分證據顯示往後的印度文化歷史之中保存了哈拉帕古文明的元素。將恆河的碎陶片經過辛苦拼組重建後，可以看出與哈拉帕器皿神似之處。[20] 比陶片更早的恆河河谷都市遺址和牆垣剛被發現時，並沒有哈拉帕元素的痕跡：沒有泥封印、沒有度量衡用品、沒有標準一致的磚瓦。曾有人將一些哈拉帕封印圖案與早期印度藝術中的神祇圖像相提並論，雖然有趣，卻似乎沒有條理可循。外人看這方面的學術文獻時難免會覺得，學者因為太執著而捨不得讓哈拉帕的世界就此消聲匿跡。在研究印度文明的人士眼中，印度文明理當有和印度河谷諸城一樣古老的起源；而印度河谷諸城也理當有綿延長久的後裔。不過，關於其間真正的連續性和印度文明在「黑暗」世紀期間的文化傳遞兩方面，證據都仍有待發掘。

哈拉帕文明之消失，令人想到青銅時代的「普遍危機」，甚至把哈拉帕與這個危機關聯起來。大約在公元前兩千年晚期，世界上一些原本的大帝國分裂了，許多文明的進展被至今仍不明的災禍切斷了，本來由複雜的宮廷勢力控制的中央集權式經濟消失了，貿易模式瓦解了，人們棄聚居的城市而去；愛琴海青銅時代的耀眼光芒（見第十一章、十四章）逐漸黯淡了，安那托利亞的西臺帝國被侵略者打垮，埃及人幾乎向來路不明的「海上民族」投降，努比亞的歷史被一筆勾消。在伊朗高原北側的土庫曼，阿姆河畔某些我們仍不知詳情的社區，如納馬茲卡與阿爾丁，雖然歷史短卻有堅固防禦而欣欣向榮，結果都衰退成村莊的規模。這種「普遍危機」之後又有「黑暗時代」接踵而至，各地的黑暗時期長短不一。

在西方這麼多消失的文明之中，有一個可以與印度河文明做比較，可以與哈拉帕的殘餘文化如何在印度文明中持續傳遞的例子相平行。希臘南部的邁錫尼古文明，和印度河谷文明一樣曾被指為是從近東地區移植過來的，現在則被認定為是同一區域漫長發展以降的「過程」之一。邁錫尼時代的伯羅奔尼撒半島曾有多個城邦並存，各邦的君主好戰，也愛獵殺獅子，直到牠們絕跡為止；朝廷在王宮的中央，王宮有糧倉，儲存要重新分配的基本食物。庇洛斯是城邦之一，這裡發現的一系列泥字板說明數不清的大小官吏各負責的例行職務：徵收租稅，催促地主階級履行社會義務，動員公共工程所需的資源，收取製造業及貿易所需的原物料：製作青銅器與香料，然後出口到埃及、西臺帝國、歐洲北部等地。

官僚的職務範圍大概也脫離不了為君主投入此起彼落的戰爭。這裡的每個城邦都有重型武裝，除了彼此交戰，還得提防內陸野蠻民族的威脅，只是到頭來似乎仍被這些野蠻人打垮；庇洛斯壁畫中的戰士戴著野豬頭的盔頂與穿獸皮的野蠻人搏鬥。地震災害加上戰爭摧殘，使邁錫尼各邦的人在公元前兩一千九百年棄城而去。他們下落不明了一段時間，文化元素卻在幾世紀後再度浮現：邁錫尼的書寫系統在希臘再現的時間點和哈拉帕在印度再現的時間點差不多，皆在公元前八百年左右；出現的情形也類似，是新創的書寫系統，與以前邁錫尼居民使用的有所不同，文字記錄的內容則是中間這幾百年來以口傳方式留存下來的傳統。兩者不同的是，希臘人所記憶的邁錫尼往事也許不很精確，但資料很多，古典印度文學之中卻無法證實的確含有哈拉帕時代的典故。希臘人生活在邁錫尼前輩居住過的地方，周遭環境裡的遺跡廢墟就能使他們發思古之幽情；吠陀時代的印度人卻在距離印度河很遠的環境裡開創了自己的文明，這教人難以相信恆河文明是從哈拉帕移植來的。話雖如此，理論上的差距不是不能彌合的，而且我們對於恆河文明的「黑暗時代」所知太少，所以不能妄下定論。

此外，有一份資料完備的文獻可以提出來做個比較。《大史》是斯里蘭卡壽命長久的「獅子王國」的史記，但那是一批騙人的文件。現存的版本是在第六世紀佛教盛行的時代寫下來的，具宣傳性質。它把僧伽羅人神聖化，把僧伽羅人的國度尊為神聖，把他們的征戰行為說得理直氣壯。《大史》所記的獅子王國早期歷史中，有一位王子的父親是獅子，這王子與愛上他的女妖大戰。獅子王國的建國者是典型道德寓言裡的人物：在海上被風浪肆虐而漂流，哀嘆自己所犯的罪過，這罪過後來贖抵了，但故事裡未交代究竟是什麼罪過。史書包含比文本本身古老得多的事蹟，這些事蹟比寫史的時候早了一千年，教人很難相信史書能掌握那麼久遠以前的事。[21]然而，《大史》以一樁可信的事件揭開王國的歷史：第六世紀從坎貝灣來，登上岸的航海者在這森林茂密的熱帶島嶼上殖民。僧伽羅人（意即他們自稱的「獅之族」）說的是印歐語系的一種語言，與哈拉帕人並沒有關聯。僧伽羅人來到斯里蘭卡時也許發現了一個完好無損的、較古老的文明，不過這方面的證據很模糊。他們在此落腳後，就變成喜好大興土木改造環境的人，執行態度之堅決，想像力之驚人，都超過恆河文明的人。不過他們的聖賢比較欠缺發明創造的頭腦，沒有像恆河文明在公元前一千年中期留下那麼精湛的邏輯、創作文學、數學、思辯科學的成果。

獅子王國早期的心臟地帶是在比較乾燥的北方高原，雖然年降雨量豐沛，大約有一五〇〇毫米，但是經常出現長期乾旱。降雨主要集中在十月到次年一月間，由東北季風所帶來。另外有驟雨，通常是在四、五月。按民族誌研究者詹姆斯·希羅深入此地的田野研究報告，到了夏天，「淺淺的土壤終於裂開，荊叢樹林在殘忍的陽光下枯萎，逐漸增強的風把沙子颳得到處都是」。[22]

> 大自然畫下了一條雨越不過的線。……有時候潮溼帶與乾燥帶的分界線非常窄，似乎走出不過一哩之遙就進入另一個國度，森林的特徵全變了。……野花開出了另一種形態和顏色，在枝葉間鳴唱的是另一批鳥兒，耕作突然改變，富裕景況也就此告終。[23]

如今乾燥地帶的稻米耕作仰賴村子裡的蓄水池，蓄水池按季節性溪流水量的多寡挖掘而成，用泥土築成壩，但每年的稻作未必都能得到足夠的水灌溉。即便有較好的氣候，僧伽羅人或比他們更早的聚居者如果不在水利上發揮巧思，仍是不可能興建大城市的。

僧伽羅人大規模管理水資源的表現，可以算得上是印度河谷已消失的「水利」文明的真正傳人。在馬都魯奧亞，他們曾經用巧妙的水密筏門攔住人造湖的水流。甚至在接受佛教之前（按傳統說法，接受佛教是在公元前三百年的時候），阿努拉德普勒就是一個幅員廣大而亮麗的首都，擁有全世界最大的人造水庫。我們應該如何理解斯里蘭卡的黃金時代？這是印度文明從印度河谷發源地遷徙而更新的證據嗎？抑或是提醒我們不可輕率推斷，並再次證明文明是在不同的環境裡個別發生的，個別特性比共同基因更值得注意？既然缺少令人信服的證據，我們比較有把握的說法是，橫跨或環繞印度發源地的文明之間，比較可能是透過貿易或相互影響的路徑來產生連結，而不是透過相互承襲的臍帶。

❖黍稷與稻米，黃河與長江：中國的形成❖

人們信以為真的謬言，比他們漠視的事實更具有文化上的重要性。常有人說（但其實是錯的），所有人類建築之中，只有中國的萬里長城大到在外太空也看得見。萬里長城是在大約兩千兩百年前，由更早以前就修建好了的許多段禦敵牆連接起來而成的，傳統說法把它歸功為秦始皇帝所建。秦始皇動員了七十萬勞工，建了道路與運河，死後以六千個兵馬俑陪葬。他好大喜功，這通常是不安全感外顯，也顯示他奮力要克服當時的惡名，因為他是從戎狄之邦來的征服者——是中原文化的外圍分子，在他統治之下的讀書人視他為破壞者而非英主。他的王朝只傳了兩代；他受到的好評不如毀謗多。但是因為長城的關係，他被尊為（但應該是受之有愧的）開創統一中國的皇帝。

長城已經反覆修建很多次，現在的樣子恐怕已與最初的結構多有不同。但是，長城早已成為中國文明成就的象徵，多少世紀以來一直代表中國人的自覺。中國的一些其他邊界是自然形成的，是地理上的限制，例如難以翻越的高山、大海。長城卻傲然宣示要圍住自己、阻擋外來者的計畫。中古時代的中國地圖上都要標示長城，用雙虛線，或鋸形線，畫在文明的邊緣上，好似守護巢穴的獸類腳印。除了很短暫的偶爾出現信心衰退期之外，中國人大都自認有上天獨厚的文明、超越外邦的民族，不過往往透過侵害別人來實踐。傳統上中國的統治者都號稱一統天下——至少也是統轄著真正重要的地方。按《三國誌》上說的，統治勢力一直延伸到人煙稀少地區（最邊境的地帶），但製圖者不值得費事把車轍所及的任何地方都標示出來。[24]

中國儘管有這麼講究牢不可破的自我形象，其實歷史上大部分的時候全然不是這麼回事，中國的疆界一直不斷變動。中國變強大憑藉的是積極征戰、大膽殖民、接納外人歸順；至於什麼時候開始逐步形成國家又進而發展文明，沒人能確定。傳統說法是點出一、兩個地方，作為中國文明向外擴散的「起點」，這有點過於簡化。不過，在現今中國境內多個最早出現以耕作、築屋等方式挑戰環境的地區之中，確實有兩個地方特別值得注意。兩地分處黃河兩個平原區，中間隔著異族人。下游的區域面積廣大，臨海的一邊是渤海，往西到達山西高原，黃河從這裡挾帶山上的礦物質流向平原；另一個地方則是上游的小谷地，洛水從這裡注入黃河。如今兩地都乏善可陳，因為夏季酷熱，冬季嚴寒。冬天的風沙凜冽，河水滿是浮冰。冰雪迅速融化時又導致河水奔流。[25]造成冬季嚴寒的北風，從蒙古沙漠颳來一層沙，形成鬆脆的黃土。這種土若沒有水灌溉，幾乎片草不生。

《詩經》中吟詠耕種時披荊斬棘之辛苦，「楚楚者茨，言抽其棘，自昔何為？我藝黍稷。我黍與與，我稷翼翼。」[26]花粉研究證實了典籍所載。中國文明萌芽的黃土地，曾在一千年的時期之中變得越來越乾燥；剛開始清除出耕地的時候還是稀樹草原的形態，大片草原上有著零散的樹叢；[27]沖積平原上仍有一些地方覆蓋著每年都會落葉的闊葉樹林。中國文明孕育之地，包含一些可以讓人點石成金的環境，夾在兩種生態系統分界處的環境裡，匯集了多樣的生存之道，如同池水裡的肥沃軟泥。農業在兩個過程交互作用下開始：一是乾旱程度逐步增加，一是冰河期之後有益農耕的環境多樣化。

幾千年後仍可以從考古學的大量證據以及文字上的紀錄，觀察到這兩種過程。公元前兩千年的時候水牛很多：地層挖掘出上千頭水牛的遺骸，以及沼澤與森林地區的他種動物遺骸，例如野鹿、野豬、水鹿、白鷳、竹鼠，甚至還發現有犀牛。[28]動物會如此多樣，也是因為商朝的宮廷和城市勢大財多，能從外地引入稀奇事物和各式珍饈。最驚人的就是數以千計的龜甲交易，這是從長江流域與更南的地區輸入，也是公元前兩千年的中國政治絕對少不了的物品——為了與鬼神交流占卜之用。占卜時先把關於未來的問題刻在龜甲上，然後火烤，至龜甲出現裂痕，這些裂痕就如手相術觀看的手掌紋，可以解讀出神祇的回答。這些預卜未來的東西，如今成為揭露往昔的線索。環境曾經是多樣的、氣候曾經更潮溼，這些證據都在甲骨文裡：包括雨季拖得太長、黍稷一年兩收，甚至有田地可種稻米。《詩經》〈鄭風〉之中的女子在採酸模（一種植物）的時候巧遇愛情，就是在山西的潮溼土地上發生的。[29]

黃河谷地即便是在最潮溼的時期也養活不了一個以稻米為主食的文明社會。中國也與大致同時期、同類環境之中的其他文明一樣，起初只仰賴一種糧食的量產。當時最強盛民族的祖先是后稷，也就是「稷的主宰」。按〈大雅．生民〉，

誕后稷之穡，
……
實方實苞，
實種實褎。
實發實秀，
……

誕降嘉種，
維秬維秠，
維穈維芑。[30]

商朝也把黍稷當作重要象徵，公元前兩千年末期商王宮被廢棄後，前來憑弔的人還看見有黍稷在廢墟中生長。[31]黍稷也就是小米，在西方文明中除了當作鳥食無甚大用，這也許是因為不能用來製成發酵麵包的緣故。其實小米是一種營養極佳的主食，碳水化合物含量高，脂肪含量也不少，蛋白質比硬粒小麥還多。

現今所知最古的中國文字之中就提到兩個品種的小米，公元前五千年的考古沉積中也已發現這兩個品種，幾乎可以確定兩者都是中國原生的，[32]能抗旱，也能容受鹽鹼化。最初的栽種者是在燒墾的田地上耕作小米，收成後搭配飼養與狩獵的成果：豬、狗等家畜、野鹿與捕來的魚一起吃。

教人吃驚的是，這種古老生活方式的雛形在台灣的山地內陸留存下來。台灣是全世界最重度工業化、最精通工藝技術的國家之一。韋恩．弗格於一九七四至七五年觀察記錄了台灣山地的農墾方法：地點選在超過六十度的斜坡，因為「火往坡上燒更旺」。播種之前要使土地通風或是掘穴，種子要用手搓或腳踩脫粒。田裡要安放顏色鮮艷的稻草人或是具有法力的東西（袖珍木船，周圍有椰葉或蘆葦，頂上放石頭）來驅趕掠食者。採收時用手摘下一穗穗米實，投進背在背上的簍子裡。收集達一定的數量後便拴成一綑一綑，再一個人傳給下一個人累積成大堆，然後搬回家。[33]《詩經》上也有農民一年勞作周而復始的描述：在寒冷中插秧、捕獵浣熊、狐狸、野貓「為公子裘」，秋收之後驅除土中的蟋蟀，用煙薰走吃小米莖的田鼠。[34]

這有重要的引伸意義。即便到了今天，這種農業類型仍算是原始技術。在商代卻足以供給當時也許是全世界密度最高的人口所需，而且還能維持數萬人的大軍上戰場。要達到最高收穫量，必須採取輪作：因此後來也種植大豆，但不確定什麼時候開始小米、大豆輪作，也許是公元前一千年的中期。根據傳說，當初是齊桓公於公元前六六四年與山戎交戰後攜回大豆種子。[35]小麥納入耕作的時間很晚，因為小麥一向被視為有異族色彩的「外來物」。甲骨文之中也把小麥形容為應當密切監控並且銷毀的鄰族作物。[36]

稻米呢？稻米在中國逐漸成形的過程中，成為富足的象徵與人們的主食。這個中國逐漸成形的過程，向外擴張並融合了兩種截然不同的環境——溼暖與乾冷。早期中國文明中心地區的氣候太冷太乾，如果沒有現代農業技術之助，不可能大量生產稻米。有些野生稻可能早有上千年的栽種歷史，但那是在小片田地上辛苦耕作的，所以競爭不過小米的主食地位與密集農耕的效果。黃河流域的人肯定稻米是文明人的食品，但不會大量栽種。古代中國人種論雖不是以可靠的田野研究為依據，但至少把蠻夷的定義說得很明白：野蠻人在每方面都是中國人的鏡像。蠻夷是穴居的、茹毛飲血；[37]不包括使用可理解的語言或同源語言的人；不包括種植稻米的人，像比北方人更古的長江青蓮崗居民。種植稻米的世界在公元前兩千年是誘人的邊疆。

現代的學者一直在苦思該如何描述中國成形的過程，究竟是從黃河為中心向外擴散到長江，還是由兩大河谷區的多個不同聚落串聯起來——其中每個社會都一樣有資格算是原始中國人。這必須結合極淵博的專業知識與極度客觀的視角，才可能作出判斷。不過顯然沒有一試的必要了。因為從黃河谷地往外殖民的動向是顯而易見的，《詩經》〈魯頌．閟宮〉就說到征服淮夷與以南各地的功業：

奄有龜蒙，
遂荒大東，

至於海邦。
……
淮夷蠻貊，
及彼南夷，
莫不率從，
莫敢不諾，
魯侯是若。[38]

公元前一千年中期的戰爭與殖民，打開了後人所說的「千里通四海」之路。[39]雖然有點誇張，但也涵括了相關的真實紀錄，即黃河谷地的文化擴散到長江的南部支流地區。但過程中，殖民者和征服者可能與其他的社會漸漸結合，在這個期間，中國人把世上的人種分成兩類：「中國人」與「蠻夷」，這也是中國有歷史紀錄以來的典型區分法。我們不應貿然假定帝國勢力的擴張必然造就權威一統的國家，從商朝的帝都（先在鄭州，公元前二千年的後半期略向北遷至安陽）到其統轄與殖民的邊遠地區，權力應有許多不同的等級。傳統所謂的夏商周三代（秦始皇以前的兩千年時間）也許是勢均力敵的多個城邦爭雄的時期，間或穿插造成統一局面的征服。然而，中國最終變成了罕有的案例：一個大致屬於同一個國的文明社會，情感上有特定的認同，共尊一個國家政府。

在戰戰和和之中，黃河誕生的文明漸漸向南滲出，越過了只有河流阻斷的平原；後來再越過山脈，把長江流域截然不同的氣候區也納入，而這裡原本就有一些並行的發展。北邊的帝國創建者最初於公元前一千四百年以前，以盤龍鎮為據點，在這裡開闢殖民地；但是直到公元前一千年以後，這個區域才與黃河文化整合在一起。這些新納入的南方版圖裡有種植稻米的水田，可想而知是清除了濃密潮溼的叢林才得到的良田，需要密集的勞力耕作。殖民者雖然攜來新的作物品種和新方法，他們的作為卻沒匯入長江下游潮溼多沼澤地區的既有傳統之中。這裡的稻米種植最遲在公元前三千年中期就有了，最早可能始於公元前五千年。我們從家常的儲藏（鈍的石斧刃和大量水牛骨）可以看出農耕的方式，[40]田地開闢出來之後，仍然需要反覆地犁過、注入水後再耙，再趕水牛走上一趟來破土施肥。至於茶樹和桑園，可以種在山坡上。

人吃什麼，就長成什麼樣。併入一個永久耕作稻米的地帶，使中國成了現在的樣子。稻穀雖然不是最佳的營養來源（如果只吃一種食物，馬鈴薯比稻米好），但能維持稠密的人口，是所有作物之中排名第一的。原因不在它是最優質的食物，而在於其他的優點：稻穀抗害蟲的耐力特強，生長期間比玉米、棉花不怕蟲災，可儲存的時間長度幾乎跟小麥一樣耐久；稻田的生產力能夠自我更新，因為氾濫的河水會帶來養分；種稻的土是鬆軟而易耕的，且因為富含水分，可以防止許多有害的野草滋生。

兩種（溼暖與乾冷、稻米與小米）世界的融合，等於打下此後每一次建國的基礎。把長江流域併入中國世界的那些殖民者雖然來自北方，他們仰賴的農藝與技術之中最重要的部分卻來自反方向，即南方。稻米開始在現今中國境內種植之前，在東南亞某些地區已經有數百年甚至上千年的歷史。最適合栽種的品種，最早都是在一萬多年前全球大暖化的時候在喜瑪拉雅山南緣種植的。按現今研究的結果看，似乎是中國北方的耕種者試種了東南亞品種的稻穀，之後又在長江流域溼熱的氣候中推廣，也同時種植其他野生稻穀，甚至可能是因為稻米的吸引力加上北方土地變得乾旱，才引發了公元前兩千年的南向殖民擴張。早熟稻種在公元第十世紀前後從東南亞引入長江流域以後，稻米產量加倍，中古時代中國「爆炸」的人口也不愁沒有糧食了。[41]

黃河和長江流域憑兩個條件可以算是一種模範文明。第一，文明在世界上其他地方興起又沒落，但中國的文明史卻有驚人的連續性。現今中國所蘊含的文化，可以明顯看出是大約四千年前在黃河流域開始形成的古文明傳下來的。埃及與美索不達米亞就不是這樣，即便是印度，如果不加上許多但書，也不能說是幾千年連續未斷的。第二，黃河和長江的心臟地帶確實是文明的「搖籃」，不是外來現成文明的接收者。從外地輸入而在中國文化上占有重要分量的元素非常少，[42]文明化的影響是從中國傳輸給別人的。這倒不是說其他文明從中國吸收了該怎樣過文明生活的概念或文明生活的要件（雖然有些地區的確受了中國的影響，例如日本、韓國、中亞、東南亞），而是有一整組的現成文化「套裝物」傳給其他民族。這與古羅馬在使野蠻民族「羅馬化」的過程中有類似的成果；中古拉丁語系基督教世界在向東、向北擴張羅馬文化的邊界時亦然（見第十四章）。可是羅馬帝國衰亡了，基督教西方世界也從來不曾有長久的政治一統局面。世界上有許多經挑選的或是隨機的影響涵蓋很廣的範圍，但是，不曾有一個政教合一的阿拉伯國家能長時間一統整個伊斯蘭教地區，「英語民族聯盟」的時間也從不持久。

中國發展到現在的規模——人口多於全歐洲與北美洲的總和，是憑征服其他民族和領土來傳播文化的。但在大部分的脈絡中，兩者都是不可分的；和平同化乃是弱國面對武力征服的另一選擇。按儒家傳統思想（宋代的歐陽修便是篤信這種思想的代表），文明遭遇野蠻時終將是勝利的一方。蠻夷雖不受強力脅迫，卻會受感化而歸順；中國雖不能以武力強取之，卻能以德服之。[43]奇的是，這道公式還真的有效。多數接受中國文化的外族本來不是中國人，卻會自認是中國人。福建人、苗人、彝族諾蘇人、客家人等多種族群，歷經多少世紀採用、模仿中原習俗，已經消失在主流文化之中。[44]這並不是無需付出代價的一個過程，而是要承擔文化上的自殺。如今的少數族群——穆斯林、澳門人、西藏人、精明世故的香港人——都感受到這種來自強勢同質化歷史的威脅。

❖商代文明一覽❖

中國文明在時間上雖然晚於美索不達米亞、埃及、印度河谷等地，卻表現出那些超前的文明具備的所有「典型特徵」：治國權術、協力完成的景觀設計、龐大的自然改造工程、讀寫文字、冶金技術、量產農業、城市建築。這個文明形成了一個大國家，領土包括華北平原的大部分，它的社會、政治結構是基於廣大區域內的人們，必須合作管理水資源與分配糧食而成形的。這裡也有國家統治階級的廣闊王宮建築群，某種程度上是食物分配的中心，有巨大的倉庫儲存並發放生活必需品。書寫系統產生的過程也一樣，先是商業的、祭司的、政治的工具，然後成為藝術表達的媒介。按傳奇故事，書寫系統是一位文化英雄人物從觀察飛禽鳥爪印得到靈感而發明的。其實這是為了世俗用途所做的設計，為了陶匠做記號方便，與哈拉帕泥封印的所有人符號或古北歐如尼文的性質類似（見導論、第八、十二章）。

假設認為從「石器時代」到「青銅器時代」的轉變是界定文明開端的那一刻，這個錯誤假設使得有關中國冶金術是否源於本土的辯論，炒到白熱化的地步。辯論中所有批判的說詞都對於理解實際情況沒有助益。只看商代的生產力之大就足以確定其不同凡響；若再把特有的製造技術和前所未見的風格也納入考量，更看得出處處是原創。有人根據也許不尋常的發現（脫離了其確實背景脈絡）說黃銅熔煉可能早在公元前五千年就有了，這並不是不可能的事。[45]但青銅器製作有獨特的方法，製作的藝品也有獨特的樣子，一眼就看得出與其他文明的產物不一樣。鑄模是用泥土做的，先塗在模型上，泥乾了之後再刻上成品應有的詳細花紋，然後再入窰燒製。現存的商代表銅器幾乎全部都是禮器，以包括人在內所有可當作祭品的動物當作裝飾。

商代文明也包含其他沖積平原文明必備的水利技術。山西山區所匯集的雨水使黃河氾濫，氾濫帶來沖積土壤。降雨量很少，灌溉用水卻很充裕：在這種地區建立人口眾多的社會，非得有灌溉所需的大規模組織行動不可。傳奇中的治水家大禹，因為能「疏通河道，開渠排水」而造福萬民。他的成就乃是經驗累積的結果：他的父親鯀盜取了遇水會膨脹的息壤來堵絕洪水，因此犯了天條而變成了石頭。[46]禹最了不起的成就是大刀闊斧改造環境：開九州、通九道、陂九澤、度九山。

民間傳唱的共同記憶之中，比大興土木時代的商朝還早。古公亶父「鼛鼓弗勝」的大建設是從丈量土地展開：

迺左迺右，
迺疆迺理，
迺宣迺畝。
……
迺召司空，
迺召司徒，
俾立室家。
其繩則直，
縮版以載，
作廟翼翼。[47]

中國文明到了商代當然已經是都市文明。由新市鎮的建立可以看出國土正在擴大，像湖北黃陂的盤龍鎮這樣的市鎮，面積不到半平方哩，但是也建有統治主的宮殿，周圍有四十三根柱廊。[48]被召喚來收割的一般大眾居住在田地裡，但不是所有人皆不准進入；一首公元前一千年的詩描述，「君子」雖然「不素餐兮」卻靠他人「稼穡」飽食。

文化第一次大擴張的時期，剛好與政治分裂的時期重疊。從占卜甲骨中可以看出公元前兩千年晚期君主的生活與職責。宮廷是資訊交流中心：卜辭經常提到聽取報告與頒布命令；宮廷也是貢品的寶庫，收藏著黍稷、龜甲、獸骨，因為君主要在一千個命了名的聚落點之間周遊。後世根據卜辭重建了國君的行程，可大約知道商朝政治地理的範圍：國君在河套以東的領土上不停地往來，旋風似地巡視黃河以南到淮河的市鎮田產，偶爾也到長江的最北端。國君最常忙於打仗，間或從事外交，外交政策之一是聯姻。後來的皇帝說這是「仁德廣被」。軍士卻說「王事靡盬」迫得他們餐風露宿，「曷其有極」，征夫「匪兕匪虎，率彼曠野」。[49]服軍役、納賦、守法，不是只憑死刑的威嚇就能令臣民遵循，儘管詩歌中經常如此流露。

國君的首要身分就是人與神的中介：主持祭祀、準備並執行占卜諮詢、破土、祈豐收、祈雨、建城鎮。卜辭中記載的唯一休閒活動是狩獵。但由於國君把一半的時間耗在狩獵上，可推測這大概有實用功能，可能是款待大臣和使節的活動，或是為了訓練騎術、宣示威儀、提供副食。[50]學者發現，占辭的語氣逐漸趨向公事：夢境與病症的內容減少，簡明樂觀的語調顯而易見。甲骨文也說明各朝在儀式上的大變革，證實國君會不服傳統約束，試圖自己樹立典範。祖甲便是急進的改革者，減除對神話祖先、山神、河神的祭禮，增加了對歷史的祖先、旁系祖先的祭禮，並且定下舉行這些儀式的日程曆書。[51]無需懷疑，他是有意要修改前朝武丁——也是商朝在位最久、最著名的國君——的規矩。

武丁是公元前兩千年最充滿活力的一個人物，在後來的文獻中記述最為鮮明，在商代留下來的史料之中也最顯得有血有肉的一位。那個時代的確切日期雖然很難弄清楚，但是可以推定他是公元前十三世紀的人。後世說他有征討「四海」的武功，據說孟子形容他治國「猶運之掌也」那麼輕鬆。[52]他善於狩獵，卜辭上說他某一次行獵的成績將包括「虎一，鹿四十，狐一百六十四，無角鹿一百五十九等等」。[53]他有六十四位后妃，其中一位所埋葬的墓是目前已知商代古墓中最華麗的一座，裡面有僕人、狗、馬陪葬之外，還有上千件珍貴的貝殼和上百件青銅器和玉器。由於宮中習慣用同一個稱謂指不同的人，後宮內院尤其是這樣，所以時常造成混淆。但是根據當時的檔案幾乎可以確定她的脈絡。武丁一再問卜她的分娩與病況。她是武丁的三位首要后妃之一（編按：指武丁之后婦好），也是他生命中的親密伙伴，她不只是個妻子或母親，更積極參與政治事務。她有自己的封邑，包括一座受城牆保衛的市鎮，還有三千名軍士聽她調遣。[54]

國君要兼代巫者，要有鬼神般「聽力敏銳、目光鋒利」的智慧，恢復因罪惡所切斷的天地相通。然而，我們必須充分認清的是，甲骨占卜採用的方法是與巫師被神靈附身不一樣的。[55]會診甲骨裂紋以得知內情與恍惚之中被附身的過程是完全不同的；甲骨裂紋意涵可以接受客觀審查，不過沒入門的人當然不可能看得懂。使用甲骨削減了巫師的權柄，把巫術的最重要政治功能（閱見未來、解讀鬼神）轉到了政府手裡。國君成為記錄並保存占卜結果的非神職官僚體系的監守人。記錄卜辭的人負責收集可以幫助準確預測未來的經驗，成為後來逐漸發展出來的史官。

這個時期有務實的君權概念，商朝君主自稱奪取夏朝（其歷史多半是神話）的原因是因為「有夏多罪，天命極之」，夏桀「荒廢農事」是有失國君職守。到了公元前一千年的周代，君權已經發展出「受之天命」的概念。[56]學者描寫的上古仁君會誇耀和平的藝術（這些傳說距離撰寫者的時代很遙遠）。史前的神話式人物黃帝，據說曾發明指南車、船、銅鏡、鼎、十字弓，以及「一種足球」。[57]但詩歌和通俗傳說卻透露君主統治比較血腥的一面。國君繼承了民族領袖獨掌的生殺之權。「君」字的原始形狀上方就是一個斧頭，標示著死刑執行者咧著飢餓的嘴與兇惡的獠牙。[58]商代皇帝對百姓警告說：言詞慎守法制，以免獲罪以後悔之徒然。[59]

財富和征戰是君權必備的要件。安陽發掘的國君古墓就展現了公元前十四至十一世紀的權勢：有數以千計的珍貴貝殼串，這種貝類是錢幣未問世之前的通用現金；有青銅做的斧與戰車；上百件雕琢精的玉器、骨製品、青銅器（青銅器均屬上品，是用陶模鑄成）、漆器；以及上百名陪葬的人要跟著到冥界去服侍國君，或是為了祭墓的儀式而殺的。國家所依據的基礎很不穩固：戰爭、儀式、占卜都是賭徒博取權勢的手段，運氣不好就要一敗塗地。中國歷史學家習慣上都把公元前十一世紀周武王滅殷商算作新時代開始，其實文化的連續性並沒有突然中斷，甚至在公元前八世紀起的春秋戰國時代也不曾中斷。這是中國歷史上經常重複的模式，每一次的崩裂都是暫時的，每一次革命都被逆轉，每一次焚書都留下辛苦搶救的冊籍。

❖東方的浴火鳳凰：中國之留存至今❖

春秋戰國時代的爭鬥與分裂，並沒有毀掉文明，甚至在某些方面可能激勵了文明發展。鐵器逐漸與青銅器並行之際，新的工藝技術也開始出現。步兵組成的龐大軍隊取代了公元前八百年以前獨霸戰場的戰車，社會也跟著變了。因為有貿易活動，中國對周圍世界的認識增多，而貿易當然與公元前五百年的貨幣問世有關；至於遠程外交使節的貢獻，要等到政治重回大一統的局面之後才得以突顯。

戰國時代的中國文化疆界不但向南擴張，也越過了黃河上游秦國所在之地，秦國受黃河與高山天險屏障，後來成為戰國諸雄的首強，征服其他國家之後，秦始皇也成為全中國的統治者。

這個時代的最重要的發展，也許是「諸子百家」提供了拓廣人們思維的泉源。這些人士因為統治者的財力贊助而有閒做學問，而統治者養士是為了借助士人的思想見識。生於公元前一世紀中期的孔子為了尋找明君而周遊列國，他留給世人的思想體系，到了現在仍影響著政治與日常生活的規範。孔子認為對於天、國家、親人、言行都應恪守忠誠，那個時代的諸子百家也大多抱持這種看法。

從我們現在的生活有太多要追溯到孔子的時代即可看出他的重要性。孔子的成就可以與佛陀的影響

（從印度傳布到亞洲大部分地區）相提並論，佛陀在世的時間與孔子有所重疊，而佛陀教導的是結合智慧、虔誠、善行而成就的幸福之路。早一百年左右的波斯聖哲瑣羅亞斯德，以及更早的印度《奧義書》，也都發揮了類似的影響。在歐亞大陸最西端，比孔子早了將近兩百年的希臘眾哲學家，尤其是柏拉圖與亞里斯多德，所說的善惡是非道理現在仍然通行。《聖經》的《舊約》大部分是在亞里斯多德的時代編纂完成，影響力也始終不曾被後來者超越。我們所謂的文明世界自古至今的思維言行，竟然一直在受三千年前寫下來的想法影響，甚至由這些想法決定，實在教人驚訝。[60]

孔子身處百家爭鳴的時代，他的思想和諸子百家大部分的著作卻幾乎在一次「文化大革命」之中消滅殆盡，因為秦始皇展開焚書坑儒的暴政。幸虧有卓越的傳承弟子收集整理，孔子的言行才會比同時代的別家思想更完整地留存下來。以後不時有革命者企圖燒掉古書，要推行外來的思想，卻每一次都被中國文明的厚實力量壓倒。十四世紀曾發生白蓮教運動，領袖宣示一種狂熱的佛教，但是在得勢之後就把佛教拋諸腦後。十九世紀的太平天國套用基督教的思想為主軸，雖然在當時造成非常大的影響，敗亡之後也被一掃而空。二十世紀由毛澤東領導的人民革命，號稱是以共產主義者馬克思的政治經濟學為基礎，毛澤東甚至推動全面批孔；然而三十年後，馬克思主義被捨棄了，儒家思想繼續發揮長久以來塑造中國社會價值的功用。自古以來的外族侵略者也每每屈服於中國文明的優越，即便在戰場上把中國人打垮也一樣，例如宋代的契丹人、元代的蒙古人、清代的滿人無一例外；蒙古人自一二八〇年至一三六八年統治中國，滿清歷時三百餘年，儘管被統治的漢人總視他們為異族，統治者卻都迅速徹底接受中國的傳統。

❖擴張而不突變：中國大空間❖

秦始皇留下的帝國太脆弱，很快就滅亡了；然而，中國歷史上每一次亡國之後都有繼起的朝代重建帝國。公元前二〇二年至公元一八九年的漢代版圖預示了以後所有朝代的主要領土範圍，不但涵蓋長江與黃河流域，也包括在廣東入海的珠江流域，以及北起長城、南至安南、西至西藏的地區。每隔一段時候，中國的版圖會伸向這些邊界以外（雖然經常被阻止又退回來），把不熟悉的環境納入：例如貴州是唐代的「西部荒野」，有伐不盡的木材；四川是「大川峽谷之地」，有鹽礦、「生番」、無法攀登的山，也成為宋代新劃入的邊境。當歷史學家只顧記錄近代早期壽命短暫的歐洲海權帝國之際，中國已經在鄰近的陸地國之中建立了（按多數標準看來）一樣龐大而且延續更久的帝國，獵鹿者之島的台灣、東北大草原（在這裡劃地耕作、紮營採參的人越來越多）都納入其中；西出嘉裕關、進入「新疆」的沙漠與高沙地區，路上有移民開闢的桃樹園、牡丹圃以及販售經典書籍的店鋪。[61]

中國文明的適應力特強，能擴展、有彈性，所以與在沖積土地上建立的因河誕生、靠河生存的其他文明不一樣。中國文明增長得比其他文明大、生命延續得比其他文明長久、領土延伸得比其他文明遠，中國文明能結合內聚、彈性、磁力於一體是很令人驚奇的，因為這些特性很難在如此大規模的成長之中維持不變。商代與商代以前的黃河流域生態系統所獨具的優勢，雖然並不能左右整個中國歷史，卻是促成中國獨特性的重要因素。

其他的文明都未能像中國這樣，在適應多種不同環境時，不發生激烈突變也不導致政治上的斷裂。即便中國的帝國擴張在十九世紀變得步履蹣跚以後，人與文化的輸出卻仍在西方霸權的外表下繼續維持。中國的移民輸出人數與移民落腳的地方之多，居全世界之冠。[62]中國人不論在和平殖民或帝國擴張上，都沒有終止擴張的跡象。向外擴張的傳統在近幾十年中更積極復興：一九五〇年代早期占領西藏、入侵韓國，九〇年代收回了香港和澳門，與幾乎每個鄰國都有邊界紛爭，不時發生暴力衝突。

此外，中國對於現今的許多國家都造成極大影響。例如，輸出文字和多種藝術到日本，將知識傳統傳遍東南亞，把一連串革命性的技術創新傳到歐洲與全世界。三百年以前，所有真正改變人類生活的發明與技術進步，大多數源自中國，其中最重要的包括紙、活字版印刷、鼓風爐、科舉制度、火藥，以及羅盤等多項航海技術革新。中國能長久維持這種首創性，憑的是傳播路徑的暢通和將世界各地資訊匯集在一起的能力。至於資料庫當初是如何建立的，並沒有詳細記載，但是中國人在公元前兩百年間已經能從陸上橫越歐亞大歐，中國貿易商品也在隨後不久經由海路抵達了衣索匹亞。中國在古代與中古時代（按西方的年代學計算）與外國接觸的範圍之廣，可以從回流中國的資訊得到印證，中國所匯集的世界知識檔案庫之豐富，是任何其他文明難望其項背的。

唐代流傳的一則故事很生動地說明了這個事實。一位伊拉克的旅行者於公元八七二年盛唐時代來到唐懿宗的宮廷，

皇帝令人取來裝著卷軸的匣子，放在他的面前，然後遞給了翻譯官，說：「讓他看看他的主人。」我識出了諸位先知的肖像，便說：

「這是諾亞與他的方舟，他是憑方舟在大洪水時免於死難……」

皇帝聽了便笑著說：「你認出了諾亞，至於方舟，朕不信其有，它沒有到中國或印度。」

「這一位是摩西拿著手杖，」我說。

「不錯，」皇帝說，「但是他不足道也，他的族人也甚少。」

「這一位，」我說，「是耶穌，周圍是眾使徒。」

「不錯，」皇帝說，「他在世的時間很短。他傳道的時間只有兩年半。」

然後我看見至聖先知騎著駱駝……我禁不住流下淚來。「你為什麼哭呢？」皇帝問……「他的信眾建立了輝煌的帝國，雖然他有生之年並未親睹帝國建成。」[63]

我猜想這個故事不是真的，但很具代表價值。撰述者顯然是要藉機嘲諷基督教徒和猶太人。故事呈現的中國形象卻透著實情：優越感、對所有資訊的掌握、對全世界各地知識的廣納。從這個故事也多少可以看出，同樣的環境發源的其他文明既已全部消失，為什麼中國文明仍存在，仍在增長，仍在發揮影響力。美索不達米亞與印度河的文明在古代便已消失，埃及古文明則是融入其他文明，不見了。中國文明因為超越發源的環境而繼續存在：最初移出四、五度緯度之外，之後便按這個模式外擴到幾乎每一種文明化的棲地，這是活力、侵略、野心，以及同化的結果。在一長條泥土地上開端的故事，結果傳到了全世界。這個故事並未結束，中國使全世界改觀的潛能尚未實現，只因為沒有使出全力。

我憶起少年時代一次在課堂上讀霍瑞斯的頌詩，讀到一行霍瑞斯奉承羅馬皇帝米西納斯的話，說米西納斯忙著國家大事之餘，還要擔憂中國人在打什麼主意。[64]當時我大為意外，我不相信羅馬皇帝真的會在意中國的事；現在我覺得他未必不會。當然，霍瑞斯是在誇大其詞。米西納斯平時對詩人都很禮遇，和霍瑞斯也有頗深的情誼。他應該看得出這句詩有取笑的言外之意：皇帝肩負治國重擔時，有那麼一點裝模作樣吧。但是，我年紀越長就越相信米西納斯確實不得不想到中國。中國以外的世界永遠在想的一個大問題是：「中國下一步會怎麼做？」這個問題從來不會問得無關緊要，也是我們現在應該再問的。

山裡的羊比較甜
谷裡的羊卻比較肥。
所以我們認為比較恰當的
是去把後者取來。
——湯瑪斯・拉夫・皮考克，〈大堡戰歌〉

由於征服山裡的人要花很長時間，
他們也一樣需要很長時間才會被文明化。
——撒姆耳・約翰生，《蘇格蘭西部島嶼之旅》

第五卷・天空之鏡

PART FIVE: THE MIRRORS OF SKY
CIVILIZING HIGHLANDS

9

雲中的花園：新大陸的高地文明

The Gardens of the Clouds: The Highland Civilizations of the New World

古中美洲與安地斯山

郊狼想要
把我們變成郊狼，
然後奪走
一切屬於我們的，
那曾使我們疲憊的
我們勞苦的果實。

——侯埃・馬丁奈斯・艾南德斯，'Quesqui Nahuamacehualme Tiztoqueh?'

由於酷寒帶來難以忍受的冰凍，高山土地沒有一處可以用於栽種水果和蔬菜，……甚至把相當大片地勢次高的土地也算在內，那兒也還是有不宜居住的地方。……因為土壤成分不同，有些土地雖然氣候良好，仍是不適於耕種的，……因為有些山處處是險崖，崎嶇又多荊棘的地面綿延好幾里格之長；另有些山的土壤優良，但是太凹凸不平又陡峭不能耕種。前述的緣故使得這些西印度地方不可能耕作或住人，這是我在走過殖民區的許多地方時經常看到的情形。

——伯納貝・寇波，《新世界的故事》

❖高海拔與孤立狀態：歸類高地文明❖

赫南．柯泰斯已經令船隊上岸，但他一心還想著阿茲提克酋長的財寶傳聞。他在信上寫到：「因為信賴上帝之全能，與殿下的重威，我決定去找他，不論他身在何處。」這是一條很長的上坡路，柯泰斯一行從夏拉帕出發，走上「一條非常崎嶇又陡峭的路，西班牙沒有一條路這麼難走。……天知道我們受了多少飢渴之苦，雹暴與暴雨尤其難熬。」[1]他們越過荒涼的高原、走過高山，在高原上要忍受飢餓侵擾與烈日灼烤，在高山上又得與寒風和稀薄的空氣搏鬥。

柯泰斯一行人是與哥白尼（一四七三－一五四三年）同時代的人，為了滿足科學上的好奇心與追求黃金，甘受艱險山路的折磨。探路的隊伍試圖攀上峰頂覆雪的波波卡特佩托火山，高度將近五五八六公尺，「要找出冒煙的祕密……但是未能成功，因為雪下得太大，旋風挾著山中噴出的煙灰；也因為他們受不了酷寒」。[2]柯泰斯一行前往阿茲提克首都途中，土著嚮導帶他們走了更多山路，柯泰斯雖然疑心會遭到埋伏卻仍跟著走，「因為我不希望他們以為我們缺乏勇氣」。

柯泰斯和部下來自按歐洲標準來說算是多山的國家；行程終點的這個首都卻比任何西班牙人所見過的高。特諾奇堤特蘭城中色彩艷麗而濺著人血的神廟，建在海拔約二二八〇公尺的山谷湖上，周圍是高高低低的山脈。這座城超越了生活、超過了真實，令這些西班牙人想起當時一篇通俗小說中被邪惡魔法師下了咒的幽暗之城。[3]柯泰斯得意洋洋地稱讚自己征服的地方，他表示這是與塞維里亞不相上下的一個城市。

令人意外的是，柯泰斯會想在一個地勢這麼高的地方找到高等文化，還認為耗費這麼大的工夫是值得的。一般平地人都覺得高地人對文明是不友善的。平地居民眼中的高地居民無異於野蠻人，平地人也會引據歷史、地理、神話來證明高地人確實可怕，描述巫術、亂倫、獸性的故事都是在山裡發生的。[4]

山區居民往往被扣上「原始」的帽子，在文明進逼中不得不逃上山去；他們的棲地通常除了某些條件好的谷地外，甚少有可耕土地，即使有，耕作起來也比平原費力。在山坡上覓食的牲口也往往屬於瘦而多肌肉的品種，又因為草場不集中，靠這些牲畜維生的人有時候必須隨季節而遷徙。另外，凡是有高山阻隔的地方，就會產生排他主義。隔離的族群都有強烈的自我意識，彼此語言又不通，所以不可能大規模地合作，為改造環境或組成大國而互相配合也就更不可能。

十二世紀的埃梅里·皮考曾為朝聖者寫過一本行路指南，在書中警告讀者要提防前往康波斯特拉途中的山地社群：「不像我們法蘭西民族，他們是完全沒有文明的」，他們與騾子獸姦，用餐時骯髒粗魯。[5]十六世紀的瑞士人湯瑪斯·普萊特到德國受教育的期間，必須因來自山地的出身所招致的鄙夷而自我捍衛。[6]約翰生博士口口聲聲說瞧不起蘇格蘭人，把蘇格蘭人比為「和切若基印地安人一樣──甚至像紅毛猩猩」，需要文明人來調教，並且說他們未與英格蘭統一以前「飲食與愛斯基摩人的盛宴一樣粗陋，住家與霍屯督人的茅草房一樣骯髒」。他之所以勉為其難去造訪蘇格蘭高地，是出於現代人種學家尋找「原始人」的衝動：他承認自己原是為了想看看古代的樣貌。[7]

高地社會的真實情形卻經常與這些預期不符。高地居民從自己的視角看下去，是瞧不起下面世界的。的確，高地通常都沒有養活早期河谷文明社會的那種肥沃沖積土地；高地人也得不到海島與沿海文明享有的遠洋貿易機會（見第十一章）。但是，高地有其他可以彌補這些缺憾的優勢，這些優勢也吸引探險家往高原上去找消失的世界和「黃金國」，而且有人的確找到了。

溫帶地區以外的世界裡，只有高地可以躲開極端氣候，能舒緩熱帶夏季的熾熱。當處於同緯度的其他地方是無情沙漠和叢林時，高地文明卻能繁榮興盛。高地可能包含山谷與有內部水流匯集的地帶，礦物質可以累積，因而形成可利用的土壤。山岳會成就氣候的多樣性，例如形成微氣候，或者把雨水集中到某個方向，以及因不同高度造成的不同氣溫帶上形成可耕種的斜坡和溪谷。

例如以前的亞美尼亞，從炎熱的阿拉克瑟斯谷地往高加索山走的一路上，各種環境應有盡有：海拔一二〇〇公尺的沖積土地可栽培水果、蔬菜、棉花；略高一點、較乾燥的山坡土壤可種植玉米、水果、堅果；一五〇〇公尺以上的山區有樹林，山頂覆雪，可栽種冬季之前即可收割的耐寒穀類；二一〇〇公尺以上的山地草場可供夏季放牧。[8] 地勢最低的地方夏季氣溫時常到達攝氏三十二度；在人類可居住的高地區，氣溫最低可能到零下四十度，人們必須挖地洞住才不致凍死。早期農耕生活所必須的牲畜草料，這些山坡上也有。只要能打造一個包括這整個高地的國家，或形成一個交流系統，就可擁有多采多姿的經濟，從而在這樣的經濟體中建立漂亮的城市生活場域。公元前一千年的烏拉蒂亞便是一個例子，他們在凡湖周圍建了高大的城堡、約一六〇〇公尺的運河、自我褒揚的碑銘。第十、十一世紀的巴格拉蒂人（約在今日的喬治亞共和國）也是，他們在「有著一千零一座教堂的城市」亞尼，至今仍可在坍倒的石堆和植物蔓生的土丘中間找到幾個圓頂和尖塔的遺跡。

拜高地環境多樣之賜，居民能取得的食物種類遠遠多於平地，因此他們能供養守衛部隊、能挺過植物生病與歉收導致的饑荒。後文會談到，像特奧蒂瓦坎或特諾奇提特蘭這樣的古中美洲高地城市，耐力與韌性比低谷地之中建立的帝國都城（例如：阿爾班山〔今墨西哥南部〕與圖拉〔今墨西哥城北方〕）更強，低谷地的生態基礎較脆弱。歷史上，衣索匹亞與新幾內亞兩處的高地居民生活方式雖然不同，但多數時候都維持著比周圍平地區域更高的人口比率。

最重要的也許是，在高地建立文明比較有安全上的把握，因為山區容易防衛。世界上一些最難進入的高地，多能維持文明歷史不衰，也許都是拜幾乎不可能攻破的地理位置之賜。有些地方牢不可破是因為離世孤立，例如安地斯山區與新幾內亞；也有些是因為多少世紀以來都有高山阻隔，卻未停止發展遠距交通，例如西藏與衣索匹亞高原。如果是單一國家據有某個高地區域，就可能向周圍平地徵用更多樣的出產物，例如阿茲提克人，曾強迫平地、海岸、森林的人民進貢，貢品由數以十萬計的扛夫背上山來；

又如古代與中古時代的衣索匹亞人，在山上坐收「大裂谷」貿易路徑上的通行費；西藏在吐蕃時代亦然，曾經抽取歐亞大陸往來貿易的利益，並且越過中吐邊界奪占小麥的收成；[9] 印度台地上締建帝國的人，「達克史那巴塔巴提（即『德干高原之主』）安全地在岩石環抱中站上世界最偉大統治者的地位，用宏偉的廟宇妝點這個國家。起初的建築是鑿岩石而成，裝飾了美妙的圖畫和雕刻，至今仍是吾國之光」。[10]

世界上（以傳統標準來看）偉大的高地文明都可以持續不斷保有重要優勢長達數百年或上千年。安地斯山文明中反覆出現的黑暗時代，都不是外來者所造成的。古代中美洲高地文明可能被北方沙漠來的民族滲透——阿茲提克可能是侵略者中的最後一個，不過這種入侵者通常接下來又被高地文化的誘人之處所征服。衣索匹亞文明經歷過許多次類似的事情。只有伊朗高原與德干高原（這是這一類型國家及文化之中與外界接觸最頻繁的所在）是一再被征服並改頭換面的。西藏受過蒙古人的影響（後文會講到這影響其實多麼有限），也一直受到中國勢力擴張的影響或是受中國文化的吸引，但是在歷史上的大部分時候都安然度過而不改原貌。只有在遭遇歐洲人的勢力擴張時，高地的安全才受到威脅，不過即使受到威脅，多數例子也都是在經過很長一段時間後，才真正被攻破。

就這一方面而論，新大陸的高地人（古代中美洲與安地斯山的人）算是特例，因為他們早就向征服者投降了。他們的山中要塞大多數於一五二〇、三〇年代被西班牙以武力攻陷，或者應該說是被西班牙人鑄造的兵器和領導的聯合敵軍攻陷。一般推斷這是因為歐洲人的軍事技術超越了高地的優勢；然而，同時期其他地區的一連串戰事中，衣索匹亞人卻擊潰了來襲的索馬利亞軍隊。衣索匹亞人稱索馬利亞人是「土耳其人」，索馬利亞軍隊有火槍與大炮，至少在進攻初期的武力是略勝一籌的，衣索匹亞人並在一八九〇年代抵擋了更兇猛的征服企圖。另一個高地國家莫塔帕（可以算是非洲中古時代重要的辛巴威文明的後裔），曾於一五七〇年代擊退了葡萄牙侵略者，而葡萄牙人在進攻初期也是掌握軍武優勢者；莫塔帕此後雖然國力一點一點削弱，卻一直撐到十九世紀才被非洲本土的競爭敵手諾尺人征服。在亞洲的西藏與伊朗的高地文明中建立的國家，都抵抗不了緊鄰文明（中國與土耳其）的影響，但是一直到二十世紀才面臨歐洲人勢力擴張的嚴重威脅，衣索匹亞也是在這個時候終於屈服。

因此，要解釋高地文明的消失不是用因為無法抵禦（單一）敵人所以滅亡的原因就解釋得了。高地文明消失與高地歷史的其他部分一樣，必須往內探究高地環境與人彼此之間的關係。

高地環境的基本要素是，周圍或旁邊的地勢較低；除此之外，不同的高地之間沒有共通之處。有些人在海拔六百或九百公尺的高地找到高地的生活必要條件，有些人在三千公尺高的地方也可以找到，因此類環境提供的可用資源有很大的差別。像狹窄谷地和廣闊台地就是明顯不同的環境，像新幾內亞和安地斯山許多地方，可以輕易找到多樣的動植物，但如果在廣闊台地的環境裡，也許必須走很遠才找得到夠多樣的動植物。我們將這兩類高地相提並論的原因有二：第一，台地居民實際上會逗留在台地邊緣而利用山坡地，或是居住在山腳下或棲身於山中，因為這些地方比較容易有肥沃的土壤，這樣一來就與狹窄谷地的環境條件相似。第二，高山谷地民族的帝國野心往往與台地民族不相上下。印加帝國與古波斯的亞基美尼人的帝國分別涵蓋截然不同的地域，卻同樣有遠播權威的志向。

還有一項特點必須強調。有些高地文明並不是發祥於高地，而是被征服者或掠奪者逼得出走的平地文化。把家搬到高處的優點之一是，可以像狼抓羊似地向低地俯衝，拿回寶貴的影響力。高地民族可以憑地勢高而征服、欺凌、取代低地鄰居以成就自己的文明，文明的中心因而從被搶奪（或避難）的平原到了鄰近的山區與高原。

遠古的馬雅低地大城市在大約公元第九世紀的時候因戰事、革命、生態災難而滅亡以後，低地馬雅文明就轉到瓜地馬拉和猶卡坦高原山區裡延續。早期的印度文明是在河谷地區興旺，但主宰印度次大陸歷史的歷代帝國卻往往在北部高原建都。中國一統的歷史有時被講成低地六國被秦國征服的故事，而秦國是戰國七雄之中位置最西、地勢也最高的一國。按照可能屬實（但未證明）的假說，印加文明也是如此。印加人藉由征服處於海岸的契摩爾王國而擄來的財寶，加上從沿海擄來的工匠，建造了華美的庫茲科。[11]按這個假說，衣索匹亞文明是從附近阿拉伯的賽比亞人而來（見第十三章），古代中美洲高地文明來自於海岸邊的奧爾梅克沼澤地（見第六章）。

我們卻不可以認為高地文明一律是寄生蟲或掠奪低地文明而成就。有些高地文明是利用手邊可得的資源從零做起的。這樣得出的結果，也許不如接觸面廣的文化，這是因為「定向演化」（編按：一種演化理論，指生物的演化遵循固定的內在動力，朝同一方向發展）意味著孤立，孤立的文化缺乏競爭者或外來影響的刺激。所以，大辛巴威與新幾內亞高地那種白手起家的自製文化，不會像匯集各式各樣影響的文明那麼令觀察者印象深刻。但有時候，「定向演化」與「雜交而生」混合得太徹底，根本不可能分辨某些文明究竟是從高地自家發源的，抑或是在低地鄰居之中產生的。

不過，高地文明的工藝技術與政治複雜度（按常規所定的標準而言），和處境孤立的程度有明顯關聯。像新幾內亞這樣沒有遠距接觸的地方，可能發展出定棲的生活方式與自創式的農藝，但是卻固守著最基本的工具，政治體的規模都極小。與外界接觸有限的地方，例如烏干達、盧安達、蒲隆地，可能發展冶金技術與注重排場的大王國，卻沒有開創城市生活。像衣索匹亞和辛巴威這樣有長廊通往外界的地方，可以大興建築，衣索匹亞也對環境做了不少改造。像西藏、伊朗高原、德干高原這樣通訊便利的地方，可以享有文明生活的一切福利設施。我們應該從美洲開始探究各種例子，因為美洲有特殊的高地文明史。古代中美洲與安地斯山的兩大文化區域內部曾經創造廣大的交流網絡，卻維持與外界幾近封閉的狀態達數百年之久，更奇的是，兩個文化完全互相不認識。

❖攀上蒂亞瓦納科：印加以前的帝國❖

美洲的兩個高地區域——墨西哥與安地斯山原本是抑制文明萌芽的「冷床」。兩地在十六世紀都曾是西班牙征服者與既有古帝國激烈衝突和相互毀滅的場景，阿茲提克和印加帝國因此籠罩在浪漫傳奇與悲劇的氣氛之中，他們成了世事無常的象徵，彷彿在它們兩個地區從來沒有其他文明達到相似的成就或是也這麼突然消失。之所以會產生這種觀感，是由於以往採取的探討方法錯上加錯。美洲古帝國歷史的連續性遠超越西班牙人入侵帶來的重創：這兩個文化區域以前便常有征服者與新的統治階級來來去去，當地的生活仍按照慣常的模式繼續，也就是說，統治階級在建築雄偉的大城裡，以精心設計的意識形態為由，對龐大的務農人口行使壓榨、保衛、利益重新分配的權力。就這些方面而言，殖民時期與之前的帝國時代是相似的。印加帝國與阿茲提克在高地上的成就與下場，應該放在他們據以居住的兩個地區與周圍的長久文明史的脈絡裡來看，才可能理解透徹。

印加人大約是在公元一四三〇至四〇年間開始在庫茲科的山谷要塞建立帝國。在他們之前，有另一個以烏阿利為首都的帝國，位於海拔二七〇〇公尺的阿亞庫丘谷。烏阿利中心有戍衛要塞、宿舍、公共食堂，周圍百姓至少有兩萬人，阿亞庫丘谷裡似乎還散布著一些衛星市鎮。有人甚至指出，其他布局相似的遺址（最遠的在納茲卡，見第二章）是烏阿利的殖民地。烏阿利這個首善之都大約只有兩百年歷史（公元第七至第九世紀）；壽命大約比烏阿利長一個世紀、更早以前的另一帝國——的的喀喀湖附近的蒂亞瓦納科，在公元第一至第三世紀成為強大的城市，城中有高聳的廟宇、窪地庭院、威武的防禦工事。再早的是公元前一千五百年留下的遺跡，位於卡哈馬爾卡高地，其中的儀典建築群可能曾是城市或雛型城市的一部分，最起碼也有族長式政府的倉庫，存放著要重新分配的糧食。有些遺址也被推斷為古王國的遺跡，例如公元前一千年建立的孔都瓦西，有金器陪葬的古墓，還有黃金鑄的以獻祭人頭為墜飾的王冠。[12]

低地遺址之中仍不難想像其昔日風華，時間上又更早了：里瑪克河谷中的拉弗羅里達是大約公元前一七五〇年開始興建，有面積三十畝的高台，現今仍在的遺跡也有七公尺高。[13]到公元前十四世紀，乾燥的莫奇谷之中留下的遺跡是用河川卵石築成的庭院、房室、廊柱的複雜格局，有巨大的美洲豹面具守護。[14]不過，如果根據目前已知的資訊就說大型建築的傳統是藉遷徙、征服、影響力蔓延而往內陸高地傳播，是言之過早了。

公元前一千年留下的遺址幾乎都有許多共通的裝飾特色，從北方的藍貝耶克谷到南方太平洋岸的帕拉卡斯皆然，就好像都在妝點同一座諸神廟。因此有人猜測，印加帝國興起以前已有某種超級大國存在；最起碼也可以說曾有一個「文化地區」是把高地和低地都包括在內的。這個文化區的重心是其大無比的查芬．德．萬塔神殿，位在卡列宏．德．康丘科山，這個山上的神諭所在似乎是成為萬方信徒的朝聖目標。[15]

凡是有宏大建築的地方，幾乎都有玉米在滋養。玉米之所以能逐漸擴散至各處高地，是由於當地居民培養了適合的品種，加上設計過的灌溉系統促成雙重輪作，才使得本來不能種植玉米的緯度也能有效地耕作。儲藏玉米是儀典建築群的功能之一，例如的的喀喀湖深入內陸的湖岸上的契里帕就是如此。[16]過了玉米種植極限，主食作物就改成安地斯山原生的多用途塊莖蔬類——馬鈴薯。

這些仰賴玉米的社會都有些發展上的限制，但被一個最不同凡響的城市超越了：蒂亞瓦納科從第三世紀到十一世紀持續建設的時期，在比拉薩地勢還要高的地方擴張到有四十畝的面積。這簡直是不可能的「雲中殖民地」成真了。亞里士多芬當初想像的「Nephelococcygia」是為了諷刺希臘人走火入魔的建城熱（見第十四章）。蒂亞瓦納科的城門太氣派宏偉，似乎在炫耀凱旋；大石碑的石材太大，似乎在自我膨脹；正面的氣勢太兇，只有帝國才擺得出來。城裡有多達四萬的人口，採行築墩農業，田地用卵石

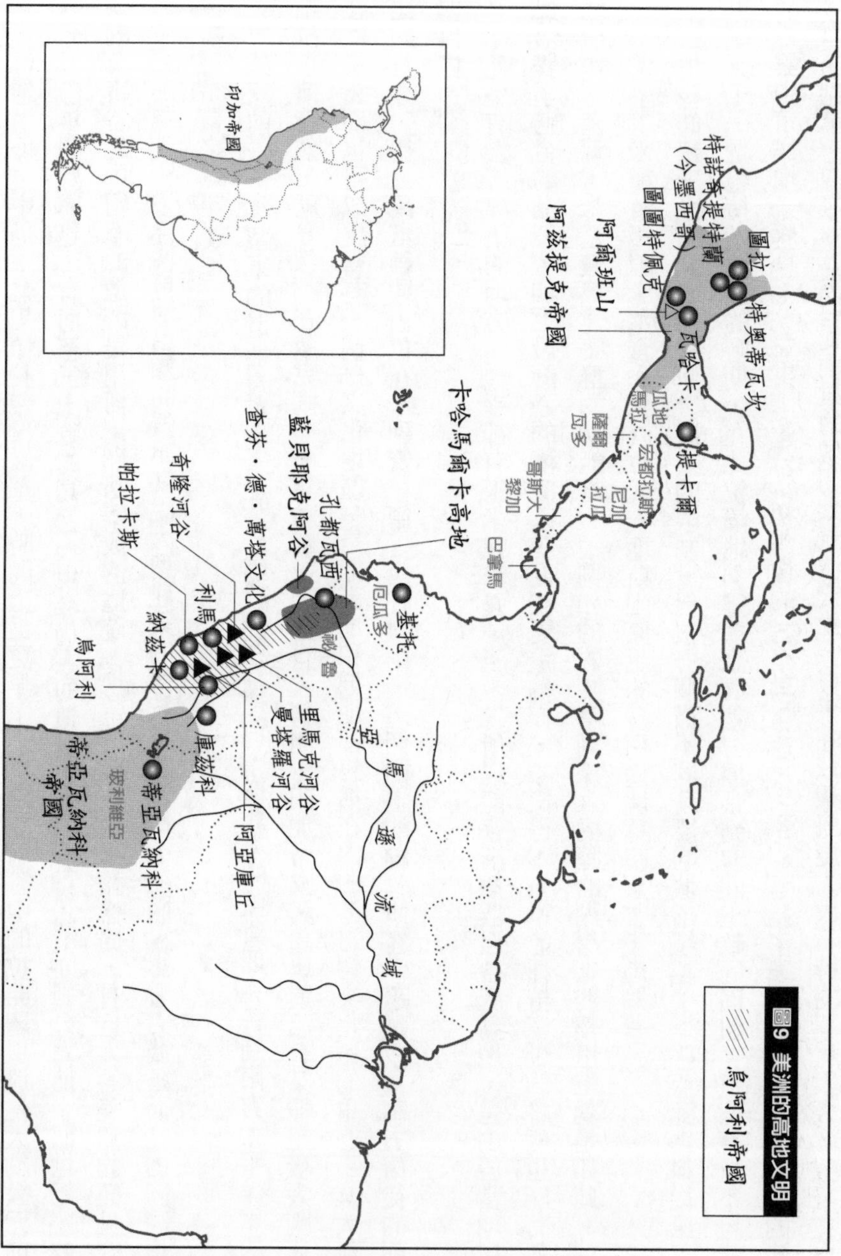
印加帝國
圖拉
特諾奇提特蘭
（今墨西哥）
圖圖特佩克
阿爾班山
阿茲提克帝國
特奧蒂瓦坎
瓦哈卡
瓜地馬拉
薩爾瓦多
宏都拉斯
尼加拉瓜
提卡爾
哥斯大黎加
巴拿馬
卡哈馬爾卡高地
藍貝耶克河谷
孔都瓦西
查芬·德·萬塔文化
奇隆河谷
帕拉卡斯
利馬
納茲卡
烏阿利
基托
厄瓜多
秘魯
里馬克河谷
曼塔羅河谷
庫茲科
阿亞庫丘
亞馬遜流域
蒂亞瓦納科
玻利維亞
蒂亞瓦納科帝國
烏阿利帝國
圖9 美洲的高地文明

堆起墩台，上覆泥土和淤泥，墩田周圍是引入的喀喀湖水的渠道，藉此保護田地不受氣溫劇變之害。田圃從湖岸到內陸有十六公里長，每年收成高達三萬噸的馬鈴薯，餵飽全城人口還有餘。[17]這裡也可以栽種足夠儀式典禮使用的玉米，要在遮蔽完善而極小心照顧的園圃裡栽種。另外也可以收成大量的藜麥，我聽人說，這種穀類以前是很賤價的東西，現在則是時髦食品。

就目前所知，從蒂亞瓦納科滅亡到印加帝國興起之間，高地上只有比較小規模的文明出現。因此，把印加說成是蒂亞瓦納科遺留傳統的繼承人或監護者是沒有根據的。不過，前人偉大建築的廢墟留著，後人可以看見；對付環境的巧招可能有人記得，或是被當地人保存留傳：作物育種、利用環境的多樣性、在可相容的生態環境裡維持生存聚落等都是此類例子。印加人的實驗可以說是把馴化自然的老方法翻新執行，只是規模大得空前。

❖諸神的所在：阿茲提克興起的背景❖

阿茲提克人的文化區域裡也曾有同樣悠久且強盛的城邦歷史。他們也和印加人一樣，踩著前人文明的遺跡，親見過臣屬的或被征服的民族文化，這些都留在比阿茲提克地勢低的地方，直到海岸處。舉例而言，公元前一百年的特奧蒂瓦坎在海拔一八〇〇公尺的地方形成最密集的本地城市，面積大到五千餘畝。特奧蒂瓦坎雕工精細的高台和金字塔，與印加蒂亞瓦納科的高台和金字塔似乎有相同的地位，幾乎可說是帝國大業的象徵，我們不禁揣想特奧蒂瓦坎應該曾是一個龐大國家的首都。大約千哩之外的馬雅諸城中仍留有有關特奧蒂瓦坎外交使節的記事。第五世紀的提卡爾君主「風暴天」的雕像就有特奧蒂瓦坎的保鑣隨侍（見第六章）。特奧蒂瓦坎的建築就包括一些顯然按照遙遠低地遺址裡的房屋所改良而來的屋舍——很像大展覽會上不同地區的展覽館。

從特奧蒂瓦坎殘留的壁畫仍可看見古時居民生活中充滿的意象。他們的世界由天空主宰，這天空的形象是一條色彩豐富、有羽毛的大蛇，巨大的口中流下雨一般的繁殖力和汗水。它底下冒出來的樹木生著彎曲的粗根，開滿茂密的花朵。會說話的鳥禽口吐雷電，兩翼向下射出飛鏢似的閃電。一頭身覆羽毛的美洲豹從爪掌迸出火花。活祭的人戴著蛇面具，被龍舌蘭刺割開的手和被叉在骨刀上的心臟濺著血。一群郊狼扯出一頭鹿的心臟：鹿似乎在哀鳴，顯然是比擬活人獻祭的情景。[18]這些藝術來自生態條件不穩定的生活，生產豐饒與否都要取決於降雨與不可靠的神祇。

也是在同一時期，墨西哥西南方的瓦哈卡谷中，有一個地區性的國家曾以阿爾班山為據點。這裡的地勢比較低，在一四二〇公尺到一七三七公尺之間；因為降雨不足，居民不得不採取繁複的灌溉對策，包括掘井、儲水、開渠道。[19]瓦哈卡谷的這個國家在公元前五〇〇年至二五〇年之間興起，山頂的防禦碉堡遺址是一次突然的「都市革命」的成果。瓦哈卡谷的這個國家一直維持著優勢文化中心的地位，歷時一千兩百年後原因不明地突然衰敗。建造這個城邦的人被稱為查波泰克人（因為與現代的查波泰克人同名，可能引起誤解），他們留下工藝極精美的碑塔，碑銘的書寫系統至今仍未被解碼。他們的帝國野心，可以從繪畫和雕刻中看出來，繪畫中呈現戰俘被割掉生殖器官的場景。但若要進而推斷他們的國家形態、想像他們的君主有多大權勢，證據仍嫌不足。在建築物上以象形文字刻有被征服者的名稱，這名稱指的可能是遠在五十哩或百哩以外的某個地方，阿爾班山的陶器風格也在這個城邦滅亡時傳播到這麼廣大的區域。[20]

即使這些證據意味阿爾班山與特奧蒂瓦坎有固定的政治關係，但阿爾班山充其量也只是一個地區小國，範圍與勢力都不可能與特奧蒂瓦坎相提並論。這個小國依賴那麼脆弱的資源竟能有這麼好的成績很教人驚奇；但是它的統治權和影響力都不曾延伸到多遠，無法與特奧蒂瓦坎、特諾奇堤特蘭相比。

阿茲提克帝國時代的這個地區裡，米赫泰克人與查波泰克人都是比較小的社群，以黃金工藝、羽毛工藝、抄本繪圖著稱，而不是以巨大建築聞名。近期解碼查波泰克君主圖繪世系的結果顯示，兩個社區的統治階級有所重疊，例如查波泰克的英雄人物「五蘆葦」（這是曆書上他的稱號）就是兩族共尊的祖先。[21]另一位是古中美洲首屈一指的文化英雄，用象形字表達是「八鹿虎爪」。按世系表，可以大致確定他的生卒年代是一〇六三年到一一一五年。[22]他在所有現存的米赫泰克史書之中都地位崇高，可作為古中美洲君主生涯的典型範例。他經常娶妻、兒女眾多，進出神廟，擔任人神中介、祈問祖先，指派並接見使節，參與球賽，談判和平，以及最重要的——進行戰爭。他死後也與活著時一樣，是古中美洲君王的模範：獻祭、肢解、入葬，這些都清楚記載在小城蒂蘭通戈與特扎寇阿科的君主世系之中，兩個小城的君主都要後世記得他們是八鹿虎爪的後裔。八鹿虎爪來自圖圖特佩克的低地人，生涯大部分時間在湖岸地區的米赫泰克社群中度過。圖繪世系中生動地描述他的征伐戰功，因此有學者認為曾有一個「圖圖特佩克帝國」存在，但其實應該把這些征戰放在激烈權勢較量的脈絡下來看，從這種較量中會產生尊從模式、貢品交流、獻祭用的活人，卻未必會導致領土權或直接統治範圍的擴大。古代中美洲的王國似乎以建在高地上的基礎比較穩。

建在高地上的國家，在一些可計量的特點上是勝過地勢較低的鄰居或前輩。例如，高地國壽命較長、發展規模較大、影響所及的範圍較遠，或是具備三者之一、二。特奧蒂瓦坎在公元第八世紀時原因不明衰敗以後，圖拉遺址又興起一個大城，在墨西哥被稱頌了幾百年，直到十二世紀末同樣原因不明地瓦解時為止。這個城被世人稱為「雲中花園」，遺址的大片空地上立有巨柱，儀典空間整齊有致，並以祭典的血灌溉，頗能符合這個美稱的形象。但是城的周圍環境不可靠，灌溉絕對必要，長期乾旱必然帶來毀滅。幾乎可以確定，居民棄城而去與生態災難有關。[23]阿茲提克人自認是這個城的子孫。

❖對比的世界：阿茲提克與印加並論❖

學術研究隔著遙遠的距離看古代中美洲與安地斯山，以致於兩邊的差異似乎消融了。在學者筆下，兩種環境顯示出關鍵性的相同，其中有些共同點的確值得重視：山區的堡壘具有防禦功能、熱帶的高山氣候有緩和作用、動物性蛋白質來源有限、儀式用糧食——玉米幾乎無所不在。棲居在兩個地區的人們所發展出的文化，在研究者的心目中也往往歸併在一起。舉例來說，常被注意到的是，兩種文化同樣有「矛盾」的基本工藝技術。兩個地區的人都使用大塊石材來蓋巨型建築物，卻都沒有發展建造拱形的技術；都發展了遠距貿易，卻都沒有使用輪子和車軸。兩種文化的城市景觀類似，都固守幾何形狀與對稱美感來表達宇宙秩序。歐洲人入侵以前，兩個地區都只把軟質金屬用在工具、武器、裝飾上。兩種文化記錄訊息的方法都被歸類為雛型書寫：即古中美洲詞符象形字系統，這非常適合用來保存統計的、曆法的、世系的資訊，但對於敘事卻只能發揮助記符號的效用；以及安地斯山的結繩記事，這與古希臘的B類線形文字（用代表音節的線形符號書寫）一樣，只適合作行政事務的紀錄，卻不能為文學編碼——至少目前尚未有可取信的解碼，證明當時曾留下文學作品。[24]

文化背景上明顯的類似性似乎培養出相近的政治後果。兩個地區往往偏好比較大的政治體，早期來到美洲的歐洲旅行者都把這種政治體歸類為帝國。特別引起研究者注意的是，這兩個地區在同一時期都有用人獻祭的儀典，並透過戰爭與政治設計方法來供應所需的祭品人。兩個地區都遭到比較小規模的西班牙探險隊征服，征服的方式表面上看來是相同的。

在征服者心目中，相同之處的確已經十分明顯。舉例來說，法蘭西斯哥．皮薩洛於一五二八年攻打祕魯，便按照早幾年柯泰斯在墨西哥的前例行事：先擒拿他認定是「皇帝」的當地最高統治者，再藉操縱這個傀儡來控制廣闊多變的大片地區。不過兩人的這一招起初都沒有發揮預期的效果，被俘的君王不久就被征服者拋下或殺死。柯泰斯在墨西哥設想這個策略，顯示他根本搞不清楚狀況：這裡的政治勢力很分散，不可能從中央操作；倒是在祕魯可以這樣做，因為政府確有中央集權的趨勢，帝國境內的效忠目標集於君主一人。

阿茲提克「帝國」是個鬆散的霸權，各股勢力只藉複雜的納貢交流維繫，雖然貢品最終必須流入特諾奇提特蘭，卻會先在整個文化區裡到處交叉流通。強制整批人口遷徙的政策極少實施，境內的社群極少由特諾奇提特蘭任命的長官直接治理，也極少有占領軍長期駐守某一地：根據可能是最早的可靠史料，存在的社區僅有二十二處。阿茲提克的至尊統治權倚賴的不是持續的警戒或常態的管轄制度，而是用機動軍隊和懲罰性的劫掠等恐怖手段來維持。在面積超過二十萬平方哩的國境內，末代的君主調動軍隊來回「征服」已經在他統御之下的那些城市（按特諾奇提特蘭留下的征戰名冊是這麼記載的）。阿茲提克的霸權也不是嚴格的獨占模式，而是由特希可可湖一帶構成網絡的多個城市共享，這些城市在進貢層級中屬於特權位置。另有更廣的聯盟系統把更遠的社區納入，以便合作征服未臣屬的地區，而結盟的社區也會不時變動。按照早期殖民史料之中取得或謄抄的「前征服時代」的記事，西班牙人到來時，有三個「山那一邊」的社群在這個系統之中居於特殊地位。特拉希考特卡、烏埃霍欽卡、卓魯特卡進貢（或應當進貢）鹿皮毛、供牲祭用的俘虜；但是特拉希考特卡的男子也參與阿茲提克人交換俘虜的儀式，這種儀式叫作「花之戰」。當雙方關係變得緊張，敵對一觸即發，特拉希考特卡後來就成為柯泰斯的第一個盟友。至於卓魯特卡，柯泰斯承認是因為自己用了威嚇手段——屠殺其都城三千居民，才背叛阿茲提克與他結盟。

印加帝國的體系不如傳統描述中那麼嚴格與缺乏變化，需要協調一致的地方多得多，直接統御的範圍也廣得多。印加的帝國大業既比阿茲提克的龐大，管制也比阿茲提克嚴密。這麼大的帝國，跨越如此不利的地形，包含這麼多不同的文化，如果沒有大量務實的權力下放和許多潤滑的關節，是不可能運轉順暢的。令人覺得最厲害的是其掌控力的真正精髓：傳統上效忠的地區和以往敵視印加的地方都被夷為平地或棄置荒廢，例如契穆本來是繁榮的城市，也是以前的帝都，城中的人口卻突然被印加征服者一掃而空（見第二章）。數萬人被迫從故鄉連根拔起，到印加政策指定的地方落腳。烏埃納．卡帕是西班牙人入侵之前的末代君主，據說他下令十萬工人遷居到基斯帕干卡去幫他建一所鄉間別宮；此外，他在寇查班巴開闢玉米農場，役使的一萬四千農奴是從國境內各地遷來。[25]區域性的統治階級被鼓勵或被強迫把年輕的一代送進庫茲科城，接受帝國意識形態的灌輸。道路以及皇帝的傳訊設備造就了一套控制系統——發送信息與快速回覆的驛站。

阿茲提克與印加除了政治迥異之外，還有其他更深層的區別：兩種民族擁有差異極大的情緒感受。印加藝術反映的世界是令人不快的、堅持到底的抽象風。人與動物的形狀在織工和金匠手底下都變成硬梆梆。氣勢壓人的建築則體現頑固不改的想像：石工雕琢精確，有整塊的大石材，嚴格要求對稱，絕無自然的彎曲姿勢，一律是直線。印加藝術的自然主義還不如伊斯蘭教藝術。即便結繩記事曾經用於記錄故事（有些學者認為有此可能），敘述效果與中美洲的圖畫式文字也有天壤之別，後者逼真地呈現了每個人事物。阿茲提克最典型的藝術是寫實風的雕刻，這是他們技高一籌的藝術，也為古中美洲藝術傳統帶來以前沒有的精緻風——至少我是這麼認為。最上乘的寫實雕刻是小規模製作，按一絲不苟的自然觀察，描繪得栩栩如生。一對伴侶（有「人」的形象，卻帶著猿猴的特徵）的坐像，雙方都以一臂摟住對方，略歪著頭互望，露出半信半疑的親熱；一條目露兇光的蛇張大了嘴，伸出分叉的舌慵懶地舔著自己盤起的身體。空氣在蹦跳的猴子身上呈現，腸胃脹氣而鼓著肚子，揚起尾巴在放屁；郊狼停下腳步，豎著耳朵在聽什麼，也許蹲著是準備要跳起來；一隻兔子緊張兮兮地縮著身子，在嗅尋食物或察覺危險，鼻子抬起皺著正要吸氣。[26]

這些情感表達的差異，是在截然不同的環境中養成。如果把阿茲提克與印加的「新大陸」放在比較的框架裡檢視，會發現相異點比相同點更重要。安地斯山形成長而細的鏈條，印加帝國領土沿著這個長條地形跨越了三十幾度緯度。在從東到西的重重山峰上，降雨與覆雲被壓縮扭曲成極大差異的兩種極端，因為山是陡峭的，所以在很小的空間裡就能找到多樣的環境。從海岸到積雪的山峰，不同的生態帶一層一層疊上去。三千六百至四千五百公尺高的乾冷草原之中，只要底土留得住溫度與水分，就是可耕之地。

安地斯山不像墨西哥高原，它有可供美洲駝、駱馬、羊駝等馴養畜類食用的草，一些古代畜欄的遺跡至今仍看得到。地勢略低的山谷往往降雨量不足，雖有能利用山頂雪水的灌溉系統，仍舊是不夠的。山谷結構促成非常多樣的微氣候以及能適應這些氣候的特殊化動植物群，所以除了馬鈴薯、玉米、豆類、辣椒、花生、甘薯等普遍食物之外，各地另有不同的副食品。由於森林物產的資源和山下的海產資源臨近，因此透過區域內的貿易或帝國勢力擴張，可以把高生活水平的必需品都集中在一起。十八世紀晚期一位愛國的博物學家認為，祕魯是「大自然在這世界上所創造的最偉大的成果」。他這樣形容安地斯山的多采多姿：「上帝創造了非洲的沙漠、亞洲的芬芳蔥翠森林、歐洲的溫帶及寒帶氣候之後，特別費心把祂散布在這三個大陸上的所有產物都集合在祕魯。」[27]

玉米和馬鈴薯的分布（共有一百五十多個可栽種的本土品種），說明了安地斯山的政治生態如何運作。歐洲的編年史家觀察並且記錄了以玉米耕作為中心的神聖儀式，卻沒看出馬鈴薯與儀式有什麼關係。馬鈴薯在美洲的這個地區其實是更重要的主食，「半數的印地安人除了馬鈴薯沒有別的食物可吃。」馬鈴薯和玉米分別有其社會功能，在生態系統中的地位也不同。高度接近四千公尺的地方只能栽種少量玉米，是在祭司的園圃裡煞費工夫地種，為了供給儀典使用。印加世界的人大部分居住在這個高度或更高的地方，只有能適應苦旱與嚴寒冰凍的玉米品種才可能在這裡大量耕作。這種地方適合栽種的是馬鈴薯，足量的馬鈴薯原可獨力提供人體所需的一切營養。一般百姓以馬鈴薯為主食，而馬鈴薯是地位卑下的食物。玉米收獲後都儲存在比耕作地還要高得多的山上，供給軍隊、朝聖者、宮廷食用，並製成儀式典禮時使用的玉米酒。[28]

安地斯山的險峻地形使山中充滿生態多樣性與政治契機。相形之下，墨西哥的地形以廣闊高原為主，高度超過一千八百公尺，高原上有山有谷，卻沒有安地斯山處處可見的陡峭線條，也就沒有那麼豐富的生態變化。墨西哥的高地社會如果想要取得較低地勢生產的棉花，或是炎熱低地出產的可可（這兩種作物是活躍於這一帶的所有文明都不可或缺的），就必須從大老遠拿來。阿茲提克人不能沒有棉花和可可，棉花是禦寒與戰爭的必需品（戰甲需要襯棉花），可可是儀式必備物也是食品（統治階級在慶典時飲用，阿茲提克手稿繪圖中是用細頸壺喝冒著泡沫的可可）。其次，球賽用的橡膠也是必要的輸入品，產自炎熱的低地。最昂貴的奢侈品是玉，產自遠在南方的瓜地馬拉高地。阿茲提克文化要靠遠距交流維持，[29]在一本早期殖民時代阿茲提克人的繪本中，回憶起過往的歷史，它說貿易中斷乃是開戰的藉口。官吏留下鉅細靡遺的貢品交流紀錄中，可見一套牢固的中央集權系統，西班牙征服以後，庫奧提特蘭還曾在饑荒發生期間實施玉米賑濟。[30]

高地環境利於玉米和豆類生長，兩者是互補的碳水化合物主食。南瓜和辣椒則是主要的副食品。玉米粥和最重要的玉米粉粽都有一定的作法。十六世紀一位傳教士兼人種學者收集了各種玉米粉粽食譜：將摻豆子的白玉米粉粽做成包穀形狀，加豆子的玉米粉粽經曝曬可變紅；白玉米粉粽加玉米粒；玉米粉團添酸橙放在石灰裡變軟；玉米粉粽放在木炭裡變軟；包肉和黃椒的玉米粉粽；加玉米花、籽粉、水果的玉米粉粽；以蜂蜜調味的玉米粉粽；稱為「chia」的植物籽磨成的粉，也可以做粉粽。[31]

特希可可湖畔的社群可以參與勞役辛苦的玉米耕作而享用粉粽。他們必須把湖中肥沃的淤泥挖出來堆成一個個的島或島狀土墩，進行當地的一種土墩農業。這種「浮在水上的菜園」如今仍可以在逐漸消失的索契米爾科湖僅餘的水域中看見，發展中的墨西哥市仍在發掘這裡的水源。[32]對於擴張中的城邦而言，這種園圃農業的所得是不夠的。[33]食物項目太有限，又不能種植棉花，帝國野心於是從土墩生出。

❖ 納貢者的復仇：環境與帝國勢力 ❖

特諾奇堤特蘭的阿茲提克人是一個小型聯盟之中居支配地位的一群，聯盟各城聚居在湖中和湖的周圍，雖然欠缺基本資源，卻可以據守情勢。居民必須藉戰爭從鄰近地區奪取食物和棉花。從阿茲提克留下的特諾奇堤特蘭建城景象，可以看出靠湖生活之拮据與兇殘。環境中有沼澤植物、岩石、仙人果，有蘆葦棚屋，在鷹巢旁有陳列敵人骷髏頭的架子。他們遠征最北到達帕努科河，最南到達霍科諾斯科。

西班牙征服者於一五一九年進入墨西哥谷的時候，特諾奇堤特蘭已是有八、九十年輝煌戰果的強盜首府，宏偉傲視群城，向湖的城中可能擠進了八萬人口。前面說過，「帝國」的大部分地方不是由特城直接統治或戍衛，而是在欺壓脅迫下取得讓阿茲提克人維持他們已經過慣的奢華生活必需的貢品。按阿茲提克人留下的紀錄，征收的貢品包括每年十二萬三千四百件棉斗篷（因為特希可可湖這樣高海拔的地方不能種植棉花），以及襯棉戰甲，供給英雄戰士披掛偽裝成神靈。糧食必須由臣屬的社群供應，因為湖中之島的特諾奇堤特蘭已經沒有可以種植糧食的空間，每年進貢二十四萬四千蒲式耳（八七八四千升）的玉米以及差不多同等數量的豆類，外加可可，都是從低地區生產。阿茲提克的貢品清單上也有來自帝國偏遠處的稀奇產品，都是宮廷生活與儀式的必備物，包括精製的金藝品、硬玉與琥珀的珠子、粉紅色的貝類、豹貓皮、罕有鳥種的羽毛、儀典燃的香、為了球賽製球的橡膠。末了還有，帝國必須藉打仗取得俘虜，以供應祭神用的活人血，使戰士吃了能更為勇猛的人肉，以及慶祝勝利的儀式中穿的人皮。[34]

印加帝國也藉恐怖手段與貢品來維持運作，但帝國的結構是由順勢成形的長條山脊決定。早期殖民時代的歷史家把印加人比為古羅馬人，也誇大了他們制度的一統性和政治中央集權。不過，他們所留下的治理高地帝國之道的證據，明顯看得出來侵入性統治的本質。印加帝國的道路系統劃遍安地斯山，長度超過一萬九千餘公里，跨越緯度三十度。從烏阿羅契拉到豪哈的這一條路高達海拔五千一百公尺，道路系統中佈滿小站，有些小站位置有三九六二公尺高，駐守的工作人員吃得很好，而且有玉米酒祛寒。[35]高山小站間有吊橋相連，例如烏阿卡查查（意思是「聖橋」）長約七十六公尺，纜橋有男人的身軀那麼粗，跨在庫拉阿希的阿普里瑪河的峽谷之上。

印加人在開路、提高生產量之類的大事上是調度勞動力的能手，例如，寇查班巴谷的人是從分隔很遠的庫茲科和智利強制遷來的。物品與勞力的進貢都可以使帝國富裕，例如奇隆河谷的烏安卡尤，本地產的每一樣東西都要抽一部分納貢，包括可可、辣椒、製茶的瑪黛葉、風乾的禽類、水果、螯蝦。庫茲科聚積的財富，從「至尊印加阿塔瓦爾帕」的事蹟就可以看出來：敵人要求付出裝滿一整間屋子的黃金來贖回他。目瞪口呆的西班牙人記述印加首都時，特別描寫了太陽神廟的花園，「園裡的土地是一塊塊金子，並且巧妙地種著一株株黃金的玉米」。[36]西班牙兵士估計，薩薩瓦曼的要塞大得能駐守五千人。這個要塞遺跡的最底層至今仍留著一塊巨石，高八．五公尺，重達三五五噸。

印加帝國執法也與阿茲提克霸權一樣訴諸恐怖手段，祭神也用活人。據說烏埃納．卡帕在打敗卡蘭基之後將兩千名卡蘭基戰士的屍體拋進亞瓦寇查湖，他自己下葬時則殺了四千人活祭。然而，阿茲提克與印加的制度都有結構上的弱點。兩帝國的人口規模在以後的幾百年都沒有再達到此時的規模，可見其維持稠密人口的效率。就工藝技能而論，兩者的成就都十分耀眼，尤其是阿茲提克的藝品與印加的工程。印加人耗費龐大資源在庫茲科膜拜逝世的「至尊印加」，讓自己陷入血腥內鬨。這事是這樣的：膜拜逝世國君的傳統造成越來越重的負擔，強勢的邊疆首府基托有了不滿，導致一場內戰，也使得西班牙人有機可乘。[37]至於阿茲提克，因為是靠複雜的進貢關係網維持帝國運轉，一旦臣屬的社群拒不納貢（西班牙人慫恿他們不納貢），特諾奇堤特蘭的生活就停擺。

此外，由於印加與阿茲提克的體制本質是高壓脅迫，所以兩者都製造了內部仇敵。墨西哥谷以東山脊外的特拉希考特卡，就在西班牙人襲擊特諾奇提特蘭的時候提供了決勝負的人力：至少從他們留下的史料看來是這樣，畫面中特拉希考特卡人在每一場進攻之中都站在前面，佩戴著鳥羽、舉著長矛，而西班牙人如歌謠中的「鬥牛廣場公爵」，寧願站在後面領軍。[38] 曼塔羅谷的烏安卡，也是西班牙人的聯盟、打敗印加的重要助力。印加的抵抗軍被趕進威卡班巴的森林，於一五七二年瓦解。特諾奇提特蘭於一五二一年被征服後夷為平地，原址之上建立了墨西哥市。[39]

本土文明的記憶卻繼續影響著新大陸的歷史。與印加有關的記憶曾在殖民時代激起被殖民者的反抗。現代的墨西哥國自認在某些意義上是阿茲提克的繼承者，採用了阿茲提克的象徵符號，也模仿阿茲提克式的建築。受美洲古文明之惠，美洲各地的原住民意識復興，這種意識也鼓勵了古文明之研究與重估，但是有些文明在歷經白種人的征服後，消失的比墨西哥和安地斯山的本土古文明更為徹底。

阿茲提克是一個出於必要而形成的帝國。印加卻不是迫於需要而統一這麼大的領域，或向那麼遠的地方強索貢品，因為安地斯山的環境本來就是可在幾度（或者零點幾度）緯度之內取得一切物產。然而，如果找一位綜覽全世界的觀察者來指出十六世紀初期最不同凡響的帝國，而他是根據環境條件而非工藝技術發展與軍事強權來判斷，中選的可能就是印加。那個時期沒有一個國家這麼完整地包含多種不同的環境，而印加帝國之內從赤道到亞南極，可居住的各種環境應有盡有。

10

攀上樂園：舊大陸的高地文明

THE CLIMB TO PARADISE: The Highland Civilizations of the Old World

新幾內亞・辛巴威・衣索匹亞・伊朗・西藏

山坡上覆蓋著樹木，溪岸上是各式各樣的花；每一陣風都從岩石上搖下香味，每一張口都落下果子在地上。

——撒姆耳・約翰生，《拉瑟拉斯》，引自派肯罕，《拉瑟拉斯的山》

……那些古松樹頂上的空氣必然極純淨，風鳴必然極神妙！

麥爾史敦先生：蒂娜麗亞小姐，太遜了，太遜了。告訴你，這地方要這樣改造。樹都砍掉；岩石都清理乾淨；這裡造一個八角亭，就在峰頂的正中央：李特布蘭爵爺就在這裡，在亭子的頂上，端著望遠鏡欣賞美景。

——湯瑪斯・拉夫・皮考克，《莽撞堂》

❖最後的黃金國❖

最後一次說起黃金國傳奇的人，是一八七〇年代早期在新幾內亞北岸食人族區域遭遇船難的法國航海者。路易．特雷岡斯自稱，逃進內陸之後意外發現一個多金的城市帝國，他們的貴族是騎馬的，他稱這個部落為「奧朗沃克」。[1]乍看之下，這故事並非完全不能取信於人。他的讀者沒見過他形容的那些山地，只知道有那些山存在。沒人聽說過在他以前有誰去過這個地方，從未有人寫下關於這個地方的事。但結果證明這是不實的捏造。新幾內亞沒有馬——根本沒有體形大於豬的四足動物，也沒有任何冶金技術，因為居民鄙視河川之中流過的黃金，卻鍾愛遙遠海邊來的稀奇貝殼。這裡沒有帝國，有的只是上百個、甚至上千個互相交戰的小政治體。

然而，事實還比特雷岡斯捏造的還奇特。由於新幾內亞與外界沒有接觸，是世界上少數幾個孕育出獨立發展的農業中心。[2]稠密的人口在這裡興旺了幾千年，隔著海以外的世界卻無人知道。一九三〇年六月，探採金礦的麥克．李希從俾士麥山上第一次遙望草原的時候，以為森林大火已經把一切都燒盡，夜晚卻看見千個營火發出可怕的閃光。他發現大家都以為絕無人跡的地方其實是居民密集的，所以他和隨行的人整夜持槍警戒不敢睡。[3]

燃燒營火的這些人的祖先改造過的環境布滿細格子般的田地和水渠，與其他產生過文明的地方一般無二。「新幾內亞金礦公司」於一九三三年派來的探勘人員，在飛機經過瓦吉河谷時一眼就看見，底下都是方形的田圃和整齊的長方形住屋。這些探勘員和採礦工程師近距離接觸這個高地世界之後，就完全改觀了，因為他們是以有形財富和工藝效能為評判文明的標準。他們只要拿一把貝殼或鋼刀片，就可以買到女人和豬隻。他們拿一副嘎軋作響的假牙就可以把戰士嚇得乖乖聽話，他們淘河裡的金子也不會引來貪婪。李希認為：「一名白種男子只憑一根走路用的手杖……就能所向無敵」。[4]新幾內亞顯然只有一個「潛在的」文明，是個礙於工藝技術不知創新所以發展不出來的文明。

事實卻是，新幾內亞的棲居者已經盡他們的所需與可用的一切方法利用了環境條件。他們沒有可以用來製作其他工具的金屬，所以他們的文明停留在石器時代裡。他們沒有可以馴養或畜牧的大型動物。文明的一些慣有標籤，例如書寫系統、龐大建築，是他們不需要的。不過他們也占到高地的一些固有優勢。海拔一五〇〇公尺以上的山谷和山坡聚落點使他們遠離不宜居住的叢林，卻仍然能耕種可適應山地的作物。他們利用高地文明中典型的微環境，土壤和植物都多樣的條件。

例如在一九七〇年代，為數兩千五百人的納列古部落據有的面積僅二十二平方公里，但是每一家人的住所和耕地散在四、五個不同的地點，因此可以結合最適宜栽種甘藷、甘蔗、豆子、林投子與放養豬的土地。至於不能自己種的低地美食——例如野亞谷椰樹心，他們就藉以物易物的方式向森林遊走生活者換來。[5]這裡有地區特產的工業，例如巴魯雅人是最隱密的部落之一，一九五一年才初次被發現，當時因為一名巡邏官要尋找只有巴魯雅人會製作的植物鹽才見到他們。[6]古希臘米諾斯與中國商朝由宮中倉庫來執行糧食的重新分配，在新幾內亞則是以定期的盛宴來重新分配，土地也按適合種哪種餐宴食品——林投子、油果、香蕉、甘蔗——而分類。

新幾內亞的農業開始也許是在一萬年前，也就是巨大氣候變化導致「大澳洲」分裂而在澳洲與新幾內亞之間劃出一道海峽之後。當初也許是以西部高地的本土芋頭和山藥為主。如果根據僅有的一點考古資料所做的判斷無誤的話，後來又在比較乾燥的西部種植了野葛。[7]庫克沼澤供種植芋頭的排水溝、引水渠、土丘，都是九千年以前就有的。[8]許多人士認為，在還沒有馴養動物以提供蛋白質以前，這些田地只能提供副食品給狩獵生活者，不過，管理周圍乾燥山坡上的喬木灌木可能也增加了食物來源，因為若已經懂得沼澤農業卻忽視本地其他「非灌溉型農業」是很奇怪的。沼澤農作之外，加上豬、香蕉、甘蔗（這三者可能是在公元前兩千年的時候納入食用），就足夠支撐人口相當眾多卻沒有流動的社會，還有多餘的豬肉和其他禮品可供社群之間儀式型互惠交換之用。

甘藷引入後造成新幾內亞的農業革命。農耕因而可以超越沼澤谷地，向坡地遷移，因為大約從一九八〇公尺的高度開始，寒害才會殺死甘藷，超過三四〇〇公尺才完全不可能種植。[9]新的農藝可以收穫營養價值高的作物，而且能供給大量增加的人口和豬隻需要的食物。沒人知道這發展在什麼時候。甘藷耕作擴散的路徑至今仍不確知，但十之八九是旅行者從美洲或亞洲大陸原生地帶來的。那些地方從十六世紀早期就有種植甘藷的詳細記錄。傳入時間只能追溯到兩百五十年前左右，再早的時間點就沒有可靠證據支持，有些地區開始栽種的時間似乎更晚。[10]

聚落因擁擠而爭奪土地，是導致高地成為戰爭區的原因之一。因為地形孤立崎嶇，使這裡成為全世界最零碎的社群。一九八〇年代查訪未與外界接觸以前的新幾內亞時，問到一位柯洛瓦吉部落的長老，他說：「我們以前以為除了我們自己和我們的敵人，就沒有別的人了。」[11]相鄰部落之間常是有害無益的暴力行為，而且激烈無比，令人類學家困惑。有人解釋這是為了補充戰士的蛋白質攝取而取得人肉；有人說是為了「適應」社會需求，促進部落團結；或是藉此替代獨立仲裁的公理；也有人說這是「無可避免的惡性循環」，是立意不良的復仇傳統帶來沒有理性約束的可怕後果，也是年輕男性聚在一起生活時，群體本性造成的。[12]新幾內亞高地的文化很難一概而論，語種有上千種，多數的人除了妻子們短暫的交流集會，不與本部落以外的人接觸；但是似乎普遍通行一種價值系統——行為聽從激情指導，痛苦要用暴力來平息。[13]

雷納托．羅撒多在獵頭族伊隆高人之中的遭遇，是人類學界出了名的事件，同樣表現出這種文化上的惡性轉移。獵頭者告訴羅撒多，是「悲痛引起的憤怒」逼使人去殺人，因為悲痛的人需要找一個「裝下他憤怒」的地方。[14]世界上把暴力視為有崇高價值的地方，其實比我們想像的要多。例如厄瓜多的希瓦洛獵頭部落的氛圍，永遠被無所不在的復仇信仰引發恐怖感。青少年被灌輸殺人的欲望，並且被迫服用迷幻藥物，這些暴力都與覬覦領土無關，因為希瓦洛人鄙夷外族人的土地。[15] 因此，這是個好爭鬥的世界，近似社會契約理論所設想的「自然狀態」。這倒不是說，新幾內亞高地的每名男性都準備打倒鄰族的人。但是，小型社群彼此無休止地（嚴格而言是欠缺新意）暴力相向，看來是不合格的文明，提供不了生活的基本安全，以致於人們不能有把握地從事建設。新幾內亞高地社會自從九千年前的農業大突破以後，似乎一直停滯未動。

這便是欠缺遠距接觸的刺激造成的後果。這些高地人不必應付外來的侵略，沒有遠距貿易夥伴可以交流想法，沒有新血輸入來重整工藝技術，也沒有別的文明可成為競爭對手。高地人在低地文明的世界裡普遍名聲不佳（見第九章），多少是因為高地環境與外界隔絕的緣故。所以，與其按高度或環境的其他內在特徵來分類高地文明，不如按照孤立的程度來分類更為有用。假如新幾內亞可以算是極端孤立的例子，歷史上著名的非洲高地文明就屬於中間程度：雖然出入不易，卻有通往海邊的狹長走廊。

❖非洲的困境❖

歐洲各大國在十九世紀裡奪占了撒哈拉以南的非洲大部分土地。帝國主義通常用的自圓其說的理由是：要把文明帶給沒有能力「自己成就文明」的人。非洲因為極少被畫進地圖，又沒有被文字記錄，所以被冠上「黑暗大陸」之稱，指的就是愚昧無知，因為這個地區陷在永久的「黑暗時代」裡，只有外來的人可以幫他們脫身。

按常規的理解方式，非洲的許多環境的確是不利文明發展。非洲大陸北部、東北部、西南部的大片地方被沙漠和半沙漠占據。西部有大片地方因降雨量大，佈滿濃密森林。非洲大陸內部的交通不易。內陸的地形因長久侵蝕隆起又陡然下降，因此除尼羅河之外，所有主要河流都有瀑布和激流，所以不可能平順地航行。疾病是普遍存在的威脅，瘧疾是有史以來一直肆虐的可怕傳染病。

縱然如此，文明幾乎戰勝（至少有一段時間戰勝）自然施出的每一種招式。例如西非洲，本土社會在沒有外來助力的情況下也有出色的國家、城市生活、工藝技術。尼日河畔的傑尼在公元第四世紀的時候就有一個都市中心，當時撒哈拉地區還沒有固定的或廣泛的文化接觸。之後不久，幾內亞灣最深入內陸的伊菲島也成為金屬加工的重鎮，尤其精於黃銅和青銅技術。一一五四年間，住在西西里的地理學家阿爾伊德里西曾記述蘇丹昔日曾有許多名城之邦。十一世紀的迦納王國與十四世紀的馬利王國，都在尼日到地中海的黃金貿易路徑上立足，在歐洲人和阿拉伯人之中都有響亮名聲。馬利國王建了磚造的王宮和清真寺，還僱用了安達魯西亞的詩人。中古時代歐洲人塑造氣派的黑人君王形象——包括非洲地圖上綴飾的許多豪華的帝王、《聖經》故事三王來朝之中的一位——都不是憑空幻想，而是這些宮廷擁有大量黃金的實際狀況（見第三章）。

其實撒哈拉以南最具發展前景的是東部的高地區域。烏干達高地，以及盧安達與蒲隆地的高地都利於農耕，也利於稠密人口定居。但是也許太孤立而不能成就並延續高水準的物質文化；雖然不至於像新幾內亞那麼孤立，卻似乎不宜長久推行大規模的國政實驗。方便到海上的地方是條件更為有利的，尤其是從林波波河到尚比西河之間的台地，以及衣索匹亞高地。衣索匹亞高地是文明成果最壯觀也最持久的地方。

辛巴威台地上最著名的遺址是大辛巴威。否認非洲社會會自創文明的那些白人，看到了遺跡總是不願相信。十六世紀中葉的葡萄牙歷史家喬安．德．巴羅斯曾經表示驚歎：它們是「美妙壯麗」，而且「在牆壁的對稱上，在石材的尺寸和廊柱的寬度上都是完美無缺的」。但是他不相信這些都是本地建築：「現在要說這些建築物是如何造的、是誰造的，根本不可能。由於這個地方的人沒有這種傳統，而且不認識字，所以就當作是魔鬼的傑作，因為若是拿它與其他建築物比較，無法令人相信是凡人造的。」[16]

在十二到十六世紀間，「辛巴威」（意即牆圍場所）是尚比西河以南的政治中心所在。薩比河以南的曼克威尼與楚農瓦，也已挖掘出和大辛巴威一樣可觀的遺址，[17]另外還有其他遺跡在這一帶。它們的盛世是在十五世紀，當時的建築用加工的石材所建，石材有固定的運送路線。統治階級食用牛肉，死後的陪葬物品包括金首飾、有寶石裝飾的鐵製品、大塊鑄銅，以及遠渡印度洋而來的中國瓷器。從大辛巴威算不算是城市的爭議可以看出來西方人一向小看這一切的態度。儘管爭議不停，它幾乎不可能排除在傳統歷史研究所認定的城市資格之外，而城市生活乃是文明的其他優越性的先決條件。不論大辛巴威算不算是城市，它都是文明的一部分：有宏偉建築、遠途貿易、經濟分工、先進的工藝技術。

巴羅斯與後繼的歐洲評論者為這些被捨棄的地點而感到可惜，但是捨棄並沒有導致這個社會滅亡或消蝕，只是重心移走了。傳說這次遷移與一四二五至五〇年間羅茲威人的酋長尼亞齊姆卡・穆托塔發動的戰事有關。他征服了尚比西中游河谷，這個地區位於辛巴威台地的北端，盛產布匹、鹽、大象。統治者的頭銜是「莫塔帕」，意思是「被掠奪的人們之主」，這個稱號後來擴及國家政府。從十五世紀中葉起，貿易路徑也隨著征戰向東擴展至海岸。[18]

十六世紀前往莫塔帕的旅行者，通常要溯尚比西河而上，到與馬佐埃河匯流的地方，從這裡登岸，走五天的馬佐埃河谷路程，前往可以買到莫塔帕黃金的貿易市集。這時候的莫塔帕已經占領了它想要的所有領土，南方與北方的邊境都有舌蠅（會傳染錐蟲病）叢生的河川保護，西邊有喀拉哈利沙漠，東邊有伊尼安加山的天然屏障。莫塔帕也就是憑四周天然屏障得以保全。葡萄牙人於一五七一至七五年發動的襲擊是最激烈之戰，結果被擊潰而以商業和解收場。葡萄牙的記述者不肯對其他黑人國度表示的欽佩，卻對莫塔帕做了選擇性的表達，他們把這裡比為《聖經》上說的示巴女王的國度與盛產黃金的俄斐。此外，統治者有女戰士擔任隨扈的故事，以及刻圖上呈現的龐大軍隊與乘坐大象的統治階級，更增添了莫塔帕的異域風情與迷人魅力。從一六三八年起大約半個世紀的時間，傳教士和探險者的合力影響，建立了葡萄牙人在莫塔帕朝廷中不算安穩的優勢地位，尚比西的黃金也成為葡萄牙人越來越重要的經濟動力，彌補捉襟見肘的印度洋貿易網絡的。此後，這個帝國繼續存在，最後沒有徹底滅亡，而是逐漸消逝，雖然社群成員越來越有自覺意識。十七世紀時一步步淪為「有心稱王」的白種人的俎上肉，這些白人也就是「融入土著群」的葡萄牙裔亡命之徒，自己占地為王。[19]

❖拉瑟拉斯山：衣索匹亞的文明❖

小看辛巴威文化與莫塔帕文明的成就，在考古學界很常見。衣索匹亞高地的文明地位，卻毫無疑問符合傳統評斷本土文明的高標準。不過因為衣索匹亞連續發生革命、分離主義暴動、游擊隊戰爭，以及「空前的大飢荒」，在一九八四年引起全世界矚目，名聲一直不大好，既然連生活都要過不下去了，似乎更沒有談文明的餘地了。但是，只要到了葉那和麥泰拉，就可以看見曾被古埃及人視為堪與他們自己相提並論的古文明遺跡（約公元前五百年）。

前往這些地方困難重重。第十世紀的地理學家伊本．霍卡爾認為，衣索匹亞似乎是「一個沒有明確邊境、其大無比的國家」，因為四周是沙漠與無人之境，所以外界難以進入。[20]第一批葡萄牙使節於一五二〇年來到此地，都為其地勢之高感到驚愕；一五四一年來的葡萄牙特遣部隊（要來幫助保衛高地以防穆斯林侵略者進攻）耗費了六天時間才爬上山區堡壘，穿過「非常崎嶇的山隘」時「連負重的駱駝和騾子都過不去」，火炮必須由人背著走。[21]

根據現存的考古證據，衣索匹亞明顯強盛的時代從大約公元第一世紀的阿克蘇姆開始。阿克蘇姆位於摩瑞布河與特凱茲河的中間最高山坡上，海拔有二二二五公尺，氣溫變化只在幾度之間。[22]這個文明憑什麼經濟基礎而昌盛，目前仍不知。我們認為阿克蘇姆是個貿易之邦，是因為外界如此看它，古希臘

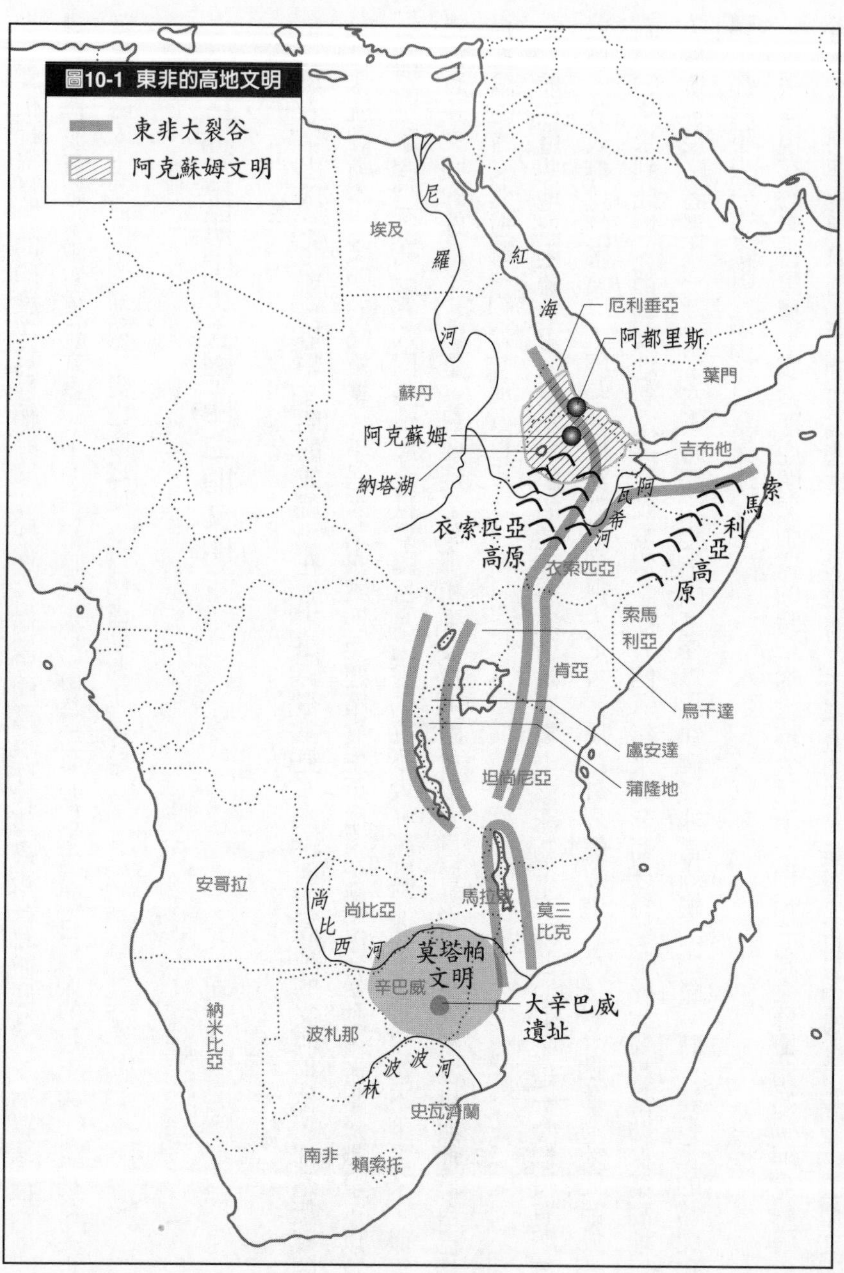
東非大裂谷
阿克蘇姆文明
埃及
尼
羅
河
紅
海
厄利垂亞
阿都里斯
葉門
蘇丹
阿克蘇姆
吉布他
納塔湖
阿
瓦
希
河
索
馬
利
亞
高
原
衣索匹亞
高原
衣索匹亞
索馬
利亞
肯亞
烏干達
盧安達
蒲隆地
坦尚尼亞
安哥拉
尚
比
西
河
尚比亞
馬拉威
莫三
比克
莫塔帕
文明
辛巴威
大辛巴威
遺址
納
米
比
亞
波札那
波
林
波
河
史瓦濟蘭
南非
賴索托
圖10-1 東非的高地文明

的史料尤其這樣寫。例如公元第一世紀的《厄里特里亞海回航記》就把阿克蘇姆描寫成象牙與黑曜岩的重要產地。大約同時期的普利尼也說這是「黑人非洲」一切珍奇產物的來源地，包括犀牛角、河馬皮、玳瑁殼、猴子、奴隸。五百年後的另一位希臘遊客說，阿克蘇姆因與內陸貿易而坐擁黃金。從阿克蘇姆古墓挖掘出來的陪葬品，有遠在中國與希臘製造的東西。從碑銘時常使用的希臘文與當地的吉易茲語可以看出，當時是種國際性的社會，而且基本上還是個商業社會。產品可以經紅海的港口阿都里斯連接地中海與印度洋而送達外面的世界，後來又經紅海的馬撒瓦或澤伊拉輸出。高地可以掌控在其南方的「大裂谷」陸路通道，與盛產黃金、靈貓香、奴隸、象牙的地方往來。

不過從高地到阿都里斯的這條走廊很狹窄，紅海又航行不易，自古就是區域性專業托運者獨占的。比較可能的是，貿易只當作副業發展，未必是以商業建國。

前阿克蘇姆時代的一位神祇手執著篩穀簸，以及阿克蘇姆錢幣上的小麥穗圖案，顯示阿克蘇姆可能是以農業為立國根本：田地是闢在高原階地上，種植小米和本土的黑色穀物畫眉草，這種穀粒極小，十粒「才有一粒芥籽那麼大」。[23]或是種在牛犁過的谷地裡，用加工的石頭在山溪中堆成攔水壩來灌溉。作物一年可以二收或三收。碑銘中記錄的食物種類包括小麥、啤酒、葡萄酒、蜂蜜、肉、牛油、蔬菜油。[24]種植咖啡與穇子（某種小米）在阿克蘇姆強盛時已是固定作物，是衣索匹亞農業的特色；公元第一世紀初的阿克蘇姆已經能維持專門工藝及產業，這可以從遺址中的刮除機（可能是用來刮除獸皮與象牙）看出來。[25]

衣索匹亞的傳統文學之中，高超的種植技能一直都是神聖性與王權正當性的象徵。聖潘達勒翁荒地本來是一處光禿而沒有水的高山坡，是聖徒的努力加上神蹟才變成一片有水灌溉的園圃。[26]以施展神蹟著稱的聖亞倫，曾在十四世紀時栽培灌溉橄欖樹園。[27]許多史記之中都把栽培柑橘園描寫成君王的作為。例如十五世紀晚期的貝達．馬里安，在他王國東部和東南部新開闢的殖民邊境上「建了許多農莊」，種植柑橘樹、葡萄樹、甘蔗。[28]種植與灌溉主要是為了遏阻有害的自然力。十三世紀的虔誠者伊亞蘇．摩阿曾經在一頭鱷魚咬傷了國王葉庫奴．阿姆拉克之後，行神蹟般地封住鱷魚的嘴，乃是人們津津樂道的超越自然力的故事。[29]

這些都是衣索匹亞歷史不斷出現的主題，而且幾乎每個時代都可以找到實例。文明成果最顯著的阿克蘇姆城的故事，相對來說屬於比較早期的故事。阿克蘇姆的傑作，小至精美的象牙盒和金屬工藝，大至有磚造拱門的巨大方型墓，以及有十條門廊通入中央走道的華麗陵墓。最教人驚歎的古蹟是三座巨大石柱碑，每一座都是當地花岡岩的整塊石材。其中兩座仍在原址，第三座是義大利人在一九三〇年代入侵期間搬走的，算是墨索里尼貪婪的帝國主義的免費戰利品。原地的兩座之一歪斜得快要倒下。另一座已不完整，未損毀以前的高度將近三〇公尺，重量幾乎有五百噸，體積比所有的古埃及方尖碑都大，也比任何單一石材建築都大。

我們若要想像阿克蘇姆當年的盛況，不能只在腦海中重建這些大石碑（有的做成多層的模樣，還飾有老鷹和鱷魚）。我們還得想像自公元第二世紀以來的旅行者所描述的那有著四大巨塔的王宮、儀典建築裡那些安置純大理石王座的高台，全都刻著密密麻麻的碑文。此外，還得在這些畫面之中添上許多黃金的、白銀的、青銅的雕像，因為造訪過阿克蘇姆的人都曾這麼說，國君的碑銘裡也有這種記載。

我們憑這些刻在較小的石柱碑上的碑銘可以了解阿克蘇姆的政治史。這個城有幾百年幾乎完全沉默，到了公元第四世紀早期，石碑突然開始說話。由國王埃扎那首創了在牆壁上記下自己的征戰與對待戰敗者的仁德及暴行的風氣，包括記下被殺或被擄的男女老幼的確切數字；掠奪來多少牛羊等等的細目；俘虜表達順從的誓言；發放給每名俘虜多少麵餅、肉、酒；俘虜被強行遷移到帝國境內哪些偏遠地方；為諸神賜予勝利而獻上哪些雕像與廟地作為謝禮。

這是弱肉強食而嗜血的暴政，卻也有其立意崇高的面向。埃扎那的碑文充滿人民福祉與君王為民服務的概念。他在位期間的戰爭紀錄中越來越不厭其煩地陳述開戰的理由。例如有一群敵人「襲擊並消滅了我們的一批商隊，事後我們便向其開戰」。[30] 美洛依人的國王犯下狂言、劫掠、侵犯使節團又拒絕談判的罪行之後，「不聽建言……而發出咒罵」，這才領教了埃扎那主持的正義有多麼威猛。[31]

這些逐漸趨於急切的辯解，可說是反映基督教在埃扎那朝廷中的進展。羅馬皇帝君士坦丁於公元三二〇年代接受了基督教（可能早在三一二年就皈依了），據說是在米爾凡橋之役的前夕目睹十字架異象後皈依。與他同時期在位的埃扎那不久也皈依，大約是在第四世紀中葉的時候。[32] 以前他都像過去歷朝君主一樣自稱是戰神「馬列布」之子，按希臘人翻譯的吉易茲文碑銘，馬列布與希臘戰神「阿列斯」同義。但是這個稱號突然消失，他發動的戰爭改為奉「天主」與「地」之主的名，他的王位也是天主所賜的。然後，他感受到他在神學裡應該擔負重要的地位，銘刻碑文也成基督教修士們的份內工作。他的最後一座碑記上寫道：「因崇信上帝與聖父、聖子、聖神之全能……我說不盡祂的恩寵，因為我的口與我的靈無法表達祂的一切垂憐……祂令我憑信仰基督之心而帶領我的國。」[33] 衣索匹亞成為基督教堡壘的漫長歷史於是開始，之後，在前基督教時代信仰下豎立的石柱碑就被推倒或棄置不理了。異教的阿克蘇姆的工藝建築傳統，從此改成製作基督教的紀念物。埃扎那時代在阿克蘇姆建造的錫安聖瑪利亞老教堂，至今還留有第四世紀石工藝的墩座。

對於衣索匹亞而言，在第四世紀成為基督教國家，等於加入近東地區成長中的共同文化，與印度洋上許多希臘的、印度的貿易者信奉同一宗教，並且成為拜占庭、亞美尼亞、衣索匹亞這三個新興基督教國家三角之中的頂點。新的貿易機會與新產生的朝聖動機，拓寬了衣索匹亞的視野。但是衣索匹亞地理上的孤立卻無法克服：甚至在與羅馬世界接觸最密集的時期，仍會繼續發展其特有的文化特徵。衣索匹亞的神職人員必須由亞歷山大城任命，而亞歷山大城是異端基督一性論者的大本營，這一派異端的錯誤出在低估基督的人性成分，認為基督的神性絕無商量餘地；為了避免受正統的迫害，基督一性論的顯要人士於第五世紀後半期逃離羅馬帝國，衣索匹亞收容了其中最著名的代表人物，衣國教會未來成為基督教世界分裂出來的另一派也就在所難免。[34]

衣索匹亞如果能夠突破孤立狀態，也許就會像羅馬與波斯一樣去角逐一統天下的帝國地位。這種可能性是當時普遍公認的，直到第八世紀，衣索匹亞仍是引人遐想而有威信的地方。約旦的哈里發宮中的壁畫，把阿克蘇姆的國王和拜占庭皇帝、波斯皇帝、西哥德國王畫在一起。[35]國王卡列布於第六世紀早期發動遠征阿拉伯南部之戰，可能有爭取這個地位的野心，可是他的野心撐不了很久。銘刻君王戰績的傳統在他的時代衰微而消失，衣索匹亞的「黑暗時代」降臨，無法挽回。曾在古典世界扮演邊緣角色的衣索匹亞整個崩潰。衣索匹亞的文明沒有像波斯文明消失得那麼徹底，國家也沒有像羅馬那樣四分五裂——至少有一段時間沒有這樣；但仍遭遇同樣的下場：遷移來的「野蠻人」爭先恐後索求已經不堪瓜分的文明成果，都市發展停頓，伊斯蘭教興起與阿拉伯人的征服戰導致混亂脫序。

進入第七世紀後，這些現象又使高地的孤立情勢有增無減。到了第九世紀，衣索匹亞已陷入重圍，四周幾乎全是敵人。宣示功勳的建築似乎停擺；維繫中央政治控制十分困難，或者已不可能；北方來的遊牧民族滲入形成壓力，迫使許多家庭遷往西南部。從後世的編年史中讀到，第十世紀有不明的殘暴女性統治者篡奪權位而褻瀆了神殿，史書把她們描寫成不正常而可恥的混亂形象。[36]據說某位逃亡的國王曾經寫道：「我們已經變成飄泊者……上天不再降下雨水，大地不再生出果實。」[37]

對環境的破壞很難彌補。從黑暗時代農人越來越辛苦的慘狀，似乎可以理解阿克蘇姆朝廷的地位為什麼不保。因為山坡禿了，樹木被濫伐以供應木材與木炭的需求；過度種植造成土壤枯竭；第八世紀的大雨沖蝕顯然把一些建築埋入泥漿裡；[38]許多斜坡的土壤都沖光，暴露出下面的石頭層；老火山山坡下曾經肥沃的土地，變成了沙塵。[39]阿克蘇姆再也沒有恢復昔日光華，國家重心以後一直往西或往南移。可是這裡仍是令人敬畏的地方，對於想要確立自己正當性的君王，阿克蘇姆有如一塊磁鐵，所以加冕典禮仍在這裡舉行，年頭好的時候也理所當然蒙君王賞賜整修教堂。

到了十二世紀，統一局面恢復，擴張政策也重新推行，開始了一次規模不算大的復興。十二世紀是內部傳教的時代，以聖徒塔克拉哈曼鈕不辭辛勞地感化信徒歸依、打倒偶像、使用「魔鬼的」樹木建造教堂為代表。[40]經過很長一段時間的孕育，這個時代似乎誕生了配備齊全的聖戰意識形態。按後世的傳說，與聖額我略（編按：五四〇－六〇四年，曾為羅馬教宗）同時代，而且與其並駕齊驅的亞列德把阿克蘇姆定位為「錫安的乳嬰」，把歷朝國王稱為「所羅門的子孫」。亞列德也是促成衣索匹亞僧侶之間和諧的功臣。[41]

到了十二世紀末，或十三世紀初期，衣索匹亞的君主們都自認是所羅門的子孫與「約櫃」的守護者。他們都向埃及購買建材，用黃金支付貨款。國王葉姆勒哈那・克列斯托造了大教堂，並且以自己的名字命名，這座教堂如今仍在。在現今的衣索匹亞首都附近的齊克瓦拉有一位修士名叫葛布勒・曼法斯・凱杜斯（意即聖神之僕），他以一處山頭為據點，挑戰四周的異教部落或向他們傳福音。拉里貝拉的寺院教堂群開始順著岩石的走向建起來，極為整齊有致。據說這批建築大部分歸功於國王拉里貝拉（所以用他的名字命名）。他也與同王朝的其他君主一樣，史料完全未提及，也許史料在後來的戰爭中亡佚，也許如某些學者所說，是被取而代之的下一個王朝蓄意刪除。把他們推翻的統治者在位的時候也不可能稱頌他們的功績，因此，後來才提及拉里貝拉的史料幾乎完全無助於了解他的平生與建樹；但是可以從中看出社會保存或創造的價值是什麼，也看得出拉里貝拉主導的建築世界受到多少推崇。例如史料會提到國王所斥建的傑作完美無瑕，如同國王本人「從頭到腳絕無缺點」。還流傳著天使是這些建築的隱形藝匠與勞工的故事，正可表示其工藝技術有多麼優越。除了天使的故事，還特別注明有領工資的勞工參與，呼應了衣索匹亞修士著述之中經常出現的反奴隸、反強徵勞役的態度。最重要的是，拉里貝拉是因為獲得天國異象的啟發才努力要在人世築造一切。這樣的傳說證實他也是懷有文明化衝動的：他也要把自然改造成為符合自己的理想。讚賞這些教堂的人認為，教堂是藝術的高貴延伸，是向世俗實現挑戰的表現。按傳說，上帝讓拉里貝拉看到天國教堂的模樣之後就告訴他：「我使你做王不是為了塵世短暫的光華，而是要你建造如你所見的教堂……你配得把它們從大地的腹肚發掘出來，是靠我的力，不是靠凡人的智慧，因為我的力與凡人是不同的。」[42]

歷代的「扎格威」（即國王稱號）不能自信而自在地穩坐衣索匹亞的王位，因為歷代扎格威都是奧嘎族群出身，而奧嘎是說庫希特語，首都菁英階級卻是說吉易茲語的阿姆哈拉族群，也許國王在他們眼中只是個外來者，[43] 扎格威們自稱「所羅門的子孫」也可能得不到完全的認同，反而是對手指衣索匹亞是「示巴國度」或「新以色列」更有意義。十三世紀後半興起的一個王朝索性自稱「所羅米德」，表示其成員是名正言順的阿克蘇姆王位繼承者。

所羅米德王朝於一二七〇年得勢並且再創了高地的帝國統一。帝國做好了開戰規劃，朝廷變成一支大軍，首都也變成了武裝大本營。狄布拉哈伊克與狄布拉黎巴諾的修道院本來在塔納湖上的諸島自成一個小世界，結果變成了傳教士學校，宗旨即是團結衣索匹亞的力量去征服紹阿與戈賈姆這些異教地區。打開一條經澤伊拉到海上的新路，以輔助往北到馬撒瓦的遠路，成為衣索匹亞政策的主要目標。起初用突襲劫掠的手段強行通過，後來於一四〇〇年達威特在位的時候藉征服占為己有。這時候衣索匹亞統治範圍已經擴大到阿瓦希河上游的「大裂谷」之內。領土之內的財富資源也壯大了朝廷華麗的氣勢。一五二〇年到來的葡萄牙使節曾經見識到五萬匹騾子馱著「無數頂帳篷」，覲見的群眾一次多達兩千人，披掛鳥羽的馬匹戴著金線凸紋織錦的挽具。[44]

領土的邊界擴得越遠，防衛也就越不容易。在一五二〇年代，一位伊瑪目（譯按：伊斯蘭教領袖）阿赫馬·伊本·易卜拉欣激發阿德爾的穆斯林部落投入聖戰，衣索匹亞的國防頓時瓦解。一位自稱隨遠征軍同行的阿拉伯歷史家，把一五三三年四月九日拉里貝拉寺院陷落的情景做了生動描述：

當時正在下雨。伊瑪目徹夜行進，竭力加快速度。酷寒造成多人死傷。他們到達了那教堂。聚集在那兒的修士們決心與教堂共存亡。伊瑪目眼前的這所教堂是他從未見過的。它是順沿山勢鑿出來的；柱子是按岩石鑿刻的。除了他們的神像和盛裝遺物的匣子，沒有任何木造之物。

按伊瑪目慣常的行事方法，是放火燒教堂，修士們便會「像飛蛾撲燈一般投身到火焰中」。這座教堂卻燒不起來。基督教徒與穆斯林經過火的試煉之後，伊瑪目下令「用劍斬了他們的遺物，砸掉石製偶像，帶走了他發現的所有金器皿與絲織物。」[45]

以後十年的戰鬥中，瀕於敗亡的衣索匹亞藉有效卻耗費力量的反制戰爭才全身而退，此後一直到十九世紀晚期，都不曾重振昔日的聲勢。問題並不只在於伊斯蘭教的影響傳入，比較不引人注意卻更為頑固的滲透，是從南方來的加拉部落，他們在某些方面其實更難對付，帶來的影響也更深遠。加拉人大舉移入大約是在阿赫馬．伊本．易卜拉欣入侵的時候開始，以後又持續了好幾代。當時的人雖然慶幸打退了穆斯林，卻承認找不出對付加拉人的辦法。十六世紀末的修士巴瑞伊曾經自問：「既然我們人數眾多、軍備齊全，為什麼加拉人會把我們打敗？」他的回答很像文明社會在戰時，面對只有大批不具作戰能力的知識分子階級時，所發出的哀歎。他怒斥神職人員「研讀神聖經書……在做禮拜的時候踩腳」——這是當時衣索匹亞人在喧嘩的禮拜儀式中喜歡的典型動作——「卻不會為恐懼上戰場而慚愧……反觀加拉人，所有男子，不論尊卑，都懂得戰技。因此之故，他們會毀滅並殺死我們。」[46]衣索匹亞捨棄了文明的最高價嗜好——負擔大規模建築的費用和維持龐大的知識分子菁英，縮減了帝國野心才得以自保。縮減帝國野心的策略促使政治系統下放，這使得統治階級分裂，國勢也變弱，西方歷史學家把這種情勢比為封建體制。

衣索匹亞的文明顯示了以高地為據點的優勢與劣勢。這樣的國家能餵飽自己，能抵抗征服者，也能乘周圍低地族群勢弱的時候強索進貢或要求貿易。但是由於處於孤立狀態，會變得專斷；而維持統治階級野心所需的資源，要靠暢通的貿易供給。一旦連接紅海的通路被切斷，或是紅海貿易受到更遠地方危機的不利影響，或是大裂谷的商業要經過敵人控制的港口，衣索匹亞的文明就黯然失色了。

❖高地的道路：俯瞰亞洲貿易路線❖

集散地是偶然形成的，規模能夠擴大純粹是憑往來的交通量。交通路線是為了目的地而建立，但是，中心的路段往往成為走動最頻繁的部分。在交通路線上發展出來的高地文明，可以藉取得外地物產、遠距影響、收取過路費，因而克服環境的限制。伊朗與西藏都是在外來影響與獨立發展互動之下建立文明的例子。這兩個地方都是名符其實的高道路：是長途商旅為了繞過沙漠不得不走的高原。兩個地方也都是劫盜者的老家，受到來自被他們劫掠的平地鄰居的影響。這兩個地方也都證實，高原也有創造力，能為生活培育新的積極動力，找出解決生態難題的新方法，發現從高原觀看世界的新視野。

從某些角度看，伊朗文明的形成過程是把平地傳統移位到高原的典型例子。[47]美索不達米亞平地的沖積河谷文明歷經征服者連連強奪蹂躪之後（見第七章），逐漸往兩河上游傳播到北方的山坡，先後被阿卡德人與亞述人當作戰利品一般帶走。伊朗創造偉大文明乃是這種暴力傳播的進階，同樣是往北走，但卻是往地勢更高的伊朗去。亞述帝國於公元前第七世紀衰亡以後，美索不達米亞文明原先盤據的區域，變成了亞基美尼人帝國的外圍地區。亞基美尼人是專業的征服者與強索進貢者，老家就在現今的伊朗，但是政府行政中心建在美索不達米亞世界邊疆上的埃蘭古國的舊城蘇撒。

按傳統說法，這是居魯士大帝的功勞，他在公元前六世紀中葉的征戰範圍從巴勒斯坦一直到興都庫什，幾乎及於後來波斯帝國的版圖邊界。《聖經》上稱他是上帝所膏的王，因為他重建了耶路撒冷的聖殿——

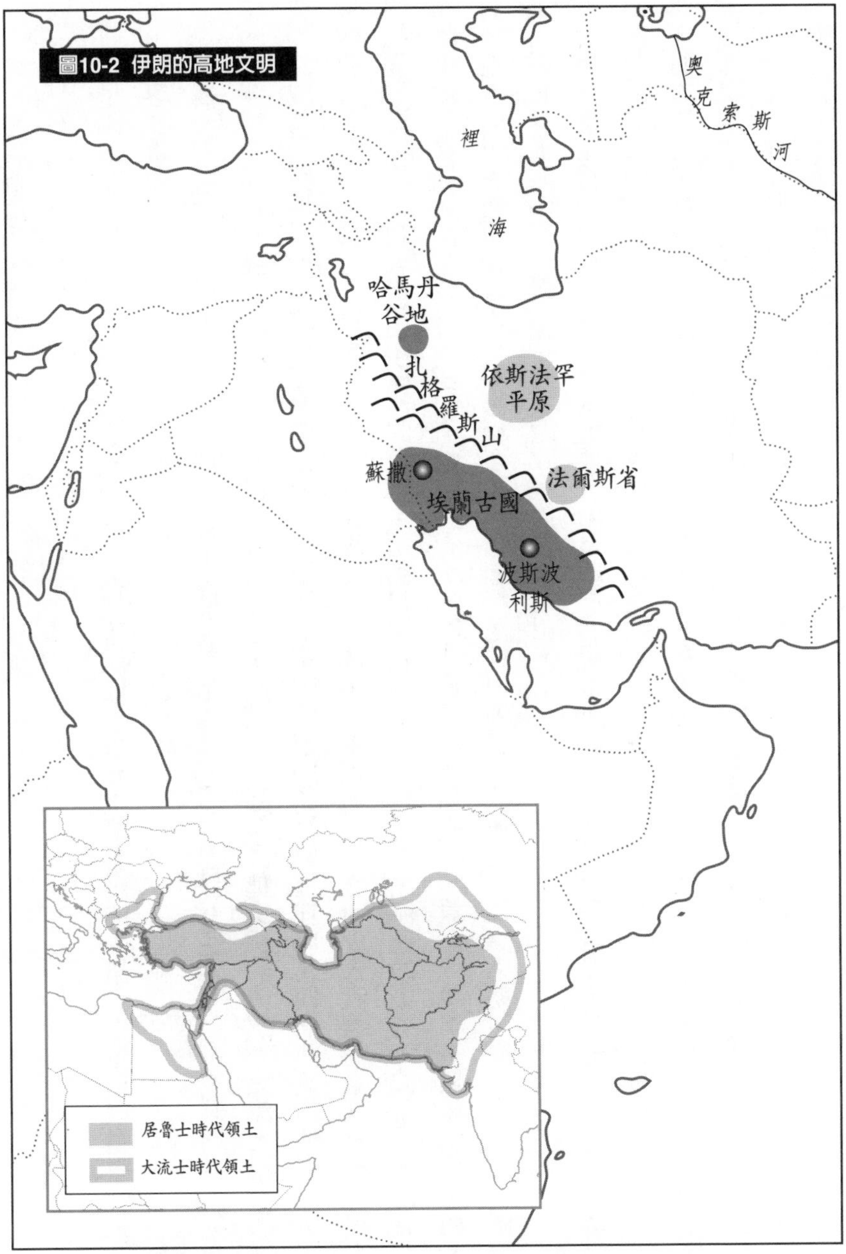
圖10-2 伊朗的高地文明
裡
海
奧
克
索
斯
河
哈馬丹
谷地
扎
格
羅
斯
山
依斯法罕
平原
蘇撒
埃蘭古國
法爾斯省
波斯波
利斯
居魯士時代領土
大流士時代領土

憑公義召他來到腳前。耶和華將列國交給他，使他管轄君王，使他們如灰塵交與他的刀，如風吹的碎，交與他的弓。48

正是因為有這種寬容的政策，他的帝國心臟地帶能成為各路文明影響的熔爐。他留給後繼者的是文化上兼容並蓄的品味。

波斯波利斯城是大流士所建。他是居魯士後繼者之中最傑出的，自公元前五二二年到四八六年在位。在波城新穎特殊風格之下，明顯看得見來自亞述、埃及、希臘等多種文明的靈感。大流士沒有決定要以波城為安葬地以前，這裡是個偏遠所在，是波斯帝國的道路建築使這裡成為四通八達的地方。帝國境內將近二七三〇公里的道路，連接了曾經被波斯的高山所阻隔的不同文明，大流士的帝國版圖已經大到把愛琴海岸的希臘城市和印度河的塔克希拉都包擴在內。道路也是貢品流通的渠道：波斯波利斯城的浮雕上就看得見貢品之豐富與多樣，獻給「大王」的貴重物品包括象牙、黃金、羚羊、無斑小長頸鹿。偏遠地方的子民在波斯統治下受惠極多，包括連接尼羅河與紅海的運河；奧克索斯河與喀隆河的灌溉設施；遠在高加索山另一邊的堡壘使遊牧民族無法侵犯。

伊朗是旅行者的匯集地，是個寶地，因為四周的觀念與影響都被集中到這裡。但是伊朗並不只是製造複製品的文明，也不只是躲在山裡攔路劫財的受惠者。伊朗證實高原也可以成為文明的原生溫床。伊朗文明的最明顯特徵就是宗教信仰——波斯本地誕生的祆教有自己的世界觀。祆教的傳奇創始人瑣羅亞士德據說是（不大確定）公元前七世紀晚期與六世紀早期的人。祆教創立或出現的年代無從確知，但是在亞基美尼時代就是國教，並且一直維持到波斯帝國在公元前第七世紀崩潰為止。祆教雖然在伊朗受到壓制，至今仍存在伊朗裔的社群之中。

現在保存的瑣羅亞士德教義已經太支離破碎又晦澀不明，根本不可能完整重建，但可以得知那可能是堅決的一神教。[49]然而，他的信徒所遵守的（也是被傳說曲解的）是二元論（這二元論又被搬到不同的脈絡下濫用），即是相信宇宙處在善惡衝突的爭鬥之下。唯一的善神阿胡拉．瑪茲達在火與光之中，崇拜儀式要朝向黎明與點燃的火。大流士把自己想像成天國的守衛者，石雕中的他騰在空中，兩翼張開罩在宮頂上，導引敵人歸降。

瑣羅亞士德的頌歌放在伊朗高原的環境裡來看，是有其道理的。歌裡稱讚牧人和農夫是追隨「真理」的人，以遊牧為主的敵人則是擁護「謊言」的，把作物連根拔起又浪費牲畜。[50]描繪敵對宗教殺牛祭拜的畫面中，戰神密拉所濺的血變成了發芽的小麥。這些在在暗示，在沒有大河川流過的高原上追求富足是艱辛的。所以色諾芬與希羅多德時代的希臘人，看到把波斯描述成「苑園」中有樹木和飛禽走獸，會覺得不可思議。傳奇中說波斯王澤克希斯要征服歐洲是「因為歐洲的樹木太美好，除了希臘人誰也不配擁有」，希臘人顯然也都如此相信。[51]其實，昔日的伊朗是乾燥高原之上的小塊沃土與珍貴水源所聚集成的「群島」：拉加有含鹼的溪流、甜水井、山地風景；哈馬丹是泉水充裕的谷地，出產良質水果和劣質小麥；古代最富庶的法爾斯省有庫爾谷；伊斯法罕平原因為有扎因達河的水而富足，河雖不大，卻是詩歌中常在讚美的，另外還有鴿糞為肥料，這似乎是自遠古就開始在細心經營的資源；盧里斯坦因為有河川穿梭其中的高山氣候，能支撐古代大城蘇撒；此外，山地與沙漠之間仍有狹長的豐美草原和可灌溉的土地。[52]

亞基美尼人的帝國被亞歷山大大帝滅了，後來的薩珊王朝卻恢復了舊帝國原來的盛況，而且在許多方面都超越更多。第一位薩珊王朝君主是亞達希爾，於公元二二六年反叛遊牧民族出身的安息王朝而奪得大權。安息人在過去三百年中維繫了舊帝國的大部分領土，並且因為對於亞歷山大留下的希臘文化影響採取反其道而行的作風，以使本土特徵抬頭。亞達希爾積極宣導自己是亞基美尼繼承者的觀念。薩珊王朝早期有一幅刻在岩石上的巨大浮雕（就在皇家陵園旁），其中的亞達希爾在接受阿胡拉．瑪茲達授予的權力之冠，他沒有騰空，而是騎在馬上。薩珊時代的工藝傑作——尤其是銀工藝、象牙工藝、拉毛粉飾——主要都是由宮廷指定並出資的。

安息王朝的建設偏重在西部與美索不達米亞，薩珊王朝的大量建設都在自己的心臟地帶，是在法爾斯省和扎格羅斯山之中與越過扎格羅斯山的地方，到處建了奢侈的宮殿。工藝品與大宮殿呈現的富有，都指向了薩珊王朝強大的原因：它是在連接地中海到印度洋與絲綢之路的貿易通道上占了居高臨下的位置。

薩珊王朝對於西邊的羅馬帝國始終是敵對關係，這可以從著名的薩普爾王俘虜羅馬皇帝瓦勒良的岩石浮雕中看出來，畫面中的瓦勒良匍匐著，自貶求饒。這兩個帝國的統治者與百姓都自認是憑神的旨意建國所以永不衰亡。兩國都承認對方是文明社會（但是把所有其他社會一律視為野蠻人），兩國似乎也都不可能把對方消滅。這種文明的均勢到第七世紀時終於打破，結果雙方都沒有能力應對阿拉伯人的突然興起。阿拉伯人受了伊斯蘭信仰的新教義感召，自穆罕默德於公元六三二年逝世後發動一連串空前激戰，占領了羅馬帝國一些最富庶的省分，也征服了整個波斯帝國。薩珊王朝的末代國君於公元六五一年被阿拉伯人打敗後，伊朗便開始被新興的伊斯蘭文明同化。

❖從西藏往下看❖

西藏可以說是伊朗的後繼者：地勢比伊朗高得多，比伊朗更易據守，位置比伊朗更東，大約在伊朗敗亡的時候興起，和伊朗一樣雄踞歐亞大陸貿易路線之上。西藏高原的平均高度將近伊朗的三倍，但作為高原要衝，卻與伊朗的歷史前後呼應。不過，歷史上即便已有先例，生態環境上卻是獨一無二的。想到西藏，大家腦中浮現的形象有二：一是「雪域」，有致命的高山和覆蓋碳酸鈉與鹽的荒原，以及「可怕的雪人」出沒。這是世界上地勢最高之國，環境條件也在全世界最嚴苛之列，然而這裡也是「失落的地平線」所在，是香格里拉之夢可以成真的地方，只要外面的世界進不來，人們就能在裡面過著永遠和平的長壽人生。[53]

這兩個迥異的形象，與西藏包含的兩種真實環境相符，也正是傳奇中的象雄國王描述自己領域時一語道破的高原社會特徵：「從外面看是懸崖峭壁，在裡面看全是黃金寶藏！」[54]像拉薩所在的這種蔥綠山谷，說是香格里拉並不為過。最完整的一部藏人撰述的傳統地理著作所形容的西藏是美好得近似神話的人間樂土，穩定的氣候值得稱讚，所以他不惜重覆：

> 因為這個地區比四周其他國家都高得多，所以不分冬夏這裡冷熱的差異都減至最小，也無需太擔心饑饉、掠食獸類、毒蛇、毒昆蟲，以及暑與寒。[55]

但是土壤肥沃的地方和不至於凍死人的地方只是南邊的一段狹窄地區。其他多數地方是不宜棲居的，或充其量只適合遊牧生活。

西藏的天然屏障是全世界最不易攻破的。南邊和北邊有世界上最艱險的喜瑪拉雅山和崑崙山。高原東部地勢向中國下降，比較不那麼高的山和大沙漠把鄰邦遠遠擋在外面。斯文．赫定當年攀登拉薩的高山時，到了五一八〇公尺的地方，他最好的一匹駱駝死了，凍在泥裡拔不出來，「其他人扔下我們逃走，我們卻被腳下的地牢牢抓住」。[56]揚赫斯本在一九〇四年決定冬天前進拉薩的莽撞行動，使隨行的人覺得「不像一支英國軍隊在推進，而像是拿破崙在撤出莫斯科」，他們手腳並用地爬上高地結冰的邊緣；一趟行程下來折損了四千多隻犛牛。[57]直到二十世紀中葉，從北京到拉薩仍需走八個月的路。如今所知的一些最古的西藏詩文和碑銘，都有稱頌西藏天險的字句：

大地之心，
冰雪圍繞。
萬川之源，
山高土淨。
美哉斯域，
英傑輩出。[58]

這裡是萬川之源，但是只有雅魯藏布江流經其中。雅魯藏布江以及其他更狹窄的薩爾溫江、湄公河、金沙江谷地，種植了小麥、豆類、喬麥、根莖蔬菜、桃、杏、梨、胡桃。這片地區的農業歷史很悠久；但是起初可能只夠供給在某地區的少量人口。西藏人想到自己的家鄉「首先是一片草原，最後會想到被犛牛環繞」。[59] 按推斷，西藏最初在公元第六世紀建國，當時的漢人用慣常描述蠻夷的語言指靠畜牧為生的西藏人，寢居的地方不潔淨，從不梳洗頭髮，不知四季之別，沒有文字，只憑結繩與刻符木而記事。

越往後來，這些說法越不當。自從第五世紀的一次農業革命（相關史料極少）之後，青稞就成為主食；如今仍用於製作糌粑和酒；隨後的政治發展也提供了必要的架構。一旦某種穀類食物可以大量收穫，寒冷氣候成為儲糧上的優勢，就可以創造西藏強大起來所必需的富足餘糧。本來是為數不多的遊牧者勉強維持生計的地方，變成了龐大軍隊的滋生地，大軍能向外遠征，帶著「上萬」的羊群馬匹補給隊伍。[60]

第七世紀以前有哪些君主，一般都不清楚。不過他們都是神性的君主，按早期詩文中所說，是「從七重高的中天降下人間」。詩人說，藏王選中西藏為基地以成為「天下之主」。他們與其他的神性君主一樣，可能在不再能發揮功用的時候被犧牲，他們所選的陪葬者也與他們一同處死。君王死後沒有陵墓，因為按理他們死時便被接回天上。

在第六世紀某時期，這種體制改為壽命任期制，壽命結束，王位才跟著移轉。君王死後葬入有墳墩的墓裡。第一位有比較完整史料紀錄的君王是松贊干布，公元六二七年至六五〇年在位，寫下西藏空前強大的開端。

現在的西藏雖以愛好和平聞名於世，是他人侵略下的受害者，唐代的吐蕃卻善於征戰。松贊干布的吐蕃大軍威脅到中國，使唐太宗不得不於六四〇年送文成公主和親。絲綢之路的洞窟中所發現的古卷之中也有藏人表達效忠松贊干布的誓言：「君命無所不從。」[61]不過，吐蕃的帝國體制也許是令臣屬者納貢，並不實施直接統治或密切監管。[62]

松贊干布逝世後的兩百五十年中，大部分時候持續帝國擴張。吐蕃軍隊征服了尼泊爾，入侵了中亞東部。公元七五〇年以前立的達扎路恭紀功碑，記載了深入中國內部的戰事。公元七五一年，「中古時代早期的亞洲三大擴張勢力交會」——三大擴張勢力即是阿拉伯人、中國人、西藏人，吐蕃不顧中國反對，與阿拉伯人攜手征服天山以西的費爾干納（譯按：在今烏茲別克）。[63]如今拉薩大昭寺和第八世紀所建的雍布拉康裡，仍可看到昔時一些帝王的肖像。有的在壁畫之中頷首而面露怒容，有的是威儀十足的雕塑。由於負責製作肖像的藝師幾乎一律是佛教徒，所以作品都是「理想化」的，看不出公元八二一年唐朝使節在吐蕃軍營看見的景況：披著虎皮的薩滿敲打著帳篷前的鼓，帳篷「有龍形、虎形、豹形的金飾」。大帳之內，裹著「祥雲色」頭巾的吐蕃王看著各部酋長們與唐使以血署約。[64]

這種蠻夷式的形象描寫，乃是中國史料固有的傳統。其實吐蕃王的作風已經逐步超越地域與民族偈限。包括松贊干布在內，先後有十位君王殯葬在王室的瓊結白日寺下的小墳裡，與他們相伴的不再是陪葬的犧牲者，而是奉派守護照管墳墓的人員。從現存的遺跡可以看出廣泛文化接觸的影響：熱巴堅（約公元八一五至八三八年在位）的墓上裝飾著有印度式、中亞式、中國式雕刻的柱子，以及一頭按波斯範本雕的守護獅。在墀松德贊（與查理曼、阿拔斯王朝的哈倫．賴世德同時代）在位期間，梵文、中文、中亞語文的書籍（主要為佛教典籍）陸續翻譯，本土文學也從中得到滋養。[65]吐蕃的工藝製造技術名聲遠播，唐朝宮廷接受的吐蕃禮物中，機械玩意就曾經大受稱讚。吐蕃的鎖子甲更被稱讚到神奇的地步。公元七二九年間，突厥首領蘇祿圍攻卡瑪爾，阿拉伯的弓箭手「瞄準他的鼻子」，差點射到他的眼睛，但是箭鏃被彈開，朝著他齊發的一陣箭雨之中只有一枝射穿了他的吐蕃製戰甲。[66]

熱巴堅是吐蕃強大時代的最後一朝君主，此後到第八世紀末以至第九世紀初，各個邊疆上的鄰邦史書都記錄了吐蕃的一連串敗績。可見吐蕃已經擴張過度，要依賴臣屬的民族來保衛重要據點，一旦這些人開始反叛，帝國解體的走勢便一發不可收拾。吐蕃與中國於公元八二三年最後一次締結對等和約。謀殺熱巴堅再繼承其王位的朗達瑪，又於八四二年被刺，沒有當然的王位繼承人延續王朝，吐蕃於是四分五裂，進入黑暗時期，藝術文學也消失了上百年。

十一世紀早期的「復興」，與佛教的興盛相關。當初來自印度的佛教如何傳入西藏？實際的狀況已不可考。顯而易見的是，西藏當初接受佛教要比後世文獻所說的緩慢得多也遲疑得多。雖然松贊干布可能贊助庇護佛教的僧人和學者——這些人是尼泊爾公主與唐室文成公主的隨從，經常出入宮廷——但是他仍然自認是有神性的君王。

墀松德贊（約七五四至八〇〇年在位）雖然被佛教徒尊為虔誠的典範，卻被反對者批為背叛傳統的王室信仰，他在瓊結白日寺的自述碑銘卻說他既是舊信仰的神聖護衛，也是開悟的佛教徒。公元七九二年間，他主持了印度信徒與漢地信徒的佛法真傳辯論。結果獲勝的是印度的漸門派，主張妙觀察智是清淨慧根本。漢地佛教的頓門派失敗了。但是吐蕃並非從此就成為信奉佛教的國家，佛教傳播也不是只有一個門派。佛教仍靠許多方式傳播，例如當時有許多傳播佛法的行動與建佛寺；軍隊來來去去傳播佛教文化，如同潮水衝擊卵石；商旅道路沿途也有宗教信仰的滲透在內。

吐蕃與唐朝於八二一年締約的時候，佛教已有了顯著進展。和約之中同時提到佛教與其他信仰的神祇，並且在傳統牲祭塗血的儀式之後，讓交涉和約的佛教徒退席去另外舉行慶祝。傳說熱巴堅因為篤信佛教而讓佛僧坐在他蓄得極長的頭髮上。但他死後卻爆發了反動，可見佛教是在很不穩定的情況中撐到下一個世紀。

佛教的主要競爭對手是苯教。苯教的起源不明，但是從史料可以看出是一種冥想修行，與佛教類似，也深受佛教影響。苯教大賢釋多苯師所說的話，十分接近佛教宗師們的言語：人生如夢幻；「色即是空」；真理必須「超越聲音、名稱、言詞」。主要的差異似乎在於如何看待印度。佛教徒承認佛教發源於印度，苯教卻溯源至西方的達瑟（或大食），認為他們的祖師登巴賢若是原始的佛陀。儀典方面的差異也持續到現在：苯教循逆時針方向繞行尊為神聖的地方，佛教則相反；苯教的萬字也與佛教的萬字正反顛倒。[67]

佛教於十一世紀早期在西藏中部更進一步發展，當時西藏仍然分裂，所以靠強勢的地主們支持。積極從印度傳法、譯佛經、建佛寺的時代於是開始。十一、二世紀的藝術品反映了佛教徒逐漸富裕的事實，印度美術的影響也更深，尤其是最典型的壁畫與佛塔。到了十三世紀，佛教已經成為西藏不可磨滅的一部分。在周圍鄰邦衰微以後，佛教更成為西藏文明的重要特色。

對西藏有認識的人都不可能認為藏傳佛教不是西藏自己特有的。藏傳佛教正如西藏的建築、語言、文字、音樂、飲食，以及繪畫和雕刻的一些風格，都是西藏自己特有的。外來的文化影響悄悄爬上西藏高原，或可說是千辛萬苦爬上西藏高原，之後似乎就栽進一個大鍋，攪拌在一個有創造力的文明之中。西藏也不曾像伊朗和印度的德干高原那樣一再被征服而徹底改變。西藏的東部邊疆是比較容易越過的，西藏的歷史也躲不掉中國勢力擴張的影響。但是，西藏對中國的關係，包括對蒙古帝國的關係，一向是互諒的公平交易。一直到現今的時代，西藏才受到中國強制的直接統治。以前的西藏從來不必接受外力施加的文化與控制。甚至本土傳統也一直沒有消滅，十八世紀以前每每在政治統一的時候竄起。西藏從帝國轉變成「失落的世界」的過程大致如下。

一二〇六至一二〇七年，尚未恢復政治統一的西藏面臨強大的蒙古的威脅，掌握集體決策權的喇嘛們似乎無力反抗蒙古要求順降的逼迫。[68]好在西藏倖免於蒙古軍的蹂躪。自一二四四年起，勢力最大的薩迦派喇嘛成為蒙古派任的「總督」，把蒙古朝廷的稅捐命令轉達給西藏人。西藏的主要寺院也在相互爭鬥時利用蒙古軍閥的傭兵。這個時期的藏傳佛教當然不算是愛好和平的，武裝的僧侶從事的是毫不鬆懈的作戰。這些行動與歐洲的「宗教之戰」一樣是權力鬥爭，往往藉由神學將仇恨合理化。主張結合佛教「自我犧牲」與印度波羅門「自我圓滿」的覺囊派，曾經挑起聖戰，毀寺院與燒經書。

蒙古勢力在十四世紀衰退，強秋嘉贊有了短暫恢復古老西藏王國統一的機會。他原是薩迦派一名僧人，利用主管寺院地產之便而成為獨據一方的軍閥。元朝於一三六八年滅亡時，他已經占領了大部分的西藏，宣告國家自主。十四、五世紀的西藏藝術吸收了中國風，尤其在繪畫方面，這些影響是由強勢的寺院為了改善貿易條件，派去邊界的商業使團帶回來的。

政治上的長久統一，是在格魯派興起以後才恢復的。這是十五世紀早期由大師宗喀巴創立的教派，宗旨在於強化戒律修持。格魯派不採世襲制，而是遵行轉世，轉世的傳承者也就是後世所知的達賴喇嘛。後來信徒們也相信達賴喇嘛是觀音菩薩的轉世。觀音菩薩是庇佑西藏的菩薩，據說松贊干布死後化成拉薩的觀世音神像。到了十六世紀晚期，達賴喇嘛領導的格魯派已是藏傳佛教最大的一個宗教。

一五七六年間，第三世達賴喇嘛瑣南嘉措應蒙古俺答汗（一五三〇－八三）邀請造訪汗宮（見第四章）。俺答汗是當時最強勢的蒙古領袖之一，統御範圍從黃河河套以北到西藏邊界，他想藉佛教使自己的汗國有別於明朝邊境的附屬國。[69]在俺答汗的指揮與達賴喇嘛的精神導引之下，加上達賴喇嘛一五八六年再度來傳法，蒙古廢除了活人祭等一切殺生的祭祀。百姓供的家主神一律撤除，改供奉七臂護法大黑天。這樣的徹底改革不可能一夕之間就完成。佛教信仰起初只是貴族嗜好的活動，過了一個世紀，佛教才傳遍社會各階層，到了蒙古草原。[70]

格魯派憑著與蒙古的這種新的結盟關係，壯大了自己在西藏不同派寺院競爭中的力量。到一六五六年，格魯派打敗其他宗派與俗家的對手。在第五世達賴喇嘛的英明統治之下，好像有可能重振古代吐蕃的帝國大業。這個時期建的布達拉宮，聳立在山頂上，俯視整個拉薩，似乎第一次宣示西藏的強勢。達賴喇嘛曾經接見尼泊爾君主的進貢使團，強迫拉達克歸順，並且試圖征服不丹而未成功。然而，大興寺院也占去了太多財力與人力。以一六六三年計，共有寺院一千八百所，僧尼數目超過十萬。到了十八世紀，男性人口依附寺院生活的可能多達五分之一。[71]

第五世的達賴喇嘛是受尊崇的英雄國主。每年一度的塔爾寺酥油花節，各地信徒都前來禮拜，並且瞻仰酥油塑成的神佛。[72]他於一六八二年逝世之前，頗有遠見地選中一位俗家的強人託付治國重任，他的心腹大臣桑結嘉措正式登上「無畏獅子大寶座……為天地之主」，成為第巴。[73]也許是基於「文化上的無法共量」，但是也是為了他自己的利益，他把達賴喇嘛逝世的消息保密，宣稱達賴喇嘛已開始長期閉關。這個祕密一守就是十三年。十三年後，庇護西藏的蒙古準噶爾部被清朝打敗，康熙從西藏的俘虜口中得知桑結嘉措的詭計，結果引發長期的政治危機[74]，導致西藏成為清朝的附庸。轉世制度在此後的兩百年中也再沒有產生真正具有領袖特質的達賴喇嘛，西藏文明的強有力時代就此結束。

此後的西藏也斷絕了與外界的接觸，只與清朝、不丹、錫金、尼泊爾仍有往來。一七四五年嘉布遣修會的傳教團終止以後，拉薩在歐洲人心目中變成可望而不可即的「皇城禁地」；如此的世俗化必然會帶來失望。一九〇四年間，英國軍隊攀上來，打開一條路，以為會驚醒童話般的睡美人城堡，結果卻撞入一個貧民窟。其中一人在家書中說這是「又臭又髒的地方」。布達拉宮和昔日偉大建築所遺留的部分，周圍都擠滿髒亂茅舍和大堆廢棄物；這些建築的屋頂遠望仍然閃閃發光，近觀卻見牆上積著多少代的塵垢。[75]那時候的英國人和中國人都要鄙夷地說，西藏人似乎倒退回一千三百年前的野蠻時代。

從遠古時代起，就有關於海的故事和詩歌流傳。
航海的人曾被視為十足的人魚；
海洋本身則被視為發生浪漫神奇之事的地方。
然而，近年來，許多航海生活的真實細節都報導得再清楚不過，
以至於歌詠大海如今式微。
——羅斯．布朗，《捕鯨之旅的蝕刻圖》

從政治的與社會的觀點看海洋，
第一眼也是最明顯可見的，海是一條大通路；
或者應該說是看見一片寬闊的公共領域，
人們可以循任何方向往來，其中有一些路線
基於重要原因而使多數人選這些路線而不走其他的。
這些往返路線就叫作商船航線；
決定這些航線的原因要從世界史中尋找。
——馬罕，《海上勢力對於歷史的影響》

第六卷．水域邊緣

海洋塑造的文明

PART SIX: THE WATER MARGINS

Civilizations Shaped by the Sea

11

諸神如何分派：小島文明

THE ALLOTMENTS OF THE GODS: Small-Island Civilizations

「南太平洋」．夏威夷與復活節島．阿留申群島．馬爾地夫．馬爾它．米諾斯文化的克里特島．威尼斯

「他們是不是腦筋有問題，不然幹嘛要到這裡來？」瑞德搖頭，然後自己回答自己的問題：「他們大概就是腦筋有問題……」

——班克談阿留申島民，《風的故鄉》

我們全都生活在島上，無一例外。不過地球上某些島比其他的島大得太多，所以我們決定讓那些大島另歸一類，稱為「大陸」。

——房龍，《地理》

❖ 一團亂島：玻里尼西亞航行 ❖

小島理所當然應該是富裕的。按某些尺度看來，冰島人民的生活是全世界最富裕的；台灣、新加坡、香港的經濟，都排在全世界最具活力之列；還有一些小島是吸引富豪階級與逃稅者財富的磁鐵。在

我們的時代，因為海上貿易量龐大，島嶼有本錢成為中繼站與商業網絡上的中心點。

我們很容易以為小島的這些特別優勢是常態，不然就是墮入慣見的浪漫想像，以為小島——尤其是熱帶島嶼都是樂土，都是衣食無虞的人間天堂。[1] 但事實上小島在人類歷史中往往被迫處於貧困和不安全的狀態，因為面積有限，所以本地食物生產不足；因為孤立，所以不易取得外來的供給；因為攻擊會從海上來，所以島嶼居民必須保持警覺並且儲備反制的能力。按歷史學家布勞岱爾形容十六世紀地中海地區的多數島嶼，小島往往是「飢餓的世界」或是「生活朝不保夕的牢籠」。[2]

即便是現在，許多小島因位置太偏僻，或是對貿易、觀光業、逃稅事業太不便利，所以仍然名列全世界最貧窮的地區；另有一些小島必須依賴大陸地區的補貼，或是仰賴特惠的稅則、自由港地位和經營賭場等方式來維持。但是也有一些顯著的例外，足以證明島嶼擺脫貧窮之後可達到巨富；如果能夠保護自己不受侵略，就可能培育特有的文明。

這通常是靠貿易達成的，但也不是全憑貿易。困境與機會在小島形成一種微妙的平衡，有些小島居民能夠在因應挑戰中交出漂亮的成績。舉例來說，東非的海上諸島，曾經在不同的時代藉往來印度洋的貿易獲利；中古時代的基爾瓦與十九世紀的贊吉巴爾，都曾經出現混合非洲、阿拉伯、印度的多樣影響而成的文化，如今看到基爾瓦古老清真寺的遺跡，那些中國青花瓷的襯飾，仍然可以體會這樣的文化影響。現在的科摩羅群島是個倒楣的地方，是強權政治染指的對象、是香草市場價格起落的受害者，但其實近代早期在什拉吉蘇丹的統治期間，這裡是多國文化匯集的商業中心，輸出稻米、龍涎香、各式香料、奴隸。在中古時代，東南亞的一些島嶼因為具有生產稀罕香料的獨特條件而受益；而十六世紀的德納第與蒂多列（編按：皆為摩鹿加群島中的兩個小島）是西班牙人和葡萄牙人在藉子午線爭奪航海地盤時的焦點（編按：一五九二年西葡之間的「薩拉戈薩條約」，規定兩國在亞洲的勢力範圍），為的是把世界上的肉豆蔻籽和豆蔻香料產地劃到自己這一邊來。[3]

海一方面可能限制小島發展，另一方面小島可能藉海洋反而與其他陸地銜接，因此海將形塑海洋文明。不論是哪一種形態，靠海都是極重要的環境條件，其他的影響相形之下都退居次要。不論土壤性質、氣溫、地形、動植物條件如何，只要有海洋在旁邊，就是塑造文明的影響要素。海會影響人的視野與思考模式；海因難以駕馭又不可預測而令人生畏；海能改變它所觸及的一切，卻不會輕易被改變。海把骨頭變成珊瑚，把沙粒變成珍珠。海能重塑海濱線、能沖蝕海岸、能吞噬野地和城市、能鑿刻大陸。海洋影響氣候系統，然後再影響到我們這些陸地生物身上，證明我們無論有多少千年的文明也奈何不了環境。除了在虔誠禱告者的渴望之中，海沒有約定的界限。海是上帝創造萬物後倖存下來的一部分混沌。海使人覺得自己渺小。

「小」是個相對的概念。我料到讀者會想問：要多小的島才能符合「小島文明」這個類別？其實以大小來界定太武斷，重點不在多小，而在與海的關係。假如某個島的文明是依據島嶼特性而來，以眼前的這個題目而言就算是小；如果腹地很大且把海岸當作整個文明的邊緣，那麼這個島就不算小。但是，在這種計算方法之下，臨界點又會因各地不同的環境條件而異。

小島可能循兩種方式成為滋生文明的地方：一是憑貿易而變得富裕，一是因孤立而能自給自足。因此，我在這裡所說的「小島文明」，是指在海洋影響下循其中一種方式所形成的文明。如果文明能憑島內資源興盛而且並不處於孤立狀態，我就將它歸入其他類項。按這樣的歸類法，會有許多島因為太大而不符合。這包括，可能一邊長度太長而包括了不只一個氣候帶，所以海洋不大可能是環境的唯一決定性因素；可能面積大到從內部就能產生造就文明所需的資源和行動力，並且沒有斷絕外來影響；也有可能是一個島上存在不只一種文明。

這種歸類法和所有分類的決定一樣，可能是以小歸小，但並非以絕對性的差異為依據。例如英倫三島，面積太大、成分太多樣，不可能成為發展小島文明的地方。不過，現代的英格蘭人（我想這不包

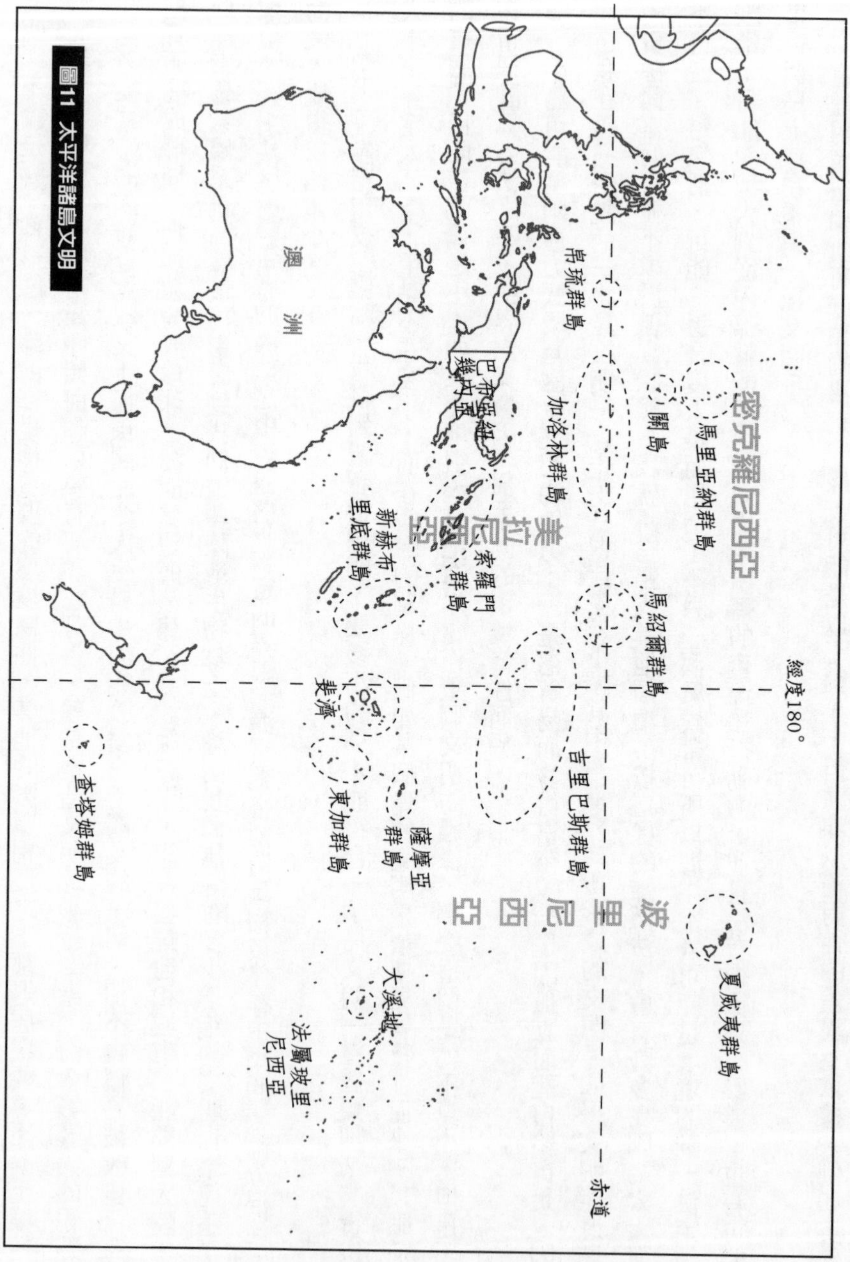
澳洲
帛琉群島
巴布亞紐幾內亞
加洛林群島
關島
馬里亞納群島
密克羅尼西亞
美拉尼西亞
索羅門群島
新赫布里底群島
馬紹爾群島
經度180°
斐濟
吉里巴斯群島
查塔姆群島
東加群島
薩摩亞群島
波里尼西亞
夏威夷群島
大溪地
法屬玻里尼西亞
赤道

圖11 太平洋諸島文明

括英格蘭島上的其他族群）已經養成一種可以稱為小島式的心態：他們最乏味無趣的歷史書一律強調（有的在開場白就強調），他們的歷史是島國特性造成的。他們仍然在讀、在寫「我們的島嶼故事」、「海洋島民」之類書名的歷史書，[4]他們也一再聽到愛國歌曲和詩文之中所謂的英格蘭島「從浩瀚藍海中昇起」，好似「鑲在銀色海洋中」的一顆寶石之類的老調。十八、十九世紀的英格蘭人大量投資海防，創造了所謂「怪癖英格蘭人」的風尚，把孤立情勢造成的後果理想化，他們呈現出「一個獨一無二的民族，對於自己的瘋癲有點引以為傲」的形象。[5]他們與其他歐盟國家分屬不同掛。英格蘭人一方面得意洋洋擺出孤立之狀，一方面難捨英格蘭人是航海民族的神話，他們說海洋是「英格蘭的致富之路」，貿易航線就如同英格蘭人的命脈。[6]諸如此類的話大多是騙人的，英格蘭的海上大業並不是「島嶼民族」特有的，瀕大西洋的其他西歐民族也同樣開拓了海上事業（見第十二、十六章）。諷刺的是，西歐諸國都自稱獨一無二，但每個也都證明了其言不實。

沒有一條科學法則、一種社會學模型可以預測，海洋在什麼時候、什麼地方會把一個小島變成一個文明。因為許多小島根本不受小島文明式的影響。說來奇怪，有些島嶼民族始終沒有發展海上文化；有些時候明明有了這種文化，卻仍舊予以捨棄。塔斯馬尼亞島的人忘掉了當初把他們從海上帶來此地的那些技術，甚至連魚也不吃了；[7]據最初到達加納利群島的人記述，這些島上的人即便平時就能望見其他的島，在歐洲人涉足之前卻完全不懂航海技術。[8]加納利群島的情形尤其令人大惑不解，因為與塔斯馬尼亞島相比，加納利群島之中的有些島很小、更缺乏資源。這樣自我孤立的態勢往往導致文化上的貧乏，欠缺與外界接觸，無法激發更新的活力。雖然加納利島民擁有某些值得稱道的技術，例如將死去的人製成木乃伊、乾砌石牆，卻仍很容易被奴隸商與征服者說成是野蠻人。塔斯馬尼亞人連最基本的詭計都看不穿，最初注意到他們的畫家都把他們畫成猿類，[9]早期殖民的白種人也把他們當作低於人類的動物而加以捕獵。

赫爾塔島位於蘇格蘭西部的外赫布里底群島以外，是另一個孤立狀態的例子，可以算得上是稀有特例，這個環境把文明化的作為都打消了。這個島的面積略大於一千五百畝，高度將近四二五公尺，矗立在海中顯得十分陡峭，每年有八個月時間籠罩在震耳欲聾的風暴之中。有史以來在這裡生活、爬上爬下種植小片田地的人，經年與外界斷絕的時候比有接觸的時候多。赫爾塔在十七世紀末有過一段特別興旺的時候，當時島上只有一條路。漢諾威王室的「間諜」蕾秋．厄斯金，別號「葛蘭治夫人」，曾經於一七三四至一七四二年間被斯圖亞特王朝的詹姆斯黨人送到這裡監禁。她來此之前的幾年，島上曾經發生嚴重的天花流行，島民也與「歐洲勢力擴張時代」的每個「原始的」、未免疫的土著族群一樣折損慘重。

赫爾塔全島都難以種植作物，除了一小塊幾乎沒有土壤的谷地，或者某片島民珍視的陡坡上的牧草地。其他地方即便栽種了作物，也會被大雨或挾雪的雨沖刷掉。傳統居民為了維生，每年把鳥油和羽毛送到赫布里底，換取鹽和穀子。赫爾塔島民在別人心目中不是被浪漫傳奇化，就是被厭惡。一六九七年到此的一位旅人把他們看成高貴野蠻人的代表：「詩人杜撰的遠古黃金時代情景，卻是他們生活中的事實。我指的是他們的無邪、質樸、純潔、互愛以及誠摯友情。」[10] 麥考利認為他們完全不受「價值與時間」的牽絆。政治立場大致與麥考利相同的布魯漢男爵，比麥氏早幾年表達對島民觀感的時候卻說，他們生活在「懶惰……畜牲般的污穢……天生的野蠻」之中。[11]

考古學的發現證實，赫爾塔島上曾間歇性地出現人跡完全消失的情況。中古時代晚期與近代早期的島民，是現今所知曾經豐衣足食的最後一代人。會發生這種奇特現象，是因為有大量鳥類到島上繁殖，數量最多的是三月至八月的角嘴海雀和春、夏、冬三季的海燕，崖面到了繁殖期就擠滿鳥群。島民便在崖頂的岩石上鑿上栓釘，再用繩索順崖而下，一路宰殺崖上的鳥，用一隻鵝胃製的袋子將鳥屍裝入，如果正逢風平浪靜，就直接扔進停在崖腳的小船裡。因為島上缺鹽，島民會將鳥放入石頭和草泥造的簡陋風洞裡風乾。[12] 一六九七年的那位訪客曾經寫下有關島上生活最完整的記述。他當時是與領主的收租官一起來，按官員的環島調查，全體一百八十個島民，每週吃掉一萬六千枚鳥蛋，一年吃掉海鳥兩萬兩千六百隻。[13]十九世紀早期紀錄所顯示的消耗量與此差不多，按一八一九年的一則調查，「空中到處是鳥禽」、「海上也滿是鳥禽。住屋用鳥禽作裝飾品，……鎮上的路面全是羽毛。……居民看來就如同被潑了瀝青再沾上羽毛，因為他們滿頭是羽毛，衣服沾滿羽毛，……一切東西都帶著鳥的氣味。」斯凱島（在內赫布里底群島）居民耳聞的赫爾塔島，是住著「全世界吃得最好的人。這是實話，老爺。」[14]常規文明之中長大的人會覺得赫爾塔島形同地獄，愛吃海雀肉的人卻會覺得是天堂。十九世紀晚期到二十世紀初期，傳教士和政府官員強制赫島走向文明，島民受不了這種改革紛紛遷離，最後一人於一九三〇年遷往英倫的大島，如今這裡真的成了無人居住的鳥島。

由此可見，自我孤立相對罕見，即便是島嶼居民也很少與外隔絕，島嶼生活的常態應該是視線向外，往大海去找資源。全世界最堅決向海上發展的文明，也許應屬玻里尼西亞與美拉尼西亞的文明。這些地方的文明逆風往海上擴散，憑藉的是航海技術，雖然物質條件有限，藝高人膽大的程度卻超過世界上其他地方。這是真正從海上產生的文明，以征服人類所面對的最不友善生物圈為基礎（或起碼是與這種生物圈妥協）。歐洲人於十八世紀發現南海諸島時，起初並不知道玻里尼西亞人有多麼大的成就，也不明白這項成就的性質。他們給玻里尼西亞人安排了高尚野蠻人的角色。奧馬衣這位「王子」在他的原生島嶼上是個不安分的邊緣人，於一七七四至七六年間在英國被捧成了名人，許多公爵夫人說他有與生俱來的優美風度，在畫家雷諾茲爵士的筆下，他象徵著一種未經調教的尊嚴穩重。人們稱讚他的機鋒睿智是渾然天成，例如他到劍橋大學的時候有人向他敬鼻煙，他婉謝說：「謝謝您，俺的鼻子不餓。」他的吃相連女作家芬妮．柏尼的眾情郎都望塵莫及，她認為這顯示「不靠人工，光憑自然能做得多麼好」。[15]另一位「王子」是密克羅尼西亞帛琉群島來的利布，他更熟悉紳士的舉手投足；他於一七八三年死於天花，安葬在羅澤希特墓園，墓誌銘寫道：

且慢，讀者！讓本性灑下淚滴——
我的王子利布長眠此地。[16]

一七七二年與庫克船長一同航行的畫家威廉·郝吉斯所畫的太平洋島嶼是一個縱慾的園地。他呈現的大溪地是令人陶醉的溫柔鄉，畫面前景之中就有水澤仙女般的妖嬈女子，一位誘人地露著刺青的臀部，另一位在水中仰泳。大溪地在性方面的熱情，試煉了庫克船長的部下，更瓦解了布萊船長的紀律。滿足肉慾的美女成了航海者天堂必備的要素，例如參加了一七九〇年之旅的外科醫生喬治·漢彌頓這樣讚道：

虛構詩文描畫的伊甸園，或阿卡迪亞，在這裡成真了。這兒的大地不用耕作就產生食物和衣著，樹上綴滿最香濃的果實，自然在地面鋪滿最芬芳的花朵，美貌的女子隨時樂於投懷送抱。[17]

法國人描繪復活節島的版畫中，外來航海者與姿態優雅的土著進行文雅的談話，一同檢視文件，在時機對的時刻，當著石像面前互送秋波。拉佩魯斯的十一名部下在薩摩亞群島被殺的前一天，他還說這地方是「幸福的居住地」，住著「人世間最快樂的人……在靜謐的懷中，從容而詳和」，這裡的建築可能「比起巴黎周圍的任何建築有過之而無不及」。對於比較不這麼熱愛的復活節島，他也認為能孕育文明，甚至有某些文明的敗壞，例如土著皮條客企圖把不情願的十三歲少女賣給外來客。[18] 總之，南太平洋結合了自由與放縱，使野蠻人變高貴。[19]

然而，這些浪漫化的、懷著優越感描述的形象都沒有切中要點，因為依據的都只是島民岸上生活的物質文化而已，他們的岸上生活沒有宏偉耐久的建築物，沒有陶工藝，也沒有（多數島嶼沒有）歐洲來的觀察者能辨認出來的有制度的政治體。南太平洋島嶼文明的成就，要放到海上才能被完整評估。島民造船的技術和風格，在海上的實用性接近完美；他們的航海知識也是當時世界上任何地方的人都不及；他們用蘆葦地圖記事，功用也不輸任何傳統的書寫系統。

當然，並不是在這片廣大區域中的島嶼個個都有這樣的成就。加洛林群島和馬紹爾群島中部、卓布里安群島、東加群島都十分重視航海業；阿努塔島的人卻難得出海，一般只限於到一一二公里外的蒂科匹亞島，偶爾也會航行到三二〇公里外的新赫布里底群島。而且，阿努塔人不善逆風駛船，他們會用滿帆搶風出航，然後划著槳返航。[20]縱然如此，我們仍可以組出南太平洋小島居民的典型濱海文化的綜合圖。

造獨木舟的人要在開始工作的前一天晚上把斧頭安置在神聖的收藏所，一面誦念儀式的詞語。吃祭神的肥豬肉當晚餐後，次日天還沒亮前就起來砍木材，把木材收集好，並且隨時注意有沒有什麼兆頭。如果航程遠，就要造一條有舷外浮體或雙船體的船，配備爪形的帆，這樣可以保持桅和索具都不過重。駕駛時利用船尾的短槳，或是於迎風時將活動披水板靠近船頭插入海裡，順風時將披水板放在船尾。一條船六名人員就足夠：兩名舵手、一人掌帆，一人舀除積水，一人備用，以及一位最重要的領航者，他憑多年經驗可以不用儀器、不靠位置固定的星星，就辨別浩瀚太平洋上的東南西北。[21]

歷史學家以前不相信古代的玻里尼西亞人和美拉尼西亞人能在海上航行幾千哩，認為他們只不過是偶然地「漂流」了那麼遠。可是他們留下了海上歷險文化的紀錄，例如有史詩記述某位東加航海者從斐濟返鄉後的慶功食人宴與他英勇的航程，並有一名英國航海者目睹了發生在一八一〇年的這件事。他們也像北歐海盜民族維京人一樣，會將自己放逐海上，而在他們自己的傳奇故事裡，以前也有人航行到很遠的地方去參加儀式。大溪地的圖巴亞是庫克船長佩服的一位航海者，太平洋的各個重要群島之中有哪些島嶼他差不多都知道。

胡伊·特·藍吉羅亞的故事可能是最具英雄氣概的，時間大約在十八世紀中葉，他從拉拉東加出發的航程，經過了矗立海中的白色光禿巨岩，到達一個覆冰綿延無邊際的地方。有些神話故事說，發現紐西蘭的是神一般的英雄毛伊，他曾以自己的血引巨大的魟魚上鉤；另外比較不帶傳奇色彩的是確有其人的庫佩，他自稱是被至尊之神伊歐的異象導引，從拉拉東加出海（時間可能是十世紀中葉）。另一個版本是說，庫佩跟隨遷徙的長尾杜鵑，追趕偷吃他魚餌的魷魚。[22]他的航行方向是：「走二月裡太陽或月亮、金星西沉的右邊那條路。」出航時攜帶水果乾、魚乾、椰子，以及一個用麵包果、土甘薯等植物配料做成的烹熟麵糰，不過裝載量有限，長時間挨餓是必然的；飲水（也不多）則用葫蘆、竹節、海菜皮囊來裝。

現今有科技之助的航海者幾乎無法想像當時判定航向的方法。玻里尼西亞人航海憑的是直覺，一九七〇年代某件給傳統領航者的忠告寫著：「不要盯著帆看，要憑風吹在你臉上的感覺駕駛。」有些領航者會躺在舷外浮體上來感覺夜晚海面的起伏，據十八世紀一位歐洲人觀察所見，「最敏銳的平衡計是男子的睪丸」。領航者能夠根據信風造成的長距離的海面起伏修正僅僅幾度的變化差異，並記錄在蘆葦地圖上，馬紹爾群島的這種航海圖有些至今仍保存著。洋流雖然不像風能憑感覺就知道，領航者仍累積了驚人的相關知識：加洛林群島的近代航海者接受訪問時說，他們能知道出海將近兩千哩外的洋流。

最厲害的是，加洛林群島的領航者看太陽來判斷緯度，看星辰來調整航向。他們根據十六組星辰測定方位，用一套有節奏的歌詠把星辰移位背下來：例如其中有一句說，領航就像「摘麵包果」，看星辰要一顆一顆地來。據一七七四年來到這裡的西班牙人說，他們可以相當準確地把星辰位置與特定的航行目的地連結，找到他們選定的夜晚停泊處，然後在那裡拋下用石頭或珊瑚粗製的錨。[23]

❖ 克服孤立：夏威夷與復活節島 ❖

最堅忍無畏的航海者應該能走得最遠，這可以解釋玻里尼西亞人所建立的幾個成就最顯著的社會（按一向採用的文明標準而言）都位於他們航行的盡頭：紐西蘭、夏威夷群島、復活節島。夏威夷與復活節島是文明史上的兩個特殊的反常現象，兩個地方都打破了孤立會導致停滯的通則。如果歷史必然是按照我們憑慣常推論所做出的預測而發生（無甚用處的理論模型則不必考慮），那麼玻里尼西亞地區的每個盡頭應該都變成和查塔姆群島一樣。這個極小的群島位於紐西蘭南島以東八百公里，是南太平洋往這個方向遷移能走到的最遠端。因為緯度更南、氣候寒冷、腹地有限，所以不適宜農耕；但是這裡有許多盛產鰻魚的湖泊，潮汐塘中有軟體動物繁殖，島嶼周圍都是漁場。留居這個群島的人是順從自然的；他們維持著稀少的人口，靠撿拾池塘中的貝類或以最簡單方式從事近海捕撈而維生，用棒子打死獵物。就我們所知，他們原來與外界並無接觸，直到一八三五年，有火槍武裝的毛利人模擬歐洲帝國主義者的侵略行徑，進入查塔姆群島，屠殺了大半人口，並將其餘的人貶為奴隸。[24]

最初到達夏威夷和復活節島落腳的人，可能也曾受制於孤立的處境。因為與原始玻里尼西亞世界的其他地方相距太遙遠，兩個島的人和毛利人一樣，與其他地方失聯而發展出難以歸類的特殊文化。夏威夷和復活節島的孤立，除了是因為距離別處太遠，還因為在正常的航行條件下，根本不可能到達這兩個島。太平洋的氣流系統是全世界最固定的，這些島嶼因為距離氣流路徑太遠，歐洲航海者往來了上百年之後才意外發現，以文字記錄這些島嶼當然又是更後來的事。[25]最早到達與定居的玻里尼西亞人究竟是循什麼路線而來，至今仍沒有人知道。不過考古證據顯示，夏威夷最早有人殖民是在公元第四至七世紀，復活節島則是公元第八世紀。[26]復活節島的孤立狀態從當地的候鳥信仰習俗可以看得出來（外來訪客應該是百年難得一見）：具有神性的鳥人乃是石畫中常見的題材；每年烏黑燕鷗群飛來時發出震耳欲聾的鳴叫，傳統上會以某些禁忌來迎接，並舉行偷鳥蛋比賽以及營火與牲祭儀式。[27]

孤立往往會導致文化上的赤貧，因為缺乏交流與新來的刺激，原有的技術會被棄而不用或遺忘（見第一、十一章）。夏威夷卻曾出現玻里尼西亞世界最廣大、耕作最密集的田地，足以供給當時大約多達二十萬的人口所需。至於復活節島，中小學生都知道這裡有「神祕的」文明，學者和無賴同樣找上門來，前者是因為好奇而來，後者則是為了找聳人聽聞的題材。復活節島文明的起源，包括源自祕魯、外太空等各種荒謬說法都有；不過比合理的懷疑更可信的是，其中有玻里尼西亞的背景。復活節島的文化能與玻里尼西亞心臟地區相容，唯一的例外是甘薯耕作：但是這個作物的年代仍有疑問，至今仍未弄清楚。當初建造巨石像的那個古文明（而且可能也設計了復活節島書寫系統），顯然從未有過甘薯耕作。

歐洲人最早記述夏威夷的文獻，充滿著對於土著農人的稱讚。一七七〇年代到一七九〇年的文字紀錄中，由灌溉渠道和石牆勾勒出農田的輪廓，「整齊得近乎雅致」，栽種芋頭、麵包果、甘藷、甘蔗、椰子，田圃的規劃令讀者感到「文明」；道路「不輸任何歐洲工程」。[28]根據溫哥華一七九〇年代初搭配探險報導所製的版畫中，田地井井有條得令人起疑：這是刻意為符合歐洲人的理想而設計出來的圖案嗎？如今當正午陽光照在胡阿拉萊山與科哈拉山的斜坡上時，這些整齊排列的幾何至今仍可以看見。[29]此外，玻里尼西亞的聚落之中，只有夏威夷充分發展了養殖魚類。整齊的田畝與養魚池之中還嵌進了其他的文明建築。石頭搭成的大平台上建著對稱精確的廟宇，築牆的技術可以造出兩、三個人高的城牆。[30]早期來此的歐洲人發現這裡不但有國家政府的制度，而且有「泛島帝國」正在形成，卡美哈美哈於一七九五年打敗最後一個敵手後成為第一代帝國君主。雖然尚無書寫系統，仍有大量口傳文學和實用百科知識藉人的記憶保存著。

處在相對於世界上其他地方孤立的位置上，能夠造就如此醒目的文明化生活環境，必然是因為充分利用了具多樣資源的環境。夏威夷曾有「演化博物館」的稱號，充滿許多不同的微環境和獨特物種，分布在曾經是鳥群無數的海岸和沼澤地，以及出產茅屋與繩索原料的高地山區。[31]最初落腳夏威夷的人大約是從地勢低而起伏有限的馬蓋薩群島遷移過來，看到這裡有濃綠的森林到鑲著紅邊的火山與積雪的峰頂，覺得格外宜人。[32]夏威夷能克服孤立的限制，顯而易見是有來自大自然的慷慨贈與。

復活節島卻不一樣，它是即便環境不幫忙也能在孤立中產生文明的代表。整個復活節島面積不過一六六平方公里，距離最近的鄰居是皮特凱恩島，也位在二二五〇公里之外，與其他陸地相距至少三七〇〇公里。地形起伏不大，最高達到四八〇餘公尺，但是沒有深谷，所以沒有形成土壤肥沃區。全年雨量豐沛，但是都從滲水的地上消散，留在地面的水氣也被風吹乾。島上曾經長滿椰子樹，椰子也是島上比第一批人還早就存在的可食用植物。這裡沒有可利用的沙洲，有用的潮汐地帶也極少，捕魚幾乎都得出海。

在如此欠缺發展前景的地方孕育出來的文明，並不如故意賣弄神祕的人所說的那麼奇怪或精采。不過，這就好像狗直立起來走，知其不可為而為之的努力值得稱讚。書寫系統「隆戈隆戈」是復活節島文化最讓人驚奇的一面，在整個太平洋島嶼世界找不到先例或雷同的用法。這是真正的神祕，因為現存的少數幾件碑銘至今仍然沒有一件解碼成功。從這種罕有特性可以看出它是在地原創；一般島民都不認識隆戈隆戈，也可見這是統治階級使用的東西，通行的時間不長。有人則提出另一種說法，由於一直到十九世紀才出現這種銘文，傳教士和民族研究者也沒有人能夠認得，因此，學者普遍懷疑這是與歐洲人有了接觸以後才發明的東西，是一七七〇年當地人與西班牙王室代表舉行簽約典禮時見識了文字的威力，才模仿歐洲文字創出來的，以與歐洲人抗衡。這個理論雖然獲得許多學者支持，我卻覺得根本不可信，因為簽署條約的西班牙官員提到島民當時已經在使用「土著文字」了，而且條約上的簽字有些與十九世紀開始出現的銘文內容十分相似。[33]

若與碑文隆戈隆戈相比，大部分復活節島的物質文化就沒那麼獨特。島民以前居住在泥土墩裡或石塊茅草堆的丘台上，用石頭圍成坑並製作永久的石造結構（還稱不上是建築）來儲存雨水、防止風颳作物。[34]社群儀式和餐宴是在石築平台上的木造屋裡舉行。木造屋的形狀像往上翹的獨木舟，也可能是象徵岩畫中經常出現的女性外陰部，[35]其中有些搭配了石柱。如果按照玻里尼西亞其他島嶼與紐西蘭的標準來看，這些結構很簡陋，而且受限於建材顯得粗糙。然而，復活節島的神祠建築卻獨樹一格。

立在石台上的著名雕像，與其他玻里尼西亞人的巨石雕刻並沒有太大差異，不同的是，復活節島的雕像更大、更多，而且其中最好的作品具有超越了別處雕刻家的流暢與自信。以一座面積不夠讓大量人口生活的島而言，立這麼多大石雕必然是全體合作的大事。石柱重量都在三十到四十噸之間，是在熄滅的火山口邊緣附近的拉諾拉拉庫採石場鑿成形、雕刻、打磨。石雕背部留下龍骨似的一條平坦面以便拖運，可能放在滑動墊木或平底橇上拖行，套繩索的巨桿至今仍可看到。現存最大的雕像，估計採石與雕刻的工作需要三十個人做上一年；九十個人工作兩個月，之後還要靠這九十人才能夠把石像搬到距離採石場大約六．四公里安置的地點，然後在這裡再忙三個月，才能把石像搬上墩座豎立起來。中等體積的石像需要七十個人在一星期內運到安置點，但是豎到墩座上的過程仍需要二、三十天。這些都是耗時耗力的工作，但是只要時間足夠，一個大家族（例如為了紀念某位祖先）也可能把它完成，否則就必須有大約四百人聯合提供勞力與後勤支援。[36]

靠著墩座旁邊用土築起一條斜坡道，坡道有樹木形成擋牆，墩座上有安放石像的坑，石像倚在坡道邊上，再用繩索拉進坑裡豎起來。最大的一座石像台（如今已被潮水沖毀）約有四十五公尺，旁邊連著一五四公尺長的一條斜坡道，這座台上共安置十五尊石像。[37]台上大部分的石像都綴有紅色的「頭頂結」——來自另一個採石場的精緻石製頭飾，可能是代表地位崇高、戴著紅色頭巾的島民。[38]石像會嵌上珊瑚做的眼睛，賦予這個有威力的器官後，似乎更有生命力。越晚建的石像越大，顯然是競爭的結果，害怕被別人比下去。石像製作正在高峰期的時候，製作石像的制度卻突然瓦解了。現在仍有六百座立著，另外有一百五十個未完成的則被棄置在採石場一帶，更加深了神祕感。第一批歐洲人到來的時候，立石像的地點已經是無人理會的荒地。如果這裡曾是儀式活動的場所，也不曾有人觀察到或記錄過相關的活動。

棄置荒廢的威嚴石像，風吹雨打下不說話的碑銘，顯然都是歐洲人還沒闖入之前就已經結束時代的遺物。人類的讀寫能力和思想意識向來在黑暗時代受到壓制，關於復活節島的黑暗時代是如何開始的，現在已經無跡可循。就它偏遠的位置看來，不大可能是因為外來侵略引發的；這裡的生態平衡太脆弱，食物資源太有限，很有可能是自然災害或飢饉、社會革命引發的，或是這三種原因的其中二個或其中三個合併造成的。以前的某個時期，這裡曾有一群特權階級喜歡觀星象，愛吃海豚肉大餐。[39] 隆戈隆戈文本如果確實是古代之物，必然出於專業者之手，石雕像需要的又是另一種專業。有證據顯示當時相互競爭的族群之間，分別組織了大規模的勞動力，這其中必有基於宗教原因非做不可的決心。我們難免會想像，也許是石像眼睛望出去的意識形態促成了集體的劇變行動。當樹木都被砍，鳥類絕跡，土壤被農業和強風磨蝕，這時候還要維持建立大石像的那種雄心恐怕越來越困難。積極築造的時代也許持續了八百年之久。令人驚訝的不是一手推動這種建設的統治階級竟然滅亡，支持統治階級進行建設的社會結構竟然崩潰，而是這種建設竟然能在貧乏的條件下持續了那麼久。

❖風之巢：阿留申群島❖

玻里尼西亞人在南太平洋有過的作為，阿留申人在北太平洋也做了——或大致都做了。阿留申群島在航海者之中名聲不好，往這裡走，須提防被暴風雨沖擊的岩石和鋸齒般的暗礁。凡是不喜歡夾雹雨、溼冷、霧，以及會掀起巨浪的猛烈山風的人，會覺得這裡的氣候難以忍受。氣溫變化雖然不大，夏季卻難得高於攝氏十度，冬天通常只在攝氏零下七度上下。環境是不穩固的岩石、活火山、冰覆的山，綿延數哩長已變成石頭的發亮融岩，以及無用的土壤，似乎要嚇跑想定居的人。

甚至島民對自己家的感情也很矛盾。根據傳奇故事，他們本來生長在一個沒有冬天的地方，因為戰爭不得不離開。但是這個群島也有吸引人的條件，所以能夠孕育特別具有創造力的古代文化。這文化歷經千年也無甚改變，有些聚居地點深入村落土丘之下超過八公尺。

阿留申群島分布於北太平洋從西伯利亞到阿拉斯加大約北緯五十二到五十三度的緯度上；與這一帶的大陸地區相比，阿留申群島顯然更適宜人居。拜日本洋流之賜，氣溫變化比較不劇烈。因為有北冰洋來的冷洋流與逆洋流，阿留申群島成為魚類匯集處，也引來大批捕食魚的鯨、海豹、海獅。這裡的水域資源豐富，足夠養活在海上捕獵為生的社群，俄羅斯人初次到來時，阿留申的人口很可能超過兩萬。雖然島上不可能維持固定的農耕，海岸卻可生長海藻，小面積土壤和鳥糞丘也宜於生長漿果類與藥用香草。這些植物有助於均衡他們以海鮮為主的飲食，也是阿留申著名的傳統醫學草典的根本。泰德·班克於一九五五年登上最中央的阿特卡島與位置略西的烏姆納克島，去採集植物標本，當時的一位村中頭目長老曾經教導他如何採藥草調製專治肌肉痛、發炎、便祕、內外出血、胃痛、喉嚨發炎、呼吸不順的藥方。[40]

阿留申的外科醫術也很著名，十九世紀第一批到此的俄羅斯學生曾經親眼得見而表示佩服。阿留申人以石製的刀、骨製的針、魚腸和海豹筋製的線作為手術工具，是當時西方外科界不敢恭維的；他們用石製的針刺肺部就能使肺萎陷；他們取得實用解剖學知識的方法和傳統西方醫學一樣，都是經驗科學式的——使用奴隸和戰死者的屍體；他們還會將亡故親人的內臟取出之後製成木乃伊。[41]

阿留申群島的環境是不可輕忽的，居民必須配合環境才能夠生存。他們不能在島上開墾耕作，不能改造島的外觀，不能在地面上建起都市，也不能進行任何永久的改變。不過，木乃伊的確代表想要維持永久、阻止自然作用的一種企圖。木乃伊被鄭重地葬入洞穴，如果沒有洞穴，就葬入特別掘好的坑裡，有些葬坑就挖在住處的底下。安葬的木乃伊都穿著整齊，帶著下一世中需要使用的吃喝器皿、釣具，以及作戰時需要的百葉狀盔甲與海象牙刃的武器。地位崇高者的屍體用鉤子掛在葬穴壁上保持坐姿，並且抹上人內臟的油脂以維持好似活著的模樣。[42]

俄羅斯於十八世紀中葉征服阿留申群島，也帶來自認文明的人對於所謂不文明的人慣有的野蠻行徑：奴役、蹂躪生態、為取樂而屠殺、用恐怖手段統治。在最初的征服者與私人謀利事業肆虐之後，比較溫和的俄羅斯傳教士和官僚接手，但是任何作為都不能減緩新傳入疾病的影響。阿留申本地人對於侵略者帶來的疾病沒有抵抗力，按官方統計，一八三八至三九年間的流行病導致半數的島民死亡。[43] 一八六七年阿拉斯加賣給美國之後，阿留申群島再次遭殃，這一回是美國人的非蓄意劫掠，同時帶來強制施加的另一種外國文化。進入二十世紀，阿留申群島變成帝國主義——俄、日、美等國競爭的戰場。第二世界大戰一場血洗之後，僅餘的傳統阿留申生活方式被西化的影響完全搗毀：文化震撼、消費主義、美國大兵的性蹂躪都是兇手。美國大兵照例會留下性病、無人照管的私生子女、無法分解的垃圾，以及淪為依賴救濟發放的人。至於傳統的生態，也因為俄國人在十九世紀晚期引入耐寒羊種的畜養事業而全面遭到破壞。

❖ 靠泊港：從馬爾地夫到馬爾它 ❖

以下幾個地方的英勇表現不可不提出來嘉獎，不過這都屬於特例。多數時候，被歷史遺忘的島嶼居民在大海裡孤軍奮鬥，在缺乏與外界接觸下所成就的文明，會被處境比較優越的文明超越。發展島嶼文明的最佳起點，就是在海上貿易的節點，或至少也得是憑著努力可以成為貨運集散地的地點。

馬爾地夫群島就是一個驚人的例子。之所以驚人，部分原因在於其默默無聞，而其默默無聞的部分原因又在於居民狂熱的反偶像崇拜行為毀掉了太多古物。這裡若是沒有貿易之助，根本不會引起文明史學者看第二眼的興趣。馬爾地夫地勢低、會遭受海水倒灌，有氣旋暴風肆虐，在回歸線的太陽下熱得冒煙，一個個小小的環礁島好像惟恐被淹沒而努力探出洋面。小島有上百個，但只有一個地勢高到能夠有不含鹽分的土壤。即便如此，馬爾地夫群島位於世界上歷史最悠久的貿易路線上，是一個理想的集散中心（見第十五章）。

當地人稱為「瑞定」的古代人已經消失，他們曾經建造廟宇，後世挖掘者發現了這些廟宇的地基，以及現在已經看不見的神像，民間對這些神像的描繪言語中並沒有佛教的影子。銘文上面刻著無法解讀的符號，看來卻像印度教的神聖圖像書法：有毘濕奴的螺與日輪、濕婆神的魚、卍字形、因陀羅的雙頭戟。[44]大理石板浮雕上面刻的高大廟宇，開著大窗、有尖錐頂，也許正是最早的建築物。[45]這些遺跡的年代約是第六世紀中葉，佛教如果沒有遠早於這時間就傳入倒是很奇怪的事，因為有固定的風，所以從印度和斯里蘭卡到這裡是順風的。伊斯蘭教於十二世紀傳入，但我們不能假定此時古物被毀壞或有系統地持續被破壞下去，因為宗教信仰引起的文物破壞，本質上是出於憤怒和仇恨偶然造成的後果。十四世紀中葉的伊本·巴圖塔仍然把馬爾地夫視為「世界奇觀之一」。[46]

地中海有許多這樣的例子，也許因為它特別適宜航行，沒有大潮，氣候溫和，海面不會被暴風掀起變形，風與洋流的系統將各個島與海岸連成一串，船隻不必長時間耗在外海上。就目前所知，世界上最早用石材大規模建造的社會是馬爾它群島中的哥佐島與馬爾它島，公元前四千到三千年之間至少建了三十個很大到極大的建築群。當時蘇美人用的建材是磚，埃及人的石造大建築也沒有比馬爾它早。馬爾它的建築都是用加工修整過的石灰岩造的。這些建築一般都有三葉草形的內庭，周圍有高大的牆，最高達七·六公尺。塔爾辛一座最大最優質的建築物裡，有一個大雕像，好像是為了供膜拜而安置的。這個雕像身形像是十分適合生育的女性，臀圍很寬，肚子突出。她的身旁有「睡美人」——一些小型的女性造像隨侍。同時代其他地區的雕刻沒有一件能與馬爾它這個可能是母性女神的雕像相比。另外還有其他藝術作品的遺跡，例如看來像是雕刻的祭壇和裝飾的浮雕，其中既有抽象的螺線，也有寫實的鹿與牛。人的骨骸葬在共用的墳墓裡，上千名的亡者擠在一起。[47]

我們看到現在的馬爾它群島是土地貧瘠、氣候乾燥的，難以相信這裡曾經養活如此多的人口、供給如此多的勞力，並創造出那麼多巨大的建築。看來古代居民的力量全都投注在公共建築，因為截至目前並沒有發現什麼一般住屋的遺跡。哥佐島上倒是發現了兩棟公元前三千年初期的房子，像是「建廟宇者的家」，非常氣派，建築物有灰泥地板，有磚牆和磚柱，還應該有屋頂。比較大的一棟面積約四十平方公尺；小的那一棟非常小。這個現象引起一個有關馬爾它的重要問題，也是有關一般文明史的重要問題。古代馬爾它的成就是由一個不平等的社會所建設的，社會裡某些人的特權是用另一些人付出勞力換來的。我們所知道的古文明，沒有一個資源豐富到不用傾全力在某項工程計畫上就能創造偉大藝術或巨大空間。也就是說，統治階級（掌控決策權與能累積財富的人）是推動大規模工藝建造的絕對必要角色。顯然，越到後來，馬爾它的大建築物越趨複雜，裡面不准外人涉入的部分也越隱密、越不容易發現。似乎社會的領導人要拉遠自己與一般人的距離。[48]

在塔爾辛的全盛時代，環境條件也許不像現在看來這麼貧乏。當時建築者的貯水池既小又少，若在如今降雨量低又不確定的氣候中，這是不實際的做法。現在各島的天際線幾乎完全不見樹木，草與矮灌木叢幾乎是土地上僅有的植被，這樣的生態應該與大手筆建造的時代相去甚遠。島上的樹木可能就是在那時候被砍光，因為當時的人需要大量木材造屋頂。馬爾它島東邊的斯科爾巴慣用橄欖木為建材，即便現在，它也是一種昂貴木材。橄欖樹是不易栽培的樹種，果實又是重要的經濟來源，所以必然是因為極度浪費的癖好，或極度虔誠的信仰，才可能砍了它當建材用。

建設塔爾辛的那個社會在四千年前消失了，如此突然而神祕，比當初興起時還有過之。居民扔下這地方讓它「積了一公尺厚的瘠土」，隨後進到這裡來的人會使用金屬，但是沒有留下什麼建築，只在瘠土裡丟下垃圾。塔爾辛那一代建築者遭遇了什麼事？他們是侵略行為的受害者嗎？是過度利用環境而自食惡果嗎？抑或是某種未記錄下來的自然災害或是尚未有人猜測到的禍殃導致他們消失？總之，躲在密室裡的統治階級喪失了權勢，層層圍住他們的建築物、他們過慣的生活方式，都跟著他們一同消失了。

馬爾它在文明上所占的地位，應該比向來歷史分派給它的要大一些。但是，馬爾它之所以和西地中海其他有巨大石建築的島嶼一樣被降格，是因為這些地方的古文明消滅得太徹底。馬爾它古文明遺跡在十八世紀晚期被報導與記錄，[49] 與古阿茲提克和馬雅的文明大約在同時被重新發現（見第五、六章），[50] 也與赫立拉尼恩（古羅馬的城鎮）的重大考古發掘在同期間：然而，當其他發掘（因為相隔遙遠，或因為比較熟悉而大受重視）逐漸改變了考古學看世界的觀點，古代馬爾它文明卻一直沒被寫進歷史。這個古文明對於後繼者沒有顯而易見的影響，似乎說明了為什麼被冷落。反觀東地中海的島嶼文明就太了不起，我們現在已經知道這些島嶼有著連續不斷的文明傳統（雖然沒有十足把握），並將其傳統注入了古希臘文明，所以也注入「西方文明」以及全世界。這條線的拉力——「尋根」的誘餌指向青銅時代的愛琴海，回溯到米諾斯的克里特島，一直到公元前三、四千年的基克拉底群島，以及卡羅斯島的那個撥絃琴者的優雅大理石雕——似乎正以樂曲迎接一個新的光輝時代。

❖樂園的殘骸：米諾斯的克里特島❖

以小島而言，克里特島算是大的，它的面積有八二八八平方公里。但是島上三分之二是不能耕種的山。現今的克里特島也是全歐洲最多岩石、景觀最荒蕪的地方之一。古時候土地未被大雨或濫伐侵蝕以前，農人可耕作的土地是比較多的。一九〇一年間，亞瑟·艾文斯為了尋找文字起源的證物而進行挖掘，發現了奇妙的科諾索斯宮殿，消失了三千年卻從沒有人想到它存在的克里特古文明於是出土。考古學家當年挖掘出的宮殿寬廣、裝飾耀眼、城市建築密集，尤其值得注意的是壁畫所呈現的上層生活的環境富裕豐饒，如今看來，很容易誤以為古代的克里特是個富庶的樂園：有栽種百合、鳶尾花、唐菖蒲、番紅花的園子，有麥田、葡萄園、豆田，有種著橄欖樹、杏樹、榲桲的果園，有森林供給燃料、蜂蜜、野味。

四周則是有海豚和章魚的大海，天空中還飛著鷓鴣和戴勝。

如果我們以為自己生活的世界就像電視廣告裡上演得那麼繁華，以為窮人吃的是有錢人飯廳圖片上的那些東西，都是犯了大錯。同理，我們判斷古代克里特的繁榮，不能只看堂皇的藝術品呈現的內容，必須看考古的全部紀錄。而考古紀錄顯示，藝術作品描繪的富庶世界並不是大自然慷慨供給的；那是辛辛苦苦與強硬的環境、粗礪的土壤、險惡的大海搏鬥得來的，而且必須仰賴嚴格管制食物供應的政策。

寬敞宮殿裡的少數人顯然過著華麗悠閒的生活。壁畫中的他們或閒談、或飲宴、或遊戲。像扎克羅斯這種未經劫掠過的遺址，還留著令人羨慕的奢侈品：有紋理的大理石酒杯、斑岩製的儲物甕、用片岩製成的盛裝化妝軟膏的盒子，其上的精緻小柄還做成獵狗斜倚的姿態。[51]但是，宮殿本來不是為了擺設這些東西而建的。宮殿的主要功能是儲物，糧食要集中到這裡來，然後再重新分配給大多數人。克里特文明衰亡、克諾索斯宮殿變成廢墟以後，看到廢墟的人想像其中的長廊甬道應是一座大迷宮，是為了囚禁一隻妖怪而建的，這妖怪還要吃活人祭品。其實這樣設計是為了存放巨大的土罈子，每只都比人高，有些大罈子至今仍盛酒、油、穀子，放在原位。有鉛襯裡的石製箱子類似「中央銀行」的保險櫃，要為公營的貿易提供經費，貿易貨品由行駛得四平八穩的船隻運送，當時的希臘人說這種船是「自己知道路」的。儲放的貿易貨品有的等候下一階段貿易處理，有的要轉入工藝作坊：扎克羅斯的沉積層中就埋著象牙和鴕鳥蛋。[52]所有的儲存、分配、商貿業務都十分詳細地記在泥土字板上，由專精這些事務的官員負責記錄。

宮殿外有中產階級的住宅，外觀就像小型的宮殿，有大柱子、陽台、樓上的長廊。住在裡面的人也享用宮廷中人的某些奢華，像是細薄如瓷器的彩色陶藝品，以及用華麗彩繪的磨光石頭造的澡堂。

糧食分配系統的最末端是農人，但糧食是由農人來供應。出土的遺骸顯示，壽命超過四十歲的人少之又少——這比克里特文明早一千年的社會的平均壽命還要低，而且多數人口的健康狀況接近營養不良。[53]環境的破壞力變化無常。克里特文明消失許久以後，古希臘人筆下的克里特仍是一個旱災頻傳的地方。這期間，附近的賽拉島被火山爆發炸掉了（時間是在公元前兩千年的中期，但不確定），阿克羅蒂里這個城市被火山灰埋在一層浮岩之下。克諾索斯和克里特海岸上的麥里亞、扎克羅斯、費斯托斯的類似宮殿建築群，都重建過兩、三次，規模一次比一次大，可能都是在原因不明的破壞發生之後，某些破壞似乎是地震造成的。

重建時往往會加上防禦工事，這意謂著有新的風險：島內戰事。在新的政治勢力接管後，克諾索斯成為其他宮殿的範本，當克里特島東部與南部的一些統治階級遷移到了克諾索斯之時，也正是這些王宮重建的同時。到了克諾索斯最後一次遭破壞的時候（一般推斷是在公元前一千四百年前後），克里特島的命運已經與希臘南部的所謂「邁錫尼」文明牽扯在一起（見第八章）。逃過了生態耗損的後果，卻逃不過地震與戰爭的災禍。但是，靠官僚系統的重分配來維持的脆弱經濟，竟然能夠提供城市的需求又支撐統治階級的文化這麼久，也許才是令人不解的事。

常有人說，克里特島是近代西方文明所屬傳統的起點——克里特文明經邁錫尼人傳給古典希臘，再傳給西方世界。可是傳遞給古典希臘之前隔著為時五百年的「黑暗時代」，中間沒有將兩者連在一起的文明。在無文字記述的時代，邁錫尼的記憶僅保存在詩歌傳唱中；對於古典時代的希臘人而言，克里特是千年以前的傳奇，克里特距離他們遙遠的程度，和我們現在看克里特文明不相上下。晚期的米諾斯文化的確有些地方與古典希臘時代是相似的：米諾斯人（起碼是米諾斯統治階級）說的語言可辨認得出來具有早期希臘語的形式；但是他們屬於一個消失的世界，與古典希臘隔著三、四百年沒有文字的時代呢。在我們走進這個迷宮之前，連接過去與現在的那條線已經遺失了。

米諾斯成為過眼雲煙以後，地中海島嶼再難成為特有文明的發祥地了。這倒不是因為島嶼無法恢復繁榮或激發文化影響力；雖然航運規模越來越大、速度越來越快、效率越來越好，[54]但海上航線始終並沒有過小島而不停。舉例來說，馬約卡島就曾經是「中古時代經濟奇蹟之地」；[55]西西里（也許太大而不能算是小島文明的發展地）曾是多種文化共容的地方，因為希臘人、摩爾人、諾曼人、日耳曼人、加泰隆尼亞人、安茹人往來地中海拓展帝國與貿易都要走過這裡；近代的馬爾它是個獨一無二的大雜燴，獨具一格，強烈的天主教信仰，使用獨特的閃語系語言。但是，從公元前一千年開始，地中海區域造就文明的新動力的確大多數發生在大陸地區（見第十三、十四章）；威尼斯則算是海洋地區的一大例外。

❖潟湖的產物：威尼斯的小島文明❖

威尼斯議院一五三五年的決議中說：「我們的祖先向來努力為本城供給最美麗的聖殿、私人的建築物，以及廣場，所以它從原來荒涼不可耕種的野地發展，變美、建設好了，成為現今世界上存在最美麗而卓越的城市。」我們看到現在的威尼斯，會覺得這一番話仍然言之有理。

值得注意的是，議院大員們不但為既有的成就感到驕傲，而且為祖先從這個地方開始建設而驕傲。英國有個老笑話說，有個開著汽車的人停下向一名鄉下佬問路，這鄉下人回答：「我也不知道該怎麼走才對。不過如果我是你，我就不會從這裡開始。」就外表上看，威尼斯根本不是想要發展偉大文明的人應該相中的地方，因為都是多沼澤的島，被海水浸滲，被往昔在過度自信中建造起來的華美建築的重量壓得往下沉。威尼斯之令人驚歎，不只是因為景觀壯麗，也因為它的成就在理性上是不可能辦到的。如今這座城市正在下沉，海要收回她自己的創造。文明付諸實行是怎麼一回事，在這裡看得最清楚：是人憑努力從不聽話的環境中，召喚出一個偉大城市。

從里多乘遊船出發，在托且洛和穆拉諾的一叢叢燈芯草類植物之間，可以看到環境沒被改變之前是多麼不宜居住。蓋起建築物以前的威尼斯只有蘆葦灘和鹽鹼灘，樣子就像附近一些未開發的小島。早期馬賽克鑲嵌畫中威尼斯守護聖徒聖馬可的遺物送達時的情景也同樣荒涼。除了仰仗捕魚與貿易之外，早期威尼斯沒有其他的資源可用。史學大師湯恩比曾有名言說，文明的起源在於人們面對環境挑戰時如何回應。而回應環境挑戰的成績最耀眼的地方莫過於威尼斯。[56]

按義大利諸城邦的標準看，威尼斯起步的時間很晚，是羅馬帝國在西地中海衰亡、大陸居民為躲避入侵的野蠻人而逃亡的時候。後來，威尼斯變成宏偉文雅與貴族奢華的代名詞。文藝復興時代的歐洲說到「威尼斯人的光華」，就和古羅馬人說到「波斯人的光華」意思一樣，都是令人不能苟同的奢侈。提到「威尼斯議院」，就等於暗指貴族傲慢氣息與共和政府的放肆。其實早期的威尼斯市民曾經因為原始的純樸而受到稱讚，公元五三七年的一位羅馬觀察家寫道：「他們只有魚這項資源不虞匱乏。富人窮人生活平等。人人吃得一樣，住得一樣，因為不會彼此妒忌，所以完全沒有世上其他地區到處充斥的罪惡。」起初，他們「像水禽一樣」，在支柱或石礫堆上築木屋而居，用編籃的方法阻擋海浪，漸漸地在不穩固的小島上把潟湖裡的泥堆積起來，形成可以擴大建設的平台。現在的威尼斯可以說整個城都架在支柱上：在石灰岩地基底下流動的沙土裡，插進七．六二公尺深的巴爾幹松與橡樹的大樹幹，才找到壓緊的沙與由泥土形成的比較堅固的基層。[57]

早期的威尼斯人除了自己組織了一個小共和國，也向殘餘的羅馬帝國效忠。羅馬被野蠻人征服以後，拜占庭就成為唯一的帝都。現存的年代最古的威尼斯群島建築，便模仿自拜占庭。在政治與商業方面，威尼斯是面向東方的，朝向並橫過大海。

就地理位置而言，威尼斯占有某些往來西歐的天然貿易航線上的優勢，是波河運輸與阿爾卑斯山麓上的要點。義大利大陸地區逐漸恢復穩定以後，威尼斯擔起了其具備歷史意義的職務，即西歐與東地中海之間貿易的交流中心。職是之故，威尼斯雖然保有自身的奇特風貌，卻成為來自兩個方向的文化影響交會之地，而且把這些影響融和成一種與眾不同的文明。

威尼斯的藝術一向有清楚而不易與其他文化混淆的獨特風味。肖像畫裡的人物都是胖子，理想化的美女身上都是一層層的肉。繪畫由色彩組成，而不是用素描構圖，彷彿畫布即是調色板。建築傾向異國風情和華麗雕琢：有洋蔥形圓頂，哥德式過樑拱形，中央往上尖突的特色，裝飾線腳掛著點綴。哥德式在歐洲別處是一種建築風，在威尼斯卻是一種裝飾風。在威尼斯和威尼斯政權統轄區，文藝復興全盛期的國際風格滋養了塞里奧與帕拉底奧的古怪天才。威尼斯的宗教信仰也寫下了正統天主教卻不講教義信條、沒有迫害的一頁奇特歷史。威尼斯的飲食和語言也和文化的其他面向一樣，都是很明顯的海洋商業中心的產物，與經常接觸並不斷受其影響的鄰居相近，卻又因為遙遠海上來的影響以及小島自己醞釀的變遷機會而與鄰居有所不同。威尼斯的奇特並沒有到與歐洲南轅北轍的地步，這些奇特仍然不離與威尼斯歷史重疊的歐洲及地中海脈絡，屬於可以理解的範圍之內。但是威尼斯的一切都起源於它的島嶼處境，大部分時候仰賴的唯一資產就是這種處境。

中古時代的威尼斯人知道自己多麼依賴海上貿易，所以每年都要舉行威尼斯與大海結婚的象徵典禮，這個典禮如今仍在每年耶穌昇天節之後的星期日舉行。行政首長總督帶著遊行隊伍繞境，將一枚金戒指投進海裡，如同在告慰古老異教信仰中的海神。十八世紀的卡奈列托或卡列瓦里所繪的典禮畫面，像是在鄭重傳達威尼斯不可消滅的力量。[58]其實這個儀式的起源充滿焦慮，目的是要祈求大海垂憐，大海——這強大而不安定的自然力包圍著威尼斯，隨時可能淹沒它。

整體而論，威尼斯與海的交易是有獲利的。亞得里亞海為威尼斯輸送貿易，卻把威尼斯的敵人吞噬——威尼斯人認為這就像紅海把法老王的追兵吞噬一樣。威尼斯從未被海上來的襲擊攻陷。往來於威尼斯和亞歷山大港之間的航線，是中古時代歐洲最有價值的運輸線，也是從遠東輸入胡椒的最後一段行程。威尼斯漸漸富裕起來以後，便擺脫了拜占庭而獨立。一二〇四年間，歷史關係發生逆轉，一支十字軍隊伍搭上威尼斯的船隻，轉而攻下拜占庭，把當時仍號稱羅馬帝國的那一點殘餘領土，在勝利者之間瓜分了。

威尼斯成了一個帝國之都，在東地中海一帶占領殖民地。從拜占庭得來的戰利品，裝點了聖馬可大教堂的正面和威尼斯的公共空間。威尼斯和佛羅倫斯、羅馬不一樣的地方在於，威尼斯不能號稱是古典英雄人物在久遠以前所創建的，但是威尼斯掠奪的戰利品可以把它裝飾得古香古色。大教堂西門之上的巨大青銅馬昂揚著宣示勝利；底下一座從君士坦丁堡搶來的赫丘力士像，正在降服大野豬；庫房外面的雕像雕著羅馬諸皇帝彼此搭肩表示團結的形象，這件作品大約完成於被威尼斯搶來之前的一千年；走進洗禮堂，廊上的柱子是敘利亞人一千五百年前打造的。[59]

威尼斯除了藉買賣異國產品致富，還有帝國獲利，它利用占領地生產西歐、北歐顧客需求的貨品：糖、甜酒、橄欖油、專業用的染料。競爭對手雖然在十六、十七世紀時從東方開闢了新的香料路線，但因為市場的需求量越來越大，威尼斯占的運輸分量一直很大。運河兩岸的建築櫛比鱗次，如今矗立著巨宅、藝術館與圖書館。

由於新的海上勢力竄起，東地中海變得越來越不安全。鄂圖曼土耳其人以前是騎著馬從中亞大草原進入歐洲，從十四世紀晚期到達地中海岸開始，轉而發展海軍強權，其適應能力好得驚人。土耳其人的海上霸業並不是突然竄起，立刻成了氣候，早在十四世紀初葉，地中海沿岸諸島的海盜窩都是土耳其酋長在主持，據傳其中有些人指揮的船隻數量可達上百。鄂圖曼帝國勢力向西伸展的同時，以陸上武力征服的海岸線越長，土耳其人海盜船得以靠岸補充淡水和必需用品的據點越多，在海上的機會也就越多。不過，整個十四世紀從頭至尾，這些行動的野心不大，只限於出動小型船隻，戰術也只是打了就跑。

從一三九〇年代起，鄂圖曼帝國蘇丹拜葉吉一世開始建立自己的永久艦隊，但是運作方式與以往各自為政的海盜勢力差別不大。即便如此，戰爭通常都是事先精心布局過的，但土耳其人卻常常吃敗仗。甚至到了一四六六年，一位君士坦丁堡的威尼斯商人宣稱，土耳其船艦必須多到四比一或五比一的數量，才可能打敗威尼斯艦隊。這時候鄂圖曼帝國投資海軍的精力，可能比任何一個基督教國家都要多。有遠見的蘇丹麥赫梅一世與拜葉吉二世知道，陸上征戰的效果必須有海上的勢力作為後盾才能夠持久。多次試驗精心策劃的戰事失敗之後，拜葉吉的海軍終於在一四九九至一五〇三年的戰爭中大敗威尼斯。自從羅馬人很不情願地到海上與迦太基交戰以來，最不可能投入海上霸權競爭卻又寫下這麼耀眼成績的，就屬鄂圖曼海軍。持續四百年的基督教世界與伊斯蘭世界的海軍均勢，從此逆轉，至少在東地中海是主客易位。威尼斯的本國水域或可說正面臨新時代的來臨。[60]

威尼斯與土耳其人維持著不安的關係，相互牽制避免貿易中斷的情況發生；不過威尼斯因經商而致富的貴族從十五世紀起就逐漸轉往投資義大利的大陸地區。威尼斯變成了陸上強權，坐擁陸上帝國。波河沿岸的城市都掛上了象徵威尼斯勢力的紋章：聖馬可之獅。

即便在極盛時期，對歷史發展趨勢而言，威尼斯帝國是一個奇怪的例外。當歐洲大部分地區，「城邦共和」已經成為歷史名詞，更遑論「城邦帝國」。當多數城市已經歸順君王統治，或是加入了更大的邦國時，威尼斯卻像是個時空錯置的場景，有賴市民和旗下的臣屬城市費力地防衛其與眾不同之處——城邦共和。雖然共和威尼斯的統治者全都是商人，是以累積獲利為職志的創業資本家，可是威尼斯自古以來一直有毫不通融的道德壓力使他們彼此要求把國家利益放在第一位，威尼斯有許多美術作品是為了發揚這種集體的理想，為了表彰各個貴族世家的豐功偉業。

威尼斯藝術與節慶的光輝並沒有在十七、八世紀趨於黯淡，但是國家勢力和財富相對走向衰微，因為大西洋的連繫打開了，加上全世界貿易航線逐漸確立，以至於歐洲的經濟重心轉移。最後能夠利用新機會獲利的國家，是占了進出大西洋地利之便的其他各國。威尼斯因為與土耳其人交戰而耗損了國力，十八世紀的商業完全是依靠花錢打發海盜、平息敵人而維持，陸上帝國還能維持原狀，全憑鄰國與臣屬城市的容忍。一七九七年間，法國大革命掀起的軍事力量征服了整個北義大利，威尼斯不再獨立。

這個城市因為它的獨一無二而保存下來：如今是浪漫旅行者的休憩地，也是藝術史研究者的作坊。昔時建造者的冒險精神，現在越看越像是魯莽之舉，因為環境已在反撲，威尼斯被自己的歷史遺產壓得往下沉，又被污染的海水侵蝕，要奮力掙扎才可免於沒頂。

12

海岸上的視野：沿海文明的本質

THE VIEW FROM THE SHORE:
The Nature of Seaboard Civilizations

海上民族．腓尼基與斯堪的納維亞．航海的尼德蘭

泅在海底的，
是航海者的信差，
講了這個故事：
故事說的
就是這些話。

——日本海女的傳統歌曲

傍海皆荒服，
分符重漢臣。

——唐．包何，《送泉州李使君之任》

❖海上民族：適應大海❖

海令人嚮往也令人抗拒，能抑制人也能啟發人。海是妖魔的大本營，詩文形容海是「妖龍般的深綠色，黑暗，夜光，有毒蛇出沒」，又說海是一杯杯犒賞人們的「大地之酒」。人類眼中的海既會威脅生命，又是生命的供養者。恆久生活在海上是少見的情形，只有東南亞的「海族」把大海變成了人類的棲地。將海床占領為殖民地，也是科幻小說家偏愛的題材。如果海與陸地可以徹底融合，那指的就是面向著可航行海域的天然海港，其建立的文明就可以從水域提供的環境多樣化中受益，海可以成為食物的來源、貿易的通道、擴張的途徑。

海不能像地貌一樣被改造，人類也不可能在海上建起城市，即便造船木工的技術能在海面上或海面下製造各式各樣的生活空間；即便有些以船為家的人，集合的船隊已經達到海上城市的規模。這些船隊可以稱為海上聚落，只在遭遇狂風或找尋食物的時候會分散。真正在海上生活的人（為捕魚、遷徙、探險、貿易、戰爭而暫時停留海上的人不在此例）必須適應環境，不能把環境改造成適合自己的用途。以棲居地而言，海就像荒原（見第一章），而且比荒原猶有過之，住在這裡的人只能遷就，不能強制它改變。

懷特於第一次世界大戰之前在英屬緬甸的丹老擔任牧師期間，與馬來西亞最北的海上民族相處友好，他稱呼他們為「毛肯」，這也是他們自稱的名字。懷特欣賞他們，也同情他們，但是他直覺地認為他們的生活方式是不夠文明的。按本書採行的評判標準，他們表現的是文明的相反：行為完全聽命於大自然，死活也完全任由大自然決定。極少社群在陸地上有立足之地，即使有，也都只是少有人跡的小島和洞穴，他們在這裡建有茅屋，必要時可以藏身。但是，多數人（按懷特估計至少有五千人）除了船，沒有別的棲身處，幾乎所有時間都在海上度過。他們只在買賣東西、造船、修船的時候上岸，此外就是上岸來埋葬亡故者，他們沒有採取海葬是很奇怪的。東南亞有許多民族能在海上自在生活，但多數人基本上是旱鴨子與農民，只是有很深厚的海上謀生秉性。[1] 馬來西亞的海上民族卻是不折不扣以海為家的人，其中最堅決維持海上生活方式的社群就是懷特記述的毛肯人。

毛肯人的謙卑與英勇令他感動。一個六至十二口的家庭，居住在一條長約七．六公尺的獨木舟，舟體的兩端呈圓形，這種構造似乎擺明了要讓海浪把一家人衝得上下晃動，而且限制了前進速度。防禦洶湧大海只能靠橫列的長條棕櫚枝條，一條疊著一條，再用樹脂填補空隙，建成幾呎高的舷牆。劈開的竹子用樹皮捆起形成甲板，甲板幾乎蓋住整個船身，只留一個小洞往外舀水，舀水是徒手的工作，能用葫蘆瓢當然最好。甲板上有一個小棚，高度只夠在裡面蹲著或躺下，棚頂只有棕櫚葉作為遮蔽。逢到適合揚帆的狀況，就將桅桿插在船體中央的支撐口上，用草編的繩子撐起棕櫚葉的帆；不撐帆的時候靠划槳推進，架在呈T形的槳架上。毛肯人僅有的捕魚工具是魚叉，按例是在桿子一端裝上尖骨製成。他們不屑用網或簍子，凡是不能用魚叉捕到手的，他們就下到海床或岩石上去用手撿拾。因此，他們常食用的魚只有行動緩慢、會被叉中的鯰魚，或是可以靠潛水或爬上岩石撿拾的甲殼類。即便收穫最豐的時候，這樣的食材也不夠，所以他們必須用魚和牡蠣向別人換米。煮飯用的是土灶，以防甲板著火，在土灶裡生火、鍋子放在火上煮。因為甲板多刺又多結節不夠舒適，每個人有一張可鋪開供坐臥的蓆子。

毛肯人就憑這樣簡約到極點的技術，一年到頭生活在風暴頻仍的海上。孟加拉灣是船運頻繁卻最不平靜的環境之一——是水手辛巴德的海灣，航行命運隨風而變，據十二世紀中葉的史料記載，中國帆船的水手必須藉烈酒之助才撐得下去。[2]「文明的」航海者從這裡編出整套長篇船難與獲救的故事。海上民族要熬過這裡的豪大雨季和每年盛夏的旋風，往往一連數日都不能闔眼，也無法取得食物。逢到晴天水手能航行時，又得應付馬來海盜：這時候貧窮倒是避禍的上策，他們因為窮得沒有財物可搶而倖免於難。他們生活的水域常有鯊魚出沒，所以吃魚的時候必須把不能食用的部分丟進船底，否則丟進水裡會引來亦步亦趨的鯊魚。因此，他們生活的空氣中總飄著腐臭味。

毛肯人的科學分為兩支：一是造船以及造船材料的相關知識；另一支是如懷特所說的「憑著觀察，他們對於貝類、魚類已經無所不知」。[3]他們的工藝只限於織蓆，且只有一種式樣，幾乎沒有裝飾。他們的舞蹈和音樂（用木棍和竹笛演奏）據說在懷特來訪的時候幾乎已經完全丟棄了，因為他們說「現在是悲傷的時代」。完全依賴自然而生活，使得他們其實沒有閒暇做別的事。他們在海上生活愉快，但並不表示是心甘情願過這種生活的。他們自稱還記得先人原來是富足的務農者，因為北邊的緬甸人和南邊的馬來人侵襲，才被逼得逃亡。棲身的小島條件越來越差，而且得在劫掠者來襲的時候躲到船上，終於落得連岸也不敢上了。他們自稱的「毛肯」一詞的字面意思就是「在海裡淹死」。[4]

馬來西亞海上民族的經歷是海洋難以成為文明產生地的一個極端例子，這個例子所含有的課題卻不容忽視。海洋在文明史上只憑兩種角色做出貢獻：一是成為靠海的陸地生活社群的額外資源；一是成為靠海陸地社群之間的重要通路。我所說的「海岸文明」是指從這兩方面受鄰近海域影響的文明。這與其他環境條件無關，不論氣候是熱是冷、多雨或乾燥，都因為有這樣相似的表現而被歸入同一類。

❖狹窄的海岸：腓尼基與斯堪的納維亞❖

海岸文明照例都是從沙漠或山岳內地轉向海上。腓尼基文明從公元前一千三百年起興盛了大約一千年之久。發源地是在現今黎巴嫩境內肥沃卻狹窄的海岸，這個地帶深不過幾哩，再進去就是黎巴嫩山區。「腓尼基人」的名稱就透露著以商為業，十之八九指是「供應紫染料的人」，紫染料產於黎巴嫩西南的推羅，是古代西方世界的最愛。這種名稱照例是外人給的；但是腓尼基人的文化、語言、棲居地都確實有一統性：說他們是「海岸的迦南人」，就比較容易理解了。就在腓尼基人消失了三百年之後，有位羅馬人描述他們是「一個在戰爭與和平時都能興盛的伶俐民族。他們在書寫、文學以及其他藝術上都表現卓越，在航海技能、海軍作戰、統治帝國方面亦然」。斯堪的納維亞那邊的海岸文明在一段長時期中展開壯大，環境迥然不同，卻與腓尼基有很顯著的類似點，證明地中海並不是歐洲獨一無二助長文明的海域。

腓尼基人有許多極優良的錨泊地，從這些錨泊地再進入面前的水域；在他們背後則有柏樹森林和冷杉森林供應造船用料，也提供高價值的出口品。按《聖經》上所說，他們的船為所羅門王從俄斐運黃金；黃金是推羅的國王希蘭供給所羅門王建造耶路撒冷聖殿用的，黃金送到時將可換回糧食和橄欖油。腓尼基工匠也曾經製作阿基里斯的調酒缽，並且由腓尼基水手「把它送過霧氣籠罩的水面」。[5] 希臘的貿易競爭對手說腓尼基人擅長使詐，這樣貶低他們是瞧得起他們，因為希臘人對於瞧不起的人連貶損都不屑。

埃及沒有樹木，黎巴嫩森林生產的原料正好可以供應埃及造船者的需要。威那孟是法老王派出的商人大使，也是阿蒙神諭信仰的一名侍奉者。他於公元前一〇七五年留下的記述，把採購木材之旅說得很清楚：「我，威那孟，從埃及出發前往大敘利亞海，到達澤克爾．巴勒的領域（編按：腓尼基沿海城市畢布羅斯的統治者）之前全憑星光導引。」他投宿旅店並且設起「庇佑旅人的阿蒙」神龕。起初國王不見他，據說是因為國王想把木材保留給自己的國家造船用。據埃及方面的史料卻說這大概是談判策略之一。得知神諭內容後，澤克爾．巴勒又在沉沉黑夜時分召見了使節團。

威那孟說：「我看見的他是盤腿坐在御室之中，當他背對著窗口時，敘利亞大海的波浪就在他腦後掀動。」雙方都在談判中擺出姿態，威那孟於是先開口：「我是為了眾神之王阿蒙偉大尊貴的船隻的木材合約而來。您的祖父履行了，您的父親也履行了，您也應當履行。給我黎巴嫩山的造船木材吧！」

威那孟言下之意是非納貢不可，澤克爾．巴勒對此感到厭惡，堅持埃及必須付費他才給木材：「是我高呼黎巴嫩而使天界開了，木材才能送到海上。」威那孟卻說：「世上的船無一不屬阿蒙所有。祂也就是大海。祂也是您所說的『屬我所有』的黎巴嫩。遵從阿蒙的旨意，您將會長壽安康。」

話雖然這麼說了，他還是返回埃及去帶來四甕黃金、五甕白銀、布匹、麻幕幔、五百張牛皮、三百條金鍊、二十袋兵豆、三十簍魚。「統治者甚喜，供給三百人伕和三千頭公牛，砍下木材。花了一整個冬天，並且把木材運到海邊。」[6]

大多數的腓尼基城市都有向海的海灣和視野，如《聖經》上以西結形容推羅是「居住海口……是眾民的商埠，交易通到許多海島」。[7] 從美索不達米亞北部的浮雕畫面可以看出，城門開是直通大海的。[8] 腓尼基人自公元前第六世紀開始鑄造的錢幣，照例都刻著以海浪為背景的大商船。[9] 一位亞述官員撰寫的報告，突顯了公元前九百年推羅碼頭區的生活光景：上下貨繁忙，人們走進走出棧庫，木材買賣，還有因課稅不公引起的暴亂。[10] 以西結惡毒而忌妒的預言也顯示推羅城以美麗自傲，是「建造者使你全然美麗」之城。他列舉城中的各種商業，諸如珍奇寶石、各式香料、華美織品都是奢侈腐化之源。但是首要的仍是一切商貿的根本：造船的原料和人員。有黎巴嫩森林的香柏做桅桿，橡樹做槳，象牙嵌黃楊木的座凳，埃及細麻布的帆，腓尼基海岸來的水手和捻船縫的工人。「一切船隻和水手都在你中間經營交易的事。」[11]

腓尼基也與許多後起的海岸文明一樣，利用海洋奠定殖民地，擴張勢力。最早建立的兩個據點尤蒂卡與加底斯，據傳公元前一千兩百年就已經建設的；考古學的發現證實，腓尼基的殖民地迅速向西地中海推進，在公元前八世紀時及於馬爾它，甚至更早之前就占據薩丁尼亞（約公元前九世紀），在公元前六世紀再到丹吉爾與塔木達。腓尼基的航海者從這裡逼進大西洋，遠行至摩嘎多爾（現今摩洛哥的索維拉）建起據點，羅馬史料之中甚至稱腓尼基人已經繞行過阿拉伯與非洲。

腓尼基人也在建立城市的地方推廣了海上霸主一貫的兼容並蓄品味，房間舖著大理石切割成的地板，陵墓裝飾的風格沿用東地中海的特色。他們也標誌了自己具代表性的工業，例如調製推羅染料的染缸、襯泥土的蜂巢式建築、吹製玻璃的作坊。他們向外輸出嗜血的儀式，例如在迦太基舉行的喧鬧可怕的儀式中，會把新生嬰兒順著受膜拜的巴力和塔尼特銅像的臂彎滾入神聖火焰裡。[12]

當黎巴嫩境內全然獨立自主的城市，後來被巴比倫帝國與波斯帝國的勢力吞併，腓尼基世界的重心就向西移了。公元前九世紀晚期或八世紀初期建國的迦太基繼腓尼基成為這個世界馬首是瞻的領導者（編按：迦太基是腓尼基人在北非建立的國家），先後與希臘諸城邦、羅馬帝國競爭地中海貿易的主控權。迦太基位在海岸文明首都的理想位置，它是地中海中央大量航運所需的優勢港市，腹地狹長而豐饒，滿是羊群、小麥田、灌溉的石榴園和葡萄園。加圖曾經在羅馬元老院中用一個舉動概括了非滅掉迦太基不可的理由：他出示一枚剛從迦太基運到羅馬的新鮮多汁無花果，既證實迦太基的物產富饒，也強調往返交通之便。羅馬於公元前一四六年終於消滅迦太基，不但把迦太基夷為平地，而且把土地翻起來撒鹽。迦太基的文學毀得幾乎隻字不留。只有打爛的碑銘碎片倖存。甚至留下的藝術品也極稀少，而且很單薄，無法確定該如何說明腓尼基藝術的特點：如果不是折衷主義的特點，我們恐怕也很難知道究竟是什麼了。

我們也無法重建文化的脈絡來解釋腓尼基人所留給世人獨一無二的贈予——字母的發展。目前就我們所知，除了從腓尼基字母衍生或受其影響的文字書寫系統之外，其他所有的文字書寫系統都是以音節或語標（編按：例如中文），或結合兩者為基礎。音節式系統中，每個符號代表一個音節，音節通常是用一個母音和一個子音組成；語標系統中的每個符號則代表一個完整的詞。這兩種書寫方法對於設計或採用它們的文書人員而言，必定有他人難以超越的優勢。第一，使用文字的人必須認得大量符號，音節系統可能要上百個，語標系統更得數百甚至上千：因此，教育程度高的人會掌握常人不知的祕密，例如只有「有閒階級」能有時間學習；第二，使用語標乍看之下可以「節約」，比一個單音就必須使用至少一個符號來表達的文字系統更省時，更能省下寶貴的書寫用料，例如石板、泥板、鑴刻石碑、紙草紙、紙、牛皮等。腓尼基書寫系統未必是有史以來最上乘的，卻在識字率高、書寫材料廉價的社會中盛行過。也許因為容易學習又方便應用，所以促進了廣泛學習，也助長了藉書寫記錄之助受益的業務，例如政治和商業。書寫不是文明的必備元素，卻是有幫助的元素。書寫方法越簡易，能動員參與讀寫活動的人力就越多。

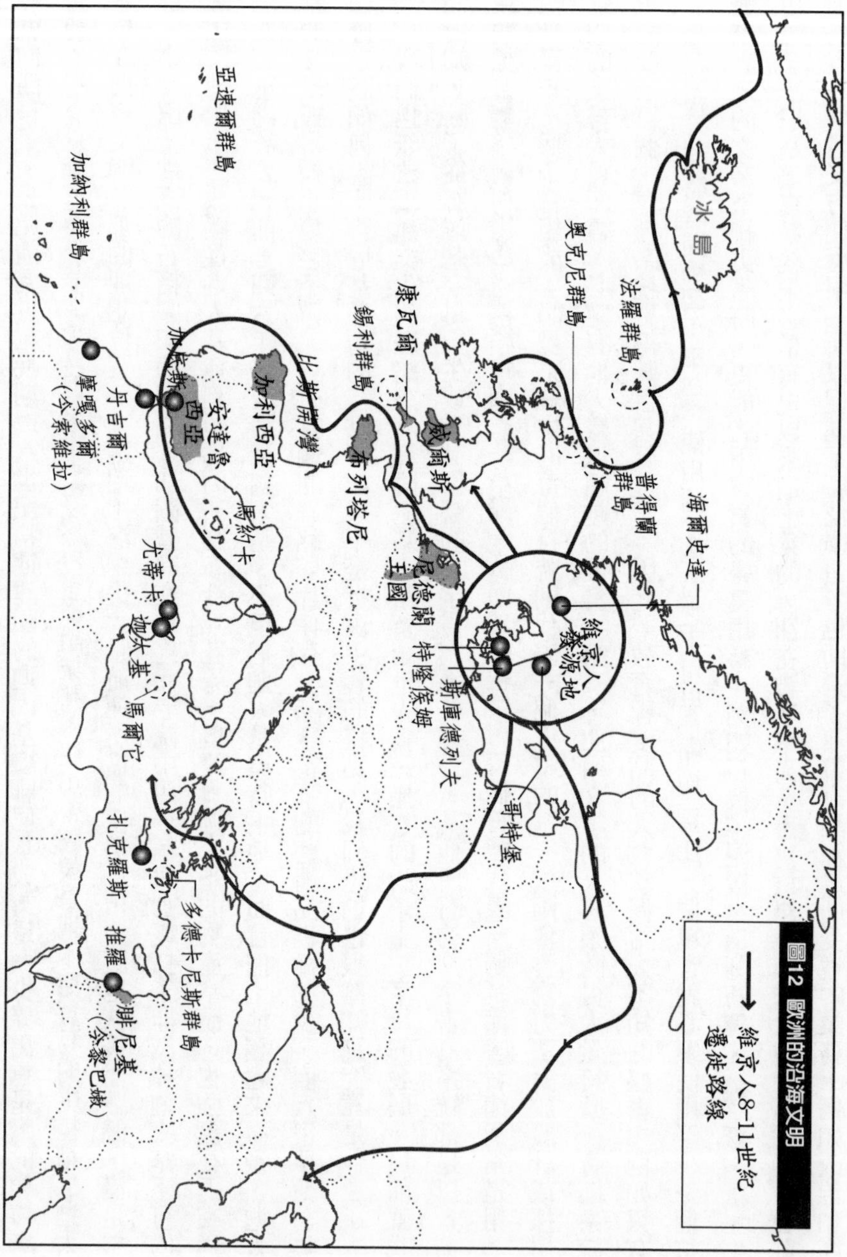
圖12 歐洲的沿海文明
維京人8–11世紀遷徙路線
冰島
法羅群島
奧克尼群島
康瓦爾
錫利群島
比斯開灣
加利西亞
安達魯西亞
加的斯
丹吉爾
摩嘎多爾（今索維拉）
加納利群島
亞速爾群島
馬約卡
尤蒂卡
迦太基
馬爾它
扎克羅斯
多德卡尼斯群島
推羅
腓尼基（今黎巴嫩）
布列塔尼
威爾斯
維京人發源地
特隆侯姆
斯庫德列夫
哥特堡
海爾史達

與腓尼基字母有些微淵源之一的「如尼字母」便說明了上述觀點。我們一般印象中的古代北歐文明成就，因為神祕化而最被扭曲不實的就是對如尼字母的研究。本來實用的、適應性強的字母，被浪漫主義想法與無知降格成為一套法術。法術和科學並不總是容易區分，但如尼字母一開始就和蘇美、米諾斯的書寫系統一樣，是商務用的一套技術，刻在木牌上，為的是把貨主的名字標記在貨品上。十二世紀的挪威卑爾根的商人確實已經在用這個方式印商標，那時的王宮官僚寫信時也用，從留存至今的殘片足以證實書信來往量頗大。[13]使用者也和使用其他書寫系統的許多人一樣，認為這是「神所賜的」、是「值得稱頌的」，但這並不表示它只限使用在奧祕方面的事物。如尼字母常刻在貴重物品和碑銘上，所以被解釋成具有長保不變或甚至永恆不朽的企圖；但是這類野心仍然沒有逾越一般務實的人使用書寫系統的範圍。絕大多數現存的刻文都不是明顯可見的法術內容，也沒有儀式性的或宗教的內容，而是在申明所有權、製作人身分。

我認為，說如尼字母是一個海岸文明的書寫系統大致上無誤。儘管許多早期刻文來自丹麥南部，但未必是在那裡發源。另一家論點認為，如尼文字發源於東南歐，東南歐發現的刻文都是在頸圈、胸針等可能是貿易商品的東西上。假如我們相信如尼字母是起源於腓尼基，經過希臘字母模式轉變而來，[14]那麼其影響力很有可能是隨著希臘貿易傳到波羅的海琥珀產地，而希臘貿易的歷史可以上溯至公元前兩千年的時代。另一方面，已發現最古的如尼文刻字大約在公元第二世紀，根據這一點可以說明其源頭來自羅馬，中間經過日耳曼，然後才傳到斯堪的納維亞，但這時候別的地方已經不再使用如尼字母了。總之，現存的如尼刻字大部分是在斯堪的納維亞半島南部地區發現的，這裡就是如尼字母的心臟地區。

十一、十二世紀時，如尼字母盛行於瑞典與丹麥的碑銘上。刻字者顯然學識有限（按現代解讀者努力鑽研的結果，刻文中必有用錯字母的地方，否則意思講不通），且通常寫在難以長久保存的樹皮和木頭上。還好在冰島這個沒有樹的國家，古代文學是記在較可長久保存的材料上，從大量且內容豐富的紀錄可以證實，斯堪的納維亞是有文學傳統的。

斯堪的納維亞西部海岸的民族乃是「北歐的腓尼基人」。他們的狹長海岸棲居地後面同樣有山脈和森林，海岸藉峽灣和河流出海口與海洋銜接，陸地生計的窮困隨時可以利用海洋來補貼。這些人所處的環境可能特別不利，在寒冷北方，冰河期遺留的影響揮之不去，日光照射的角度導致季節變化極端。這裡不產錫，所以發展不出青銅時代文明，工匠不得不利用所能找到的材料仿製昂貴的進口青銅短劍與斧頭，而取得這些東西的代價，或許就是將琥珀出口到不產琥珀因而將之視為珍品的地中海國家。

最具優勢的環境在現今瑞典南部和丹麥。早在公元前兩千年時，一群信仰太陽到著迷地步（這是可以理解的心態）的人開始與環境相抗，產生了精采而具藝術創造力的文化。這個時代留下來最精美的工藝品，是大約公元前一千五百年在特隆侯姆發現的太陽神戰車。從這個裝滿物品的天然檔案庫、從古墓陪葬品與岩石雕刻的點滴線索，可以拼湊出青銅時代的斯堪的納維亞文明，比如大約富裕到什麼程度才可能進口大量金屬；統治階級婦女穿著的綴流蘇衣袍，戰士戴的有角頭盔大概是什麼樣子；愛好或崇拜蛇形線條應該很重要（或許是從鹿角的形狀得來的靈感），因為這種線條出現在許多圖畫中彎曲的船頭，也出現在布魯德菲爾特沼澤地發現的三千年前的六隻青銅小號上。[15]

岩石上的船隻刻圖和貿易商品之多樣可以證明：斯堪的納維亞的航海文化比公元第八世紀才寫入其他民族史料的維京人時代早了一千年。維京人是從斯堪的納維亞來的海上貿易者、殖民者、征服者。吃過他們虧的民族留下的史料，造就了他們在西方歷史傳統中的「毀滅者」形象。其實維京人也具有極強的創造力，在工藝技術方面，他們當時造出的航海船艦效率之高是西方世界前所未有的。他們為了在外海尋找航路而發展出成功的領航方法，比希臘羅馬人所知的一切方法、基督教世界慣用的任何方法都要優越。政治方面，維京人創建了俄羅斯與冰島最早的有史可查的國家政府，並且憑征戰與據地落腳擴張勢力的特有模式，影響了不列顛與諾曼人的憲法和法律體制發展，因此也間接影響到後來受到諾曼人和不列顛影響的國家。維京人留給後世的藝術遺產包括一些裝飾華麗的物件，例如船葬中安放遺體時，會跟著放入雪橇、木刻、寶石雕琢、刺繡織品，品質不輸當時歐洲的其他民族。文學方面雖沒有留下什麼，在十三世紀寫下的冰島英雄傳奇仍保留一些維京古文學傳統，對於近代以後的浪漫詩歌發揮了極大影響。斯堪的納維亞的航海民族在第十世紀晚期與第十一世紀皈依基督教後，便逐漸融入了西方基督教世界的文明；但是，融入以前的種種表現已經證明，海岸環境不論多麼受限、多麼不宜居住，只要能充分利用臨海優勢，就可以成為發展文明之地。[16]

從中古時代的冰島文學可以讀到，大西洋上所有殖民拓展的勇武成果都於驚濤駭浪中產生，甚至誕生在動盪程度更嚴重的社會環境，例如最早發現格陵蘭的是第十世紀早期的貢畢揚．沃夫．克拉卡森。傳說他是因為被一陣怪風颳到西邊才發現格陵蘭；或者像公元九八二年，「紅髮埃里克」在仇殺逼迫之下才逃到格陵蘭落腳；而畢亞尼．赫約弗森為了尋找失蹤的父親，本來是要前往格陵蘭，豈知衝過頭在九八六年發現了美洲大陸。事實上，斯堪的納維亞人航遍大西洋，在洋流威力的幫助下，走過一個又一個的島，是再自然不過的事。看在依賴羅盤航海的人眼裡，他們不用航海圖和技術之助在海上來去自如簡直有如神助。其實他們和玻里尼西亞人一樣（見第十一章）是航海老手，觀察力不會因為有了先進技術就退化，能以一個熟悉的定點為準，憑肉眼估算太陽或北極星的高度，然後大致判定自己所在的緯度。斯堪的納維亞人使用日光羅盤的說法頗有可信度，但證據是僅存的一件可能是日光羅盤的不完整物品——如果是完整的，應該是一根細棍鑽入一個圓形（或大致呈圓形）的木頭座子。航海者從啟程時開始觀察太陽照在這日晷上的影子，比較航程中影子的弧度，可以知道太陽仰角的變化，從而推算出偏離出發時的緯度有多少。[17]如果遇上多雲或有霧的天候，一切就只能憑猜測了。他們也和玻里尼西亞人、現代大西洋漁民一樣，可以藉觀察熟悉的海面浪湧來定位。接近陸地時他們會細看雲象，或是觀察有返家性的鳥類。傳說中發現冰島的人們便是這樣，他們帶著烏鴉同行，每隔一段時間就放烏鴉飛走而觀察方向。

他們的船隻並不是維京海盜那種線條優美的龍頭船，也不像古代斯堪的納維亞詩歌裡形容的「黃金嘴、有大桅桿的英姿」，而是一九六二年間考古學家在斯庫德列夫挖掘出來的寬而深的船。龍骨與肋是橡木做的，外殼交疊的船板採用松木，再用椴木的釘樁牢牢固定，另外還用鐵鉚釘固定。按海爾史達的一件十二世紀的雕刻品看來，很可能是位有落腮鬍的鐵匠用鼓風箱、鎚子、鉗子所打造的鐵釘。船板之間的空隙是用一束束獸毛浸了松脂堵死的。船中央的桅桿有羊毛織成粗布的方形帆（只在有順風的時候使用），收捲起來的時候放在丁字形的大支架上，另外可能有一張小帆輔助操作。供近海划槳用的槳孔只有寥寥幾個；船上沒有舵，只有一根掛在右舷外靠近船尾的桿子。由於沒有完整的上甲板以供排水之用，航海人必須不停地用木桶往外舀水。備用品（鹽漬的食物、酸奶、啤酒）裝在皮囊或桶中，再儲放到船身中部的無蓋底艙裡以保持乾燥。船上不可能進行烹飪，但是出土的古船之中仍有大鍋，應該是為了到上岸的地方烹飪，這也顯示航海者總懷著上岸歇息的想望。按一二四〇年的一本挪威書籍之中所說的，「你若問人們為什麼到格陵蘭，為什麼冒著艱險而去？」答案「就在人的三大本性：一是為了名，再者出於好奇，第三就是利慾」。[18]

維京人的形象，源自受過他們危害的民族的敘述，也源自學術研究從早期北歐人嗜血的歷史中抽絲剝繭的成果，或者，依據某些十九、二十世紀的故事版本中，納粹與北歐日耳曼國家主義者頌揚原始活力的辯解。古斯堪的納維亞人與所有其他民族一樣必須作戰，在敵人眼中是破壞者而不是創造者；可是他們也能生產供精緻生活使用的華美織品，例如「奧斯陸船艦博物館」收藏的織繡殘布中，列隊而行的維京駿馬栩栩如生，只要從馬的姿態和動作就可以立即辯認出來這種維京馬。他們雕刻得神乎其技的車具綴有鍍金圓釘，也在該博物館展出；他們用鯨骨和海象牙完成的設計是同時期歐洲工藝品中的佼佼者。他們在冰島和格陵蘭這些幾乎沒有木材可用的地方辛辛苦苦建起城市，有資格被稱為文明的英雄

（見第一章）。

❖大西洋沿岸❖

斯堪的納維亞的大部分土地屬於臨大西洋的西歐。按我的看法，這個地區形成的是一個單一文明，我想稱它為「邊沿地」。乍看之下，它好像沒有一致性，從北極一直延伸到地中海，跨過截然不同的氣候區、生態區、飲食習俗、教會、民俗、音樂傳統、歷史記憶、飲酒模式；也因為四千年來語言不同源，所以彼此無法溝通。挪威人有一種特色料理——鹹鱈魚乾，是從西班牙或葡萄牙傳入，講究的吃法是要配橄欖油的，但這樣的共通點卻少之又少。如果沿著海岸從北往南走，似乎除了看得見的海之外，一切都在變。

海洋分派給歐洲瀕大西洋民族在世界史上的角色，是非比尋常而且不好惹的角色。近代史上的航海帝國幾乎一律是從這個地區建立起來的。例外可能頂多只有三個：一八八〇年代到一九三〇年代間，義大利曾在利比亞、多德卡尼斯群島（編按：在愛琴海）、非洲角建立短暫而規模不大的帝國勢力，可以藉地中海與蘇伊士運河往來，而不必打擾大西洋；俄羅斯在太平洋地區有過算是帝國的局面，包括阿留申群島和將阿拉斯加賣給美國（一八六七年）以前北美洲西海岸上的前哨據點，俄羅斯原來懷有經太平洋創造南極帝國版圖的願景，結果不了了之；第三個例外是波羅的海的庫爾蘭公國，十七世紀中葉，雅各公爵曾經買下多巴哥，並在西非洲設置了一些奴隸買賣所，為的是要利用正蓬勃發展的糖市場賺錢，這項大事業後來因為瑞典人入侵而夭折，公爵也於一六五八年死亡。[19] 瑞典並不屬於這三個例外，因為瑞典有通往北海的哥特堡作為據點而成為海上勢力。北海是大西洋的一個內灣，所以瑞典能成為大西洋的強權，當密集利用大西洋拓展勢力時，大多時候掌握了進出挪威諸港與德國不來梅港的特權。

不但幾乎所有航海帝國勢力都是瀕大西洋國家建立的，而且事實是，沒有一個瀕大西洋國家不曾建立這種勢力，除了挪威、愛爾蘭、冰島。這三個國家是因為遲至二十世紀才擁有國家主權，所以錯過了海洋帝國勢力發展的時代。冰島幾乎在每個方面都與常例相左。愛爾蘭人雖然沒有自己建立的帝國，卻是大英帝國的一分子，也是受害者。我曾於一九九六年到挪威為社會黨的一個集會演講，並於此行中發現，挪威人帶著幾分微妙的幸災樂禍，挖掘祖先參與丹麥和瑞典奴隸買賣的帝國主義瘡疤。我們最好知道，無所不在的挪威水手和船長曾在十九世紀的歐洲世界海運中扮演要角。而愛爾蘭人和挪威人另一項甚少在史書中提及的重要貢獻，是幫助十九世紀最大規模的殖民現象（雖然史書不常把它歸類為殖民現象）——美國在美洲與美洲以外的擴張，因而遭殃的包括墨西哥、加拿大、印地安人的政治體。（編按：指的是十九世紀移民美洲一事。）[20] 其他瀕大西洋的歐洲國家，每一個都在近代史上寫過海上揚威的一頁，包括比較弱小的、外圍的國家在內，如葡萄牙、尼德蘭（荷、比、盧），甚至尚在主權獨立時期的蘇格蘭；也包括西班牙、德國、瑞典，這些國家的大西洋海岸比較短，同時還面向另一個海，又有廣大內地把它們的注意力往別的方向拉。

以上所述是不可爭議的事實——雖然不是每位讀者都同意我的觀點。瀕大西洋的位置與帝國擴張的盤算有什麼關聯，後文會解釋（第十六章）。但是必須在這裡先點出的是，西歐的大部分地方很後來才有這種盤算。中古時代晚期以前，只有斯堪的納維亞人可以說是有往海上擴張的盤算，其他瀕大西洋的邦國拖到很久以後，才開始仿效遠程的斯堪的納維亞式航行。我們若想理解西歐人啟動大西洋海上大業的時機、速度、成績，不妨先問一下：「他們還沒動作之前在幹啥？」

❖邊沿地的挫敗：早期階段❖

我們家裡的人講到父系祖先，從眼前一直追溯到最早以前，都是從西班牙西北部的加利西亞來的，加利西亞人是歐洲歷史上位置最西的社群之一，花岡岩地形面向大西洋而突出，因雨而濕滑，卻憑手指般的冰河峽灣被海緊緊扣住；歐洲除了冰島、加納利群島、亞速爾群島之外，只有葡萄牙和愛爾蘭的小部分地方在這條濕漉漉的藍綠色的經線上。因此我可以公允地說，我們西歐人是歐亞大陸史的餘渣，我們的土地是歐亞大陸史排流的聚水坑。

西歐人自認是塑造歐洲歷史的開創動力：中古時代天主教國家向外挺進，文藝復興或三度再生，科學啟蒙運動，法國大革命，工業化，歐洲聯盟等，都是他們引以為傲的。這些事的確都是形塑歷史的重要事件，大致都從歐洲的西邊往東邊發展。然而，如果從長遠角度來看歐洲歷史——假定按我常想像的宇宙觀察者的宏觀角度看，結果又不一樣了。如果真有所謂的「歐洲文化」可說成是由東往西的影響力的產物，理由至少與由西往東之說一樣充足：農耕和印歐語言的傳播；希臘與腓尼基的殖民發展；日耳曼人與斯拉夫人的遷移；基督教到來——這是被歐洲占為己有的東方神啟宗教；中亞草原來的侵略行動；鄂圖曼帝國的施壓；所謂「國際共產主義」的蔓延（共產主義帝國雖已不在，卻留下了傷痕）等，都是由東向西。這些動向又必須放在以下的背景裡來看：科技與思想長期不斷從更遠的東方傳來，包括阿拉伯科學、印度的數學和靈修、中國的發明，以及比較晚近才傳到西方的日本審美觀。西方人現在才開始正視這些由東向西的影響對於歐洲形成有多大的重要性，其實在我們周遭處處都看得見證據。[21]

所有的移動和遷徙都會產生避難地和難民，這些後來都留在歐洲的「邊沿」上了。大西洋沿岸曾經聚集從外地被趕來的人，以及受這裡的資源和機會吸引而來的人。這條從葡萄牙到斯堪的納維亞的邊沿，曾是許多漂流者的最後落腳處：被日耳曼侵略者趕出來的克爾特人，加利西亞和葡萄牙的蘇也維難民、被先來的移民擠在角落裡的巴斯克人，以及走投無路而被逼往北逃的、為了說不定能有一塊不肥沃的土地自由耕作而甘願與遊牧人及酷寒搏鬥的人。莎士比亞曾經生動地描寫這種人的兩難處境：

實在說，不加油添醋，
我們去占據一小塊地
其中沒有利益只有個虛名。
付五個達克特硬幣——五個——我卻未必能在這塊地上耕種。
挪威或波蘭人也不能藉它得到
更高利潤，即便把它賣了。[22]

這些地方臨著同一個大洋，環境特徵是一樣的。大西洋岸的歐洲涵蓋了幾個不同的氣候區——北極、溫帶、地中海氣候，但是降雨量都高，地質歷史至少也是差不多的。挪威和加利西亞有峽灣，威爾斯、康瓦爾、加利西亞、下安達魯西亞都有豐富的金屬礦藏（成為古羅馬人所說的「新世界」命脈，古代遍地黃金之境）。河川經起伏的地勢往東流。這些條件把古代的商業導入繞著比斯開灣外緣相當狹窄的航路，像社區內四通八達的道路般把這個地區聯合起來，這條路早在公元前一千年腓尼基與希臘的貿易者到來之前就已串連起安達魯西亞、加利西亞、康瓦爾和錫利群島等地（見第十四章）。

根據近代史的表現，歐洲瀕大西洋的民族如今絕大多數可被歸類為「海洋民族」。大西洋先是為他們提供捕魚、航海和區域貿易等事業，又在航海科技發達以後，提供了海上遷徙與拓建帝國的通道。然而，西歐歷史有一個弔詭：這些民族對於海洋的呼喚充耳不聞了數百年，甚至數千年之久，就算到了海上，大部分的人也只停在原地不動，好像被往岸上颳的西風絆住了手腳。沿著海岸的運輸使這些民族保持連繫；遠洋隱士增添了海的神祕性；有些地方曾在不明時期發展了深海漁業。但是，除了斯堪的納維亞之外，西北歐的文明一直到中古以後才受到海的影響。這個謎若要有解答，最好從面對海洋卻沒有回應的這幾百年來著手檢視。

自從上一次冰河期結束，也就是大約一萬兩千年前，「邊沿地」就有優勢的生活環境，土壤有充足的降雨，灣流的溫水形成溫帶氣候，山岳富於礦藏，海域魚產豐富。在公元前四千年的時候，社會緩步變遷的「結構」開始有一點輪廓，在這樣的背景下，奢侈物品可能找到市場，大規模的建造可能正在進行，邊沿地成為文明心臟地區的潛力開始浮現，在當時向西普及的新式墓葬裡所發現的骨骸，可以看出這種早期徵兆。單人墳墓中有祭品，包括武器和寬口窄腰的陶杯。從這種墳墓發現之初到一九七〇年代，各界普遍認為它們標示出「寬口杯族」的移動路線。這個想法激起許多曲折迷人的幻想，曾有一陣子相當具有說服力：這些大口喝酒的人被設想成西班牙人的祖先，從安達魯西亞某地，騎著馬在歐洲向四面八方擴散；也有人認為他們是吉卜賽鐵匠或修補匠，在勢力消長中往返遷移，以解釋在不同地點都有發現寬口杯的情況。組成「寬口杯文化」的那些工藝品，如今大家幾乎一致認為是各地同時發生的社會變遷的產物。有特殊地位的社會成員，能在死後享有個人的墳墓和合乎身分的供品；貴族縱飲用的酒杯（統治階級在交際酒會，或戰士階級在豪飲狂歡的酒杯）在各地仿製交易，但未必是人們實際遷徙的結果。[23]

地位更高（或職責不同）的酋長葬在巨大的石造地窖裡，附近往往都有一圈立石，推斷是他們舉行儀式的地點。布列塔尼最古老的巨型地下墓穴與邁錫尼的墓穴大致相似，但不論用哪一種合理的方法推算，在時間上都比邁錫尼早一千多年；布列塔尼的墓石鑿磨的比較不平整，但是已經有了邁錫尼式的托臂墓室和圓錐形狀，其中最壯觀的是有一長條乾砌的走廊通到安葬處，安葬處覆蓋土墩，顯然含有無法確知的象徵意義。[24]

另外一個探索這個世界的方式是，從乍看之下，很像是此刻世界的偏遠前哨著眼——我們來看看大約公元前三千五百年便有人聚居的奧克尼群島。米斯谷有個精心打造的古墓，靠近巴恩豪斯的某個神殿建築群，其中的中央建築物到夏至這天會注滿光線。布羅德嘉與斯登格斯的石頭圓圈比巨石陣規模要小；斯卡拉坡岸用高超石造技術打造的村子出土時，壁爐與配備的家具仍在原位。我們不禁會想，這是威塞克斯或布列塔尼的巨石群最遙遠的殖民據點？還是寒冷氣候區的邊陲社會？保存著遠方老家的作風、習俗和「文化包袱」。然而，我們如果試著反轉這樣的解釋立刻會察覺，輕易推斷史前歐洲文化傳輸的方向是很不妥當的：真正的主從關係恰好相反的可能性很高。奧克尼群島在大西洋的地位可能就像基克拉迪群島或克里特在愛琴海的地位，最初未受外界影響就開始發展，之後影響力伸向大陸地區。圍繞巨石陣而形成的威塞克斯文化，可能是奧克尼群島的殖民地文化，但是在緩慢辛苦發展之後，超越了奧克尼母國，就像美國後來超越了英倫三島。

這些無法確知的事，以及憑臆測而越積越多的一大堆學術研究，都填補了沒有書寫史料的空隙。根據公元前五百年起漸漸留下的物證，我們約略可以掌握社會如何從巨石與厚葬的時代徹底轉型，尤其重要的是，冶金術的改進可以打造出鑄鐵所需的高溫熔爐，進而推動轉型；製鹽與製造玻璃的技術進步與相關貿易圈的拓展是推波助瀾之力；同一時期黑麥沿著大西洋岸北邊一帶，擴大種植面積；邊沿地週期性出現的新移民構成了更新力量，但如果來的是大陸內地的新統治階級（這些人對海沒興趣又沒有航海才能）就會變成延滯力。克爾特人占據大部分西歐邊沿地，可說是這種延滯力的一部分。

希臘人和羅馬人最重視的鄰邦，除了波斯人之外，就是克爾特人。對他們而言，克爾特人是敵人也是貿易夥伴，後來在克爾特的土地上建立了帝國，克爾特人又成了合作者。希臘羅馬人眼中的克爾特人是一群同質性高得出奇的人——想想他們分布的領域之廣，竟使用同源的語言，而且都自稱是克爾特人。克爾特人是令人懼怕的——希臘羅馬人流傳的克爾特人的故事常常令人毛骨悚然：例如他們獵人頭，把砍下的人頭掛在鞍具上；他們用活人獻祭，把人裝在柳條編成的大籠子裡，再用火燒。

克爾特人的勇猛是出了名的，「遇上地震和海濤也無所畏懼」。他們的毛躁性子成事不足，因此很容易吃敗仗。他們的酒量令人稱奇，也成為別人賺錢的目標，義大利商人就把高盧人的好酒貪杯當作「挖到寶藏」。古墓中的發現物可以證明飲酒儀式在克爾特文化中有多重要。例如維克斯一處奢華出了名的古墓——墓主是三十五歲的富婆，陪葬品有一件其大無比的精製希臘酒器，因為太大，必須解體以便運送，送到之後再組合起來，另外還有各式各樣的小酒杯。

古時候，文明優劣的終極檢驗乃是看看能不能戰無不勝，因為劣等而成為「天生奴隸」的人就包括戰敗者在內。因此，克爾特人在希臘羅馬人的眼中評價很低，他們因為天性悲觀而注定失敗，例如他們擔心天會塌下來——這個故事至今仍廣為人知，是拜二十世紀高辛尼與烏德佐兩人的幽默作品之賜。不過，如果採取比較不嚴苛的檢驗標準，克爾特人的文明仍有可圈可點的地方。他們的專業博學階級稱為「德魯伊特」，據說這些人為了守密而不敢把祖傳的智慧記諸文字。就掌握知識權的統治階級而言，這是不難理解的。但在義楚利亞、希臘、伊比利亞、羅馬等地，碑文卻留下不少，可見他們有文字書寫的意願。克爾特人利用文字記錄法律（按亞里斯多德的評斷方式，法律也是判定文明與野蠻的標準）與行政資料。凱撒入侵高盧期間，憑擄獲的人口調查報告就能算出自己面對的敵人數量。統計得以精密是因為有理論數學為基礎。從埋在高利尼的一個占卜曆書的遺物可以看出，克爾特人精通半陰曆的計時，以上百年的天體運行紀錄為基礎（不過這是較後期之物，可能是多方受羅馬影響的結果）。由此可見凱撒誇讚德魯伊特的天文知識是不無道理的。

羅馬人認定的文明化等同都市化，克爾特人的都市化卻很零星。酋長卡拉宅克斯戰敗後被帶回羅馬遊街示眾，據說他對於創造了羅馬城市的人竟然會對他族人的簡陋屋舍垂涎感到驚訝。其實克爾特人在羅馬入侵之前建設的市鎮有很傑出的公共設施，有淡水的供應和衛生排水道。雖然市鎮很少——按羅馬人的標準是稀有而且劣質，到了公元前一二五年前後阿爾卑斯山北高盧之戰的時候，高盧的克爾特人社會已經被羅馬人認定是與羅馬社會相似：不再陷於部落結構的框架，而有其他多樣的社會分隔方式，個人的位階憑財力、本領、祖先而定，也憑親族系統中的位置而定。貴族掌控的資源是牲口、不是土地；小農佃戶向大領主租用的是牛，繳納的租金是小牛、豬、秣料。

經濟因為財富流失而受侷限。消耗財富者之中最沒有生產力的是已死的人，他們的陪葬耗用了大量資源。克爾特王公喜好地中海世界高價進口貨的胃口從不饜足，造成的永久貿易逆差必須用黃金來擺平。從公元前四世紀晚期起，奢侈的進口貨已經昂貴到不能陪死人一起埋葬了。克爾特黃金工藝品摻黃銅的情形漸漸普遍，這雖然可能是受審美觀念影響，摻了黃銅會有一種艷麗感，但也很可能是因為金塊供應越來越吃緊的緣故。貴族用希臘酒桶豪飲的名聲，也必須付出一定代價才能夠落實。克爾特人以侵略地中海地區代替了貿易。按普利尼的記述，高盧征服者最初翻越阿爾卑斯山而來，是受了一名赫爾威迪亞人（編按：今瑞士人）攜回的紀念品——乾無花果、葡萄、酒和油的引誘。

傳說中克爾特人曾經莽撞地要與大海打一仗，但多數克爾特族群發展航海文化都很遲緩。甚至英吉利海峽對面的諸島也是這樣，而實際上他們必定是歷經航海才到那些島上的。凱撒曾經讚賞威尼蒂人（編按：在現今法國布列塔尼）的航海術，說前往不列顛的領航指揮「在航海知識與實務上都超越其他人」。[25]愛爾蘭在公元第四世紀成為海盜窩，在第六世紀時成為自我放逐隱士海上旅程的起點。但從其他方面看來，斯堪的納維亞以南的歐洲大西洋岸遠洋航行的潛力，要等到中古時代晚期與近代早期才發揮出來。為了理解持續延滯不動的原因（見第十六章），我們不妨繼續往下看，看看近代早期在西歐形成的沿海文明，當時人們聽見也回應了大海的呼喚，跨海經商和征戰變成西歐人的典型活動。

❖「土與水的平衡」：從淺灘上誘發文明❖

在一次晚宴上，有位荷蘭女士跟我說，竟有那麼多美國人以為荷蘭是斯堪的納維亞的一部分，令她既吃驚又惱火。我也感到吃驚，不過我告訴她，這樣的誤會其實含有某種文學真實。葛羅寧根與弗里西亞的位置和外貌，都很接近丹麥。荷蘭語和斯堪的納維亞的語言也有不少共通之處。現在的荷蘭的多數省分面對著北海，和斯堪的納維亞一樣，也同樣受北海歷史的影響。荷蘭的船運有參與波羅的海航行的一頁歷史，而且是非常悠久的歷史。荷蘭人也和斯堪的納維亞人一樣，是沿海民族，腹地的經濟潛力有限，一直都需要海上來的食物和錢財。海洋提供的狩獵場與貿易機會帶來額外的生計與財富，也大大拓展了陸上可用的狹隘空間。

最有資格稱得上是沿海文明發祥地的莫過於荷蘭，因為全世界沒有一個地方像荷蘭這樣，海洋和陸地徹底相互滲透。要親眼得見，才知道海與岸是多麼天衣無縫地結合、才明白荷蘭畫家鍾愛的寧靜海岸景致是如何組成的。內陸的平地被沼澤浸透，在廣大荒涼的淺灘和淤泥灘中緩緩向下傾斜，直到伸進閃閃發亮的一層海水下。陸地有很大面積是用堤堰和人工填地向海和鹽鹼灘要回來的，難怪一六五一年的一位英國宣傳家說荷蘭是「大海吐出來的」。[26]

我們對於荷蘭人的古老祖先所知甚少，不過，法蘭克人（曾有一段時期居住在鄰近的塔克山卓海岸）自稱祖先是海怪，在他們的水澇地理環境下誕生跟水有關的神話是可理解的。近代歷史中的貿易商（橫行於歐洲各地的那種）要想在北尼德蘭大部分地方變成貴族是不可能的，因為他們沒有土地可買，累積的錢財只能再投資到貿易、捕魚捕鯨、墾荒、銀行業上。統治階級是都市權貴，充滿商業氛圍，自海上生財。

他們統治著一個不同凡響的帝國：從國家成形的一開始就裝備齊全。現代的尼德蘭王國是從「聯合省」的共和延續下來的。聯合省誕生自一五七二至一六四八年的內戰（荷蘭人認為是解放之戰），為的是反抗哈布斯堡王室的統治和那些支持哈布斯堡的黨徒。聯合省在戰爭期間突襲、劫掠哈布斯堡王室在美洲與遠東地區的屬地和財物，成就了海外的帝國勢力。他們的帝國基礎（在之前和平時期打下精通航海技術的傳統）有賴船長往來葡萄牙錫土巴耳鹽池與波羅的海漁場的航路，這條航路幾乎走遍歐洲的大西洋面。這種經歷所留下的遺產是永遠有用不盡的老練水手。據說，在聯合省召募一千名水手比召募一百名士兵還容易。十六、十七世紀也盛傳，荷蘭商界壟斷了歐洲的鯡魚業，因為其他國家的人都忍受不了捕鯡魚的艱苦環境和卑微收入。荷蘭人倒不是天性儉樸能吃苦，這種美德是迫不得已才養成。他們因為拿不出其他商品或服務與人競爭，不得不壓低航運價格。十七世紀早期，大家都知道荷蘭船要價只有競爭對手的三分之一。[27]

因為航海本領高強，荷蘭人可對抗哈布斯堡的西班牙和葡萄牙支系中最遙遠的其他領地屬民。他們能動用歐洲最大規模的海軍戰略與經濟戰略。由於葡萄牙人不賣鹽給他們，他們就航到委內瑞拉的彭塔·德·阿拉雅的鹽湖，用鐵棒鑿取水面下的鹽塊。[28]如果他們不能靠近葡萄牙勢力範圍邊沿上的某個要塞或是貿易商行，就會集中力量到另一個據點上。到了一六三〇年，已經有荷蘭人在鼓吹築海上帝國之夢，這個帝國要包括「赤裸的墨西哥人、單腳的獨眼巨人、好妒的中國人、殘酷的巴塔哥尼亞人、黑種的莫三比克人、無賴的蘇門答臘人」。[29]他們雖然沒有機會實現這個多采多姿的幻想，卻建立了全世界勢力分布最廣的帝國。西班牙的版圖比荷蘭大得多，人口也多得多，但是向北或向東的拓展都不如荷蘭遠。荷蘭的貿易商行、主權要塞、大農莊、捕鯨站分散在各地，北起白海，南到非洲的最南端，東及長崎、西至巴西的佩南布科與哈德遜河。他們的貿易「除了遵守全能的上帝創造天地時劃定的界限」，就只知道往前衝。[30]「即使在世界上沒聽說過倫敦、巴黎、威尼斯，阿姆斯特丹這個名字都是如雷貫耳」。[31]全世界都在布拉歐的《地圖冊》裡。荷蘭人在版畫和門框拱飾之中把地球扛到了自己背上。

荷蘭的理論家發展出一套「公海」的概念，主張貿易可以自由競爭，這為荷蘭人的利益提供了基礎。其他民族的壟斷行為會令荷蘭人憤慨；教宗「和他騎的驢子一樣」沒有資格分派航行領域。[32] 一六〇八年間，英國要求分享荷蘭的鯡魚捕獲，或至少是要求在鯡魚獲利上分一杯羹，荷蘭的議會誓言絕不「全部或部分、直接或間接撤回、交出、放棄世界上一切地區的海上自由權」。[33] 發生衝突的時候通常以和平的方式解決。事實是，荷蘭人把「自由」據為自己的特權，不讓敵人也享有這個自由。只要有辦法實施壟斷，他們就會這麼做。「我們不可能不打仗而進行貿易，也不可能打仗而不進行貿易。」說這話的人是最有雄心的荷蘭帝國總督皮特松．寇恩，他曾於一六一九年在雅加達的廢墟中建立起巴達維亞。[34]

荷蘭人和許多海上帝國勢力一樣是從當海盜起家，也從來不曾根除好勇鬥狠的天性。中古時代興起於地中海的熱那亞人與加泰隆尼亞人，都是從掠奪地中海穆斯林地區的貿易開始打天下。號稱「航海者亨利」的葡萄牙王子的海盜行徑曾招致許多抱怨，有心拓展大西洋勢力範圍的亞拉岡國王尤其不滿。一四九〇年代在大西洋上拓展勢力的西班牙航海者，有許多是在前二十年間在葡萄牙到幾內亞的這條航道上受過海盜私掠的訓練。歷史學家追溯大英帝國的肇始，通常（雖然有些難以置信）指向伊莉莎白一世在位期間英格蘭海賊打劫西班牙人的行為。荷蘭人效法西班牙人和葡萄牙人遠程航海，也從活躍的寄生蟲行為開始，逮到機會就飛過去叮一口。在十七世紀中國人的眼中，東方海域上的荷蘭人乃是諸多海寇之一種：

> 吾人稱之為紅毛者即居於西洋之荷蘭人。紅毛性貪婪奸巧，善識貨品，精於牟利。為圖利甘於冒死，不料程途遙遠。……凡與之為伍者必遭其劫奪。[35]

海盜事業成功帶來的獎賞就是有了自己的帝國版圖。荷蘭的領導人雖然口口聲聲說自由貿易，其實一直固守著「生意要靠打仗搶到手」的觀念。到後來，戰事的沉重代價成為毀滅力，荷蘭國土太小不足以維持戰爭所需的人力，帝國版圖擴得太大而不可能保住所有的前線，控管系統太扭曲而防堵不了詐騙、走私、無照經營從中撈取油水。到了十八世紀，荷蘭人撤出了許多海岸、漁場、貿易，在爪哇開闢了種植甘蔗和咖啡的帝國，以後的勢力發展也越來越往這裡集中。集體往海上謀發展的志業雖未消失，卻已經減弱，召募人員越來越難。阿姆斯特丹的寡頭政治家放棄了積極經商，轉入收租、放利息等風險比較低的生活方式。尼德蘭高級文化之中原有的明顯荷蘭特色，因為歐洲意識與法國風尚占據優勢，已經大為淡化。

過渡到上述狀況之前，荷蘭人不但已在世界上擴張版圖，也在自己家裡建立獨一無二的文明。如果說文明的根本意義在於改造生活環境，有資格登上首要地位的應該就是十七世紀荷蘭工程師填海造地的壯舉。十七世紀中葉來訪的一位英國人曾對荷蘭的泥濘表示鄙夷，卻也不甚情願地佩服荷蘭人是「為大洋劃定界限且對它招之即來揮之即去的一群神」。[36] 用風車抽水是使那個時代能突飛猛進的一項新科技，荷蘭人因為精通水力工程而成為世界各地湖泊沼澤排水工程爭相禮聘的人材。一五九〇到一六四〇年間，荷蘭造陸面積計有二十萬畝。其中有一萬七千五百畝是工程大師李格瓦特在阿姆斯特丹以北用四十三座風車完成的。[37] 鑿運河與築堤壩不但能引水到陸地，也能用直角與直線的文明幾何形狀改造陸地。從遠處望去，這片地就像是刻了網格的古典城市。

荷蘭的藝術是環境限制下的產物，藝術以航海事業、改造後的景觀、都市生活、文明的休閒為主題。約翰・伊夫林曾在一六四一年間記述：「會有這麼大量價格便宜的畫作，是因為欠缺可以投入資本的土地。所以常可以見到一個普通農民拿出兩、三千鎊買這種商品，他們的住宅裡掛滿了畫，他們在市集上拿出來叫賣獲利很大。」[38]

阿姆斯特丹是荷蘭「黃金時代」文明的最佳見證，華麗的露台因地層下陷而坍塌浸水，但仍為毒品販子、足球暴徒、邋遢觀光客、糾纏不清的妓女提供了漂亮的場景。適度裝潢、線條簡潔、樸素的裝飾線腳加上許多整齊的玻璃窗，使得凱澤運河段的街屋立面給人一種內斂的感覺，甚至最能代表社會地位的赫倫運河段（昔日富商的豪宅如今成了銀行所在）也是如此。阿姆斯特丹當年的富豪可以在外表上如此低調，是因為他們引人側目的財富都在房子裡面展示。如今你往這些改成現代化辦公室的建築裡望，仍可看見彩色悅目的天花板繪圖之下有洛可可雕塑的柱飾以及精雕細琢的壁爐架。十七世紀晚期一位經濟學家向讀者保證：「像阿姆斯特丹的許多商賈和紳士的住處這麼奢華宏偉的私人家宅，別處不可能看到。」室內到處是掛畫和大理石雕，庭院裡也有，「鋪張到了荒唐的地步」。[39]據說荷蘭盛行的喀爾文教派價值觀是講求「內心世界苦行禁慾」的，如果這種價值系統確實存在過，大概也只到大門口就止步了。[40]

人們最渴望得到的物品都是本地最難得一見的，幾乎每個社會皆然，不論是多麼貧困或多麼不貪婪的社會。[41]但是，收藏者心態走到極端就成了文明症候群的急性發作：把東西從它本來的環境硬生生拿走，安置在只有人類的想像力能夠發明出來的「聚寶盆」裡。羅馬尼亞地毯、義大利玻璃、波斯絲綢、莫斯科大公國的皮革、哥倫比亞翡翠、印度藍寶石、中國花瓶、日本漆器，以及用土耳其原產鬱金香培植出來的各式品種，都是畫家在描繪生活實景的畫面中隨處安排的消費象徵。這些都是外國來的東西，在擺設者眼中看來，產地越遠越是上品。把它們融入完全荷蘭式的建築和裝潢場景之中，也顯出這文化有其與眾不同的藝術風格。荷蘭的社會也獨樹一幟，是獨特的小資產階級社會，貴族和窮人被擠到了邊緣，社會的「垂直結構」被取代，多數城市居民是中產階級。哈斯畫的群體肖像中的人物雖然貴族架勢十足，梅茲與傑若・德・博赫的風俗畫之中的經濟秩序卻已成形。

❖跨出海岸：界定沿海文明❖

上述沿海文明的腹地雖然都很狹窄，其沿海地帶卻都很長。斯堪的納維亞人到美洲、腓尼基人到大西洋都是逆風而行的。遠程航路可以說是海上的工程建築，是人類挑戰環境的作為；雖然不能在海面上留下固定不變的刻痕，卻可以用海上航道標示自己的大自然地圖。有些十分富裕而且有發明力的社會在跨出海岸之後，所發展的也不過是在本地或區域內的海域進行捕魚和貿易。史前歐洲的例子中，最驚人的莫過於瀕黑海岸的瓦爾納。早在烏爾（位於美索不達米亞）與特洛伊的寶藏埋入地下的兩千年以前，一位國王手持金柄斧、陰莖鑲著金套子在瓦爾納入土，周圍排列了近千件各式各樣的黃金飾物，包括上百顆飾鈕或飾片，應該是釘在一件金光閃閃的斗篷上。這一座墓裡的純金就有三十一磅五十盎斯之多，其他有豐富陪葬品的墓是象徵式的，裡頭沒有人的遺體，只有陶製的面具。這個墓葬的來龍去脈無人知道，只知道它靠近一些歷史最悠久的銅礦和冶金作坊。當時的銅礦和作坊集中在多瑙河中游，是早期神話故事中變形魔法的發源地，故事中的鐵匠都是極有威力的人物。離此不遠羅馬尼亞境內的塔塔里亞出土了一批泥字板，上面刻的東西非常像是文字。因為看來太像，所以最初檢視它的一些學者推斷，這是受美索不達米亞影響而傳播的書寫系統；矛盾的是這批字板是從比最早的蘇美書寫系統還要古老得多的地層中挖出來的。[42]

儘管沒有或不可能發展遠途貿易、但因與海洋接觸而受極大影響的其他海岸包括，非洲西部下方尼日河貿易進入沿海運輸之處，這裡被不利的風向與洋流阻撓而不能拓寬發展；北美洲的太平洋岸（見第十七章）；毛利人貿易與打仗的地帶；祕魯海岸的輕木筏航行範圍，傳說中印加君王土帕克·尤潘基是從這裡航往「黃金島」；[43]墨西哥灣，在哥倫布時代就有往來暢通的獨木舟在沿岸航行與在島嶼之間運輸，哥倫布曾經在宏都拉斯灣遇見馬雅人的大型貿易用獨木舟，他與同行的指揮官馬丁·平松在加勒比海一帶的航行還是靠土著帶路。[44]然而我認為，上述沿著海岸興起的文明應該被認定為是受岸上環境所形塑，受海洋的影響相對較少。

真正的海岸文明應以遠程航海為職志，這種文明，如果按地球上海洋所占的面積與靠近海岸居住的民族來計算，其實少得出乎我們意料。有些海岸被結冰限制或圍困；有些是背風岸，遭受著逆風與不利的洋流；有些海岸面向著敵人可以輕易巡邏或包圍的海域，敵人還控制著關鍵生死的海峽；有些海岸住著無意往海上發展、等著別人上岸來看貨色的「消極商人」；有的海岸太貧窮或太遍遠，要等到成為外來客或殖民者的經濟系統可以利用的貨物集散地或中途補給站以後，才確立了遠程接觸。西北澳洲雖然與近海的東南亞季風系統緊密連結，卻幾乎一直沒有人往那裡去。遷徙到這兒來的原住民（乃是發展超前的海上旅行者）也許是在四萬年前來的，此後只有極間歇而漫不經心的貿易行為。而靠著航海技術到這兒定居的人，也把原先精通的航海術忘得一乾二淨。

東非洲雖然可能在季風系統的幫助下航向外海，以及雖然曾經有大規模本地貿易商在內陸做生意（自古就有），海上運輸卻一直都是外來人的事，他們只有開發往阿拉伯南部和西部的少數路線。北美洲的原住民本來可能有意利用風勢——出海有西風之助，回程也可以乘東風之便，然而，就我們所知，從來沒有人試過（雖然聰敏而不按理出牌的一位學者編造了一個奇想之旅，說加勒比海土著婦女在一四九二年之前航海「發現」了哥倫布）。[45]人們不願從西邊做大西洋的遠程航行，大概是基於文化的理由，但我們無從知道究竟是為什麼。

從這些靠海卻不航海的例子可以看出，近代以前出現沿海文明的地方只限於腓尼基人與斯堪的納維亞人的地區（即地中海與瀕大西洋的歐洲），以及亞洲靠海的地區。這些地方的有些人一向被歸入航海世界，例如印度的古吉拉特與庫契的人都是老水手，懷有工業革命以前最了不起的航海科技；印度南部的卓拉人，以及在中古時代與他們爭奪海上霸權的南亞對手；心繫海洋的荷蘭人；無法禁止它發展商業活動的福建海岸文化——歷史上大部分時候海運量與貿易價值的世界紀錄保持者可能都在這裡。下兩章中還要談到比較不常被歸類為航海社會的日本人、阿拉伯人以及古希臘人。

13

追逐季風：亞洲的沿海文明

CHASING THE MONSOON: Seaboard Civilizations of Maritime Asia

日本．航海的阿拉伯．東南亞．科羅曼德爾與古吉拉特．福建

天空是黑的，海是白的。它像香檳般冒著泡沫，湧到距我們站立之處不過幾呎遠，颳過來的海浪泡沫刺著我們的臉。不難想像中古時代的阿拉伯人為什麼認為風是從海底颳上來的，而風往上衝入大氣時會使海面的水沸騰。

我們站在強風中搖晃，彼此扶持歡樂成一團。站在我旁邊的一個皮膚蒼白的高個子男人大聲問我：「先生，你從哪兒來的？」

「英格蘭！」我高聲答。

這個訊息被風與浪掐住截短，變成一個漸弱的和絃，傳遞給他旁邊又旁邊的人。

「你為什麼跑來這裡？」

「為了這個！」

——亞歷山大．弗萊特，《追逐季風》

❖乘著颱風的人：航海的日本❖

即便是今天，大部分的日本人仍然住在他們向來居住的地方——被後面的山擠在窄窄的海岸上。他們偎著的海是可利用的，但也是可怕的，這海沒有名字，但自有顯而易見的一統性：從東京灣到九州的太平洋岸日本，小海灣與航道都是同一個系統。愛德蒙·布倫登的詩寫出了日本的土地與海洋共生，按西方人的標準看，他對日本已經有著非比尋常的理解。我寫這一章的時候正展讀他在一九五三年寫的一首古怪十四行詩：

「船啊，風將要再一次
把你逼入深海。」
老詩人便是這樣
對一個古代民族說。
如今每位欣賞日本的老者
可能記起他的話；
容光煥發的船就要離泊——
看它多麼閃亮！
海洋、波濤與潮流，
仍然有不解的謎。
沒有一位船長知道所有答案或所有測深；
這是片陌生之海。

CHAPTER 13
追逐季風：亞洲的沿海文明

祝願這艘船與所載的一切，
有順風能伴隨它與它勇敢的同伴。[1]

日本人雖然未必被歸類為航海民族，但他們的確是不折不扣的航海民族，自古以來就仰賴變化莫測又不友善的大海與外界交通，主要的食物也來自大海，根據《古事記》的神話傳說，掌管海原的素盞嗚尊性格變化無常，時而凶暴時而英勇。在與掌管高天原的姊姊天照大神簽訂互不侵犯條約後，就開始為非作歹，破壞天照大神的田地，填平灌溉用的水溝，放掉閘溝中的水。傳說說明了在內陸耕作稻米是多麼辛苦的事。[2]在一八二〇年的一幅畫中，顯示出日本歷史中的重大弔詭：一個瀕海的民族竟然長久處在孤立狀態。陸地風景是按水手慣用的識別地標來畫：有城堡、寺廟、山峰、可利用的港口。島嶼圍繞著海灣，似乎往外伸出要擁抱大海，突顯出活躍船運，以及陸地與水的親密關係。

按日本最早的傳說，海神的女兒把魚鉤、財富、勝利賜給火遠理命，在他的夢中化為一條龍：就如盤繞的蛇，在日本航海者面對颱風所捲起的海浪中很容易認出來。[3]中古時代幕府主政時期，日本的政治軸線叫作「海道」，連接起京都的朝廷與鎌倉的幕府將軍府。[4]按著名的詩歌描述，尊佛的儒士在這個海岸上於睡夢中被海浪打溼了衣袖。[5]第三世紀末，一位中國諷刺作家曾經取笑日本人出海時要在船上帶一位虔誠者出海，目的是為了保平安：他們渡海到中國時必帶的一名人選是不梳理頭髮、不除身上蝨子、衣著骯髒、不吃肉、不與婦人同寢的人。……如果旅程順利，同船的人都贈送奴隸與珍寶給他。如果航程中有人生病或發生不幸，他們便立刻將此人殺死，因為他沒有謹守禁忌而導致悲劇。[6]

公元四世紀晚期與五世紀早期，日本人最初建立的倭國從關西往海上擴張，及於鄰近的海灣和島嶼。日本船隊也投入了高麗的戰爭，[7]據說日本在公元七世紀的海軍有四百多艘船。[8]海也是文化的來源：稻米種植、冶金術、書寫文字、鑄幣、佛教、帝國政府官僚的模型，都是從中國和高麗傳來。沖島（福岡縣）神龕周圍多岩石的樹林地，發掘了許多還願供品，是日本自四至九世紀與外界接觸的片斷紀錄。[9] 傳統的新年船按習俗要定期「把世人從夜晚喚醒」。[10] 浮世繪的畫面中經常出現船隻被海妖折磨或經歷風暴、忍耐無風之苦。至今日本最著名的藝術作品也許就是葛飾北齋於一八〇五年前後所畫的《神奈川沖浪裏》，圖中捕捉了巨浪化作泡沫之前的兇猛一瞬間。[11]

記述公元九三四—九三五年渡海返鄉之旅的《土佐日記》道出了海的險惡。未署名的作者自稱是一名女子，據說是一位省長之妻，記錄的是超過一千年以前從四國南部的高知縣前往大阪灣的航程。地圖上的這一段路看來很短，但是以當時日本的背景而言，這算從遙遠的邊疆走回首府。作者說：「人家說日記是男人寫的。現在我倒要讓別人知道女人家能寫出什麼來。」

作者描述自己的部分時常受到質疑，因為許多人不相信這會是女性的作品[12]。但其實當時日本最卓越的作家就不乏女性，而女性也是數十年後日本文壇的要角。由於《土佐日記》不是用日本男性寫作時慣用的漢字撰寫，用的是日本假名，這部作品在日本就被歸入女子之作。但認為作者是男性的另一派學者則提出了兩個理由：第一，當時沒有女性撰寫類似的作品。但這個論點是可疑的，因為經嚴格認定，那個時代的文學作品中幾乎沒有這種文體，也根本沒有男性會自署為女子，或者用日本假名來寫作。第二個理由主張，《土佐日記》之中，某些幽默的表達方式不可能出於女性之筆，尤其是風颳起女人裙裾之後的窘迫場面。[13] 但這也許是因為隔著上千年的時間與文化距離，難以領會當時的諷刺，這種幽默結合作者對中國詩引經據典的學識與漢文不夠好的自謙，可能是故作姿態或者是欲蓋彌彰。可以確定的是，窘迫場面是不分男女一樣好笑的，這部作品所表達的是真實的。

通常讀者因為一部佳作而欣喜的時候，讀者可能會忘了考慮文學技巧與內容事實之間的差距。然而，《土佐日記》中加油添醋的部分即便令人認為這些事情不大可能全是真的，讀來仍會覺得是十分可信的日本海域真實經驗。

《土佐日記》處處流露對海洋的恐懼。航程一開始，旅行者在「持續一整天到夜晚」的送別中祈禱「渡海平安」，並且進行搏取海神好感的儀式，把符咒和珠寶、鏡子、祭奠的米酒等獻禮投進水裡。船要啟航了，划槳手全身緊繃。「惡風阻止我們前進。雲散去後，我們於黎明前出發。我們的槳刺破了月光。」航行了七天之後，他們被逆風延誤，在大湊苦等了九天，寫詩歌端莊地抒發渴盼之情。下一段行程中，他們帶著不祥之感划離海岸的安慰，「越來越往海裡去。每一落槳，岸上崗哨就退得更遠。」恐懼漸增，山與海都變得黑暗，舵手和船伕唱起歌來激勵大家。到了室戶，惡劣天候又耽擱了五天時間；等到終於再啟航時「船槳刺破月光」，突來的烏雲令舵手警覺：「要起風了，我要回頭。」接著卻發生戲劇性的心境二度轉折——黎明天氣大晴，「船主焦急地左右觀看海面。有海盜嗎？可怕呀！……我們每個人都急白了頭髮。」作者承認自己害怕，文謅謅地求告神祇：「諸島的大神，您可知拍岸的浪花與我們頭頂之雪孰白？」

躲避海盜的技巧各式各樣：向「諸神佛」禱告；朝著危險所在的方向拋下紙符咒，「符咒漂走」的同時，祈求「保佑船速加快」的禱告便上達天聽。最後，船員們決定乘夜划行，這是危險的應急手段，只有迫於更大的危險時才採此下策。他們在掠過鳴門外恐怖的阿波漩渦時又不停地禱告。航程進入第三個月的頭幾天遇上強風，一直不得前進。舵手陰沉地低語：「船上有住吉三神（海神）要取的東西。」再怎麼投下符咒紙也是徒然。一籌莫展中，船主宣布：「我要獻上寶鏡！」於是將寶鏡投入海裡，風便轉了向。船於次日輕鬆進入大阪港。作者寫下結語：「我們經歷了許多難忘之事與苦難之事，但不能一一備述了。」[14]

因為是日記體，可以精確算出航程的時間。啟程是十二月二十二日，次年的二月十六日才到達目的地。這一趟全程不過六百四十公里的海路，在海上與進港等候順風的時間總共六十九天。行進這麼緩慢的原因不一：地位高的乘客可能為了表現威儀而放慢步調，他們可能比一般人更不願意乘夜晚趕路；船大船伕多，所以為方便取得淡水與補給品必須靠近海岸行進，而不能走空曠海域的捷徑。如果這是一次拖得最久的航程，六十九天的時間還是太長了。不過，也許作者是為了戲劇效果把時間拉長，以便把精采的插曲都安排進去。即便是這樣，時間應該也不會長得過分，否則就顯得失真了。

從日本水域航行之艱辛可以看出，日本帝國主義為什麼等到輪船問世以後才大展身手，這比用什麼固有的鎖國心態來解釋都明白易懂。除了最鄰近日本的諸島嶼之外，朝鮮和中國都曾間或成為日本帝國主義垂涎的目標。但是，日本人若要從東邊到亞洲大陸的朝鮮和中國只能走可怕的颱風帶，這得冒著船在背風岸撞毀或在越南的東京灣被岩石砸爛的風險。日本人偶一為之的印度洋航行（例如第十世紀的《宇津保物語》主人翁所說的被怪風颳到波斯之旅），竟然藉季風就能迅速完成遼闊旅程，令日本人大感意外。相形之下，日本海域的風就顯得成事不足。

季風對日本的遠程航行是阻力，對沿亞洲西邊海岸的航行卻是助力。拜季風系統帶來的順風之賜，印度洋的一些沿海文明在中古時代就有非凡的發展，而當時只有斯堪的納維亞人曾渡過大西洋，而太平洋仍是不可渡越之海（見第十五章）。其中最可圈可點的，就是阿拉伯人寫下的一頁。

❖季風帶來的商旅大隊：阿拉伯人及其海域❖

西方的遊記作家和電影人給我們營造的阿拉伯人印象，充滿了浪漫的傳奇與沙漠的無情。甚至阿拉伯人的自我形象也透著海市蜃樓般的感覺：他們過度美化了居住在沙漠中的貝度因人和他們帳篷式的營地生活。

其實，真正的沙漠居民從來就不多。阿拉伯人所創造並傳播到世界各地的文明，孕育於狹窄而肥沃的長條海岸地帶，介於沙漠與大海之間的阿拉伯半島部分邊沿地區。特別是阿曼、哈達拉莫、葉門的海岸地區，都有相同的創造沿海文明的地理條件：陸地可以維持生計，但是沒有往陸地再擴張的餘地，除了往海上發展，再沒有擴大可用的空間。

阿拉伯文明的起源就是沿海文明，這可以有兩種意思。因為沙漠也是一種海——無人居住、看來沒有道路、不斷被風吹得捲曲變形。沙漠中的島嶼就是綠洲，沙漠也有可以利用的資源——雖然通常比海洋的稀少；最重要的是，沙漠是人們必須越過的障礙。在早期阿拉伯的歷史上，海與沙漠的作用是相似的。舉例來說，航行紅海比越過西部阿拉伯沙漠更艱難。據中古時代描寫航海最傑出的作家伊本·馬吉德所述，紅海「暗藏著許多無人知道的地方和事物」。十六世紀晚期的人依然認為紅海「險惡更甚大洋」。[15]正是因為紅海太不利於船運，古代曾經渡過紅海的人莫不以此為傲——例如埃及女王哈茲赫蘇特派往遠方購買香料的水手，都在她建於公元前一千五百年前後的陵墓廟宇牆壁上留下名字。（一直到公元前四世紀的）絕大多數時候，從遙遠的東方運到葉門的貨物會移交給駱駝商隊再運到埃及或敘利亞。

甚至條件最好的海岸地區，也不是輕易就能建立航海文明的地方。阿拉伯海岸從來不曾出產造船所需的大量木材、沒有可航行的河川，就海岸線的長度而言，一等港也太少。波斯灣沿岸適合船隻停靠、補給淡水的港口始終不足，而且間距又太遠。甚至季風系統（這大自然賜予航海民族的寶貴禮物）也難以配合早期阿拉伯航海者所需。印度洋上赤道以北，冬季都是颳東北風，其餘三季的大部分時候，則固定颳南風和西風。貿易船和探險船若能把航程安排在可以利用季風的時節，就能有把握順風去順風回；此外，洋流也完全跟著風向走。所以，印度洋是世界上最早的遠程航海舞台。反觀阿拉伯海——阿拉伯人必須穿越的這一段印度洋海灣，全年都有暴風肆虐，季風又強烈到危險的地步，要想穿越非得有高強的造船本領不可（見第十五章）。

阿拉伯的早期考古資料如今仍不完備，不過新的工作成果正持續加入。根據現今阿曼境內的發現，公元前五千年便開始有定居農耕的生活方式，當時種植的作物是高粱，馴養的動物包括狗、駱駝、驢、牛，可能也馴養了有駝峰的瘤牛，這些居民留下一堆堆的椰棗果核。到了公元前三千年，阿曼（巴林可能也是）開始成為印度與美索不達米亞之間的重要貿易通路。從公元前三千年的早期開始，楔形文字的記載之中就常出現「迪爾門」這個地名，位置雖不確定，但必然是在這個區域之內。公元前兩千三百至兩千年的這三百年中，「麥甘王國」這個名字也常在楔形文件中出現，一般認為指的就是現今的阿曼。[16]

阿曼在這個期間也增添了石造建築、印度河谷式的裝飾圖章，並獲得擅長熔煉黃銅的名聲。已有充足證據顯示，阿曼的鍛造業除了煉製本地礦藏的金屬，也煉製外地輸入的金屬與礦砂。公元前三千年的末期，這個區域的貨物集散地落在巴林，迪爾門也變得與巴林島關係特別密切。在公元前兩千年至一千五百年間，用加工鑿磨過的石灰岩所興建的廟宇，證實了當時的繁榮盛況。同時期的葉門（阿拉伯半島富饒的西南角）興建了複雜的灌溉系統，並發展了芳香劑的出口貿易，輸出當地盛產的乳香和沒藥。從衣索匹亞、索馬利亞、印度的貨物都由葉門的掮客經手，或是必須繳交通行費給當地的政府或部隊。

印度河谷文明萎縮，也牽連了阿拉伯的經濟（見第八章）；阿拉伯文明顯然因而停頓，一直到公元前七百年以後，印度洋貿易恢復了榮景才改觀。亞歷山大大帝死前曾經表示想要從海上進行征服東阿拉伯之戰，這並不是突發奇想。當時的東阿拉伯包括宏偉的大城泰吉，用鑿磨過的石材修築的城牆共長二五四〇公尺，城牆厚度平均有四．一四公尺。[17]海岸上的城市葛拉（位置可能在現今的阿爾朱拜一帶）曾是阿拉伯香料與印度製造產品的集散中心。大量的哈薩文書仍在持續出土。富裕的中途站菲拉卡島曾經在公元前三世紀與前二世紀先後被波斯與希臘殖民者占領，可想而知這裡是有貿易良機的。[18]

公元前一百年到公元一百年之間，阿曼在羅馬與希臘人的記述中一直是名聲響亮的商業中心。葉門則是一個人們「日常生活就要燃桂皮與肉桂香料」的地方。用希臘文寫的「印度洋指南」作者認為，「似乎任何民族都不如賽比亞人和葛拉人富有。凡是從亞洲運到歐洲的東西，他們全都承銷。是他們使敘利亞變得多金，並且為腓尼基人的事業提供有利可賺的貿易和上千種其他東西。」[19]

阿拉伯的航海歷史再度中斷——或至少是幾乎從現存古文獻中完全消失，是在「黑暗時代」，也就是史學著作所指的先知穆罕默德興起（公元第七世紀早期）以前。[20]穆罕默德對他影響所及的每個層面都產生革命性的衝擊，他所創的伊斯蘭信仰不但是一種宗教思潮，也是一種生活態度、一個社會藍圖，備齊了一套完整嚴謹但很務實的道德律、一套品行修持的戒律，以及民法概要。

猶太教與基督教，加上對於阿拉伯地區異教傳統固有的儀式與教導的尊重，共同啟發了伊斯蘭教。伊斯蘭學者深信穆罕默德是真主的使者，以世俗的用語來說則是「至聖」。他的教誨與以前的宗教信仰都無關，斷然脫離過去而獨立。但是，早期追隨他的人顯然以「易卜拉欣」（即亞伯拉罕）的子孫自居，是夏甲之子以實瑪利的後代。他們顯然也從巴勒斯坦的阿拉伯商人社群中接收了一神教與上帝選民的概念。[21]就世俗的層面而論，穆罕默德似乎與他以前和以後的許多先知一樣，因為看不慣周遭社會中的浪費、不平等、混亂無序才憤而進行改革。

但是，他自稱所倡的教誨源自真主，是由天使親自傳授給他的。《古蘭經》便是真主頒降給他的完整啟示，因為教導確鑿而使人拜服，如今信眾數以億計。穆罕默德逝世後傳給後人一種強悍有力的社會組織方式，一種通過他得到真主啟示的獨一無二信仰之路，以及向不信主者開戰不但有理而且神聖的信念。為主道而戰的人被應許死後進天國享受和人世間一樣的逸樂。穆罕默德傳給後世一種在組織上和意識形態上對抗潛在敵人的優勢。他逝世不過一百年，指定的繼承者就以「信正道者的統帥」之姿建立了西方世界有史以來最大的帝國。

伊斯蘭教得以傳播到軍隊勢力所及之外的地方，靠的是比較隱形的文化力量——阿拉伯貿易商。貿易把活生生的信徒範本帶到各城市，安置穆斯林擔任港口監督、海關官吏和專賣者的代理。傳教的人也循著貿易航線而來：有尋求贊助主的學者，一路上力行穆斯林勸人皈主的誓約；有積極的靈修者尋求鍛鍊機會，找在地的薩滿巫師挑戰苦行與特異功能。蘇菲教派的人士在某些地區功不可沒。蘇菲派信徒是伊斯蘭教神祕主義的一支，能與通俗的萬物有靈及泛神論信仰感應共鳴而「領會到真主比自己頸子上的血管還要親近」。十五世紀早期，麻六甲的王朝結盟引入伊斯蘭教，以後蘇菲信徒便聚集在這裡。一百年後，麻六甲被葡萄牙人攻陷，蘇菲信徒便轉入爪哇與蘇門答臘。十六世紀晚期與十七世紀，蘇門答臘西北的亞齊成為培養蘇菲傳教士的首要據點。蘇菲傳教士一旦出發，或是他們的論述一經流傳，就會撒播狂熱的神祕主義種子，有時候論點未必符合正統，例如主張千年王國論的詹思丁，自認是末世的先知，但一六三〇年他死後，所有的著述都遭到焚毀。

阿拉伯文明既受穆罕默德影響而徹底改變，也因為伊斯蘭教的傳播而改變。當羅馬與波斯衰敗時，原來希臘、羅馬和波斯擁有的醇厚藝術與學識傳統落入穆斯林手中，使阿拉伯的文化遺產更豐富。阿拉伯人在伊斯蘭世界一直是顯要階級，但是帝國既然擴大，地位和權勢就得與其他民族共享。因為《古蘭經》是以阿拉伯文寫成，阿拉伯語一向都是伊斯蘭世界的統一力量，但十四至十七世紀的擴張使伊斯蘭轉變成多語言的社群。伊朗語、土耳其語、烏爾都語、馬來語，以及通行程度略低的蒙古語和其他中亞語言，都在伊斯蘭世界達到與阿拉伯語並行的宗主地位。在此同時，征戰與皈依的信徒正順著海洋一點一點把印度洋變成一片伊斯蘭海域，在幾乎無從察覺的情況中逐步改變（見第十五章）。

甚至阿拉伯人的身分認定也在擴張的伊斯蘭世界中變了樣。如今世界上有數以千萬人的祖先不是來自阿拉伯半島卻自認是阿拉伯人，以阿拉伯語為首要語言。最初造就阿拉伯文明的沿海社群，只占現今阿拉伯人的極少數。伊斯蘭世界已經不只是一個沿海文明，其中包含數量極多的陸地遊牧者與大陸內地居民。不過我們只需看一看今天的伊斯蘭世界地圖就會發現，伊斯蘭文化多少世紀以來的傳播都延續著從海上航道與沙漠路線推進，走的路與最初阿拉伯文明連結外面世界時所走的相同。最東端是渡過阿拉伯灣與印度洋傳出去，與其他更古老的沿海文明相遇，並且讓伊斯蘭教的種子在這裡開花結果。按佛教的宇宙結構觀，這裡是世界的八千天下地止於水的邊際。[22]

❖蛇之環：東南亞的海域❖

我們稍一大意就會忽略發源於距離海洋很遠的東南亞文明，這些重要的文明可能在全盛時期也與海洋沒什麼關係。吳哥古城自始至終都是一個內地的、以務農為主的國家。伊洛瓦底江中游的蒲甘情況也幾乎一樣，雖然與緬甸沿海的貿易社群維持合作關係——在十一世紀時還成為任意掠奪這些社群的霸主，但它基本上仍是個內陸國。[23]中古時代的爪哇以及近代早期的馬打蘭（在印尼）就傾向往海上發展，但投入的主要是高原內地的戰士貴族，而他們的大廟宇與大都市都建在內陸。越南人建立的國家開始從事航海，是以紅河的稻田地區為根據地。南亞與東南亞的每一樁大規模的海上貿易與海上勢力擴張行動，都有種植大量稻米的農業腹地為後盾。相較於前文談過的大多數例子——腓尼基、斯堪的納維亞、荷蘭、阿拉伯沿海，以及較特殊的日本，東南亞與南亞地區的沿海居民有很多選擇的餘地，海上的遠景很好，陸上的也不差。福建省的處境其實頗類似，容後文再敘。

就我們所知，第一個下定決心放眼海上的國家是扶南國，領土沿著暹邏灣海邊，壽命相當短。中國在公元第三世紀注意到這個地區的潛力，官員們特別挑中扶南為進貢貿易夥伴。這裡的文化幾乎可以確定是從印度傳入；按中國的史料記載，這裡是知識的寶庫，富裕的程度足以繳納「黃金、白銀、珍珠、香水」為稅金。[24]在中國對印尼及孟加拉灣的貿易裡擔任中介，奠定了扶南繁榮的基礎，但是如果中國與這些地方直接進行貿易，其實是比較節省成本的；佛教僧人從海上前往印度求法，證實這樣做是可行的。最具代表性的人物就是第五世紀早期的法顯，他在《佛國記》中激昂陳述搭乘漏水船隻在海盜橫行的海域歷險的情景，卻似乎無法阻止後繼者。[25]扶南後來被高棉併吞，有心建立海權帝國的國家便向外移到印尼的群島。

蘇門答臘海岸上的室利佛逝（即三佛齊），在公元第七世紀的中國史料開始提及時，便已經很有規模了。公元六七一年義淨（唐代僧侶）路經此地，發現首都的僧眾已多達千人。室利佛逝是收港口費又窩藏私掠船的國度，背後有河川相互銜接的陸地為後盾，用以供應所需的士兵和稻米。宮廷裡因為有印度教和佛教的學者助陣而文雅精緻，但同時仍保有異教施法術的傳統，用法術對大海威迫利誘曾讓親眼目睹的穆斯林大感驚奇。據說室利佛逝的「邦主」施法術使鱷魚幫他守衛河口，並且年年以金磚為禮博取海洋的善意。[26]當然這如果與威尼斯人在類似儀式上的花費比較，其實也不算太揮霍（見第十一章）。

法術奏效，巨港這個首都也就變成商人們熙來攘往的地方，連這裡的鸚鵡都能說四種語言。[27]室利佛逝的航海實力集中在崎嶇不平的蘇門答臘東岸，有外圍島嶼和紅樹林濕地、有深海灣和船舶避險處、有天然的珊瑚礁防衛、有充裕的魚和龜可以捕食。[28]這裡發展沿海文明的潛力因此顯而易見。不是室利佛逝的強盛與存活（十一世紀初的一位廣州貿易行政官員曾說「人人皆云其強盛」）要仰賴中國的惠顧，尤其是購買檀香和乳香，室利佛逝還為此設置了主要貿易站，當然這也還要仰賴海上安全。

室利佛逝在第八世紀時有一個爪哇的競爭對手，即所謂的「山之王國與南海帝國」。公元七六七年，中國軍隊把來到越南北部東京灣的爪哇侵略者逐離了西山。七七四年間，他們劫掠了安南的南岸：占族的碑文膽顫心驚地描述著：「那些生在異地的人，食用比人屍更恐怖之物，令人恐懼。他們非常黝黑而消瘦，如死亡一般可怕險惡，乘著船而來」。七七八年間也有碑銘記載「乘船來登岸的爪哇軍隊」的侵略事蹟。九一六年貿易商蘇萊曼的回憶裡，有一則關於某位「年輕而暴躁」的高棉國君的故事，這位國君肆無忌憚地說希望看到南海帝國皇帝的腦袋「用大盤子盛著端上來給我」。南海帝國皇帝便率領一支快捷而隱密的遠征軍「直往柬埔寨而來。他輕而易舉逆河而上到達首都，進入王宮，逮住國君。……『我只想用你希望拿我試驗的方式對待你，不騷擾你的國家就回去。』」他便立了一個新國君，把斬下的舊國君的頭送給新國君當作禮物與警告。「從那時候起，高棉人每天早上都面朝著那皇帝的方向拜倒，向他敬禮。」[29]

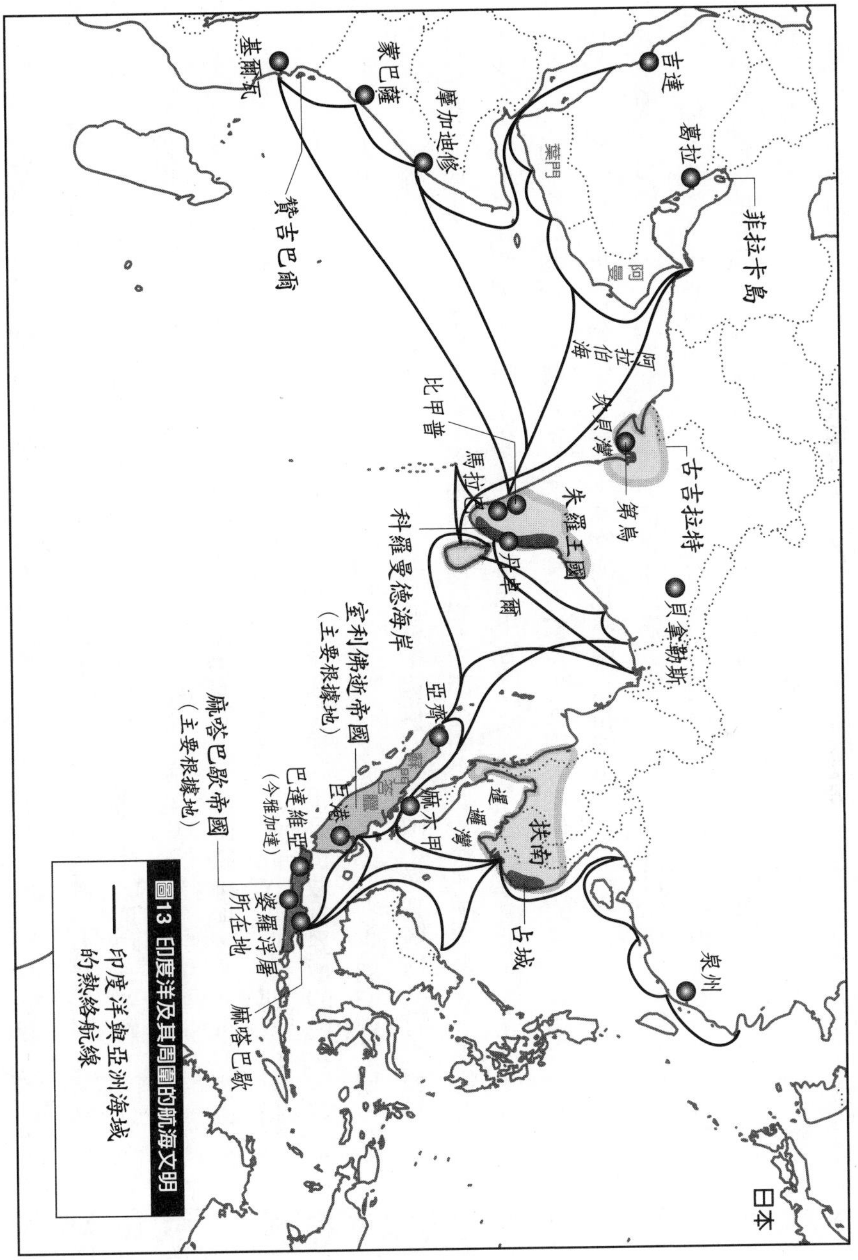

圖13 印度洋及其周圍的航海文明

那個時期的一大弔詭是，蘇門答臘留下貿易與擴張勢力的紀錄，卻沒有留下大型紀念建築；爪哇留下大型紀念建築，卻沒有貿易的紀錄。不過爪哇另有更清楚的航海功業證據，不是用文字而是用雕刻來記錄。如果要按本書提議的標準來判斷文明，爪哇的確有一些時段可以評定為最精采的時候，尤其突出的是公元八、九世紀夏連德拉王朝大興土木的時代。室利佛逝強盛時代的爪哇君主們，因為沒有發展海上戰略的急迫性，所以能把大量的財力與人力投入佛寺建築，成果甚至超越了印度。佛寺中的巨大宇宙圖示似乎在宣示，唯有贊助造佛寺的爪哇君主，才能擁有登上天界的特權與統治人世的權威。

最令人驚歎的遺址是婆羅浮屠，大約建於公元七八〇至八三〇年間，正值夏連德拉王朝興盛之初，共使用了五十萬塊大石材。這不但是一個新興王朝的自我彰顯，也是佛教世界觀的體現。當時佛教在爪哇的權勢最高層裡還算是比較新的潮流，婆羅浮屠顯而易見是原來建印度教寺廟的預定地，但居主導地位的宗教信仰卻突然改變的結果。[30]這批建築的外觀模仿後方的群山，從某些角度看比那些山還要高，是獨特設計的成果。它們不是寺廟，因為建築物沒有內部空間，而是帶著朝拜者往上走的層層平台，模擬逐步上昇到最高峰的神祕經驗，象徵佛教宇宙觀中心的須彌山。[31]婆羅浮屠不僅僅是宏偉的石造建築，而且是一部石頭寫成的書，用雕刻來提醒人們精進修持。其中表達最明確的就是陳述教化人心故事的浮雕作品，我們也是在這裡見到了未曾留下檔案的那些商人和船主。

最著名的浮雕之一，刻劃的是希盧前往希望之鄉的旅程。希盧是傳奇的僧人，國王盧德拉耶那的忠心臣子。國王的逆子作惡多端，曾打算把父王的靈修導師活埋，幸虧希盧干預而未得逞。希盧聽從忠告逃離宮廷，神奇地躲開了一場將宮廷掩埋的沙暴。浮雕中的他被帶到一處幸福海岸的地方，放眼所見都是穀倉、孔雀、各式樹木、慇懃的居民。他乘著順風的船而來，這船有舷外浮桿，甲板上熙熙攘攘，兩支主桅和船首斜桁上飄著帆。[32]可以知道雕刻者確實看過這種場景的，他清楚知道船的每個細節與功能。

不遠處還有一件這位雕刻家的作品，把航海民族的價值觀表達得更真切。它描繪著船難的景象：船員正把帆降下、乘客正擠入一條拖在大船後面的小船，小船上還安裝了桅桿，這一幕來自一位有德商人麥特拉堪耶訶的故事。麥特拉堪耶訶原是貝拿勒斯的商人之子，父親在航海中身亡。小時候就立志要繼承父業，母親為了保護他，就騙他說父親生前是開店舖的，後來又說是製香料的、是鍛鐵的。他先後投入這三個行業，每次都賺回本錢的雙倍利潤，又把錢財都散給了窮人。其他商人為了除掉他，就把他父親的實情都說了。雕刻者於是呈現了他斷然無情地辭別母親的一景。他隨即踏上商人之旅；每到一個城市都有許多可愛的飛天迎接，而且數目一次次加倍。然而，他在最後抵達的城市裡不但沒有受到同樣的歡迎，反而因為對母親的不孝被綁上苦刑輪受罰。施刑者告訴他，苦刑要持續六萬六千年，直到有人接替他的位置才可以被釋放；他卻要求不要讓別人來受這個苦刑，寧願自己永遠受折磨。此話一出，他立即被釋放，並且昇入了極樂世界。[33]這是經商的世界才會出現的藝術品，這類修持性靈的證據也只可能來自經商社會。它顯示商人的理想精神，說明商人也能成為聖賢與英雄，經商就像朝拜聖地，要一路行善走正道，最終才能成就目標。

然而不爭的事實是，爪哇後來成為先進航海技術與拓展海上事業的發祥地，卻沒有證據顯示在這些建築大興的時代，有可以與室利佛逝競爭的遠洋商業行為。公元九二七年的一件碑銘透露爪哇可能有往海上發展的打算，碑銘上讚揚了僧伽羅人、印度人、孟人（居於緬東泰西）的到訪，[34]不過最後沒有付諸實際行動。史料中查不出東爪哇夏連德拉王朝（婆羅浮屠建築者）與蘇門答臘鄰邦一直以來的關係如何。碑銘記錄或文獻暗示他們曾在不同的時期發生過戰爭、王朝結盟、競爭領土，甚至可能互相征服過，但是資料無法連貫。

中古時代後來的時間裡，爪哇一直是商業興旺而有航海潛力的地方。按公元一一七八年記載：「世上坐擁大量珍寶貨物的富庶外邦，以阿拉伯人之國度為其中之最，其次為爪哇，室利佛逝居於第三，諸多他國又再次之。」[35]帝國復興是在十四世紀中葉從位於夏連德拉權勢中心以東的根據地麻喏巴歇開始。

公元一三六五年間，這裡的一位御用佛教學者文那答．普拉潘科寫了一首詩獻給自己的童年玩伴，也就是當時的國君哈揚．武魯克。這首詩是讚揚國君的頌文，也是向鄰邦誇示國威、聲明積極擴張政策的宣言。詩中詳細描述麻喏巴歇王宮的美妙，說到幾個入口的鐵門，還有「糊了鑽石的」瞭望塔，麻喏巴歇如同月亮與太陽，王國境內的其他「無以數計」的市鎮就如同「天界星辰」。哈揚．武魯克出巡時「有無數輛車輿」的陣式，或是坐在獅形寶座的肩輿上，接受外邦宮廷獻上的梵文詩歌。按詩人的敘述，哈揚．武魯克所統治的國家除了印度之外全世界無與倫比，而事實上它所占據的面積只比爪哇的一半略大一些。由於哈揚．武魯克政策躁進，所以始終沒有把潛在的國力完全發揮出來。麻喏巴歇的野心大得自不量力。詩人列舉的進貢國連蘇門答臘、婆羅洲、南馬來亞、暹邏灣、柬埔寨、安南各地都算在內。詩人甚至把中國和印度都寫成向哈揚．武魯克稱臣，並且誇口說：「其他各大陸已經向英明的君主表示心悅誠服了。」[36]爪哇的勢力範圍根本不能符合這麼大的野心。但是，宮廷詩文流露的侵略精神，已經使麻喏巴歇得以在對抗蘇門答臘商業競爭對手的殲滅戰時撐下去，遠程擴張所必備的技能——造船、繪製地圖、航海，不輸當時世界上的其他地區了。[37]

在此同時，沿著中國南海的各個文化因為靠近富裕的船運航道而漸漸有了轉變。北邊的越南人和南邊的占族人，維持內陸稻米耕作的文化原有數百年甚至上千年的歷史，到了第七、八世紀，海岸社群便開始經歷類似荷蘭模式的轉變：從捕魚變成海盜，從海上劫掠變成經商。到了十、十一世紀，越南人和占族人都成為厲害的海上強權，彼此劫掠兇猛到足以同歸於盡的程度，並且都向中國進貢玫瑰露、希臘火、寶石、檀香、象牙、樟腦、孔雀、阿拉伯花瓶，要求中國援助。[38]這些進貢品都是從貨物集散中心來的。除了在交戰時彼此互掠而來的奴隸之外，兩國都無法自行生產出多少可供外銷的貨品。

❖奶與牛油之海：濱海的印度❖

傳統的印度地誌看來就像閉門造車的產物。世界的中心是須彌山，四大洲（從公元前二百年起增為七大洲）從這個核心向外輻射。從同軸心的一圈圈岩石周圍湧出七個海，分別流著鹽、甘蔗汁、酒、奶油、凝乳、牛奶、水。現存多數圖示的宇宙構造中，七個海以完整圓圈圍繞著地，逐步向外擴，中心看得出是西藏、三角形花瓣狀的印度、一滴露水狀的斯里蘭卡。這種布局圖和誘人的造像隱含了真實的觀察所見：以大喜瑪拉雅山為中心的世界，一個大洋分成多個不同的海，每個海代表通往一個「洲」的通路，或至少是代表一個商機：例如牛奶之海通往波斯，清奶油之海通往衣索匹亞。[39]然而，我們不可以憑這些宗教性的世界布局圖就假定印度人是欠缺航海能力的，正如我們不能看了倫敦的地鐵路線圖就說倫敦人不會造鐵路。

印度的航海能力有多強、航海歷史有多悠久，從《佛本生經》之中收集的公元前三、四百年以後的故事就可以看出端倪。在《佛本生經》中，有時候佛性會展現在商人、舵手身上，這推翻了「東方宗教」反對從商、資本事業、航海生涯的說法。「憑星辰知識」而領航，被形容成有如神一般的天資。菩薩會保佑水手們在斯里蘭卡躲過吃人妖精的種種詭計，並且當場賜給虔誠的探險者一艘不沉之船。貝拿勒斯的一名商人遵從佛陀指示賒帳買下一艘船，出售貨品之後賺到了兩萬金幣的利潤。諸如此類的故事既激勵求取利益的動機，也叮囑品行修持。另一則故事中，有個名叫桑伽的婆羅門因為布施太慷慨而變成窮人，從而決定「行船前往黃金之地，再帶回財富」，途中他便曾受海神摩尼米河羅拯救而逃過船難，這位神祇專門在遭遇船難的人中，庇佑經商不忘禮佛與「有德行或孝敬父母」之人。[40]

室利佛逝海上發展停滯、爪哇海上勢力分散、占城和越南建立不安定的均勢時局，海上商業與武力霸權真空很可能先後由中國與斯里蘭卡填補，甚至蒲甘也可能稱霸一時。但是中國欠缺興趣，斯里蘭卡自己有受侵略之虞，而談到蒲甘，雖然學術研究把這個時期的重心推向扶南一度占領的海岸，但畢竟還是距離海洋太遠了；反而在南印度有個國家曾在十一世紀裡一度稱霸海上，有些歷史學者認為它可以算是帝國了。

朱羅國的實力在內陸，在喀吠利谷地的稻米田與谷地上的草原。歷代國王幾乎無一不重視岸上的安全甚於往海上的擴張。一次遠抵恆河的劫掠行動，比航海到最遠方的冒險來得更能彰顯王權。就這一方面而言，是與當時的基督教世界不一樣的。十字軍時代的基督教國家莫不認為「漂洋過海的壯舉」可以提增聲望與虔誠度。朱羅國開始表現類似海權帝國潛力時，是在國君與科羅曼德海岸商人社群的勢力、財富、野心融合之後。像納加帕蒂南、喀吠利普帕蒂南、馬馬拉普蘭這些最主要的港口，都有宮殿般的倉庫存放珍珠、珊瑚、檳榔、豆蔻、花色艷麗的棉布、烏木、琥珀、香、象牙、犀角，甚至大象，存放物都印上王室的虎形標記，並且用黃金買賣。[41]

朱羅國的歷代國君也與同時期溫帶森林環境中的其他國君一樣（見第五章），大肆砍伐樹木、建造能彰顯帝國氣勢的城市。按神話，建國君主闍羅是在一次追獵羚羊的時候被魔鬼引進森林深處，來到了一個沒有婆羅門可布施的地方，於是下令砍樹造廟。[42]以後的國君也都以他為榜樣。

商人的職志與海盜的事業是交融的。朱羅的商人都擁有海盜軍隊，而且素有「如獅子般撲向獵物」的名聲。[43]與商人關係最密切的國君們顯然是帝國野心最強的。庫羅通加一世（一〇七〇－一一二〇年）曾經減輕通行費徵收，幻想自己是「海洋另一端的波斯少女所吟唱」歌曲中的那位英雄（有他立的碑柱銘文為證）。[44]朱羅的海上「帝國勢力」大概是以劫掠為主，雖然他們在斯里蘭卡和馬爾地夫都有據點與衛戍要塞，可能在馬來亞也有，但是仍以劫掠行為為主，劫掠的衝擊也足以癱瘓室利佛逝，並且使南印度的寺廟富裕起來。寺廟是君主管理國政的盟友兼後盾，也是戰爭獲勝時的最大受益者。寺廟投資土地與耕種者的收益（耕作改良的資本由寺廟出），可能是削弱朱羅海上勢力擴張的遠因——衰退狀況在十三世紀時趨於顯著。然而，在海上發展的衝動仍持續著，這從寺廟牆壁上登錄的獻禮就看得出影響：獻禮從牲口與作物變成外來的珍奇物品和現金，從大約公元一〇〇〇至一〇七〇年的期間尤其明顯。丹卓爾的寶庫裡有一頂金冠，價值抵得上供應四十盞用不盡的燈油錢，另有鑽石八五九顆、紅寶石三〇九顆、珍珠六六九顆、手鐲、耳墜、金鑄的花冠、洋傘、燈檯、拂塵、托盤、杯壺等。[45]

從第九世紀中葉到十世紀中葉這段時間裡，藝術作品的細膩、莊重、敏銳，顯示朱羅國的價值標準已經超越了單純的劫奪與剝削。朱羅的神廟建築甚至比印度教的傳統寺廟更訴諸感官。朱羅王朝進入最初的首都丹卓爾時，對那裡的破壞有如辣手摧花。按紀功碑上的銘文所述，城中的宏偉建築物就像美少女，這位美少女「美目盼兮雲鬢鬈曲」，「身上罩著布巾，額頭上塗抹著萊姆色的石灰檀木粉」。[46]之後朱羅的所有藝術都從這種美學出發。在國君羅真陀羅（一〇一二－四四年）為了表揚自己恆河戰功而建的新都裡，寺廟有前朝國君在位時所造的豐潤王后與女神款步扭擺的銅像，整座城的規劃呈現出極大的雄心。一座長二十五公里、寬四．八公里的人工湖，是從聖河引水注入的。按十二世紀一位詩人描述，建築的景象能使「洶湧大洋圍繞的十四世界」全都欣然拜服。因為「周圍的風景全不見了」，正體現了追求文明的本質。[47]

科羅曼德海岸在東印度有獨一無二培養商業中心的優勢，而在印度西邊海岸上則有一長串貿易的國家，從比甲普到馬拉巴，每隔一段距離就有一個便利的海港和航海的社區。最典型的沿海文明社會，卻是位於海岸最北端的古吉拉特。古吉拉特在印度歷史中的地位，就如同歐洲的荷蘭與中國的福建：二者都是一心一意往海上發展的遠程航海者。古吉拉特的明顯特性尚未成形以前，海岸地區原是哈拉帕時代（見第八章）的一個大港洛塔爾的舊址，與美索不達米亞及波斯灣有貿易往來，並且輸入在卡納堤克所採的銅礦。洛塔爾航海者的後代成為公元前四百至七百年間《佛本生經》之中海洋故事的主角，也成為《厄里特里亞海回航記》提及的貿易承包者。《佛本生經》的第三六〇則講述一位國君派遣一名原來是御前藝人的探險者薩加，「航遍諸海」找回被擄王后的故事。第四六三則的主角是盲人舵手巴魯奇，他發現了不為人知的海域與賺大錢的貿易機會，因為他「憑海象就知道海中隱藏了哪一種寶石」。[48] 由盲人擔任舵手似乎是異想天開，會顯得故事不真實，但這應該是從盲人擔任沙漠嚮導而來的傳統主題。在沙丘外觀難辨又不斷移動、改變的沙漠裡，眼盲未必是一種劣勢。而海浪與沙丘的確有相似之處，這些為勵志而編的故事有許多都是以真實經歷為憑。

古吉拉特的航海事業早熟，從地圖上可以看得出來：坎貝灣的周圍佈滿河灣、三角洲、河口、島嶼，是一個背後有高原、山脈、沙漠、沼澤的水世界。按玄奘大師的記述，瞿折羅（即古吉拉特）的「唯一營利」就是「從海上來」，這言過其實，不過情有可原。韋伯一派的社會學理論學者認為，某些宗教（包括印度教）的價值系統是容不下資本主義的，事實不然，印度教的商人投入貿易的努力態度與遵從神祇的感召是一樣的，原因在於，印度教和所有宗教信仰一樣，設定的標準都是「理論層面」的，因此很容易被理所當然地忽視；部分原因也在於商人大多在年少時就入行，在還沒做悖離修行生活之事前。正如一名跳脫種姓藩籬而上了戰場的商人所說，「在戰場的商店裡做一個吠舍是可能的」。[49] 在後來有明確史料證據的時代裡可以看到，商人憑財富躋身虔誠宗教家之列，財富也往往花費在宗教和敬神的事務上。商人階級處處受限制的情形是十九世紀才有的，當時經濟變遷的沉重壓力縮小了工商在經濟中所占的分量。[50]

總之，耆那教的社群特別大、維持得也特別久。商人會受到吸引而來，是因為耆那教的創教聖賢筏馱摩那不計較種姓差異，慷慨地擔保一切種姓皆可得智慧覺悟，並且能在轉世後地位昇高。按筏馱摩那的標準，只有苦行的克己生活是真正的功德，而克己就是不殘害任何生靈——包括土地、岩石、火、水。至少，「創造財富」不算壞事，只要擁有財富的人能救濟他人的貧困，「辛勞是為了使更多人分享他所賺到的」，「出身的貴賤」是「沒有實在意義的空洞話」。[51] 商人的捐贈為古吉拉特造就了一座座的寺廟，商人也因而受到僧人的稱頌——表彰他們的勤奮、節儉、慷慨。[52]傳奇故事中所說的筏馱摩那的前輩曾經來到薩崇闍耶朝拜，這裡的寺廟是耆那教在印度的最大聖地，像糕點師傅的精心創作般美侖美奐，圓頂和尖頂的寺廟占據了兩個山頭。十六世紀來此的葡萄牙人看出耆那教的影響力，巴羅斯以為耆那教的教義源自畢達哥拉斯的思想，他所見識到耆那教徒虔誠信仰的不凡證據是，他們會把穆斯林可能要宰殺的任何牲畜都買下來，「即便是一條眼鏡蛇……因為不忍心看它死去，他們認為這是為上帝效命」。[53]

古吉拉特在中古時代後期的海上發展，可以用自稱「海之王」的蘇丹的故事來講，這個稱號所顯示的主權宣示意味，與同時期歐洲海權國家的主權爭議相似。[54]古吉拉特的這段海上發展史也可以用海盜的故事來講，按馬可波羅的觀察，群集海上的海盜一夥就有二、三十條以上的帆船，「在海上差不多長達一百哩，沒有一艘商船逃得過他們。……他們劫掠完畢後就放了商船，並且說：『你們走吧，再去載貨，也許那些貨又落到我們手裡。』」[55]或者可以用某些航海家的生平來講這段歷史，例如葡萄牙人所說的那位「穆斯林嚮導」，曾經指引達伽馬在印度洋上從馬林第到古里國的航程。傳說此人即是當時最權威的公海航行者伊本．馬吉德，但不確定。[56]但為了節省時間與篇幅，最公允的辦法還是提綱挈領，從建立著名的第烏港的人講起。

馬立克．阿亞茲於一四八〇年代來到古吉拉特。當時他的身分是俄羅斯奴隸，主人因他英勇且射箭神準而將他呈獻給蘇丹。他憑藉戰場上立功（另一說是他把一隻在蘇丹頭上撒糞的老鷹射死了）獲封為某地方的指揮官，這地方包含一處古代海港聚落的舊址，本來已被森林覆蓋，經過馬立克前一任指揮官的建設後重見天日。等到葡萄牙人航進印度洋時，馬立克已經把第烏港變成具有完備防禦的貨物集散地，吸引了紅海、波斯灣、麻六甲、中國、阿拉伯來的行船，都以這裡為轉往北印度的出入口。他的生活作風反映了貿易的經濟價值。他覲見蘇丹時的陣仗包括九百匹馬；他用的挑水伕有上千人，做東宴客時的菜色包括印度的、波斯的、土耳其的，餐具則都用中國瓷器。

他不但有企業家才能，也精通外交手腕。葡萄牙人於一五〇九年擊潰古吉拉特船隊之後，他與戰勝者談到了他所能得到的最優惠條件：他的港口對葡萄牙人開放，他的客戶退出胡椒貿易，由葡萄牙人專營。但是他不答應葡萄牙人在第烏自建要塞的要求，也不聽從蘇丹想把這整個封地放掉給葡萄牙人的意見，顯然蘇丹覺得葡萄牙人比財富太多、勢力太強的臣子馬立克還容易駕馭一些。後來，一五三四年以後，第烏成為葡萄牙人的據點了，人們就把馬立克的時代想像成反抗基督教徒的黃金時代，但其實並不是這麼一回事，他反映出的不過就是本地勢力與後到者實力的勢均力敵——他就是不交出控制權。

葡萄牙人最先闖進古吉拉特的勢力範圍，後繼又有荷蘭人和英國人。古吉拉特的海上活動卻照舊，幾乎沒有受到干擾。商人發財的機會甚至更多，船運生意也增加了。經商的昆勒支·伏羅曾在十七世紀從頭至尾主宰古吉拉特的每一處區域市場，並誘使荷蘭人和英國人互鬥之後兩敗俱傷，自己卻坐收漁翁之利。他分別在不同時期自訂胡椒、丁香、黃銅、珊瑚、水銀的市場價格，同時是歐洲人主要的融資者，專門借錢給歐洲人，而且（據某位惱火的英國代理商在一六四三年所說）還「壟斷所有的歐洲商品代理權」，[57]在當時被歐洲勢力滲透的本土經濟裡，他並不是一個特例（見第十六章）。

古吉拉特屬於周邊的、沿海的印度，這與內部的恆河流域及德干高原的廣大內陸印度是不一樣的。印度的主要國家政府與文明一向都在內陸，而小海岸大影響的現象在中國則是猶有過之。別的國家印象中的中國是往內看的。其實中國也包含著放眼海上的部分，這對中國文化一直都有根本性的影響。中國有個省分的商船占了全國所有遠程商船的大宗，也是後來絕大多數「華僑」的來源地，而華僑正是全世界數量最多的移民者，也是全世界分布最廣的航海殖民者。這個省分即是福建，而福建可以說是在中國文明之內擁有自己別具一格沿海文明的地方。

❖中國面對海洋的邊疆：福建❖

在馬可波羅看來，中國的海岸有全世界最優良的港口，這裡的商人不論按什麼標準評等都是全世界最富有的。然而，尚未靠商業致富以前的福建，一直是個險惡之地，狹窄的海岸有瘴厲之氣，後面的大山裡都是野蠻人。漢人如何移入、什麼時候移入？我們無從確知。這裡的早期歷史太不為人知又太邊陲，引不起史家的注意。公元四世紀以前的稅收紀錄根本不曾提及這個窮地方。然而，我們如果回想前文說過的腓尼基與希臘、或是葡萄牙與荷蘭，會覺得正是這種海岸有可能產生重要的商業行為，也許會擴張成帝國勢力。

往海上發展的機會，不論有多大風險，都比陸上的機會更吸引人。這種機會最早體現在第七世紀晚期與第八世紀的人口調查，當時呈現出人口快速增加的現象。這些增加也許是難民造成的，因為這裡偏遠，適合避難，難民也甘願在邊緣所開墾出來的土地上努力耕種。但是，到了第九世紀，提到福建沿海「南海貿易」的文件已經多得不計其數，這些貿易都是奢侈品貿易的中間站性質，規模大概很小，貨品是要運往長江河口與北方的。這個地區之所以規劃成大規模國際貿易的港口，是第九世紀晚期與第十世紀的軍閥和地主們謀求新生財之道的結果。公元八九〇年代的刺史王延彬，顯然擘劃了以泉州為中心的有效獨立運作機制。由於他任內年年都有南海來的船靠岸，所以被冠上「招寶侍郎」的別號。[58]

宋朝統一天下後，公元九六〇年代起，從樟腦、乳香、檀香、阿魏、沒藥、「香料暨藥材」等福建進貢的物品可以看出這個時期的海上發展狀況。再過一個世紀，泉州港的景象是「外地商船絡繹不絕、貨物堆積如山」。[59]說出此話的官員也很清楚，這裡的部分優勢在於能夠成為違禁貨品的集散中心。經手貨物進出的人專營管制品與違禁品，並與受賄的官吏約定好，連合法貨品的真正價值也保密。政府雖然在十一世紀晚期和十二世紀早期屢次規定貿易商從杭州出入，以便做到確實登記，幸好都沒有成功。

自九九〇年代起的對外貿易紀錄中，福建商人都占有重要地位。隨後的二百年間，他們的活動範圍包括爪哇、占城、越南、海南、婆羅洲、高麗。福建海岸因有天然地理優勢，北走的貨物可以藉洋流之助推進，因而大大彌補了陸上交通不便的缺點。十二世紀的福建曾經投注大量人力進行貿易的基礎建設，修築水壩、防波堤、橋樑的大事都立碑紀功，稱這些是要「兇猛魚龍」，使大海「有若龍宮」。[60] 泉州人吃的食物也從外地輸入——到十二世紀晚期已經有百分之五十是輸入，成為（或至少有可能成為）中國的主要海港。[61] 按一一三八年立的寺廟碑文，雖然「營利之途有風浪險阻」，生於泉州的商人仍憑著祈求家鄉廟中的神靈保佑而不畏艱險。

這樣把經商和敬神連在一起的想法，不可嗤之以鼻。當時的中國經濟學家比韋伯早一步提出宗教信仰與資本主義相關連的說法，把福建的經濟繁榮與盛行的「佛門清淨」的宗教信仰相提並論。[62] 這聽來如果令人想到韋伯所說基督新教與猶太教那種「現世之內的禁欲」，也許正是說中了要旨，因為當時佛教的世界觀對商人是友善的。佛教解除了商人在儒家思想中社會地位最低的窘境，從商的佛教徒也不必像印度教徒那樣顧慮被低賤種姓玷污的可能。道教對於航海者經商者的態度更顯親切：道教有專屬航海經商者的信仰，拜海神也拜財神。中國人的擴張路線上處處可見他們自己的廟宇，頗類似西方中古時代商旅路途上總有聖尼古拉的神龕和多比亞斯的畫像為記。

商人成為先鋒人物，為做生意的帝國主義打頭陣，從保守官僚菁英以陸地為重的規範逃出來，投入航海生涯與「僑居」海外。在保守官僚階級的心目中，儒家的大同世界應該是以平和、產量豐足的農民為根本，往海上發展是把資源導向國家領土以外，而且可能會引來有暴行的蠻夷外族，所以在文官的價值體系中一直受到懷疑。因此，中古時代的福建文獻往往避而不談商人成就，科舉成績才是光宗耀祖的大事，值得大書特書。經商的成果雖然得不到稱頌，卻一直在累積，到了十三世紀晚期，元世祖忽必烈有心把用戰爭建立帝國的傳統延伸到海上，福建供應了大部分的船艦和人力。「雄霸四海」的大業雖失敗了，征服爪哇與日本的盤算卻證明，在朝廷中贊成擴張的謀士已經戰勝了儒家傳統的保守政策。這種企圖心有益擴大中國人的世界觀，可累積更遙遠之地的地理與人種知識，並且揭開一個新的時代，一直到十四世紀晚期為止。在這段期間，海外投機經商與傳統的閉關自守之間，始終維持著小心翼翼的平衡。

根據海港沉船的資料判斷，這個時代運到泉州的貨物包括從爪哇、高棉、阿拉伯、東非來的芳香木材、香料、線香等等。[63]泉州城裡有外國人居住活動的地區，類似唐、宋都城裡經由陸路往來的商人會館。這些外國人社區會自己推舉領袖、在指定的市場上交易，並在自己的清真寺與寺廟裡進行宗教崇拜。福建人在海外的社群十分興旺，但一直到十四世紀晚期才在文獻中出現。這時期剛好發生了朝代輪替與政策轉換，一三六八年的明朝實施海禁，印尼巨港的華僑被勒令留在當地，也被迫投入海上劫掠與走私的活動。

十五世紀早期曾有一段時間，海外發展似乎有可能成為國家政策之勢，福建人一時之間成為擔重頭戲的技術人員和參與者。[64]明成祖是中國歷史上最積極進取也最有海上雄心的皇帝之一。他欽點執行海上大業的人物即是三寶太監鄭和。鄭和於一四〇五年率領「寶船」艦隊首次出航，這次任務的目的是刻意要使讀書人菁英階級面上無光，占上風的是渴望掌控行政大權的太監、希望動員海軍來為海外貿易撐腰的商人、企圖重振元世祖時代征服大業的帝國主義派，以及宗教界人士，他們都希望藉由鼓勵新興事業來阻止不虔信宗教的讀書人獨攬資源。

鄭和的一連串出洋到一四三三年告終，經印度洋遠及於吉達、荷姆茲海峽、贊吉巴爾。下西洋的成果使宮廷中充滿異國貢品，並為宮苑動物園帶來各種吉祥珍禽異獸：有麒麟（長頸鹿）、駝雞、獅子、金錢豹、斑馬、羚羊、犀牛，以及長得像黑斑白虎卻不食肉不踐踏青草的吉獸。鄭和的功業激起讀書人慎重思考人世間的「異同」。鄭和舟師所到之處宣揚了國威、推翻了斯里蘭卡一個王朝與蘇門答臘的一名暴君、懲治了海盜，並且扶植麻六甲一個漁村成為強大王國和貨物吞吐地。一四三二年，鄭和在福建長樂立的「天妃靈應之記」碑文中說：

> 皇明混一海宇，超三代而軼漢唐，際天極地，罔不臣妾。其西域之西，迤北之北，固遠矣，而程途可計。[65]

明成祖死後，往海上擴張勢力的衝動並沒有持續多久。書生大臣與儒家理想重新奪回朝中優勢，使得福建商人依法只從事中國海岸的貿易。但是他們會趁官吏疏失不察時，維持並擴張在麻六甲、婆羅洲、日本的移民社群。一五六七年海禁解除，福建人的殖民主義化暗為明。到了一五八〇年代，每年從福建航往馬尼拉的船多達二十艘，一六〇三年首次發生屠殺華人動亂，當時馬尼拉華僑已有兩萬五千人，雖然傷亡慘重，但在二十年之內就恢復了原狀。儘管馬尼拉的主權名義上是西班牙人掌握、巴達維亞是荷蘭人的屬地，實際的殖民者卻都是福建人。他們大量移入定居，大規模利用經濟，並且用匯款使故鄉經濟繁榮起來。十八世紀有一個笑談是說，馬尼拉是福建人的「第二故鄉」，[66]商人要負責定期運輸琉球群島的官方「進貢」到福建，包括三十種金環、五十七種不同香水的原料、十七種珍禽異獸（如白毛猴和台灣小鸚鵡），商人們私下也進行比較不珍奇的貨物貿易：進口草蓆、紙、玻璃瓶、粗紡織品、蝦米。[67]

由於不堪忍受困苦，或為了謀求厚利，福建商人數以千計地往朝鮮、日本、東南亞群島移動。其中有人是大資本家，例如村長湊足了村民的資金前來投資；也有人是小本生意人，例如因為鄉下旱災逼得他們走頭無路只好出走。一五四四年，一位村民對朝鮮的主管當局表示：「我們怎能安貧樂道？我們是逼不得已才從商、造船、謀取蠅頭小利。為了讓家人享一點福，我上了不堅固的破船漂洋過海。在無際汪洋之中受日灼很容易喪命。……大浪濤天之下也得冒死前進。」[68]這當然是非法貿易者為自己的生計辯解的誇大不實之詞。到了十六世紀末，投機生意的借貸利息不到百分之二，貿易得到的獲利創造出龐大的暴發戶階級。

曾有一些時候，中國人毫不遮掩的帝國主義幾乎就要在華僑世界裡掌握勢力。十七世紀早期一些好勇鬥狠的人把貿易與海盜事業合而為一，創下了類似國家政府的格局。據說李旦曾擁有三座銀山，一個在日本、一個在福建、一個在馬尼拉，他憑這些銀山養著自己的武裝船隊。後繼者鄭芝龍在廈門統御著一個有外交網絡的王朝，人們稱他是「海上大王」。他後來成為「四海為家」的人物，但是始終固守著傳統，包括福建人擴張沿海勢力的傳統，還有福建省與海洋「共生關係」的傳統。[69]鄭芝龍之子鄭成功以台灣為根據地，建立了能與清朝實質抗衡的帝國。不過，一般而言，中國商人在沒有本國政府支持的情況下，會利用西方帝國勢力來保護自己、促進自己的活動。[70]福建人有持續不懈的航海傳統，但是始終沒有帝國支持，他們一直是「沒有帝國的商人」，或只能算有非正式的帝國。[71]他們分散為有自我意識、自給，甚至自主自治的社區，是集中了財富與技術的社區。他們對於客居的社會具有影響力，會率先發起新的活動，追逐不引人注目的野心，用心卻謹慎地謀求自己的利益。

14

尤里西斯的傳統：希臘羅馬沿海

THE TRADITION OF ULYSSES: The Greek and Roman Seaboards

維奧蒂亞．希臘外海．雅典．愛琴海與愛奧尼亞海．羅馬．羅馬帝國．文藝復興及其背景

……一封許願文
在偉大海神的居所
從神聖的穹隆上懸吊著，
顯見是從該處，懷著同情，
我掛著滴水的行囊。

——霍瑞斯，《頌詩》

泉湖女神的風送我回家
到曾是希臘的光輝
與曾是羅馬的宏偉。

——艾德嘉．愛倫．坡，〈致海倫〉

❖犁與船：與赫西奧德閒談❖

想像一位詩人辛苦犁田的情景。因為這是公元前八世紀中葉的維奧蒂亞，土地堅硬，犁田累人。赫西奧德正在犁田，佩瑟斯就像一般討人厭的弟弟，一面袖手旁觀，一面問些要怎麼樣才能夠發大財的蠢問題。這一幕也許的確發生過，也許是赫西奧德想像中的；總之，他在詩中所寫的兄弟問答，道出了當時瀕於富饒海洋的貧窮岸上的許多生活實況。他後來又把這一幕寫成一篇獨白，但是仍然大致看得出是一問一答。赫西奧德便在這番你來我往之中給古希臘航海人上了實用航海要訣的第一課。

「希臘和貧窮是姐妹，」佩瑟斯引用赫西奧德偏好的諺語開場，「我要怎樣做才能夠輕鬆賺到錢呢？」

「弟弟啊，要工作，工作才不會挨餓。父親的土地大部分給了你，你還想要怎麼樣呢？」

「赫西奧德，你知道的，我不想吃苦。」

「先要有間房子，」赫西奧德說，「再找個女人，一頭耕田的牛。要女奴隸，不是找個妻子，要一個能和你輪流犁田的女人。」

我猜赫西奧德必然是邊說繼續耕田，懶得理會弟弟接下來說的話：

「我想到外地去做買賣。」

依我想像，這時候的佩瑟斯坐不住了，他站起來不停地踱步。赫西奧德開始不耐煩了：

「佩瑟斯，別胡扯。爸爸已經走過那一行了。他因為要擺脫上天懲罰我們凡人的那種邪惡貧窮，從伊奧里亞的基米島駕著黑船來到這裡。結果又如何呢？在阿斯克拉這個爛地方，冬天壞，夏天苦，沒有好的時候。」

「所以我才打定主意要逃走——躲開債務和難熬的飢餓。」

「現在不行。現在仙女七星降到迷霧的海裡了，所有的風都在猛颸。聽我的話，耕田吧，等到走船的季節來了，你再把船拉進深紅色的大海，船上裝滿了貨。貨載得越多賺得越多。」

「你哪曉得走船的事？你只出過一次海，是到埃維亞島去參加詩歌比賽。」

「我在那裡比勝了，拔得頭籌贏回神聖三腳鼎。天神既然指點我寫詩的祕訣，也會告訴我該怎麼教你航海的祕訣。」

我認為，赫西奧德接下來說的話應該有點像忘我的夢囈。「太陽轉過五十天以後，辛勞的收割季節結束，那時候你便可以出海，不用擔心船會毀，除非撼動大地的海神波賽頓或是諸神之王宙斯決心要毀滅你。因為那段時候的風向容易判斷，海象也不險惡。你可以放心。但是要快去快回：千萬別等新釀好的酒或是秋季的雨，要提防冬天降臨或遇上南風。你也許不惜一切要發財，可是也不必冒淹死的風險。還有，千萬別把全部的錢財都放到船上。老弟，要適可而止。萬事都要適可而止。」[1]

乍現的靈光消逝。神賜的祕訣傳述完畢。赫西奧德又埋頭犁田了。

地中海早先的航海民族消失了。東邊諸島的巨石建築者已被遺忘。青銅時代的克里特與基克拉迪群島那些老練的文明人也都沒入了傳說（見第十一章）。腓尼基人（見第十二章）的歷史紀錄差不多全被抹除，征服者消滅了他們所寫的一切和大部分的藝術品，甚至把他們的城市夷為平地。反觀希臘人，差不多是同時往海上發展的：將近三千年前，家鄉的環境也相似，卻熬過了逆境，在岩骨穿透薄薄土壤的地方形成聚落、建立城市、留下藝術品和書籍。公元前五世紀的柏拉圖心目中的希臘，就像被折磨成皮包骨頭的人。[2] 赫西奧德怨嘆自己的農地太貧瘠。由於環境太不牢靠，生活在這裡的人想要改變它，同時又害怕改變會帶來惡果。因為諸神總愛責罰那些膽敢濫用自然賜予的凡人。斯卡曼德河曾經為了阿基里斯大肆殺人讓死屍污染了河水而要懲罰他。希羅多德認為波斯王澤克西斯大敗是因為犯了一連串生態上的罪行而受的處罰：他在亞托斯開運河以銜接達達尼爾海峽並阻擋海浪。[3]

在這樣背景之下，竟能在歐洲東部這塊炎熱的、乾燥的、多岩石的突出角南部陸地和離島造就那樣的文明，似乎很不可思議。然而，陸地的缺憾可以由海洋的條件來補足。蘇格拉底說過：「我們圍著海生活，就像青蛙圍著池塘生活。」從地圖上一眼就看得出來，希臘人的世界是一個沿海社區的網絡。柏拉圖認為航海是人類最偉大的成就之一。但是造船用的木材、漆、帆布都必須從外地輸入，船木工使用的工具也是用輸入的金屬製造。所以，開發海上事業之前，必須先費時費力地儲備資本。

❖追逐海神：希臘走向海上❖

故事開端是在接近公元前一千年時，當時希臘的城邦生活幾乎被侵略者消滅殆盡。只有雅典和埃維亞的城市生活似乎保存下來。那個時代留下的唯一石造（或碎石造）的建築，是在埃維亞的埃瑞崔亞。當時多數希臘人靠畜養羊維生，住茅草小屋。農耕用的鐵製工具極少，作物以大麥為主。以雅典一帶的土壤而言，只能夠栽種這種價值低又較無營養的作物。

在這樣的情況下，致富只能靠工業了。雅典、柯林斯與另外幾個地方，在公元前一〇〇〇至九〇〇年間製作裝飾精美的壺罐出口。橄欖（可榨油）是唯一過剩的農產品。貿易就是憑這些開始，先是在愛琴海與愛奧尼亞海的沿岸建起一個個城市，從公元前八世紀中期起又持續往地中海與黑海各地散布。

鄰近民族認為希臘人種的大麥不能食用。橄欖油卻是適於出口的，因為橄欖油是產自一種頗具競爭優勢的作物——橄欖樹。橄欖樹是愛琴海地區的經濟祕密武器，需要照顧的時間不長，因此有很充裕的時間從事航海。橄欖樹能在無法種植穀類和豆子的土地上生長，能適應高地氣候，最高可以達到海平面七百公尺以上。再加上工業化的加工方法，成就了一定的規模經濟，進而促成財富集中，以及商業資本主義的發展。

歷史家希羅多德在大約兩千五百年前寫下早期探險者的故事。例如他講到薩莫斯的科里奧斯，在怪

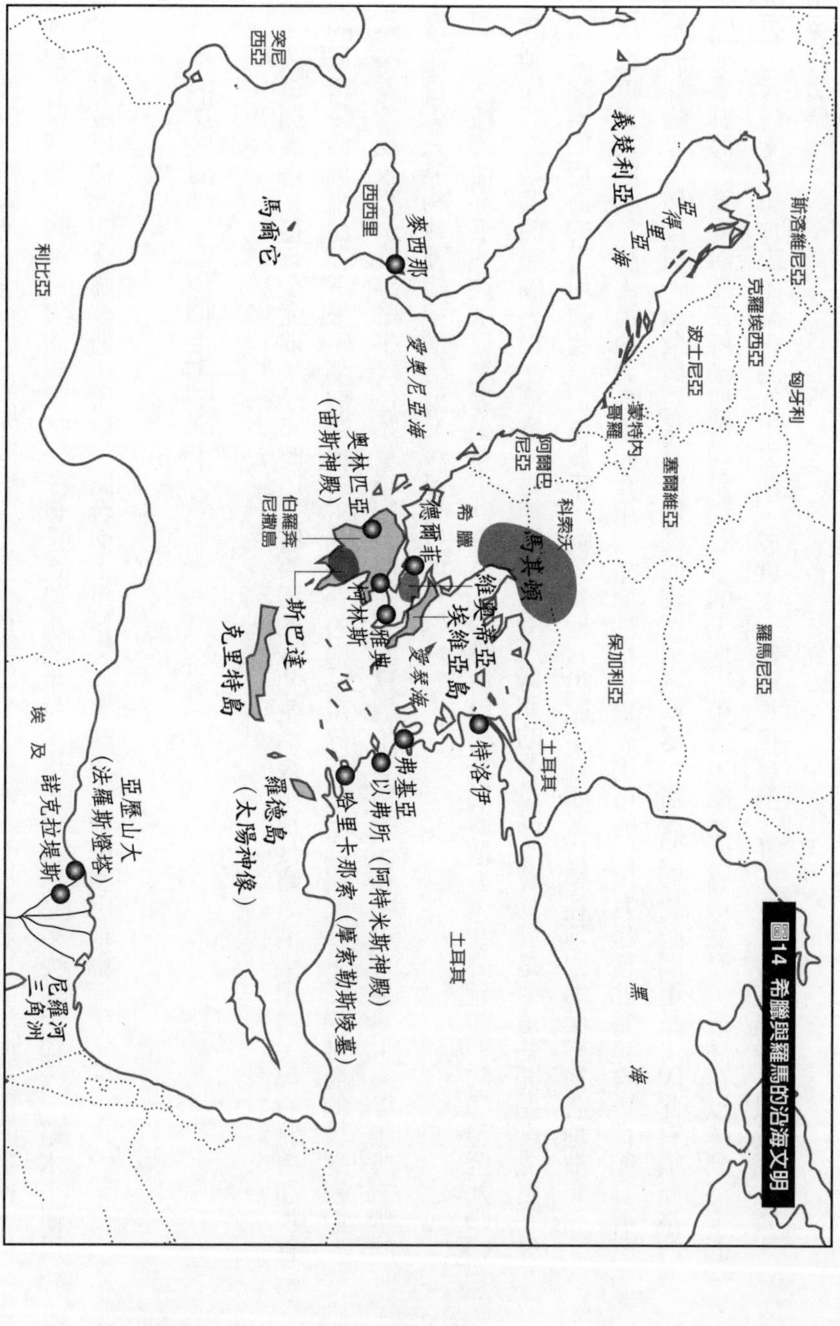

圖14 希臘與羅馬的沿海文明

風之中渡過地中海，從赫丘力斯之柱（編按：指的是直布羅陀海峽東端的南、北兩個小岬）中間衝入大西洋。他原定的目的地是埃及，結果卻到了西班牙，然後在這裡發現了希臘人說的黃金之國塔特索斯。赫丘力斯曾在這裡馴服了巨人格力翁的牛群，這裡的國王據說活到一百二十歲。希羅多德說，「當時這個市場尚未被開發」，但這裡的礦藏豐富，黃銅礦染黃了丁多河的河岸，銅礦帶之中還有金、銀、鐵礦。[4]

到了公元前八世紀，鐵器使用普遍，農耕效率提高，導致人口增加，糧食與土地的需求更吃緊。希臘人除了做買賣，也變成殖民者，聚落的範圍擴大到義大利南部西西里種植小麥的富饒地區以及黑海的北岸，繼而進入現今法國與西班牙境內資金雄厚的市場。[5]公元前七世紀，許多這種殖民地變成了頗有規模的城市。貿易持續發展，多數希臘城邦開始鑄造錢幣，船隻樣式尺寸增大。希臘的著述者雖然常把以前辛苦務農的時代理想化，卻很明白社會生存必須靠商業維繫。不少人把商人和海上謀生者寫成故事的主角，這在當時只看重農人、軍人、讀書人的中國社會根本想像不到。

並不是所有希臘人都響應大海的呼喚。斯巴達人就寧願留在希臘，在與鄰邦邊境相連的領土上建立帝國。像斯巴達人這種反常的行徑頗令眾神不悅。大約公元前七〇六年，兩位斯巴達帝國主義者打算在柯林斯附近（往內陸）開闢殖民地，經神諭指示，「要去塔拉斯水域左邊的海港——薩蒂里翁，那裡有山羊喜愛的鹹水，讓牠們把灰鬍子末端給沾溼。就在那裡建立塔倫通。」[6]就其他帝國中心來說，擴展方向通常會是朝海外的。殖民地在眾神的諭示庇佑下建立，神諭又以德爾菲的女祭司口中說出來的最靈驗。德爾菲神殿的神旨在很具戲劇效果的場景中宣告：洞穴裡有冒煙的裂隙，有個東西像蛇一樣地蜷出來，形成三腳的王座，神諭從這裡發出一些教人摸不著頭腦的指示，例如克羅頓的建立者原是為了求賜兒女才到德爾菲，並沒有外出殖民的打算，但神諭卻給他向外殖民的暗示。大約公元前七二〇年代，喀爾西人得到神諭，神諭說為避飢荒必須殖民。大約公元前六四〇年間，羅德島的人們奉神諭要到西西里建立聚落，並且要與克里特人分治。在西西里創立赫拉克利節慶的人受到指責，因為他們沒有按慣例先請示神諭。建立殖民聚落的故事後來幾乎一定都會納進「神諭授命」之說，因為有太陽神阿波羅旨意才顯示其正統，並確認年代的古老。[7]由於殖民地點越來越遠，亞里斯多芬這位劇作家聯想到在天上開闢殖民地的可能。他辯解道：「倒不是因為厭惡我們的城市，而是我們的城市很強大，可以任意花錢、繳貢租、付費用。」他真不愧是自我解嘲的高手。[8]

因為希臘世界往海上擴張，不是從陸上發展，所以殖民地保持了希臘人老家和他們沿海文明的特徵。殖民地通常都選在彎彎曲曲的海岸，[9]可是到最後殖民地的模樣也可能和老家很不一樣，因為殖民者都是被趕出來的人、被放逐的人、罪犯、私生子，是一群要另外打造社會的出離分子，不是到海外再造希臘的帝國英雄。[10]在某些地方他們一開始是在坑洞裡藏身的。[11]思鄉之心、商業需求、欠缺想像力，三種力量加起來使他們固守熟悉的關係和模式，複製了希臘式的愛好，臨摹了希臘的感想意見，並且接待希臘來的訪客。諾克拉提斯自稱是尼羅河三角洲的「城邦」，卻建了薩莫斯天后、米利都阿波羅等等希臘信徒膜拜神祇的廟宇，還採用愛奧尼亞式柱廊。[12]公元前六世紀與五世紀的信徒獻給愛神阿芙羅黛蒂的還願杯之多，可以看出希臘人往來遊訪的活絡程度，其中有買春客（因為希羅多德稱讚諾克拉提斯的妓女所以慕名而來）；可能也有希羅多德本人，因為還願杯之中刻有這個名字；還有戲劇家亞里斯多芬與詩人政治家索倫。他們前往埃及或是為了公務，或是想藉行萬里路從埃及文明中得到啟發。[13]

這個時期，由於相互之間的接觸增多也使希臘藝術家與思想家得到更多靈感。海洋把新的文化影響帶回希臘，最顯著的例子就是在公元前八世紀發明了書寫系統，大致以地中海東部吸收來的文化為基礎。這套系統很快就應用於記錄創作文學和詩人在戰士飲宴上吟唱的史詩。船艦場面浩大的《伊里亞德》與波濤不斷的《奧德賽》，用這套文字記錄下來之後，一直受到世人激賞——甚至被後世崇拜。讀者基於個人性情與判斷，可能同意或反對傳統上認定這兩部作品出於盲人天才荷馬一人之手的說法。兩派的研究證據早已堆滿圖書館的書架，卻依舊沒有確鑿的定論。我也曾和研究者以及我的大兒子（他已經說服我相信《伊》《奧》是世上最偉大的詩作）討論這個問題不知有多少次了。我自己的感想是，每次讀它們似乎都聽到荷馬拐杖扣扣作響；字裡行間流露口述文學的影響，證明詩人對這種傳統技巧之熟稔；間或有頗具說服力的青銅時代場面，雖未必來自更古老的作品，卻是詩人非凡想像力的證據。

希臘人受到的影響不論來自外國，或是自身的過去，都不會只是模仿而已。公元前七世紀與六世紀的雕刻、建築、巨幅畫作，都預兆黃金時代的來臨。在後來的希臘人心目中，公元前第六世紀是睿智先賢們鑽研科學與社會問題的時代。例如，索倫在公元前五九〇年代用詩體發布了雅典法律；泰利斯於五八五年預測了日蝕；阿那克西曼德在五〇〇年前後製作了希臘人所知的第一幅世界地圖，他認為宇宙是由在太空中打轉的一個漩渦所生成。還有畢達哥拉斯這位超人，他的追隨者說他有神蹟般的能力，有一條腿是黃金的，至今所有學校的數學課中仍會講到他的直角三角形定理。這些賢智者的學校在希臘世界的邊緣興起，不過只有畢達哥拉斯的學校在西邊的義大利，多數是在東邊，即現今土耳其周圍的島上。即便是在古典時代的極盛期，像柏拉圖、亞里斯多德這樣的名師，仍表示自己的知識傳統深受「亞洲」影響——他們所謂的亞洲包括埃及在內。古典希臘受埃及影響到什麼程度，在近年來的辯論中沸沸揚揚，還衍伸出埃及文明的「非洲」成分究竟有多少，以及智慧女神雅典娜是不是黑種人的問題。不過這些論戰卻沒有證據。若要理解希臘文明就必須考量，希臘是一片對東地中海開放的陸地，希臘文化被地中海周圍所影響。[14]

希臘人在公元前第五世紀聯合防禦行動，抵擋住兩大敵人，西邊的義楚利亞人與東邊的波斯人。可是各個社群之間仍交戰不斷，城邦之間持續競爭，要在創造公民空間上、藝術上，以及公眾活動展演上——尤其是戲劇表演和磨練體能的競賽上，一爭高下。

❖波賽頓的索求：雅典與海❖

雅典在公元前五世紀的時候成為諸城之中最富裕最強大的，條件之一就是占了勞利翁銀礦在旁的地利。雅典的艦隊強大得足以迫使其他城邦納貢。按神話，海神波賽頓曾與雅典娜爭奪雅典，用三叉戟掀起的巨浪猛擊岩岸。我們雖然把雅典設想成以藝術為尊的城邦，雅典公民卻認為戰爭與財富才是優先的，雅典的道德家甚至把戰爭看得比財富更重要。亞里斯多芬曾經讓他筆下一位不苟言笑的可敬劇作家說，要等到雅典人「把敵人的土地變成自己的，……等到他們都知道船隻才是真正的財富」，雅典才是安全的，不然他們所謂的財富乃不實的錯覺。[15]

戰爭、藝術、大場面戲劇表演，耗用了大量錢財。但是因為政治決策是由相對多數的公民所決定，再加上其他原因，所以雅典人很重視教育，尤其重視訓練口才與雄辯的寫作。[16]基於這樣的環境條件，雅典才能夠成為有史以來孕育最多天才的地方。在山上，遺址集中的地方曾是一些最重要的公民空間，從這裡可以看出古雅典的大致面貌。山頂上的建築物是守護雅典的女神之神殿。雅典娜與她庇佑的城市一樣是披掛武裝，但是按神話所說，她最愛的仍是智慧。她的神殿叫作「帕德嫩」，意思是「處女之殿」，因為那時代的希臘人想像，眾神家族之中的她是不婚的。帕德嫩即使已成廢墟，它仍是自古以來所公認的最美建築，當然也是最常被模仿的。

帕德嫩神殿下方是劇院，全城公民都被戲劇競賽吸引到這裡。那個時代的劇作家留下的作品，現在仍然時常上演或被引用，最熱門的就是艾思奇利斯復仇傳奇故事原型的《奧瑞斯泰亞》，以及索佛克里斯的悲劇始祖《伊底帕斯王》。亞里斯多德從《伊底帕斯王》得到靈感，為悲劇定義為：主人公因自己個性上的缺憾，招致禍殃的故事。[17]佛洛伊德也用「伊底帕斯」命名他宣稱存在自己潛意識裡的一種情結。這些悲劇雖然是發生在小宮廷、城邦統治階級或變態的王室家族中的故事，呈現關係緊繃、近親婚配、壓抑鬱悶的悲劇，卻藉著海洋與外面更寬廣的世界連結。《奧瑞斯泰亞》是去國者返鄉的故事；伊底帕斯則是流亡放逐的故事。

在公共空間四周的柱廊之間，是開班授徒的教室。最卓越的老師是柏拉圖與亞里斯多德。這兩位也和多數的師徒一樣，有著愛恨交織的關係。亞里斯多德敬愛自己的老師，卻努力要證明老師說得不對。柏拉圖幻想自己是位政治思想家，率先提出理想社會的構想：然而他的理想國卻帶有令人害怕的威權主義色彩。他的形上學是超越當時的，只是一經概括轉述難免走樣。有人說，柏拉圖以後的西方哲學都是「在為他做註解」。他教給我們的精髓是，我們的思維與感官所知道的事物之外，另有真實的物與事。他的地位如此重要，主要原因不在他個人學說的貢獻，而在於他的對話錄包羅了古典時代的各家思想。他的語言風格保存了古代智者說話時的詩才與高深莫測。知覺所見就如同壁上的影子，矇騙了住在洞穴裡的人；靈魂就像海中神仙，被侵蝕而變畸形，因長久浸在水中，滿身附著了甲殼類生物，但是仍能從海藻岩石中冒出，重現其美與真。[18]

亞里斯多德的諸多貢獻之中最重要的便是規劃了邏輯的法則。按這些法則，我們可以從我們以為是真的信念，逐步推演出可信的結論。他一定沒料到自己會有這樣的地位。他原是斯塔基拉一位醫生之子，這個隸屬希臘的地方靠近野蠻世界的邊緣，以前從未出過重要的思想家。他的家族在北方一名暴君的宮中任職，他到中年以後也要走上這條路。他父親是宮廷醫生，他自己偏愛的是生物學，喜歡精進解剖技術。他分析邏輯命題就像解剖青蛙那樣按部就班。他從不認為只憑理性的導引就能找到真理；尋找真理必須從觀察事實開始，而且要能經得起感官世界的檢驗。在他看來，大自然展現吾人眼前是要我們去探索的，不是隱藏起來供人思慮的。他算是我們現在所說的經驗論者，他要求在探求真理時拿出證據，不能只憑思維。不過，他有獨步古今的方法，去分析理性是如何作用的，如果理性真有什麼作用可言的話。[19]

西方世界的許多代學生讀柏拉圖和亞里斯多德的經驗，大概都和葛士里在論希臘哲學的鉅著裡所說的差不多：他欽佩柏拉圖，理解亞里斯多德。起初他以為這是因為亞里斯多德的思想跑在時代前面，有「現代」精神。等到他年紀再長些才發現其實情況相反，不是亞里斯多德的想法像我們，而是我們浸淫在他的影響之後想法和他一樣了。[20]他把他的思想觸及的每一件事都改變了。如同小說《玫瑰的名字》之中一個人物所說：

先賢們已經把關於太初之「道」的威力所知之事全說明白了，可是只憑波伊修斯注釋「大哲」，道的神聖奧祕就變成了凡人畫虎不成的範疇與詭辯。〈創世紀〉說清了宇宙如何形成的一切知識，但是單憑重新發現「大哲」的《物理學》，宇宙就變成用無聊破爛東西重新構思了……[21]

到了公元前第五世紀的尾聲，柏拉圖還是個年輕人的時候，雅典失去了原有的政治優勢，被其他城邦的聯盟打敗。自公元前四世紀開始，所有希臘社群都先後被馬其頓與羅馬的勢力壓倒或受其宰制。然而，由於馬其頓人和羅馬人都吸收了希臘文化，而且把希臘文化帶到被他們征服的更遠地方，所以希臘文明其實傳播得更廣。

古希臘人對全世界的貢獻雖然無與倫比，我們卻應切記不可以把他們過度理想化，這是以往許多歷史學家犯的毛病。他們的文化遺產中最不朽的人物，在他們那個時代都是最不循正軌的異類：蘇格拉底被處死；亞里斯多德被趕出雅典，客死他鄉。畢達哥拉斯可能是被希臘暴亂分子殺死；索佛克里斯必須申辯他不是瘋子。柏拉圖因為鄙夷不屑而捨棄了政治。亞里斯多德曾有一度退隱到山洞裡，狄奧根尼也一度遁入木桶。多數希臘人並不像哲學家這樣理性看世界，而是把世界看作是任性的諸神與妖魔們的遊戲場，凡人必須以血的牲祭取悅他們。我們想到的古希臘建築或雕像，不應該是後世熟悉的純淨而光潔的「雅典」風格，而應該是它們當年塗滿艷麗雜亂顏色的模樣。我們想到希臘人的道德律，要以喜劇家描寫的粗俗世故急智為根本，不是以哲學家的學院派智慧為依據。雖然民主制度的確是從古希臘傳給近代世界的，我們應當切記，那個時代的民主是個粗糙嚴厲的制度，很大一部分人——包括女性與奴隸——是被排除在外的。

❖漫遊古希臘：古代奇觀❖

讀過奧德賽與阿爾戈英雄冒險故事的人，可以大概知道古希臘人對於海岸地區的觀感。如果我們來一趟有人導覽的希臘海域精選景點之遊（渡一次公元前二世紀的人確實可參加的旅遊假期），也許可以更切實地重溫古代希臘的海洋經驗。

古人選出來的「七大奇觀」（旅遊指南的撰寫者各有不同的選擇，但選出來的差不多都是七個），是在前後長達兩千年的時間裡建造的。除了有兩處是在埃及與巴比倫內陸之外，其他的全都是希臘人所造，集中在東地中海航運頻繁的海上通路。這些奇觀在完工之後的兩千年裡一一毀於地震、塌陷、劫掠、荒廢，只有一個例外。是什麼樣的想法構思了那些消失了的奇觀？它們用什麼技術設計成功？是什麼樣的社會為它們付出犧牲？我們可以從當時留下的文字窺見一二，知道它們之所以堪稱奇觀的理由。

一九五〇年代，美國一份工程雜誌讓讀者票選七大現代奇觀，結果芝加哥的污水處理系統名列榜首。[22]按古代的標準看，這樣的選擇既愚蠢又令人洩氣。在古代列舉奇觀的人士眼中，上榜的不能只憑技術高超或具獨特的社會功能。奇觀應該是令觀者稱奇，是觀光客非看不可的「名勝奇景」。奇觀的首要特徵就是不同凡響。

表現這個特徵最顯著的莫過於亞歷山大港的燈塔。這是七大奇觀之中建造最晚，也是其中最後才找到遺跡的一個。近幾年的一項水底考古計劃一直在亞歷山大舊港被淹沒的濱海地點搜尋，要找出六百年前因荒廢而坍塌的燈塔遺跡，當時的統治者信奉伊斯蘭教，因而鄙視拜偶教信徒留下的建築。挖掘作業必須格外仔細，因為亞歷山大港曾經建有古代最華麗的一處海濱廣場，海中有其他建築物的殘片。如今從港口海底挖出來的花崗岩塊之中，很可能會被證實是當年被地中海吞噬的法羅斯燈塔。

法羅斯這個名詞在許多近代語文之中都是指「燈」與「燈塔」的意思。古代文獻裡稱許它的價值在於協助領航者穿越岩石崎嶇的港口。不過這座燈塔與現代的不同。它的作用不在警示航船避開，而是要引航船進港。法羅斯是亞歷山大港的巨大廣告，是促銷行動之中最耀眼的一個，這新興的繁榮港市要把自己推銷為地中海的引人注目之地，成為「有人居住的世界之中最卓越的交易中心」。燈塔高一百公尺有餘。明亮的白色塔壁頂上有鋪張的雕塑。打磨得晶亮的青銅鏡子，白晝反射日光，夜晚反射火光，據可靠的記述，約五十六公里以外都能看見。不論日光和火光是否為航船而照的成分少，為亞歷山大港的市民而照的成分多些，燈塔確實是在向世人昭示他們的自我形象，頌揚他們的君主，宣告他們文明生活的自負，炫耀他們統治階級的財富，廣告他們的商業價值。我們等待更多舊址殘骸線索出現的同時，也可以利用古代的描述與繪畫恢復一下法羅斯的原貌，並且重建它當年照亮的那個社會。

亞歷山大港的原址是亞歷山大大帝於公元前三三一年選中的，當時他已加冕為法老，正溯河而上。他為自己是神而自我陶醉，一心想要融合希臘與埃及傳統。因為沒有其他材料可用，這個城的平面圖是用一把一把的玉米粉在地上畫出來的，包括希臘神祇與埃及神祇的廟分別建在什麼位置。預言家把這個解讀為未來要興旺的徵兆。

願景遠大的亞歷山大大帝死後，他的帝國由他的將軍們瓜分了，埃及分給功業最彪炳的一位。托勒密回到亞歷山大港來為自己建了首都，並為他主子的遺體建了一座聖祠（這是亞歷山大死後的希臘世界最寶貴的紀念物），位置不在早先歷代法老常活動的地方，而且面朝著希臘。托勒密下令開一條一百公尺寬的大街，整條街建起廊柱。宮殿建築群的占地超過全城面積的四分之一，其中除了有王室起居的地方，還有最早的「科學園區」——有動物園、西方世界最大的圖書館和「繆思之家」。按批判學院生活的弗瑞塞說，這裡是「不食人間煙火的書蟲們被餵養的地方，吃飽了就爭吵個沒完」。[23]

矗立著燈塔的法羅斯島，是個袖珍的亞歷山大城。擠在圍牆裡面的埃及本地人，死後按例要把自己做成木乃伊，但是都積極學習希臘語和希臘文化。據歷史家波利比厄說，在這裡會聽到典型的亞歷山大城式的刺耳絮叨，「土著埃及人脾氣急躁又不文明；大群傭兵盛氣凌人又不服管理；來自亞歷山大城市民的各色人等，雖然不完全可靠，卻都有希臘血統，沒有忘記希臘的生活方式。」[24]這個殖民社會需要法羅斯燈塔：離開自己根的人需要一個認同的標幟；不安定的人需要一個引力來安頓他們追求的財富。

法羅斯燈塔既反映這種財富，也吸引這種財富。在燈塔之下來往的船隻要付過港費，過港費高達愛琴海與黑海的奢侈品價值的百分之五十，這些奢侈品包括羅德島的酒、雅典的蜂蜜、黑海的核桃、拜占庭乾果和魚、凱奧斯製的乳酪。大約到了公元前二七〇年，燈塔完工之後，貿易範圍已經到了西西里與南義大利，公元前三世紀末又到達高盧與西班牙。托勒密的繼位者費拉德菲的宮廷儀式極盡舖張奢華之能事，當時正值燈塔工程大致結束的時候。按文獻記載，勝利之神的塑像都配著黃金的翅膀、金冠、金的豐饒之角，祭壇、三腳檯、奠酒皿、森林男神與侍酒者的雕像全都用黃金製成，裝潢的帷幕都是波斯與腓尼基來的精品。[25]

燈塔是亞歷山大城朝廷為了亞歷山大港商業而造。學界最近的共識是：主持燈塔建造的主要人物是尼多斯的索椶斯特拉多，他是托勒密與費拉德菲兩代朝臣，出任過大使。他所處的世界是什麼樣子，可以從詩人卡利馬科的文字中看出大概。卡利馬科是亞歷山大城早期極受推崇的詩人，也是作品最普遍被人引用的詩人之一。他說亞歷山大是個雙面世界，從寶座上帶著極盡諂媚的凝視，讚頌某位王后的完美典範，或是慶祝從另一位王后那裡搶來的一綹秀髮。這秀髮於公元前二一六年存放在一處王室廟宇裡，充當出外征戰的國君安全返回的擔保。在卡利馬科的想像之中，這綹秀髮被一位善妒的愛情女神偷走，藏到了眾星辰當中。

這世界的另一面是下流社會，充斥著同性戀帶來的災難與吹毛求疵造成的挫折感。卡利馬科最動人的詩作是，惋嘆一名男童妓的母親唯利是圖，一心只為兒子覓得更多金的恩客；但詩人也對「來者不拒的少年」感到深惡痛絕。所以「我連公眾泉池之水也不會汲飲，因為一切公眾通俗之事都令我反感」。[26]容易大驚小怪、愛天馬行空的亞歷山大城民也擁護「奇觀大全」[27]，並且貢獻了法羅斯燈塔擠進奇觀之列。這燈塔雖然等了很久才確立了榜上地位，卻體現出七大奇觀一向都具備的公認特徵。除了外觀醒目，也表現了挑戰自然。體積大，威風凜凜，有原創性，財力雄厚，雖然建燈塔的地方正是海神普羅提厄斯的禁地，不過燈塔不僅僅是為了褻瀆神。守護塔光的是天神宙斯的塑像與吹著號角的人身魚尾海神們的塑像，號角也許有什麼機關設計，可以向航船發出訊號。

令中古時代的訪客感到有神奇機關的法羅斯燈塔，後世的人想重建它，至今仍未成功。燈塔的外觀即是鑄在古錢幣上的那個模樣。最近提出的理論認為，建材是花崗岩，外覆石灰岩，底座很高，由下往上逐漸變尖，一樓之上才是塔身。現代人將高處重建成燃火室，是欠缺實據的想像。並沒有可信的文獻講到是用什麼方法把燃料運上塔頂；燈塔裡也不大可能維持不滅的火光，因為燃料在亞歷山大城是最稀罕的貨物之一。古人其實是利用青銅鏡把塔內燃起的小火光放大擴散出去，不過這銅鏡已在中古時代工匠試圖修復時，失手打爛。[28]古時候的人會避免在夜間航海，法羅斯燈塔在白晝最能發揮效用，藉銅鏡反射的強烈日光成為海上的指引。它的用意原不是為了夜間照明，而是在白天使旅人目眩。它和古代的所有奇觀一樣，是為了誇示而建，不為了實用。票選奇觀排行榜的古人認為這樣的傲慢是一種美德。

若能招引海上的人注目，當然可以在競爭登上「奇觀榜」的過程中加分。不過除了法羅斯燈塔，還有另一個對手，那就是傲慢過度、而且為了炫耀不顧品味的哈里卡那索的摩索勒斯陵墓。它是為安葬一個不甚重要的人而建的。公元前三五一年逝世的摩索勒斯是希臘撰述者厭惡的那一型。他是半個野蠻人，在他的出生地卡里亞（現今土耳其的海岸）代理波斯皇帝執行統治。他與自己的妹妹結為夫婦——這種王室亂倫的傳統令希臘人厭惡。雅典人知道他是個貪得無饜的吝嗇鬼、出爾反爾的盟友、背後陷害人的仇敵。他雖然講究希臘化的愛好，卻也偏愛東方藝術。他的陵墓悖離了希臘審美觀，所以算是一件原創作品。雖然他的妻子崇拜他，在他死後舉行競賽紀念他、花大筆錢建完他的陵墓，其實他只是一個小侯國的君主，在外交與戰爭上的表現平平。若不是因為建了陵墓，後世幾乎不會有人記得他，也不大可能提及他。

他的陵墓沒有刻意迎合希臘式的品味。當年的卡里亞想來應該比如今的乾枯狀態要富裕得多。但是這陵墓使用了品質不一的大理石飾面，就一個生前不遺餘力攢錢的人而言算是個便宜貨。從風格上看，是一堆雜亂無章的亮麗。它仿傚了當地的墓式，結合努米底亞式的火葬堆與波斯皇帝式的墓穴。最上一層是模仿古埃及的台階式金字塔。其中源自希臘的主要建築元素是支撐著金字塔的周圍柱廊，希臘人看了卻會覺得這不啻是臨摹神殿的褻瀆行為。最接近摩索勒斯陵墓的現代建築應該在澳洲墨爾本，那兒的第一次世界大戰亡者紀念堂，反映了考古學家重建古代奇觀的企圖。

即使按那個時代的標準來看，這陵墓也是俗不可耐，守墓的石獅一紅一白地排列下去。陵墓體積很大，基部長寬都是四十公尺，從底部到金字塔頂端的精雕戰車隊伍可能有四十三公尺。但是只憑這麼大不足以令人稱奇。最能顯出它奇在哪裡的是裡面擠得水洩不通的上百個雕像，尤其是摩索勒斯本人與他那表達喪夫之痛的妻子的雕像。是不是他們夫妻倆也只是猜測，不過，除了他們夫婦倆還會是誰呢？[29]早期觀看陵墓的人認為其中的精品雕刻得太好，應是當時希臘最著名的雕刻家之作，這也不無可能。所以，近觀之下摩索勒斯陵墓確有登上奇觀榜的理由；遠看也顯得出它精心規劃的設計。哈里卡那索本來是零亂散落的村子，是摩索勒斯一手把它建成城市的。他自己規劃了城市的佈局，一切以陵墓預定地為中心，刻意營造出戲劇效果，讓往來海上的以弗所朝聖客一定會看見。此外，摩索勒斯生前傲慢，常誇口吹噓，也拉抬了這座陵墓的知名度。他曾經試圖甩掉與強勢鄰邦的附庸關係，他曾有苛捐厲稅的惡名，曾耗費大量資金建造堡壘與船艦。他生前做不到的事，死後做到了：他給自己英雄式的殯葬，甚至可能像神祇一般名聲不朽。他墓頂上的戰車隊伍，難道不是在等著接引他上天堂嗎？

大約是在公元第七世紀，哈里卡那索的末代居民扔下這城市，一去不返。但是摩索勒斯陵墓仍在原地。等到十五世紀的僧侶騎士團再占領此城築起堡壘，這時候的摩索勒斯陵墓已經殘敗，長滿野草樹木。騎士們為了要建自己的城堡，於一四九四至一五二二年間把陵墓殘骸清除，將拆卸的石材重新利用，把大理石燒成了石灰。[30]

摩索勒斯陵墓的位置靠近以弗所與羅德島，很方便一心要目睹古代奇觀的遊客順道而來。順著這條航道再往南，海上的遊客開始努力張望，看看是否可以見著另外的建築物。至於看到它的人為什麼會產生神祕的反應，如今已不可能確知。一位編列奇觀排行榜的古人說，他自己「凝望著巴比倫固若金湯的城牆，那是戰車可以奔跑的地方，也凝望阿爾菲厄斯河岸上的宙斯。我曾看過

> 空中花園與太陽神的巨大雕像、人造大山般的雄偉金字塔與摩索勒斯陵墓。但是當我看見高頂直沖雲霄的阿特米斯神殿，其他的奇觀都變得微不足道，因為天上的太陽是世間萬物都不能匹敵的。[31]

這樣描述古代人公認的「世界奇觀榜」上最不令人稱奇的一個（根據描述其外觀的稀少文獻看來），似乎不大相稱。阿特米斯神殿的位置就不吸引人，它是在地勢低的沼澤地。神殿的確是巨大，裝飾得鋪張奢華。但是有許多希臘神殿在這些條件上更勝一籌。阿特米斯神殿並不是特殊建築巧思的產物。神殿之中供奉的神像是東方式的工藝技巧與品味，並不符合希臘審美觀的理想：不是古典美術所熟知的身穿

薄紗的狩獵女神。以弗所的阿特米斯是亞洲式的大地之母造型，挺立著，目光直視，豐腴的軀幹上墜滿了碩大的乳房。

我們若要理解這座神殿為什麼會有這麼大的影響力，就必須鑽進外觀的表層之下，找出是什麼神祕力量使古代人的感受那麼刻骨銘心。它能夠名聲遠播，當然與商業有關。公元前兩百年那些把它抬到凌駕其他奇觀之上的詩文，有可能是促銷的廣告詞。撰寫詩文的這位西頓的安提佩特急於鼓勵朝聖與觀光業，令人懷疑他是收了阿特米斯神殿女祭司們的錢。大約百年以後，也是這種急切心理使鼓噪鬧事的以弗所人，把使徒保羅趕出去。因為掌控女神銀製塑像市場的銀匠知道，保羅說過「人手做的不是神」，恐怕生意就此受到影響，於是聚集人眾說：「這樣不獨我們這事業被人藐視，連亞細亞全地和普天下敬拜的大女神之威榮也要消滅了。」眾人憤而吼叫「大哉以弗所人的阿特米斯」大約有兩個小時，保羅便逃走了。

諸如此類有關以弗所阿特米斯信仰既重要又無所不在的記述，證明這位女神的廟應該香火鼎盛，吸引了遠近香客，也維持了貿易活絡。神殿的地點有相當悠久的神聖歷史。安提佩特讚美的這座神殿未建之前還有更古的廟。近年的考古挖掘已經發現了公元前八世紀的神殿遺跡，那是被公元前七世紀的洪水毀掉的。大約公元前五六〇年，以斂財致富聞名的呂底亞國王克里索斯在這裡建起更壯觀的華廈，從當今地基層挖掘出來的奉獻品中，錢幣上所鑄的年代就是這一年。之後建的神殿則被毀於公元前四世紀中葉，據傳是個想要遺臭萬年的瘋子故意縱火燒毀的。亞歷山大大帝曾經有意出資幫忙重建，以弗所人卻婉拒，據說理由是「神不該拜神」。

不過，歷時一百多年的重建與裝潢過程中，奉獻從四面八方湧入，造就了相當宏偉的一個大建築。我們現在所能知道的這座神殿的建築歷史，主要歸功於約翰・特托・伍德。他於一八六三年扔下設計土耳其斯美納鐵路火車站的工作，開始尋找一個消失的古代建築。耗費六年時間，在看似比較可能是遺址的地方挖掘之後，終於找到埋在六公尺深的泥巴之下的遺址。如今繼續研究的人，必須先把水抽乾，才能進行挖掘。

這座神殿建在長一三一公尺的平台上，從台底登上廟殿的大理石台階。女神的內殿四周共立著一二七根愛奧尼亞式的柱子，柱子都雕了凹槽和裝飾，柱基有飾帶，這違反了希臘正宗審美的慣例。廟門口和門框頂上的三角牆上，有亞馬遜女戰士族的雕像守衛著。按傳說，當初她們也與朝聖者一樣蒙女神庇護，或者曾經依賴女神賜予的乳汁。之後，由於還願祭禮逐漸累積，柱頂添上更多雕刻，下面也增添了許多發亮的飾板、盾徽等等。

朝聖進香者的捐獻使這座廟富有起來，但它並不是憑有錢成為奇觀。七大奇觀的每一個都從某個方面突顯它們同樣具有的特性。金字塔最重要的特點就是大。奧林匹亞的宙斯表現的是富裕。摩索勒斯陵墓是自尊自大。巴比倫空中花園是挑戰自然。羅德島的希利奧斯神像是技術創新。法羅斯燈塔是引人注目。阿特米斯神殿雖然多少具備了一些以上各項特徵，在這些特徵上卻一一被前六個比下去了。它特有的一個超過其他六大的屬性，並且憑這一點受到檢選排行榜人士的青睞，那就是具有令人敬畏的神聖性。

阿特米斯神殿因為有特別濃厚的虔誠氛圍而成為神聖之地。哲學家赫拉克里托曾經逃到這裡躲避其他人，其他到這裡來避難的人只是為了躲開敵人。羅馬皇帝尤里安在這裡偷偷加入了異教信仰。崇拜女神的儀式非常豐富，薰香繚繞如濃霧般遮住日光，神像出巡遊街時城民會做華麗的化妝表演、奉香獻祭、到劇場去觀看演出。在神殿大院的戶外祭壇會舉行請神儀式，女神會在門廊之上的山牆窗口顯現，這使膜拜以弗所阿特米斯充滿惑人的魔法意味。假如我們難以理解這座神殿當年為什麼有那樣的盛況，也許是因為我們已經不再能有被阿特米斯神殿激發的崇敬感了：我們不會覺得自己造出來的東西是神聖的，也不會想崇敬它。[32]

七大奇觀之中位置最西的是奧林匹亞的巨大宙斯像，它是古代做得最鋪張的工藝品。希臘東部島嶼邊緣上的羅德島的太陽神希利奧斯神像更大，而且是工藝技術上最大膽之作。宙斯是「泛希臘」情感的象徵，而羅德島的巨神像則是在希臘群雄相互競爭、互不示弱的舞台上，為了昭告地方本色所建的。按文藝復興時代的傳說，羅德島巨神像「跨立」在羅德島港口之上，往來的船隻都從神像跨下走過。這是荒謬的幻想。我們倒可以說宙斯像與希利奧斯像橫跨了希臘世界。

羅德島巨像是與亞歷山大港燈塔同一時期建造的，同樣是一個其大無比的廣告，為的是使海上的人大老遠就看見，從而被招引到羅德島這個富饒的市場。這是為了紀念公元前三〇四年打退馬其頓所建的，當時羅德島面臨史上最嚴重的危機時，全城萬眾一心，主人們把奴隸武裝起來一同上戰場，婦女捐出自己的頭髮做弓弦。在已經有百座大雕像裝飾的城裡建造的這座「要與第一個太陽一樣發光的第二個太陽」所需的費用，有一部分是把馬其頓人撤退時拋下的攻城設備賣掉得來的錢。峻工碑銘上說：

> 太陽之神啊，多里安的羅德島人獻給您這座高聳入天的巨像⋯⋯我們憑著從敵人獲取的戰利品使這個國家登峰造極。我們不但在海上，在陸上也散播無拘無束的自由之光。因為赫拉克里斯民族的子孫要統御支配，在陸上、在海上承繼祖風。

現在看來這話說得自相矛盾，但是當時的羅德島人所謂的自由就是指在競爭中占到上風。

不過，巨神像不僅僅是為過去的功業而謝神的獻禮而已，它也是為了未來獲利而投資。羅德島人本來就以擅長經營聞名。古代曾有俗諺說：「十個羅德島人有十艘船。」[33]他們用全世界最引人注目的神像標幟自己的港口，既能榮耀自己膜拜的太陽神，又能給自己打廣告。

巨神像高約三十七公尺，比希臘世界的所有立像都高出幾乎一倍。被選中的雕刻家是羅德島本地人卡勒斯，他是鑄造巨型青銅像經驗最多的人。根據巨神像未消失以前的一部技術研究記載，他開始先做白色大理石的底座，「高度超過了其他雕像的頭頂」，然後他把神像的雙腳固定在底座之上。接著他便搭起一個石柱做的內部架構，石柱用鐵棍連接，鐵棍「就像用獨眼巨人那麼強的力量鎚打而成」。這件工程做了十二年。神像身體的每個部分都是分開製模，可能是用灰泥做的，然後再用青銅鑄，再加上外層。工程進行中，卡勒斯為了要在巨像周圍設置工作台，就建起逐步增高的斜土台，寬度和倫敦的特拉法加廣場一樣，高度也達到和廣場中央的納爾遜之柱一樣。那份技術研究報告說：「他耗用的青銅之多，似乎要引發鑄造廠缺貨了，因為鑄造這座像乃是世間的金屬加工奇觀。」

為了引人注目，巨神像的立足點必須很高而俯瞰全港。也許就在現今的聖約翰教堂的位置，或是在古城西角的史密斯山之上。神像的造型應該是太陽神的典型姿態：腳併立，抬手遮在眼睛上方，類似同時期的另一座雕刻。或者是高舉著「自由火炬」，碑銘之中提到過自由之光，工程師艾菲爾為紐約設計現代版的巨神像（即自由女神）時也借用了這個靈感。

公元前二二六或二二七年的一場地震，使巨神像的膝蓋彎了。多數人讚美這個奇觀時看到的其實已是彎塌的狀態。這也正好證實了悲劇發生的理由——是野心太大的自作孽後果。羅德島民崇敬所有的神像，甚至尊重敵人打造的神像，寧願築起牆來把它們隔開也不願予以搗毀。公元六五四年突襲這座島的穆斯林卻不是這麼想，穆斯林認為被打倒的偶像都只是廢物。據說為了把打爛的巨神像殘片移走，一共用了九百匹駱駝。[34]

奧林匹亞的宙斯也消失得無影無蹤。公元第五世紀的時候，基督教取代了拜偶宗教，宙斯像被劫然後毀於火災，這已是宙斯像樹立約一千年以後的事。不過這座像的樣貌在進香客的文本裡有紀錄，也鑄刻在錢幣和寶石之上。這是完全用黃金與象牙打造的（黃金和象牙是對神還願時最佳的奉獻品），是同類奢華用料的神像之中最大的一個。宙斯造像為坐姿，穿著黃金披風、黃金的露趾鞋，手持蛇杖與勝利的象徵。神像高十二公尺以上，宙斯頭上戴的橄欖枝葉冠幾乎觸及神殿屋頂，祭司們還不斷地為神像抹油，成功實現了極度揮霍之能事。據說雕刻師捕捉了宙斯要砸下雷擊時怒而皺眉的那一刻。神殿中有另一層較高的遊廊，遊客爬上去便可以欣賞宙斯生動表情的特寫。

我們若要想像這位雕刻家的模樣，簡直比想像宙斯神像還要容易。他是著名的斐迪亞斯，曾經雕製帕德嫩神殿之中一些最上乘的作品。宙斯像遺址旁挖掘到他以前的工作坊，裡面有象牙片、製作宙斯披風的模子、廢棄的工具，以及一只刻著「屬於斐迪亞斯」的壺。宙斯御座上不但按慣例裝飾半人半馬的妖怪、亞馬遜女武士、赫丘力斯的十二道任務，還有他的愛人潘塔克斯正在公元前四三六年的奧林匹克競技中獲得少年摔角優勢的英姿。

奧林匹克競技是崇拜宙斯的神聖儀式，每四年舉行一次，時間是在收穫季節結束時，要在酷熱中連賽五天。競技舉行期間希臘人停止戰爭，從各地大老遠趕來共襄盛舉，因為據說赫拉克里斯（即赫丘力斯）「創立奧林匹克競技以誌希臘和睦友好之始。」[35]按例，參賽者在爭勝運動中表現團結一致，比賽勝負將影響各城邦的聲望。公元前四一六年這次奧林匹克競技，雅典人原本「以為我們已被戰爭毀了」，卻因為戰車比賽獲勝而扭轉大勢。馬其頓的菲力普於公元前三三〇年在宙斯聖地的園林裡建立了自己的紀念碑，藉此紀念他的戰車御者之勝利。園林之中處處是廟宇和雕像，標記著一次次的競技勝績。宙斯神殿於公元前四五六年建立之初，是為了感謝神佑戰爭勝利。但是宙斯神像超越了一切競爭，這是希臘世界各地人共同捐獻而造的，是自古以來理想中「奧林匹克精神」一次實際的行動。這種精神一向有人遵守也有人不遵守，到現在仍是如此。[36]

古代的奇觀排行榜上有名的不外乎航海者的地標——巨神像、燈塔、摩索勒斯陵墓，或是海濱地區的宙斯神殿和阿特米斯神殿。希臘人建立了一個力求遠離野蠻的世界，是刻意人工化、非建立起來不可的世界。可是他們始終靠近著海。雖然他們鄙視野性，卻也知道自己離不開自然。他們為自己造像的時候會用來自大自然的原料，他們認為自己其實就是這些原料造就的。他們從石頭和金屬錘鍊出雕像，從大地的體內捏塑出它們的形狀。[37]

❖繞著中間的海：古羅馬的沿海文明❖

羅馬人厭惡海也恐懼海。一位羅馬詩人在大約公元前三十年的時候寫道：「第一個膽敢到殘酷大海上行船的人，不論是誰，他的心必定是橡木的，外面還包了三層青銅。」[38]奧維德版本的米蒂亞故事裡，米蒂亞雖愛傑遜，卻因為害怕日後得航海而遲疑了。然而，這些不情願航海的人卻把地中海稱為「我們的」，在它周圍佈滿自己征服的領土。

耶穌紀元前的兩百年間，他們把希臘貿易者與殖民者開創的地中海網絡加以擴展強化，於是有了一個聯繫比較緊密的「地中海世界」，政治上、經濟上、文化上的連續性都比以往與以後更明顯。羅馬人一直沒找到滿意的安全邊境，所以越過了這塊「地中海盆地」到達萊茵河，又跨過了英吉利海峽。但是羅馬文明始終離不開海，把海當作交通的主軸，當作貿易、愛好、觀念、藝品、人、影響力往來的渠道。

他們如何做到，至今仍是一個謎——是世界史上最大的疑團之一。羅馬人起初只是一個小型農民社群，聚集在一個欠缺戰略價值的地方，土壤不肥沃，沒有金屬礦產，也沒有港口。他們自己的歷史家創造了一個神話，說他們本是愛好和平的民族，意外建立了帝國，因為要自衛而征服了敵人。其實他們變成好戰是無可避免的，因為他們除了欺凌鄰邦之外沒有別的致富辦法。他們發展出一種為作戰而組織起來的社會，勝利就是這個社會的至高價值。羅馬公民必須服兵役至少十六年，並且受了薰陶相信「為祖國而死是美好且恰當的」。打了勝仗都要舉行戰利品遊行，這叫作「凱旋」。耐心與毅力是特別受重視的美德，所以羅馬人即使打了敗仗也不會洩氣，很像後來的另一個帝國主義強國——十九世紀的英國，「可能輸掉某次戰役，卻會贏得戰爭」。

羅馬原來沒有往陸地以外發展勢力的企圖，到公元前第三世紀將要結束時，在義大利的陸上擴張達到極限，情況才改觀。羅馬人受到西西里、薩丁尼亞、西班牙的財富的引誘，卻在這些地方遭遇西地中海最難對付的航海帝國迦太基。羅馬迫不得已走向海上，並且不惜代價投入發展，成為強不可擋的勢力，擊潰一度稱霸海上的迦太基。

在此同時，羅馬海上勢力的東翼伸入亞得里亞海諸島，與東地中海諸強正面衝突，結果於公元前一四八年併吞馬其頓（歷經五十年斷斷續續的交戰），再於一三三年征服了帕加馬。一百年後埃及納入羅馬版圖，地中海的沿岸等於全部隸屬羅馬了。這樣一個離不開海岸的帝國，陸地上各邊的邊疆地區卻會成為易受攻擊的弱點。非洲與東地中海（自羅馬到埃及）沿岸的羅馬領土，看似受到廣大沙漠的保護，其實未必。至於歐洲的這一側，接著有一百年的征服戰，但一直無法把局面確定下來。羅馬帝國往這個方向的發展，改變了羅馬人自己，羅馬帝國與克爾特人融合。克爾特人是羅馬征服的大部分領土的居民（見第十三章），他們說的話是同一個語系，彼此卻爭鬥不止。他們以勇猛聞名、好酒貪杯、精通數學、喜好城市生活，這些都是羅馬人可以體會也能利用的條件。克爾特人之中雖然有人像漫畫中的亞斯特里克斯（譯按：為漫畫家高辛尼與烏德佐所創造的中古時代人物）與同村人那樣抵死不降，一般普遍都是積極的「皈依羅馬者」，接受了征服者的穿著和語言，擁抱了羅馬人從古典希臘傳來的興趣和品味。

在羅馬人眼中，地盤更遠的日耳曼人是無法吸收文明藝術的「野人」，根本不值得去征服（見第五章）。所以只對他們進行短暫襲擊，此外悉由他們自便。這樣做很可能是一步錯棋。羅馬帝國如果把邊疆聚落的所有民族就納入，也許會像歐亞大陸另一端的中國那樣，以守護定居民族共同文化遺產的姿態與外面的遊牧民族對抗，從而延續幾千年而不衰。然而，幾乎所有的日耳曼族群都被羅馬排除在外，心懷怨恨的日耳曼人於是隨時伺機報復。

羅馬藉獲取或強迫當地統治階級合作而擴展勢力，統治階級可能是被征服的社群之中的行政官吏，或是部落的族長。例如，伊比利亞的官吏遵照羅馬法律審理案子，並且下令將裁定結果刻在青銅版上。希伯來君主和日耳曼酋長會在得到羅馬批准的情況下保有原來的權威。從某個層次看，羅馬帝國是城市組成的一個聯邦。從另一個層次看又是不同民族形成的聯邦，其中希臘人是羅馬人在東邊的首要夥伴，克爾特人則是西邊的首要夥伴。

羅馬人的自我意識——拉丁語文與地中海式的生活，透過殖民地與軍隊駐地散播到帝國境內各地。大西洋岸葡萄牙的殖民者，因為鑲嵌瓷磚被鹽沫侵蝕，於公元第一世紀時把自己的市中心拆了，再按羅馬的樣子重建。西班牙的下水道、巴諾尼西省（譯按：約在現今匈牙利西部）的三角山牆、敘利亞的石棺，都傳佈了一眼就看得出來的羅馬藝術的「古典」風格。萊茵河畔科隆邊疆上的某位沙場老兵的墓上，妻子和兒子正隨侍身邊，面前陳列著食物和醇酒，一如羅馬城的貴族階級。英國北部的一座墓碑紀念著一名早么的十六歲敘利亞男孩，哀悼他的人認為他死在基梅里恩，也就是荷馬所想像的前往冥界途中的多雨又又多霧之地。[38] 這裡儘管離羅馬非常遠，民眾卻十分熟悉羅馬文化，所以第三世紀的錢幣上刻的維吉爾詩句只取每個字的第一個字母，大家照樣看得懂。

貿易和戰爭都能把共同文明的元素輸送到這個世界的各個地方。羅馬帝國發揮的功能是既使臣民生活豐富，又能管制臣民。例如，公元一世紀的西班牙杜耶洛谷某氏族的商人們，都在匈牙利入土長眠。希臘製陶匠所做的巨大酒甕，用於裝運安達魯西亞的酒到普羅旺斯。由於羅馬帝國代表的是地中海文明，隨著羅馬帝國往地中海盆地之外延伸，地中海的出產物成為輸出範圍最廣的物品。一旦各地方形成自身的工業專門項目，商業關係也會在整個帝國領域內往來交流。例如，羅馬帝國最搶手的魚醬是用鮪魚和鯖魚的血與內臟製作的，製作的工坊都在西班牙的西南部；高盧東北部是布匹製造中心，商人們的生活景況就刻在德國與盧森堡邊境伊基爾一處的陵墓上。他們將大綑的布料成品沿陸路與河流運輸，放在華麗的店面裡出售，然後把賺來的錢花在酒宴上，以突顯他們比務農者優越的地位。

佩楚尼亞斯創作故事裡的商人屈馬丘，乃是暴發戶的原型。他曾經擺下極盡鋪張的酒宴，還僱了一名吹號手報時，「以便隨時告知他的壽命已經失去了多少」。[39]那時候的中產階級就有計算時間等待下班的惡習了。他命畫師把自己和眾神畫在一起，把自己最初刮下來的鬍子收藏在金製的匣子裡，命人在他自己的紀念碑刻上裝備齊全的船隻。他的船隊航遍了羅馬商業所及的每個海域。他有「從雅典取來的蜜蜂，所以能吃到自製的雅典式蜂蜜。……幾天前，他還寫信到印度訂購了野菇種子。」[40]他的一艘運酒船翻覆就損失了三千萬塞斯特斯（譯按：羅馬錢幣之一種），但是下一艘貨船賺回來的比損失的還多。佩楚尼亞斯如此誇張的描述不足為奇，商人在宴飲上的揮霍排場早就是大家的笑談了。詩人霍瑞斯曾經接受過「在弦月的月光之下摘蜜蘋果」的款待。[41]他的詩向來擅長用新奇事物營造效果，所以他的作品形同一部進口精品大全。霍瑞斯嘲笑商人還有一個目的，是要藉此顯出他自己在薩賓的農家純樸生活才值得推崇。他的詩文之中處處是引用貿易的典故，有薩丁尼亞穀倉來的小麥、印度的黃金和象牙、敘利亞的酒器，坐擁這些東西的人都是「受諸神寵愛且能年年往返大西洋兩、三次而安然無恙的人。」[42]尚武精神和農業的價值——也是羅馬興起時的價值——從未消失；不過，社會轉為放眼海上以後，重商與遠途冒險的新價值觀也開始確立。

我們常聽說羅馬帝國「衰」與「亡」的過程，其實比較恰當的說法應該是這個帝國改頭換面而消失的過程。過程的關鍵可以從羅馬最著名的遺跡羅馬廣場看見，但不是看銘文，而是看石材。我們現在能看到的絕大多數羅馬廣場是公元三世紀晚期與四世紀早期留下來的，這個時期的公共建築非常密集，推動建築計畫的皇帝們信仰的是與羅馬昔日光輝成就相連的公民精神、公眾儀式、異教神祇。但這些過往時代自豪的建築，注定將在信仰改變後被拆除，甚至被竊走石材。原本廣場中最龐大的建築是長方形大會堂，多建於公元三〇六至三一二年，一個個大壁龕使周圍環境相形見絀，後來幾乎所剩無幾。因為以後的皇帝大都信奉基督教，對於舊的儀典和舉行這些儀典的場所，任由它們荒廢。第一位皈依基督教的皇帝君士坦丁，就像羅馬歷史河道上的一條深溝，他把河流改向。他在東邊建起新的國都，使羅馬城走上衰落的命運，也使羅馬廣場變成了死水。就象徵意義而言，他的凱旋拱門封住了往東的視野。遠看雖然夠宏偉，是光榮地回復帝國傳統，但如果與以前的拱門相比，只算是劣等貨，上面佈滿從其他建築物回收再利用的浮雕。君士坦丁以後只再添加了弗卡斯之柱，它像個多愁善感的衛兵，傷心地守著廣場逐漸衰朽的殘跡。

正因為政治重心一直把皇帝留在東邊，羅馬城的地位也不保。如今在伊斯坦堡市中心的最高點，站在飄浮的廢氣和陣陣塵霧之中，仍能體會這個重心東移的影響。自從公元三二三年這裡被選中為羅馬帝國新都，古代世界的努力成果雖在，但是已經褪色、破敗、半截入土。德爾菲神諭的蛇寶座、埃及法老王的方尖碑、刻著戰車競賽場面的巨柱，幾乎是三個大陸區僅剩的象徵物，拼湊出君士坦丁首都速成而來的尊貴。從象徵層面來說，將君士坦丁雕像立起來的柱子下，還包括著特洛伊城的帕拉斯守護神像（譯按：即雅典娜像）——據說這是伊尼亞斯（編按：特洛依的英雄）本人膜拜的，還有阿波羅冠冕上的日光，耶穌受難的釘子，耶穌真十字架的殘片，稱得上是異教信仰與基督宗教轉型時代的「時間膠囊」了。

羅馬帝國的陸上邊疆既長又不安定，成為難以負荷的重擔。阻隔在邊界之外的人想要進來，不僅僅是進來掠奪或充當傭兵，也想進來定居並分享帝國的繁榮。人數太多，成為不可抗拒的壓力。日耳曼人和斯拉夫人並不是羅馬人一向認定的那樣會毀掉羅馬文明，因為他們在某些方面也帶來可豐富文化的新元素。但是他們的加入也促成了一種緩慢的變遷：政治上與文化上的價值崩解，使小王國的勢力逐漸提高，取代了羅馬的統御。拉丁語文的統一勢力瓦解，取而代之的是多種彼此不通的語文。從第四世紀晚期開始，外來分子密集殖民羅馬帝國，整個羅馬世界漸漸變得雜色斑駁，好像萬花筒一再搖出更複雜的圖案。

地中海沿岸的根本統一性——歸屬同一文明的感覺——卻保持不變。直到公元六三四至七一八年的劇變爆發。一度仰賴大沙漠保護的那一側帝國邊疆被阿拉伯人侵入，從未料到會有危險的地區失守。

先知穆罕默德於六三二年逝世，留下使阿拉伯人脫胎換骨的宗教信仰。他的追隨者此時有了紀律嚴謹、動力強悍的組織，以及對不信真主者發動聖戰的意識形態。到了公元七一〇年代末，他們的氣力在君士坦丁堡前和西班牙北部山區裡耗盡，他們也把地中海文明切成兩段。他們不像以前的侵略者會敬畏羅馬人，或向羅馬人效忠。從這時候起，他們所征服的土地就變成另一個文明，一個與羅馬相抗的伊斯蘭文明。

❖經典文明所及範圍：希臘羅馬文化遺產在全世界的傳播❖

「經典」作品是永遠不會喪失影響力或實用價值的作品。公元前五世紀與四世紀的希臘文明當得起「經典」的稱號，因為以後的人一直以它為榜樣。能夠在人們的記憶與想像中站到這樣的地位是不容易的。我們這個時代所謂西方世界的藝術與思想，永遠不可能與之相提並論。

我們可以根據某個文明為了未來所投注的自信，來判斷它有多大的遠景。以我們今天為例，根本沒有能夠銘誌兩千年的大建築，沒有為下一個千禧年會更好的希望而投注的心血。看看德國國會廳或亞伯特中心、比戈主題公園、卡爾地夫劇院，歐洲正在進行中的建築計畫都不能激發公眾的熱情。倫敦的千禧年大巨蛋是個中看不中用的東西，是個空洞的泡泡，遲早要癟掉；俯瞰西敏寺的費里斯大摩天輪，顯然正是遊樂場趣味短暫的玩意，是用過即丟的社會裡的滑稽小品。我們的所有夢想似乎都沒有方向，我們也沒有一個評判這些建築計畫可依循的標準。

我們向來依循的標準就是經典的古代，我們所認為的現代「西方」的母文明。建築師如果想要建築物有莊嚴恢宏的氣勢，仍會抄襲經典古代的風格。而經典古代的藝術品也一直左右著西方世界的審美標準。保羅．麥卡尼計畫在披頭四發祥地利物浦建一所「表演藝術學院」，在展開計畫時舉行的派對中所切的蛋糕，做成他所選定的校舍模型：那是古希臘式的神殿。西方戲劇史整個是在幾位公元前五世紀雅典戲劇家的影響之下發展的。藝術家也一直在用古希臘人信奉的神祇們來象徵罪惡與德行。我們要辯明真假對錯時最常採用的方法，仍是古典時期的思想家所教導的。想要理解任何其他時代的西方藝術、思想、文學，都必須先多少認識一下古希臘文明。經典時代的文化遺產並不是只存在「西方」，而是投射到世界各地，幾乎每個接受了它的民族都會把它再傳播出去。

這種傳播與中國的影響──從發源地傳到外界的情形是大不相同的（見第八章、第十三章），雖然人們可能認為中國的影響會延續更久、傳佈更廣。征服、貿易、殖民雖然都助長了希臘羅馬文明的影響力，但是，其他文化之中仰慕希臘羅馬文化的人自願歸屬，才是傳播成功的主要因素。此外，拜歷史偶然所使的詭計之賜，基督教的傳教者（他們原是否定古希臘羅馬神祇的人）也成為傳播古典世界記憶與形像的功臣。羅馬帝國在西方正式滅亡以前的最後兩百年裡，政府與教會相互腐化。東方的一個奧祕宗教挪用了國家的傳播管道，威力極強。傳播這個猶太異端的人是個窮困而古怪的猶太律法師，人們都相信他是上帝的化身。本來只是奴隸、婦女、窮人的信仰，也抓住了浸淫古典藝術、文學、哲學的菁英統治階級。第四世紀的基督教與異教信仰共享同一個世界：倫理學是斯多噶學派傳下來的，形上學是柏拉圖的，理性思考是亞里斯多德的，政治權威的模型是羅馬的。我們無法區分兩類宗教傳統下的苦修者，他們同樣飲食力求刻苦，不梳剪的鬍子裡同樣藏著蝨子。聖傑羅姆誓言要戒掉維吉爾的詩，卻守不住自己發的誓。聖奧古斯丁覺得經典文學太淫蕩而不宜閱讀，卻把古典思想納入基督教的傳統。

距離羅馬越遠，氣候越冷，環境越艱苦，野蠻民族的威脅越迫在眼前，此時古代地中海世界的文化遺產似乎就越顯得珍貴。侵略過羅馬帝國的民族，幾乎每一個都抗拒不了這個誘惑，在不必犧牲自己本色的情況下，甘願接受羅馬文化。西哥德人受了溫暖南方的吸引，在聖壇屏上裝飾了葡萄藤。蓄著長髮的國王佩戴起執政官紋章，並且僭用羅馬總督的牛車。俄羅斯國王自封的「沙皇」稱號，是借用自「凱撒」。法蘭克的一位皇帝穿著靴子就寢，據說是以奧古斯都為榜樣。盎格魯撒克遜詩人不忘表達對於羅馬「先賢」的敬意。這些野蠻民族到來的時候，基督教已經是羅馬文明不可切割的一部分了。羅馬帝國融入「基督教世界」以後，同樣的一股磁力繼續把周圍的人拉進來，這些民族都嚮往基督教世界的相對富裕，或是嚮往其書寫文化與工藝技術。

故事說來話長，也許用一連串間歇的、分散的場景可以說得比較清楚。第一個場景可以定在貴族身分的波伊修斯的牢房裡，時間是第六世紀中葉，地點是東哥德人統治的義大利，他正在等候他所侍奉的國王下令處決他。波伊修斯是西方傳統中的大人物，不過他的作品在書架和課程表上都找不到了。即便是受了一定教育的人也甚少聽過他的名字，能把史實和他的名字連在一起的人又更少。我們可以根據義大利拉文納這一地所保存的古教堂和陵墓來想像他的生涯背景。拉文納是東哥德國王提奧多里的宮廷生活重心之一，從亮晶晶的細工鑲嵌畫面，展示已消失生活形態——施洗、禮拜、工作、喪葬——我們可以了解梗概。羅馬人和哥德人各有自己的洗禮堂，幾乎是一模一樣的，但是其中安置的聖徒不同。這種區分激化為衝突：從聖維塔勒教會裡，查士丁尼本人與隨從們的凱旋塑像可看出羅馬再次復興的跡象，但查士丁尼卻也是波伊修斯的主子奢望要抵擋的羅馬皇帝。波伊修斯努力要使提奧多里接受羅馬化，但從提奧多里的圓頂陵墓就看得出來波伊修斯的辛苦成果有限。提奧多里折衷地採用了正走下坡的羅馬仍在流行的舖張，但是毫無疑問他遵照的仍是日耳曼古風，用土丘來埋葬作戰的族長。

波伊修斯是我們現在所謂的「未來震動」的受害者。世界正在發生令人無所適從的變遷，傳統價值解體，傳統制度崩潰，他卻固守著舊秩序，堅持要羅馬帝國延續，為自己的兒子當選執政官而欣喜若狂，指望野蠻民族的侵略者能被羅馬文明馴服。他受提奧多里信任多年，卻因為對公正太敏感又反對壓迫（他自己這麼認為）而惹禍上身。他曾經保護農民免被征用，保護元老院同仁免受迫害，保護整個羅馬元老院免於集體被控叛國。他被監禁在巴維亞的磚造牢獄的期間，寫下了《哲學的慰藉》。

他的「慰藉」，簡而言之，就是他坐牢必然是上帝仁慈的安排。他認為真正的哲學家只有柏拉圖與亞里斯多德兩人。柏拉圖思想比較適合他坐牢的心境，但是他也注解了亞里斯多德，概述了亞氏的三段論推理，因而使邏輯傳統在歐洲的「黑暗時代」依然維持原有的地位。他懷著悲哀與問心無愧的逆來順受，準備面對死亡，頗有蘇格拉底的風範。《哲學的慰藉》是一部文筆優美而有影響力的著作，促成了重視幸福基於一切的古典異教價值系統與基督教傳統——自我犧牲、克己、崇敬上帝——的融合。波伊修斯認為，幸福與上帝乃是二而一的。[43]

我選的下一個場景，是在英格蘭的諾桑比亞的一處修道院。時間是公元六八五年冬天，這灰色石造建築俯瞰著灰色的大海，海上來的寒氣滲入石頭，修院裡的人感到寒風刺骨。這個季節發生的瘟疫使修院人口幾乎死光。活命的只有院長和一名小修士。修院逐漸重振以後，這男孩雖然算是資深者，卻沒有爬到擔當要職的地位。因此我們可以假定他是欠缺行政才能的。但是他的學問非常好。他的名字叫作畢德，共有三十五部著作，包括文法、神學、歷史、《聖經》評註、科學。中古時代的學術與第八世紀早期的諾桑比亞，因為有他而格外光彩，他就是「黑暗時代」的指路明燈。

諾桑比亞的「文藝復興」（歷史家普遍公認這是歐洲第一個有資格稱為文藝復興的發展）最令人驚奇的是，竟然發生在距離古典歐洲文明地中海心臟地帶那麼遠的地方。畢德所在的諾桑比亞，幾乎就是羅馬帝國境內距離羅馬最遠的地區。距離諾桑比亞最近的一個大型古羅馬建築就是哈德良之牆。羅馬文化滲透並不徹底，這可以從諾桑比亞製的一只箱子上的鯨魚骨雕刻看出來，大約是畢德出生以前三十年的藝品。雕刻中有耶穌誕生的情景，也有創建羅馬的羅姆勒斯與雷姆斯兄弟倆接受母狼哺乳，還有鐵匠韋蘭陰謀強占一位公主並且打算藉魔法翅膀逃逸的故事。黑暗時代的邊疆地區就會有這樣的想像模式，把基督教、羅馬神話、日耳曼神話混在一起，再編造出漂亮的藝術品。畢德在這個環境中夢想羅馬，用希臘文塗塗寫寫，用古英語寫詩，促使一個幾近文盲的地方再生出學習知識的心。他臨死前在翻譯〈約翰福音〉與塞維里亞一位詞源學家的作品。從後世人的觀點看，很容易把波伊修斯和畢德這樣的人描述成在困境中搶救知識的人，要趁著世界上的學術知識在經典文明瓦解葬身廢墟之前，拚命把它們收集起來。其實這兩個人都是樂觀主義者，他們的著作都是為了教化後代子孫而編寫。[44]

這個特點也是以後每一次文藝復興中都鮮明可見的。古典的文化遺產不但復興，而且傳入以前不熟悉或未接觸過它的地區。第九世紀早期的「加洛林王朝文藝復興」的影響範圍很廣，但是中心點在亞琛，是前羅馬帝國的邊疆一角。下一次的大復興，也就是第十世紀晚期的所謂「鄂圖文藝復興」，發生在境內幾乎沒有真正羅馬人的薩克森地區。岡德山姆的羅斯維達模仿羅馬劇作家泰倫斯與普勞特斯的風格寫作喜劇，讚美貞潔品行。十二世紀的文藝復興不但把拉丁文化的邊疆擴大，也把歐洲內部少有人見過的森林居民、沼澤、山區都帶上了學者的書案（見第五章）。十五、十六世紀義大利的文藝復興，也是我們所熟知的「文藝復興」這個名稱由來的這一次，也曾經乘勢躍入了遙遠的新領域。一四六〇年代，匈牙利的人文主義者國王馬提亞斯按照普利尼別墅的樣子，給自己造了一座行宮。一四七二年間，俄羅斯皇后卓依把義大利的建築師和工程師們帶回莫斯科，當時沙皇已宣稱莫斯科是「第三個羅馬城」。一五〇七年，波蘭的西吉斯蒙德一世開始按文藝復興風格美化克拉科夫市。西吉斯蒙二世的母親就是米蘭人，他於一五四八年在立陶宛的維爾尼亞斯建了一個文藝復興式的宮廷。[45]歐洲的海外擴展肇端，也在這個時候把文藝復興的影響帶到更遠，西班牙帝國的表現尤其顯著。方濟修會的修士在特拉特洛哥建了一所三語學院。人文主義傳統的學術研究在墨西哥市設置據點，這裡有連馬德里市都沒有的印刷工坊。建在安地斯山腳下的市鎮、的的喀喀湖畔的教堂，都是按照維楚威亞斯的建築風格規劃的。[46]

一連串文藝復興的最後一個（範圍更遠）與十九世紀歐洲帝國主義擴張同時。希臘羅馬學術知識推展之快速與地位之重要，更擔當得起「復興」的字義。哈茲利特曾說過，當時的人好像「總是在講希臘羅馬如何如何」。羅森摩的卡爾公爵也說，整個北歐就像一個漸漸爬上阿爾卑斯山的山坡，那似乎是通往文化發源地之路。[47]希臘文是——拉丁文更是——歐洲儲備帝國主義人材、宗主階級教育的基本課業。十九世紀歐洲從兩個技術層面體驗了「文藝復興」的意義。第一個是把可取得的經典文本範圍拓展、編纂品質提高，這是因為學術研究的水準比以前進步多了。第二，將以往未被注意的經典文本納入文學傳統。希臘悲劇雖然一向具有影響力，這影響卻是藉亞里斯多德的《詩學》與羅馬戲劇家塞尼卡的改編而傳遞。到了十九世紀，索佛克里斯、優里庇底斯、埃斯庫羅斯的原作直接使人著迷，造成的衝擊與原來的完全不同。這末一次的文藝復興輕而易舉到達了從來沒有到過、更遙遠的邊陲，這是因為殖民地菁英階級接受了都會教育，帝國主義官吏與教師們傳布俗世福音，以及輪船運輸加速了交通的便利。

傳遞希臘羅馬文化遺產，甚至把西方文明的接力棒傳給新手，乃是十九世紀帝國主義自覺的道德責任。麥考利曾在一八三五年著名備忘錄裡寫道：「我們的英語對於印度人而言，就如同希臘文與拉丁文在湯瑪斯．摩爾與羅傑．艾斯肯心目中的地位」。[48]他自己的思維其實「經常一、兩週都集中在古羅馬的拉丁姆與古希臘的阿提卡，而不在英國的米德塞克斯」。[49]其實，印度可以說是距離古希臘羅馬世界邊緣並不很遠的地方。印度西部的港口曾經是「厄里特里亞海回航」的一個部分，列在阿加塔奇底斯（編按：古希臘歷史學家）的行程表上，也是亞歷山大大帝的目標。[50]根據十九世紀到二十世紀早期盛行的一個論點，印度憑所謂的「印歐遷徙」而與古希臘有臍帶關係，所以梵文和希臘文會有諸多相同之處，希臘文明與印度文明是同宗。我認為，這個理論（現在已經沒有多少人相信了）曾有重要影響，造成印度在這樣的文化氛圍裡可以順利接受來自歐洲的影響。因為印度人在接受西方文明時可以認為是在找回自己的過去，不會感到可恥或是貶低了自己。即使像斯瓦米．威維卡南達這樣嚴厲批評歐洲人腐化的人士，也會認為希臘文化遺產有原屬於印度的部分，所以尊重公元四、五世紀雅典的「亞瓦那上師」的教誨。[51]

因此，印度比十九世紀亞洲的其他地方更常用到「文藝復興」一詞，也就不令人意外。在印度境內最常用於指孟加拉。最卓越的孟加拉史專家之一（也是孟加拉人）曾有名言：孟加拉文藝復興超越了歐洲的範本，「是比君士坦丁堡陷落以後歐洲文藝復興更寬廣、更深刻、更徹底的一次文藝復興」。[52] 孟加拉文藝復興的開端通常都離不開羅闍・羅摩亨・洛伊（一七七二－一八三三年），也就是孟加拉先驅人物與第一位具代表性的思想大家。[53] 他傳授給弟子和仰慕者的「文藝復興人文主義」，是藉由十八世紀歐洲啟蒙運動帶過來的，有理性主義者的認識論思想和現世精神。羅摩亨・洛伊把人性說成近似一種神聖奧祕的信仰，並指示學生閱讀伏爾泰。加爾各答主教誤以為他皈依基督教而向他致賀，他回答說，他不想「為了要接受另一種迷信而拋開原來的迷信」。[54]

當然，歐洲古典傳統在印度被接受的深度廣度都是有限的。羅摩亨・洛伊所受的啟發也不如乍看之下那麼單純。我們現在知道，他成為西方文學研究者以前是吠陀梵文與波斯文學者。他的自由主義與理性主義思想的根源，在某些方面是比他開始接觸西方學問還更早之前就有的。他顯然在讀到西方版本的亞里斯多德之前，就已經從伊斯蘭教的著述之中讀過他。[55] 說來諷刺但值得一提，如同許多人都知道，十二世紀的西方文藝復興所知道的亞里斯多德，除了得自歐洲著述，有很大一部分是從阿拉伯文和敘利亞文的著作中讀回來的。最精通羅摩亨・洛伊著作的一位學者曾經說，「他因為老是念著印度確曾有過一個黃金時代，所以成了一位發展現代方法去研究東方學的人」，因此並不完全只是向西方學習的導航者。[56] 孟加拉語之中有一個特別造的字 nabajagaran，意思等於「文藝復興」，但是另外還有一層含意，是指「重新認識」已經存在的事物，並且以全新的視角再檢視它們。十九世紀後續的時間裡，孟加拉人回歸到《奧義書》或《薄伽梵歌》、《伽梨陀娑》，甚至回歸中古時代的孟加拉毘濕奴信仰，他們受西方影響，卻懷著找回過去自我的意識。[57]

希臘羅馬文明改換模式傳往西方以外的類似故事很多。在馬拉威、名古屋、開普敦、雅加達、西伯利亞、西貢都可以看到學校課程表上有希臘羅馬的經典，銀行、圖書館、政府部會有希臘式的門框、山牆和廊柱。有一個可以當作代表的例子：十九世紀的菲律賓。之所以選定它為最後一個場景，不僅因為它十分全面，還因為菲律賓接受的西方影響中包括了基督教。場景中的主人翁是菲律賓民族主義英雄侯塞・黎薩，他可以算是最後一次歐洲文藝復興的產物。他是亞洲人，卻受了歐洲教育，而且是當時馬德里大學最優秀的希臘文學生。他是一位通才，不論從事哪個科門都能出類拔萃：詩歌、散文、雕塑、外科、教育、革命、古文物研究，以及反殖民運動。他因為已經有太廣的閱歷，所以不論走到哪裡都有點格格不入：在香港他是「西班牙醫生」，在馬尼拉是「華人混血」。他的小說鉅著《社會的惡瘤》裡填滿了引用的典故，書名頁上也能把荷馬、凱撒、希臘悲劇、席勒、莎士比亞一併提到：這都是他所接納的傳統之中的精華。他研究菲律賓本土語言的語法，是文藝復興時期人文主義者的風範，令人聯想到早期來到菲律賓的西班牙修士學者們的作為。他預期會有菲律賓作家的「明星」們紛紛繼他之後而起。[58]人們要解釋他這個人，往往會想到文藝復興時代的人物，說他是「亞洲的塞萬提斯」，是「菲律賓官方語言『他加祿』的莎士比亞」。烏納穆諾曾說他是「他加祿的哈姆雷特」，意思不是把他比為中古時代那位丹麥王子，而是比為文藝復興時代戲劇中那位受煎熬的主人翁。

黎薩的真實面貌並不只是如此。他也曾經往他自認要傳承的本土傳統之中尋找靈感。他還看不懂西班牙文之前就聽過他加祿語的詩歌。他曾經注釋一部最古老的西班牙文所寫的菲律賓編年史，這也是他為尋找菲律賓未被殖民經驗腐化以前的黃金時代而做的一部分工作。以一位想展示文藝復興傳統的學者和作家而言，這不是什麼意外，文藝復興通常不會只啟發一種藝文重振。畢德的修道院裡就有詩人凱德蒙在吟唱古老的民謠；大力贊助加洛林王朝文藝復興的查理曼，曾經下令趁法蘭克人的傳統詩歌未被遺忘之前記錄下來，可惜那些詩歌似乎仍然亡佚。以後的每一次歐洲文藝復興，本地語文都會跟隨在經典復興之後重振。所以，當文藝復興在更遠的地方發生時，也有這種效果接踵而來。黎薩在民答那峨放逐的最後幾個月裡，遠離了他度過大半生的都會生活與充滿各種訊息的環境，似乎也加深了他根植於本土的自覺。回到馬尼拉後，他因參與民族主義革命運動而被判槍決。死刑判決書上說他是「華人混血兒」，他提出質疑，聲明自己是「純正的本地人」。這不是絕對確實的聲明，但卻反映了他當時的思維狀態與他一生所呈現的文化混雜是相違抗的。他步入行刑場的時候，輕蔑地摒棄了一位善意的神父遞給他的十字架，轉身面向海洋，接受執刑隊伍發射的槍火。他之成為崇尚西方經典的人與民族主義者，都是受了從海上來的歐洲影響。人類馴服浩瀚混沌的深海環境，比他的時代早不了多少。我們若要理解：世界的海洋雖不至於變得可以居住，但至少變得可以越渡，成為不同文明之間的一系列通道，從而可以為人類服務，那麼我們就必須跟著黎薩的最後這眼望出去。

我們感覺長長的脈動，不停潮落潮起，
無形奧祕發出的音色，模糊而廣闊的暗示。
——惠特曼，《草葉集》

一切自水而生，
一切得水而長，
海洋，讓我們永遠受你統治。
——歌德

第七卷・破浪

馴服大洋

PART SEVEN: BREAKING THE WAVES

The Domestication of the Oceans

15

幾乎是絕地的環境：海洋文明的興起

ALMOST THE LAST ENVIRONMENT: The Rise of Oceanic Civilizations

從印度洋到大西洋．從大西洋到印度洋

——船隻應維持準備出海狀態。

——一旦停泊，應做妥下錨之必要安排。

——但凡察覺惡劣天候，撤下頂桅桿並以雙索收帆。

——出海信號一旦發出，應儘快執行，蓋因風向改變遠比預期快。

——切勿強行乘風暴出海。

——切勿於惡劣天候時將船頭指向陸地；海浪衝力極強，此時的動向尤其不定而奇怪。許多船隻在出海成果豐碩而歸後因頂風向岸停泊而損毀。……

——模里西斯路易港早先制定的船長守則，引用自維耶著的《季風海》

❖ 穆斯林湖 ❖

一百多年前，東非內陸尼亞沙湖畔的堯族酋長馬它卡，令族人們換上阿拉伯衣著，在湖面上漂行

單桅三角帆船，藉椰子樹林與史瓦希利式建築改變了湖畔都城的模樣。等到他種植芒果成功了，他歡呼道：「啊！我終於把堯族的地盤改變成好像海岸一樣了！」[1]

我很難想像這種文明的實驗會有什麼樣的後果。也許馬它卡的都城看來很怪，像是硬裝進周遭環境裡的。然而，它卻屬於世界史上一些重大創新運動的一分子。因為印度洋西部變成了一個伊斯蘭世界的湖了。印度洋當作文化傳播媒介的作用太徹底了，所以連堯族這樣生活在印度洋流域最邊緣上的一群也被包括在內。也因為走在可渡航道上的探險者與剝削者征服了世界上所有可航行的水域，拉近了不同文明之間的距離，也多少促使這些文明超越了自己發源的環境。本書的最後這一卷裡要講的海洋環境輸運競爭的舞台，不同的文明在其上往返、互換位置、互受影響。在這種輸運過程中，本來只是方便不同的文明彼此接近的大洋，逐漸變成一個個軸心，不同的文明圍繞著它們因而被改頭換面。

馬它卡所嚮往的穆斯林湖，伊本·巴圖塔曾經有過滿意的航行經驗。他的首度航海很可能是在一三二〇年代。本來給他安排搭乘的是一艘運駱駝的船，雖有鋪位，他還是拒絕了，因為駱駝的磨牙聲與推擠會使他的恐懼加劇。結果他從吉達啟程搭的那艘船是用椰子纖維縫製，縫隙填了棗椰子，塗了蓖麻油或鯊魚油。風不順，所以乘客都暈船。前往印度洋的這段旅程很辛苦，包括在紅海、以及紅海兩旁的陸路來回繞道，總算到達「印度商人之港」——亞丁。他覺得這地方不討人喜歡、狹小擁塞、陸上交通不便，而且無水可用——除非按照貝度因人敲竹槓所定的價錢買水，天氣又熱得要命。可是這個城市非常富裕，有些人不必找人合夥出本錢，自己就有整船的貨。

他從亞丁來到索馬利亞海岸的扎伊拉，這裡的居民是「黑種人」，信奉什葉教派，他們的市鎮「是世界上最臭的。……造成這種臭氣的原因是魚太多，以及他們在大街上宰殺駱駝的血。」即便如此，伊本·巴圖塔仍然有身處伊斯蘭世界的安逸感。航行十五天後到達摩加迪修，他遇上了從未見過的習俗：像他這種有學問的人必須先晉見蘇丹，之後才可以去投宿。這裡的人說的語言他聽不懂，不過受了教育的階級仍會說阿拉伯語。當地居民都特別胖，所以這位見多識廣的旅行家忍不住要說一說。奇特的食物也令他吃了一驚。端給他的有牛奶煮的香蕉和芒果，他形容芒果吃起來像有核的蘋果。這些新奇的事物倒不會使他不安，因為他仍處在他熟悉的文明裡。

路過蒙巴薩（編按：在今肯亞）的時候他仍有這種新奇混著熟悉的感覺。這裡的木造清真寺很美觀，人們在進入之前必須洗腳。他此行最南的一個地方是基爾瓦（見第十一章），這裡雖然遍遠，伊斯蘭信仰卻是堅定的。都城是「最精美、建築最結實的城鎮之一」。大陸上不斷進行著對抗異教徒的聖戰。季風把他一路送到阿拉伯半島南海岸的扎伐里，這裡的人用沙丁魚乾餵牲口，從深井汲水灌溉小米。他們靠以船運送馬匹到古里國為生計。

伊本．巴圖塔在這些海域航行中，不時為了某些不純淨的習俗或偏離正軌的儀式而生氣。例如，馬西拉的居民吃禽肉沒有按正確屠宰方式處理。他看到阿曼的居民敬拜行刺第四代哈里發阿里的人，祈禱的禮儀也不合規矩，他很不以為然。在馬爾地夫，人們都很「虔誠而正直」，當地主政者授給他教法法官的榮銜，可是他無法改正婦女裸胸的習慣。儘管這樣，他的字裡行間明顯流露一個穆斯林在同質氛圍中感覺到的親切自在。[2]

他自稱從阿拉伯的南海岸航往印度；但卻只有陸上行程的完整敘述。在大洋那一邊的印度，有大量不信真主的社群，他仍只能在穆斯林圈子裡走動，無需擔心自己的人身安全與信仰偏見。從他敘述印度教徒的野蠻看得出他倍感優越的心態。他去參觀了一樁殉夫自焚的實況，差點昏過去，「幸虧我的同伴立即取了水來給我沖臉。」[3] 據他說印度的奇中之奇乃是德里的蘇丹——伊本．圖格魯尼，「是所有人之中最沈迷於饋贈禮物和流血殺人的一位」。[4] 這個人給他的印象主要就是胃口奇大與喜怒無常，時而威嚇他，時而抬舉他。除此之外，他也不忘列舉許多信仰虔誠的人，描述德里那座有金頂光塔的大清真寺。有了這些，才使異鄉的他像在自己家裡一樣放心。

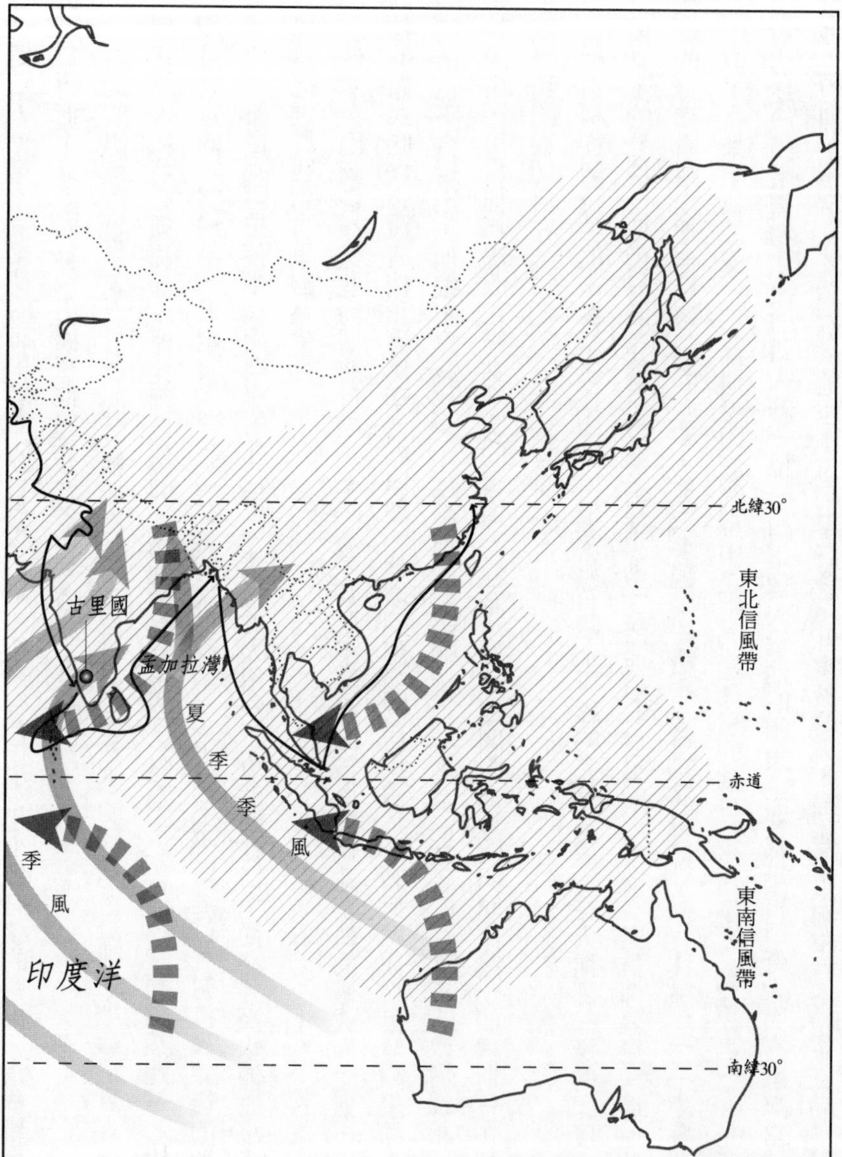
北緯30°
東北信風帶
古里國
孟加拉灣
夏
季
季
風
赤道
季
風
印度洋
東南信風帶
南緯30°

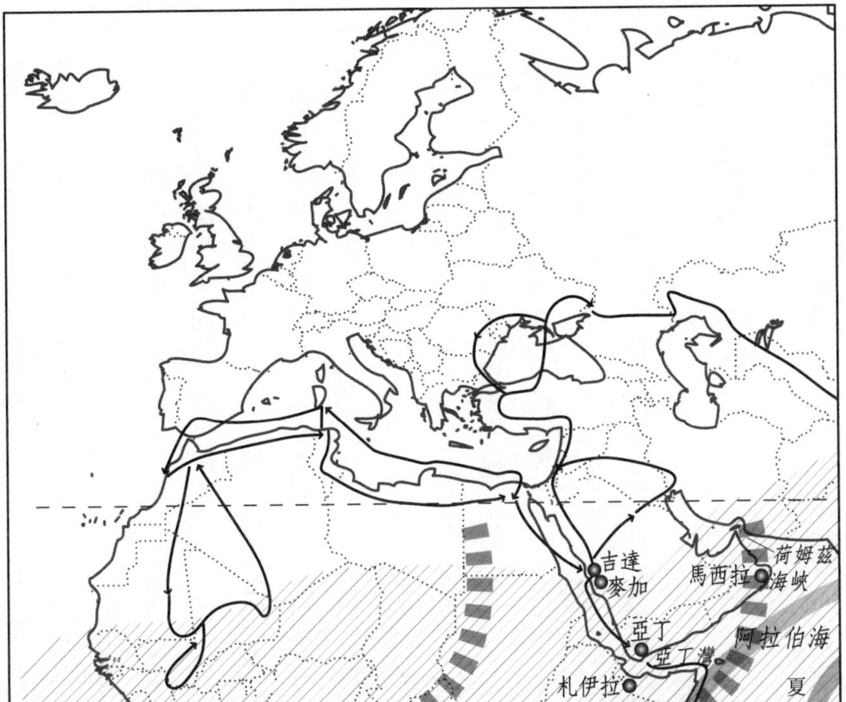

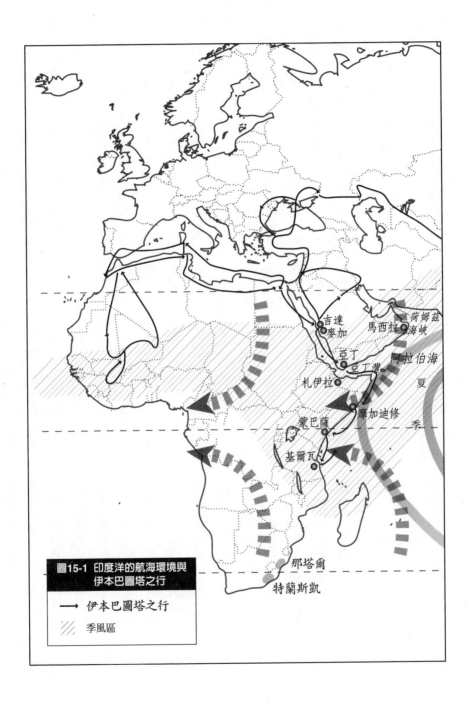

圖15-1 印度洋的航海環境與伊本巴圖塔之行

走過德里以後，伊本．巴圖塔的記述就走樣了，警句說教的故事和刻板印象喧賓奪主，真實的遊記淪為配角。他在信真主的人越來越少的世界裡時常陷入險境；但是只要到了海上，總會有相距不遠的穆斯林社群或真誠的穆斯林救他脫險；或是遇到「優雅而正直的」酋長款待他。甚至到了中國也不愁沒有教友親切接待，而且還遇見來自故國的同鄉，彼此相擁而泣。[5] 伊斯蘭信仰已成為世界上第一個海洋傳輸的文明。大西洋與太平洋後來也會有同樣的過程，兩大洋的海岸被航行路線串連在一起。大洋成為文明向新環境伸展之路；不同的文明也藉大洋而有接觸、互相感染、發生衝突，文化藉大洋而交流。

大洋在文明史上有舉足輕重的地位，但不是獨一無二。其他幾乎不能居住的，或只有野心極小的文明可以居住的環境，也可以相當容易地變成運輸通訊的大道，例如前文說過的，沙漠與不可耕作的草原一樣有貿易者旅行者往來，把歐亞大陸的兩端以及北非的多種不同的氣候區串連起來（見第二章、第三章、第四章）。大洋因為是地球上最廣闊最難以駕馭的空間，所以是最後被征服的環境。沒有固定可航行的路線可供渡越往來之前，有些文明等於與外人隔絕。有大洋相隔其間的類似環境，以前幾乎不可能交流生活方式：不可能在澳洲與南美洲建立「新歐洲」，或在加勒比海地區建立「新非洲」。[6] 到陌生環境殖民的機會以前也是比較稀少的：倫敦和舊金山不可能建起中國城，巴西不可能有日本農業殖民地，馬來西亞不可能有橡膠農莊，波哥大不會有平台式鋼琴。大洋未被征服以前也不可能期望有全球化的文明，這至今尚未成真的美夢或夢魘，乃是交流成功或妥協後的產物，而這必須藉通達全世界的航道來成就。

❖印度洋的早熟發展❖

這個過程不論在哪裡發生都耗費了很久的時間，在印度洋的發展卻是最快的。印度洋成為遠程航行與文化交流的地帶，是歷史上極為鮮明的早熟發展。仔細想想，會覺得這實在太重要了。現在的文獻卻幾乎都不提，更遑論解釋其原因。必須把印度洋的航行條件和別處的放在一起看，才會發覺印度洋在歷史上竟然有這麼重要的地位。因為遠程航海可能就是在這裡開端的。神話說佛陀曾在這裡引航（見第十二章），傳說摩奴赫拉王子曾經在西方現有的最古老的海圖問世之前八百年，就繪製了從印度到傳奇的室利孔哲山的航行路線。具傳奇性的波斯造船者賈姆希德據說曾經「快速地渡過海域，經過一個又一個地方。」[7]這些故事都反映了一樁事實：長程航行與遠距文化交流在這裡早有發展。

遙遠古代的航海者便已打開了連結整個印度洋區的條條水路。哈拉帕文明（即印度河谷文明）與蘇美文明在公元前一千多年到兩千年間就與海洋有了接觸，即使大約都是限於海岸附近的航行。[8]可能是公元一世紀的人所撰寫的《厄里特里亞海回航記》，講到的地方包括印度西部的港口，以及東非海岸幾乎全部的港口。[9]普利尼認為自己熟悉亞丁到印度的那一段。[10]中國人可能在公元前一千年之間就航行到印度過，但是證據不太明確。[11]不過有充足證據顯示，早在公元第五世紀就有船隻往返於中國與波斯灣之間。而且有很長一段時間，有大量的貿易活動串連著其間的海上通路。[12]

其他長度差不多的海上航路在這個時候都還沒有多少活動。別的大洋在世界史上大部分的時期居於次要位置，例如冰島與馬克蘭的聯繫，這是從十一世紀到十四世紀斷斷續續保持的。另外就是斯堪的納維亞半島到格陵蘭殖民地的航行，從第九世紀晚期到十五世紀，多險阻而不穩定。除此之外，哥倫布發現新航路以前並沒有橫越大洋的商業性通道。嚴格說來，一四九三年以前都沒有。到了這一年，哥倫布才確立了往返中大西洋的最佳航道。太平洋的面積更大，所以要等到更晚以後了。傳統的玻里尼西亞航海者算是世界上最識水性的人了，但是因為出航總得逆風，裝備食物和淡水的技術太簡陋，所以他們在太平洋上只限於島嶼之間的航行。他們最遠程的航行都太危險或太幸運，所以不敢試第二次，因而與距離他們最遠的殖民地失去了聯繫（見第十一章）。雖然有研究者願意推斷古代的中國人和日本人可能到達過美洲西岸，但通常不會認為之後有過定期橫越大洋的航行。就我們所知，在安德烈·德·烏爾達奈塔修士以前，從未有人從太平洋的任一端成功地越洋。烏爾達奈塔是他那個時代最了不起的航海者，本來在西班牙的隱修院裡，受徵召而帶領一五六四至六五年的遠征隊歷險。[13]因此可以說，十六世紀以前的大西洋和太平洋都是運輸的障礙，阻隔了人們的交通。印度洋卻已經有通行上百年的航路，使沿岸的多數文化有了聯繫。一直到十九世紀，印度洋的貿易量與貿易值都是各大洋之冠。

同時，影響全世界的一些歷史交流也在印度洋上進行：印度教、佛教、伊斯蘭教傳到東南亞；運輸朝聖者到麥加的旅程成為促進文化改變的動力；印度洋在西方人所謂的中古時代變成了一個伊斯蘭之湖；東亞與非洲以及近東、中東的遠途貿易所帶來的文化交流，中國的部分工藝技術傳至西方——宋代的傳播尤其顯著。勢力大的帝國擴張，就試著順著印度洋的航路進行。例如，東非的內陸貿易帝國——莫塔帕、衣索匹亞等，印度、東南亞、阿拉伯、波斯灣的沿海國家、從中古時代至現代早期的福建往東南亞的商業帝國擴張和殖民活動，都仰賴這些航路。十八、十九世紀的印度洋則是西方國家實驗「生態帝國主義」的實驗室，所以一直是世界史上大事開端的重要場所。[14]

水道一旦可以當作運輸通路來用，往往會產生這種文化騷動與交流，但是，太平洋和大西洋尚未暢通以前，只有印度洋上有這麼大規模的活動。印度洋的面積雖然比後來居上的太平洋及大西洋要小，比起早期形成的航海通路系統，例如地中海、波羅的海、加勒比海、貝寧海灣、歐洲大西洋沿岸、日本的太平洋周邊，仍是大得多。從世界史的角度看，能夠傳得多遠才是要點。能將影響力傳佈得越廣，就越接近全球化。

印度洋會較早形成長程航海、海上冒險的傳統，原因在於季風系統形成的固定氣候。嚴格而論，大洋並不真正存在：大洋只是人們腦中形成的結構，是繪製地圖者的想像臆造的東西，是旱鴨子依照陸地的狀態而劃分的海上空間。航海人在乎的（我想應該是他們說了算，因為我自己是個泡在澡盆裡也會暈船的人，沒什麼實地經驗）是風與洋流的事實，不是地圖上的定界。是風與洋流在統合水域，而不是由周圍環繞的陸塊或島嶼來決定。這地區最重要的唯一分界就是，季風系統與全年盛行風帶的區別。印度洋與其周邊地區的空間是由亞洲沿岸的季風系統來界定的。這些空間包括向來所認定的印度洋，東南信風帶以北的緯度區，以及通常被歸為西北太平洋的地區。至於信風系統則也涵蓋了世界上其他大洋的大部分空間。

季風系統像一個可逆轉的電扶梯一般運作。赤道緯度以上的地方冬季主要是吹東北風。其餘三季的大部分時候，一貫為南風與西風。夏季裡，陸地的熱空氣往上升，冷空氣不斷從海上送進來，平衡了氣壓。氣流挾帶雨而移動，雨降在陸地上，使陸地降溫，同時又產生能量，使空氣變得更熱。風把向上的對流帶一直送進內陸，印度洋上的空氣也不斷吹進陸地。航海者算準了季風有利的時機，張帆啟程，就有把握順風去順風回。

我們往往忽略的事實是，寫下航海歷險史的人絕大多數是逆風出航的：大概是因為即便出師不利也要力求安返家門。引人注目的例外——如哥倫布渡大西洋與早期西班牙人渡太平洋——寫下不凡的成績，正是因為那些人膽敢乘順風航行。印度洋的環境條件使航海者少了這一層顧慮。我們可以想像一下以前的航海人，年復一年經歷逆風順風，終於明白順風出航未必就回不了家。因為回家時的風是可預料的，所以印度洋是古時遠程航行的最有利環境。

實際體驗過這個環境的航海者，當然未必都表示慶幸。所有的航海人都時時提防遭遇危險與困難，印度洋地區的文學也充滿恐怖故事，是刻意要使有心競爭的人知難而退，或是為了灌輸對神靈的敬畏。對於愛說故事的人而言，海洋是再好不過的道德寓意背景：暴風雨就是好管閒事的神祇射下來的箭。多數文化都認為突如其來的怪風可能是上帝或諸神有意的作為。慣於航行印度洋的人除了也有這類傳統之外，也特別在意其中的障礙。我們必須把所有海域環境都列為對人類有敵意，以便評估一些親身經歷的記述。[15]為了分清楚不同海域的相對馴良度，有必要做一番比較性的探討。

古老地圖之中把印度洋畫成被陸地包圍[16]，其實不無道理，因為要走出這片海域是很難的。如今已經失傳的「拉那馬」是常被引述的航海指南，可能是十二世紀或更早之作。其中講到要慎防「圍繞的海域，一旦進去就不可能返航了」，甚至亞歷山大大帝也在這裡「立了一座魔法之像，舉起一手警告世人：『此乃航行之極地，越界即是不可知之海。』」[17]印度洋既難走出，也不容易進入。夏季有颱風颳進背風岸，從東岸進來幾乎不可能。十六世紀以前，毗鄰的太平洋所形成的大片空曠，一直使中國東海、南海以外的船隻進不到這裡。西邊來的船隻必須辛苦地繞道，經由南大西洋繞過非洲而轉進，這樣卻會造成儲貨耗損與淡水用罄。南邊來的路在夏季裡被狂風阻斷：熟知這個水域的人不會在颶風季節輕率進入南緯大約十到三十度或東經六十到九十度之間。非洲尖端的背風岸，即使在最風和日麗的時節也會發生船難。從第十世紀的馬蘇第到十六世紀的杜阿特·巴柏薩，歷代著述者講到印度洋，都指出實際的航行極限是遍地骸骨的那塔爾與特蘭斯凱的北邊海岸，葡萄牙船難生還者曾在這裡寫下《海洋哀史》。[18]

所以，自古以來，印度洋的旅客主要都是沿岸各國的本地人，或是走陸路來的——例如一些歐洲人和亞美尼亞貿易商。即便這麼緊密的交流圈子，航行仍有風險。船一旦走上大洋，孟加拉灣與阿拉伯海兩大海灣上的往來航道都是全年有風暴的。印度洋系統還是有一段頗為平順的可航季節：往東走的船可以在四月至六月的西南季風下平順航行，之後有一段風最強的月份，是西行船隻可以憑東北季風而行的時候。最能把季風系統的助力運用得淋漓盡致的走法，也就是能再走得遠些、用最快的速度帶著貿易貨物或利潤回航的方法是，順著季風尾端往一個方向走，以節省周轉的時間。所謂的周轉時間指的是載妥貨物等候新季節與風向改變的時間。

這聽來像是行船時程上傷腦筋的例行瑣事，在航海時代卻是攸關生死的大事。尤其是東行的航線，最怕的就是末期的季風。十五世紀一位波斯派往維查耶那加爾宮廷的大使曾經寫下一次這樣的經歷。當時他被滯留在荷姆斯，……因此，從海上走的良好時機，也就是季風的開端或中期，就錯過了，我們落在季風的末期，這是必須擔心暴風與海盜打劫的時節了。……我一嗅到船的氣味，海上的驚險歷歷在目，我便昏厥了。三天之中，全憑我在出汗可以斷定我還活著。我略為恢復之後，商人們（他們都是我的至友）異口同聲告訴我，航行的時間已經過了，現在若有誰敢出海，死活自己負責。[19]

紅海那邊的情形亦然，也不得不選在這最危險的時候行船：為了要藉北風之助穿過艱險的瓶頸，必須七月啟航，八月在外洋裡渡越阿拉伯海。這樣冒險有一個好處：在風最猛的時候前往印度，只要不出事，最快十八至二十天就走完了。另一個辦法是逆東北季風而行，避開天氣不好的季節。水手辛巴德使用的那種傳統式獨桅或雙桅船，是將三角帆掛在長條的桅桿橫杆上，帆與風形成比較小的角度，就可以逆東北季風航行。這種船可以緊貼著風，逆風前進中偏離原定航道不過幾度而已。[20]

辛巴德歷險不過是描述這些險惡海域故事的九牛一毛。我最喜歡的是布祖爾格．伊本．沙里亞在十世紀中葉所寫的《印度奇觀書》。故事中講到生長於波斯基爾曼的阿布哈拉，經歷牧羊人與水手的生涯之後，成為當時最出名的航海人，有七次往返中國的航行經驗。能跑一趟中國又安然無恙返回已經是奇蹟；創造兩次成功更不可思議。伊本．沙里亞的父親是位船長，他認為除非是誤打誤撞，沒有人能完成這種旅程。這應該是言過其實，但是足以顯示阿布哈拉的名氣有多大。有一次，要從西拉夫前往中國的一群船員在越南的東京灣遇上他，這群人的船長即是伊本．沙里亞的父親。當時阿布哈拉正在一艘船的救生小舟上漂浮著，只帶了一革袋的水，泰然自若。船員們想要救他，就邀他上船。他卻拒絕了，說要他上船就得由他擔任全權船長，而且要付他一千第納爾的薪水，這筆錢可以在到達目的地後用貨物抵付。船員們聽了大吃一驚，就苦勸他救自己的性命要緊。他回答道：「你們的處境比我還危險。」船員們此時才相信他真的是藝高人膽大，「我們便說，船上貨物多，錢財不少，人員也多。花一千個第納爾聽聽阿布哈拉的意見也無妨。」於是雙方達成交易。

阿布哈拉宣布：「我們要趕快動起來」，下令船員把所有沉重的貨物丟棄，投棄主桅，切斷錨繩，以減輕船的重量。三天後，「像清真寺的光塔那麼大」的一團雲出現了——這是颱風降臨的典型徵兆。結果他們不但安然度過颱風襲擊，阿布哈拉還把他們帶到中國，賺足了錢，回程中又來到他們棄錨的地方拾回了一些錨，這些錨當初都丟在幾乎無法察覺的岩石上。要不是之前有阿布哈拉引導，他們的船早就撞上這些岩石了。[21]

這則故事也透露了航海人對於印度洋的觀感：這是說變就變的海域，只有冒死換來的長期實務經驗能應萬變。

《土佐日記》的敘述者從四國南部到大阪所費的時間（見第十三章），足夠差不多同時期的阿布哈拉從蘇門答臘的巨港或亞齊啟航，跨過印度洋的整個寬度，乘東北季風到達阿曼的佐法爾或亞丁。即便他是從中國的福建海岸啟程，也只要再加四十天或一個月的時間，就可以到達目的地，如果天候海象都特別好，甚至可能只要加二十天。[22]鄭和在冬季裡從蘇門答臘到錫蘭耗時二十六天，從古里國（印度西南）到荷姆茲海峽是三十五天。[23]

回程通常費時比較久。部分原因在於，從波斯灣出航的船要在向東轉之前南下到索科特拉島（在阿拉伯海西南部）的緯度，以免經過暴風最密集的區域。如果想在一季之內乘順風向北渡過中國沿海而到達中國，也不可能像從福建出航的一路那麼順利。從蘇門答臘到中國必須五十或六十天。這不算久，只是不像出航那麼快。這一點耽擱也可以在航程中間的階段——渡過孟加拉灣以南的海域——以快速的航程補回來。鄭和最快速的一次航行是從古里國到瓜拉巴蘇，十四天走了約二四〇〇公里。[24]總之，行程中如果大部分時候能把直渡印度洋的往來都大約維持在同一個緯度，航行時間就可以短得令人滿意了。阿布杜．拉扎克．伊沙克，也就是前面說到的那位被嚇昏的波斯大使，他的船一旦到了阿拉伯沿海，只花了十八天就抵達古里國。伊本巴圖塔走這一段花費了二十八天，是比較正常的紀錄。從這些數字足以看出，印度洋對於航海者而言的確是友善的環境。

如果讀者覺得以上所說的比較不具代表性，我們也許應該拿地中海來做個比較。地中海是相對溫順的、無潮的海域，素有風平浪靜的美譽，連普遍厭惡航海的古羅馬人都稱它是aequor（平坦的）。〈詩篇〉的作者卻十分清楚其中的麻煩與危險：「你的瀑布發聲，深淵就與深淵響應。你的波浪洪濤漫過我身。」（四十二：七）早期有關地中海的故事大多講到風暴所導致的船難或出乎意料地脫險。我所知道的最古的海上「日誌」的作者威那孟（見第十二章），在公元前一〇七五年完成從埃及到畢布羅斯之間不算遠的航程，因此自豪得不得了，特別是這次前往黎巴嫩買木材為阿蒙造大船的任務之中所遭到的風暴。赫西奧德的《工作與日子》，是述及航海實用指南的最古老文本（見第十四章）。他特別強調航行季節——或許這樣的估計太過保守——只有春季一段時間和緊接在秋收之後的五十天，這樣也許失之保守了。他還說，即便是在航行安全期裡，也難免撞上宙斯與海神波賽頓不可預測的摧毀衝動。

赫西奧德這麼謹慎的時限雖然隨著經驗越來越多，船越造越堅固而逐漸放寬，但這時代的地中海航海人卻一直厭惡在冬季裡出航。不能放心的人不止赫西奧德，這時代的航海文學與美術，包括〈詩篇〉的作者與使徒保羅的言語，都不免要提到危險災難。十五世紀初期，克里斯多弗洛．彭德蒙蒂就寫了一篇愛琴海的驚悚記；其中有部分是在船上寫的，因而格外震撼。他描述自己在薩摩斯島附近一個小島發生船難，他以為自己只剩最後一口氣了，便在遇難小島的一片岩石上潦草地刻下：「修士克里斯多弗洛不堪飢餓喪命於此」，所幸隨後被路過的小船救了。他也提到，特諾斯島的野馬乃是船難生還者的後代。此外，他還講了土耳其船難餘生者坐著羊皮筏子逃離薩拉的故事，一名船難男子在木板上浮了八天、在一塊岩石上待了一年、吃植物和樹根活命的故事。[25] 旱鴨子們也被《奧德賽》以降的海上災難文學與船難繪畫灌輸了恐懼感，包括聖尤達奇在暴風中與親人分離，聖尼古拉在空中庇佑已經損失貨物的人，以免被暴風雨逼向更慘的境地。

按我猜想，地中海航海者的效率（在一定時間之內往返程途的長度）比不上印度洋的同行，主要原因就是航行季太短了。季節縮短的後果即是，一年之內可完成的航程不可能太遠。此外，風的系統本身也導致從東往西的多數旅程拖得很久。航行時間長短的相關資料，以中古時代的全盛期與晚期留下的最多。也許這個時期的航行耗時比古代短了，因為開發了帆的動力，也因為採用主要目的地之間比較節省時間的外海通路。可是慢速航行仍是在所難免的，因為使用槳（會在沿岸多次停下補給淡水和其他物品）與普通的帆，在多數往西與往北走的旅程中是要逆風操作的。智者伯納德於公元八六七年從雅法到羅馬附近的這一趟回程，必須費時六十天，這是橫渡印度洋所需的時間了。伊本．朱拜爾乘熱那亞的一艘船從阿克爾到麥西那，花費了五十七天。路易九世的第六次十字軍東征艦隊，從葉爾到阿克爾花費了十個星期。一三九五年間，一次從雅法到威尼斯的行程耗了五個月，雖然這是反常的，但正常情況卻也得七十天左右。進入西地中海的航行更累人，因為必須應付麥西那海峽（編按：義大利本島與西西里之間的海峽）。據伊本．朱拜爾形容，這裡的海「像水壩般傾瀉，像燉鍋般沸騰」。如果不走麥西那海峽，就得硬闖海盜橫行的西西里以南，一三九六年間，有一艘船只花了五十三天就從貝魯特回到熱那亞。這雖然快得詭異，就路程而言，按印度洋的標準看來仍嫌慢了。在地中海上由西往東走是相對快速的，但是航海人不論由西往東或由東往西都以掌握時機為要。[26]

多數時候我們不可能再有進一步的比較了，因為沒有橫越大西洋的紀錄可以與印度洋的紀錄相提並論。哥倫布或因為運氣好或因為技術高，發現了幾乎算是最好的一條橫越大西洋的路徑，而且很快地完成了航程。如果這樣就開始來做比較，會是個誤導。十六世紀裡，以及十七世紀的前五十年裡，在有護航的情況下，從聖盧卡到維拉克魯斯平均需要九十一天。從加的斯到維拉克魯斯平均只需七十五天——因為沒有聖盧卡那種河口沙洲礙事，但是走上一〇一天仍在正常範圍之內。從墨西哥返回安達魯西亞的航程卻至少需要七十天：拖得最久的紀錄是在海上走了兩百九十八天。前往巴拿馬地峽的航行時間，和啟程前往新西班牙的差不多，但是回航一般都在一〇七天到一七三天之間。[27]西班牙航海者在十六世紀晚期打通太平洋雙向運輸以後，從阿加普哥到馬尼拉通常需要三個月，從馬尼拉回阿加普哥是六個月。[28]

表面上看，印度洋遠比其他海域利於長程航行、利於帝國勢力與商業施展鴻圖。按這種比較看來，印度洋的歷史似乎有些令人好奇的問題：印度洋的遠程貿易為什麼沒有像大西洋那樣擴展到全世界？勢力範圍廣大的帝國為什麼沒有像大西洋的濱海國家那樣擴張到別的大洋裡？大西洋那些相對經驗較少的帝國與商業系統，為什麼後來在許多關鍵層面上超越了印度洋的帝國？若要找出這些問題的答案，我們不妨走一趟歷史上最著名的大洋航程之一，也是我們所知的第一次結合印度洋與大西洋的航行，更是首度把季風地區與信風系統連結起來的航行。

❖ 達伽馬的影響 ❖

一九九七年，達伽馬初次啟程前往印度之航的五百年以後，歷史家們開始聚在一起紀念這件事，兩年之中斷斷續續舉行了一連串討論會。那麼久遠以前的事，很少能夠這樣引起普遍重視而被持續探討。公元兩千年到來時還會有哪一件五百年前發生的事被世人翻出來細究？雖然五百年前，從斯德哥爾摩到莫斯科到桑海到麥加，都有人把自己親身經歷而以為不應該被遺忘的事記錄下來。

例如，丹麥國王漢斯在一四九七年凱旋進斯德哥爾摩城，但卻沒聽說有人要擴大紀念五百週年，即便五百年前的「卡爾馬聯盟」對於斯堪的納維亞的未來有極重要的影響。我們想到丹麥和瑞典在近代早期的各自表現，就不禁會臆測這兩國如果一直維持合併會是什麼情形。莫斯科的伊凡大帝頒布著名的

「法典」也是在一四九七年。俄羅斯史研究者認為，這是俄羅斯國家政府形成的關鍵一步，而俄羅斯也從此成為世界史上的要角。可是這件事也沒有引起顯著的紀念行動。波蘭與摩達維亞（編按：東歐的喀爾巴阡山和聶斯特河之間的地區）在這個時期發生衝突，這雖然是劃定拉丁基督教世界與東南歐所謂的「鄂圖曼政治體」分界線的關鍵，但現在已經沒有多少人記得了。一四九七年間，以及差不多達伽馬出航的這段時間裡，達文西正在畫著那幅「最後的晚餐」，這件事在達伽馬五百週年正熱時卻很容易被忽略。波斯國王盧士統在這一年死去，波斯歷史研究者一般都認為這是中古時代波斯帝國墮入最低潮的大事，之後便有薩法威王朝興起：這個事件的五百週年卻幾乎無人聲張地過去了。也是在一四九七年死去的還有波爾努的國王阿里．嘎吉（見第三章），當時必然有不少人認為這是世間最重要的大事，如今卻幾乎沒有人記得，當然更不可能紀念了。桑海帝國之君穆哈馬．圖萊此時進行的旅程，可以號稱重要性與達伽馬之旅不相上下：他正前往麥加朝聖，帶著將近三十萬第納爾金幣，八百名由國王授與勳章的隨從。穆哈馬在桑海登上至高無上的地位，乃是虔誠者驅除以前霸占王位的異教「魔法國君」的勝利。所以他這次朝聖是擔保伊斯蘭教將會是非洲撒赫勒地區的主要信仰，是意義非凡的，[29]但如今卻沒有大規模的國際討論會以此為題。

我們如果說某一件事多麼重要，必須說明白它是對什麼人而言是重要的。我們看達伽馬的角度多少受我們承襲的歷史傳統的影響，這個傳統一向認定他這次航行是一樁重要成就。不過這種視角還摻有事後認知的色彩，也就是從我們世界的現有狀態來看它的色彩。

例如，這一次航程是不折不扣的東西方交會的事件，對於生活在東西方交會所塑造的世界裡的我們而言，這種事是重要的。近代史的東向發展軌跡，回顧起來似乎是從達伽馬此行開始的，這個軌跡促成西方在亞洲各地散播影響力，也在一些地方助長西方的統御勢力。但是它也增加了歐亞大陸兩端互相影響的機會。如今由東往西的影響似乎越來越多，我們會覺得自己正在經歷達伽馬大力促成的那個過程的長遠後果。除此之外，他的這趟航行也是真正的商業全球化的一個階段，而商業全球化是我們這個時代的根本經濟特徵。給達伽馬的成就打分數最慷慨的人，是倡導全球化商業的鼻祖亞當．史斯密，他把這次航行與哥倫布發現美洲之旅並列為世界史上最重大的事件。[30]雖然達伽馬並不算扮演早期歐洲帝國主義者的角色，但他這次航行卻是西方入侵亞洲序幕的一部分，而西方入侵亞洲是過去五百年歷史的主戲，也留下棘手的難題。歷史家們現在把焦點放在達伽馬當年與某些族群相會時的暴力與相互不理解的狀態，這只是反映了後殖民時代的焦慮感，既為目前與未來的種族關係感到不安，也因為開發中世界的某些地區的人仍然在受剝削而不安。[31]簡而言之，我們重視達伽馬這個人，是因為我們覺得從他的經驗可以看出我們自己所處困境的一些端倪。

我想拋開一向慣用的觀點，改採更近似客觀的視角，把達伽馬的此行放在世界範圍的脈絡裡來看。我建議的觀點必然是要發揮想像的，否則達不到常人不可能有的客觀度，因為真實的常人都陷在自己奮力要敘述明白的歷史之中。假設在各個階段都有一位總覽全世界的宇宙觀察者，可以使我們跳脫用後見之明所做的推斷，而且他不會像我們這樣覺得這一個千年已經走到末時。

他也許不甚注意一八九〇年代的西方科學進步與西方在全世界形成霸權之勢，而是注意到這個時候中國與日本這兩個未來強國正有激烈衝突。或者他在注意阿比西尼亞國王（今衣索匹亞）曼涅里克裝備精良的軍隊，展開後世所說的逆轉西方帝國主義勢力的開端。按我們的史學研究方法來看，一七九〇年代最奪目的是法國大革命與法國軍隊散播革命理想的故事。總覽全世界的觀察者此時注意的卻可能是中國：乾隆皇帝逝世，差不多也正是一段帝國輝煌擴張結束的時候，拿破崙所說的「巨人的沉睡」於是開始。我們回顧一六九〇年代，最先想到的是奧倫治的威廉與路易十四之戰。從宇宙觀察者的觀點看，可能會更重視沿黑龍江中俄邊境的安定。近代西方歷史學一向認為，一五九〇年代腓力二世之死乃是世界史上的重大「轉捩點」，也就是所謂的「西班牙之衰落」。世界另一端也有一位實踐「世界政治」的人在

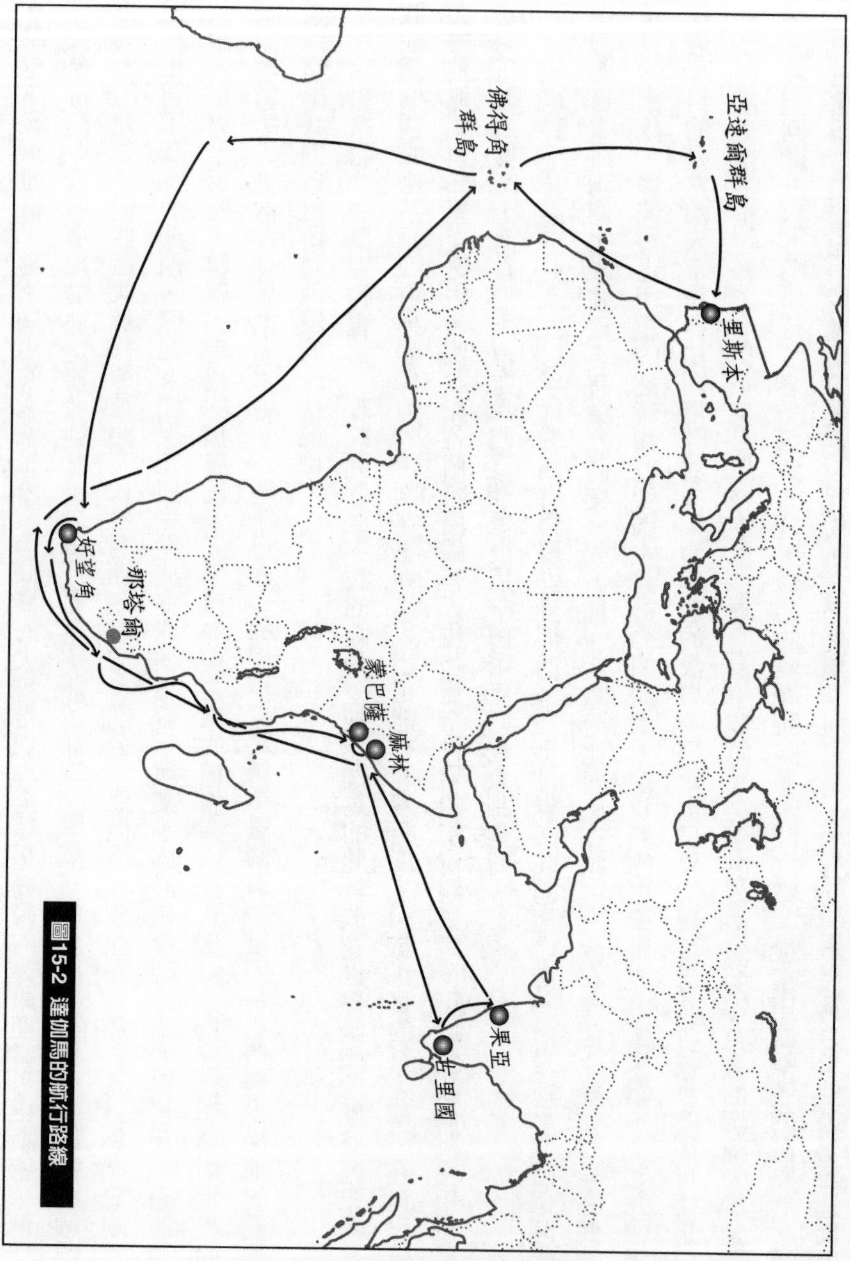

圖15-2 達伽馬的航行路線

大約同時期死去，即是日本的擴張主義獨裁者豐臣秀吉；從總覽全世界的觀點看，豐臣之死的影響應不亞於腓力二世。

如果是在一四九〇年代總覽全世界，宇宙觀察者應邀指出哪些締造帝國的、遠程經商的潛在作為將會產生重大影響，我想他應該就不會往比較落後的、周邊的西歐沿海國家著眼。他會注意到一些相距遙遠的、交通不易的，甚至彼此都不知道或不感興趣的文化及文明。他會覺察邊緣上的一些擾動（大部分是天主教世界以外的地方）：包括政治邊疆的擴大，擴張行動的開始，例如聚落、貿易、征服、改變宗教信仰的區域開始擴大。這些會導致以後幾百年的帝國勢力競爭，擴張中的文明將互相衝撞，所有的社群都將捲入磨擦或融合。

這個過程會漸漸變成受西歐的主導。然而，我們假設的宇宙觀察者既不可能預知未來，在一四九〇年代初也不會看出有這樣的後果。當時引起競爭的動機包括迫切需要原物料、科學上的好奇、傳教狂熱、商業精神、不顧是非的侵略，但這些都不是某個地區特有的。天主教世界如果與中國、伊斯蘭世界的某些地方、東南亞相比，甚至與玻里尼西亞的某些方面相比，其實欠缺了遠程航行必備的技術資源，沒有辦法維持航程，沒有辦法在不熟悉的地區找出方向、記錄並傳送在航行中收集的資訊。

觀察者的搜索目光大概會先落在歐亞陸塊的另一端，看見中國。中國的制度經常是以先人為典範，這時候的中國已有海上遠征大規模擴張的先例，鄭和下西洋不但帶回印度與非洲的奇異事物，也干預了東南亞與斯里蘭卡的政治。可是，觀察者如果以為這種擴張會繼續下去，就要大失所望了。明孝宗朱祐樘於一四八七年繼位後，便展露了積極作風。他一心要成為儒家的君主典範，下令把前朝引入宮中的術士一律處死或逐出。革除了養在宮裡的上千名僧道封號。勸進房中術的佞臣也獲罪。孝宗對於自己的生母與太后表現虔敬的孝道，並且恢復了大小經筵的舊制，振興儒家重禮制與用法寬仁的根本。因此弘治一朝與儒士關係「親善」，不時有文人大加頌揚。從孝宗擴建曲阜孔廟奎文閣，以及他喜愛的畫師吳偉可以看出這一朝的特色。吳偉投求畫者所好，多有道家意境的作品，但是在宮中供奉的畫作很不相同，常見學者坐在淡寫的風景中沉思，顯然是崇尚儒家學養甚於道家的自然。[32]

明代早期是獨尊儒家的時代，也是帝國發展的靜止時代。以朝廷中的各派政治勢力而言，贊成擴張發展與外貿自由的是商人、僧侶、軍人。儒士比較支持閉關自守的傳統，表示對於外族應當以仁德招徠歸順。而且，弘治年間的國家兵力似乎全部投入鎮壓地方上的異族叛亂了。

亞洲與非洲的其他傳統帝國勢力與潛在的帝國勢力，在一四九〇年代也都處於類似的困境，沒有主動出擊。一四九三年間，日本發生「明應政變」，室町幕府的第十代將軍足利義材逃離京都，揭開戰國時代的序幕。東南亞的吳哥、室利佛逝、麻喏巴歇都曾經有過極強盛的時期，現在都相對平靜了，只有越南人真正對鄰邦構成威脅。

印度各邦這時候顯然都沒有要踰越傳統區域界線的意思。維查耶那加爾的君主是那羅希摩，是薩盧瓦王朝的第一代君王。薩盧瓦王朝壽命甚短，那羅希摩在一四九三年逝世以前建設美化了維查耶那加爾。城中心東邊的毘陀羅寺廟建築群可能是他興建的，但是沒有繼續擴張領土。[33]至於其他諸邦，德里在希堪達．羅底這位蘇丹在位期間展開大舉侵略，征服了比哈。但是他未能在與鄰邦拉吉普特競爭時搶得先機，他死後的德里國勢又抵抗不了巴布爾的侵略。[34]古吉拉特邦擁有大量可供商業船運的貨品，但是懶散的蘇丹無意利用這個條件來發展海上勢力（見第十四章）。波斯處於衰勢，中亞地區自帖木兒大帝之後沒有出現過足以威脅他國的勢力。印度洋和平的海上事業是極度活絡的，十五世紀晚期的阿拉伯航行手冊，把從非洲南部到中國南海的航道都納入了。達伽馬走進的這個世界有充裕的空間給新到的買主和運輸者利用，卻沒有企圖爭奪海上主權的對手勢力，對他來說這是十分幸運的。

非洲方面，衣索匹亞自從皇帝扎拉．亞科布於一四六八年逝世，既發生內戰，皇室又是少數族群，擴張的腳步就踉蹌不穩了。皇帝埃斯堪德在阿德爾戰敗後於一四九四年死去，以後就沒有擴張的指望了。宇宙觀察者居高臨下看見桑海帝國，會覺得這是個不同凡響的國家，把尼日河中游的所有大市場連結一體。在高烏至今仍可看到君主穆哈馬．圖萊的陵墓：泥磚築的高丘，樑桁林立，好像要嚇阻褻瀆，很有武士君王陵墓的氣勢。但是桑海帝國與更早的迦納、馬利境內的撒赫勒各個帝國一樣，走不出最適合用騎兵的草原棲地，沙漠和森林就是它們的天然極限。

黑種人非洲區的另一個有帝國展望的國家莫塔帕，也受著相同的侷限。統治者安於資源充裕的高地領域，從不企望把勢力伸出有布匹、鹽、大象、黃金的領土之外，樂得讓海岸的掮客與從事貿易的國家代理對印度洋的商業。注意財富狀態與大手筆花費的觀察者還會看見，一四九〇年代最招搖揮霍的非洲統治者毫無疑問是埃及的蓋伊特，他甚至進行過煉金術實驗，不過以失敗收場，宮廷煉金士阿里．伊本．馬逑西獲罪被剜目。埃及沒有一個國家政府能把伸入亞洲的或非洲極內陸的勢力維持久盛不衰。馬穆魯克（奴隸出身的軍人集團成員）統治下的埃及未能將財富轉化為帝國所用，也許是因為軍人統治的國家結構本身有其缺點，雖有能力儲備最好的輕騎兵，卻只能依賴不足的稅收和不可靠的傭兵來維持步兵和砲兵武力。[35] 檢視大帝國的一個可循的標準即是「環境」：向本土環境以外擴張的時候能不能適應不同的地理條件？非洲當時的統治者顯然對於這方面的挑戰無甚興趣。

更能吸引宇宙觀察者視線的應該是西半球的擴張現象，阿茲特克人與印加人在這裡分別統御著兩大軍事強國（見第九章）。印加的歷史年代很難算精準，在一四九〇年代很可能將要到達擴展的最大範圍，從基托到比歐比歐河大約跨越了三十個緯度，幾乎把安地斯山地區的所有定居民族都包括在內。印加帝國的版圖形狀瘦長，跨過不同的氣候區，位置沿著陡峭的山脈，可想而知是涵蓋了各式各樣的可居住環境，從安地斯山高處谷地到海岸與叢林，應有盡有。總覽全世界的觀察者如果按照適應環境的能力來評判帝國擴展潛能，肯定會認為印加人是同時期的各民族之中最擅長建立帝國的。由於他們不使用硬質金屬，工藝技術上的不足可能被列為缺點；但是工藝技術的真正優劣標準是取決於在特定時空的適合度，而印加就這一方面而言並沒有欠缺。

與印加人分庭抗禮的阿茲提克人，對於納貢的他族控制比較鬆，霸權卻在一四九〇年代迅速增強。當時在位的君主是阿胡伊佐托，在殖民時代被認為是無人能出其右的阿茲提克征服者。他曾經強迫四十五個社群屈服納貢，歸屬版圖從北邊的帕努科河一直到太平洋岸的霍科諾斯科，接近現在瓜地馬拉的邊境。他的軍隊在起伏不平的地勢中縱橫千里地往來。從朝廷所在的特諾奇堤特蘭的貢品目錄可以看出，阿茲提克帝國運作的環境之多樣，不亞於印加：可可與棉花是十數萬搬運伕從炎熱的低地出產地背上來，還有森林地區來的大咬鵑羽毛和豹皮等珍奇物，墨西哥灣沿岸來的罕見貝殼，遠從南邊來的玉與琥珀、橡膠與柯巴脂，米赫泰克人的地區來的黃金，翻山越嶺運來的鹿皮和菸管（見第九章）。

「舊大陸」的國家不論成長速率或面積，都比不上這兩個美洲帝國。在中古時代中期（十一—十三世紀），西歐航海帝國有的處於混亂，有的正在衰落。巴塞隆納王室的帝國傳給外邦王朝後便衰落萎縮；熱那亞商人甘願靠外國君王的羽翼庇護，也使熱那亞帝國退縮了。威尼斯越來越轉向自己的陸地領土發展。以前的陸地大國，如英國、波蘭、匈牙利，或喪失帝國版圖，或在擴張上受阻。卡斯提爾在一四九〇年代有不同的發展，但是看在宇宙觀察者眼裡，征服格拉那達與加納利群島應該算是太費力的、得不償失的、前景不看好的勝績，征服伊斯帕紐拉與梅里亞的用處也不大。葡萄牙沒有擴增領土，只有一群群放逐者與逃亡者在幾內亞灣拼了命進行的殖民。[36]這個時期擴張最快的西歐國家是法國，查理八世伸向義大利的冒險行動卻立即證實是失策，注定要使法國忽視更可利用的邊境而陷入不易解決的戰事之中。

只有歐洲東端邊上的國家表現的積極與衝勁足以引起宇宙觀察者的注目，莫斯科是一個，鄂圖曼也可以算是一個。歷史學家常把一四九〇年代認定為鄂圖曼蘇丹國征伐生涯之中一個暫停的空隙，因為一四九〇年代剛開始時，拜葉吉二世（編按：土耳其人）的軍隊就在西里西亞邊界之爭和馬穆魯克軍隊形成僵持之勢。從土耳其人的觀點看來這其實是一次大勝利，因為馬穆魯克人想要建立一統帝國的野心等於破滅了，也不可能掌握統率所有伊斯蘭信徒的實權。土耳其人利用這個機會重整自己的武力。等到鄂圖曼軍再次與馬穆魯克人交戰，土耳其人就明顯占了優勢，結果一戰就定了全局。同樣地，拜葉吉於一四九〇年代在鄰近匈牙利和波蘭的邊境發動戰爭，侵入的面積卻不大，領土也沒增加多少；只是這是因為征伐行動是懲罰的、圍堵的、勘探的性質，只用了兵力的一小部分。如果要擴大征討，不愁沒有兵力，但這一次的實際目的旨在宣示土耳其人的武力。

更重要的是，拜葉吉在一四九〇年代末對威尼斯發動海戰而勝利，鄂圖曼海軍當時擁有全地中海最大的戰艦（見第十一章）。鄂圖曼海軍在地中海是毫無經驗的新手，威尼斯海軍則是資格最老戰績最好的；然而，鄂圖曼在首次交鋒中就奪得顯著優勢，之後乘勝直追，大破威尼斯與法國的聯合艦隊，進入柯林斯灣，占領了雷潘托。這一戰持續到一五〇〇年代，鄂圖曼從中獲得三大持續的成果：成為地中海的海岸帝國，成就掌控東地中海幾近七十五年的霸權，最重要的是，證實他們的本領是多面的。[37]值得一提的是，自從羅馬人勉強到海上與迦太基人交戰以來，還不曾有哪個旱鴨子民族能把海戰打得這麼出色。假如要宇宙觀察者從他觀察的一四九〇年代挑出影響最深遠的一件海上大事，他比較可能選中的當然是鄂圖曼的海戰大勝，而不會選達伽馬那一小隊船隻的漫遊。

十五世紀晚期的莫斯科，是全世界陸上擴張最快速的國家。如果要在一個國界模糊的地區按領土大小來計成敗，伊凡大帝在位期間的領土名義是從七萬三千平方哩擴大至二十三萬平方哩。講述這一朝的歷史慣常將重心放在伊凡併吞諾夫哥羅德以及對喀山和立陶宛之戰；宇宙觀察者檢視一四九〇年代時卻會把目光投注在北方的邊境，也就是最容易賺大錢的「黑暗之地」。皮草對於十六世紀的莫斯科王國而言，就如同香料對於里斯本一樣重要：探險者、征服者、大膽的貿易商都投入這獲利豐厚的企業。前往北方獵取皮草者之地的路是沿著維姆河往伯朝拉河走，這條路是十四世紀晚期烏斯圖格的司提凡的傳教團體所闖出來。皮草利益的競爭加劇之後，排除喀山商人也逐漸成為務實策略，軍事動作就跟在傳教行為之後而來。伊凡先後於一四六五、一四七二、一四八三年派出遠征軍到彼爾姆與鄂畢河徵收紫貂皮草貢品，規模最大的一次入侵則是在一四九九年。之後便在伯朝拉河口附近的普斯多澤斯克設市。俄羅斯征服西伯利亞的整個歷史中，成績都是用建立的市鎮來計算。據傳後續有四千大軍在冬天裡渡了伯朝拉河，抵達鄂畢河，他們備有馴鹿和狗拉的雪橇，帶回了一千名俘虜和大量皮草貢品。伊凡派在米蘭的大使曾向米蘭公爵說，他的主子擁有價值一百萬金幣的紫貂皮和雪貂皮貢品。[38]

這些只是俄羅斯統治西伯利亞的試探開端。一直要到一五八〇年代，才有越過烏拉山的永久征服行動。鄂畢河的邊疆仍是神話味道很濃的未知之地。一五一七年派駐在莫斯科的大使馮．赫伯史坦就聽過許多奇奇怪怪的故事，「例如一個啞巴男人死了又活過來、『黃金老嫗』、狀似妖怪的男子、相貌和人一樣的魚等等」。[39]縱然如此，鄂畢河畔的第一次大戰役無疑是某種大局面的開端。跟隨哥倫布、凱伯特、達伽馬的形跡而建立的西歐航海帝國勢力卻已經不在。近代早期壯大起來的所有歐洲帝國版圖之中，如今只有俄羅斯在西伯利亞的陸地版圖仍在；西伯利亞的潛能也仍舊未被完全開發。假如一四九〇年代宇宙觀察者覺得，西伯利亞的尤爾加人接下來的發展，比迎接哥倫布的西印度群島阿拉瓦克人、南非的科伊科伊人更值得注意，我們能說他的想法不對嗎？

❖ 達伽馬的往返旅程 ❖

歷史通常不需經過學術研究便被人們傳頌紀念。至少是從第二次世界大戰的時候起，某些層面是從第一次世界大戰的時候起，[40]重要學術研究就把一般認為達伽馬之旅應有的影響力降低。認定達伽馬功勞卓著的傳統理由，在學術研究的檢視下消失了。

西方帝國主義跟著達伽馬的腳步進入印度洋後，與這個地區先前的時代相比，也無甚差別。本土帝國與從事貿易的國家原本所維持的優勢，大致未受影響，歐洲人的霸權只限於一些點，根本改變不了整體局面（至少十七世紀以前是如此）。出了這些點的範圍，殖民行動只是「影子」，是私人「即興」的作為。[41] 甚至到了十八世紀，西方文明雖然侵入亞洲，也不曾擾亂「文明的平等」。至於歐洲商船此時經好望角涉入印度洋，如今也被說成與古代和中古時代的歐洲航海者性質差不多，不同的只是以前走的是尼羅河與紅海的航路。此時他們適應了既有的貿易架構，創造區域市場與商人，再嚴重時也不過是造成地方上的一時混亂。不過，十七世紀的確發生徹底改變局面的事，那是因為荷蘭的東印度公司開闢了一條新的、迅速的渡越大洋路線，強制執行了極重要產品的獨占專賣，後來又進而選擇性地控制了生產與貿易航路；但是，把這些重大轉變歸因於達伽馬似乎很荒謬。

除了以上的這些論點之外，達伽馬的探險家本領也沒有受到應得的推崇。講到他那次航程中眾所周知的事實，描述的方式也可以輕而易舉地貶低他這個帶隊者。他深入南大西洋的那條航線，可以算是歐洲航海者史無前例的一次外洋旅遊，卻被說成只是膽大妄為的表現，並不能證明他很有本領。我們可以假定，他是為了要找可以送他越過好望角的風向，所以繞道而行。結果他誤判自己所在的緯度，過早轉向東走，停靠的非洲海岸也就錯了。之後他必須應付逆向洋流，被打得往後退而差點無功而返。雖然他循著一條新路線（目前尚不確知在他以前是否有別人走過）抵達印度洋。他到了印度以後，又做了對日後來此的歐洲傳教士和商業不利的事：他誤以為印度人是基督教徒，嚴重冒犯接待他的那些人的忌諱，所以「當地人對他恨之入骨」。回程中，他又自以為是地不理會當地人的航海經驗，在八月裡往西航行，若是遇上暴風可能全盤皆輸。整個探險過程使船員們不堪其苦，折損了半數以上的人。曾有一度，他船上能有效運作的船員只剩七、八名。一四九九年一月間在蒙巴薩附近，因為人員不夠而不得不捨棄一艘船。[42]

達伽馬自己也不是個引起研究者興趣的人。他留下的親筆文件都是些談公事的書信，是沒透露重要線索的公文。即便在他最風光得意的時候，擔任商船隊長，有伯爵和總督的頭銜，他仍沒發表什麼言論，也沒人歌頌他。因此，傳記作家只能藉助於傳奇故事來瞭解他，有人說他是才幹過人的開路先鋒，也有人說他是不吐骨頭的帝國主義者。事實是，他既不是大英雄也不是大惡棍，而是個性情急躁、過不慣宮廷生活的外地人；一個突然被拋進陌生榮華富貴裡的小鄉紳；一撮人本來希望他失敗而默許他負責這次航行去送死，豈知他鹹魚翻身立了大功；他原是個有外族恐懼症的人，卻荒謬地被移植到熱帶地區；他深諳文藝復興時代揚名立萬之道，想藉流血手段促進商業卻不能遂願。

總而言之，達伽馬之行未必是印度洋史上最重要的一次。我們如果想一想本書前文已經談過的一些印度洋上的大事；或是最初經阿拉伯海打開蘇美文明與印度文明交流之路的佚名天才與冒險家；或是直航於阿拉伯海和中國南海、東海之間的無名先驅者；或是負責運輸那些中國藝品的人（這些中國藝品後來由考古學家在阿克蘇姆或坦干伊卡挖掘出來）；或是最初從海上運送麥加朝聖者的航運人；或是所謂的瓦克瓦克航海者，他們隨東南信風渡過印度洋，在馬達加斯加和東非建立南島語族殖民地；或是經馬爾地夫群島而來的探險者，他們的這條航路使中國到波斯灣的商人能在九個月之內往返；或是達伽馬之後的荷蘭人，於十七世紀早期發現一條新航路，越過信風路線從好望角到香料群島；或是十九世紀的蒸汽船，粉碎了或至少節制了風的主宰橫行。想到這些，我們就得承認，有許多事件可以爭取「重塑印度洋歷史」的榮銜，而且有的資格比達伽馬之航還勝一籌。

當然，達伽馬之航在其他方面的重要性維持不減。對於葡萄牙、西歐、巴西以及其毗鄰區域、非洲西部與南部而言，達伽馬之航比印度洋大部分區域的其他航程的影響都大，造成的後果也持續最久。達伽馬啟程時宣示的目標與「改變世界」根本無關，一切只為挽救葡萄牙的不如人之感。葡萄牙國王的話說得很明白，據說是在委任達伽馬與其他船長的典禮上說的，他的目的「是盡朕的全力擴增祖傳王國，以便人人可更寬裕地分得其應得之報償。」他並且表示，希望「印度與東方的其他地方」能接受基督的信仰，「從而獲得祂的眷顧與人前的名聲與榮耀」。他講到「從野蠻人手中奪回」領土與錢財，也指涉了古代文獻中所描述的財富，以及威尼斯、熱那亞、佛羅倫斯「以及義大利的其他大城」曾經累積的利潤。[43]

葡萄牙得到了希望能得到的部分後果，從此就被當作傳播西方文明的先鋒，這是不無道理的。至於說葡萄牙是西方帝國主義的先遣部隊，這就靠不住了。最深刻感受達伽馬功業影響的是大西洋沿岸。如今若要看他的功業有哪些影響，可以在東方找到蛛絲馬跡：印度果阿的巴洛克風天際線，麻六甲塌了的堡壘建築，[44] 坎貝灣房子大門上方斑駁的盾徽。[45] 澳門只剩臨街正面的老教堂大三巴牌坊。如果要看有生氣的、活的影響，就得走一趟巴西的科巴卡巴那與葡萄牙的卡斯開，里斯本或安哥拉的盧安達。達伽馬闖入印度洋之航雖然不如以往認定的影響那麼大了，對於大西洋的歷史卻有改頭換面的衝擊。因為此舉把未開發過的交流活動場域與一個海權空間串連起來，前者剛開始體驗長程航海的影響，後者則是當時全世界最富裕、歷史最悠久的遠程貿易地帶。由於達伽馬此航揭示了南大西洋風向系統的特性，所以創造了藉航海連結歐洲、非洲、南美洲大部分土地的機會，如果沒有這條航路，南美洲是無法到達的。

解釋西歐影響遍及全世界的各種說法，大都漏掉了大西洋這邊的據點顯然不可或缺的重要角色。傳統式的解釋法是，指出西歐在社會、經濟、神學方面的優勢，或是認定西歐文化整體都是比較優越的。例如，解釋的人會說，西方的航海法、戰爭技術、經濟開發方法都是比較優越的。但是，西班牙帝國之建立，並不受惠於後來只有西歐人獨有的工業技術條件，而西班牙是西歐大帝國之中最早興起、領域也最大的一個。解釋的人也會訴諸韋伯一派的社會文化，認為是價值系統的差異促使某些民族比較易於發展商業、建設帝國。可是，舉個例來說，只用「儒家傳統價值」去解釋中國在十五世紀的海上勢力擴張受挫，在十八世紀貿易復甦，二十世紀經濟突飛猛進，這些多樣而相互排除的現象是有問題的。或者說，海在東方是含有貶意的，是儒家思想中的次要價值，是混淆階級的亂源，而西方傳統中的海卻是有意識的騎士精神冒險的一種高貴媒介，這樣的解釋法也不夠，因為這籠統的事實卻有許多的例外。常有人說，亞洲的政治一般都反商：這種一概而論是不足以說服人的，不能普遍適用於這麼廣大又多樣的一個地方，而亞洲有的國家實際上早就擁有商貿企業。又或者說，印度洋的機會已經滿足了貿易者的胃口，他們的船運因而完全投入了印度洋之內的商業需求，這樣說也許有些道理，但是，漠視賺更多錢的機會，顯然不符合商人的思維。另一方面，有人認為西歐探險者與征服者的活動特別早熟，乃是因為相對的貧窮造成的，就像現在的「新興國家」都拚命探勘離岸的資源一樣。

我的意思不是要摒棄以上這些各有不同功用的解釋，或是推翻其他類似的論點，我只不過想表示在這個科門中工作的每個人都有的一種想法：這樣的解釋不夠充分。我們必須承認，大西洋是個特別的大洋，在大西洋岸占住據點，尤其是在西歐的位置，都帶來別的地方得不到的優勢。印度洋是航海者往內看的一片海，要看清其中的季風系統與暴風帶之間的航路，大西洋這邊卻有信風推向世界各地。哥倫布發現的新航路連結了歐亞大陸人口稠密的中間段，以及新大陸古文明的周圍之地；前者是從地塊的東端到大西洋岸的一段，後者就隔在大西洋的對面，原來是可望而不可即的。大西洋的風沿著達伽馬之航的路線，把船隻往南拉到四十幾度緯度的風浪怒吼地帶，然後引入印度洋，環行世界一周。要解釋為什麼印度洋阻斷全球發展的雄心，大西洋卻成就這個雄心，就必須回頭來看地理條件注定的必然事實：一切聽命於風。航海家歷經很長的時間才破解了大西洋的風向密碼，然而，才一完成破解，又被風拉向其他的海洋與文化。我們接下來要做的功課就是重建這個過程。

如今大西洋的最優勢時代就要結束，即將卸下全世界最大通路的角色（這角色原先是印度洋擔綱的），交給太平洋。假如我們能以改變的漸增速率為依據來估算，太平洋獨占鰲頭的時間也不會很長。我們可以，也應該猜一猜，下一個在文明史上挑大樑的大洋會是哪一個（見第十七章）。世界史由印度洋交通塑造的時間很長，相形之下，大西洋和太平洋顯然都是資淺的暴發戶，發揮全球重要性的時間都很短。有人努力要在沿印度洋生活的民族或亞洲沿海國家之中培養起利害與共的意識或情操，如果這些人覺得目前的大西洋話題和太平洋話題都炒得比印度洋話題熱，他們也不必發牢騷。一旦我想像中的「銀河博物館人員」從他們那麼廣闊的時空回望我們的世界，他們就會看見印度洋擔任文化傳播與滲透的主要通道有多麼久又多麼徹底了。即便印度洋在近代史上有志難伸，宇宙觀察者仍會認定它才是世界上影響最鉅的一個大洋。

16

亞特蘭堤斯再浮現：大西洋文明之形成

REFLOATING ATLANTIS: The Making of Atlantic Civilization

文化傳輸──從歐洲到美國，再從美國傳回歐洲

因為我們的歷史裡說，從前你的國家曾經如何貫徹強大軍隊的行動，從大西洋一個遙遠地點開拔，傲慢地前進，要攻擊整個歐洲，還要打亞洲。那時大西洋是可航行的；因為，在你們希臘人所說的「赫拉克利斯之柱」的口上有一座島，比利比亞加上亞細亞還要大；那時的旅行者可以從那座島渡海到其他的島，再從那些島渡海到正對面環繞這大洋的大陸。我們這兒所擁有的、在前面所說的海口之內的，顯然是一個有狹窄入口的避風港；但是過了那裡便是真正的大洋，環繞大洋的陸地可以理所當然地、不折不扣地稱為大陸。就在這座亞特蘭堤斯島上，曾有一些結盟的君王，勢力非常強盛，統治著全島人民，也統治許多其他的島，以及陸地的一些部分；此外，在海峽之內的陸地上，他們統治了直抵埃及國境的利比亞，統治的歐洲範圍則直抵托斯卡尼。所以這支軍隊既已集結，一度試圖憑一次猛攻奴役你的國家和我們的國家，以及海峽之內的全部領土。索倫，就是在這個時候，你的國家在全世界的眼前展現了男子氣概顯著的英勇與威力。……但是後來發生了帶來不幸的地震與洪水，悲慘的日夜降臨，以致全體戰士被大地吞噬，亞特蘭堤斯島也同樣被海吞噬而消失了。

──柏拉圖，《提米厄斯》

❖歐洲大西洋的起源[1]❖

有一次我在波士頓演講，題目是西班牙人如何對待勢力範圍之內的原住民，講完之後，波士頓的市長從聽眾席中站起來問我，我會不會覺得英格蘭人對待愛爾蘭人的行徑沒那麼壞？波士頓濃厚的愛爾蘭精神，是新英格蘭區到處可見的文化移植跡象之一，教人覺得自己留在池塘某一邊的文化幾乎原封不動地傳到另一邊來，傳播途中，本色幾乎完全沒有流失。我在羅德島州的卜羅維登斯寫作這本書，這裡唯一的常駐外國領事是葡萄牙人；我的住處在一條街的轉角，我在這條街上的麵包店買牛肝餅與早餐、買葡式脆皮糕配茶，附近有個停車場，掛了一個告示牌上寫著：「非葡萄牙人不得在此停車」。原來故國情懷與祖上的怨懟，一樣容易被勾起。

這個海岸地區有一塊塊類似的、具有愛爾蘭特色與葡萄牙特色的地區，反映著故鄉，也往大洋的另一端眺望。區塊的周圍是別人飄洋過海來的回憶與延續。新英格蘭的某些方面正符合前文說過的沿海文明：是浸在海水裡的狹長海岸，文化是由發展航海所塑造的（見第十一章）；但是不僅止於此，這裡也是兩個面對面的海岸文明的一部分。

有許多小社群是橫跨大西洋，歸屬單一文明。如今所說的「西方文明」，基本上是指包含西歐部分地區與南北美洲很大部分或大多數地區在內的大西洋社會。形成這個橫跨大洋的世界，在文明史上是背離常模的奇怪現象。其他文明超越發源的環境，是一點一點來：前進到毗鄰地區、渡過狹窄的海域、穿越陸地、從一個島跳至另一個島、從一個市場轉入另一個市場。即使是印度洋特殊而發展早熟的過程，也是照著這個模式來，因為可以憑著在港口之間行進或是緊貼著海岸線航行來渡過印度洋：找到渡洋捷徑的探險者都是熟門熟路的。但是，把人群、習俗、好惡、生活模式、歸屬感拋過大西洋這麼寬廣的海域（大洋兩端只能靠外海遠程航行或飛行互通），在一開始時根本是前所未有的。

想精通一處大洋環境，必須先洞悉它的風向與洋流。整個航海時代從頭至尾，差不多可說是由地理條件如何全權決定人在海上該如何活動的歷史；相形之下，文化、思想、個人天資與領導魅力、經濟實力等其他的歷史動力，都沒多少分量。我們對於歷史的解釋，往往是空談太多，該講的又都沒講。

大西洋是受信風系統所宰制的。也就是說，受到一個固定、常年風向的模式主宰，這些風不分季節都往同一個方向吹。信風一年從頭到尾自非洲西北角旋過洋面，在赤道以北幾度吹，再推進到加勒比海的陸地；夏季裡，這些風從更北開始颳，在伊比利半島的西南岸可以相當穩定地感受到。因為有東北信風，塔谷斯河與瓜達基維爾河的河口社群占了地利之便，比歐洲沿海其他地方更具走向世界各地的優勢。西班牙與葡萄牙的勢力範圍在大航海時代能及於那麼遠，多少也是拜這個好運之賜。南半球的模式大致相同，藉風之助使南部非洲地區能與巴西相連。這裡的東南信風也像東北信風，越接近赤道越向東偏，變成了東風。在這兩個系統之間，在赤道一帶或赤道正北，是幾乎沒有風的赤道無風帶。過了南半球的信風緯度區，颳的就是西風了。南半球的西風非常強勁，而且終年不斷。

這種固定模式有三大例外：在非洲大陸西端直角彎曲處的幾內亞灣裡面，一年之內有很多時候，風會往陸地撒哈拉的方向颳，西非洲突出部的下方便成危險的背風岸。西風帶的北端，英倫三島緯度區內有一條春季東風走廊，大英帝國之所以能在大航海時代掌控北美洲沿海大部地區，原因就在這裡。過了英倫三島更往北，西風不那麼持續，而且有順時針方向的洋流系統，主要是伊爾明格洋流，從北極圈下面的斯堪的納維亞往西流，因此古代挪威人竟能航海到法羅群島、冰島、格陵蘭、北美地區，也就不難理解。想要占盡信風系統優勢的航海者，還有其他洋流可供利用。舉例來說，從歐洲到加勒比海的航行者，可以利用墨西哥灣流，它幫助連結了東北信風的西行路線與返航的西風帶，墨西哥灣流是一五一三年由一位西班牙探險者在尋找「不老泉水」的航程中發現的；[2] 順著南美洲海岸，則有往南的巴西洋流橫過東南信風正面，可以降低沿背風岸航行的風險。

整體看來，風的系統很像一套連鎖密碼。一旦某部分破解了，其餘部分很快就跟著破解，一四九〇年密集且鍥而不捨的探險行動就是破解密碼的開始。但第一步卻走得漫長而辛苦，因為早期的探險者視野有限，又受制於好似永不停歇的風，就像解碼的人拿不到足夠的樣本可試。只有長期累積資訊與經驗，才可能突破成功。而且，即便資訊和經驗都很多了，仍舊需要突然開竅似的靈機一動來開第一道鎖。

大西洋是遼闊的，但因為人們以為它很窄，才有可能完成渡越。開始實地橫渡大洋的那個人——哥倫布，就深信大西洋是狹長條形的。這個信念與他腦子裡其他念頭一樣，都是非理性或超理性、是一廂情願；但也正是這樣的信念促使他有信心再嘗試前人都敗下陣來的越洋之航。他的角色雖然獨一無二，卻仍是那時代的一部分，其中最醒目的、最驚人的事蹟都與一四九〇年代西歐偉大的成就直接相關。這段時間的重要突破名符其實是世界史上的關鍵時刻，因為，大西洋文明的形成與優勢時期都很短——在過去的歷史上也許只是短短一頁，但如果少了這一頁，我們的世界很可能就不是現在這個樣子。如果沒有早期那些橫越大西洋之旅架構起大西洋世界賴以成形的航路網，世界不會是今天這樣。這十年內突然一躍，越過了大西洋，打開走向世界許多地方的通路，尤其是走向商業發展與勢力擴張可能性極大的美洲與亞洲。這一步與它發生的背景需要清楚檢視。它們在文明史上的地位舉足輕重，雖然已有那麼多著述以此為題，但或許正是因為有那麼多著述，代表我們的瞭解仍不透徹。

大西洋的重大突破可以確切等同於三次航行（如果不算那些沒證據的、或證據不足的更早航行的話）。第一次是哥倫布於一四九三年橫渡大西洋的航程，此行確立了中大西洋確實可行，而且有可開發的往返航路，整個航海時代幾乎再也沒有比得上這些航路的發現（我把哥倫布於一四九二年之航降級為次要，是因為那次出航之路不理想，以後也沒再試過）。第二次關鍵之航是約翰．凱伯特於一四九六年從英國布里斯托到加拿大紐芬蘭，此行開闢了利用春季不定風接近北美洲的外海航路。這條路短期內無甚價值，後來卻證明是要道，通往極具影響力的帝國領域，也通往近代殖民運動在世界各地開創「新歐洲」時最可利用的區域（見第十五章）。第三次便是達伽馬前往印度的首航，此行發現了一條穿過大西洋東南信風帶，與更南方的西風交會的航路。此後的世界史，必須放在一四九〇年代特有的西歐航海的脈絡裡才可能充分理解，否則將是白忙一場。

這三次航行聯合起來的成果，就是破解了大西洋風向系統的密碼。大西洋從此不再是歐洲沿岸地區的民族向外擴張的障礙，反而成為建立從前無法想像的帝國勢力及貿易網的工具。凱伯特的貢獻相對比較小，他解開了少量的卻很有用的片斷風向密碼。哥倫布的功勞是使大西洋兩岸永遠相通，但航行沒有再接再厲，因而未能掌握亞洲的豐饒貿易，在當時曾是件令人失望的事。達伽馬打開了南大西洋的鎖，一是緯度四十度掃過南大西洋到印度洋再颱到太平洋的強烈西風帶，另一是東南信風帶。最終證實，達伽馬的路線能走得最遠，因為東南信風提供了往南美洲與亞洲的方便之路，而更南邊的西風帶則可以帶著船隻環繞地球一整圈。它們為整個航海時代壓縮與塑造出世界上一些最賺錢的商船路線。

短期而言，有一四九〇年代的突破，大西洋文明才可能產生。此後航海者都曉得，舊大陸西岸與新大陸東岸之間可靠而固定的運輸路線該怎麼走。有史以來一向是一道障礙的大西洋，此後變成了連接兩邊的紐帶。

大西洋兩邊的航海者長久以來成績欠佳，這樣的改變不可謂不大（見第十二章）。把這一步的發展與第十二章沒講完的那個拖得太長的故事放在一起看，才更顯得有意思。大約一千年前歐洲的大西洋岸外緣先被羅馬文化滲透，然後緩慢而徹底地受基督教滲透，變成了歷史學家所謂的「拉丁基督教世界」的外緣。這個世界傳承古希臘羅馬的文明，因學術上與儀式上統一使用拉丁語文、奉行羅馬所保持的傳統基督教而有別於其他地區。這是個輝煌的文明，產生了西歐至今仍極度推崇的藝術及文學作品。

拉丁基督教世界在當時的世界地圖上居於外緣位置。波斯與中國的學者深信自己的文明傳統是優越的，根本不屑在世界研究中提及基督教世界。[3] 由此處向東與南擴張的作為雖有進展（從陸地上進入東歐，或經地中海至亞洲與非洲），但通常都遭受到挫敗，或是被瘟疫與嚴寒逼得後退。[4]至於往北和往西，沿著沒有屏障的海岸，只有窄窄一條洋面可以讓航海者乘西風以利用之。有些社群發展了地域性的航海文化，某些還發展了頗為可觀的深海漁場，一四九〇年代的探險者便是從這些經驗豐富的地方招募船隻和船員。曾經初步深入大洋航行的，是中古時代中期的斯堪的納維亞航海人，以及十四、五世紀大西洋東部群島的居民與探險者。斯堪的納維亞與愛爾蘭的航海人利用橫越洋面的洋流之便，在第九世紀時把冰島闢為殖民地，到十一世紀時又在格陵蘭形成聚落。直至十四世紀，冰島人的航行已經到達了北美洲大陸。但是，一旦格陵蘭的殖民地被消滅，這些脆弱的通路中最遠的一切也被切斷了（見第一章）。

十三世紀晚期展開了大西洋探險的一連串歷史，大西洋沿岸的歐洲民族卻沒有一個擔任要角。其實歐洲人在大西洋的發展是從地中海內部起步，主要的航海者是熱那亞人或馬約卡人，他們逆著湍急的洋流硬闖直布羅陀海峽，突破海的阻礙。有些人便從這裡往北開拓熟悉的商貿；有的人則轉往南邊進入未航行過的水域，就我們所知，持續上百年的時間內，他們航往大西洋的非洲區以及馬德拉群島與加納利群島。熱那亞的韋瓦第兄弟是後世知道最早走這條航路的人。他們於一二九一年出發，要「循大洋去找印度所在的區域」，比哥倫布早兩百年說出了航行目標。雖然兩人的名字再也無人提起，但這次航行卻啟發後人，例如佩脫拉克在一三三〇年代表示，加納利群島變成「和法蘭西一樣耳熟能詳」的地方。[5]

這一系列持續的航行在十四世紀裡斷斷續續地密集進行，漸漸形成尋找撒哈拉貿易源頭的目標（見第二、三章）。我們可以從稀少的文獻中瞥見一些有趣人物的身影，讓人想多知道一些他們的事蹟。熱那亞人藍薩羅托．馬洛且洛在一三三九年以前在一座島上建了燈塔，島名稱為「馬洛且洛」就是為了紀念他；一三四二年馬約卡人的一次航行沒有留下任何紀錄，除了水手吉倫．薩封特因為追討薪水留下的紀錄；路易斯．德．拉賽爾達是卡斯蒂亞王室中被奪走繼承權的一名成員，但是他有權利在一三四四年去征服加納利群島據為己有，教宗稱他是「時運之君」；馬約卡人豪美．費列在一三四六年間為了找「黃金河川」在朱比岬一帶遇難身亡；十四世紀晚期，泰爾德主教轄區裡的方濟會傳教士，在大加納利島遭到土著屠殺。[6]

逆風的回程之中，航海者因為根本無法確定自己所在的緯度，所以越來越往更深處更遙遠的海域繞道，為的是尋找可以送他們回家的西風。如此冒險得到的回報是：發現了亞速爾群島，這位在大洋中央的群島與最近的其他島嶼也都相距一一二〇公里以上。群島中只有兩座島在一三八〇年代與更早以前的海圖有標示出來。這個階段的歷史在現存的文獻中常被忽視，但其實它是非常重要的，因為之後歐洲人開始以往從未經驗過的長程外海航行，可追溯到一四三〇年代葡萄牙人在亞速爾群島設立小站的時候，小站種了小麥、圈了野羊，自此這種外海航行就變得習以為常了。[7]

但是真正的大西洋文明（也就是以大西洋為主要運輸通路而遍佈整個大洋的文明）必須等到確立了固定、可靠的越洋連結之後才算完成。如果要找出一條便利的渡洋通路，在東北信風的路徑上探索最有可能。要想渡過整條信風走廊卻是艱難的任務，因為沒人知道它究竟有多寬，也不知道出了信風走廊又會遇上什麼。這片令人困惑的區域在地圖上是空白的，頂多點上幾處臆測的小島，或是按地理學家的想像畫上古典傳說中的陸地——那穿過地球另一端的陸地，是無人去過的大陸，會在地球的「黑暗面」複製出地球的布局，把失序混亂的地球恢復，回到對稱狀態。其他古典傳說中還提到希臘神話中的極樂群島赫斯佩里底，或是重新浮出水面的亞特蘭提斯。[8]

十五世紀的幾次探索大西洋之航都注定以失敗收場，因為航行者都是從西風帶啟航。他們會這樣做可能是由於探險者一心要確定回程能安抵家門。如今我們仍能在稀有古地圖與偶然發現的不完整文件中找到當時的些微進展。葡萄牙舵手狄奧哥・德・希爾弗的一四二七年之航記錄在地圖上；當年蕭邦與他的情人喬治桑在閒度冬季中仔細看這張地圖，不小心把墨水潑在上面，以致這份紀錄差點就慘遭抹煞。希爾弗此行首度確立了亞速爾各島之間的遠近距離，提高了後繼航海者的安全保障。[9] 十五世紀中葉剛過，就有人航行到了亞速爾最西端的一座島。以後的三十年中，葡萄牙王室經常派船艦再深入大西洋，但沒有一次寫下進一步的成績，也許是因為這些任務都是從亞速爾啟航，即便啟航成功，仍舊被西風颳回原地。只有才能不凡的人才可能從這幾次試驗行動中得到啟動一四九〇年代大突破的觀察。這有點像人走到門口被門檻絆倒，不需要什麼特別的革新改變，因為歐洲航海者的才能與實務經驗本來就會一點一點累積，等到突破大西洋的人發現自己被絆倒時，人早已跌進障礙的另一邊。大西洋的突破發生之前當然有很長一段時間沒有引人注目的大改變，但航海者也在這個期間往大西洋中越航越遠。

西歐的航海行動力時常被誤解為獨一無二的；事實上，不知道什麼緣故，十五世紀是全世界都有心往海上拓展的時代。中國在印度洋的行動力最足以代表：一四〇五至一四三三年間，鄭和率領宣揚國威的強大艦隊抵達了吉達與贊吉巴爾，而且在印度洋邊緣上執行了真正的帝國主義干預。他的首航人員高達兩萬七千八百七十人，共有六十二艘史上人類所造的最大帆船，以及兩百二十五艘支援船。船帆總計有兩萬三百餘公里。他消滅了室利佛逝的一個海盜王國，在麻六甲扶植了一個傀儡政權，在斯里蘭卡罷黜舊王立新王，在蘇門答臘推翻了一位不肯向中國納貢的酋長。鄭和表示：四海列國均已稱臣。[10] 鄂圖曼帝國也在這個時候逐步建立海上勢力，因此在十五世紀結束時成為世界級的海上霸權，征服了東地中海、入侵印度洋、突襲西班牙船隻劫取有關新大陸的情報。根據早期殖民地的傳說，印加帝國在征服領域最廣的君主土帕克．尤潘基的時代，曾經用西印度輕木造的筏子發動遠征，目標是所謂的「黃金之島」。[11]

甚至俄羅斯也於一四三〇年代開始海上擴張。這也是鄭和航海的最後一個十年、是葡萄牙在加納利群島活動最密集的時期。俄羅斯海上企圖的證據畫在一幅聖像圖裡，這幅畫現存於莫斯科一所美術館中，以前卻是蘇聯西北岸白海一處島上修道院的鎮院之寶。圖中的僧侶在敬拜聖母瑪利亞，背景是島嶼上有圓形尖頂、金色聖所、蠟燭狀角樓的修道院。這麼漂亮的場景應該是虔誠幻想的產物，因為這島上其實光禿貧瘠，一年中大部分時候被冰凍包圍。

島上的修道院在一四三〇年代創立（比聖像畫早大約一百年），描繪創立經過的傳奇畫面嵌在聖母像的四周。最早的一批僧侶是划船來的，島上的土著漁民被「年輕而光華照人的人物們」給驅逐了，修道院長薩伐蒂得知便向上帝謝恩。商人相繼到此，當他們帶著聖僧佐西瑪贈送的聖餐餅時，有火焰護著它。僧侶救了遭遇船難的旅人，他們本來在附近另一個島的山洞裡等死，薩伐蒂與佐西瑪卻神奇地出現，步履艱難地走在冰山上，把大片浮冰移除。佐西瑪經歷了「飄浮著的教堂」的異象，島上的修道院便是按著這異象所示而建。環境雖然荒蕪，卻有天使為僧眾送來麵包和油鹽。在佐西瑪之前來此擔任院長的人因為受不了艱苦的生活條件而離去，佐西瑪則從容地趕走了企圖試探他的魔鬼。[12]十五世紀海上帝國主義的典型故事元素一應俱全：超越凡俗的靈感、英勇航向艱險的環境、對待土著毫不留情、努力適應並發掘可實行的經濟形態、迅速納入商業利益考量、堅忍不懈去成就發展。

不過，這些行動後來都不了了之。中國的海軍活動在鄭和最後一次航行之後便腰斬了，很可能是由於儒生文官在朝廷中占了上風，而他們厭惡海上勢力擴張又鄙視貿易。[13]印加帝國即便確實曾經有過往海上發展的企圖，仍欠缺持續經營下去的傳統——從而欠缺必要的工藝技術之配合。鄂圖曼人的努力被海峽阻斷了，他們不論要經由地中海中部或波斯灣或紅海進入大洋，都必須先穿過極易受制於敵人的狹窄海峽。十五世紀的俄羅斯因為海域被冰封的時間太長，所以轉而向陸地擴張。

這些挫折間接促成西歐的優勢。必須站對了位置，才可能執行放眼全世界的目標。在大航海時代探尋海上通路，必須找到能乘「順風與洋流」之助的路徑。印度洋與西太平洋的領航者即便想往季風帶以外去找長程航行的有利條件，也不可能找得到。美洲在殖民時代發展出西岸的貿易地點以後，橫渡太平洋的唯一可航路線才真正打通，在此以前太平洋只是一條死胡同。從印度洋出來往南走的路既艱難又危險，就我們所知，能到達的目的地都是無甚大用的，因此在亞洲與東非的海岸上，即使有全世界資源最優的航海民族，他們卻欠缺往別處找貿易伙伴的動機。最具有遠程航海冒險精神的是玻里尼西亞人，他們卻受所在位置的侷限而得頂風航行；他們很可能在公元十一世紀時就已經達到他們的航海技術可能做到的擴張極限。玻里尼西亞人殖民的最遠前哨在夏威夷、復活節島、紐西蘭，彼此間都遠得無法保持聯繫。在十七、十八世紀歐洲人初來乍到時所做的描述中，這些地方已經累積了上百年與殖民者發源地歧異的文化。

大西洋的獨特處在於它是通往世界其他地區的大道。從大西洋西北邊緣起源的風系統，有利於船隻進入西風帶，航往另一端。大西洋的風自然會吹入其他大洋的風系統。但靠近大西洋的民族中，卻沒有好好利用靠近東北信風走的路徑，也沒有一個具備可供利用的航海技術與傳統，唯一的例外是非洲西北邊的某些馬格里布社群，但他們卻在這重要的時期對遠途的海上發展出奇地冷漠。馬格里布人為什麼不參加歐洲人的行動或是搶在歐洲人之前投入？他們的航海潛力一向都被低估。因為大洋足以令人的想像力沸騰，產生各式奇幻故事，但當時大部分的文學反而讓不實的幻想把真實的經驗推翻了。西西里的羅傑二世有位宮廷地理學家阿爾伊德里西，經他確立的傳統被後來的撰述者所遵循。他說：「沒有人知道外海上會有什麼，……因為艱險阻止了航行：黑暗之深、浪濤之劇、風暴之頻繁、妖魔之眾多、風之強烈，不一而足。領航者無人敢渡大洋或深入外海。他們都緊靠在岸邊。」[14] 即使幾乎沒有人試圖往公海上去探險，原因並不在於欠缺適合的船隻、欠缺人才、欠缺冒險精神，反倒是因為海岸上的活動太熱絡而抑制了出外的冒險：海岸的貿易、遷徙、戰事太頻仍，所有的船舶都忙個不停，所以和印度洋上一樣，再也沒什麼動機去開發別的機會了。[15]

大西洋的其他海岸地區對於與西歐競爭也不感興趣。環加勒比海地區的各民族都沒有發展遠程航海的工具；西非洲城市與王國的經商事業是靠河川運輸與沿海貿易。[16] 我們一開始講的問題仍沒有答案：沿大西洋的位置所具有的優勢一向都可以供西歐沿海社會拿來利用，如果位置是關鍵，西歐的航海事業為什麼延擱了那麼久？

圖16 世界主要洋流、風系統與早期大西洋航線

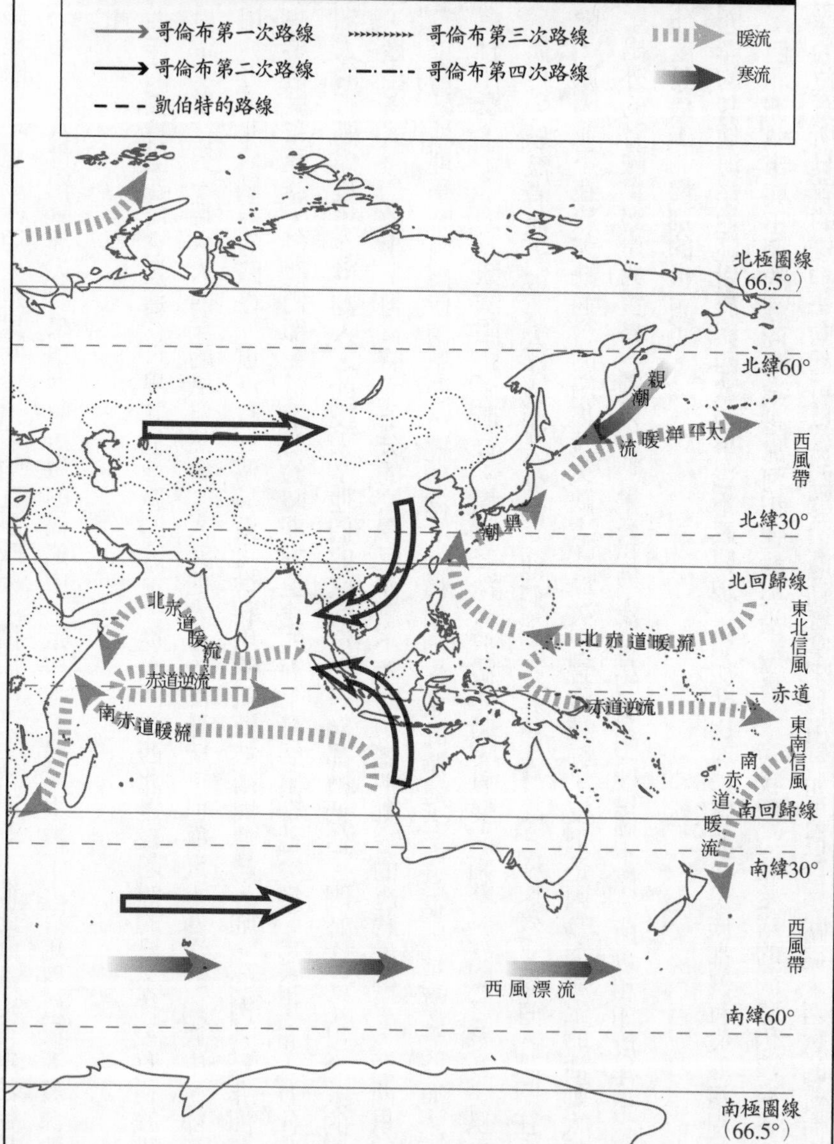

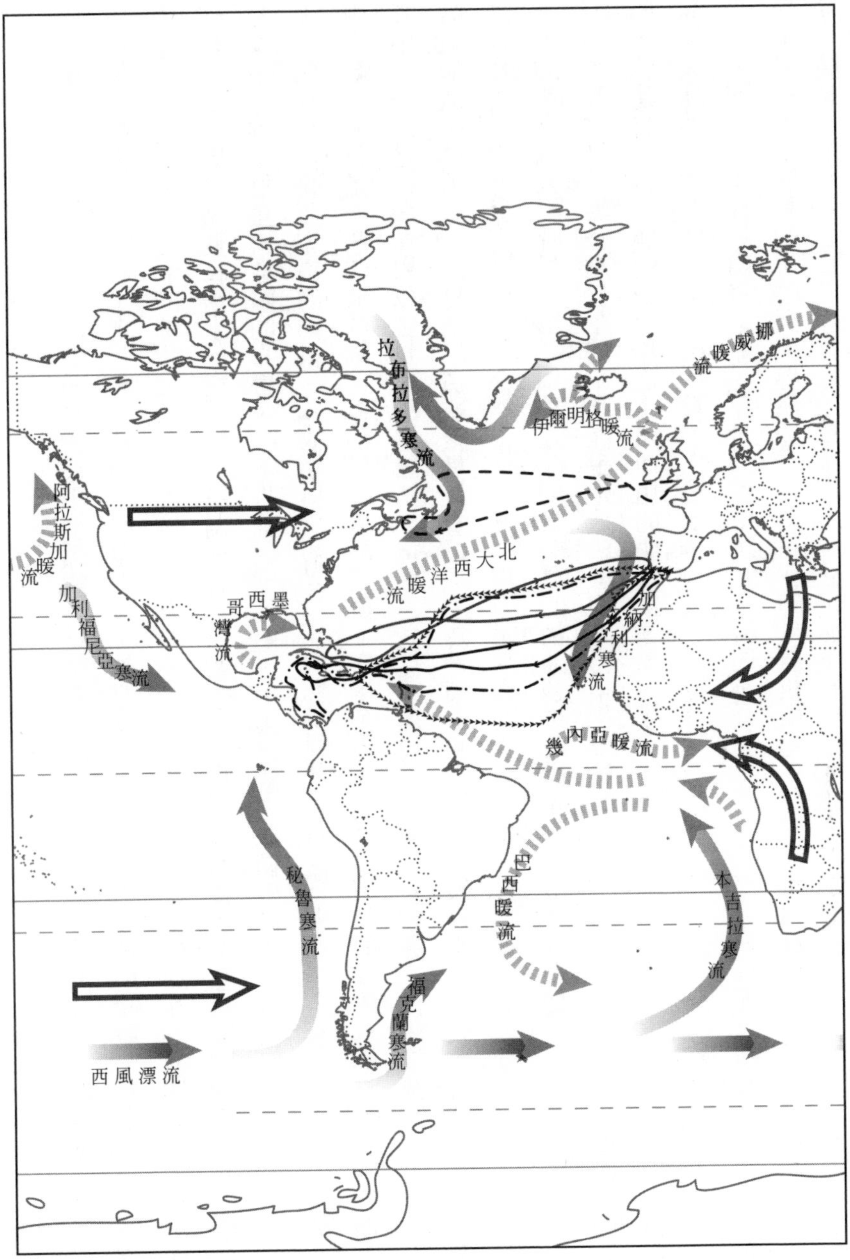
拉布拉多寒流
伊爾明格暖流
挪威暖流
阿拉斯加暖流
北大西洋暖流
墨西哥灣流
加利福尼亞寒流
加納利寒流
幾內亞暖流
秘魯寒流
巴西暖流
本吉拉寒流
福克蘭寒流
西風漂流

❖技術的集結❖

常有人主張，大西洋的突破是由技術引爆的，這是不實的論點，因為一四九〇年代的探險者渡大洋所仰仗的技術已經存在了上百年：造船、測定方位、儲存食物與貯存淡水的技術開發，在中古時代並未中止。然而，這些方面的進步就像是按著滴定法來的，一點一滴地往前，很難說在大西洋的活動有了突破時，也對應著某個技術上的突破點。舉例來說，造船木工是具有神聖性的工藝，當時繪畫想像中的船都離不開神聖形象：救贖的方舟、暴風打翻的三桅船、愚人之船。我們對於中古時代船塢的理解，有很大一部分來自諾亞方舟的圖畫。[17]如此沉浸在傳統中的時代背景，若是驟然發生了大革新，才教人意外。中世紀晚期有了一些改進成績，但都是緩慢的遞增。有兩項重大但不很耀眼的改變曾經支配中古晚期，其中之一即是逐漸採用先定骨架的造船法，這種方式從北部海岸傳遍了全歐洲，採用這個方法未必是出於航海效率的考量，而是為了造船廠可以省錢：因為骨架定好之後，木板只要逐一嵌入即可，不再像過去那樣，必須靠專業師傅一片木板一片木板地造出船殼，如此一來不會浪費木材，也不再耗用大量鐵釘，人工的費用也大幅降低；第二個重大改變是船具的構造越來越複雜、靈活度越來越高，這項助益很大，但因為改變是一點一點發生的，不能說是造成一四九〇年代現象的主因。哥倫布、凱伯特、達伽馬用的船，就建材而言，與前一百年之中所使用的船無甚差異（雖然這個世紀早期，船隻設計上的進步，給葡萄牙人在非洲大西洋海岸的航行幫了大忙）。[18]

一四九〇年代的關鍵之航，完全仰賴中世紀技術的小兵立大功：航海人只具備以極簡易的骨架造的笨重帆船、羅盤和初步的天文導航知識。真正新的重要技術是在貯存淡水和食物的桶子那方面，這是航海的根本要件，達伽馬的船上尤其不可或缺，因為他待在外海的時間是哥倫布的三倍之久。貯存桶的改進很可能是葡萄牙人從長期外海航行的經驗中產生，因為出海前往西非收購奴隸與尋找黃金之後的回程都很長。[19]但如果要把桶子上的改良說成是撼動世界的技術革命，未免誇張得可笑了。

早期歐洲人所接受的最基本航海工具，可以從一一九〇年的一篇論述中看出來。按基奧．德．普羅萬的解釋，航海人只需要把一根針「用一塊會吸鐵物的難看褐色石頭」徹底磨過，在沒有月光和星光的黑夜，將此針「穿進一根稻草放在水盆裡就可以了，因為這浮在水面的針必然指向北方」。十三世紀時使用的指北針形式是將針立在一個點上，以便它能在三百六十度的範圍內旋轉自如，羅盤面一般劃分成十六個點。其他航海工具也在中古時代逐漸被接受，但接受得不完全，而且接受的速度往往很慢，因而衝擊性也沒那麼大。

十二世紀早期的西歐已經有航海用的星盤，這是依據太陽的高度或北極星在海平線上的位置來估算緯度的工具。配合星盤用的核對表，自十三世紀就有文獻提及，也有殘存樣本留下來，可是只有極少數的船上會備有這套東西。按日照時數估算緯度的表格是更為簡便的工具，但這必須配合比較精確的計時，而多數航海人可使用的計時器就只有沙漏而已，由船上的小僮負責翻轉它。[20]遲至十五世紀晚期，對於夠老練的船長（除了經驗豐富的船長，別人也不敢到外面航行）而言，肉眼仍是最好的觀測儀器。[21]

另一項對於海上探險小有貢獻的技術革新是航海圖。從十三世紀起，編寫航海手冊的人就將各家航海的實際經驗集思廣益，寫成的航向指南可以輔助初次航行某些路線的人。現存最古老的一部航海指南的內容是十三世紀從以色列北部的阿克爾到威尼斯之間的航行。大約在十三世紀中期，《領航羅盤》提供了整個地中海的航行手冊，從聖文森角按順時針方向到薩菲，將海岸逐港串連起來，這是現存最古老的一部地中海航行指南。「航海地圖」也差不多從這個時期開始製作。最早提到使用航海地圖的，是一二七〇年間法國國王路易率領十字軍往突尼斯之前，路易在半途中質問熱那亞技工是否已經快到薩丁尼亞時，對方便展開這種地圖給他看。更早以前，一二一二八年間，加泰隆尼亞的商人馬泰爾向同屬馬約卡征服者的其他人示範可能走的路線，面前應該就有一張航海圖。[22]航海地圖對於探險者具有記錄、傳遞新發現、累積資訊的功能，可以成為新的行動計畫的依據，所以並非毫無用處；但它的用途卻也顯然是有限的，它不可能幫上一四九〇年代突破成就的大忙，因為那些都是走向未知的航程。哥倫布帶著自己第一次渡大西洋的海圖，但圖上所畫的大西洋是臆測的，而且後來證明錯得很厲害。[23] 也許除了貯水桶之外，沒有一項新技術有助於擴大歐洲人航行全世界範圍；大西洋沿岸的歐洲人在重要時刻也並不具備比亞洲航海文化更優越的造船及航海技術。[24]

❖文化的力量❖

研究者一旦發覺以技術來解釋是行不通時，往往會轉而臆斷原因在於所謂的西歐文化特性。文化乃是在我們詮釋歷史時到處肆虐的三大禍害（文化、混亂、誤打誤撞）之一。三大禍害取代了傳統的因果推論，想拿來解釋一切，卻什麼也解釋不清。所謂大西洋的突破屬於一個巨大現象，這巨大現象便是「西方崛起」、「歐洲奇蹟」——西方社會在世界近代史上登上首要之位。因為傳統的勢力中心與源頭換了位置。以往居中心地位的中國、印度、伊斯蘭世界退到外圍，原來居於外圍的西歐與美洲則變成了中心，於是資本主義、帝國主義、近代科學、工業化、個人主義、民主體制等近代以來塑造世界的所有行動力，都被（以各式各樣論點）假定為歐洲式社會特有的發明。會形成這種理論，部分原因在於其他地區的作為沒有受到應得的重視，部分原因在於它的確是事實。因此，我們難免會想把大西洋的突破，以及突破帶來的所有後果，都歸因於西歐文化的與眾不同。

常見的情況是為了解釋西歐的興起便列舉他們的文化特徵，但其實那些原因並不是歐洲獨有的，或者並不特別發生在推動「大西洋突破」的西歐海岸中部地區，或因為根本純屬瞎掰，或因為根本時代不對，所以都是無用的空談。例如，其實東南亞也有國家之間相互競爭的政治文化；其它地區的耆那教、佛教宗派、伊斯蘭教、猶太教等也是助長商業的宗教，比起基督教都有過之而無不及（見第十三章）；伊斯蘭世界和中國的科學探索與實驗方法的傳統並不比西歐弱，雖然後來在歐洲和歐洲人殖民的美洲部分地區，的確出現了明顯不同於別處的科學文化。[25]

傳教熱情是一種亦善亦惡的存在。雖然多數歷史家不提，伊斯蘭教和佛教都經歷過積極擴張與吸收信眾的過程，時間上與基督教同時，也就是中古時代與近代早期。[26]帝國主義與擴張侵略不是白種人才有的惡行：近代的歐洲帝國，以及歐洲人在殖民地延續的帝國形態，都是在逐漸擴大而充滿競爭者的環境之中形成的。

話雖如此，西歐的確在極重要的時期表現了特有的探索冒險文化。就本質而言，這種文化必然是經過長期建構而成的，不可能像一四九〇大西洋突破的年代，在某段時間之內同時有那麼多事件發生。但是我相信，這種文化可能是在此時達到頂峰或接近頂峰。中世紀晚期，西方基督教世界的探險者滿腦子都是過度浪漫的冒險故事。許多人相信或努力體現貴族崇高的騎士「規範」，這套規範左右著西歐統治階級（或想要躋身統治階級的人）的一切行事。[27]他們的船像是披掛花俏的座騎，他們乘風破浪時像在策馬馳騁。他們的行為楷模是通俗騎士冒險故事中（等於現代的煽情驚悚小說）浪跡天涯的王子，鋌而走險為自己掙來王國。這種故事常有航海的場景，例如中古時代的「布魯特斯」，在特洛伊城陷落之後到阿爾比恩創建自己的國度；高盧的阿瑪迪斯王子在與巨人作戰後攻打下一座被施了魔咒的島；圖里安王子乘船出航發了財、又在大洋彼端覓得愛侶。[28]哥倫布的人生軌跡非常像騎士海上冒險傳奇的情節，他心中也很可能曾以這種人物為榜樣。他把第一次渡大西洋時發現陸地的功勞占為己有，也許出於貪念的成分少，要效法先人的意思還多些，因為他的航程雖史無前例，他心中卻可能已經有了榜樣，那就是西班牙版的亞歷山大傳奇，傳說亞歷山大是在航海時發現亞洲的，詩文中還特別強調，是他最先看見陸地，同行的水手都是隨後才看見。[29]述及達伽馬的文獻雖然少得可憐，我們卻可以斷定，他十分看重自己身為聖雅各騎士團與基督騎士團一員所應盡的本分。凱伯特的相關文獻更少、更難從中推敲他的心理世界，但是在他啟航的布里斯托，人們很熟悉當時英國騎士的海上冒險傳奇，包括《亞瑟王之功業》，除了列舉亞瑟王的各項征伐，還說這位神話人物也征服了格陵蘭與北極。英王亨利七世是以精打細算聞名的穩重國君，卻也抗拒不了浪漫傳奇的感染力，給長子取名亞瑟，寄望他將來能像查理曼或亞歷山大那樣南征北討，重振亞瑟時代的威望。[30]這種與騎士傳統連結、期待救星再臨的情感，充斥在任命哥倫布與達伽馬出航的宮廷裡。斐迪南二世願意被尊為「最後的世界皇帝」，是自十二世紀起就盛行於亞拉岡宮廷裡的一項預言。葡萄牙的曼努威爵爺也受類似的「救星之說」影響，所以會響應渡過印度洋到耶路撒冷的十字軍行動。[31]

指控其他文化敵視或漠視貿易與航海，雖然是不該有的中傷，但崇拜海上揚威的騎士精神在歐洲的確有正面效用，使一些在別處可能是拖累或壓抑社會地位的海上活動具有崇高色彩。不讀航海冒險傳奇的統治階級，會自以為是地鄙夷航海生涯。例如中國十五世紀早期的海上擴張，便是因為在以旱鴨子為優先階級的朝廷中受到官員反對而作罷。在十五世紀的麻六甲，穆斯林貿易商雖已使用貴族頭銜，印度商人使用次於貴族的梵文稱謂「nina」，但是他們都爬不到最高的位階。[32]亞洲的統治者向來都染指貿易，但沒有一位敢像葡萄牙國王那樣自封為「商賈及航海之主」。但如果以為濱海亞洲的航海事業受文化偏見所束縛了，或是以為文化缺陷阻礙、限制了這裡的遠程貿易與帝國擴張潛力，那也是誤解。亞洲的許多國家政府是由企業家作風的蘇丹和首領來執掌；而且這個區域內有精采的商業史與勢力擴張史，可以印證其實他們也適合發展帝國或資本主義（見第十三章）。

❖時機至上❖

商業動機極少在志得意滿的背景中產生。長期競賽中，由後段班迎頭趕上反而是最有勝算的。一四九〇年代的大西洋突破，類似如今開發中社會拚命往海洋去鑽探資源的作為。我們難以想像印度洋也有這樣的突破，正是因為印度洋的貿易太富饒，已經完全占據了可用的運輸，也充分報償了從事船運者的辛苦。若要渡過印度洋南邊屏障的暴風帶，繞過非洲而行，或是設法渡過太平洋去找別的貿易機會，都將是無益的浪費和冒險。對於經濟狀況比較貧窮的歐洲而言，花這種工夫卻是值得的。這也是為什麼達伽馬來到古里國之前，印度、阿拉伯、中國、印尼的商船卻還沒「發現」歐洲的原因。其實東方航海人的配備比西歐優良，航海傳統也比西歐長。達伽馬走在前面不是因為歐洲人有什麼優越之處，反而是因為自己不如人而格外努力——落後的人必須趕上去。這就像是聽從了拉薩里路·德·托梅茲（窮人變富的傳奇故事主角）的母親的忠告，比較窮的人要向比較富的人靠近，說不定能得到一些好處。[33]

一四九〇年代的航海者要到以前不曾涉入的遙遠大洋和大陸去找機會，畢竟得先籌到資本，故資本可以解釋為什麼「大西洋突破」發生在這個時間點。這十年累積下來之所以有如此非凡的成績最明確的一個緣由，也是各家公認的一個特點就是，它發生在一四八〇年代之後。因為前面十年中投資大西洋航行的人都賺大錢了。葡萄牙議會的大員在一四八一至八二年間表揚馬德拉和聖波多島的「經濟奇蹟」，說單單在一四八〇年這一年裡，「有二十艘艄樓船與四十或五十艘其他船隻，載運以蔗糖為主的貨物，其他貨品及船隻尚且不計算在內，前往上述諸島……因其在該島所獲取的高價商品既貴重且繁多。」[34]一四八二年間，葡萄牙人在貝尼亞河河口附近建立米納聖喬治堡，以鞏固黃金交易，對非洲的貿易則因此集中於里斯本皇宮底下的米納堡（葡萄牙貿易公司）。西班牙的卡斯蒂亞在大西洋耗費成本的辛苦拓展、加納利群島之征服，都在這些地方轉為生產蔗糖以後，利潤才開始滾滾而來。一四八四年完成正式征服，同年，第一所製糖廠在大加納利島上的蓋特開工，隨後又在基亞建了第二所，此後製糖業發展迅速，可見經營相當順利。[35] 此外，凱伯特航行的路線，應該也在一四八〇年代使布里斯托逐漸因為北大西洋探險而得到利益。由於丹麥王室曾經禁止人民與冰島貿易，有一段時間，港口紀錄中不再有北方來的貨品，布里斯托使得獵鯨產品與海象牙的貿易又在一四八〇年代恢復了。一四八一年的一次探險之航帶了大量的鹽，可見當時已經發現了產量豐富的漁場，也許布里斯托在這個時候已經會到紐芬蘭海岸捕魚。[36] 即使一四九〇年代的西歐經濟資金緊縮，仍會拿出錢來持續探險航海，因為一四八〇年代的獲利是莫大的激勵。

「大西洋突破」發生後為商業與勢力擴張帶來很大的影響，各界大體上都無異議，但是對於細節部分卻有激烈的辯論。就長遠而論，它在科學上的重要性可能更大。歐洲人占科學鰲頭不是突破的原因，而是突破的後果。如果從科學史的角度來看，達伽馬和哥倫布的航行都是大規模的實驗，把地理學上的假說變成了知識。哥倫布對前人的文獻完全服從，但是每當他憑實際經驗可以修改這些文獻之誤，又流露弔詭的欣喜。這顯示他既是中世紀宇宙結構學的末代引路人——站在前人肩上舉著火把，又是科學革命的第一代燈塔——因為重視實驗甚於權威，自內在發出光來。達伽馬之前有一項試探性的實驗為先導，即狄亞士於一四八八年繞過了好望角，以及一四八七至九〇年，葡萄牙人經紅海進入印度洋完成情報搜集的任務。此航也與哥倫布、凱伯特的情形相同，是由十五世紀的人文主義地理學提出的疑問所促成的行動的一部分，這些疑問包括：世界有多大？大西洋有多廣闊？印度洋確實如古代地理學所說，是被陸地環繞的嗎？探險者在經濟政治史上的分量有多重，仍未有定論；但是，他們的發現——公認的世界及資源的地圖，卻立即而無可否認地成為科學化的世界圖像的一部分。以前的文明所認識的世界，是從宇宙觀、歸納推理、天啟、祖傳道統、理論推演所衍生；如今我們的地球知識，大致是來自觀察者憑經驗的實在貢獻，這些觀察者也就是我們所說的探險家。

❖白紙黑字的大西洋文明：帝國主義時代❖

一四九〇年代突飛猛進的成就使得瀕大西洋的歐洲可以藉征戰、殖民、貿易擴展到達大洋的另一邊。到了十八世紀晚期，大西洋上已經形成四大帝國勢力：西班牙、葡萄牙、法國、英國。看看如今南北美洲多數族群語文的地圖，就知道這四大帝國扎根有多麼深了。此外，荷蘭人、丹麥人、德國人、瑞典人、蘇格蘭人、庫爾蘭人（見第十二章）也發動規模較小的越洋帝國主義；漸漸地，西歐內陸也開始向外殖民了。

這些殖民行動的第一個結果是創造了大洋兩岸的單一大西洋文明。北、中、南美洲以及非洲和歐洲漸漸都成為十七世紀尚不成熟的大西洋文明的範圍。北美洲第一個固定下來的大西洋岸殖民地是位於佛羅里達的聖奧古斯丁堡，西班牙人自一五六七年就持續占領；但這是純軍事性的據點，是緊依海岸的要塞，只限於短期服役。此外，聖奧古斯丁堡屬於加勒比海世界，阻止法國人闖入西班牙人回母國的航道，這航道從聖多明哥或哈瓦那附近，因有北走的佛羅里達洋流，故形成可將墨西哥灣流以及西風帶銜接起來的航路。等到英國殖民地開始更往北延伸、發展出往返大西洋北邊走廊的直接連結，大西洋文明的架構才算完成。近代早期歐洲人入侵美洲的勢力範圍之中，西班牙的版圖是最大、是最可觀的，改變環境也是最徹底的，其他國家都望塵莫及。但是，如果要做大西洋文明如何發生的個案研究，有一個英國殖民地才更具代表性。

「五月花號」如今已是美國的象徵，能使每個人憶起英勇的殖民時代。其實英國人建立的第一個固定聚落是在現今美國的維吉尼亞州，而不是在麻沙諸塞州。以宇宙觀察者的觀點看，一六〇七年載著第一批殖民者到來的那些船才是最具重要意義的，這一批船有「順利號」、「堅定蘇珊號」、「發現號」。維吉尼亞幾變成大西洋文明如何生成的一個範本：付出高昂的代價去適應新文明；戴著偽善面具掩飾殘忍無情；憑不同種族之間的脆弱關係——這關係一開始便有問題，後來演變成血腥與剝削；憑人口的災難與災難引起的種種頑強的、肆無忌憚的、革命性的回應，這回應包括以新作物和新的農業管理法為基礎的經濟模式，不過用的是另一種勞動力。

船隻的編制由英國國王核准，然後可「在維吉尼亞海岸任何地方展開上述的第一個農莊與住處及棲居處」。選擇地點的標準不是適合與否，而是考量會不會有對手來爭奪。據一六〇九年遠征移民的公關代表羅伯・強生編出來的宣傳口號，瘴癘的沼地與開墾費力的森林乃是建立新不列顛的可用之材，「新不列顛……在維吉尼亞墾殖可提供最豐美的果實」。[37] 自欺欺人者營造的誘人畫面有「良田沃土，主若垂愛，將指引我們的同胞前去，賜它們屬我們所有……極為甜美而益於身心，比英格蘭溫暖得多，十分適合我們的稟性。」[38]

各個方面都宜人，只有人自己可能成為惡源。強生說：

那兒有甜泉水川流而過的山谷和平原，好似天生人體中的血脈；那兒有小丘和大山，其中極可能有寶藏從未被尋出。……獲得利益是必然的，但是切勿以牟利為先……貪婪求利的怨忌之根不要種在我們心中，雖有美好夢想，也不因為結果不如所願而憤憤不平，不會吝嗇而不奉獻。[39]

宣傳中竭力淡化的各種事實之中，有一項特別麻煩，那就是，這個伊甸園其實已經有了亞當。為了殖民者處理方便，原住民被歸類為各式各樣理應剝奪其財產的對象，先是把他們形容為正好適合剝削的人種，然後又馬上說他們是不配享有人權的禽獸。

這裡住著狂暴野蠻的人……像森林裡的一群鹿。他們沒有法規只憑本性……但是……他們一般非常親切而溫和，確實會熱烈款待我們的人。……我們無意將這些野蠻人剷除，……除非他們像放縱的畜牲般自己招惹禍殃。[40]

若不是偏見，不可能把當地人看成無可救藥的野蠻人。其實當地人具備了歐洲人認為發展文明必備的基礎——建造住屋與市鎮。可以看得出來他們的結盟社會是一個有主權的政府，與白種人在歐洲的國家一樣具有正當性，其統治者顯然也有神性護身：

此時的皇帝我們通稱為波瓦坦……他的帝國強盛廣大源於本身之勢力，以及少年時期的雄心，比過往時代任何前輩的疆域都大。……他是個相貌不錯的老人，尚未老朽，卻飽經冬季的風霜，熬過許多窘境與乖舛，才壯大了名氏與家族，據說他快要八十歲了。……著實令人稱奇的是，這麼一個未開化又粗野的君主竟能在言語間表現如此的莊重與威儀，經常令我們的人在面見他時既敬畏且驚訝。但（我相信）這是神性的印記，不論這些（以及其他）被真光離棄、不信上帝的人多麼不知蒙主賜福的基督徒精神，我卻深信有一種特殊的（乃萬王之王所賜予）神聖力灌輸於那些在世上充當主直接工具的人。

這位酋長「不論要求什麼……子民都奉上給他，哪怕他只略一皺眉，最強的人也會顫抖。」[41]當時基督教世界的法律與慣例之中都找不出向這些人開戰的充足理由。英國本國政府給殖民者的建議充滿慣用套語，圓滑的措辭卻掩蓋不住手段之兇狠：

如若方便，合理的作法應是先出其不意除去（土著）諸祭司，將其拘禁為囚，因為他們陷入邪惡的迷霧與痛苦太深，太恐懼專橫的邪惡，被死亡的枷鎖與魔鬼綑在一起，只要祭司生活在土著之中毒害其心智，爾等的此項光榮大業將永無顯著進展，與土著亦永無和平可言。在必要或便宜行事的情況下，我方宣示以嚴厲手段應對土著並非酷刑或有違人道，甚至置之死地亦可。[42]

英國人心裡的盤算是顯而易見的：他們想以赫南·柯泰斯征服墨西哥為榜樣。說到印地安人的統治者，英國人給的指示是：「若認為將其押為囚犯並非上策，仍應令之臣屬。」但是起初殖民者因能力不足又不熟悉環境，他們不懂墾殖和建築方面的有用技能，只有依賴印地安人施捨才保住活命。他們承認，「印地安人的確天天拿他們用不完的……玉米和肉類周濟我們」。殖民者轉述印地安人說的話：「我們可以在任何地方耕種，可是我們知道，你們若是沒有了我們的收成和周濟就活不成了。」[43]

這個樣子是打不成征服戰的，長此以往也不可能一直保住殖民地。後來因為英國殖民者與印地安人彼此怨恨，和平政策瓦解，柯泰斯式的作為才在殖民者之中總攬全局，殖民態度變成具侵略性、兇狠無情、毫不妥協。約翰·史密斯船長是首任的美洲殖民大首領，他是個妄自尊大的暴君，嗜殺、大膽、堅決，如今被罩上迪士尼式的令人倒胃的神話糖衣（編按：一九九五年迪士尼卡通《風中奇緣》的男主角）。他自稱有迷惑印地安人交出貨物和女孩子的力量。其實他是用恐怖手段強迫印地安人供給殖民區食物。與他同時期的殖民者有不少人批評他的作風，其中之一是這麼說的：

> 英國下達的命令是一貫的不去觸怒他們……直到他們不幸惹上了史密斯船長。他毫不猶豫地給了他們苦頭吃，有人被到處追捕，有人受鞭刑、拷打、監禁的恐嚇。……這使他們極度害怕而順從，只要說起船長的名字就足以使他們驚恐。[44]

史密斯不諱言與印地安人的關係惡化至彼此以暴制暴，還在他炫耀自己征服成果的地圖的外框邊飾上，畫出互施暴力的情景。

他對於不服從命令的殖民者也用同樣的手腕。他宣告：「既知我掌握全權，我的命令便形同法律：除了傷病不能工作者之外，凡不工作者皆不得吃飯。因為正直、辛勤的三、四十人的勞動，不能耗在養活一百五十個懶惰無賴上。」

當時的明眼人都認為史密斯船長是個「吹牛男爵」型的人，不切實際、靠信口開河變成名人、寫誇大而荒誕的傳奇來吹捧自己的冒險，如果讀過他自稱曾在土耳其蘇丹後宮裡展現男性雄風的敘述，就會覺得寶嘉康蒂愛上他是胡扯之說。有一系列「有關英勇無比的瓊斯船長」的諷刺詩，靈感都是得自史密斯這個人。例如，

就像一種男女一律侵襲的疾病，
他創傷仕女，一如創傷紳士：
烏有邦女王一見他儀表堂堂，
當他是上國來的剃頭師之王，
哪知他竟中看卻不中用，
拋得她不上不下……
總歸一句，好壞端看命運打什麼牌，
雖然結果也和閹豬師傅那一刀差不多。[45]

據說，史密斯在被波瓦坦印地安人俘虜的那一段時間裡，「他給土著講解地球是圓的、月亮與星辰

的運行、晝夜的由來、海有多大……那些可憐的傢伙聽得入迷……當他是傳神諭的人。」[46]這段敘述或許有幾分真實，只不過聽來很像哥倫布的自述經歷。維吉尼亞的印地安人自從上個世紀初次接觸侵入的英國人後，的確對於天文儀器產生極大興趣。但是，把自己描寫為精明的大英雄，智能凌駕敵人之上，乃是文學中的老套，不可全信。這乃是史密斯自己所寫或找人寫的傳奇的部分內容。像他這種人能在第一批殖民維吉尼亞的英國人之中成為佼佼者，那麼這批殖民的素質如何也就不言而喻了。他之所以能獲任議會一員，乃因他曾在鄂圖曼領土當過傭兵，是稍有相關經驗的少數幾個人之一。

後來他因意外而殘障了，不得不回英國去，英國殖民者都額手稱慶。印地安人也十分歡欣。「蠻族人一旦曉得史密斯走了，就立即造反，竭盡掠奪屠殺之能事。」[47]維吉尼亞殖民地動盪不安，喪失了勞動力與食物來源。

現在我們都感覺需要史密斯船長了。不錯，誹謗他最甚的人也要為他不在而挫敗。現在我們得不到蠻族人給的玉米、補給品、納貢，只得到木棒和弓箭給的致命傷。至於我們的豬、雞、羊、馬或主食，指揮官天天都在消耗；我們（有時候）吃一小部分，直至一切吃光為止。我們把刀劍、箭、任何物品換給蠻族人，他們手上都沾著我們的血，因為他們的酷行、我們總督的不明智以及喪失船隻，不過六個月後，五百人只剩下六十來個最可憐窮困的傢伙。我們的慘痛遭遇難以言表；但是這只能怪我們自己，因為欠缺遠見、努力、管轄，而不是如一般所想的因為這地方的荒蕪貧瘠。

而一六一〇年五月從英格蘭又來了一批殖民者

看見柵籬倒了、港口洞開、大門拆毀、住屋空置（住民死亡所致）、坍倒、燒毀。……我們的人如果踰越碉堡界線便立即被印地安人殺死，在碉堡界線內一樣會死於饑饉與疫病。[48]

史密斯在的那一段時間只得暫時的權宜。維吉尼亞殖民地的真正救星是行事有魄力而菸癮極重的約翰．羅爾夫。他覺得維吉尼亞印地安人抽的菸草不好，在一六一一年間想到要把西班牙人的菸草從加勒比海地區移植過來。結果計畫成功，一六一七年的菸草收成有兩萬磅（九千公斤）。按一六二二年的報導，「這一整個夏季他們除了維護安全與種菸草之外沒做什麼，菸草在這裡當作白銀通用，幾經買賣，有人致富，但許多人變得更窮了。」[49]這一年雖然又爆發與印地安人之戰，收成卻重達六萬磅。[50]到一六二七年，維吉尼亞的菸草產量已有五十萬磅，一六六九年更達到一千五百萬磅。

菸草使維吉尼亞經濟自立，但到這兒來的英國人卻仍不適應氣候：一六〇七至一六二二年到此的一萬五千人，活下來的只有兩千人。印地安人因為與殖民者交戰，以及歐洲傳入的傳染病，人口也變「稀疏」。就長遠的需求而言，必須輸入黑奴才可確保勞動力不會短缺。最早被提及的黑奴買賣是一六一九年，一艘荷蘭戰艦「賣給我們二十名黑鬼」的這一批，維吉尼亞其實在此以前就有黑奴存在。接下來二十年裡，黑奴也出現在殖民地紀錄上，和白種僕傭登記在一起或分列，但往往沒有名字、也沒有抵達日期。不登記名字和日期表示有別於僕人，因為僕人的服役有一定的時間，奴隸則是永不得自由。一六六〇年代以前的黑奴數目一直不多，因為英國來的窮苦移民源源不絕，他們能做黑奴的工作，成本只需黑奴的一半。利用窮苦白種人是符合成本效益的，因為各色人種初到新殖民地期間的死亡率都高，投資四名僕人比買兩名黑奴更能分散風險。一六五〇至一六七四年共有四萬五千名勞工到來。那時候的黑奴數目可能還不到三千。以後黑白勞工比例才逆轉。[51]

自由黑人不久便開始成為維吉尼亞社會的一分子，但他們通常是獲得自由之身的「奴隸」，不是服滿役期的「傭人」。「黑種人安東尼奧」是一六二一年被賣作奴隸、熬到一六五〇年成為自由之身的安東尼・強生，他帶著黑種妻子、自家的黑奴，成為一百五十畝地的主人；法蘭西斯・佩恩自己用一六五〇磅的菸草贖得自由之身。[52]另有些黑人則謝絕白人的自由，逃到森林裡去開創「袖珍型非洲社會」。一六七二年間，一小群的逃亡黑奴引起白人的嚴重恐懼，因為害怕黑人暴動，法律許可並鼓勵白人追捕他們，可以見到就殺。一六七六年間，維吉尼亞發生了一次貧窮農人的暴亂，英國殖民者同時也在擔心黑奴會結合荷蘭人造反。一六九一年，一名叫作敏哥的黑人游擊戰士帶領一群追隨者偷竊了食物和槍枝。[53]

❖奴隸所造就的世界❖

於是，維吉尼亞有小塊小塊的地區不像「新歐洲」而像「新非洲」。以整個美洲大陸而言，十七世紀形成的大西洋文明是真正的、綜合的大西洋文明，移植自非洲大西洋岸的成分與來自歐洲大西洋岸的至少是一樣。這不只是歐洲式的文明而已，而是不折不扣的大西洋文明，因為雖然是用歐洲的船隻帶過來的，構成它的人（文明的成分）多數來自非洲。

維吉尼亞以南，一直延伸到巴西，是個以黑種人為主的世界，在十八世紀之初就被視為「另一個幾內亞」。[54]維吉尼亞模式的特徵，也在大西洋岸的美洲多數地方發生，包括從加勒比海諸島往南到巴西的塞拉多瑪，例如，有大規模出口的新型作物和大農莊制度，因此到處都仰賴黑人的勞動力，渡大西洋到美洲來的人口中，黑人占了絕大多數。以一五八〇到一八二〇年來計算，乘船來的移民之中黑人平均超過百分之七十。[55]藉越洋運輸發展之便而在這個時期首度移民遷徙者，人數最多的一次就是從非洲送到美洲。此外，在美洲大西洋岸的許多地區，非洲人帶來的文化幾乎一直保持原狀未變，即使受歐洲主人或鄰人影響，也只有很輕微的改變，歐洲人沒有去管他們的宗教、語言、社會形態。[56]

這個時期美洲的多數奴隸社會無法自然地增加人口，原因至今不明，但必然與奴隸受不仁道對待有關。英國國教牧師摩根．高德文有「黑人的辯護者」之稱，他曾經痛斥一六六〇、七〇年代在維吉尼亞與巴貝多親眼所見的白人惡行：農莊主人把黑奴視同騾馬；他們阻止牧師向黑奴傳道，因為皈依基督教的奴隸按例得於五年後獲自由之身；[57]不給奴隸吃飽，不讓女奴給嬰兒哺乳而達到屠殺嬰兒的目的。主人懲罰奴隸的方式包括鞭笞、割掉耳朵、閹割。[58]耶穌會預言者兼宮廷教士安東尼奧．德．維伊拉的祖母是黑白混血，他把巴西奴隸的苦難與基督釘在十字架上的時候相比；但是他善意地叮囑黑奴要忍耐，不能求解脫——只在心中獲得釋放即可：

> 基督受盡一切虐待，你們也一樣。你們戴鐐銬、坐監牢、受鞭打、受傷、受辱罵，都是以他為榜樣，如此再加上耐心，你們便能贏得殉道者的獎賞。……當你們服侍主人，勿當他們是人受服侍，要當作在服侍上帝。因為這樣，你們將不是身為奴隸而服侍，而是自由人了，你們順從主人也要像兒子一般，不要以奴隸的身分。[59]

一六六三年制定的蔗糖農莊監工處罰行為不端之奴隸的條文中建議：

> 奴隸應受處罰時勿以棍棒打、勿以石頭和磚瓦投擊，應當將之綁於拖車上以鞭抽。徹底鞭打完畢後，應用利刃或小刀刺之，再以鹽、檸檬汁、尿液抹入傷口，之後應以鐵鏈鎖住數日。

十七世紀末的一位耶穌會道德家所列舉的奴隸主義務，算是含蓄地譴責了奴隸實際所受的對待：營養不良、工作過度、性侵害——讓奴隸主人擁有「撒旦般掌握奴隸的權柄」、衣著襤褸到了不能蔽體的地步、過度與不公正的處罰、生病不得就醫。[60]這裡是眾所周知的白人煉獄，但對黑人來說，它卻更是地獄。[61]一六八二年來到巴宜亞的一位義大利籍嘉布遣會修士說：「奴隸熬得過七年，就算是命大了。」[62]一七六四年寫得實實在在的西印度群島疾病紀錄，教人看了不寒而慄，其中包括治療得了雅司病（使用醋酸銅與升汞）與腳踝潰瘍的黑人，患病者是「逃跑的黑種人及惡行重大的偷懶者，或是吃土者——此種錯亂病……並不只……發生於女奴身上」。[63]

因此，需有源源不斷的新奴隸輸入，勞動力才得以維持。到十七世紀結束時，送達美洲的黑奴已有一百五十萬人。其實從非洲運出來的人數比一百五十萬人還要多些，因為渡大西洋之旅會折損很多。奴隸的來源（因時代不同而有多寡差異）是濱大西洋的非洲，從西非洲突出部、剛果地區、安哥拉來的尤其多，絕大多數是藉戰爭與劫掠擄得，劫擄地點深入非洲內陸數百公里。雖然有很多地區受到擄掠奴隸的影響，但只要被奴隸販子鎖定為目標的社會必然受到人力流失的衝擊。歷史學家在這種影響上頗有爭論，但是憑常識也可以料到情況應該是很糟的。安哥拉地區顯然有一個時期是女性人口大幅多於男性的，有買賣黑奴的國家可能都有人口流失的現象。奴隸市場助長了黑人族群為擄人而互相征伐的情況，也助長了弱肉強食的王國。達荷美王國境內通往王宮的道路就是用人骨鋪的；在安哥拉內地，兇悍的女王挑戰食人的隆達王國，要較量誰擄的人多。西非有些地方人口滅絕了；大西洋岸各地卻因奴隸買賣而大量增添出口奴隸的港口。

運輸路途如果很長，奴隸死亡將數以百計。由於奴隸買價低賣價高，運輸者寧願把死人拋下海。[64]一八二〇年間，一名往來大西洋的奴隸販子把黑奴裝在大桶子裡，以便巡邏奴隸交易的船艦靠近時，方便連人帶桶拋進海裡。一八四四年間，「肯德基號」在船上處決叛變的奴隸，為了「節省手銬腳鐐」，先把奴隸的小腿砍斷。據參與處決的人說：「用了各式各樣的消遣辦這件事」。[65]一七八一年間，「總號」船將一百三十三名生病的黑奴淹斃，因為如果等他們自然病死，所有人的損失並不能得到賠償，奴隸的情形應該是「和生病馬匹要拋進海裡是一樣的」。[66]

黑奴即便一路折損，到了目的地之後，通常還是占殖民地人口的大多數：根據一七〇〇年的牙買加統計，黑人有四萬五千人，其他各類人種加起來只有八千人；祕魯最西班牙化的城市利馬，其一六一四年的人口統計，總人口二五四五四人之中，一萬以上是黑人。到了十七世紀末，在墨西哥與祕魯沿海的部分地區，以及每一個農莊經濟發展起來的地方，黑人所占的人口比例都是最高的。這些地方大多數是靠近大西洋沿岸或就在大西洋岸，包括從維吉尼亞起往南的英屬北美洲，西印度群島、墨西哥、中美洲、委內瑞拉的一些海岸地區，以及蓋亞那與巴西的蔗糖種植區。最十足非洲式的地區是逃奴邦，即是逃跑的黑奴所創建的反叛共和國或土匪王國。哥倫比亞的埃斯美拉達有一個逃奴王國，於一五九九年與西班牙政府簽定和約。蘇利南的第一個逃奴社區建於一六六三年，因為當時葡裔猶太人為了逃避應繳的人頭稅而將他們的黑奴趕到邊遠地區所建立。[67]巴西佩南布科內地的帕勒馬里是個實際獨立運作的黑人王國，自十六、七世紀交替之際起維持到一六九四年，在全盛時期，國王祖姆比能動員多達五千人的皇家護衛隊。[68]

帕勒馬里的文化是混合型的，有非洲成分，也有葡萄牙成分。最令外來造訪者印象深刻的是治理的效率與制度嚴謹。按一位耶穌會教士記述，國王擁有一所王宮，

以及他家庭的住屋，還有國王照例都有的衛隊和官吏。他受到國王應得的尊崇，以及統治者應有的禮節榮銜。人們見到他都要雙膝下跪以示敬畏崇仰。他們呼他「陛下」，對他無比地恭順。[69]

帕勒馬里的黑人統治階級很富裕，能買奴隸與很多槍械，當葡萄牙人企圖再征服他們的時候打敗了葡萄牙人。他們的首都是馬卡戈，以敵人攻不破聞名。後來即使祖姆比死亡，帕勒馬里王國被擊潰，祖姆比這幻影國王仍是非洲精神的一片庇蔭，仍能喚起黑人的反抗行動。

多數奴隸社群的文化都具有多元性質，因為這些社群都是由來自非洲各個不同地方的人組成的。不過在農莊或逃奴社區的文化卻必然只是非洲的，幾乎不受白人的影響。天主教國家的主管當局會命令殖民地向黑奴傳福音，例如在巴西，奴隸應被允許望彌撒，所生子女應當受洗；但實際上奴隸主會規避這些規定，通常都不讓相對人道些的神職人員涉入自己的產業。運往巴西的黑奴登船時會聽到這樣的叮囑：「記住你們現在是上帝的孩子了。你們要前往葡萄牙人的土地，在那裡學得聖教的要義。不要再想你們的故鄉，不要吃狗肉、馬肉、鼠肉。祝幸福。」[70]

這就是最貼近基督教教誨的例子了。黑奴的娛樂是部落音樂與舞蹈，自一六八一年起，按教會規定，巴西的剛果黑奴社群可以在聖母玫瑰節日時選出一名節日的「國王」和「王后」，主持他們自己安排的歌唱舞蹈。[71]食物是每個文化的基本要素，他們的食物會按照未渡大西洋以前那樣烹調並共享。神諭似的司法審判方式很常見，或者是奴隸主把執行司法的職責移交給黑奴自己的「老總」或選出的「王」，特別是在英國人的殖民地。[72]個人裝飾、婚配習俗、取名字的方式都延續非洲原籍的方式，是「幾近純粹非洲式的文明」。[73]接受洗禮以及教父教母的身分反而提供了一種架構，讓儀式性的親族關係能在這架構中延續，幫助部落或民族的聯繫在奴隸的新家鄉保存下來。由靈媒提供精神慰藉，如今里約熱內盧或巴宜亞的海灘上仍可以在夜晚時分看見黑人宗教信仰的怪誕混合，這時刻觀光客散去、鬼靈出現，借用了基督教的形象，但形式卻是直接從非洲移植來的「巫毒」。[74]

在大農莊的範圍以外，黑人屬於少數族群，他們包括家僕、小妾、從事卑賤工作的自由人，還有一些是在故鄉有過採礦等專業經驗的技術工人。弔詭的是，他們與其他殖民者和土著的往來關係越少，自己或後代融入白人與混血的上層階級也就越容易。至少，按西班牙與葡萄牙的國法，自由黑人的後代與白人享有平等的權利。而把這種權利發揮到極致的是安立格·狄亞斯爵爺與喬安·費南德斯·維也拉爵爺，因為在一六四四至一六五四年抵抗荷蘭人侵略巴西的「神聖自由之戰」中有功，兩人被封為貴族。

不過黑人仍普遍遭受到行政上的差別待遇與種族歧視。有身分地位的女士到黑奴拍賣場上看待被賣的人就像被賣的牛羊一樣，市場的力量把他們變成只是商品而已。

其實奴隸買賣史自始至終都在嘲弄經濟法則。如果經濟法則管用，奴隸買賣根本不會發生。蓄奴制度應該會因為欠缺效率而自行消失；這根本是前近代經濟體制之下不自由勞動力的一環。[75]除了因戰爭或政治干預造成短缺的時間之外，運送奴隸的業者是憑運氣賺錢的，像玩彩券一樣，賺的人少、輸的人多。[76]維持這一行也要靠其他相關的運輸業：運往非洲的是烈酒、劣質火銃、鮮艷的布料、粗製大箱子；運往歐洲的是討好上流社會口味的農莊產品。為了帝國勢力擴張，非得有奴隸買賣不可，多數的美洲殖民地沒有黑奴就撐不下去，有些地方因為土著勞工被一發不可收拾的傳染病害死，除了黑奴，根本沒有其他工作者。有意自產奴隸的業者在美洲實驗專作黑種嬰兒養育，美國南方的農莊主自行培養環境，造就了一個生產後代的黑奴階級，所以不怕禁止奴隸買賣的規定。然而，多數農莊主人太過虐待黑奴，以致他們生育不出數量夠多的後代，因此多數時候仍得依賴進口黑奴。

奴隸是由專門的奴隸港碼頭和臨時收容營供應的。在邊城阿拉漠捐軀的英雄吉姆．波伊靠走私黑奴與告發共犯領取賞金發財。伊麗莎白．媽咪．史凱爾頓是一八四〇年代在努奈茲河與彭嘎河的河畔種花生發跡，在此以前是專業的奴隸販子。她的鄰居「芒哥約翰」奧爾蒙以前是水手，自己的咖啡農莊有五、六千名奴隸，以及「庫房，裡面裝滿火藥、棕櫚油、酒精、黃金」。果瑞的狄馬奈神父，「以創立『聖心修女會』為掩護，旗下有本地區姿色最佳的混血姑娘」。貝南的維達港若不是有瘧疾與黃熱病為害，就要被商人算為「全世界最可口的地方之一」。[77]

最重要的是，奴隸買賣對各方都有助益——除了奴隸自己之外，所以持續不衰。供應者是非洲一些軍閥和靠打仗維生的貴族，他們供給的奴隸即是戰俘。達荷美的國王基列列在遭遇廢除奴隸行動時對波頓爵士說：「如果不准我把戰爭中擄來的人賣掉，我就只得把他們殺了。英國人當然不會贊成這樣的啦。」

歐洲顧客也一樣涉入共謀，這倒不是因為他們野蠻愚昧——雖然野蠻愚昧的大有人在，而是因為歐洲文明的本質。[78]古典生活的典型滲透了他們的心態，既然古希臘羅馬是用奴隸建造起來的，為什麼不能用奴隸建造另一個同樣優異的現代世界？建設葡屬安哥拉的人相信，充裕的奴隸勞工可以使他超越古希臘羅馬。[79]種族歧視也是奴隸制度能一直持續的原因之一，但不是主要原因，以科學為依據的種族歧視是很晚才發展成形的。道德哲學的多數權威人士都贊同所有人類有共同祖先以及道德平等之說，這樣的權威一直持續到廢除奴隸制度以後。但也有不贊成的人，如愛德華．朗恩在他一七七四年所寫的《牙買加歷史》中認為，黑人基於所謂的種族特徵而不如白人，這特徵包括「他們像畜牲般惡臭的氣味」，朗恩還特別強調是他們是「最笨的」人種。[80]

只有擔心可能會廢止奴隸的前提下，奴隸買賣業才穩賺不賠。因為廢止奴隸的聲浪曾導致需求一陣激增，從而使得在十八世紀末的二十年裡讓奴隸販子大賺一筆。一旦禁奴法令生效，奴隸售價暴漲，奴隸販子如加底斯的佩德羅．布朗科（綽號奴隸業的「羅士柴爾德」〔編按：羅士柴爾德家族是金融業的巨頭〕）在一八三〇年代的經營規模大到僱用一位律師、五位會計師、兩位出納、十位抄寫員，另外他自己還有五十名黑奴佳麗組成的後宮。此外，奴隸的處境也在廢奴推行中更加惡化：行動受限更嚴、更危險、更可能落入也在販奴業中分一杯羹的犯罪集團手裡。被解放的黑奴處境未必比仍在受奴役的人好，最典型的下場是被丟棄在獅子山境內僅有四分之一畝的土地上，身上只有一片圍腰布，和英國政府發的一隻鍋、一把鏟。另外，有上千海員（多數為英國人）為了成就這個高貴理念而在巡邏中喪生，他們付出的努力只是使奴隸買賣的處境更趨險惡而已。

到了十八世紀末，移民美洲的歐洲人已經達到一百五十萬，為了替這些人效命，從非洲運至美洲的人數超過六百萬。大西洋這一邊的某些地區在十八世紀時看來就像非洲人的聚落。十六世紀厄瓜多的逃奴社區國王會仿傚當地住民的傳統，佩戴金鼻飾以象徵權威。十七世紀西班牙統治的莊園上，黑人監工管理著印地安人苦力。在十八世紀的牙買加，英國官方把管理黑人社會的大權交給長老裁判與奧比巫術的法師。十九世紀的海地變成一個模擬白人帝國主義的黑人「帝國」。黑人不論被送到什麼地區，或成為白人的夥伴，或淪為受白人迫害者，都是成就大西洋文明不可少的力量。[81]

可是我們卻把這一成員的歷史差不多忘掉了——或幾乎從記憶中抹除了。十九世紀裡，以及二十世紀很大一部分時候，大西洋文明的本質變狹窄了。美洲大陸基於四個原因變成歐洲的對應面與延伸面：廢止奴隸買賣；黑奴適應了白人價值居優勢的社會文化；大量白種殖民者在十九世紀移入南北美洲，使黑多於白的人口比率轉變成白多於黑；最重要的是，必須藉白人掌控的科技才能夠越過組成大西洋文明的環境——大洋。有了這些改變，大西洋文明才會變成「西方文明」，也就是起源於西歐的白人文明。

值得安慰是，廢止奴隸買賣並不是受經濟因素影響，而是道德上的一次勝仗。真誠的慈善家為廢除奴隸而奮鬥過，但他們之所以成功是由於環境條件變了，不是因為人心變好了。貴格會信徒走在道德運動的最前線，不過其中也不乏繼續蓄奴的人。啟蒙運動假定「黑人是未受文明污染的善良人」，但是「有些商人以為把自己的船命名為『自由號』、『打擊貴族』、『盧梭號』就對得起良知了。」[82]贊成買賣奴隸的人雖然說這樣做是拯救非洲人脫離故鄉更惡劣的暴政，但仍不能把蓄奴的道德問題交代清楚。

主張廢奴的文學作品大多數寫得軟弱無力，沒有說服力，一把鼻涕一把眼淚的。安．伊爾斯里於一七八八年發表的作品算是比較有力的一部。這位自學成功的作家使「唯一有公義與人道思想的人種」產生了愧疚。不過，寫給英語讀者看的有關奴隸制度的小說有很多是淫穢的。號稱「第一部美洲小說」的《約拿善．孔考伯》之中描寫美貌混血女奴和主人的姦情，「她說：『老爺如果要夜壺，會把一隻手伸到床外來；他如果要我，就伸一條腿』。」黑人自己撰寫的作品太少，而且都免不了自憐與宗教高調。瑪麗．普林斯的親身經歷自述是最有說服力的，平鋪直敘描寫精神上的挫折，不加修飾地呈現真相反而更見恐怖。可惜她的作品問世太晚，未能及早影響輿論，她所描述的酷刑也在某次的誹謗官司中被判為不實。

詹姆斯・藍姆西的〈牙買加宅子〉有太多地方是向奴隸販子的立場低頭，根本無力為解放辯護。《奇異恩典》的作者以前曾經從事奴隸運輸業，他的主旨放在奴隸販子的道德問題上，對奴隸處境著墨不多。[83]

役使奴隸是自古以來幾乎每個社會都在做的事，因此不能只假定這是不道德或非理性的行為就草草帶過。就歷史的角度看，近代人對奴隸制度的強烈反感才是反常的，其中必有緣故。從現存的資料文獻可以找出三種解釋：第一，解放奴隸運動乃是啟蒙進步思想的產物，人道主義者在啟蒙運動後才揭發了祖先視而不見的邪惡不公；第二，老朽的奴隸經濟被資本主義取而代之，資本主義利用勞工的方法比用奴隸更具生產力；第三，奴隸自己爭取了自由，頑抗反叛，迫使白種主人階級放棄了這個不能永續運作的制度。自由到來乃是緩慢推力長期作用的後果，這些推力包括：奴隸抗暴釀成死傷、疾病導致折損而去利用新的勞動力資源、有些原來由奴隸做的工作工業化了、廢奴的威脅引起農莊主恐慌大量買進，反而導致奴隸過多。早期廢奴人士究竟為什麼反對蓄奴，原因也不甚明白，因為廢奴之後繼起的剝削勞力，包括虐待苦力、血汗工廠、役使囚犯，並不比蓄奴好多少。廢奴行動使奴隸價格上漲而導致奴隸買賣一時之間變得更猖獗。強制執行解放的後果是經濟削弱、社會混亂，一隊隊被鐵鏈拴在一起的奴隸集體死亡。新的壓榨手段繼奴隸買賣之後出現，有些奴隸買賣者改行做更有利可圖的苦力仲介，苦力的悲慘處境又成為帝國主義慈善作為的新焦點。[84]

長遠來看，住在南北美洲的白種人，比較能延續其傳統文化，也比較能與其原生社會保持聯繫，這並不值得奇怪，因為全部是由白人來制定標準並控制社群的。大西洋文明的形成確有不光彩的一面，受害的不只黑人，在過程中還毀了原住民的文化，其中有故意消滅的，有被新到的文明趕出生存環境的，還有因欠缺先天抵抗力而被歐洲傳入的疾病扼殺的。但如果換個觀點看，大西洋文明也是了不起的成就，把生活方式、思想模式從大洋一端帶到另一端，改造新大陸環境，入侵者在這裡建城市、養牲口、種植外來作物，把舊有的風貌完全扭曲改變。

當然，越洋這麼遠而移植社會，必然與原鄉社會有嚴重的中斷，引發新的動向，帶來徹底的脫離。這些改變有的是企望從頭開始的殖民者所做的選擇。他們原本就有意逃離原鄉社會裡某些不好的事物，通常都是因為不堪宗教迫害或是想要擺脫社會地位低下、貧窮的桎梏，竟然也有很多人是為了躲開惡妻。其他蛻變則是環境造成的，因為人只要遷移到陌生之地，就會有「邊疆效應」，自動分成中心與外圍，[85]這多少也是代溝造成的，因為拓荒先鋒本來都是比較年輕的一群；也有部分是由於必須因應陌生氣候環境而調整生活方式或政治習慣，因為封建制度在勞力短缺的地方運轉不起來；專制主義在地廣人稀交通不便的地方也施展不開；自然條件嚴苛的地方，必須憑合作才可能成事。

因此，大西洋文明在新大陸這部分會迅速發展出風貌不同於宗主國的特徵，也就不足為奇。新大陸的某些地區政治上是更民主的、宗教上是更多元的；某些地區種族比較混融、比較依賴奴隸制度、比較依賴原住民的食物；在宗主政府能夠有效制衡地方勢力的地區，官僚作風或國家主義比較盛行；在大莊園能有效役使奴工的地區，或是早期殖民者確立專橫王朝和排外的社會階級的地區，會比宗主國更傾向貴族統治。[86]

大家都知道北美洲隔著大洋與宗主國形成政治文化上的分歧，但卻少有人注意西班牙屬地的南美洲也與宗主國有政治文化的分歧，但兩者的情況顯著不同。西班牙的殖民地在整個帝國版圖中具有一種「新式」的國家地位，憑時空相隔所以可以不聽母國的支配，讓西班牙國王惶惶不安。在殖民地，世襲的官職非常少，殖民地自己推舉的官職分量太輕，司法由國王任命的官僚獨攬，神職授予權握在國王手裡。西班牙政府想要制約馬尼拉與米卓亞坎子民生活的所有大小事，連土著勞工可以馱負的重量上限、什麼身分的人走在街上可以佩劍都要管。儘管時空距離導致各種控制走樣或失靈，海外帝國仍是聽命於馬德里朝廷的，只有少數例外，如一些有「封建」特性的莊園，一些教會「專有產業」之中的修會實際承包了應屬於國王的權柄。結果造成了弔詭的情況。殖民地培養出本土意識，「克里奧爾（譯按：殖民地出生的子民）愛國精神」重寫了美洲歷史，使美洲的表現能與歐洲競爭，克里奧爾的有識之士把自己這個半球的博物史修訂，使美洲變成優越環境，足以作育英才。

殖民者即使有意離開家鄉遠渡大洋，即便演化出新的政治文化，擁抱新的自我意識，但跨越大西洋的單一文明仍在近代早期成形。從歐洲被趕出來或拉過來的社群，堅持舊有模式不改的頑強精神很令人稱奇。他們用故鄉的地名給殖民地命名，以示不忘本。[87]他們的建築也以故鄉的為範本，有時候是用殖民地的建材和工匠來造，結果另有一番風味。菲立普·哈林頓是位出海也不忘帶著《不列顛的建築大師》的船長，一七六四年，他在羅德島州新港市斥建一座希臘式聖殿，把木建材巧妙地做成和石材一般。[88]他們把家鄉的作物帶到殖民地來栽種，即便本地的物種耕作比較容易、收成也比較好，他們仍寧願種故鄉的。[89]他們重建起自己千辛萬苦要離開的那個社會的特徵：迫害宗教上的異己、社會偏執、排他。十七世紀麻沙諸塞州的喀爾文教派把貴格會信徒、浸信會信徒趕到偏僻的州境去。十六世紀西班牙的步兵和海盜在十六世紀的安蒂瓜或波哥大自封為王爵，在大門上裝飾起自家的徽章，規定印地安人納貢，稱這些印地安人是家臣。[90]或者，俗世人和出家人都努力要把征服地造就成沒有猶太人或沒有異端的美洲烏托邦。[91]

他們幫忙建立或傳遞的文明堪稱真正的大西洋文明，最顯著的證據就在他們打造的都市——照例都有傳統核對表上的各項文明指標。殖民時代的都市體現了市民的自我形象，那些歐洲人勢力伸入美洲之初所規劃的街道、所建築的房屋，都是以古典希臘及羅馬為範本，這些範本正是殖民新大陸時代的西歐最推崇仰慕的。我們看到的這些都市，例如在海拔二二八六公尺的古阿茲提克都城特諾奇提特蘭遺址上的墨西哥市，在瓜地馬拉高地火山腳下的安蒂瓜市，在一片荒野中規劃出來的費城，都試圖結合古典都市計畫的原則與博愛精神，怎不教人佩服！

17

大西洋的時代與人類的未來

The Atlantic and After: Atlantic Supremacy and the Global Outlook

從大西洋到太平洋，從太平洋到世界

郝格常講起他的理論，這是他很在意的。他會說：「對於叢林裡的野蠻人而言，生命就像賭彩券。他一切的努力都是極端冒險的，他的一生其實就是一個連續不斷的大賭局。可是時代變了，文明形成了，社會發展了，就在社會發展、文明進步的同時，這種碰運氣冒險的成分也逐漸從人類處境中排除了。」說到這裡，他會停一下，環顧四周，然後問：「有人蠢到會相信這種事嗎？」

——威廉・波伊德，《犰狳》

橡樹是末日的樹木。
地裂的時候它們會在：
到處東倒西歪，面對面地
依舊木然相視
不慌不忙，就在原地。

——彼得・蓋薩爾特，《寶石浮雕》

❖大西洋文明的危機與更新❖

大西洋文明在十六至十八世紀的形成階段是淺層、孱弱、片斷的。即便帶來了改變的力量，比起其他素有這些傳統的許多地區，越洋貿易與殖民的總數量都差得遠。美洲殖民地發展出自己的主體意識、自己的區域經濟、自己的政治優先，之後便轉身背向大洋，要脫離歐洲的夥伴或母國而獨立，專心在自己的美洲內地裡拓展。從一七七六年美國宣布獨立開始，大西洋文明的存亡就受到一連串類似決裂行動的威脅。

一八〇三年的法國已經撤出了自己的大多數殖民地，或是讓別國拿走這些殖民地；西班牙於一八二八年同意了多數殖民地的獨立；巴西於一八二九年正式脫離葡萄牙而獨立。歐洲國家雖仍保有部分殖民地——主要在加勒比海地區，大西洋卻再次變成一道鴻溝，隔斷兩邊的居民。

好在幾乎立即就有新的政治、社會、經濟關係和新的共同價值觀取代獨立運動所切斷的舊關係，大西洋文明並沒有終結。危機才過去，打散的碎片就開始重新組合了。殖民地獨立以後的兩岸經濟聯繫、知識交流、移民運輸都比以前還要頻繁。

思想觀念的互通尤其活絡。在十九世紀的早期，歐洲人多半認為民主應屬於美洲的「特有制度」，對它存著戒心。時間久了，民主由美洲立下榜樣，供大西洋另一端的歐洲學習，於是重新確立了西歐與美國的道德統一。歐洲人到美國來仔細觀察民主制度的執行及其道德影響，包括模範監獄、講道義的工廠、文雅的學校、開明的瘋人院、可自由出入的政府殿堂。美國似乎已經看見未來，覺得這些都會成真。一八二八年間，卡爾·波斯特推崇美國是「為共同福祉而團結」的一個榜樣。一八三一年，托克維爾發現對於自由所導致的自私自利，可以用民主來約束。差不多同時，「民主發現者」山多爾·博洛尼回祖國匈牙利之後，對「這人權與自由的年輕巨人」則是讚不絕口。也是匈牙利人的革命家路易·科蘇士在被放逐美洲時發現，「民主乃是我們這個時代的精神」。[1]歐洲當時尚未有人發揚這個精神；見證民主的美國卻已經侵入了舊大陸的政治思想。

浪漫主義（一種把感情放在理性之上的價值度量）是跨過大西洋的另一股越來越強的力量。歐洲人洋溢著對美洲大自然「狂野粗獷之壯麗」的想像，為那裡「未開化民族」想當然爾的高貴氣質所傾倒，他們認為浪漫理念是拜新大陸所賜。個人主義（一種把個人需求權益放在集體利害之上的判斷標準，集體泛指社會、國家，甚至指教會、家庭）也在歷經阻撓之後，成為西歐與美國共同遵守的價值中最鮮明的概念。

說來弔詭，同步流傳過來的還有社會主義。美國公民自認生活在「自由之地」；但社會力量卻有賴團結一致、公德心、團體精神與合群，這些都比個人主義重要，而且是從美國的歷史經驗產生的。美國從來就不是個「獨行俠」的世界，佩槍走在街上獨來獨往的人，與安分守己的合群老百姓是一比一千。邊疆環境培養的那種公社主義再進一步發展，就成了社會主義。埃田・開伯、勞伯・歐文、查理・傅立葉的信徒按照社會主義信條建立起偏遠蠻荒中的理想國，結果都以失敗收場。[2]如今留下的只是那些理念之城的廢墟；馬克思預言美國會成為社會主義革命成功的第一片版圖，結果就和他多數的預言一樣是錯的。不過，看到那些荒廢的公社，可以想像當時他為什麼會那麼想，也可以想像美國曾經對社會主義發展有過什麼貢獻。

美國把發源於歐洲的思想回饋回歐洲的情形，幾乎在整個十九世紀持續不斷。美國畫家、作家相繼在歐洲闖出名聲，卻沒有任何產自美國本地的文化運動在歐洲扎根發展，招魂術也許是唯一的例外，這是一八四二年在紐約州偏遠地區中產階級的宴客應酬中開始的。不過三、五十年間，就在大西洋兩邊都達到近乎通俗信仰的規模。[3]不過這期間並沒有特屬美國式的思想內涵吸引歐洲人的想像。思想進步人士雖然推崇民主不遺餘力，歐洲菁英階級對於民主卻抱持保留或厭惡的態度。不過到了十九世紀的末十年，美國文化的影響力突然對歐洲發揮改頭換面的作用，大西洋文明重新成形，這一次發展出歐、美結合的模式，後續的效果也持久不斷。

這次的影響從政治開始。牛津大學歷史學家及法學教授詹姆斯·布萊斯於一八八八年發表了一套「美利堅聯邦」的指南。他擬了一份歐洲可以向美國學習的功課「清單」，按他的看法，男性公民選舉權必須由財產條件來約束，因為黑人和窮人不可被賦予投票權；應當避免選出支薪的人，因為人有牟利動機和見錢眼開的習性；公民表決雖是正確觀念，但用選舉方式產生司法系統卻不好。總之，美國政治雖然把許多人排除在外，發展的大方向足堪為榜樣，或至少是不可避免的趨勢。布萊斯把美國政治比為但丁之燈，帶領「注定要跟隨美國腳步的歐洲民族」前進。[4] 所以，歐洲在一八九〇年代以及一九〇〇年代的早期民主化改革（改革中體現了布萊斯的忠告）都反映出美國的先行者角色。大約在同時期規劃完成的澳洲與紐西蘭憲法，情況也一樣。美國的憲法突然從一個值得稱許的模式變成大家倣效的榜樣。

純正的美國文化幾乎立即開始跨越大西洋而來。曾在美國執掌音樂學院幾年的德弗札克，於一八九三、九四年間以作品《新世界交響曲》和《聖經歌曲》使全世界開始重視黑人靈歌。但具有特殊美國風味的各種藝術之中，第一個在歐洲帶動徹底改變的卻是另一種音樂：散拍音樂（編按：一種強調切分音的美式音樂風格）。德布西於一九〇六年寫下〈黑娃娃步態舞〉，不過幾年，散拍子節奏也在薩蒂、辛德史密特、史特拉汶斯基的作品中出現。散拍子活頁樂譜在巴黎和倫敦暢銷而風靡一時。[5] 一般認為美國式的音樂得以征服歐洲乃是第一次世界大戰帶來的後果：爵士樂隊的散播、美國音樂喜劇的流行、美國流行音樂和好萊塢產品的入侵都是原因，歌曲跟著軍隊長驅直入。其實，從散拍子開始，美國音樂就已經被接納了。

常有人說，美國的視覺藝術即使到了二十世紀後半期仍然依賴來自歐洲的啟發。[6] 這個說法忽略了建築的重要性，而建築卻是唯一真正大眾化的高等藝術，因為即便是從來不進美術館的人，也會在上班途中經過美術館的時候看見它。在散拍音樂時期，美國建築正走上一條新的路，以法蘭克·洛伊·萊特與路易・蘇利文為代表人物。一八八〇年代在芝加哥首座鋼骨摩天大樓，成為美國送給世人的一份禮物，美式特色一眼即可看出。伍爾沃斯大廈在第一次世界大戰爆發前落成，就此成為地球表面上最醒目的一顆「痘疹」：也許堪稱是基奧普斯法老王金字塔以來最具野心的建築了。

當美國藝術和音樂在歐洲造成新衝擊時，美國的思想與科學也發揮著影響力。一九〇七年，威廉・詹姆斯發表《實用主義》，在歐洲賣了六萬本，柏格森稱它是「未來的哲學」。[7] 詹姆斯主張一個命題只要有用便是真的，其實完全是思慮不周的胡扯，按此，基督教憑其社會優勢不就可以被神聖化了？不過，至少這確實是美國原創的素樸哲學，構思這套思想的美國哲學家厭惡自己的弟弟（編按：小說家亨利・詹姆斯）自比為歐洲人，因此他寫的這套思想系統是特地為了美國式生活的熙攘忙碌而寫的。[8]

在科學方面，十九世紀末的美國已經以新發明改變世界：電報、電話、蠟紙油印術、錄音機都是美國人發明的。萊特兄弟造出全世界第一架可由人操作、能飛得起來、比空氣重的飛行器（編按：指的是利用噴射氣流，靠後座力將機身送上天空的飛行器，相對於熱氣球上升的原理），這又為美國的盛名錦上添花。大約同時，美國的人類學領域展開一場方法學上的科學革命。在十九世紀晚期，十分珍視科學事實的年代，西歐被認為是最優越的進化社會，整個世界有著井然有序的種族秩序。這個理論在二十世紀的頭十年中被推翻，這主要歸功於西方自由派傳統的英雄——法蘭茲・柏埃斯，雖然他沒有受到該有的重視。他是德國猶太人，後來成為美國人類學界的宗師，他不但戳穿了充滿種族歧視觀點的顱骨學謬誤，而且把「社會可以按思想發展模式劃分等級高低」的概念，從全世界聲勢最大、成長最快、影響力最強的人類學學派中剔除了。他的結論是，人之所以在不同文化之中有不同思維，不是因為某些族群天資較優，而是因為一切思維都來自它所承襲的傳統、它周遭的社會、它所接觸的環境。[9]

年輕時代的柏埃斯從事田野研究，年長以後擔任博物館館長，但對於企圖理解的人與事物，始終保持關注。他指導的學生以印地安聚落為研究課題，這個聚落只要搭一趟火車就能到達。憑田野研究可以推出文化相對論。因為比十九世紀粗糙的等級論取得更多的數據，給相對主義打了一劑強心針。柏埃斯的影響力還需要很長的一段時間，才開始往外傳播，不過在一九〇〇年代已經開始影響到英國的研究方法。當時牛津大學的人類學研究由麥瑞特總攬，只看表象的人會誤以為他是鄙視田野研究的保守者。他曾經說過，實地研究野蠻民族習性是沒必要的，因為在牛津的師生公共休息室就可以觀察到。但其實他積極推廣田野研究，他會邀請從田野返回的人到牛津課堂上演講，使研究結果能廣泛傳播。[10] 大約也是在這個時候，藝術家開始發現，以往認定只有民族誌研究用途的那些工藝品其實具有藝術價值，「原始風」在歐洲的地位提高。二十世紀最初的十年裡，布蘭庫希、畢卡索，以及「藍騎師」一派的畫家都在模仿並崇敬那些不再被歸類為「野蠻的」藝術作品。柏埃斯的觀點雖然在法國遭到一陣子的抗拒，終究逐漸注入了歐洲。

歐洲和美國可以如此思想一致，是基於兩種長久的發展。第一個是跨越大西洋的科技，第二個是最有影響力的文化變遷媒介：人與錢的動向。一八一九年間，第一艘由蒸汽推動的輪船「薩瓦納號」從喬治亞州啟航，橫越大西洋，目的地是利物浦；[11] 到了一八四〇年代，蒸汽動力已經使海上運輸不再憂懼風浪；一八七〇年代，電纜越過了大洋；接著來的是一九〇一年的無線電通訊。造就大西洋文明居首功的是海運，因為船除了能輸送思想也能輸送人，一八八〇年代，西歐到美國的移民從大約十二萬人暴增到五百廿五萬以上，在二十世紀最初的十年中更增至六百萬以上。[12] 這時候美國已經實施了移民管制，由自由女神像坐鎮，篩選不受歡迎的來客。同時期歐洲的過剩人口也流向美洲的其他地方，其中以移往環境與故鄉相似的加拿大、阿根廷、巴西南部的最多，但規模都不如美國。人口流入也同資金流入，歐洲在南、北美洲投資鐵路的角色是不可或缺的，鐵路也在二十世紀早期擴大原本越洋運輸在美洲的範圍。鐵路對大西洋的影響是模稜兩可的：一方面，鐵路搶走了海洋的運輸功用，鐵路比海運穩定，也更快；另一方面，鐵路把大西洋秩序的前緣地帶拓得更廣。

二十世紀早期的兩件大事，可以象徵大西洋文明的團結。一九一七年，美國三百萬軍人中的第一批人抵達歐洲，加入第一次世界大戰，此後美國便經常干預歐洲的衝突。十年後，查爾斯·林白完成單人駕駛飛機橫渡大西洋之航，這其實算不上驚天動地的成就，因為雙人駕飛機渡大西洋的例子已經很多，但報章雜誌卻把他說成了「征服死亡」的一位「新基督」。在勒布爾傑，一名男孩在父親肩頭上瞥見這位英雄，更有空前的群眾朝他致敬；在克洛伊登，群眾甚至為了爭睹英雄而發生踩踏事件。這樣的歇斯底里雖是新聞炒作出來的，林白的出現卻也象徵著大西洋兩岸關係更緊密的理想。當時美國的駐法大使說，林白之航維繫了密切的結盟，而導引此航的正是曾使美軍來歐洲的「那個崇高的命運」。命運與共的意識又從一九四四年起開始復興，美國的武裝力量成為防衛西歐中的要角，美國文化（尤其是通俗電影、食品、音樂）也在西歐的品味中生根；[13]典型英國式小說人物博第·伍斯特和「外地女士」搬到紐約來不會過於突兀，美國「闖蕩江湖」的小子也能在大西洋對岸覓得天造地設的良緣。

這倒不是說大西洋文明在兩邊都鞏固了，也不表示美國與歐洲之間的連結，不會因為對彼此的厭惡而切斷關係。第一次世界大戰的越洋協議後來被美國的孤立主義、保護主義所損傷，這種立場使美國不涉入一九二〇、三〇年代的外交系統。美國幾乎斬斷了長期以來與歐洲人的連結：一九一三年渡海而來的歐洲移民有一百二十萬人；一九二一年實施移民新法規以後，人數降至三十五萬七千；一九二四年再增加新的限制，於是人數又再減半。[14]一九二〇年代的美國太安穩太富裕了，所以不免會志得意滿地關起大門；要等到經濟衰退與第二次世界大戰，才重新打開聯繫之門。

經濟策略專家和將軍一樣必須回顧反省，永遠得檢討上一次的危機。一九二九年股市崩盤之後，省錢技巧的推廣和保守的預算使蕭條景況雪上加霜。胡佛總統回頭去找罪魁禍首，發現第一世界大戰就是「經濟大蕭條的首要原因」。其實戰爭是有利於商業的，問題是在戰爭結束以後才開始出現。美國在戰後的經濟復原之後，有過七個肥年，是因為信貸所引起的通貨膨脹所以肥起來的。汽車變成了消耗品、營建業拚命蓋「頂到天的大廈」、大企業把小本經營者淘汰出局、少數金融大亨高居「金字塔」之頂，下面有數百萬的小股東，大亨們控制股資操縱表決，就如同歐洲的獨裁者接管虛有其名的民主政府。羅斯福總統說，資本家只想「自己掌大權，讓國家當奴隸」（他永遠無法原諒就讀哈佛大學時代的社團癟三投反對票不讓他入社）。胡佛是受困的苦行者，他不信任有錢人，預言「投機熱」將會在景氣蕭條時冷卻，不過卻沒人稱讚他有先見之明。一九二九年，美國自殺事件頻傳，開始絕望的惡性循環。托拉斯大王詹姆斯·黎奧登跳樓身亡後，他的經紀人跟著崩潰。美國步了大西洋對岸的後塵，陷入戰後的神經錯亂。弗烈·亞斯坦試圖用歌聲鼓勵他的影歌迷：面對困境時，就跳舞吧，自己站起來，抖掉身上的泥土。

按神話的說法，是「新政」抖掉了泥土——道德經濟帶來了景氣好轉。羅斯福總統在佩槍獨行的個人主義盛行的時代裡，成功規劃了社會大團結，亂發脾氣的不法之徒與我行我素的流浪漢都退回到電影故事裡去。羅斯福宣布：「任何人都不會被遺漏。」不過新政其實沒有魔法的威力，只是正好碰上短暫小周期之中的成長階段，於是之後又踉蹌掉回衰退階段。希特勒譏諷美國被貧窮閹割了，[15]這時候，美國的外交政策只能固守孤立主義與無能為力。羅斯福沒有其他點子，他說：「哲學思想？我是個基督徒和民主黨員，就只有這樣。」但是他的確有一貫的目標：新政是為了保障一般人的生活而設計，民主是為了保衛和平，兩者都是為了維護「免於恐懼的自由」。[16]

結果，美國人被他們最恐懼的東西——戰爭——救出了蕭條泥淖。一九四五年，美國人讓盟友欠下債務，讓敵國成了抵押品。敵對結束之後美國「前途大好」，[17]結果產生「美國世紀」來臨的假象，「美國世紀」是《生活》雜誌於一九四一年宣告的，《生活》是把美國文化推向全世界的功臣。有此一說，發行人亨利·魯斯想敦促美國參戰，所謂「第一個美國大世紀」的概念，是為了要激勵美國重新負起身為國際社會一員的責任。在他的「二十世紀願景」中，美國擔任著四個塑造世界的角色：「美國是企圖心不斷增強的活力核心，美國是服務人類的技術人員的訓練中心，美國是重新堅信施比受更有福的善心助人者，美國是自由與公義的動力之源」。美國世紀一直只是一個想法而已，等到美國參戰才落實此想法，而事實是，二十世紀只有半個多一點的世紀是屬於美國的。

戰爭帶給美國最出人意料的結果是，美國吃出「戰爭」這東西的滋味來了。一旦發現「民主的火力」可以成為值錢的資產，美國就再也不關上大門獨善其身了。它維持著狂熱的嚇阻力，混身都是傳統防衛武力。它不斷在世界各地打仗，有時候說那是「維和」與「任務」。按這個時期發生的事看來，我們不免會發現文明史下一個階段的徵兆。下一個階段是大西洋文明的全球化，其中美國熱衷扮演全球性的角色，加上美國通俗文化的魅力不斷擴增，在全世界都找到閱聽群眾，更加預示大西洋文明全球化時代的來臨。

歐洲人指責美國人只向內看，這是不公平的。美國人熱愛自己世界強權的地位，雖然嘀咕擔任「世界警察」的成本高、擔子重，卻很自負能執行這個重任。他們不讓別的國家分擔責任，除非它完全聽任美國調遣，這是很聰明的做法。不過，自第二次世界大戰起，他們就需要夥伴幫忙維持世界「首強」的地位。首先，從一九四〇年代晚期到一九八〇年代晚期，他們與一個敵對超強國進行「冷戰」，與一個敵對的經濟社會制度進行意識形態之爭，敵人起初叫作「國際共產主義」，後來叫「蘇維埃帝國」。蘇聯於一九八九至九一年解體，世人才看見它搖搖欲墜，它不再是一九四〇年代到一九七〇年代強勢高峰時期的模樣。俄羅斯發展了核子武力和太空計畫，曾有一段時間在「太空競賽」中領先美國。雖然俄羅斯的計畫經濟有「宏觀經濟會有的困境」，國營事業效率也不彰，共產主義經濟學卻似乎能發揮功效。一九六〇年代全世界迅速反殖民化之際，俄羅斯利用反帝國主義的言論在新興國家之中贏得不少盟友。當俄國人在東歐實施霸權，擴大結盟範圍之後，誘發了西方人一種叫作「骨牌理論」的恐懼症。按這個理論，全世界的國家終將一個接一個倒下，被共產黨接管。美國為了要扶住其中一張骨牌，投入了一發不可收拾的越戰，結果被越南這個小國打敗，如果連小國都贏不過，面對大國時可怎麼辦呢？西方社會有很多批評美國的聲音，想切斷與美國的關係，甚至脫離西方文明去另起爐灶，試驗一種反對西方定義的意識形態的文明，不過這種人永遠是少數。冷戰政治對於跨越大洋的關係反而有一種強化作用，共同的危機意識也增進了互惠的貿易。

終於，美國打敗了蘇聯，這其實是一場花錢的競賽，因為只有資本主義經濟體能負擔得起「吃好穿好買槍炮」。但是，美國再也無法安心退回獨善其身的狀態了。西方國家抵擋過共產黨的堡壘，繼續由「大西洋結盟關係」擔當此一支柱。西歐人雖然不樂意，但為了自己的利益著想，還是接受了擔任美國第一線防衛的角色：美國在其境內建設軍事基地，到處布署美國武器。大西洋文明為了自保而聚攏在大西洋四周，當以後回顧這個大西洋大團結的時代，也許會覺得這其實是一種自認不如人的反應吧。

蘇維埃強權解體之初並沒有弱化大西洋的團結系統，但大西洋彼此關係的弱化是遲早的事，因為沒有共同的敵人威脅之後，歐美就不再有共同的利害。現在美國不再需要聯合西歐反共，而是希望歐洲人在全球警察行動中成為美國的夥伴。從二十世紀最後幾年起，美國在世界經濟中的分量縮小了，全球維和的成本卻上漲了。此後，要防備的是非理性教派從事的恐怖主義，以及不按牌理出牌的獨裁者所掌控的流氓國家（例如海珊的伊拉克、米洛．塞維奇的塞爾維亞）的惡行，世界才能夠讓「民主平安地運作」。輿論要求更積極地干預違反人權與破壞生態的舉動。「公義之戰」被合理化到扭曲的地步，唯有如此大西洋聯盟才能理直氣壯地說自己是「人道」戰士。這位戰士用轟炸手段迫使別人依從一套道德要求：自決、民主制度、不侵略，這些要求自從威爾遜總統帶領美國參與世界事務以來，大體上沒什麼改變。

到二十世紀將結束的時候，歐美的合作表面看來仍然煞有介事。北大西洋公約組織的轟炸威力強制東南歐政治上的兩樁劇變：首先，把波士尼亞切成血淋淋的三塊，三方勢力各分一塊；然後是再轟炸，迫使塞爾維亞讓出科索沃的霸權，交給科索沃的分離主義鬥士。不過，這些行動道德上有問題，效用不明確，卻是美國和歐洲盟邦之間沒完沒了合作的開始。美國人在這裡安置的維和部隊可能要無限期地駐守：他們如同野戰醫院的縫合術，是不能輕易撤走的止血劑。另一方面，這些軍事行動處理得太不得當又帶來太大的反效果，以致於歐洲人和美國人互相提防又互相指責。科索沃的軍事行動使戰事火上澆油，使屠殺擴大，又讓訴諸恐怖手段的人得到好處。結果北約組織轟炸塞爾維亞與蒙特內哥羅，讓無辜受害者心生怨恨，而且留下一千億美元的帳單。北約組織的宣傳雖然說這是一場「為文明而打的戰爭」，其實是為了保住顏面才打的：

如果北約組織退下來，就會喪失其自誇的「信譽」。它已經宣布要轟炸，所以不論後果如何都得去做。五角大廈卻表示反對……參與巴爾幹事務的資深歐洲外交官也是……送回來的答覆是：「信譽」。[18]

等到大西洋聯盟終於解散，西方文明終於因政治分歧而分家，我們再回顧這種輕率的戰爭販子行徑，會覺得它譴責了大西洋文明，揭發大西洋文明的缺點，破壞大西洋文明的「文明」條件。

❖西方文明：極限與缺陷❖

大西洋文明擴展到最大極限，包括深受西歐和美國影響的其他地方，成為我們所謂的「西方文明」，只憑這一點就可以證明歐洲和美國之間是多麼忠實地彼此複製。科技傳播了西方文明；西方文明也因吸引模仿者更加速傳播。我們已經講過，許多文明都能夠超越自己發源的環境，西方文明在這點上格外有成就。十九世紀，工業化的威力讓西方文明移植到一向難以駕馭的草原地方；優勢火力促成它的一些文化特徵和標準強加在全世界幾乎每一種可以住人的環境。到了二十世紀，西方文明的經濟成就也在世界上大部分地方撒下它製造的劣級貨。散播範圍之廣，超過以往的任何文明，占領的環境種類之多也不輸以往的其他文明。西方文明已經變成一種前所未見的跨環境文明，這不僅僅是因為它科技精良，也因為西方文明以外的人喜歡它，想要分享它的利益。

然而，也不是所有人都對西方文明的結果一樣滿意。據說，有人問甘地對於西方文明有何感想，他答「倒也還好」。有些反映美國文化或反對美國文化的國家，厭惡美國文化在自己國境內的優越氣勢；有些國家激烈反抗在大西洋文明中壯大起來的文化價值觀，例如，擔心大西洋文明的個人主義是反社會的、民主是危險的，認為通俗藝術與音樂是頹廢的，把兩性平等視為擾亂或顛覆自然秩序。工業化是大西洋文明顯而易見的偉大成就，傳到世界各地以後也有一些不好的結果：不適用的科技和打亂常態的生活模式，包括以生產線運作的職廠、西式的都市化環境、不穩定的核心家庭、大量召募的軍隊，大大干擾了環境，若不是為了模仿西方，自然環境原可逃過這些劫難。更嚴重的是，民主政治因為太重視多數國民享有物質繁榮，對於環境造成危害。批評西方文明的人指西方人快速消耗世界資源，將使資源無法永續下去。我們這些欣賞西方或喜歡生活在西方的人，必須明白西方文明引起了什麼不滿，才可能使它存活下去。

不滿的原因很多，如果要反駁這些不滿，反駁的理由將會相互矛盾。某些批評西方的人士說它太過文明了；也有人指責它不夠文明。前者按西方文明對自然世界的衝擊來評判其影響。這派認為西方改造自然太猛且不留餘地，多數城市欠缺規劃而醜陋——西方以外的地區大量製造同樣醜陋的城市，供應這些城市需求的工業設備造成污染，大自然被破壞無遺，物種遭滅絕，美景被糟蹋。後者從人類付出的代價出發，指責西方資本主義有道德缺失，貧富不均帶來社會和政治的不良後果，窮人受苦將可能危害社會，幸福難以掌握。照目前或近期的跡象看來，即使（或也許正是因為）西方文明物質繁榮的程度令人羨慕，但的確不如其他文明。離婚率增高、人們選擇不婚，家庭價值崩潰，無家可歸和疏離社會的人越來越多，個人為了達到自我實現的目標，不再顧忌傳統群體與共、伙伴關係、公民義務、互助情誼的價值，導致道德淪喪，這些發展都是譴責西方文明的理由。處在西方文明之中的我們覺得，這些都有改善空間，但自以為（如伊斯蘭文化或「亞洲模式」）比西方文明優越的人士卻覺得，這些是不容存在的。

這種不滿已有相當悠久的歷史，而且是從西方世界裡面開始的。十九世紀對於「工作之絕對真理」和「求進步」的信條抱持異議的人，在歐洲和美國的吼聲已經很大了。從他們指責聲的大小，就可以當成一項指標，用來評斷工業化是否帶來進步。起初他們的呼聲是無人理睬的，被當成與文明為敵，因為一般人認為蒸汽機和工業化城市（以人類修改自然的力量來計算）乃是人類文明有史以來最好的成績。故而反對人士乃是「勒德派」或「衰退派」，是對於「進步之美與必要」根本不關心或懷有敵意的人，而促進工業改良的人都是英雄。英雄不能創造歷史，歷史卻會創造英雄。從一個時代選出的英雄，可以看出這個時代的價值觀和趨向。舉例來說，十八世紀的英國人把探險家和「高尚的野蠻人」當作偶像來崇拜；十九世紀英國人崇拜的卻是工程師、創業家、發明家，工程師的生平事蹟變成寫書的題材，一如文藝復興時代義大利的藝術家事蹟、中古時代歐洲的聖徒事蹟和君王生平。

按那時候的說法，創造新科技的人「有著更高層次的特質與優異」，會操作機械的人變成「工具史詩」的英雄。[19]伊森巴德．金頓．布魯奈爾建在泰瑪河上的宏偉鐵橋於一八五七年峻工通行，他步上典禮平台時英國皇家海軍陸戰隊軍樂隊奏出「看，征服英雄駕臨」。[20]發明阿姆斯壯炮的阿姆斯壯男爵是開創家用水力發電的人，功勞大到有資格登上阿爾巴尼亞王位。那些只是在戰場上與人奮戰的英雄，根本不可能和他們比，因為工程師戰勝的是大自然。鼓吹蒸汽動力最熱烈的是撒姆耳．史邁爾斯，他把工業化等同進步，認為工業成果既能使人們富裕，也能使人們變好。他於一八六〇年寫道：

> 早期的發明者把風力和水力用到帆與輪子上……但蒸汽引擎有鐵腸火心，只需要煤、水，以及一點點油，就可以日以繼夜不眠不休地工作。……蒸汽引擎能汲水、轉梭子、脫穀皮、印書報、打鐵、

犁田、鋸木、立樁子、推進船隻、運作鐵道、挖碼頭；一言以蔽之，對於人類日常所用的材料幾乎無所不能駕馭。[21]

工業征服大自然並不至於冒犯浪漫主義的情懷。蒸汽的浪漫英雄事蹟從「高貴」而美麗，甚至溫雅的引擎開始。透納把引擎畫得像是與大自然融為一體。孟德爾頌在描述他乘輪船離開蘇格蘭之旅的作品中加上蒸汽之歌，這趟旅行是當時盛行的休閒嗜好——探索歐洲朦朧而神話意味的過去。工業上的實驗充滿冒險的、即興的，甚至蠱惑的氛圍。當時一篇描述工業史大事——「轉鐵為鋼的貝塞麥法」——的文字，把過程寫得不像科學實驗，倒像魔法師的招術。偉大的發明家貝塞麥爵士做妥了最後的調整，

原始的儀器既已就緒，引擎便在高壓之下從底部逼出陣陣空氣。……司爐工有些困惑地倒入那金屬。……霎時爆出了前所未見火山噴發似的耀眼閃光……轉爐法的一步步過程展現在目瞪口呆的圍觀者眼前……無人敢靠近……尤其奇妙的是，結果產生了鋼！[22]

一八五五年一份報紙稱讚巴塞隆納城外薩巴戴爾各個工廠，許多實業家那種怪異的、把一切浪漫化的自我形象：「這些工廠，威嚴而典雅，……足以令其主人和所有人都引以為傲。……這些殿堂矗立在那裡不是要挑起虛浮與自大，是要啟發對工作的熱愛與對成就的尊敬。」[23]

可是，走出這些模範工廠與模範城鎮，到那些勞工集中的貧民窟和街道，在「黑暗又兇惡的作坊」之間重建耶路撒冷，會發現結果其實一塌糊塗。托克維爾於一八三五年旅行英格蘭各地時說，他所見到的工業化好處是從「臭水溝」掏出的黃金。他說，「從這污穢的溝裡，人類最大的工業之流湧出去肥沃全世界。」工業革命向外擴張前，到處流下特有的痕跡。神父兼詩人的杰拉德．曼里．霍普金斯看見

的「光禿土地」是「被商業灼傷，被勞役模糊、塗污」，帶著「人的抹痕」。到處都可看見良好的立意，釀成悲慘的後果。衡量工業是否帶來進步，可以從幾個方面來評估：計算利潤與核對產量；評估人口過度擁擠、衛生條件不足的市鎮，滋生多少的疾病與騷亂；評估附和「工作至上主義」的人，是否創造財富，並藉「開明的利己心」把財富散發出去；評估都市貧民窟裡離鄉居民的哀鳴。當時的小說、報導、官方文書裡都聽得見他們的聲音。據賈斯柯爾夫人一八四八年出版的小說中，一個主人翁所說的，倫敦有三分之二的人陷在「邪惡不公又骯髒的深淵裡」。古斯塔夫・多雷於一八四二年「為了尋覓如畫的景致」而遍遊倫敦，但是視線所及的大部分都是黑暗、陰鬱、悽慘的題材。他不論走到哪兒，總看見傷殘的人、無家可歸的人、赤貧的人、受剝削的人、生病的人、挨餓的人、受凍的人。即使在畫上流社會和興隆發達的生意人與工匠時，他的線條仍是暗沉而尖銳。[24]

這是因為，工業化不論發生在什麼地方，都是凶狠、粗暴、快速。因工業化所建起來的城市都粗製濫造，藏污納垢且隱蔽著暴力與疾病。巴塞隆納的醫生霍姆・薩拉里契在一八五〇、六〇年代所做的統計，以及曼徹斯特的改革運動者艾德溫・查德維克在一八三〇、四〇年代所做的統計，都顯示紡織廠工人普遍有以下症狀：流汗過多、疲倦無力、腸胃不適、呼吸困難、負荷過重、循環不良、精神呆滯、神經衰弱、肺侵蝕、因機油染料引起的中毒。一八四八年的倫敦窮人生活在「畜牲般的惡臭卑賤」之中，這不是想像出來的，而是摘自主管公共衛生的官員約翰・賽門所寫的報告。從事都市改革的人士強調，工業化造成的環境擁擠，除了危害健康之外，還包括性道德敗壞，馬克思聲稱冷酷的雇主會以性剝削來恐嚇工人，不過他自己卻與自家的女僕同床共枕。舊的市鎮景觀變成工廠林立，手藝師傅和行會組織的世界消失，傳統社會的結構瓦解。十九世紀早期畫家美化推崇的工業都市，遭到改革呼聲，瞭解實情的良知也異口同聲撻伐。工業都市變成「邪惡大毒瘤」，裡面滋長著疏離、貧窮、疾病、犯罪、道德墮落。過去一百年間發生越來越多的社會改革，工業都市始終揮之不去這種敗壞的形象。多數人認為工業都市是個模稜兩可的環境，能體現文明也能顛覆文明，裡面既有廣場和林蔭大道，也有臭水溝和貧民窟，看得見高級藝術，也看得見無家可歸的遊民。

到了二十世紀，排斥西方文明的情況更甚。西方殖民主義的受害者紛紛告白，在「帝國主義撤退」的時代越來越能暢所欲言。更重要的是，西方文明內部亂了陣腳，自命優越的信心瓦解。內部的自我批評並不限於前衛知識分子和一向憤世的「左」派。雖然「帝國主義的好形象」主導著大眾傳媒，直到二十世紀後半期，[25]但左右翼要求徹底改革的民粹運動一直都在加劇，對於它們所處的文明表達深度的不安。有些大眾傳媒成為某些思想前衛者的媒介，其中最重要的也許是漫畫，這是真正原創於二十世紀的文類。埃爾傑（編按：《丁丁歷險記》的作者）就是表現不俗的一位漫畫大師，作品流通極廣，是二十世紀裡譯成最多國文字的漫畫。雖然埃爾傑常被誤指為帝國主義，甚至被扣上同情法西斯的帽子，其實他從來都是支持弱小、反對強權。我最喜歡他的《藍蓮花》，故事靈感來自中國東北的九一八事變，其中有一段插曲發生在上海，一名自以為了不起的殖民主義者高談「我們美好西方文明」的優點，同時又毆打了一名「骯髒的中國佬」。

二十世紀初期那些支配全世界的白種人帝國，理直氣壯地說負有「文明教化的使命」，結果卻立下不文明的範本，沒能把野蠻行徑從他們統治的世界剔除。四〇年代，他們首次的民族自治去殖民化的實驗失敗了，在印度、巴勒斯坦、印尼「化膿」；五〇年代，肯亞、中南半島、阿爾及利亞的殖民戰爭都是「殘暴的和平之戰」；進入六〇年代，僅餘的白種人帝國瓦解，後繼的政府在血腥中解體，不滿西方文明的情緒大舉進入通俗文化，表現在「反戰抗議」歌曲，也表現在「出走」言論、「轉向東方」學習「東方智慧」的行動。這些事情發生以後，西方文明再也恢復不了以前那樣受全世界仰望的地位：一百年後，留下的是對這個地位的反感。

世人既然對西方文明反感，也許就該以其他更理想的文明取而代之。可是二十世紀的反感是全面的，對所有文明都表示絕望，高呼棄絕一切文明傳統。文明變成不值得維護的東西。這是因為二十世紀的經驗太自相矛盾，那是最好的時代，也是最壞的時代。它在希望中開始，在災難中發展。就善的發展而言，二十世紀產生的創造力、行動力、科技智謀、計畫、自主性都是人類歷史上空前的成就。但是這也是戰爭毀滅力最強、殺戮最慘、暴政最兇殘、貧富差距最大、環境破壞最嚴重、廢物製造得最多、希望破滅得最徹底的一個世紀。它曾經許諾了那麼多，卻背叛了那麼多相信它的人。二十世紀的大謎團是：文明為什麼會垮台？換言之，進步錯在哪裡？

目前盛行的答案有四。第一，有人說，「進步」壞在人們忘記了上帝。按這個說法，二十世紀的惡中之惡即是不信上帝的運動，這是法西斯或共產主義犯下的暴行。最邪惡的世紀正是最不信教的世紀，這絕非偶然。宗教道德家說，如果沒有令人敬畏的上帝存在，人類自己不可能謹守道德。但這種推理是錯的，因為並不是只有虔誠教徒才是有品德的人。而且，就自古至今的歷史看來，憑宗教之名而做的惡，並不比追求其他與宗教無關的目標而做的惡少。

另有人說，改進從來就是一個假象，根本從未發生過，人性從來不曾向上，一切的進步都製造出它自己的問題。這種說法不無一些道理，例如，發現新能源的後果往往是使污染加劇。降低嬰兒死亡率反而形成人口控制上的問題。婦女解放是家庭價值陷入危機的因素之一。自由主義帶來高犯罪率。民主政治興起是二十世紀的一大成就，但是選民可能因為政客邪惡的動機而被操弄。可是，如果就此全盤否定進步的意義乃是漠視事實的行為，破壞我們對未來抱持的希望。

那麼，進步也許是被它自己的矛盾性拖垮的。因為它激起絕不可能實現的希望，這對它自己是最不利的。我在荷蘭高等研究中心的同事約翰．諾鮑爾曾經說，二十世紀是「夢想的世紀」。以前的時代誤將夢境解讀為兇兆，我們則把夢神聖化而成為窺見人類行為潛意識源頭的窗口。我們把夢當作藝術的起點，甚至以夢取代理性的批判思考。坐在研究中心酒吧裡和我一起喝啤酒的諾鮑爾說：「夢一旦走樣，後果就不妙了。」

當然，「進步」不好的印象也可能是證據搞的鬼，是負面消息占了上風。大眾社會是二十世紀的特徵之一，都市居民是到外地謀生的人口，對於新聞飢渴卻也急著找娛樂。因此，重口味的消息就成了報章的優先報導，壞消息把好消息擠出版面。人們忽視正面結果，因為負面結果才是新聞報導和學術研討更好用的題材。然而，假象（如果人們信以為真）往往會改變歷史的軌跡。人們相信的謊言可能比真正發生的事實更強而有力。所以，即便「進步是不好」是種迷思，卻仍然影響著我們的過去。

二十世紀過度樂觀，以為「進化使人變得比以前好」，這是個有害的謬誤開端。事實是，如果我們的審美感與仁心是進化的產物，那和我們的智能一樣，老早就停滯，而且發展得也不夠快。人原有的通情達理，被戰爭的壓力扯斷，被麻醉或煽動弱化，一一消失了。第二次世界大戰期間，數以十萬計的歐洲普通老百姓同流合污，參與屠殺自己鄰人的行動。越戰期間，本來是聽媽媽的話、吃蘋果派的老實美國大兵，卻因為喝飽了血、打了興奮劑，屠殺了梅萊小村的婦孺。幫著波布處決人犯的高棉兵、東帝汶的專橫施暴者、盧安達的屠殺兇手、波士尼亞和科索沃參與種族淨化的人，其中無疑都有好人，但他們確實也都很殘暴。

再者，二十世紀開始時就有至理名言說歷史是有方向的：也許是走向普世自由，也許是走向世界政府，也許是走向社會主義革命與「無階級社會」，也許是走向上帝定下的千禧年。現在看來，歷史好像不是那樣的。它在偶發的危機之間蹣跚搖晃，沒有固定方向或模式，也沒有可預見的終點。它是個真正亂七八糟的系統。喪失「注定感」或甚至少了方向感，都使文明難以延續：沒有了方向，拉動科技進步的力量也鬆下來；湯恩比與肯尼士．克拉克認為文明必須對於未來懷著信心。如今這信心消失了。

人類會對進步深信不疑，是受了「損友」的慫恿。比方說，二十世紀有些時期，科學發展的腳步越來越快，最初的十年裡就已經造成人類無所不能的勢態，挑起了不切實際的妄想。一旦科學展示了征服全宇宙的威力，人們就開始希望它也能如此地改造道德和社會，以為只要做好規劃，全世界的人都能健健康康，不公不義可以完全消滅，人人從此過著幸福快樂的日子。事實是，計畫到後來就走樣了。科學作邪惡的幫兇，比為「善」服務更有效率。「按科學方法」建構的社會，結果變成極權的恐怖世界。納粹與史達林主義的偽科學證明，除掉整個民族和整個階級是理所當然之事。

甚至正宗科學的成就也不是那麼絕對。汽車與避孕丸雖然為個人自由帶來極大方便，卻也對健康形成危害，對道德構成挑戰。工業污染有可能使地球窒息，核子武力可以拯救世界也能毀滅世界。醫藥進步帶來失衡而無法延續的人口，病菌也會演化出抗藥性。醫藥科技的高昂成本已在世界上的貧富人口之間劈開一道鴻溝。我們的網路訊息浮濫，傳統知識的學習卻不足。食品科學的驚人進步導致醜惡的弔詭：有人暴食過胖，有人飢瘦餓死。在以尊重人權自豪的二十世紀末，墮胎的統計數字超過了二十世紀前半期極權暴行所殺害的人數。二十世紀結束時，人們已不再相信科學能拯救世界；反之，科學在人們心目中變成不聽指揮的怪物：機器人與資訊科技的研發已經引起恐懼，宇宙觀察帶來困惑，基因篡改教人憂心忡忡。

政治令人希望破滅，比起科學猶有過之。二十世紀大部分時候，這個世界都是敵對意識形態的戰場，為了贏得信徒，各邊都不負責任地膨脹自己的主張。其實資本主義和共產主義都不能締造幸福：共產主義傾向賦予國家政府太大的權威，使黨內領導階級腐化；資本主義能發揮作用，但是不夠好——它讓貪婪無情得到獎勵，製造廣泛的下層社會，把市場撐到幾乎脹爆，什麼都是不確定的，用消費主義堵塞全世界。一九九〇年代初，曾經有一陣子，樂觀主義復甦，因為民主政治被推廣出去，全世界突然一致贊同經濟自由，可是樂觀心情終究煙消雲散。二十世紀結束時，又出現新的一波無法圍堵的通貨危機、無法控制的自然災害、滅族屠殺的戰爭。

「歷史的教訓」太少了，即便有，人們也學不會。不過二十世紀的經驗似乎還是教了我們一件事：

如果把文明曲解為進步，必然會使人失望；如果固執地相信古代的理想主義——藉操縱社會而解放美德，結果這種信念一定會與經驗不符；如果把道德看成文明的一部分，這是行不通的；如果想像文明應當是一種可以釋放人性善良面的社會，那就是自欺欺人。文明面臨的真正「挑戰」來自內在。文明只有一層皮那麼薄，抓破了就流出野蠻的血。我們通常都以為文明與野蠻的屬性是相互排斥的，其實每個社會都是兩種屬性的混合。幾乎每一個人也都是如此，和氣講理的人受了煽動或欺壓，也會屠殺自己的鄰人。以為文明就是越來越進步，這是極危險的想法。姑息主義認為德國人既然在藝術和科學上有這麼大的貢獻，絕不可能倒退做出無理性的野蠻行為。難怪二十世紀的歷史家都被悲觀罩頂。[26]不過悲觀歸悲觀，常言道，樂觀的人看一切大好，只有悲觀的人會真的相信。

如果世紀性的灰心失望有益處可言，那就是教我們在面對未來的時候期望少一點。如此一來，我們會比較珍視我們的成功，也會鼓起勇氣去重啟進步並且延續進步。馬丁．吉爾伯特表示他對變革的步伐感到寬心，也重申對通俗智慧的信心，這說出了千百萬人的心聲。他說，在民主社會裡，「最悲觀的預測也可以在一天之內反轉過來」。[27]這話聽來好像是說「將就劣境，盡力而為」，這正是通俗萬靈丹的實用所在。布魯塞爾天主教大學的雅各布．戴爾衛德在一九九九年與我談話的時候預測：「下個世紀會比這個世紀好。當然會，因為我們已經把世界弄得一塌糊塗了，除了向上，也沒別的路了。」真是一語道破世紀末的心境。

❖大西洋之後的下一站❖

(一)大自然的復仇

西方文明曾經支配近代世界史；但是自從第一次世界大戰就有人預言它要衰落，而且越說越確定。

如今西方文明受到威脅，可能被全球文明淹沒，或是被太平洋文明取代。如果根據歷史來判斷，西方文明必然走上以往所有文明走的路，要不就是毀掉，要不就是轉型。

因為文明的歷史是從廢墟中找出來的一條路。沒有一個文明是無限期延續的，一個個都被災難了結：有的是因為被人過度利用；有的在戰爭或革命發生之後倒退回野蠻狀態。我們有沒有理由假定我們能逃過這樣的下場，我們在等待或逃避這個下場的時候，我們生活在其中的這些文明會怎樣改變？

如今普遍認定的一大威脅就是生態災難。我們已經習慣把生物圈想像成赤裸地球周圍包著的一層薄幕，而我們正在磨損、撕扯這層薄幕。嚴格說來，我們不可能確定地估算我們消耗地球資源是不是比更新資源的速度快。食物資源與可耕種的土地曾因過度利用而耗竭，變成沙漠。我們曾經不懂得按需求去分配食物，導致數以百萬計的人挨餓。但是科學化農藝的非凡進步已經造成了全球糧食過剩。地球上（以及地球以外）未被使用的空間依舊非常多，我們正發展日新月異的技術，把尚未充分利用的環境變成可居住的。傳統燃料因為我們需索無度而受到嚴重威脅，但是大家一直在找新的能源，往往也都能找到。關於駕馭取之不盡的太陽能與地球動能，我們的技術尚在嬰兒期。地球的大氣層看來是越來越單薄了，不斷教育大眾的結果，使一般人也能看見「臭氧層的破洞」。誠然，地球能否存活的確端看大氣層各成分能否平衡，能否平衡又受到人類行為的影響。不過，若這一切都是誤判，導致大家審慎自律，倒也是樁好事。

我們低估了大自然的力量，以為到了我們這個時代，文明史的主題已經逆轉，換成人定勝天，這真是一種奇怪的傲慢。

我已經說過我對於「歷史的教訓」無甚信心，我們似乎永遠料想不到會如何變遷。不過在這裡還是要提一下，從過往的經驗可以看出，不論我們多麼兇猛野蠻地對待環境，它仍舊有能力反撲。我們把生態鏈中的環節斬掉了，自己卻仍在這鎖鏈之中。多數物種的滅絕是不管有沒有我們存在，都會發生的，但有些物種是在我們之前就已存在，也許我們的時代過去後仍在。海洋和沙漠、叢林和冰河、雨和風會把我們從大地挖走的東西再收回去。

人類認為自己在地球上是萬物之靈。我們當然要這麼想，不是嗎？按我們最鍾愛的神話，亞當被逐出伊甸園的時候就喪失了統領一切被造物的資格，他的子孫可能再度喪失這個資格。如果我能客觀地看這個世界，也許會看出有其他物種要競爭這個最高地位：植物會在我們絕跡之後續存，微生物會引發滅絕人類的瘟疫。為了做到客觀，我們可以將立場對調，從非人類的觀點看事情。在《一〇一忠狗》的作者多迪・史密斯筆下的公狗龐哥眼中，家裡的人都成了牠的寵物。鬥牛場上的公牛要在至死不屈的對抗中實踐牠的本性，對於出於善意而主張把牠送進有消毒設備的屠宰場，避免壯烈死掉的人，牠嗤之以鼻。包心菜被收割時痛得哀號。比人類更傲慢的生物（如果真有這樣的生物）也會贊同以前的一些文明替人類在天地萬物中所安排的位置。

誰也不知道人類怎麼會自認比自然界的一切都優越，也不知從什麼時候起有這種想法。早期的文明飽富智慧地尊敬比人類高大、力量比人類強、比人類堅韌、行動比人類快捷的生物。人們對於自己視為敵人的動物懷著敬畏，對自己當作盟友的動物充滿讚歎。在斯卡特荷姆的新石器墓葬裡，狗是與人平等的社會成員，狗墓之中有依照其本領應得的陪葬品，有些狗墓的陪葬裝飾甚至比人墓還要尊榮。我家有幾個靠墊，靠墊上繡著「臘腸狗也是人」之類的字樣，其背後必定有悠久的傳統。人類歷史的大部分時候，人們不但敬畏且安撫生態系統中的其他成員，在舞蹈儀式中模仿動物；人們在製作工藝品和建造房子的時候會以樹木禽獸為範本；人們不但不自認是按上帝的形象而造的，反而把自己膜拜的神祇塑造成動物的模樣。人們如果要裝出神祇的至尊架勢，就得披上獸皮鳥羽，或是佩上獸角，或是戴上鳥獸頭的面具。

在古中國、古印度、古希臘或古猶太的文明中，「人是萬物之靈」或「人要管理世間萬物」之說的起源並不久遠，不會比公元前一千年更早。當這種說法確立之後，一開始也沒有傳遍全世界。古埃及文明依舊膜拜著鱷魚頭人身或狗面人身的神像。美洲古文明崇拜著環境裡供人們食用的生物。人與玉蜀黍彼此延續的關係，並不意味人是比玉蜀黍尊貴的。反之，是人類在慎重而謙卑地侍候著玉米，而玉米因為垂憐崇拜祂的人，才選擇自我犧牲。神為滋養崇拜者而犧牲自己並不是弔詭，基督徒的上帝天天都在做這件事。

世界上多數地方，在多數的時代，都盛行類似的心態。人類如果須與大自然的其他成員協力合作，就會把自己看成是地位同等或比較卑下的伙伴；如果在艱困環境中為求生存而奮鬥，就會把其他物種當作對等或更勝一籌的競爭者。一直到大約三百年前，西歐地區仍把動物看成與人類幾乎有相等的權益。打劫穀倉的大鼠、肆虐作物的蝗蟲、在神龕上拉屎的燕子、咬人的狗，因「罪行」在法庭上受審的時候都有律師代表，而且有時候會被無罪開釋。[28]威爾斯和法國有狗被封了聖，朝聖進香者會來瞻仰，這實在是人與動物在道德上最平等有力的證明。[29]如今為動物爭取權益的人士，都是極端「保守」的革命者，想要把時鐘往回撥幾百年。

人類優於一切之說是逐漸興起的，但背後有極強大的權威在支持。〈創世記〉裡講得很清楚，上帝對諾亞說：「凡活著的動物都可以作你們的食物，這一切我都賜給你們，如同菜蔬一樣。」斯多葛派人士也認為大自然是為了供給人類所需而存在，文藝復興時期的人文主義（人類集體的自戀）把這個信條變成近代世界的文化遺產。如今我們大多數人也許會認為人類是上帝的最佳創造品，或換成非宗教的語言講，人類是進化的巔峰。英國的解救肉牛運動人士，也不免是懷著拯救可憐畜牲的心理。

不過，現在仍有一些文化相信自然界存在有形的天使與魔鬼，將以厲害的威力庇佑或傷害人類。日本人因為相信自然界處處有神，當然比現代西方人更能體現整體人類思維的模式。印度教傳統則把人類放在輪迴中的最高位置，試探性地肯定人類優越性。人類以外的生物都受到恭敬的對待，接近我們現在

「深度生態」的精神。深度生態並不只是保護環境或拒絕不負責任地利用環境，而是把環境視為神聖。

E. M. 福斯特的小說《印度之旅》之中，一位傳教士不情願地承認猴子可以「沾旁系親屬的光」，婆羅門便問他：「那麼昆蟲、橘子、水晶、泥土呢？」有些科學家認為生命可能起源於一樁化學物質的意外，他們應該不至於反對把水晶也包括進來吧。

我們如果對於這麼普遍存在的想法不以為然，不妨先看一下人類假定的優越性有些什麼證據，試一試沒有私心地自我批評。一般常引用的證據，大部分是為了替自己占有萬物之靈的地盤而打的界樁；其餘則是自我定位發生危機時，迸發的說法——企圖劃清人與其他動物之間的界線，不過說服力卻不夠。亞里斯多德認為群居的習慣使人得以提昇，但夠客觀的人卻看得出來，螞蟻和蜜蜂提供了比人類社會更佳的範本，他們展現可預測的、協力配合的政治學。人類時常自誇有獨一無二製造工具的能力，但要是換一個角度，就整個地球來觀察，這也許只是證明了人類體能上獨特的缺陷。只有人會把食物調理之後再吃（此外只有獼猴會把食物洗了再吃），但是如果把這種癖好當作人類比其他動物優越的證據，未免小題大作了。人腦體積大是我們津津樂道的事實，這是個不錯的檢驗方法，但按照的只是我們自己的標準。有人喜歡說，人類是唯一據有財產的動物，就算這是事實（其實猴群會保衛自己的領域、狗也會為爭骨頭而戰），以此為由指稱人類的優越性，卻是令人不敢恭維的意識形態。

認知能力，或是意識，甚至良知與靈魂，是我們在定義人的時候指派給自己的屬性。我們假定只有我們自己具有超越經驗的概念，這也和自認為「人類有獨一無二的智能」的大多數斷言一樣，是不懂得與其他物種溝通的結果，就好像自己聽不懂別人的語言，卻說別人笨。不曾有人教黑猩猩學會很多人類語言，[30]另一方面，再用功不過的研究者也只做到與猩猩進行最初步的交談。黑猩猩對於實驗者教的抽象概念手語沒有反應，很令實驗者失望。人類搞不懂猩猩想表達的意思，想必也令猩猩感到洩氣。有些細菌在抗生素強力圍剿下武裝速度之快，彷彿有智能者的反應，是進化史上任何其他物種都比不上的。

我們雖然已經排除細菌有意識的可能性，其他物種卻可能會有我們不知道的或我們不知道該怎麼衡量的意識。

試圖把我們自己與其他動物劃分開來，就是一種妄想式的自我抬舉。這條界線從來不曾畫得一清二楚。十八世紀的蒙博多勳爵在諷刺劇盛行的背景下提出，紅毛猩猩是人類的理論，著實令讀者傷腦筋。[31]湯瑪斯．拉夫．皮考克有一部小說的主角就是一隻紅毛猩猩，它除了不會說話，理性官能一應俱全，以「深奧審慎思考者」聞名於世，後來獲封男爵，還成為下議院的議員，俾格米矮人族、霍屯都人、澳洲原住民卻被降級為比人類低等的動物。如今我們偏好把人歸入動物界，不同的是，人類屬於一個包括所有動物在內的連續體之中的一個階級，如此而已。但是，如果要與其他動物相比，我們仍堅持要占最高等的位置。

有些事實是對我們有利的證據，例如，人類能夠存活的環境幾乎比任何其他動物能生存的環境來得多樣。我們大概也是集體記憶最強的一個物種：就我們所知，我們能記錄資訊，所以最具備進步的條件，也最具利用他人經驗的優勢，雖然我們可能發覺自己濫用這種優勢到了堪議的地步。正如歷史學家根據掀起戰爭的能耐去比較各種社會來說，我們消滅其他物種的本領也可以算是優越的條件之一，比我們厲害的只有幾種細菌。其他令人類引以為傲的條件，大多數很難或根本沒有客觀標準可言。

姑且不論我們的謬見和努力，我們畢竟是聽命自然的。我們沒辦法控制長遠的氣候變遷，這些變遷以前曾經使人類的發展減緩、停頓或逆轉。我們很可能掉進突如其來的另一個冰河時代，這將是我們造成全球暖化的後果。暖化同時也從其他方面毀壞地球，例如逐漸加速的乾旱；寶貴棲地的邊緣變成焦土；海藻與污染物依附洋流，飄進全世界的大洋，形成生生不息的大「雜燴」。

現代醫學儘管不斷製造「奇蹟」，疾病卻似乎沒被打敗，只有自鳴得意與慣性的想像才會以為人類已經完成疾病的征服戰。引起疾病的那些微生物往往都能快速演化，正如葡萄球菌已經打敗了盤尼西林，現有的菌種已經具備抗藥性，細菌適應環境的速度比醫藥研究的回應速度快。幾年前，醫學界普遍認為，全球注射疫苗差不多已經使肺結核絕跡了，但新的W型肺結核卻能抵抗現有的每一種藥品，使半數的罹患者死亡。愛滋病當然不會是最後一個讓人類措手不及的傳染病，它在治療方法未研發成功之前，就奪走數以百萬計的人命。更大規模的流行病（例如像一九一七至一八年的流行性感冒，致死人數比第一次世界大戰的死亡人數還多）隨時可能爆發。除了微生物之外，病媒害蟲也越來越不易控制，最嚴重的就是瘧蚊和急速倍增的都市老鼠。[32]以下的推斷值得嚴肅看待：醫藥史上過去兩百年的成就（以及多數其他事物的過去兩百年）是假象，是反常的一段插曲。我們要自己相信，疾病的殺傷力變小是因為我們的衛生、預防、治療成功了。但可能性同樣高的是，我們正好碰上進化史上的一個光點，是疾病的生物特性比較不兇惡的時期，只是我們不知道而已。如果真是這樣，我們沒有理由假定這好康的時期會無限期地延長下去。

保育運動令我們為自然世界的耐久力擔憂起來，好像如果不受我們寵愛呵護，大自然就撐不下去。事實上，樹、苔蘚、野草存在的歷史都比人類久，我們消失以後它們還會在，還有更客觀的說法嗎？本章題詞引用的彼德．蓋薩爾特的詩中就說，橡樹是大自然歷史中令人生畏的不衰象徵。這首詩接下去寫到橡樹後來主宰了世界，人類卻消失了。橡樹的根有如堅硬的鐵爪，伸入土地深處，緊緊扣住大地。我贊成橡樹接管世界不是惡意的，可是我也忍不住想到勝利是它應得的。我們在這兒悔恨或頌揚人類操縱環境力量的同時，尚未被徹底馴化的自然在等著復仇。

（二）自作孽不可活

我們也許不必等牧神來製造大破壞，人自己就可以做到。大自然饒過許多文明，但最後文明可能自己毀了自己。過去，大家以為核子戰爭所帶來的世界毀滅陰影，到二十世紀晚期應該消退，因為政治局勢改變，世界強國不再用核武彼此威脅。其實大部分的武器都維持原狀，能擁有核武的國家也越來越多，不可信賴的政權紛紛取得核武，私人集團也可以製造武器，構成不小的威脅，其中不乏恐怖組織和犯罪集團。因此，未來的重大危險很可能來自「小型地方核武災禍」，而不是前幾十年大家擔心的「全面大對決」。雖然尚未發生大規模的生物戰與化學戰，但現在看來發生的可能性越來越高。日本警方於一九九五年逮捕奧姆真理教成員時，據說嫌犯正在準備大量的「困難腸梭菌」孢子，補充他們施放的毒氣。甚至和平用途的核能也有危險，若反應爐熔毀，可能導致有毒物質污染大片土地；我們至今仍不確知怎樣處置核廢料才安全。

有些文明是被入侵者吞沒的。如今最顯著的全球趨勢就是人口總數的懸殊加大，有的地區人口遞減，許多地方（其中絕大多數是全世界最貧困的地方）人口卻持續大量增加。這種情形使人擔心出現有重大影響的人流：低度開發區因為糧食不足，稠密的人口便流向糧食過剩的富裕地區。結果應該會發生類似古典時代羅馬帝國被「野蠻民族」入侵的情況，或者像印度河谷古文明被外來移民消滅那樣。[33]

其實，世界人口發展的長期趨勢是越來越教人放心的。除了非洲以外，各地目前的統計數字都顯示，有些地區人口雖然並未減少，但成長速度可以控制。雖然持續有人預測某些地區，尤其是中國，會發生人口問題，但沒有得到專家的普遍認可。[34] 低度開發地區的人口的確有往富裕地區移民的跡象，但是移民既沒有敵視其他文明，也不會威脅地主國。相反地，移民是文化的媒介，可能豐富既有文化，也可能破壞既有文化。傳統人口平衡的國家，除了維持基本程度的發展之外，正逐漸變成出生率下降、壽命延長的社會。以前「年輕人有理」的世界，將要變成「老人至上」的世界。對西方社會而言，延長壽命的醫療保健將進一步促成這樣的改變；在中國，專橫的節育政策帶來人口結構的裂隙。大家都在為人口老化而擔憂，不過這未嘗沒有正面影響，例如，高齡的人會持續留在職場，年輕卻經驗不足者的就業機會比較少，老年人的保守極樂社會崇尚的是和平與安定的價值。

這並不能保證其他激烈的全球大決戰不會發生。世界上只要存在好戰的基本教義派——伊斯蘭教或基督教都一樣，或是有一個野心大、受了挫敗、處於孤立的中國，那麼，發生因意識形態所引起的暴力的可能性，就和以往不相上下。過去的革命曾經毀滅文明。二十世紀就發生過兩次，還好歐洲兩度躲過被革命翻覆的命運，兩次革命都是由對文明生活傳統公然表示敵意的獨裁者所發動。開發中的世界，目前有兩種社會趨勢令人擔心，它們可能使政治上的野蠻行徑捲土重來。第一個趨勢是人口結構改變的負面影響。人口平均年齡上升、身體狀態適宜工作的人比例下降、依賴的老人與病人漸增，勞動人口承受的壓力越來越重、生活成本越來越高。在這樣的背景下，世界上現行的福利制度都難以招架。第二，財富鴻溝越來越大，有人擔心「下層社會」——貧困且教育程度低的人，因為怨怒不滿，可能形成具有破壞力的革命潮流。

未來，城市所遭遇的問題，將與相對富裕與相對貧窮地區之間人口移動的問題，以及新貧階級爆發革命威脅息息相關。一九〇〇年，世界人口中有百分之五居住在人口超過十萬的都市，現在則有百分之四十五的人居住在人口超過十萬以上的都市。更令人擔憂的是，世界上許多都市擴充太快，卻沒有相關的環境管制和社會政策配合，以至於數以百萬計的居民連最基本的衛生設備和保健都沒有。按聯合國最近的統計資料看來，這種情況已有改善，例如，墨西哥市和聖保羅市這兩個世界上最大的都市，以前的人口都超過兩千萬，現在分別減為一千五百六十萬與一千六百萬。可是第三世界人口規模達到一百萬至一千萬的都市仍快速成長，問題嚴重而且持續惡化。[35]這些都市聚集了離鄉背井的人和什麼都不在乎的人，罪行和疾病，使人疏離喪志。這樣快速成長的都市，不像傳統的都市是文明生活不可或缺的背景，反而可能扼殺文明。

我們若不學習在「多文明的世界」裡生活，就得面對發生「文明之戰」的未來。[36]歐洲是這種戰爭的最佳地點，超越了「東方」與「西方」、伊斯蘭教與基督教的劃分。牆倒了，但坐在牆頂上的那個一捧就碎的「蛋形人」顯然保住了活命。專門搗蛋的「失序之主」（狂歡節慶中「傻瓜盛宴」的主持人）更放膽自由地在歐洲到處晃來晃去，登上新築的或重築的矮牆，宣布意料之外的衝突將到來。牆倒了之後，戰爭更難預測，和平也無從擔保。牆倒之後的世界就像走到鏡子後面的世界：處處是反常，矛盾的事物並存。面對「崩解與全球化」截然不同的兩種趨勢，民族國家存活下來；「現代化」帶來類似舊式帝國的「大區域」；地緣政治附屬在心態結構與自我認同之下，不過血與土地卻互相留下不可抹滅的斑痕：達頓協議（編按：一九九五年簽訂，結束波士尼亞內戰的協定。）便是用血和土地凝結成的。科索沃的萬人塚也是血與泥土砌成的。

看來，柏林圍牆雖然倒了，卻在更往東一點的位置重新築起一連串新的障礙。我們可以理解把土耳其和俄羅斯排除在歐洲體制之外，是件理直氣壯的事，可是這樣做是錯的，和平的歐洲應當是多元的歐洲。和平局面若要長久維持，就必須多元到能夠納入穆斯林社會，必須勇敢到能夠把人口最稠密的外圍地區包括在內，若人們一心相信「不同的文明會爆發衝突」，那麼這種預言就會變成事實。俄羅斯與土耳其有其他的身分認同和其他的結盟對象，不論按哪一種合理的標準看，兩國都應該算是歐洲國家，但是也不必固守歐洲國家的身分。假如俄羅斯和土耳其決定採取「既然不能加入他們，就得打倒他們」，其他歐洲國家也難辭其咎。而這兩個國家很可能把這句名言落實成政策。[37]

即使沒有受到戰爭打擊，文明也可能因為銜接不上自己的傳統而枯萎，近來言之鑿鑿的憂慮是：擔心傳統宗教信仰會被世俗逼得無立足之地、擔心傳統教育制度被新興資訊管道失控的影響力推翻、擔心傳統社群被社會變遷打亂、擔心傳統道德被遺傳基因研究可怕的「進步」扼殺；資訊科技在某些人口中是人類之福，但也有人擔心它可能毀掉傳統人際關係；AI人工智能的研究本來是為了讓更有效率的機器人，幫人類打理一些瑣事，卻有人擔心以後機器人反過來控制人類；前一代基因工程與人工智慧的先驅，變成下一代人眼中自食惡果的狂妄者。

瞭解實際狀況的人都不會擔憂。因為，福利制度自然會順應人口結構改變，或是因為傳統「家庭觀念」復興而被淘汰；資訊科技仍會持續原本的解放效果；遺傳基因研究也許不會造出我們想要的世界，但越來越能逆轉演化，掃除飢餓，打敗疾病。其實一般大眾之所以對快速變遷下的未來感到焦慮，並不是因為無知，這類焦慮其實反映出真正的問題，而問題就是難以承受「未來的衝擊」。[38]承受不了改變的人，會以為改變將是一發不可收拾的東西。

這種不知所以然的恐懼比有意識的恐懼更糟糕。對快速變遷感到慌亂不安、對新科技困惑無知的選民，會去支持唯恐天下不亂的人，和宣稱不恢復舊秩序就有大禍臨頭的人。如果社會日趨複雜，例如必須因應越來越多的期望、龐大的集體計畫、嚴重的人口結構失衡、外來的險惡威脅，這時候人們會把安定與社會統治，看得比自由與人權更重要。如果人們認定社會從根柢瓦解都是因為道德淪喪、性關係放縱、疏離的下層社會、日漸增高的犯罪率等造成的，就可能因此助長極權主義與宗教狂熱主義。我雖然一方面在等待保守主義所說的極樂世界美夢成真，一方面又揮之不去我在前面著作《千禧年》結尾時設想的那個景象：共產主義和法西斯主義橫行街頭巷尾，像從恐龍主題公園走出來的複製人，彼此鬥得你死我活。

一般認為新一波的「文化鬥爭」將是自由主義與「道德的多數」之爭。自由主義是地球村之中的一項求生工具。如果沒有這個工具，歷史交付給我們的多文化、多元的社會就要在血腥之中解體。可是在我看來自由主義命數已定，注定要自取滅亡，自由主義因為不能保持一貫性而顯得軟弱無力。墮胎與安樂死是生命賤價的表現，鼓吹墮胎與安樂死會使原本不受歡迎的生命之不可侵犯性陷於不保，例如罪犯、社會顛覆分子、遺傳條件不良的孩子、多餘的窮人和病人，使他們都有理由被賤價出清。自由主義的原則在世俗之手的操作下，將為集中營與優生論打頭陣。文化相對主義雖是開展豐富多樣性的寶貴試金石，卻隱含與自由主義同樣模稜兩可的意義：我們在排斥吃人肉、婦女切除陰蒂、「虐待兒童」的同時，怎能以文化相對主義為由而容許一夫多妻、無自主權的婚姻、亂倫？下一代承襲自由主義的人，必須在保衛文化相對主義的同時，同時防止自由主義最負面的影響，想辦法防止自由為它自己所害。自由的言論和自由的聯想，很容易培養出企圖毀滅言論自由和思想自由的那種政黨。自由社會因為卸除武裝而可能抵禦不了恐怖主義。[39]

未來的世界如果拋棄了我們所認定的文明價值，例如不相信人的生命是不可侵犯的、不尊重個人的尊嚴、不盡心防止強者欺壓弱者，我們大多數人會不願意承認它是文明的；可是我們也應看清一項事實：以往的多數文明並沒有崇尚這些價值。文明與專橫可以是不衝突的。歷史上的大部分時候，這兩者都是分不開的。如果沒有暴君與大戰爭、沒有暴政下數以百萬人的勞苦與犧牲，文明根本不可能興起。躲過毀滅或倒退回野蠻的那些文明，若存活到未來，情況也會不一樣。我們不可能預測未來文明的樣貌，但是可以談談它們可能發生的地點。

(三) 最後的大洋

可能發生的地點是，主宰近代世界的大西洋文明被太平洋文明取而代之。大西洋文明是越洋交流所造就；但太平洋上的這種交流，進展速度就慢得多。雖然我們仍可想像會有一個把沿太平洋岸所有（或部分）族群包括在內的「太平洋文明」，這是一個可以與大西洋地區的「西方文明」相抗衡的「東方文明」。

太平洋因為面積太遼闊，又有恆定不變的風向系統，所以往昔想乘帆船往返都很困難。太平洋有兩個強風系統（編按：東北信風與東南信風），分別由全世界最固定的風形成，在赤道上把大洋一分為二。在中緯度地帶從西往東航行是容易的（編按：西風帶），從東往西航行卻必須循著偏北與偏南的緯度區航行，而這些偏北與偏南的地區在十九世紀以前是生產力低、少有人往來的海岸。玻里尼西亞人雖然航海技術熟練，最東也只到夏威夷與復活節島。中國或日本的船隻即使曾經在古代或中古時代到達美洲，也並未確立往返航路。麥哲倫於一五二〇至二一年渡太平洋，是歷史記載的第一次，但是船隻沒能找到回航路線。往返路線要等到一五六五年才確立，烏爾達奈塔修士創下紀錄，以五個月又八天的時間完成一萬八千六百餘公里的行程，為了從菲律賓回墨西哥，繞行到將近北緯四十度之處（見第十五章）。

到了十九世紀後半期，太平洋開始有大規模交流。這時候因為有了輪船，縮短了航程。但即便是這樣，相較於大西洋和印度洋的熱鬧，太平洋仍算是偏僻地區，要等到工業革命傳入以後才改觀。太平洋在二十世紀的後半期，相當突然地變成了「經濟巨人」。到了一九九〇年代，太平洋地區供應全世界一半以上的總貨運量，載運大部分的世界貿易。一九八〇年代，由於大量的人口遷徙與投資（主要源自東亞），開始把太平洋海岸地區連繫成一個商業網絡，以日本、香港、洛杉磯為中心。

太平洋岸的居民隔著「未來之洋」彼此欣賞，一九八〇年代早期，「世界進入太平洋時代」的說法開始流行。賽門．溫徹斯特說：「因地理的偶然條件而在大洋海岸聚成一群的各國居民，已經開始向內看，看他們自己，不再在乎那些別處的、後面的人怎麼看了。……他們隔著浩瀚的藍色水域對望，彼此交融——上海對著聖地牙哥，雪梨對著香港，雅加達對著利馬，六本木對著好萊塢，成就了某種太平洋的自我意識。」[40]

「太平洋文明」什麼時候才會成熟？當有人問起「溫哥華在哪裡？」或是「布里斯班在哪裡？」時，如果回答的人答覆「在太平洋」與「在加拿大」或「在澳洲」一樣自然而然，時候就到了。或者，等到大家覺得舊金山或西雅圖不在西邊而是在東邊；或是等到澳洲人確定了自我定位成「亞洲人」時；或是等到白種加州人或白種紐西蘭人覺得自己的利益與日本人、南韓人的利益是一體，正如荷蘭人與義大利北部人、亞爾薩斯人與盧森堡人彼此認同時，文明全球化的腳步即已到來。

數千數年來，文明發展的範圍越擴越大。大西洋文明從西歐相當小的中心地帶，發展到包括世界上很大的一片地區，就是一個顯著的例子。另一個例子是伊斯蘭文明，它從狹小的阿拉伯發源地越過沙漠、渡過大海擴展開來。照這個道理推斷，以後將會有一個單一文明傳遍全世界。有些觀察者已經看出「全球化」的跡象，他們指出西方帝國主義對世界其他地區有重大影響為證，即使從未受西方帝國統御的國家，例如中國、泰國、東加，也吸收了很多西方文化。不過西方文化也因為受了對方傳來的影響有了改變。[41]

世界上幾乎所有國家必然因為相互聯繫而「在生活的每一層面……從文化的到刑罰的、從金融的到心靈的」越來越受彼此影響，這些生活面向都隨著「全球互動的廣度、強度和速度」而轉變。[42]現代科技為貿易與通訊帶來的影響，強化了這種趨勢。經濟學也支持全球化。在全球市場上，人與商品往來的自由勝過以往任何時代。[43]如今全世界只有凍原、冰封地區、沙漠、叢林這些環境最偏僻的角落裡，還存在著與外界隔絕的社群，不過正在迅速減少。至於我們這些彼此有聯繫的、不斷在交流中互相影響的社會，會覺得大家越來越相似。「全球文化」使得全世界有相差無幾的風格和產品。出外旅行的人會發現，世界上大部分地方的機場候機室是同一個樣子，走進去時毫無文化斷層的感覺。即時通訊把影像送到全世界，也能產生全世界經驗與共的感覺。即使沒有外在敵人——不論是想像出來的「幽浮」或外太空遙遠處的敵人，我們也逐漸認同全世界是一個共同體，因為我們早已習慣把人類和自然界其他生物劃分開來。近代帝國的興衰帶動人口大規模遷徙，這表示很少有文化是被侷限在特定區域內的。[44]

相互聯繫越來越多，相互的依賴也越來越多。在這種情況下，一切行事「架構」必須考慮得越來越多，跳脫舊有的國家、集團和文明之分別，將全世界都納入。[45]「地緣統治」隱約要成形了，明顯可見的例子包括要求全世界政府都要重視人權的行動；相互引渡的協定；聯合國或美國自居為「世界警察」的角色，成為「世界新秩序」的代理者，不過這個「世界警察」的角色可能是威脅，也可能是願景。[46]

有一種說法是把全球化等於美國化，並不只是因為美國文化到處受歡迎，也不只因為美國的政治強勢與經濟令人嚮往。還有一個重要的原因是，全世界最大的企業往往都由美國主導。沒有人能控制資訊科技，但是投資大部分源於美國，所以美國最有主控之勢。大企業需要可施展抱負的世界舞台。[47]全球化的世界將是跨國企業可以到處營運的世界，一個處處是可口可樂商標與麥當勞黃色雙拱的世界。世界上大部分的電影、電視劇、流行音樂、無聊八卦產自美國，所以多少會造成全球化「按標準語言學，應該說是『英語化』比較恰當」。[48]

但是全球化有其限度，在此限度之外，「全球文明」很難到達。只要全球化在人們眼中成為以西方源頭為主的運動，是西方文化征服全世界的運動，就會被當作威脅本土傳統的力量，遭到激烈抵抗。甚至西方國家內部就有覺得自己並不屬於西方文明的社群，他們也對全球化表示厭惡，[49]例如基本教義派的伊斯蘭、黑人覺醒運動的鼓吹者、許多美洲原住民運動，甚至一些婦運團體，都自認不隸屬於西方文明的主流。

此外，我們憑經驗可知，文化影響力越過歷史的邊界後，可能被採納也可能被修改。不同的文化可互相借用，但不會犧牲自己原有的特色。最顯著的例子就是日本。西方社會認為日本擅於模仿西方，所以富強，算得上是西方世界的榮譽會員。但日本人眼中的自己卻不是如此。日本這一池水的水面上雖然映出西方的倒影，深處的日本卻保持不變。日本人的民族意識自古以來就是以他們自認為獨一無二的信念為基底，他們雖然精通在西方市場上競爭的技巧、穿西式衣著、演奏西方音樂、收藏西方藝術品，卻不曾揚棄視為珍寶的傳統。日本人打棒球是把棒球當作日本自己的運動在玩，將他們的青少年英雄主義與崇尚純潔的思想體現在運動中。西裝穿在日本人身上，變成表達群體和諧的制服，而群體和諧是日本人心目中企業經營成功的源頭。[50]我這樣說並沒有警告的意思，也無意為某些觀察家對日本的疑懼背書，我只是為了要突顯全球化的一項事實：從現在的情況看來，自我認同並不只是區別自己與鄰邦的不同而已，自我認同是在對世界趨勢做出應對時成形的。[51]

文化全球化很可能是一種違背自己利益的現象。人們只要融入了大個體，就會往各自地方的、區域的、民族的根本裡找尋熟悉的慰藉，所以超級大國往往會在形成了一陣子之後便解體；所以舊有的自我意識也可能在融入大帝國數百年之後仍然不滅。如果真有那麼一天，全世界的人都自認是全球文明的一分子，那麼這個全球文明將會是由很多不同成分組成的，而且在各地區表現得都不一樣。

文明的歷史沒有模式可循，文明的未來也將無法預測。過去的文明曾經被劃分成那些「階段」，大多數根本不是真的（見導論），因此，現在若談未來將進入什麼階段，可說是不成熟的論點。但是我忍不住想把本書最後一卷所講的內容排成「階段」。這裡講了三大洋的故事，三大洋分別在長短不一的時間裡居於主導地位：印度洋成為統一的空間之後產生了一個伊斯蘭之湖；近代西方文明在往來大西洋的航線之中興起；我們也可以隱約看出，太平洋的發展已經開始把另一群人帶上世界舞台的中央。剩下最後一個大洋了，世界大洋歷史的最後階段，從潛水艇渡北極與循大圓航線的空運路線也許可以看出端倪。假如全球文明真正誕生了，我可以想像未來的歷史學家會說它是如何如何在這些新路線的四周成形的，正如印度洋文明和大西洋文明在各自「主場」大洋地盤那樣發展起來。也許，北冰洋是，或即將成為，或將來會被視為世界的主場大洋。

果真如此的話，就是進一步證實了本書提過的一個經驗：沒有一種環境能倖免於文明的影響。我雖然努力避開各式各樣的決定論，卻不能否認的是：地理條件塑造了本書談論的這個世界。我說的地理是指最籠統的意思，地球上明顯可見的事實、自然環境的突變、土壤與種子、風與海浪都包括在內，尤其是，從文明的發源地擴展出去靠的都是風力（按本書的論點）。因此我要複習一下我們從一開頭就講到的一些原則：人類的衝動──自然環境牽動了，但也限制了人類的思維與熱情。一切發生的事都顯示在粗糙的、凡俗的素材上，但卻都是從思想與感情開端。至於其他，在本書將要結束之前，我頗有愛德蒙・布倫登（見第十三章）筆下地理學家的感觸，他在演講快要結束的時候告訴聽眾：

這些真理拜神聖的地理學之賜，
那是與磁鐵及地極一樣確定的，
憑這個知識我們就可以
讓所有的牛鬼蛇神和卑劣謬論落荒而逃……

再唸了幾行字之後他停下來。鐘滴答走著。演講者抬頭看，聽眾都走了，他安慰自己——這些人當然都跑去驗證他的理論了，我想自己也難逃這種光景吧。

❖德瑞克．賈曼的花園❖

這是一本談論地方的書：尋找「用看的」便可領會文明意涵的神廟，或廢墟，或地貌，或海景，而不是探討「概念」上的它們。我最尖銳地感覺到（或渴求）這種領會的時候，是在我旅程的最後一站——英吉利海峽旁的敦吉尼斯，這是英國最淒涼的地方。

淒涼可能啟發靈感：一片無人沼澤、一個籠罩在霧中的大城、一條有清澈淺灘的海岸線。敦吉尼斯卻淒涼得教人糊塗、生氣、灰心：陸上的地形下陷，就好像被海與鹽分榨光了能量；一成不變的平坦，觀看的人連眼皮也不用抬；匍伏、怯懦、荒蕪的土地（因為受虧待或冷落而衰病地）蜷縮沉入海。這是世界末日才會出現的那種平坦，山坡低矮，崎嶇處平淡得枯燥。

只有兩個建築物突出地矗立：一個不再發光的燈塔，以及燈塔後面核能發電所的一堆金屬骨架。金屬的圍欄、線圈、管子、凹凸不平的走道，霸占著一塊看來像已經受過災難打擊的大自然。空氣飄著鋼鐵味，聞著又有海藻味。

從燈塔上往下看，是鹽漬的草地勉力伸向沙岸。有幾間漁人的茅舍散亂在海岸線之上，用的是次等建材，塗著質感低劣的顏料。而教人難以置信的是，這裡有一家酒館，每晚都有旅行至此的人聚在這裡閒扯喧鬧，譏諷他們周遭的這片破敗，他們厚顏麻木的態度對敦吉尼斯是莫大的羞辱：荒涼應該獲得人們的敬畏。

走過沙石地吃力而蹣跚，你的腳步輕快不起來，鞋子會撇歪陷下去。這地面上沒長多少東西，植物幾乎都活不久。可是你正要去一個花園，是德瑞克．賈曼（編按：英國八〇—九〇年代實驗性很強的導演）在石子之中種植成功的。

他得了愛滋病，到這兒死去。這樣挑中一個適當得可怕且殘酷的地方能有一種安慰。這個已經死了的地方像普羅米修斯式人物的安息之地——讓人拴著等死的岩石，也像死刑犯的單獨囚房，或是虔誠聖徒面對上帝的苦修祈禱室。賈曼的小平房是漁人房舍的式樣。看來像草草蓋起來的暫時居所。庭園在房子四周，沒有圍欄，吸引人向前，卻又令人反感，因為賈曼為了表露自己的苦而造園：這是折磨、腐朽、壞死、痛苦之園。

他不願意承認這事實。他在死之前寫了一本談自己花園的書，把敦吉尼斯設想成有古怪魅力的地方，而他的園藝是一種溫和的治療。他描述自己如何辛苦地清出一塊沙石地、填上沃土、栽下對生態友善的當地植物。光鮮的照片把這地方呈現得小巧漂亮，剔除了恐怖。他卻幾乎不提四散在園中的不成形的漂流雜物（亂堆的短樁、陰莖狀的晶石），它們在嘲笑雕刻作品。只有兩個有象徵性的暗示：賈曼否認策劃了一個「善良女巫」的園子來中和附近發電所的有害排放；他並提及一個電視外景隊到這園子來拍製有關愛滋病的事情，不過賈曼說對於愛滋病是不能安排的。[52] 但既然他自己做了這一番安排，這麼說就是典型的口是心非。

小平房前面有一片傳統園藝，力圖把敦吉尼斯調養得樂觀而肥沃多產：有一箱外地運來的土壤、一株不很盡心開著花的玫瑰，這是唯一容許「得體」進駐的地方。在各各他（編按：新約聖經中耶穌被釘死在十字架上的受難地），花朵都帶著刺。賈曼之外的其他地方到處豎著從毀船搶救回來的斷枝殘塊。他把這些東西直立插在沙石圃上：有廢船上的圓柱和桅桿、被海水沖碎折斷的漁船的木板和龍骨，顏色全都剝落褪盡。它們像死去的血肉被蛆啃了，或是像受苦刑而垂著的四肢，醜陋變形、消瘦、痛苦地扭曲、膝骨被打斷、被釘子刺穿。釘子誇張地穿透出來，帶著鏽痕就像沾著血。多數的大石頭是從海裡拖上來的，沒有刮除上面附著的污穢與軟體動物，好似恐怖的皰疹疾病生的肉芽腫。

枯槁的半截桅杆和斜桁東倒西歪地立在碎石圃上，在海中積澱的硬附著物，好像一顆顆淋巴腺腫。船錨的鏈條鏽在大石頭的脖子上，好像古代貴族戴的厚重項鍊，死人入斂仍自豪地戴著。賈曼在這些大裝置之間排了小石陣，似乎是在紀念古文明的巨石陣建造者。走在這些石陣、桅桁之間，腳下的沙石摩擦出吱吱聲，這是陰森故事中的石化林，這裡的迷人魔法是邪惡的、愛情是墮落的。然而，賈曼所挑選、豎立在這裡的一切，屬於一種悠久而文明的傳統：隨手撿來的東西在審美家自己的眼中變成了藝術。這一件件歷劫歸來的杆桁石塊，令人想到古時中國有雅興的文人在自己的書案上擺設的「奇石」。[53]

我們預期文明要止於水岸。在敦吉尼斯的發電所之下，看來是已經終結了。賈曼在這麼可厭的荒涼之中實踐園藝，勇敢精神似乎不輸本書談到的任何一次與環境抗衡的行為。他為一處被人糟蹋的風景重建了意義，他從生命源頭與死亡淵藪的海洋找回了被大自然毀壞的人造物，他讓這些東西復活了：他挑了一塊絕望之地，再把它變成一個紀念園。賈曼的庭園會引起從噁心厭惡到讚揚吹捧等等各種不同的反應。參觀的人可能覺得它毫無意義，或髒兮兮，或殺氣騰騰，或充滿邪惡。有人覺得那只是海灘拾荒者病態的蹂躪，戀物癖到了狂熱的地步，有人當它是個垃圾場而一笑置之。等到賈曼的伴侶不在人世了，很難想像有誰會對這應該保存下來的園地懷著珍惜保存的意思。

也許保存與否是無所謂的事。這花園介於發電所與大海之間，一邊是人類污染的象徵，另一邊是大自然反撲的力量，待在中間的它本來就該消失。不過，正如許多文明化的成果一樣，不堪一擊也是它之所以成為文明碑銘的因素之一：它對環境表示頑抗，投入了一次強弱懸殊之鬥。文明史上即便敗績累累——野蠻占上風、愚昧的殺戮、進步的力量倒退、自然反撲、人類求改善不成，我們卻除了繼續努力維持文明傳統的生命，別無他策。即便是在海灘的沙礫地上，仍然「要耕耘自己的園圃」。

名詞對照

❖ 導論

卜羅維登斯 Providence
拉普蘭 Lapland
索佛克里斯 Sophocles
塔恩 Tarn
拉翁堂男爵 Baron de Lahontan
休倫族 Huron
聖基爾達教堂 St. Kilda
巴塔馬利巴 Batammaliba
肯尼士・克拉克 Kenneth Clark
史賓格勒 Oswald Spengler
湯恩比 A. J Toynbee
白哲特 W. Bagehot
柴爾德 V. Gordon Childe
孟福特 Lewis Mumford
艾爾斯華・杭亭頓 Ellsworth Huntington
保羅・瓦萊里 Paul Valéry
圖哈切夫斯基 Mikhail Tukhachevsky
瑪格麗特・米德 Margaret Mead
皮特・蓋爾 Pieter Geyl
菲立普・巴格比 Philip Bagby
諾柏特・伊里亞斯 Norbert Elias
費爾南・布勞岱爾 Fernand Braudel
傑克・普倫爵士 Jack Plumb
約翰・派瑞 John Parry
李約瑟 Joseph Needham
《中國的科學與文明》*Science and Civilization in China*
撒姆耳・杭亭頓 Samuel Huntington
涂爾幹 Émile Durkheim
毛斯 M. Mauss
柯洛柏 A. L. Kroeber
奎格里 Carroll Quigley
王爾德 Oscar Wilde
懷德海 Alfred North Whitehead
柯靈烏 R. G. Collingwood
克萊夫・貝爾 Clive Bell
佛洛伊德 Sigmund Freud
斯基泰人 Scythians
大辛巴威 Great Zimbabwe
烏士馬 Uxmal
山蒂亞納德瑪爾 Santillana del Mar
黃鼠草原 Gopher Prairie
沃夫森講座 Wolfson College Lectures
布須曼人 Bushmen
布里坦尼可斯 Britannicus

❖ 第一章

約翰・羅斯 John Ross
拉夫克萊特 H.P. Lovecraft
《瘋狂山岳》*At the Mountains of Madness*
嘉斯特倫 Matthias Alexander Castrén
薩摩耶人 Samoyeds
凱・唐奈 Kai Donner
托木斯克 Tomsk
波科基 Pokkelky
塔茲 Taz
奧斯提亞克人 Ostyak
弗德利・喬治・傑克遜 Frederick George Jackson
威蓋茲 Waigatz
泰西塔斯 Tacitus
薩米人 Sami
尼爾斯・瓦爾凱佩 Nils Valkeapää
薩米蘭 Samiland
斯卡特荷姆 Skateholm
埃農特基 Enonteki
萊潘斯基維爾 Lepenski Vir
奧里維克羅納 Knut Olivercrona
歐勞斯・麥格納斯 Olaus Magnus
北杜味拿河 Dvina
葉尼塞河 Yenisei
奈尼茨人 Nenets
楚克奇人 Chukchi
埃文人 Even
克里亞克人 Koriak
奧特勒 Othere
國王亞弗列 King Alfred
薩克索 Saxo Grammaticus
「遊牧人」Scridfinni
斯特拉納 Strägnas
《北方民族記述》*Description of the Northern Peoples*
烏普撒拉 Uppsala
雅姆特蘭 Jamtland
芬馬克 Finnmark
比亞米安人 Biarmians
馬丁・弗洛比舍 Martin Frobisher
約翰・戴維斯 John Davis
伊努伊特人 Inuit
尤皮克人 Yup'ik
塔斯馬尼亞人 Tasmanian
約翰・包克史多斯 John Bockstoce
圖勒 Thule
納卡修節 Nakaciuq Festival
不來梅主教亞當 Adam of Bremen
菲恩山脈 Rhiphaean
布拉塔里市 Brattahlid
嘉達爾 Gardar
紅髮埃里克 Eirik the Red
斯克拉林人 Skraelingar
巴達森 Ivar Bárdarsson
歐拉夫森 Thorstein Olafsson
卑爾根市 Bergen
教宗尼古拉五世 Nicholas V
諾里斯克 Noril'sk

❖ 第二章

愛瑞卡・瓦格納 Erica Wagner
范裘利 Robert Venturi
「基奧普斯金字塔」Pyramid of Cheops
索爾特河 Salt River
法蘭克・洛伊・萊特 Frank Lloyd Wright
小愛德華・索耶 Edward B. Sawyer, Jr.
聖佩卓河 San Pedro River
卡薩格蘭德古蹟 Casa Grande
聖胡安河 San Juan
希拉河 Gila River
「霍霍坎」Hohokam
格蘭德河 Rio Grande
奇瓦瓦省 Chihuahua
阿茲提克人 Aztec
小科羅拉多河 Little Colorado River
查科河 Chaco River
那布罕 G. P. Nabhan
索諾拉 Sonora
帕帕戈人 Papago
莫奇文化 Moche
洪堡洋流 Humboldt current
聖荷西德摩洛 San José de Moro
蓋爾卡雅 Quelcayya
烏阿斯卡蘭 Huascaran
昌昌 Chan Chan
契摩爾王國 Chimor
納茲卡人 Nazca
費贊地區 Fezzan
加拉曼特人 Garamantes
希羅多德 Herodotus
考內留斯・巴爾布 Cornelius Balbus
詹姆斯・魏勒 James Wellard
達瓦達人 Dawada
圖阿雷格人 Tuareg
貝度因人 Bedouin
利奧・阿非利加諾 Leo Africanus
撒赫勒 Sahel
伊本・巴圖塔 Ibn Battuta
希吉馬撒 Sijilmassa
瓦拉塔 Walata
「米特卡」mithqal
塔嘎扎 Taghaza
斯坦因 Aurel Stein
亞速海 Azov
塔納 Tana
阿斯特拉罕 Astrakhan
額濟納 Etsina
賴格爾博士 A. Reigel
歐文，拉鐵摩爾 Owen Lattimore
土爾扈特人 Torgut
喀拉哈利 Kalahari
布須曼人 Bushmen
科伊科伊人 Khoikuoi
火地島人 Fuegians
法利尼 G. A. Farini
「桑人」San
班圖族 Bantu
波爾人 Boer
羅拉・馬歇爾 Laura Marshall
羅倫斯・范・德・波斯特 Laurens van der Post
佐迪洛山 Tsodilo
「乾渴草原」Thirst Veld

❖ 第三章

希波拉 Cibola
詹姆斯・芬尼摩爾・庫柏 James Fenimore Cooper
《大草原》*The Prairie*
特諾奇堤特蘭 Tenochititlan
胡安・馬丁尼茲 Joan Martinez
西納羅阿 Sinaloa
法蘭契斯哥・瓦茲蓋茲・德・柯羅納多 Francisco Vázquez de Coronado
莫吉揚邊緣 Mogollón Rim
普威布洛 Pueblo
哈威胡 Hawihuh
吉基特 Tziquité
納瓦特爾語 Nahuatl
康曼契族 Comanches
基維拉 Quivira
堪薩斯州賴斯郡 Rice County
克魯溪 Crow Creek
基里基里族人 Kirikiri
蘇族 Sioux
黑嶺 Black Hills
基奧瓦族 Kiowa
夏安族 Cheyenne
克魯族 Crow
厄里克拉族 Arikara
歐馬哈族 Omaha
阿羅坎族 Araucanos
內格羅河 Negro
卡卡波 Cacapol
卡納波 Cangapol
亞力山多・馬拉史比納 Alessandro Malaspina
庫伊葉 Kuiye
阿塔科拉山脈 Atacora
努佩人 Nupe
富拉尼人 Fulani
賈德・戴蒙 Jared Diamond
努比亞 Nubia
波爾努 Bornu
馬格里布 Maghribi
阿里・嘎吉 Ali Ghadj
阿婁瑪 Aloma
傑尼 Jenne
傑尼傑諾 Jenne-Jeno
塞內干比亞 Senegambia
伏塔河 Volta
索寧克地區 Soninke
寇姆比撒列 Koumbi-Saleh
阿爾摩拉威人 Almoravids
潔娜布・阿爾納夫扎威亞 Zaynab al-Nafzawiya
阿布・巴克爾・賓・烏瑪・阿爾拉姆土尼 Abu Bakr bin Uman al-Lamtuni
馬拉喀什 Marrakesh
尤索夫・伊本・塔什芬 Yusuf Ibn Tashfin
森第亞塔 Sundiata
曼丁戈族人 Mandingo
伊本・喀爾敦 Ibn Khaldun
布惹 Bure

廷巴克圖 Timbuktu
曼薩穆薩 Mansa Musa
高烏 Gao
米哈拉布 miharab
尼亞尼 Niani
菲斯 Fez
伊本阿米爾・哈吉布 Ibn-amir Hajib
阿肯人 Akan
曼薩蘇萊曼 Mansa Sulayman
桑海族 Songhay
馬約卡 Majorca
索尼・阿里 Sonni Ali
阿爾馬格里 al-Maghli
穆哈馬・圖萊 Muhammad Touray
阿赫馬・阿爾曼蘇爾 Ahmad al-Mansur
摩里斯科 Morisco
韓立希・巴特 Heinrich Barth
戈戈 Gogo
豪薩族 Hausa
烏蘇曼・丹・弗第奧 Usuman dan Fodio
瓦哈比教派 Wahhabi
吉布瑞 Jibril
馬赫迪 Mahdi
哥比爾 Gobir
雍法 Yunfa
梭克托 Sokoto
阿布都拉・賓・穆哈馬 Abdullah bin Muhammad
卡諾 Kano
盧押爵士 Sir Frederick Lugard
布爾瑪 Birma

❖ 第四章

彼得・謝苗諾夫 Pietr Semenov
梁贊 Riazan
約根・畢契 Jorgen Bisch
聶伯河 Dnieper
斯萊德涅・斯多格文化 Sredny Stog
薩爾馬希西人 Sarmatians
普羅康尼修的阿里斯蒂亞 Aristeas of Proconnesus
亞里馬斯匹人 Arimaspians
北國人 Hyperboreans
庫勒奧巴 Kul Oba
刻赤半島 Kerch
芬族人 Finnic
霍克拉一諾弗切卡斯克 Khokhlac-Novocherkasek
薩爾瑪希亞王后 Sarmatian queen
阿提拉王 Attila
阿瓦爾人 Avars
克魯姆汗 Krum
哈拉和林 Karakorum
盧布魯克的威廉修士 Friar William of Rubruck
庫里亞台大會 Kurultai
希拉特城 Herat
皮亞諾卡比尼的若望 John of Piano Carpini
拉班・掃馬 Rabban Bar Sauma
馬拉蓋 Maragha
馬・登哈 Mar Denha
雅巴拉哈 Mar Yaballaha
馬穆魯克 Mamluk
安茹王朝 Angevin
亞拉岡王朝 Aragon
尼古拉四世 Nicholas IV
費爾干納 Ferghana
塔拉斯 Talas
阿奎那 Thomas Aquinas
沙特勒 Chartres
羅哲爾・培根 Roger Bacon
腓特烈二世 Frederick II

❖ 第五章

史蒂芬・澤羅姆斯基 Stefan Zeromski
摩列姆的羅伯 Robert of Molesme
西鐸 Cîteaux
沙隆 Chalon
查爾斯・金斯利 Charles Kingsley
土爾的聖馬爾定 St. Martin of Tours
聖卜尼法斯 St. Boniface
蓋斯瑪地區 Geismar
厄明蘇爾 Irminsul
聖達克拉哈曼紐 St. Takla Haymanyot
葉姆里哈納・克列斯多 King Yimrihane Krestos
恩基杜 Enkidu
鳩加梅士 Gilgamesh
阿罕布拉王宮 Alhambra
巴亞多里 Valladolid
班士城堡 Binche
《高溫爵士與綠武士》*Sir Gawain and the Green Knight*
埃爾孔尼克 Erlkönig
詹姆斯・弗雷澤 James George Frazer
伊尼亞斯 Aeneas
阿提卡地區 Attica
提奧弗拉斯特 Theophrastus
耐米湖 Nemi
伊洛廓伊族印地安人 Iroquois
達雅克人 Dayaks
瓦尼卡族 Wanika
伊瑞希克松 Erysichthon
西多修會 Cistercians
戈林 Hermann Goering
維楚威亞斯 Vitruvius
李爾紡織村 Colonia Güell
米拉公寓 Casa Mila
布豐 Georges-Louis Buffon
狄鮑 Corneille De Pauw
納齊茲族 Natchez
史匹羅 Spiro
馬掌湖 Horseshoe Lake
卡霍基亞 Cahokia
朗恩湖 Long Lake
卡爾溪 Carr Creek
麥多納湖 McDonagh Lake
大馬雷湖 Grand Marais Lake
米契爾 Mitchell
馬修斯 Mathews
菲佛 Pfeffer
朗恩 Long
薩嘉爾神父 G. Sagard
奧爾梅克人 Olmec

阿爾岡昆族 Algonquin
路易・芒・德・隆・達斯 Louis Armand de Lom d'Arce
亞達里奧 Adario
特斯卡羅拉 Tuscarora
莫霍克人 Mohawk
卡斯卡斯基亞 Kaskaskia
塞尼卡 Seneca
林吉・戴維斯 Lindsey Davis
韋斯佩先 Vespasian
特圖良 Tertullian
維洛那 Verona
馬格德堡 Magdeburg
聖丹尼 St. Denis
蘇傑 Suger
奧澤爾 Auxerre
伊佛林 Iveline
謝夫魯斯 Chevreuse
班堡的主教奧托 Bishop Otto of Bamberg
博美拉尼亞 Pomerania
赫爾包德 Herbord
烏契之 Ucz
威爾斯的傑洛德 Gerald of Wales
康諾特 Connaught
埃梅里・皮考 Aiméry Picaud
康波斯特拉的聖約翰 St. James at Compostela
隆斯弗的羅蘭招待所 Hospital of Roland at Roncevaux
塞維里亞的依西多祿 Isidore of Seville
聖徒仙諾 Zeno
聖阿納塔西堂 Santa Anastasia
聖安博 St. Ambrose
康波絲特拉 Compostela
聖湯瑪斯・貝克特 St. Thomas Becket
諾夫哥羅德 Novgorod
普斯科夫 Pskov
聖巴拉斯克瓦 St. Paraskeva
弗斯福洛德 Vsevolod
波勒斯拉夫 Boleslav
米羅士卡 Miroshka
瓦斯亞它 Vasyata
尼封特 Nifont
羅倫采蒂 Ambrogio Lorenzetti
錫耶那 Siena
弗羅茨拉夫 Wroclaw
尼瑟河 Nysa
克列弗 Clairvaux
孟斯特 Sebastian Munster
布隆森林 Bois de Boulogne
《金粉世界》*Gigi*

❖ 第六章

惡魔島 Devil's Island
瑞維拉吉多島 Revillagigedo
馬欽巴 Marchinbar
腓特烈韓崔克島 Frederik Hendrik Island
克里龐 Kolepom
多拉克 Dolak
塔茲 Taz
賽潘蒂 L.M. Serpenti
基曼姆人 Kimam
「瓦蒂」wati
馬皮亞蕨 mapia
李察・麥克尼希 Richard MacNeish
普里佩特 Pripet
塔巴斯科 Tabasco
拉凡塔城 La Venta
寇薩寇爾科河 Coatzacoalcos
聖羅倫佐城 San Lorenzo
華特・羅理爵士 Sir Walter Raleigh
蓋亞那 Guiana
瑪諾亞 Manoa
赫南・柯泰斯 Hernán Cortés
皮薩洛 Francisco Pizarro
約翰・洛依德・史帝文斯 John Lloyd Stephens
弗瑞德里克・凱瑟伍德 Frederick Cantherwood
馬雅潘 Mayapán
皮耶・婁蒂 Pierre Loti
考奈里斯 I.C. Cornelis
波羅布都 Borobudur
洞里薩湖 Tonle Sap
瑟巴斯欽・凱伯特 Sebastian Cabot
納波河 Napo
卡斯帕・德・卡爾瓦哈修士 Gaspar de Carvajal
馬拉島 Margjo
撒姆耳・弗里茲 Samuel Fritz
奧瑪瓜族人 Omagua
鳩里瑪瓜族人 Jurimagua
「雨林脆果糖」Rain Forest Crunch
孟杜庫魯印地安人 Munducuru
它巴鳩河 Tabajós
科潘 Copán
金剛鸚鵡王朝 Macaw dynasty
帕連奎的帕卡爾 Pacal of Palengue
基里谷阿 Quiriguá
卡瓦克天空 Cauac Sky
雅克斯潘 Yax Pac
雅赫契蘭 Yaxchilan
提卡爾 Tikal
培頓地區 Petén
梅里達市 Mérida
猶卡坦 Yucatan
奇琴伊察 Chichén Itzá
烏蘇馬辛塔河 Usumacinta
彭納姆帕克 Bonampak
瓦哈克敦 Uaxactum
卡拉科城 Caracol
阿可可 Ah Cacao
伊辛且 Iximche
蘇耶跋摩二世 Suryavarman II
史林多跋摩 Srindavarman
闍耶跋摩七世 Jayavarman VII
塔普倫寺 Ta Promh
巴揚寺 Bayon
羅摩康達・高拉卡拉 Ramacandra Kaulacara
奧里薩邦 Orissa
優陀耶迭多跋摩二世 Udayadityavarman II
貝寧城 Benin
約翰 Prester John
莫塔帕 Mwene Mutapa
拉哥斯 Lagos

阿肯祖瓦一世 Akenzua I
奧風拉姆溫 Ovonramwen
瑪甲哈羅 Majaharo

❖ 第七章

阿卡德 Akkadia
傑克．哈倫 Jack R. Harlan
索諾拉沙漠 Sonora
維拉斯奎茲 Diego Rodríguez de Silva y Velázquez
《伐爾肯的熔爐》*The Forge of Vulcan*
杜拉摩 L. J. Durameau
德．盧德堡 P. J. de Loutherbourg
威廉．伊比特 William Ibbitt
雪菲德 Sheffield
婁瑞 L. S. Lowry
耶利哥 Jericho
查泰土丘 Çatalhüyük
查桑巴河 Çarsamba
托羅斯山脈 Taurus
查約努 Çayönü
普露嘉女神 Puluga
威塞克斯 Wessex
邁錫尼 Mycenean
恩利爾 Enlil
寧圖 Nintu
安基 Enki
《基加美修》*Gilgamesh*
烏魯克城 Uruk
烏爾 Ur
薩爾貢 Sargon
拉嘎什 Lagash
谷第亞 Gudea
烏爾納慕 Ur-Nammu
埃卜拉 Ebla
西拿基立 Sennacherib
亞述巴尼拔 Ashurbanipal
納波普納瑟 Nabopolassar
尼布甲尼撒二世 Nebuchadnezzar II
卡基米什 Carchemish
斯特拉博 Strabo
哈拉帕 Harappa
哈茲赫蘇特 Hatshepsut
彭特 Punt
阿門拉 Amun-Ra
拉美西斯二世 Rameses II
阿馬爾納 Amarna
索倫 Solon
梅克特拉 Meket-ra
基奧普斯 Cheops
美尼斯 Menes
奈巴門 Nebamun
拉姆瑟斯城 Rameses
塞特 Seth
希克索人 Hyksos
「法尤姆肖像群」Fayum portraits
哈夫拉 Chephren
麥瑟里努斯 Mycerinus
拉美西斯三世 Rameses III
吉薩 Giza
黑蒙 Hemon
伊姆霍特普 Imhotep

❖ 第八章

查爾斯．馬森 Charles Masson
威爾弗瑞．賽西格 Wilfred Thesiger
亞里安 Arrian
桑加拉 Sangala
雷蒙與布麗姬．奧爾欽 Raymond & Bridget Allchin
俾路支 Baluchistan
舍都卡爾 Shortughal
孟迪嘎 Mundigak
洛塔爾 Lothal
坎貝灣 Gulf of Cambay
摩恩卓達羅 Mohenjo-Daro
馬里 Mari
薩拉斯瓦蒂河 Saraswati
塔爾沙漠 Thar
「原始語」Ursprache
「原始語故鄉」Urheimat
史瓦希利語 Swahili
《梨俱吠陀》*Rigveda*
旁遮 Punjab
因陀羅 Indra
安那托利亞 Anatolia
土庫曼 Türkmenistan
阿姆河 Amu darya (Oxus River)
納馬茲卡 Namazga
阿爾丁 Altin
伯羅奔尼撒半島 Peloponnese
庇洛斯 Pylos
《大史》*Mahavamsa*
僧伽羅人 Sinhalese
詹姆斯．希羅 James Brow
馬都魯奧亞 Madura Oya
阿努拉德普勒 Anuradhapura
韋恩．弗格 Wayne Fogg
瑣羅亞斯德 Zoroastre
《奧義書》*Upanishad*
霍瑞斯 Horace
米西納斯 Maecenas

❖ 第九章

夏拉帕 Jalapa
波波卡特佩托火山 Popocatépetl
塞維里亞 Seville
康波斯特拉 Compostela
湯瑪斯．普萊特 Thomas Platter
切若基人 Cherokees
霍屯督人 Hottentots
阿拉克瑟斯 Araxes
烏拉蒂亞 Urartians
凡湖 Lake Van
巴格拉蒂人 Bagratids
亞尼 Ani
特奧蒂瓦坎 Teotihuacán
阿爾班山 Monte Albán
圖拉 Tula
「達克史那巴塔巴提」Dakshinapathapati
諾尺人 Ngoni
亞基美尼人 Achaemenids
庫茲科 Cuzco
賽比亞人 Sabaeans
蒂亞瓦納科 Tiahuanaco
阿亞庫丘谷 Ayacucho
烏阿利 Huari 或 Wari
的的喀喀湖 Titicaca

卡哈馬爾卡高地 Cajamarca
孔都瓦西 Kuntur Wasi
里瑪克河谷 Rimac Valley
拉弗羅里達 La Florida
藍貝耶克河谷 Lambayeque Valley
帕拉卡斯 Paracas
查芬・德・萬塔 Chavín de Huántar
卡列宏・德・康丘科山 Callejon de Conchuós
契里帕 Chiripa
提卡爾 Tikal
瓦哈卡河谷 Oaxaca
查波泰克人 Zapotecs
米赫泰克人 Mixtec
蒂蘭通戈 Tilantongo
特扎寇阿科 Tetzacoalco
圖圖特佩克 Tututepec
特希可可湖 Texcoco
特拉希考特卡 Tlaxcalteca
烏埃霍欽卡 Huexotzinca
卓魯特卡 Cholulteca
契穆 Chimu
烏埃納・卡帕 Huayna Capac
基斯帕干卡 Quispaguanca
寇查班巴 Cochabamba
庫奧提特蘭 Cuautitlan
索契米爾科湖 Xochimilco
帕努科河 Pánuco
霍科諾斯科 Xoconoxco
烏阿羅契拉 Huarochirá
豪哈 Jauja
烏阿卡查查 Huaca-Chacha
庫拉阿希 Curahasi
阿普里瑪河 Apurímac
奇隆河谷 Chillon Valley
烏安卡尤 Huancayo
阿塔瓦爾帕 Atahualpa
薩薩瓦曼 Sacsahuamán
卡蘭基 Caranqui
亞瓦寇查湖 Yahuar-Cocha
基托 Quito
曼塔羅谷 Mantáro
烏安卡 Huanca
威卡班巴 Vilcabamba

❖ 第十章

路易・特雷岡斯 Louis Trégance
「奧朗沃克」Orangwoks
麥克・李希 Michael Leahy
瓦吉河谷 Wahgi
納列古部落 Naregu
巴魯雅人 Baruya
庫克沼澤 Kuk
柯洛瓦吉部落 Kerowagi
雷納托・羅撒多 Renato Rosaldo
伊隆高人 Ilongot
希瓦洛部落 Jívaro
伊菲島 Ife
阿爾伊德里西 al-Idrisi
林波波河 Limpopo
尚比西河 Zambezi
喬安・德・巴羅斯 João de Barros
薩比河 Sabi
曼克威尼 Mankweni
楚農瓦 Chumnungwa
羅茲威人 Rozwi
尼亞齊姆卡・穆托塔 Nyatsimka Mutota
馬佐埃河 Mazoe
伊尼安加山 Inyanga或Nyangani
示巴女王 Sheba
俄斐 Ophir
拉瑟拉斯山 Rasselas
葉那 Yena
麥泰拉 Metara
伊本・霍卡爾 Ibn Hawkal
阿克蘇姆 Aksum
摩瑞布河 Mereb
特凱茲河 Tekeze
《厄里特里亞海回航記》*Periplus of the Erythraean Sea*
普利尼 Pliny
吉易茲語 Ge'ez
阿都里斯 Adulis
馬撒瓦 Massawa
澤伊拉 Zeilla
聖潘達勒翁 St. Pantalewon
聖亞倫 St. Aaron
貝達・馬里安 Baeda Maryam
伊亞蘇・摩阿 Iyasus Mo'a
葉庫奴・阿姆拉克 Yekuno Amlak
埃扎那 Ezana
美洛依人 Meroites
米爾凡橋 Milvian Bridge
「馬列布」Mahreb
「阿列斯」Ares
一性論者 Monophysite
卡列布 Kaleb
聖徒塔克拉哈曼鈕 St. Takla Haymanyot
聖額我略 St. Gregory the Great
亞列德 Yared
葉姆勒哈那・克列斯托 Yimrihane Krestos
齊克瓦拉 Ziqwala
葛布勒・曼法斯・凱杜斯 Gebre-Menfas-Qeddus
拉里貝拉 Lalibela
扎格威 Zagwe
奧嘎族群 Awga
庫希特語 Cushitic
阿姆哈拉族 Amhara
「所羅米德」Solmid
狄布拉哈伊克 Debra Hayq
狄布拉黎巴諾 Debra Libanos
塔納湖 Lake Tana
紹阿地區 Shoa
戈賈姆地區 Gojam
達威特 Davit
阿瓦希河 Awash
阿赫馬・伊本・易卜拉欣 Ahmad ibn Ibrahim
阿德爾 Adel
加拉 Galla
巴瑞伊 Bahrey
埃蘭古國 Elamite
蘇撒 Susa
居魯士大帝 Cyrus the Great
波斯波利斯城 Persepolis
塔克希拉 Taxila
奧克索斯河 Oxus
喀隆河 Karun
阿胡拉・瑪茲達 Ahura Mazda
密拉 Mithras

澤克希斯 Xerxes
拉加 Ragae
哈馬丹 Hamadan
法爾斯省 Fars
庫爾谷 Kur
伊斯法罕平原 Isfahan
扎因達河 Zayinda Rud
盧里斯坦 Luristan
薩珊王朝 Sasanians
亞達希爾 Ardashir
安息王朝 Parthians
扎格羅斯山 Zagros
薩普爾王 Sapur
瓦勒良 Valerian
斯文・赫定 Sven Hedin
揚赫斯本 Francis Younghusband
費爾干納 Fergana
哈倫・賴世德 Harun al-Rashid
卡瑪爾 Kamardh
拉達克 Ladakh
嘉布遣修會 Capuchins

❖ 第十一章

馬爾它 Malta
基爾瓦 Kilwa
贊吉巴爾 Zanzibar
科摩羅群島 Comoros
什拉吉 Shirazi
德納第 Ternate
蒂多列 Tidore
赫爾塔島 Hirta
外赫布里底群島 Outer Hebrides
蕾秋・厄斯金 Rachel Erskine
「葛蘭治夫人」Lady Grange
赫布里底 Hebrides
麥考利 T.B. Macauly
布魯漢男爵 Henry Brougham
斯凱島 Skye
玻里尼西亞 Polynesia
美拉尼西亞 Melanesia
奧馬衣 Omai
雷諾茲爵士 Joshua Reynolds
芬妮・柏尼 Fanny Burney
密克羅尼西亞 Micronesia
帛琉群島 Palau
利布 Lee Boo
庫克船長 James Cook
威廉・郝吉斯 William Hodges
布萊船長 William Bligh
喬治・漢彌頓 George Hamilton
阿卡迪亞 Arcadia
拉佩魯斯 La Pérouse
卓布里安群島 Trobriands
東加群島 Tonga
阿努塔島 Anuta
蒂科匹亞島 Tikopia
新赫布里底群島 New Hebrides
圖巴亞 Tupaia
胡伊・特・藍吉羅亞 Hui-te-Rangiroa
拉拉東加 Raratonga
毛伊 Maui
庫佩 Kupe
伊歐 Io
查塔姆群島 Chatham Islands
胡阿拉萊山 Hualalai
科哈拉山 Kohala
卡美哈美哈 Kamehameha
馬蓋薩群島 Marquesas
皮特凱恩島 Pitcairn
隆戈隆戈 rongorongo
拉諾拉拉庫 Rano Raraku
泰德・班克 Ted Bank
阿特卡島 Atka
烏姆納克島 Umnak
「瑞定」Redin
哥佐島 Gozo
塔爾辛 Tarxien
斯科爾巴 Skorba
赫立拉尼恩 Herculaneum
基克拉底群島 Cycladic Islands
卡羅斯島 Karos
亞瑟・艾文斯 Arthur Evans
米諾斯 Minoan
科諾索斯 Knossos
扎克羅斯 Zakros
賽拉島 Thera
阿克羅蒂里 Akrotiri
麥里亞 Mallia
費斯托斯 Phaistos
馬約卡島 Majorca
安茹人 Angevins
里多 Lido
托且洛 Torcello
穆拉諾 Murano
塞里奧 Sebastian Serlio
帕拉底奧 Andrea Palladio
卡奈列托 Antonic Canaletto
卡列瓦里 Luca Carlevaris
拜葉吉一世 Bayezid I
麥赫梅一世 Mehmet I

❖ 第十二章

懷特 Walter Grainge White
毛肯 Mawken
推羅 Tyre
希蘭王 King Hiram
阿基利斯 Achilles
威那孟 Wenamun
阿蒙 Amun
畢布羅斯 Byblos
澤克爾・巴勒 Zeker Baal
尤蒂卡 Utica
加底斯 Gades
丹吉爾 Tangier
塔木達 Tamuda
摩嘎多爾 Mogador
巴力 Ba'al
塔尼特 Tanit
加圖 Cato
如尼字母 Runic alphabet
卑爾根 Bergen
特隆侯姆 Trundholm
布魯德菲爾特 Brudevaelte
貢畢揚・沃夫・克拉卡森 Gunnbjorn Ulf-Krakason
「紅髮埃里克」Erik the Red
畢亞尼・赫約弗森 Bjarni Herjolfsson
斯庫德列夫 Skuldelev
海爾史達 Hylestad
邊沿地 Rimland
多德卡尼斯群島 Dodecanese

庫爾蘭公國 Courland
雅各公爵 Duke Jacob
多巴哥 Tobago
哥特堡 Gothenburg
加利西亞 Galicia
克爾特人 Celts
蘇也維 Suevi
巴斯克人 Basques
康瓦爾 Cornwall
安達魯西亞 Andalucia
比斯開灣 Bay of Biscay
錫利群島 Scillies
布列塔尼 Brittany
奧克尼群島 Orkneys
米斯谷 Meas Howe
巴恩豪斯 Barnhouse
布羅德嘉 Brodgar
斯登格斯 Stengess
斯卡拉坡岸 Skara Brae
基克拉迪群島 Cycladic
維克斯 Vix
高辛尼 R. Goscinny
烏德佐 A. Uderzo
德魯伊特 Druids
義楚利亞 Etruria
伊比利亞 Iberian
高利尼 Coligny
赫爾威迪亞人 Helvetian
卡拉宅克斯 Caractacus
威尼蒂人 Veneti
葛羅寧根 Groningen
弗里西亞 Frisia
塔克山卓 Toxandria
尼德蘭王國 Kingdom of the Netherlands
聯合省 United Provinces
錫土巴耳 Setúbal
彭塔・德・阿拉雅 Punta de Araya
佩南布科 Pernambuco
布拉歐 Blaeu
巴達維亞 Batavia
亞拉岡 Aragon
皮特松・寇恩 Jan Pieterszoon Coen
李格瓦特 Jan Adriaenszoon Leeghwater
約翰・伊夫林 John Evelyn
凱澤運河段 Keizersgracht
赫倫運河段 Herengracht
哈斯 Frans Hals
梅茲 Gabriel Metsu
傑若・德・博赫 Gerard ter Borch
瓦爾納 Varna
塔塔里亞 Tartaria
土帕克・尤潘基 Tupac Yupanqui
馬丁・平松 Martín Pinzón
古吉拉特 Gujarat
庫契 Kutch
卓拉 Cholas

❖ 第十三章

愛德蒙・布倫登 Edmund Blunden
泰吉 Thaj
哈達拉莫 Hadramut
伊本・馬吉德 Ibn Majid
迪爾門 Dilmun
麥甘王國 Kingdom of Magan
葛拉 Gerrha
阿爾朱拜 Al-Jubayl
哈薩 Hasai
菲拉卡島 Failaka
夏甲 Hagar
以實瑪利 Ishmael
亞齊 Aceh
詹思丁 Shams al-Din
烏爾都語 Urdu
蒲甘 Pagan
馬打蘭 Mataram
室利佛逝 Srivijaya
西山 Tay Son
蘇萊曼 Sulayman
夏連德拉王朝 Sailendra
婆羅浮屠 Borobudur
希盧 Hiru
盧德拉耶那 Rudrayana
麥特拉堪耶訶 Maitrakanyoka
貝拿勒斯 Benares
孟人 Mons
麻喏巴歇 Majapahit
文那答・普拉潘科 Winada-Prapanca
哈揚・武魯克 Hayam Wuruk
占族人 Cham
桑伽 Sankha
摩尼米河羅 Mani-mekhala
朱羅國 Chola
喀吠利 Kaveri
科羅曼德 Coromandel
納加帕蒂南 Nagapattinam
喀吠利普帕蒂南 Kaverippumppattinam
馬馬拉普蘭 Mamallapuram
闍羅 Cola
庫羅通加一世 Kulottunga I
丹卓爾 Tanjore
羅真陀羅 Rajendra
比甲普 Bijapur
馬拉巴 Malabar
卡納堤克 Karnatic
薩加 Sagga
巴魯奇 Bharuch
筏馱摩那 Mahavira
薩崇闍耶 Satrunjaya
達伽馬 Vasco da Gama
馬林第 Malindi
古里國 Calicut
第烏港 Diu
馬立克・阿亞茲 Malki Ayaz
毘勒支・伏羅 Virji Vora
聖尼古拉 St. Nicholas
多比亞斯 Tobias
荷姆茲海峽 Hormuz

❖ 第十四章

維奧蒂亞 Boeotia
赫西奧德 Hesiod
佩瑟斯 Perses
伊奧里亞的基米島 Aeolian Kyme
阿斯克拉 Askra
埃維亞島 Euboea
斯卡曼德河 Scamander
澤克西斯 Xerxes
亞托斯 Athos

埃瑞崔亞 Eretria
柯林斯 Corinth
薩莫斯的科里奧斯 Coleos of Samos
塔特索斯 Tartessos
格力翁 Geryon
丁多河 Río Tinto
弗基亞 Phocaea
薩蒂里翁 Satyrion
塔拉斯水域 Taras
塔倫通 Tarentum
克羅頓 Kroton
喀爾西人 Chalcidions
羅德島 Rhode
赫拉克利節慶 Herakleia
亞里斯多芬 Aristophanes
諾克拉堤斯 Naucratis
薩莫斯天后 Samian Hera
米利都阿波羅 Milesian Apollo
阿那克西曼德 Anaximander
義楚利亞人 Etruscans
勞利翁 Laurion
斯塔基拉 Stagira
葛士里 W.K.C. Guthrie
波伊修斯 Boethius
狄奧根尼 Diogenes
法羅斯 Pharos
弗瑞塞 P.M. Fraser
波利比厄 Polybius
凱奧斯 Chian
費拉德菲 Philadelphus
尼多斯的索梭斯特拉多 Sostratus of Cnidos
卡利馬科 Callimachus
海神普羅提厄斯 Proteus
哈里卡那索 Halicarnassus
摩索勒斯陵墓 Mausoleum
卡里亞 Caria
努米底亞式 Numidia
以弗所 Ephesus
阿爾菲厄斯河 Alphaeus
阿特米斯 Artemis
西頓的安提佩特 Antipater of Sidon
呂底亞 Lydia
克里索斯 Croesus
約翰・特托・伍德 John Turtle Wood
斯美納鐵路 Smyrna
希利奧斯 Helios
赫拉克里托 Heraclitus
尤里安 Julian
卡勒斯 Chares
艾菲爾 Gustave Eiffel
斐迪亞斯 Pheidias
帕加馬 Pergamum
亞斯特里克斯 Astérix
巴諾尼西省 Pannonia
基梅里恩 Cimmerians
杜耶洛谷 Duero
伊基爾 Igel
佩楚尼亞斯 Petrunius
屈馬丘 Trimalchio
薩賓 Sabine
弗卡斯之柱 Phocas
帕拉斯像 Palladium
伊尼亞斯 Aeneas
聖傑羅姆 St. Jerome
拉文納 Ravenna
提奧多里 Theodoric
聖維塔勒教會 Church of San Vitale
巴維亞 Pavia
《哲學的慰藉》*The Consolation of Philosophy*
諾桑比亞 Northumbrian
畢德 Bede
哈德良之牆 Hadrian's Wall
羅姆勒斯 Romulus
雷姆斯 Remus
亞琛 Aachen
鄂圖文藝復興 Ottonian Renaissance
岡德山姆的羅斯維達 Rosvita of Gondersheim
泰倫斯 Terence
普勞特斯 Plautus
馬提亞斯國王 King Matthias Corvinus of Hungary
皇后卓依 Tsarina Zoë
西吉斯蒙德 Sigismund
克拉科夫 Cracow
維爾尼亞斯 Vilnius
特拉特洛哥 Tlatelolco
哈茲利特 Hazlitt
羅森摩的卡爾公爵 Duke Carl of Rosenmond
優里庇底斯 Euripides
埃斯庫羅斯 Aeschylus
阿加塔奇底斯 Agatharchides
斯瓦米・威維卡南達 Swami Vivekananda
「亞瓦那上師」Yavana gurus
羅闍・羅摩亨・洛伊 Raja Rammohun Roy
侯塞・黎薩 José Rizal
《社會的惡瘤》*Noli me tangere*
烏納穆諾 Miguel de Unamuno
凱德蒙 Caedmon

❖ 第十五章

尼亞沙湖 Nyasa
堯族 Yao
馬它卡 Mataka
吉達 Jiddah
亞丁 Aden
扎伊拉 Zaila
摩加迪修 Mogadishu
蒙巴薩 Mombasa
扎伐里 Zafari
馬西拉 Masirah
伊本・圖格魯尼 Ibn Tughluq
摩奴赫拉王子 Prince Manohara
室利孔哲山 Srikunja
賈姆希德 Jamshid
馬克蘭 Markland
安德烈・德・烏爾達奈塔修士 Fray Andrés de Urdaneta
「拉那馬」Rahnama
馬蘇第 al-Masudi
杜阿特・巴柏薩 Duarte Barbosa
那塔爾 Natal
特蘭斯凱 Transkei
《海洋哀史》*The Tragic History of*

the Sea
維查耶那加爾 Vijayanagar
辛巴德 Sinbad
布祖爾格・伊本・沙里亞 Buzurg ibn Shahriyar
《印度奇觀書》*The Book of Wonders of India*
基爾曼 Kirman
阿布哈拉 Abhara
西拉夫 Siraf
佐法爾 Dhofar
索科特拉島 Socotra
瓜拉巴蘇 Kuala Pasu
阿布杜・拉扎克・伊沙克 Abdu'r-Razzaq bin Ishaq
《工作與日子》*Works and Days*
克里斯多弗洛・彭德蒙蒂 Cristoforo Buondelmonti
薩摩斯島 Samos
特諾斯島 Tenos
薩拉 Psará
聖尤達奇 St. Eustace
智者伯納德 Bernard the Wise
雅法 Jaffa
伊本・朱拜爾 Ibn Jubayr
阿克爾 Acre
麥西那 Messina
葉爾 Hyères
聖盧卡 Sanlúcar
維拉克魯斯 Veracruz
加的斯 Cádiz
阿加普哥 Acapulco
「卡爾馬聯盟」Kalmar Union
摩達維亞 Moldavian
波斯國王盧士統 Rustum Shah
薩法威王朝 Safavids
曼涅里克 Menelik
奧倫治的威廉 William of Orange
那羅希摩 Narasimha
薩盧瓦王朝 Saluva
毘陀羅 Vitthala
希堪達・羅底 Sikandar Lodi
比哈 Bihar
拉吉普特 Rajput
巴布爾 Babur
扎拉・亞科布 Zara Ya'qob
埃斯堪德 Eskender
蓋伊特 Qa'it Bey
阿里・伊本・馬逑西 'Al ibn-al Marshushi
比歐比歐河 Bóo-bóo
阿胡伊佐托 Ahuitzotl
卡斯提爾 Castile
格拉那達 Granada
伊斯帕紐拉 Hispaniola
梅里亞 Melilla
拜葉吉二世 Bayezid II
西里西亞 Silesia
雷潘托 Lepanto
喀山 Kazan
維姆河 Vym
伯朝拉河 Pechora
烏斯圖格的司提凡 Stephen of Ustyug
彼爾姆 Perm
鄂畢河 Ob
普斯多澤斯克 Pustozersk
馮・赫伯史坦 Sigmund von Herberstein
尤爾加人 Yurga
阿拉瓦克人 Arawak
坦干伊卡 Tanganyika
瓦克瓦克航海者 Waq-waq
果阿 Goa
科巴卡巴那 Copacabana
卡斯開 Cascais
盧安達 Luanda

❖第十六章

塔谷斯河 Tagus
瓜達基維爾河 Guadalquiver
伊爾明格洋流 Irminger
法羅群島 Faroes
約翰・凱伯特 John Cabot
馬德拉群島 Madeira
韋瓦爾第兄弟 Vandinv & Ugolino Vivaldi
藍薩羅托・馬洛且洛 Lanzarotto Malocello
吉倫・薩封特 Guillem Safont
路易斯・德・拉賽爾達 Louis de la Cerda
卡斯蒂亞 Castilian
豪美・費列 Jaume Ferrer
朱比岬 Cape Juby
大加納利島 Gran Canaria
泰爾德 Telde
亞速爾群島 Azores
極樂群島赫斯佩里底 Hesperides
狄奧哥・德・希爾弗 Diogo de Silves
喬治桑 George Sand
薩伐蒂 Savaatti
佐西瑪 Zosima
羅傑二世 Roger II
基奧・德・普羅萬 Guyot de Provins
《領航羅盤》*Compasso di navegare*
聖文森角 Cape St. Vincent
薩菲 Safi
馬泰爾 Pere Martell
阿爾比恩 Albion
曼努威爵爺 Don Manuel
拉薩里路・德・托梅茲 Lazarillo de Tormes
聖波多島 Porto Santo
貝尼亞河 Benya
米納聖喬治堡 Forte Sao Jorge da Mina
米納堡 Casa da Mina
蓋特 Gaete
基亞 Guíar
狄亞士 Bartolomeu Dias
聖奧古斯丁堡 San Augustín
羅伯・強生 Robert Johnson
波瓦坦 Powhatan
約翰・史密斯船長 Captain John Smith
寶嘉康蒂 Pocahontas
約翰・羅爾夫 John Rolfe
安東尼・強生 Anthony Johnson
法蘭西斯・佩恩 Francis Payne
敏哥 Mingoe
塞拉多瑪 Serra do Mar

摩根・高德文 Morgan Godwyn
安東尼奥・德・維伊拉 Antonio de Vieira
巴宜亞 Bahia
雅司病 yaws
達荷美王國 Dahomey
隆達王國 Lunda
埃斯美拉達 Esmeralda
蘇利南 Surinam
佩南布科 Pernambuco
帕勒馬里 Palmares
祖姆比 Zumbi
馬卡戈 Macaco
安立格・狄亞斯爵爺 Dom Henrique Diaz
喬安・費南德斯・維也拉爵爺 Dom Joao Fernãndes Vieira
阿拉漠 Alamo
吉姆・波伊 Jim Bowie
伊麗莎白・媽咪・史凱爾頓 Elizabeth "Mammy" Skelton
努奈茲河 Núñez
彭嘎河 Pongas
奧爾蒙 "Mongo John" Ormond
果瑞 Gorée
狄馬奈神父 Demanet of Gorée
維達港 Whydah
基列列 Gelele
波頓爵士 Sir Richard Burton
愛德華・朗恩 Edward Long
《牙買加歷史》*History of Jamaica*
佩德羅・布朗科 Pedro Blanco
安・伊爾斯里 Ann Yearsley
《約拿善・孔考伯》*Jonathan Corncob*
瑪麗・普萊斯 Mary Prince
詹姆斯・藍姆西 James Ramsay
〈牙買牙宅子〉La Casas of Jamaica
《奇異恩典》*Amazing Grace*
米卓亞坎 Michoacán
菲立普・哈林頓 Philip Harrington
《不列顛的建築大師》*Vitruvius Britannicus*
克里奧爾 Creole
安蒂瓜 Antigua

❖ 第十七章

卡爾・波斯特 Karl Postl
山多爾・博洛尼 Sandor Bölöni
路易・科蘇士 Louis Kossuth
埃田・開伯 Étienne Cabot
勞伯・歐文 Robert Owen
查理・傅立葉 Charles Fourier
詹姆斯・布萊斯 James Bryce
散拍音樂 Ragtime
薩蒂 Erik Satie
辛德史密特 P. Hindesmith
史特拉汶斯基 Igor Stravinsky
法蘭克・洛伊・萊特 Frank Lloyd Wright
路易・蘇利文 Louis Sullivan
伍爾沃斯大廈 Woolworth Building
威廉・詹姆斯 William James
《實用主義》*Pragmatism*
柏格森 Henri Bergson
法蘭茲・柏埃斯 Franz Boaz
麥瑞特 R.R. Marrrett
布蘭庫希 Constantine Brancusi
「薩瓦納號」SS Savannah
查爾斯・林白 Charles Lindbergh
勒布爾傑 Le Bourget
克洛伊登 Croydon
博第・伍斯特 Beitie Wooster
詹姆斯・黎奧登 James J. Riordan
弗烈・亞斯坦 Fred Astaire
亨利・魯斯 Henry R. Juce
米洛・謝維奇 Slobodan Milosevic
「勒德派」Luddites
「衰退派」deteriorationists
伊森巴德・金頓・布魯奈爾 Isambard Kingdom Brunel
泰瑪河 Tamar
阿姆斯壯男爵 W.G. Amstrong
撒姆耳・史邁爾斯 Samuel Smiles
透納 J.M.W. Turner
孟德爾頌 Felix Mendelssohn
貝塞麥爵士 Sir Henry Bessemer
薩巴戴爾 Sabadell
杰拉德・曼里・霍普金斯 Gerard Manley Hopkins
賈斯柯爾夫人 Elizabeth C. Gaskell
古斯塔夫・多雷 Gustave Dore
霍姆・薩拉里契 Jaume Salarichi
艾德溫・查德維克 Edwin Chadwick
約翰・賽門 John Simon
埃爾傑 Hergé
《藍蓮花》*Le Lotus bleu*
約翰・諾鮑爾 John Neubauer
梅萊 My Lai
波布 Pol Pot
馬丁・吉爾伯特 Martin Gilbert
雅各布・戴爾衛德 Jacobus Delwaide
多迪・史密斯 Dodie Smith
E. M. 福斯特 E. M. Forster
《印度之旅》*A Passage to India*
蒙博多勳爵 Lord Monboddo, James Burnett
湯瑪斯・拉夫・皮考克 Thomas Love Peacock
俾格米矮人族 Pygmies
霍屯都人 Hottentots
彼德・蓋薩爾特 Peter Ghyssaert
蛋形人 Humpty-Dumpty
「大區域」Grossräume
達頓協議 Dayton Accord
賽門・溫徹斯特 Simon Winchester
德瑞克・賈爾曼 Derek Jarman
敦吉尼斯 Dungeness
各各他 Golgotha

注　釋
Notes

❖ 序

1. J. Mármol, *Amalia*, 2 vols (Buenos Aires, 1944), vol. 1, p. 39. 我解讀阿瑪麗亞（Amalia）房間的裝潢得自巴斯特（Beatriz Pastor）一句話的啟發。

❖ 導論

1. 我所說的「社會」泛指任何自覺屬於某一群體的人，這當然不是一種定義，只是本書為了方便所使用的定義。
2. 「文明」一詞的語源及使用歷史，參考M. Melko and L.R. Scott, *The Boundaries of Civilizations in Space and Time* (Lanham, Md., 1987); F. Braudel, *Grammaire des civilizations* (Paris, 1987), pp. 33-9; J. Huizinga, 'Geschonden Wereld: een Beschouwing over de kansen op herstel van onze beschaving', *Verzamelde Werken*, vii (Haarlem, 1950), pp. 479-90. 感謝H. Wesseling與Drs W. Hugenholz指點此一參考。其他中肯之論有A. Banuls, 'Les Mots "culture" et "civilisation" en frangais et allemand', *Etudes germangues*, 14 (1969), pp. 171-80; E. Benveniste, *Civilisation: contribution à l'histoire d'un mot* (Paris, 1754); E. Dampierre, 'Note on "culture" and "civilization",' *Comparative Studies in History and Society*, 3(1961), pp. 328-40.
3. H. Fairchild, *The Noble Savage* (London, 1928); H. Lane, *The Wild Boy of Aveyron* (London, 1977); R. Shattuck, *The Forbidden Experiment: the Story of the Wild Boy of Aveyron* (New York, 1980).
4. J.-M.-G. Itard, *The Wild Boy of Aveyron*, ed. And trans. G. and M. Humphrey, (New York, 1962), p. 66.
5. A. Danzat, J. Dubois and H. Mitterand, *Nouveau dictonnaire étymologique et histoirique* (Paris, 1971), p. 170.
6. T. Steel, *The Life and Death of St. Kilda* (Glasgow, 1986), p. 34.
7. 我應該說明，我並沒有把人與自然區分開來：人是自然的一分子。假如我言語中有時候固著人與自然二分的傳統觀念，那是因為有些社會太看重這樣的二分法，以致於好像真有這麼回事；換言之，人們會當這種區分已是事實了。參考P. Coates, *Nature Changing Attitudes since Ancient Times* (London, 1988); J.-M. Drouin, *Reinventer la nature: l'ecologie et son histoire* (Paris, 1974), especially pp. 174-93; P. Descola and G. Palsson, eds, *Nature and Society: Anthropological Perspectives* (London & New York, 1966). 感謝F. Thieuws借給我這部書。
8. J. Goudsblom, *Fire and Civilization* (London, 1992), pp. 2, 7-7, 23.
9. 這兩個字的差別可參考A. L. Kroeber and C. Kluckhohn, *Culture: a Critical Review of Concepts and Definitions* (Papers of the Peabody Museum of Archaeology and Ethnology, vol. 47 (1952), pp. 15-29; Huizinga, 'Geschonden Wereld', pp.485-86. 韋伯用Hochkulturen，指其他西方語文之中因為「文明」的作用而有特殊外在裝飾的那些社會，用Zivilisation指這種社會之中所能表現的其他特徵，例如具有大規模總攬一切的結構（尤其是政治或宗教的組織，或法律傳統，但他又說一般工藝技術或全體一致使用的通訊系統也可以算是，或是必需有），以及「理性的」經濟秩序。參考*Kulturgeschichte als Kultursoziologie* (Munich, 1950), pp. 25-27, 428.
10. F. Haskell, *Taste and the Antique* (New Haven and London, 1981), pp. 148-51.
11. K. Clark, *Civilization: a Personal View* (Harmondsworth, 1982), pp. 18, 27.
12. 「既然英國及其盟邦自一九一四年起就在為文

明而戰，我想，談一下究竟文明是什麼應該不算魯莽了。」見C. Bell, *Civilizationan: an Essay* (New York, 1928). 史懷哲也發表了類似的方案，見*The Decay and Restoration of Civilization* (London, 1932). A. Sorokin, *Social and Cultural Dynamics* (New York, 1937-1941)這套四冊的鉅著沒說出什麼道理，只從意識形態角度表達了意見，但卻陷在類似的文字障裡：一心要解釋他自己曾經在其中擔任小角色的那場革命是怎麼失勢的。他企圖定義文明，或起碼把文明與文化區隔開來，卻越說越令人糊塗，見他此作的第四冊*Basic Problems, Principles and Methods* (1941), pp. 145-96. 德國人用Kultur與Zivilisation這兩個名詞指的意思與其他語文中這兩個字義不同，曾經導致無謂的浪費時間以及別國人的大大不以為然，其實文明的概念對於用德文思想者代表的意義，應該與其他人一般無二。參閱註9，以及S. Huntington, *The Clash of Civilizations and the Remaking of World Order*《文明的衝突與世界秩序之再造》(New, York, 1996), p. 41.

13. *The Decline of the West*《西方的沒落》(New York, 1966), vol. 1, pp. 230, 396.
14. 同上，pp. 31, 106.
15. *The Open Society and Its Enemies*《開放的社會及其敵人》(London, 1947) vol. 2, p. 72.
16. *Man Makes Himself* (London, 1936), pp. 74, 118.
17. *Social Revolution* (London, 1951), p. 26.
18. *Civilization and Climate* (New Haven, 1922), pp. 335-45.
19. A. J. Toynbee, *A Study of History*《歷史研究》(London, 1934), pp. 147-8, 189.
20. 同上，p. 192.
21. R. Redfield, *The Primitive World and Its Transformations*, pp. 112-21.
22. P. Valéry, *La Crise de l'espvit*.
23. J. Monnerot, *Sociologie du communisme* (Paris, 1949), p.492; E. Callot, *Civilastion et civilization: recherche d'une philosophie de la culture* (Paris, 1950), p. 7.
24. V. Alexandror, *The Tukhachevsky Affair* (1963); J. F. C. Fuller, *The Decisive Bottles of the Western World*, 2 vols (London, 1970), vol.2, pp. 405-28.
25. A. Bramwell, *Blood and Soil: Richard Walther Darre and Hitler's Green Party* (Bourne End, 1985).
26. P. Hulten, *Futurism and Futurismos* (New York, 1986); E. Hobsbawm, 'Barbarism: a User's Guide', *New Left Review*, ccvi, 1994. 我這一段根據F. Fernández-Armesto, *Millenium: A History of Our Last Thousand Years* (New York, 1995); *The Times Illustrated History of Europe* (1995).
27. M. Mead, *Coming of Age in Samoa* (New York, 1928).
28. 蓋爾之作有了新的修訂版，見P. Geyl, 'Toynbee the Prophet', *Debates with Historians* (London, 1974).
29. P. Bagby, *Culture and History: Prolegomena to the Camparative Study of Civilizations* (London, 1958), p. 184.
30. W. H. McNeill, *Arnold Toynbee: A Life* (New York, 1989). 感謝Leonard Blussé與我討論此書。
31. C. Quigley, *The Evolution of Civilizations: an Introduction to Historical Analysis* (New York, 1961), 66-92; *The Nature of Civilizations* (Boston, 1969), pp. 101-60; C.H. Brough, *The Cycle of Civilization: A Scientific, Deterministic Analysis of Civilization, its Social Basis, Patterrs and Projected Future* (Detroit, 1965) c. Tilly, *When Sociology Meets History* (New York, 1981); *Big Structures, Large Processes, Huge Comparisons* (New York, 1984); S. K. Sanderson, *Social Transformations: A General Theory of Historical Development* (Oxford, 1995), pp. 53-85.
32. 參閱註11所引的克拉克的著作第十七頁。大衛・艾登博羅（David Attenborough）委託克拉克為英國國家廣播公司作節目，他曾在一次電視訪談中說到緣起：克拉克本來不想試用電視媒體，聽到艾登博羅說明他構想的系列節目時用到「文明」這個詞，他才有了興趣。
33. N. Elias, *The Civilising Process* (Oxford, 1994), p. 3
34. N. Elias, *Power and Civility: the Civilizing*

Process, vol. 2 (New York, 1982), 52.
35. Huizinga, *Verzamelde Werken*, vii (Haarlem, 1950), pp. 481.
36. C. Renfrew, *Before Civilization* (Harmondsworth, 1976) and *The Emergence of Civilization* (London, 1972).
37. 他所屬的歷史家「學派」所發表的期刊一直把「經濟體、社會、文明」區別為不同的意思。他自己在後期的作品中偏好以「世界秩序」為恰當的大單元，意思是指一群社會組成的群體，政治世界觀相同，或是接受同一個支配全體的政治架構。所以，中國可以算是一個「世界秩序」，因為是得天命才治天下。基督教世界因為存留羅馬普世帝國觀念的印象，也是一種世界秩序。伊斯蘭教世界因為相信政治權威傳承源自先知',也是另一個世界秩序。這是很有用的一種概念。不過如今政治學界用「世界秩序」指為促進或維護和平而形成的全球性的政治經濟關係系統，布勞戴爾原來的用意反而不常見了。見F. Braudel, *Grammaire des civilizations* (Paris, 1987), pp. 33-68.38. 同上，p. 23.
39. 同上，p. 41.
40. *The Age of Renaissance* (London, 1963).
41. J. Needham（李約瑟）et al., *Science and Civilisation in China*《中國之科學與文明》(Cambridge, 1954-).
42. 同上，vol. 4, part 3 (1971), pp. 540-53.
43. S. Huntington, *The Clash of Civilizations and the Remaking of World Order*, p.21-9.
44. 例如E. Wolf, *Europe and the Peoples Without History* (New York, 1983)之中的闡述。
45. 或「下定義的特徵」，見註43所引著作, p. 47.
46. 同上，pp. 26-7, 48, 159.
47. F. Koneczny, *On the Plurality of Civilizations* (London, 1962), p.167.
48. W. H. McNeil, *The Rise of the West: A History of the Human Community* (Chicago, 1963); I. Wallerstein, *The Modern World-System* (New York, 1972-); L. S. Stavrianos, *Lifelines from our Past: A New World History* (New York, 1992); G. Parker, ed., *The Times Atlas of World History*: 5th edn (London, 1993); D. Landes, *The Wealth and Poverty of Nations* (New York, 1998); A. Gunder Frank, *Reorient: Global Economy in the Asian Age* (Berkeley and Los Angeles, 1998).
49. *Millenium: A History of Our Last Thousand Years*, p.20.
50. E. Durkheim and M. Mauss, 'Note sur la notion de civilisation', *Social Research*, xxxviii (1971), pp. 808-13.
51. A. L. Kroeber, *An Anthropologist Looks at History* (Berkeley & Los Angeles, 1963); *Style and Civilization* (Berkeley and Los Angeles, 1963).
52. O .F. Anderle, *The Problem of Civilizations* (The Hague, 1961).
53. *Civilization: a Personal View*, p.17.
54. *A Study of History*, pp. 63-129.
55. C. Quigley, *The Evolution of Civilizations: an Introduction to Historical Analysis* (New York, 1961), p. 32.
56. 見*The Clash of Civilizations and the Remaking of World Order*, pp.42-8, cf. 26-7的清楚概述。M. Melko and L. R. Scott, eds, *The Boundaries of Civilizations in Space and Time* (Lanham, Md., 1987)收集了各家不同的統計，並作了嚴肅與反諷兼而有之的剖析。
57. C. Levi-Strauss, *The Elementary Structures of Kinship* (London, 1971), p. 23.
58. Alfred North Whitehead, *Adventures of Ideas* (New York, 1933), p. 365.
59. R. G. Collingwood, *The New Leviathan*, ed. D. Boucher (Oxford, 1992), pp. 283-99.
60. *A Study of History*, vol. 12, pp. 279.
61. C. Bell, *Civilizationan: an Essay*, pp. 67, 200-64.
62.「按這個論點，circularization應該是指使某物變成圓形的過程；其實circularization是指發送廣告函件給人，因此這個論點根本就有問題。」見註59 p. 281.
63. S. Freud, *Civilization and Its Discontents* (New York, 1961), p.44.
64. S. W. Itzkoff, *The Making of the Civilized Mind* (New York, 1990), pp. 9, 274.
65. 同上，p. 26.
66. 同註60，p. 279.
67. L. Mumford, *The Transformations of Man*

(New York, 1956), pp. 44-5.
68. 同註43 ，p. 574.
69. 見J. Derrida, *De la grammatologie* (Paris, 1967) 提出的論點，我想他至少在這一點上說對了。另見G. Brotherson, *Book of the Fourth World: Reading the Native Americans through their Literature* (Cambridge, 1992), 其中有關於原住民製地圖與「圖記」的極佳舉例。
70. L. R. Scott, 'Qualities of Civilizations', *The Boundaries of Civilizations in Space and Time*, pp. 5-10.
71. P. R. S. Moorey, ed., *The Origins of Civilization* (Oxford, 1979), pp. 5-6.
72. N. Bondt, 'De Gevolgen der Beschaaving en van de Levenswyze der Hedendaagische Beschasfde Volkenn', *Niew Algenmeen Magazijn van Wetenschap, Konst en Smaack*, iv (1797), p. 703-24. 感謝Peter Rietbergen介紹我看此文。
73. 同註30，p. 96.
74. R. J. Puttnam and S. D. Wrotten, *Principles of Ecology* (London, 1984).
75. S. Huntingtton, *Mainsprings of Civilization* (New York, 1945).
76. 同上，pp. 45-6.
77. 同上，pp. 127-48.
78. N. Elias, *The Symbol Theory*, ed. R. Kilminster (London, 1991), p. 146. 感謝Johan Goudsblom推介此書。

❖ 第一章

1. E. Gruening, ed., *The Alaska Reader, 1867-1967* (New York, 1967), p. 369.
2. J. Ross, *Narrative of a Second Voyage in Search of a Northwest Passage* (London, 1835), p. 191.
3. F.G. Jackson, *The Great Frozen Land* (London, 1895), p. 17.
4. F. Fernández-Armesto, 'Inglaterra Y el atlantico en la baja edad media', in Bethencourty Massieu et al., *Canarias e inglaterra a traves de los siglos* (Las palmas, 1996), pp. 14-16.
5. H. P. Lovecraft, *At the Mountains of Madness and Other Tales of Horror* (New York, 1971), pp. 45-6.
6. Y. Slezkine, *Arctic Mirrors: Russia and the Small Peoples of the North* (Ithaca, NY, 1994), p. 80.
7. K. Donner, *Among the Samoyed in Siberia* (New Haven, 1954), pp. 7-8, 101.
8. 同上，pp. 114-29, 144.
9. 同註6，pp. 56-7, 115.
10. 同上，pp. 126-7, 133.
11. 同註3 ，pp. 57, 62, 75, 77.
12. 見R. Bosi, *The Lapps* (New York, 1960), p. 43.
13. Olaus Magnus, *Description of the Northern Peoples* (1555), ed. P. Foote, vol. i (London, The Hakluyt Society, 1996), p. 201.
14. 同註6，pp. 33-5.
15. N.-A. Valkeapää, *Greetings from Lappland: the Sami, Europe's Forgotten People* (London, 1983), p. 9.
16. L. Larsson, 'Big Dog and Poor Man: Mortuary Practice in Mesolithic Societies in Southern Sweden', in T. B. Larsson and H. Lundmark, *Approaches to Swedish Prehistory: a Spectrum of Problems and Perspectives in Comparative Research* (Oxford, 1989), pp. 211-23.
17. 同註15，p. 17.
18. J. and K. Imbrie, *Ice Age: Solving the Mystery* (Short Hills, N.J, 1979); A. Berger, *Milankovitch and Climate* (Dorodrecht, 1986).
19. M. Jochim, 'Late Pleistocene Refugia in Europe', in O. Soffer, ed., *The Pleistocene Old World: Regional Perspective* (New York, 1987), pp. 317-31.
20. B.V. Eriksen, 'Resource Exploitaition, Subsistence Strategies, and Adaptiveness in late Pleistocene-Earl Holocene Northwest Europe', in L. G. Straus et al., eds, *Humans at the End of the Ice Age: The Arachaelogy of the Pleistocens-Holocene Transition* (New York, 1996).
21. N. Benecke, 'Studies on Early Dog Remains from Northern Europe', *Journal of Archaeological Science*, xiv (1987), pp. 31-49.
22. L. Straus, 'Les Derniers chasseurs de rennes du monde pyreneen', *Memoires de la Societe Prehistorique Fransaise*, xxii (1995)。當然不可假定馴鹿是唯一捕獵目標，其實也不是首要目

標。見註20所引書，p. 115.
23. J. Juri, *Turis Book of Lappland* (New York, 1910), p. 22.
24. 同註12，p. 158.
25. 同註19 ，pp. 333-48.
26. 同註19 ，p. 71.
27. G. Eriksson, 'Darwinism and Sami Legislation' in B. Jahreskog, ed., *The Sami National Minority in Sweden* (Stockholm, 1982), pp.89-101.
28. 同上，p. 54.
29. 同註12 ，p. 53.
30. L. Forsberg, 'Economic and Social Change in the Interior of Northern Sweden 6,000BC-1000AD' in T. B. Larson and H. Lundmark, eds, *Approaches to Swedish Prehistory: a Spectrum of Problems and Perspectives in Contemporary Research* (Oxford, 1989), pp. 75-7.
31. 同註7，p. 104.
32. A. Spencer, *The Lapps* (New York, 1978), pp. 43-59.
33. P. Hajdo, *The Samoyed Peoples and Languages* (Bloomington, 1963), p. 10.
34. 同上，p. 13.
35. 同註7，p. 106.
36. 同註13，p. 63.
37. 同上，p. 222.
38. 同上，pp. 20, 22, 19, 46-48, 50-3.
39. 同上，pp. 18, 194.
40. 同註33，p. 35.
41. D. B. Quinn et al., eds, *New American World*, 5 vols (London, 1979), vol. 4, pp. 209, 211, 240. 感謝J. Chaplin推介這篇資料。
42. B. G. Trigger and W. F. Washburn, eds, *The Cambridge History of the Native Peoples of the Americas* (Cambridge, 1996), p. 134.
43. D. R. Yesner, 'Human Adaptation at the Pleistocene-Holocene Boundary in Eastern Beringia', in Straus et al., eds., *Humans at the End of the Ice Age*, pp. 255-76.
44. 同註2，p. 245.
45. M. S. Maxwell, 'Pre-Dorset and Dorset Prehistory of Canada', in D. Damas, ed., *Handbook of North American Indians* (Washington, 1984), p. 362.
46. R. G. Condon, *The Northern Copper Inuit: a History* (Norman, Oklahoma, 1996), p. 64.
47. J. Diamond, *Guns, Germs and Steel: the Fates of Human Societies* (London, 1997), pp. 257-8, 311-13.
48. 同註2，p. 186.
49. D. F. Dumond, *The Eskimos and Aleuts* (London, 1987), pp. 139-41.
50. J. Bockstoce, *Arctic Passage* (New York, 1991), pp. 18-19, 32.
51. 同上，pp. 41, 47-8.
52. A. Fienup-Riordon, *Boundaries and Passages: Rule and Ritual in Yup'ik Eskimo Oral Tradition* (Norman, Oklahoma, 1994), pp. 266-98.
53. *The Private Journal of G. F. Lyon* (London, 1824), p. 330.
54. 同註49，p. 142.
55. 同上，p. 257.
56. Adam of Bermen, *History of the Archbishops of Hamburg-Bremen*, ed. P. J. Tschan (New York, 1959), p. 218.
57. K. Seaver, *The Frozen Echo: Greenland and the Exploration of North America, c.A.D. 1000-1500* (Stanford, 1996), p. 95.
58. 同上，pp. 21, 48, 50-1.
59. 同上，p. 104.
60. 同上，p. 190-4.
61. 同上，p. 174-5.
62. T. McGovern, 'Economics of Extination in Norse Greenland', in T. M. Wrigley, M. J. Ingram and G. Farmer, eds., *Climate and History: Studies in Past Climates and their Impact on Man* (Cambridge, 1980), pp. 404-34.
63. R. Vaughan, *The Arctic: a History* (Stroud, 1994), p. 240.

❖ 第二章

1. E. Wagner, *Gravity: Stories* (London, 1997), p. 204.
2. 同上，pp. 197-231.
3. R. Venturi, D. Scott Brown and S. Izenour, *Leaming from Las Vegas: the Forgotten*

Symbolism of Architecture Form (Cambridge, Mass. and London, 1997), pp. 9-72.

4. J. W. Elmore, *A Guide to the Architecture of Metro Phoenix* (Phoenix, 1983).
5. V. L. Scarborough, D. R. Wilcox, eds, *The Mesoamerican Ball Game* (Tucson, 1991).
6. B. G. Trigger and W. E. Washburn, eds, *The Cambridge History of the Native Peoples of North America, vol. i, part I* (Cambridge, 1996), pp.203-33. S. Lekson et al., *Great Pueblo Architecture of Chaco Canyon, New Mexico* (Albuquerque, 1984).
7. *The Desert Smells like Rain a Naturalist in Papago Indian Country* (San Francisco, 1982); *Enduring Seeds: Native American Agriculture and Wild Plant Conservation* (San Francisco, 199).
8. G. Bawden, *The Moche* (Oxford, 1996), pp. 44-67.
9. 同上，p. 110-22.
10. S. G. Pozorski, 'Subsistence System in the China State', in Moseley and Keen, eds, *Chan Chan* (Alburguerque, 1982), pp. 182-3.
11. M. E. Moseley and E. Deeds, 'The Lond in Front of Chan Chan', in M. E. Moseley and K. C. Day, eds, *Chan Chan: Andean Desert City* (Albuguerque, 1982), p. 48.
12. J. Reinhard, *The Nazca Lines: a New Perspective on Their Origin and Meaning* (Lima, 1985); W. J. Conklin and M. E. Moseley, 'The Patterns of Art and Power in the Early Intermediate Period' in R. W. Keatinge, ed., *Peruvian Prehistory: an Overview of Pre-Inca and Inca Societ* (Cambridge, 1988), pp. 157-8.
13. Herodotus, *Histories*, IV, c. 183.
14. C. M. Daniels, *The Garamantes of Southern Libya* (Michigan, 1988).
15. J. Wellard, *Lost Worlds of Africa* (New York, 1967), pp. 17-25.
16. 同上，p. 44.
17. M. C. Chamla, *Les populations anciennes du Sahara et des régions limitrophes* (Paris, 1968). pp. 200-10.
18. J. Nicolaisen, *Economy and Culture of the Pastoral Tuareg* (Copenhagen, 1963), pp. 209-16.
19. M. Brett and F. Fentress, *The Berbers* (Oxford, 1996), p. 201 中引用。
20. J. Needham, *Science and Civilisation in China* (Cambridge, 1954-), vol. 4. part I (1962), pp. 330-2; part III (1971), pp. 651-6; part VII(1986), pp. 568-79; W. H. McNeill, *The Pursuit of Power: Technology, Armed Force and Society Since AD 1000* (Chicago, 1982), pp. 24-62.
21. H. A. R. Gibb and C. F. Beckingham, eds, *The Travels of Ibn Battuta, A.D. 1325-54* (London, The Hakluyt Society, 1982), pp. 24-62.
22. R. Lotham, *The Travels of Marco Polo* (Harmondsworth, 1972), p. 39.
23. A. Stein, *Ruins of Desert Cathay: Personal Narrative of Explorations in Central Asia and Westernmost China* (London, 1912), vol.2, p. 404.
24. 同註22 ，p. 85.
25. 同註23，vol. 2, p. 321; A. von Le Coq, *Buried Treasures of Chinese Turkestan* (New York, 1929), p. 36.
26. M. Ipsiroglu, *Painting and Culture of the Mongols* (London, 1967), pp. 70-81, 102-4.27. H. Yule, ed., *Cathay and the Way Thither*, 2nd, ed., 4 vols (London, The Hakuyt Society, 1914-16), vol. 3 (1914), pp. 146-52.
28. 同上，p. 154.
29. J. Grosjean, *Mapamundi: the Catalan Atlas of the Year 1375* (Geneva, 1978).
30. O. Lattimore, *The Desert Road to Turkestan* (Boston, 1929), p. 50.
31. 同上，p. 54; von Le Coq, *Buried Treasures of Chinese Turkestan*, p. 66.
32. Von Le Coq, *Buried Treasures of Chinese Turkestan*, pp. 25-6.
33. 同註23，vol.2, p. 23.
34. 同上，p. 172.
35. V. H. Mair, 'Dunhuang as a Funnel for Central Asian Nomads into China', in G. Seaman, ed., *Ecology and Empire: Nomads in the Cultural Evolution of the Old World* (Los Angeles, 1989), pp. 143-63.
36. 同註30 ，p. 91.

37. 同上，p. 88.
38. 同上，p. 183.
39. 同上，p. 219.
40. R. Grousset, *The Empire of the Steppes: a History of Central Asia* (New Brunswick, 1970), pp. 538-9; F. Fernández-Armesto, *Millennium: A History of Our Last Thousand Years* (New York, 1995), p. 261.
41. 同註30，p. 274.
42. 同註27 ，vol. 3.
43. L. Mashall, *The Kung of Nyae Nyae* (Cambridge Mass, 1976), p. 39.
44. E. Lucas Bridges, *Uttermost Part of the Earth* (New York, 1949).
45. R. J. Gordon, *Picturing Bushmen: the Denver Expedition of 1925* (Athens, Ohio, 1997), pp. 16, 29, 84.
46. G. A. Farini, *Through the Kalahari Desert: A Narrative of a Journey with Gun, Camera and Note-Book to Lake N'Gami and Back* (New York, 1986), p. 269.
47. E. N. Wilmsen, *Land Filled with Flies: a Political Economy of the Kalahari* (Chicago, 1989), p.31.
48. L. van der Post, *The Lost World of the Kalahari* (New York, 1958), p.33.
49. 同註43 ，p. 13.
50. 同註48 ，p. 226.
51. 同上，p. 215.
52. 同註43 ，p. 19.
53. R. B. Lee and I. De Vore, eds., *Kalahari Hunter-Gatherers* (Cambridge, Mass., 1976), pp. 28-43.
54. 同上，p. 102.
55. 同上，p. 94.
56. 同註48，p. 240.
57. 同上，p. 9.
58. 同上，pp. 252-61.
59. 同註53，pp. 42, 112.

❖第三章

1. J. Fenimore Cooper, *The Prairie* (New York, n.d.), p. 6.
2. W. Cronon, *Natures Metropolis: Chicago and the Great West* (New York, 1991). 感謝Sarah Newman介紹我看M. Pollan, *A Place of My Own: the Education of an Amateur builder* (London, 1997)，才找到這個資料。
3. W. Brandon, *Quivira: Europeans in the Region of the Santa Fe Trail, 1840-1820* (Athens, Ohio, 1990), p. 27.
4. J. Ibanez Cerdá, ed., *Atlas de Joan Martinez 1587* (Madrid, 1973).
5. 同上，p. 31.
6. G. Parker Winship, ed., *The Journey of Coronado* (Golden, Co., 1990), p.117.
7. 同上，p. 129.
8. 同上，p. 119.
9. 同註3，p. 36.
10. 同註6，pp. 151-2.
11. R. White, 'The Winning of the West: the Expansion of the Western Sioux in the Eighteenth and Nineteenth Centuries', *Journal of American History*, lxv(1978), pp. 319-43.
12. R.B. Hassrick, *The Sioux: Life and Customs of a Warrior Society* (Oklahoma, 1964), p. 68.
13. E.A. Thompson, *A History of Attila and the Huns* (Oxford, 1948).
14. T. Falkner, *A Description of Patagonia and the Adjoining Parts of South America* (London, 1774), p.103, 121. 感謝Raul Mandrini推介此一參考。見R. Mandrini, 'Indios y frontera en el área pampeana (siglos xvi-xix): balance y perspectives', *Ahuario del IHES*,viii (1992), pp. 59-73. 論弗克納（Falkner）的觀點見R.F. Doublet, 'An Englishman in Rio de la Plata', *The Month*; xxiii, (1960), pp. 216-26; G. Furlong Cardiff, *La Personalidad de tomas Folkner* (Buenos Aires, 1929).
15. J. Pimentel, *la fisica de la monarquia: ciencia y politica en el pensamentio de Alejandro Malaspina (1754-1810)* (Madrid, 1998), pp. 194-5, 203.
16. S.P. blier, *The Anatomy of Architecture: Ontology and Metaphor in Batammdibe Architectural Expression* (Cambridge, 1987), p.2.
17. 同上，pp. 46, 51.

18. S.F. Nadel, *A Black Byzantium: the Kingdom of Nupe in Nigeria* (Oxford, 1997), p. 76.
19. J. Diamond, *Guns, Germs, and Steel: the Fates of Human Societies*《槍砲、病菌與鋼鐵：人類社會的命運》, pp. 176-91.
20. M. El Fasi, *Unesco General History of Africa*, vol. 3 (London, 1988), pp. 445-50.
21. 同上，p. 555.
22. J.L. Bourgeois, *Spectacular Vernacular: the Adobe Tradition* (New York, 1989).
23. S.K. & R.J. McIntosh, *Prehistoric Investigation in the Region of Jenne, Mali: a Study in the Development of Urbanism in the Sahel* (Oxford, 1980). D.T. Niane, ed., *Unesco General History of Africa*, vol. 4 (London, 1984).
24. 同上，pp. 22-8.
25. H.T. Norris, *Saharan Myth and Legend* (1972), pp. 108-9.
26. N. Levtzion, *Ancient Ghana and Mali* (London, 1973), p. 42.
27. 同註25，pp. 107-8.
28. Al-Idrisi, *Opus Geographicum*, ed. A. Bombaci et al., vol. 1 (Paris, 1970), pp. 22-6; 同註26，pp. 10-34.
29. N. Levtzion and J.F.P. Hopkins, eds, *Corpus of Early Arabic Sources for West African History* (Cambridge, 1981), p. 32.
30. 同上，p. 5, 276; P.D. Curtin, 'The Lure of Bambuk Gold', *Journal of African History*, xiv, (1973), pp. 623-31; R. Mauny, *Tableau geographique de l'ouest africain au moyen age d'apres les sources ecrites, la tradition et l'archeologie* (Dakar, 1961).
31. 同註23，pp. 149-50.
32. H. A. R. Gibb and C. F. Beckingham, eds, *The Travels of Ibn Battuta, A.D. 1325-54*, vol. 4 (London, The Hakluyt Society, 1994), p. 968.
33. 同上，pp. 957-66；同註26，pp. 105-14.
34. 見拙作，*Millennium: A History of the Last Thousand Years* (New York, 1995), pp. 185-224.
35. F. W. R. Bovill, *The Golden Trade of the Moors* (Oxford, 1970), p. 91.
36. M. Hiskett, *The Sword of Truth: the Life and Times of the Shehu Usuman dan Fodio* (New York, 1973), p. 128.
37. 見拙作，'O mundo dos 1490', D. Curto, ed., *O Tempo de Vasco da gama* (Lisbon, 1998), pp. 43-67 at p.64.
38. L. Kaba, 'Power, Prsperity and Social Inequality in Songhay [1464-1591] ', E.P. Scott, ed., *Life Before the Drought* (Boston, 1984), p.29-48.
39. A.C. Hess, *The Forgotten Frontier: a History of the Sixteenth-Century Iberio-African Frontier* (Chicago, 1978), p. 115-18.
40. C. Hibbert, *Africa Explored: Europeans in the Dark Continent* (New York, 1982), p.188-9.
41. 同註36，p.58.
42. 同上，pp. 41, 120.
43. 同上，p.66.
44. H.A.S. Johnston, *The Fulani Empire of Sokoto*(London, 1967), p. 94.
45. 同上，p. 101.
46. 同上，p. 105.
47. 同上，pp. 22-3.
48. 同上，p. 258.
49. 同上，pp. 156-7.
50. M. J. Watt, 'The Demise of the Moral Economy: Food and Famine in a Sudano-Sahelian Region in Historical Perspective', 同註38，p. 127.
51. 同註44，p. 24.

❖ 第四章

1. P. P. Semonov, *Travels in the Tian'-Shan'*, ed. C. Thomas (London, 1998), pp. 49-51.
2. J. Bisch, *Mongolia: Unknown Land* (New York, 1963), pp. 15, 38-9.
3. E. D. Clark, *Travels in Russia, Tartary and Turkey* (Edinburgh, 1839), p. 47; D. Christian, *A History of Russia Central Asia and Mongolia, I: Inner Eurasia from prehistory to the Mongol Empire* (Oxford, 1998), p. 15.
4. G. A. Geyer, *Waiting for Winter to End: an Extraordinary Journey through Soviet Central Asia* (Washington, DC, 1994), pp. 49-50. 感謝作者送我這本好書。
5. M. Gimbutas, *Bronze-age Cultures in Central and Eastern Europe* (1965); S. Piggot, *The*

Earliest Wheeled Transport from the Atlantic Coast to the Caspian Sea (1984).

6. C. C. Lamberg-Karlovsky, 'The Oxus Civilization: the Bronze Age of Central Asia', *Antiquity,* lxviii (1994), pp. 398-405.
7. Herodotus, bkIV, 13-14.
8. T. Talbot-Rice, *The Scythians* (London, 1958), p. 92-123; R. rolle, *Die Welt der Skythen* (Luzern and Frankfurt, 1980), pp. 19-37, 57-77.
9. E. D. Phillips, *The Royal Horde* (London, 1965); T. Sulimirski, *Sarmatians* (1976).
10. H. Baudet, *Het Paradijs op aarde* (Amsterdam, 1959), p. 5.
11. C. Mackerras, ed., *The Uighur Empire According to the T'ang Dynasty Histories: Study in Sino-Uighur Relations, 744-840* (Columbia, SC, 1972), pp. 13, 66.
12. R. C. Egan, *The Literary Works of Ou-yang Hsiu* (1007-72)《歐陽修文學作品集》(Cambridge, Mass. 1984), p. 14.
13. 同上，p. 15.
14. 同上，p. 38.
15. 同上，p. 113.
16. 同上，p. 34.
17. R. L. Davis（戴仁柱）, *Wind against the Mountain, the Crisis of Politics and Culture in Thirteenth-century China*《山下有風：十三世紀中國的政治文化危機》(1996), p. 18.
18. J. T. C. Liu（劉子健）, *Reform in Sung China: Wang An-shih* (1021-86) and *New Policies*《中國宋代的變法：王安石及其新政》(1959), pp. 37, 45, 55.
19. 同註12，p. 10.
20. 同註18 ，p. 54.
21. 同註12 ，pp. 115-16.
22. 同註2，p. 33.
23. J. Mirsky, *Chinese Travellers in the Middle Ages* (London, 1968), pp. 34-82.
24. R. Grousset, *The Empire of the Steppes* (New Brunswick, 1970), p. 249.
25. 同註17，p. 62.
26. 同上，p. 101.
27. 同上，p. 109.
28. 同上，p. 115.
29. 同上，p. 118.
30. F. Fernández-Armesto, 'Medieval Ethnography', *Journal of the Anthropological Society of Oxford*, xiii (1982), pp. 283-4; G. A. Bezzola, *Die Mongolen in abendlandische Sicht* (Bern, 1974), pp. 134-44.
31. C. D'Ohsson, *Histoire des Mongols depuis Tchinguiz-jhan jusqu'á Timour Bey ou Tamerlan* (The Hague, 1834-5), vol. i, p. 404; R. Grousset, *The Empire of the Steppes*, p. 249.
32. P. Jackson, ed., *The Travels of Friar William of Rubruck* (London, the Hakluyt Society, 1981), pp. 71, 97-171; E. Phillips, *The Mongols* (London, 1968), p. 101.
33. 同上，p. 72.
34. 現代蒙古包描述見N. Z. Shakhanor,'The Yurt in the Traditional Worldview of Central Asian Nomads', in G. Seaman, ed., *Foundotions of Empire: Archaeology and Art of the Eurasian Steppes* (Los Angeles, 1989), pp. 157-83.
35. 同上，pp. 72-3.
36. 同上，pp. 74.
37. 同上，pp. 75.
38. 同上，pp. 76-8.
39. 同上，pp. 113-14.
40. R. Latham, ed., *The Travels of Macro Polo* (Harmondsworth, 1972), p. 113.
41. A.-A. Khowaiter, *Baibars the First: his Endeavours and Achievements* (London, 1978), p.42-3.
42. 同註9 ，pls 22-5.
43. Amir Khusrau的話，引用自A. H. Hamadani, *Frontier Policy of the Delhi Sultans* (Islamabad, 1986), p. 124.
44. 同註32，pp. 183, 208.
45. M. Rossabi, *Voyager from Xanadu: Rabban Sauma and the First Journey from China to the West* (New York, 1992).
46. F. Fernández-Armesto, *Millennium: A History of Our Last Thousand Years,* p. 306.
47. J. Needham, *Science and Civilisation in China*, vol. v, Part I, pp. 293-319.
48. J. Evans, ed., *The Flowering of the Middle Ages* (London, 1967), p. 83.

49. C. H. Haskins, *The Renaissance of the Twelfth Century* (Cambridge, Mass., 1927), pp. 310, 332-4.
50. F. Fernández-Armesto, *Truth: a History* (London, 1997), pp. 137-41; J. Needham, *The Grand Titration: Science and Society in East and West* (London, 1969), pp. 86-115. 有關中國與印度古代理性（而不是嚴格實驗主義）傳統之討論，見J. Goody, *The East in the West* (Cambridge, 1956), pp. 56-170.
51. 同註47，vol. 2, pp. 56-170.
52. H. Mospero（馬伯樂）, *China in Antiquity* (1978), p.22.
53. 同註47，vol. 4, part. I (1962), pp. 330-2 and III (1971), pp. 651-6; v, part VII (1986), pp.568-700; W. H. McNeill, *The Pursuit of Power: Technology, Armed Force and society since AD 1000* (Chicago, 1982), pp. 24-62.

❖ 第五章

1. P. Matarasso, ed. *The Cistercian World: Monastic Writing of the Twelfth Century* (London, 1993), pp. 5-6.
2. Charles Kingsley, *The Roman and the Teuton* (London, 1891), pp. 226-7.
3. R. Fletcher, *The Barbarian Conversion* (New York, 1998), p.45, 206, 213.
4. P. Marrasini ed., *Il Gadla Yemrehane Krestos: introduzione, testo critico, traduzione* (Naples, 1995), p. 85-6.
5. M. Letls, ed., *Mandeville's Travels* (London, 1968), p. 156.
6. J.D. Hughes, *Ecology in Ancient Civilizations* (Albuguerque, 1975), p.33.
7. R. Bernheimer, *The Wild Man in the Middle Ages* (New York, 1967); T. Husband, *The Medieval Wild Man* (New York, 1980), p. 70-87.
8. H. Soly and J. Van de Wiele, eds, *Carolus: Charles Quint 1500-58* (Ghent, 1999), p.221.
9. R. Morris, ed., *Sir Gawayne and the Green Knight* (London, 1864), p. 23-5, 29, 67, 70, 77.
10. B. Hell, *Le Sang noir: chasse et mythe de sauvage en Europe* (Paris, 1994).
11. R.M. Eaton, *Islam and the Bengal Frontier, 1200-1760* (Cambridge, Mass., 1993).
12. J. Needham, *Science and Civilisation in China* (Cambridge, 1954- in progress), vol. 6 (Cambridge, 1996), (chapter 42b 'Forestry' by N. K. Menzies), pp. 539-689, at p. 635
13. R. C. Egan, *The Literary Works of Ou-yang Hsiu (1007-72)* (Cambridge, Mass., 1984), p.100.
14. 同註12，p. 636.
15. Critias, III B.
16. R. Grove, *Green Imperialism: Colonial Expansion, Tropical Island Edens and the Origins of Environmentalism, 1600-1860* (Cambridge, 1995), p. 20.
17. J. Frazer, *The Golden Bough: the Magic Art and the Evolution of Kings*《金枝》(New York, 1935), vol. 1, p. 8.
18. 同上，p. 2.
19. 同上，p. 376.
20. 同上，vol. 2, pp. 12-19.
21. J. D. Hughes, 'Early Greek and Roman Environmentalists', in L. J. Bilsky, ed., *Historical Ecology: Essays on Environment and Social Change* (Port Washington, N.Y., 1980), p. 45-59.
22. 同註12，p. 631.
23. S. Daniels, 'The Political Iconography of Woodland', in D. Cosgrove and S. Daniels, *The Iconography of Landscape* (Cambridge, 1988), pp. 43-82, at pp. 52-7.
24. S. Schama, Landscape and Memory (New York, 1995), p. 61.
25. V. Scully, Architecture: the Natural and the Manmade (New York, 1991), pp.65-104.
26. De Architectura, Bk. II, ch. I, 1-3.
27. 同註24. ，pp. 230-8.
28. F. Fernández-Armesto, *Barcelona: a Thousand Years of the City's Past* (Oxford, 1992), pp. 203-12.
29. D. Brading, *The First America* (Cambridge, 1991), pp. 428-62; A. Gerbi, *La disputa del nuevo mundo: historia de una polemica* (Mexico, 1982).
30. 參考B. Keen, *Los aztecas en la mentalidad occidental*，雖是1792年之作，仍是迄今說

得最好的。另見A. de Leony Gama 1790之作 *Descripcion historica y cronologica de las dos piedras que con ocasion del nuevo empedrado que se esta formando en la plaza principal de Mexico se hallaron en ella en el ano de 1790*, ed. C.M de bustamante, 2 vols (Mexico, 1832), vol. 1, pp. 8-13; vol. 2, pp.73-9.

31. 目前尚無上乘論作發行。J. Canizares Esguerra的研究未出版之前，可參考P. Cabello Carro, *Politica investigadora de la epoca de Carlos* Ⅲ *en el area maya* (Madrid, 1992).
32. B.D. Smith, 'The Origins of Agriculture in Eastern North America', *Science*, ccxlvi (1989), pp. 1566-71。
33. B. G. Trigger and Washburn, eds, *The Cambridge History of the Native Peoples of the Americas, I: North America*, vol. 1 (Cambridge, 1996), p.162; S. Johannesen and L.A. Whalley, 'Floral Analysis', C. Bentz et al., *Late Woodland Sites in the American Bottom Uplands* (Urbana, 1988), pp. 265-88.
34. N. Lopinot, 'Food Production Reconsidered', T.R. Pauketat and T.E. Emerson, *Cahokia: Domination and Ideology in the Mississippi World* (Lincoln Nebraska, 1997) p. 57; G. J. Armelagos and M.C. Hill, 'An Evaluation of the Biocultural Consequences of the Mississippi Transformation', in D.H. Dye and C.A. Cox, eds, *Towns and Temples along the Mississippi* (Tuscaloosa, 1990), p.16-37.
35. 同註33.，pp. 284.
36. P. Phillips and J. Brown, *Pre-Colunbian Shell Engravings from the Craig Mound at spiro, Oklahoma* (Cambridge, 1984) p. 126; D.s. Brose, *Ancient Art of the American Woodland Indians* (New York, 1985), p. 115 (fig. 19), p. 182（pl. 133）, p. 186 (pl. 134).
37. 同上，p. 96.
38. J. E. Kelly, 'Cahokia as a Gateway Center', T. E. Emerson and R.B. Lewis eds, *Cahokia the Hinterlands: Middle Mississippi Cultures of the Midwest* (Urbana, 1991), p. 61-80.
39. 布萊肯里吉（H.M. Backenridge）語，引用自註34，p. 11.
40. 同上，p. 121.
41. T.R. Pauketat, *The Ascent of Chiefs: Cahokia and Mississippian Politics in Native North America* (tuscaloos, 1994) p. 73.
42. 同註34，p. 199; Brose et al.,；同註36，p. 158-9 (pls. 113, 114).
43. G. Sagard, *The Long Journey to the Country of the Hurons*, ed. G.M. Wrong (Toronto, 1939), pp.52, 91.
44. Baron de Lahontan, *Dialogues curieux entre l'auteur et un sauvage et Memoire de l'Amerique septentrionale*, ed. G. Chinard (Baltimore, 1931), p. 205.
45. *Nouveaux voyages de M. le Baron de Lahontan das l'Amerique septentrionale* (The Hague, 1703), vol 1, p. 42.
46. 同上，p. 153-5.
47. *Le Huron: com é die* (Paris, 1768), pp. 13, 23, 51-4.
48. H. Hornbeck Tanner, ed., *Atlas of Great Lakes Indian History* (Norman, 1986), p. 5.
49. 同註43，p. 103.
50. W.N. Fenton, *The False Faces of the Iroquois* (Norman, 1987), p. 383.
51. 同上，p. 27.
52. L. Davies, *The Iron Hand of Mars* (New York, 1992), p. 220-4.
53. Tacitus, *The Agricold and the Germania*, trans. H. Mattingly and S.A. Handford (London, 1970), p. 104-5.
54. 同上，p. 114-15.
55. 同上，p. 104-5, 114-15, 121.
56. D.J. Herlihy, 'Attitudes towards Enviromment in Medieval Society', 見註21所引的書，p. 100-16, p.103.
57. *Verona eta gotica e langobarda* (Verona, 1982).
58. 同註12.，p. 562.
59. E. Panovsky, *Abbot Suger: On the Abbey Church of St. Denis and It's Art Treasure* (1979), p. 67。
60. R. Bechmann, *Les Racines de cathedrals: l'architecture gothique expression de conditions du milieu* (Paris, 1981) p.141-2.
61. G. H. Pertz and R. Köpke, eds, *Herbordi Dialogus de Vita Ottonis Episcopi Babergensis*

(Hanover, 1868), pp. 59-60.
62. R. Bartlett, *Gerald of Wales* (Oxford, 1982), p. 165.
63. J. Veillard, *Le Guide du pelerin* (Macon, 1950), pp. 26, 28, 32.
64. G.W. Greenaway, *Arnold of Brescia* (Cambridge, 1931); J. D. Anderson and E. T. Kennan, eds, *The Works of Bernard of Clairvaux, 13: Five Books on Consideration: Advice to a Pope* (Kalamazoo, 1976), p. 111.
65. S.A. Zenkovsky, ed., *The Nikonian Chronicle from the Year 1132 to 1240* (Princeton, 1984), p. 5.
66. M. Tikomirov, *The Towns of Ancient Rus* (Moscow, 1959), pp. 220-2; S. Franklin and J. Shepard, *The Emergence of Rus, 750-1200* (London 1996), pp. 283, 343-5; H. Birnbaum, *Lord Novgorod the Great* (Columbus, 1981), p. 45, 77. M.W. Thompson, *Novrogord the Great: Excavations in the Medieval City* (1967); S. Franklin, 'Literacy and Documentation in Early Medieval Russia' in *Speculum*, lx, (1985), pp. 1-38.
67. R. Bartlett, *The Making of Europe: Conquest, Colonization and Cultural Change, 950-1350* (Princeton, 1993), p. 133.
68. 同註1，p. 287-90.
69. J. Diamond, *Guns, Germs, and Steel: the Fates of Human Societie*, pp. 195-210.
70. 同註24. ，p. 96.

❖ 第六章

1. L. M. Serpenti, *Cultivators in the Swamps* (Amsterdam, 1977)。
2. 同上，p. 10.
3. 同上，p. 7.
4. 同上，p. 21-62.
5. R. S. MacNeish, 'The Origins of New World Civilization', *Scientific American*, (1964).
6. L. Schele, *The Olmec Mountains and Tree of Creation in Mesoamerican Cosmology, in M.D. Coe et al., The Olmec World: Ritual and Rulership* (Princeton, 1995), p.105-117.
7. N. Hammond, 'Cultura Hermana Reappraising the Olmec', *Quarterly Review of Archaeology*, 4, 1991, p. 1-4.
8. E.P. Benson and B. de la Fuentes eds, *Olmec Art of Ancient Mexico* (Washington, DC, 1996), cat. No.1, pp. 154-5.
9. 同上，cat. 42, p. 205, cat. 60-71, pp. 226-9; 見註6. 所引的書，pp. 170-6. P.T. Furst, 'The Olmec Were-Jaguar Motif in the Light of Ethnographic Reality', in E. P. Benson, ed., *Dumbarton Oaks Conference on the Olmec* (Washington, 1968), pp. 143-74.
10. F. K. Reilly, 'Art, Ritual and Rulership in the Olmec World', 見註6. 所引的書，pp. 27-45.
11. E.g. P. T. Furst, 'Shamanism, Transformation and Olmec Art', 見註6. 所引的書，pp. 68-81.
12. W. Ralegh, *The Discovery of the Large, Rich and Beautiful Empire of Guiana with a Relation of the Great and Golden City of Manoa* (London, The Hakluyt, 1848), p.11.
13. J. L. Stephens, *Incidents of Travel in Yucatán* (Norman, 1962), vol. 1, pp. 85-6.
14. G. Coedès, *Angkor: an Introduction* (London, 1963), p. 54
15. J. Miskic, *Borobudur: Golden Tales of the Buddha* (Boston, 1962), p.17.
16. 有關雨林物產豐富的問題，見P.W. Richards, *The Tropical Rain Forest: an Ecological Study* (London, 1979).
17. 見我所編*The Times Atlas of World Exploration* (London, 1991), p. 133; A. Rossel and R. Hervé, eds, *Le Mappemonde de Sebastien Cabot* (Paris, 1968).
18. G. de Carvajal et al., La adventura del Amazonas, ed. R. D'az (Madrid, 1986), p. 47-67.
19. 味道「比較甜」或含毒量高的「苦味」之間的差別，參考E. Moran, Food, 'Development and Man in the Tropics', in M. Arnott ed., *Gastronomy* (The Hague, 1975), p. 173。苦樹薯榨製法見E. Carmichael et al., *The Hidden Peoples of the Amazon* (London, 1985), p. 61.
20. B.J. Meggers, *Amazonia: Man and Culture in a Counterfeit Paradise* (Chicago, 1971), p. 30.

21. D. Lathrap, *Upper Amazon* (New York, 1970), p.44.
22. G. Edmundson, ed., *Journal of the Travels and Labours of Father Samuel Fritz in the River of the Amazons between 1686 and 1723* (London, The Hakluyt Society, 1922), pp. 50-1. 這一段引文與下一段的翻譯都稍有改動。
23. 同上，p. 61.
24. 同註20，p. 19-21.
25. W. Balée, 'The Culture of the Amazonian Forest', in D.A. Posey and W. Balée, *Resource Management in Amazonia: Indigenous and Folk Strategies* (New York, 1989), pp. 1-16.
26. L. Schele and M. Miller, *The Blood of Kings: Dynasty and Ritual in Maya Art* (New York, 1986), p.64-5, 157.
27. 同上，p. 122-5, 175-99; W. Fash, Scribes, *Warriors and Kings: the City of Copán and the Ancient Maya* (London, 1991).
28. K. O. Pope and B. H. Dahlin, 'Ancient Maya Wetland Agriculture: New Insights from Ecological and Remote Sensing Research', *Journal of Field Archaeology*, 16(1989), pp.87-106.
29. M. D. Coe, *Breaking the Maya Code* (London, 1992), pp. 179-91.
30. J. Marcus, *Mesoamerican Writing Systems: Propaganda, Myth and History in Four Ancient Civilizations* (Princeton, 1992).
31. G. Michel, *The Rulers of Tikal: a Historical Reconstruction and Field Guide to the Stelae* (Guatemala, 1989), pp. 31-8, 77-90.
32. 同上，pp. 53-6, 116-22.
33. E. Manikka, *Angkor War: Time, Space, Kingship* (Honolulu, 1996), p. 159.
34. 同上，p. 23.
35. 同上，p. 51.
36. J. Mirsky, *Chinese Travellers in the Middle Ages* (London, 1968), pp. 203-15.
37. G. Coedès, *Angkor*, pp.104-5.
38. 同上，p. 96.
39. 同上，p. 86.
40. Ramacandra Kaulacara, *Silpa Prakasa*, trans A. boner and S.Rath Sarma (Leiden, 1966), p.xxxiii; 引用於註33. ，p.8.
41. 同上，p. 42.
42. 同上，p. 46.
43. G. Coedès, *The Indianised States of South-East Asia* (London, 1968), p. 173.
44. A. F. C. Ryder, *Benin and the Europeans, 1485-1897* (New York, 1969), plate 2(a).
45. K. Ezra, *Royal Art of Benin: the Perl Collection in the Metropolitan Museum of Art* (New York, 1992), p. 9, 117.
46. 同註44，p. 70.
47. 同註45，p. 118.
48. G. Connah, *The Archaelolgy of Benin: Excavations and Other Researches in and around Benin City, Nigeria* (Oxford, 1975), p. 105.
49. 同註45，pp. 12-14, 72.
50. P.J.C. Dark, *An Introduction to Benin Art and Technology* (Oxford, 1973), p. 102 and pl. 56, ill. 19.
51. 同上，p. 100 and pl. 46, ill. 98.
52. 同註44，p. 31-3, 37, 84-5, 234-5.
53. 同上，p. 206.
54. 同上，p. 17-18.
55. R. Home, *City of Blood Revisited* (London, 1982), p. 36, 43-7.
56. 同上，p. ix-x。

❖第七章

1. H. Frankfort, *Kingship and the Good* (Chicago, 1948), p. 274.
2. K. Wittfogel, *Oriental Despotism: a Comparative Study of Total Power* (New Haven, 1957).
3. 就我所知，最先提出這個問題的是L.R. Binford, 'Post-Pleistocene Adaptations' in L. R. Binford, eds, *New Perspectives in Archaeology* (Chicago, 1968), pp. 213-41以及M. D. Sahlins, *Stone Age Economics* (Chicago, 1972), pp. 1-39，以後響應的論述極多，舉不勝舉。
4. 這種觀點與V. G. Childe, *The Neolithic Revolution* (New York, 1925) 脫不了關係；見J.R. Harlan, J.M.J. de Wet and A. Stemler,

Origins of African Plant Domestication (The Hague, 1976), p. 115.
5. S.J. Fiedel, *Prehistory of the Americas* (New York, 1987), p. 162.
6. B.M. Fagan, *The Journey from Eden: the Peopling of Our World* (London, 1990), p. 225.
7. W. H. McNeill, *The Human Condition: an Ecological and Historical View* (Princeton, 1980), pp. 19-20.
8. J. L. Angell, 'Health as Crucial factor in the changes from Hunting to developed Farming in the Eastern Mediterranean', in M.N. Cohen and G. J. Armelagos, eds, *Paleopathology at the Origins of Agriculture* (New York, 1984), pp. 51-73; T. Taylor, *The Prehistory of Sex* (London, 1996).
9. T. D. Price and J.A. Brown, 'Aspects of Hunter-Gatherer Complexity', in *Prehistoric Hunter-gatherers* (New York, 1958); L.H. Keeley, *War Before civilization: the Myth of the Peaceful Savage* (Oxford, 1966); J. Haas, *The Anthropology of War* (Cambridge, 1990).
10. J. R. Harlan, *Crops and Man* (Madison, 1992), p. 27.
11. M. N. Cohen, *The Food Crisis in Prehistory: Overpopulation and the Origin of Agriculture* (New Haven, 1977); E. Boserup, *The Conditions of Agricultural Growth: the Economics of Agrarian Change under Population Pressure* (London, 1965); D. R. Harris, 'Alternative Pathway toward Agriculture', in C. A. Reed ed., *Origins of Agriculture* (the Hague, 1977), pp. 179-243. 另見A. B. Gebauer and T. D. Price, eds, *Transitions to Agriculture in Prehistory* (Madison, 1992), 注意p. 2的其他論點列表。
12. B. Bronson, 'The Earliest Farming: Demography as Cause and Consequence', in S. Polgar, ed., *Population, Ecology and Social Evolution* (The Hague, 1975).
13. 例如R. Kuttner, *Everything for Sale: the Virtues and Limitations of Markets* (Chicago, 1999); E. Luttwak, *Turbo Capitalism: Winners and Losers in the Global Economy* (London, 1998).
14. 同註10，pp. 35-6.
15. 這方面累積的證據很多，即使觀點不盡相同。見B. Hayden, 'Pathways to Power: Principles for Creating Socioeconomic Inequalities', in T. D. Price and G. M. Feinman, *Foundations of Social Inequality* (New York, 1995), p. 15-86.
16. A. B. Gebauer and T. D. Price, 'Foragers to Farmers: an Introduction', in *Transitions to Agriculture in Prehistory*, pp. 1-10.
17. A. J. Taylor, ed., *The Standard of Living in Britain in the Industrial Revolution* (London, 1975)，參考其中霍布斯邦與湯普遜二位的文章，pp. 58-92, 124-52; F. Fernández-Armesto, *Barcelona: a Thousand Years of the City's Past* (Oxford, 1992) pp. 173-4.
18. F. Fernández-Armesto, *The Times Illustrated History of Europe* (London, 1995), pp. 145-6.
19. B. J. Kemp, *Ancient Egypt: Anatomy of a Civiliztation* (London, 1989), p. 12.
20. Jer. 12: 5, 49: 19.
21. K. M. Kenyon, *Digging Up Jericaho* (London, 1957), p. 29.
22. 同上，pp. 54-5.
23. J. Bartlett, *Jericho* (Grand Rapids, 1982), pp. 16, 42, 44.
24. 同註21，p. 72.
25. 同註23，pp. 40-2.
26. J. Mellaart, Çatal Hüyük: a Neolithic Town in Anatolia, in M. Wheeler ed., *New Aspects of Archacology* (New York, 1967).
27. I. Hodder, ed., *On the Surface: Catal Huyuk 1993-95* (Cambridge, 1996).
28. T. F. Lynch, ed., *Guitarrero Care: Early Man in the Andes* (New York, 1980)；比較B. Smith, 'The Origins of Agriculture in the Americas', *Evolutionary Anthropology*, 3 (1995).
29. 同註10，p. 19.
30. 參考Gorman, 'Excavations at spirit Cave, North Thailand: Some Interim Interpretations', *Asia Perspectives*, 8 (1970), pp. 197-107; J.C. White, *Discovery of a Lost Bronze Age: Ban Chiang* (Philadelphia, 1982), pp. 13, 52.
31. 同註18，p. 12-13.
32. C. Renfrew, 'Carbon-14 and the Prehistory of Europe', *Scientific American* 225.4 (1971),

pp. 63-72; *Problems in European Pre-history* (London, 1979); *Before Civilization* (London, 1973) .

33. J. Diamond, Guns, *Germs, and Steel: the Fates of Human Societies*, p. 312; 比較pp. 219. 305, 335.
34. W. Meacham, in D.N. Keightley, ed., *The Origins of Chinese Civilization* (Berkeley, 1983), p. 169.
35. J. Needham et al., *Science and Civilisation in China* (Cambridge, 1954-in progress), vol. 4, part III (Cambridge, 1971), pp. 540-53.
36. G. Brotherston, *The Book of the Fourth World: Reading the Native Americas Through Their Literatures* (Cambridge, 1992); J. Derrida, *De la grammatologie* (Baltimore, 1976), pp. 88-136.
37. J. Hawkes, *The First Great Civilizations: Life in Mesopotamia, the Indus Valley and Egypt* (London, 1976), pp. 11, 21, 364-7, 325-42.
38. J.B. Pritchard, ed., *The Ancient Near East: an Anthology of Text and Pictures* (Princeton, 1958), p. 244.
39. 同上，p. 68.
40. 同上，p. 251.
41. 同註1。
42. 同註38，p. 69.
43. G. Pettinato, *Ebla: a New Look at History* (Baltimore, 1991), pp. 88, 107; *The Archires of Ebla* (New York, 1981), pp. 156-80.
44. H. Saggs, *The Greatness that was Babylon* (London, 1988), pp. 124-7.
45. D. J. Wiseman, *Nebuchadnezzar and Babylon* (London, 1985).
46. I. L. Finkel, 'The Hanging Garden of Babylon', in P. Clayton and M. Price, eds, *The Seven Wonders of the Ancient World* (London, 1989), pp. 38-58.
47. M.W. Helms, *Craft and the Kingly Ideal: Art, Trade and Power* (Austin, 1993), p. 93-170.
48. E. Naville, *The Temple of Deir el Bahari* (London, 1894), plates 47-61.
49. F. Fernández-Armesto, *Columbus* (London, 1996), p. 87.
50. 同註48. ，pp. 21-5; M. Liverani, *Prestige and Interest: International Relations in the Near East c. 1600-1100 BC* (Padua, 1990), p. 240-4.
51. 同註19，pp. 120-8.
52. 同上，pp. 195, 237.
53. 同註38，p. 26.
54. 同上，p. 24.
55. 同上，p. 254.
56. 同註19，p. 195.
57. K.W. Butzner, *Early Hydraulic Civilization in Egypt: a Study in Cultural* (Chicago, 1976), p. 27.
58. 同註38，p. 229.
59. 同上，p. 7.
60. Plato, *Timaeus*, 22E.
61. 同註19，pp. 218-21.
62. 同上，pp. 253-4.
63. H.S. Smith et al., eds, *Ancient Centres of Egyptian Civilization* (Windsor Forest, n.d.), p. 18.
64. 同註38，p. 259.
65. 同註57，p. 9.
66. 同上，p. 21.
67. 同註38，p. 409.
68. II. 35.
69. 同註39，p. 186; R. Drews, *The End of the Bronze Age: Changes in Warfare and the Catastrophe ca 1200 BC* (Princeton, 1993), pp. 19-21.
70. II, 26.
71. I. E. S. Edwards, *The Great Pyramids of Egypt* (London, 1993), p. 251.
72. P. Hodges, *How the Pyramids Were Built* (Shaftesbury, 1989).
73. 同註71，pp. 245-92.
74. 這幾段呼應F. Fernández-Armesto, *Truth: a History* (London, 1997), pp. 132-7.

❖ 第八章

1. C. Masson, *A Narrative of Various Journeys in Balochista, Afghanistan and the Panjab*, 3 vols (London, 1842), vol. 1, p. 453. See G. Witteridge, *Charles Masson of Afghanistan:*

Explorer, Archaeologist, Numismatist and Intelligence Agent (Warminster, 1986).

2. 有關桑加拉實地所見，參考A. B. Bosworth, *A Historical Commentary on Arrian's History of Alexander* (Oxford, 1995), vol. 2, pp. 327, 331.
3. G. L. Posspehl, 'Discovering India's Earliest Cities', in G. L. Posspehl, ed., *Harappan Civilization: a Contemporary Perspective* (Delhi, 1982), p. 405-13.
4. B. and R. Allchin, *The Rise of Civilization in India and Pakistan* (Cambridge, 1982), p. 166.
5. 同上，pp. 133-8, 167.
6. Vishnu-Mittre and R. Savithri, 'Food Economy of the Harrapans', 見註3所引書，pp. 205-21.
7. R. A. K. Kennedy, 'Skull, Aryans and Flowing Drains: the Interface of Archaeology and Skeletal Biology in the Study of the Harrapan Civilization', 收入前引書，pp. 289-95.
8. A. Parpola, *Deciphering the Indus Script* (Cambridge, 1994). 這本書代表長久嘗試錯誤解碼過程中的一個階段；Parpola假定哈拉帕人說的是達羅毗荼語（Dravidian），如果測試失敗，並不表示方法是錯的。
9. 同註3，pp. 210-16.
10. 同註7，p. 291.
11. D. P. Agrawalk and R.K. Sood, 'Ecological Factors and the Harappan Civilization'，見註3所引書，pp. 223-9.
12. 同上，p. 18.
13. 同註7，p. 292.
14. C. Renfrew, *Archaeology and Language* (London, 1987). 參閱我所編的*The Times Illustrated History of Europe* (London, 1995), pp. 13-14. J. P. Mallory為傳統主張辯護的*In Search of the Indo-Europeans* (1989) 說明沒有考古學的證據指向有那麼一批說印歐語的人，且這些人曾經遷徙。另見E. Leach, 'Aryan Invasions over Four Millennia', in E. Ohnuki-Tierney, ed., *Culture Through Time: Anthropological Approaches* (Stanford, 1990), pp. 227-45.
15. *Rig Veda*《梨俱吠陀》, 6.70.
16. 同上，1. 32.
17. Vishnu-Mittre, 'The Harappan Civilization and the Need for a New Approach', 見註3所引書, pp. 31-9.
18. 同註4，p. 308.
19. M.K. Dhavalikar, 'Daimabad Bronzes', 見註3所引書，pp. 361-6. 我尚未查證潘德（B.M. Pande）所說同時期印度河銘文的字體。
20. B.P. Sinha, 'Harappan Fallout in the Mid-Gangetic Valley', 見註3所引書，pp. 135-9.
21. S. Kemper, *The Presence of the Past: Chronicles, Politics and Culture in Sinhala Life* (Ithaca, 1991), pp. 2-3, 8, 32, 43, 54-9.
22. J. Brow, *Demona and Development: the Struggle for Community in a Sri Lankan Village* (Tucson, 1996).
23. J. Still, *The Jungle Tide* (Edinburgh, 1930), p. 75; quoted A. J. Toynbee, *A Study of History*, vol. 2 (London, 1934), p. 5.
24. Michael C. Rogers的譯文，見P. H. Lee, ed., *Sourcebook of Korean Civilization*, vol. 1 (New York, 1993), p. 14.
25. H. Mospero（馬伯樂）, *China in Antiquity* (1978), pp. 14-15.
26. 同上，p. 17.
27. D. N. Keightley（吉德煒）ed., *The Origins of Chinese Civilization*, (Berkeley, 1983), p. 27.
28. K. C. Chang（張光直）*Shang Civilizatoin* (New Haven & London, 1980), pp. 138-41; A. Waley, *The Book of Songs Translated from the Chinese* (London, 1937), p. 309.
29. 同上，p. 24.
30. 同上，p. 242.
31. Chang, 註28所引書，p. 70.
32. Te-Tzu Chang（張德慈）, 'The Origins and Early Culture of the Cereal Grains and Food Legumes', 見註27所引書，pp. 66-68.
33. W. Fogg, 'Swidden Cultivation of Foxtail Millet by Taiwan Aborigines', 見註27所引書，pp. 95-115.
34. Waley, 註28所引書, pp. 164-7.
35. 同註32，p. 81.
36. 同註31 所引書，p. 148-9.
37. 同註25，p. 382.
38. M. H. Fried, 'Tribe to State or State to Tribe in Ancient China? ', 見註27所引書，pp. 467-93.
39. 同註31，p. 12.

40. R. Pearson, 'The Ch'ing-lien-Kang Culture and the Chinese Neolithic', 見註27所引書，pp. 119-45.
41. Needham et al., 6, part II (by F. Bray) (Cambridge, 1984), p. 491.
42. 何炳棣，《東方的搖籃》(Hong Kong, 1975), p. 362.
43. D. S. Nivison（倪德衛）, 'A neo-Confucian Visionary: Ou-Yang Hsiu', in D. S. Nivison and A. F. Wright, eds, *Confucianism in Action* (1959), pp. 97-132; F. Fernández-Armesto, *Millennium: A History of Our Last Thousand Years* (New York, 1995), p. 56.
44. 不過這個過程比一般認為的緩慢，也發生得較晚。見S. T. Leong, *Migration and Ethnicity in Chinese History: Hakka, Pengmin and their Neighbours* (Stanford, 1977) 以及R. Bin Wong（王國彬）, 'The Social and Political Constuction of Identities in the Qing Empire', *Itinerario*, 25 (2001).
45. K. C. Chang, 'The Late Shang State', 見註27所引書，p. 573.
46. K. C. Chang, *Art, Myth, and Ritual: the Path to Political Authority in Ancient China* (Cambridge, Mass., 1983), p. 10.
47. *Shih*《詩經》，B. Karlgren, *The Book of Odes* (Stockholm, 1974), p. 189; 同註34，p. 248.
48. 同註31，p. 161.
49. 同註34，pp. 113-36.
50. 同註45，pp. 459-64.
51. 同註31，pp. 185-6.
52. 同上，p. 12.
53. Li Chi,（李清）*The Beginnings of Chinese Civilization* (Seattle, 1957), p. 23; 同上，p. 142.
54. 同註46，p. 45.
55. F. Fernández-Armesto, *The Truth: a History*, pp. 47-64.
56. 同註46，p. 34.
57. 同上，p. 42.
58. 同上，pp. 37-8.
59. 同註31，p. 195.
60. S. N. Eisenstadt, ed., *The Origins and Diversity of Axial Age Civilization* (Albany, 1986).
61. F. Fernández-Armesto, *Millennium: A History of Our Last Thousand Years* (New York, 1995), pp. 49-50, 258-62.
62. V. Purcell, *Overseas chinese in South-East Asia* (Oxford, 1980); Yuan-li（吳元黎）and Chun-his Wu（吳淳熙）, *Economic Development in South-East Asia: the Chinese Dimension* (Stanford, 1980); L. Pan, *Sons of the Yellow Emperor* (Tokyo, 1990); R. Skeldun ed., *Reluctant Exiles? Migration from Hong Kong and the New Orleans Chinese* (London, 1994); S. Seagrave, *Lords of the Rim* (London, 1995).
63. C. P. Fitzgerald, *China: a Short Cultural History* (London, 1950), p. 339-40.
64. Odes, III, xxix, 27.

❖ 第九章

1. A. Pagden, ed., *Hernán Cortés: Letters from Mexico* (New York, 1971), p. 55.
2. 同上，pp. 77-8.
3. B. Diaz de Castillo, *Historia verdadera de la conquista de la Nueva Epaña*《征服新西班牙信史》, ed. J. Ram'rez Cabaña (Mexico, 1968), vol. 1, p. 260.
4. H. R. Trevor-Roper, *The European Witch-Craze of the Sixteenth and Seventeenth Centuries* (Harmondsworth, 1978).
5. J. Vieilard, *Le Livre du Pèlerin* (Macon, 1950), pp. 26, 28.
6. E. Le Roy Ladurie, *The Beggar and the Professor: a Sixteenth-Century Family Saga* (Chicago, 1997), pp.10, 16-30.
7. *Boswell's Journal of a Tour to the Highlands*, ed. F. A. Pottle and C. H. Bennett (New York, 1936), p. 210; *The Works Samuel Johnson*, 9 vols (London, 1825), vol. 9, pp. 24, 97.
8. D. Lang, *Armenia: Cradle of Civilization* (London, 1980), pp. 30-31.
9. C. I. Beckwith, *The Tibetan Empire in Central Asia: a History of the Struggle for Great Power Among Tibetans, Turks, Arabs and Chinese During the Early Middle Ages* (Princeton, 1987), p. 129.
10. G. Yazdani, ed., *The Early History of the*

Decean, vol. 1 (London, 1960), p. 13.

11. K. C. Day, 'Storage and Labor Service: a Production and Management Design for Andean Area', in M. E. Moseley and K. C. Day, eds, *Chan Chan: Andean Desert City* (Albuquerque, 1982), pp. 338-49.
12. C. Morris and A. von Hagen, *The Inka Empire and its Andean Origins* (New York, 1993), p. 54.
13. T. C. Patterson, 'The Huaca La Florida, Rimac Valley, Peru', in C. B. Donnan, ed., *Early Ceremonial Architecture of the Andes* (Washington, DC, 1985), pp. 59-70.
14. T. Pozorski, 'The Early Horizon Site of Huaca de los Reyes: Societal Implications', *American Antiquity*, 45 (1980), pp. 100-61.
15. R. L. Burger, 'Unity and Heterogeneity within the Chavín Horizon' in R. W. Keating, ed., *Peruvian Prehistory: an Overview of Pre-Inca and Inca Society* (Cambridge, 1988), pp. 99-144.
16. 同上，p.161.
17. A. Kolata, 'The Agricultural Foundations of the Tiwanaku State: a View from the Heartland', *American Antiquity*, 51, pp. 748-62; 'The Technology and Organization of Agricultural Production in the Tiwanaku State', *Latin American Antiquity*, 2 (1991), pp. 99-125; D.E. Arnold, *Ecology and Ceramic Production in an Andean Community* (Cambridge, 1993), p. 31.
18. K. Berrin, ed., *Feathered Serpents and Flowering Trees: Reconstructing the Murals of Tenotihuacan* (San Francisco, 1988), pp. 141-228.
19. R. E. Blanton, *Monte Alban: Settlement Patterns at the Ancient Zapotec Capital* (New York, 1978).
20. J. Marcus and K. V. Flannery, *Zapotec Civilization* (London, 1966), p. 197.
21. J. W. Whitecotton, *Zapotec Ethnology: Pictorial Genealogies in Eastern Oaxaca* (Nashville, 1990).
22. R. Spores 'Tututepec: a Post-Classic Mixtec Conquest State', *Ancient Mesoamerica*, 6 (1993), pp. 167-74.
23. R. A. Diehl, *Tula: the Toltec Capital of Ancient Mexcio* (London, 1983), pp. 41, 162.
24. M. J. Macri, 'Maya and other Mesoamerican Scripts', in P. Daniels and W. Bright, eds, *The World's Writing Systems* (Oxford, 1996), pp. 172-82. 有關結繩的辯論，因為一部耶穌會教士的專論再次被提出而無從解決。這部論述以前只在一七五〇年的一部作品中引述過，可用來解釋部分印加音節表。見C. Animato, P. A. Rossi, C. Miccinelli, *Quipu: il nodo parlarnte dei misteriosi Incas* (Genoa, 1994); V. & D. Domenici, 'Talking Knots of the Inka', *Archaeology* (November-December 1996), pp. 50-6. 亦可參考M. & R. Ascher, *Code of the Quipu: a Study in Media, Mathematics and Culture* (Ann Arbor, 1981); E. H. Boone and W. D. Mignolo, eds, *Writing Without Words: Alternative Literacies in Mesoamerica and the Andes* (Durham, NC, 1994), 特別是 pp. 188-219 T. Cummins的一篇對結繩文字的討論。
25. N. Wachtel, 'The Mitimas of the Cochabamba Valley: the Colonisation Policy of Huayna Capac', in G. A. Collier, R. I. Rosaldo and J. D. Wirth, eds, *The Inca and Aztec States 1400-1800* (New York, 1982), pp. 199-235.
26. F. Solis, *Gloria y fama mexica* (Mexico, 1991), pp. 98, 104, 108, 111, 112.
27. Hipólito Unanue, 'Observaciones sobre el clima de Lima y sus influencias en los seres organizados, en especial el hombre', in J. Arias-Schreiber Pezet, ed., *Los ideologos: Hipólito Unanue*, vol. 8 (Lima, 1974), p. 47. 感謝Jorge Canizares Esguerra推薦此一參考資料。
28. J.V. Murra, *Formaciones económicas y políticas del mundo andino* (Lima, 1975), pp. 45-57.
29. R. E. Blanton, 'The Basin of Mexico Market System and the Growth of Empire' in F. Berdan et al., *Aztec Imperial Strategies* (Washiongton, DC, 1996), pp. 47-84; S. Gorenstein and H. Perlstein Pollard, *The Tarascan Civilization: a Late Pre-Hispanic Culture System* (Nashville, 1983), pp. 98-102.
30. M.G. Hodge, 'Political Organization of Central provinces', in F. Berdan et al., 見註29所引書，p. 29.

31. B. de Sahagún, *Historia general de las cosas de Nueva España*, ed., A. M. Garibay K[itana] (Mexico, 1989), p. 463.
32. M. E. Smith, *The Aztecs* (Oxford, 1989), pp. 69-79.
33. J. R. Parsons, 'The Role of Chinampa Agriculture in the Food Supply of Aztec Tenochtitlan', in C. E. Cleland, ed., *Cultural Change and Continuity: Essays in Honor of James Bennett Griffin* (New York, 1976), pp. 233-57.
34. J. Cooper Clark, ed., *Codex Mendoza*, 3 vols (London, 1931-2), vol. 1, fos 19-55; F. Berdan and J. de Durand-Forest, eds, *Matrícula de Tributos: Códice de Moctezuma* (Codices Select, 68) (Graz, 1980).
35. C. Morris and D. E. Thompson, *Huánuco Pampa: an Inca City and its Hinterland* (London, 1985), p. 90.
36. P. Cieza de León, *Crónicas del Perú*, ed. F. Cantú, 3 vols (Lima, 1987), vol. 2, p. 81; 參閱. vol. 3, pp. 226-7.
37. G.W. Conrad and A. A. Demarest, *Religion and Empire: the Dynamics of Aztec and Inca Expansion* (New York, 1984).
38. A. Chavero, eds., *Lienzo de Tlaxcala* (Mexico, 1979), plates 9, 10, 14, 21 etc. J. E. Kicza在即將發表的作品中表示，這項證據不可靠，主要是根據註3所引書，vol. 3, pp. 32-49, 54-57，積極參戰者幾乎除西班牙人以外別無他族。感謝Kicza借閱他的書稿。
39. S. Lombardo de Ruiz et al., *Atlás histórico de la ciudad de México*, 2 vols (Mexico, 1996-7), vol. 1, pp. 214-85.

❖第十章

1. L. Trégance, *Adventures in New Guinea: the Narrative of Louis Trégance, a French Sailor*, ed. H. Crocker (London, 1876).
2. J. Diamond, Guns, *Germs, and Steel: the Fates of Human Societies* (London, 1997), pp. 146-50, 303.
3. B. Connolly and R. Anderson, *First Contact* (New York, 1987), p. 24.
4. 同上，p. 29.
5. P. Brown, *Highland Peoples of New Guinea* (Cambridge, 1978), pp. 10-11.
6. M. Godelier, 'Social Hierarchies Among the Baruya of New Guinea', in A. Strathern, *Inequality in New Guinea Highlands Societies* (Cambridge, 1982), p. 6.
7. D. K. Feil, *The Evolution of Highland Papua New Guinea Societies* (Cambridge, 1987), p. 16.
8. J. Golson, 'Kuk and the Development of Agriculture in New Guinea: Retrospection and Introspection', in D. E. Ye and J. M. J. Mummery, eds, *Pacific Production Systems: Approaches to Economic History* (Camberra, 1983), pp. 139-47.
9. H. C. Brookfield, 'The Ecology of Highland Settlement: Some Suggestions, in J. B. Watson, ed., *New Guinea: the Central Highlands* (Menasha, Wisconsin, 1964)(*American Anthropologist*, 66, special number).
10. 同註7，pp. 27-30.
11. 同註3，p. 14.
12. C. R. Hallpike, *Bloodsheel and Vengeance in the Papuan Mountains: the Generation of Conflicts in Tauade Society* (Oxford, 1977), pp. 229-31.
13. 同上，p. 235；同註2 ，p. 277.
14. R. Rosaldo, *Culture and Truth: the Remaking of Social Analysis* (Boston, 1989), p. 1.
15. M.J. *Harner, The Jívaro* (New York, 1972).
16. J. de Barros, *Asia*, dec. I, bk X, ch. 1.
17. P. S. Garlake, 'Pastoralism and Zimbabwe', *Journal of African History*, 19, pp. 479-93.
18. D. T. Beach, *The Shona and Zimbabwe* (Lonon, 1980).
19. W. G. L. Randles, *The Empire of Monomotapa* (Harare, 1981).
20. J. H. Kramers and G. Wiet, eds, *Configuration de la tere* (Beirut & Paris, 1964), vol. 1, p.56.
21. R. S. Whiteway, ed., *The Portuguese Expedition to Abyssinia in 1541-3 as Narrated by Castanhoso* (London, The Hakluyt Society, 1902), p. 6.

22. D. S. Philippson, 'The Excavations at Aksum', *Antiquaries' Journal*, 75 (1995), pp. 1-41.
23. 參見Beckingham and G. W. B. Huntingford, eds., *Some Records of Ethiopia* (London, the Hakluyt Society, 1954), p. 45.
24. Y. M. Koboshanov, 'Aksum: Political Systm, Economics and Culture, First to Fourth Century', in G. Mokhtar, ed., *Unesco General History of Africa*, vol. 2 (Berkeley, 1981).
25. D. W. Philippson, 'Aksum in Africa', Journal of Ethiopian Studies, 23 (1990), pp. 55-65.
26. K. Conti-Rossini, ed., *Vitae Sanctorum Antiquorum*, 1 (*Corpus Scriptorum Christianorum Orientalium*, 27) (Louvin, 1995), pp. 41, 47-8.
27. B. Turaiez, ed., *Vitae Sanctorum Indigenarum, 2: Acta S. Aaronis et Philippi* (*Corpus Scriptorum Christianorum Orientalium*, 31) (Louvain, 1955), p. 120.
28. R. K. P. Pankhurst, ed., *The Ethiopian Royal Chronicles* (Addis Ababa, 1967), p. 47-8.
29. S. Kur and E. Cerulli, eds. *Actes de Iyasus Mo'a* (*Corpus Scriptorum Christianorum Orientalium*, 260) (1965), p. 45.
30. G. W. B. Huntingford, *The Historical Geography of Ethiopia* (Oxford, 1989), p. 54.
31. 同上，p. 56.
32. T. T. Mehouria, 'Christian Aksum', in Mokhtar, ed., 註24所引書，p. 406.
33. 同註30 ，p. 59.
34. P. Marrassini, 'Some Considerations on the Problem of the "Syriac Influences" on Aksumite Ethiopia', *Journal of Ethiopian Studies*, 23 (1990), pp. 35-46.
35. T. Mekouria, 'The Horn of Africa', in I. Hrbek, ed., *Unesco General History of Africa*, vol. 3 (1992), p. 558.
36. G. W. B. Huntingford, '"The Wealth of Kings" and the End of the Zagwe Dynasty', *Bulletin of the School of Oriental and African Studies*, 28 (1965), p. 6.
37. 同註35，p. 566.
38. S. Munro-Hay, 'The Rise and Fall of Aksum: Chronological Considerations', *Journal of Ethiopian Studies*,33 (1990), pp. 47-53.
39. K. W. Butzer, *Archaeology as Human Ecology: Method and Theory for a Contextual Approach* (Cambridge, 1982), p. 145.
40. 同註30，p. 70.
41. 同註26，p. 4.
42. 同註28，p. 9.
43. T. Tamrat and R. Oliver, eds, *Cambridge History of Africa*, vol. 3 (1997), p. 112.
44. C. F. Beckingham and G. W. B. Huntingford, eds., *The Prester John of the Indies*, 2 vols (Cambridge, the Hakluyt society, 1961), vol. 1, pp. 266-307.
45. A. Kammerer, *La Mer rouge, l'Abyssinie et l'Arabie au XVle et XVlle siècles* (Cairo, 1947), vol. 4, p. 174.
46. 同註28，pp. 91-3; 同註23，pp. 125-7.
47. W. J. Vogelsang有精闢但懸而未決的辯論，他認為阿基美尼帝國是在伊朗東端的遊牧文化中發源。*The Rise and Organization of the Achaemenid Empire: the Eastern Iranian Evidence* (Leiden, 1992).
48. 〈以賽亞書〉，41.2.
49. R. C. Zaehner, *The Dawn and Twilight of Zoroastrianism* (New York, 1961), especially pp. 170-2.
50. 同上，p. 40.
51. C. Tuplin, 'The Parks and Gardens of the Achaemenid Empire', *Achaemenid Studies* (Stuttgart, 1996), pp. 80-131.
52. W. Barthold, *A Historical Geography of Iran* (Princeton, 1984).
53. P. Bishop, *The Myth of Shangri-La* (Berkeley, 1989).
54. D. Snellgrove and H. Richardson, *A Cultural History of Tibet* (Boston, 1986), p. 60.
55. T. V. Wylie, ed., *The Geography of Tibet According to 'Dzam-Gling Rgyas-Bshad* (Rome, 1962), p. 54.
56. S. Hedin, *A Conquest of Tibet* (New York, 1961), pp. 104-5.
57. P. Fleming, *Bayonest to Lhasa* (New York, 1961), pp. 102, 113, 121.
58. 同註54，p. 23.

59. 也可以說是寒冷灌木叢化為美好富裕之地。見F. W. Thomas, ed., *Tibetan Literary Texts and Documents Concerning Chinese Turkestan* (London, 1935), pp. 59, 69, 261, 275.
60. C. I. Beckwith, *The Tibetan Empire in Central Asia: a History of the Struggle for Great Power Among Tibetans, Turks, Arabs and Chinese During the Early Middle Ages* (Princeton, 1987), p. 100.
61. 同註54，p. 28.
62. 同註60，p. 40.
63. 同上，pp. 81-3.
64. 同註54，p. 64.
65. 同註60，p. 183.
66. 同上，pp. 109-10.
67. R. A. Stein, *Tibetan Civilization* (London, 1972), p. 241.
68. R. Grousset, *The Empire of the Steppes* (New Brunswick, 1970), p. 226.
69. O. Lattimore, *Inner Asian Frontiers of China* (New York, 1951), pp. 84-6.
70. W. Heissig, *The Religions of Mongolia* (London, 1980), pp. 24-38。另參考 F. Fernández-Armesto, *Millennium: A History of Our Last Thousand Years* (New York, 1995), p. 306.
71. 同註67 ，pp. 138-9.
72. S. C. Rijnhart, *With the Tibetans in Tent and Temple* (Chicago, 1901).
73. Z. Ahmad, *Sino-Tibetan Relations in the Seventeenth Century* (Rome, 1970), p.43; O. Lattimore, *Silks, Spices and Empire* (New York, 1968), p.141.
74. Z. Ahmad, 註73所引書，p. 286.
75. 同註57，pp. 232-3, 240. C. Bass, *Inside the Treasure-House* (1990) 與S. Batchelour, *The Tibet Guide* (1987) 都有極佳的照片。最壯觀的風景圖片是Nicholas Roerich所攝，收藏於紐約以羅氏為名的博物館中。

❖第十一章

1. R. Grove, Green Imperialism: Colonial Expansion, Tropical Island Edens and the Origins of Environmentalism, 1600-1860 (Cambridge, 1995) pp. 16-50.
2. F. Braudel, *La Méditerranee et le monde méditerranéen à l'époque de Philippe*《地中海史》(或作《菲立普二世時代的地中海及地中海世界》) (Paris, 1966), vol. 1, pp. 137, 139.
3. O. Spate, *The Spanish Lake* (Canberra, 1979), pp. 94-7.
4. 有關此一傳統的批評，見N. Davis, *The Isles* (London, 1999), pp. xxvii-xl.
5. J. Truslow Adams, *Building the British Empire* (New York, 1938), p. ix. 我父親有一本由Augusto Assía所著的*Los ingleses en su isla* (Madrid, 1947)，也提供了想法。
6. 重要文本收入於J. B. Hattendorf ed., *Tobias Gentleman: England's Way to Win Wealth and to Employ Mariners* (New York, 1992).
7. R. Jones, 'Why did the Tasnanians Stop Eating Fish?', in R. Gould, ed., *Explorations in Ethnoarchaeology* (Albuquerque, 1978), pp. 11-48.
8. F. Fernández-Armesto, *The Canary Islands after the Conquest* (Oxford, 1982), p. 7.
9. J. McPhee et al., *Masterpieces from the National Gallery of Victoria* (Melbourne, 1996), p. 9; cf. B. Smith, *Australian Painting, 1788-1970* (Melbourne, 1971), pp.26-7.
10. M. Martin, *A Description of the Western Islands of Scotland, Cirea 1695, including a Voyage to St. Kilda*, ed. D. Munro (Edinburgh, 1994), p. 465.
11. T. Steel, *The Life and Death of St Kilda* (Glasgow, 1986), pp. 51, 93.
12. G. P. Stell and M. Harman, *Buildings of St. Kilda* (Edinburgh, 1988), pp. 28-31.
13. 同上，pp. 64-5.
14. John Macculloch, 1819, 引用於註12，pp. 56, 71.
15. E. H. McCormick, *Omai: Pacific Envoy* (Aukland, 1977), pp. 117, 128.
16. E.S. Dodge, *Islands and Empires: Western Impact on the Pacific and East Asia* (Minneapolis, 1976), p. 49.
17. N. A. Rowe, *Somoa under the Sailing Gods* (New York, 1930), p. 19.

18. 同上，p. 16; J. Dunmore, ed., *The Journal of Jean-François de Galaup de la Pérouse, 1785-88* (London, The Hakluyt society, 1994), vol. 1, p. 67, plate opp. P. 55; vol. 2, pp. 394-5.
19. F. Fernández-Armesto, *Millennium: A History of Our Last Thousand Years* (New York, 1995), p. 482.
20. R. Feinberg, *Polynesian Seafaring and Navigation: Ocean Travel in Anutan Society* (Kent, Ohio, 1988), pp. 25, 89.
21. P. Bellwood, *The Polynesians: the History of an Island People* (London, 1978), pp. 39-44; *Man's Conquest of the Pacific: the Prehistory of Southeast Asia and Oceania* (New York, 1979), pp. 296-303; G. Irwin, *The Prehistoric Exploration and Colonization of the Pacific* (Cambridge, 1992), pp. 7-9, 43-63.
22. P .H. Buck (Te Rangi Hiroa), *Vikings of the Sunrise* (New York, 1938), pp. 268-9.
23. F. Fernández-Armesto, *Truth: a History* (London, 1997), pp. 126-8. 資料來自 D. L. Oliver, *Oceania: the Native Cultures of Australia and the Pacific Island*, 2 vols (Honululu, 1989), vol. 1, pp. 361-422; B. Finney, *Hokule'a: the Way to Tahiti* (New York, 1979); B. Malinowski, *Argonauts of the Western Pacific: an Account of Native Enterprise and Adventure in the Archipelagoes of Melanesian New Guinea*《南海舡人：美拉尼西亞新幾內亞土著之事業及冒險活動報告》(London, 1972), pp. 105-48.
24. J. Diamond, *Guns, Germs, and Steel: the Fates of Human Societies* (London, 1997), pp. 53-7; M. King, *Moriori* (Aukland, 1989).
25. R. Landon, *The Lost Caravel* (Sydney, 1975).
26. B. Finney, 'Voyaging and Isolation in Rapa Nui History', *Rapa Nui Journal*, 7 (1993), pp. 1-6.
27. J. A. Van Tilburg, *Easter Island: Archaeology, Ecology and Culture* (Washington, DC, 1994), pp. 59-60.
28. P. V. Kirch, *Feathered Gods and Fishhooks: an Introduction to Hawaiian Archaeology and Prehistory* (Honululu, 1989), p. 215.
29. 同上，pp. 3-30.
30. 同上，pp. 2-11.
31. 同上，pp. 27-30.
32. 同上，p. 154.
33. B. Glanville Corney, ed., *The Voyage of Captain Don Felipe Gonzalez (sic)... to Easter Island in 1770-1* (Cambridge, The Hakluyt Society, 1908), pp. 48-9.
34. 同註27，pp. 64-6.
35. 同上，p. 72.
36. 同上，p. 159.
37. W. Mulloy, 'A Speculative Reconstruction of Techniques of Carving-Transporting, and Erecting Easter Island Statues', *Archaeology and Physical Anthropology in Oceania*, 5 (1970), pp. 1-23.
38. 同註27，p. 142.
39. 同上，pp. 90-1, 103.
40. T. Bank, *Birthplace of the Winds* (New York, 1956), pp. 90-1, 203.
41. 同上，pp. 88-9.
42. 同上，p. 230.
43. 同上，p. 218.
44. T. Heyerdahl, *The Maldive Mystery* (Bethseda, Md., 1986), pp. 263-4.
45. 同上，p. 212.
46. H. A. R. Gibb and C. F. B. Beckingham, eds, *The Travels of Ibn Battuta, AD 1325-54*, 4 vols (London, The Hakluyt Society, 1958-2000), vol. 4 (1994), p. 822.
47. J. D. Evans, *Prehistoric Antiquities of the Maltese Island* (London, 1971).
48. C. Malone et al., 'A house for the Temple-Builders', *Antiquity*, 62 (1988), pp. 290-301.
49. J. Houel, *Voyage pittoresque des Iles de Sicilie, de Malte et de Liparie* (Paris, 1787).
50. 同註23，pp. 357-8.
51. N. Platon, *Zakros: The Discovery of a Lost Palace of Ancient Crete* (New York, 1971), pp. 64-6.
52. 同上，pp. 61, 245.
53. O. Dickinson, *The Aegean Bronze Age* (Cambridge, 1994).
54. J. H. Pryor, *Geography, Technology and War: Studies in the Maritime History of the*

Mediterrancen, 649-1571 (Cambridge, 1988), pp. 25-86.
55. F. Fernández-Armesto, *Before Columbus: Exploration and Colonization from the Mediterranean to the Atlantic, 1229-1492* (Philadelphia, 1987), p. 26; D. Abulafia, *A Mediterranean Emporium* (Cambridge, 1994), pp. 127-8, 168.
56. A. J. Toynbee, *A Study of History*《歷史研究》(London, 1934), vol. 1, p. 271; vol. 2, pp. 1-72.
57. D. Howard, *The Architectural History of Venice* (London, 1987), pp. 15-18; A. Macadam, *Blue Guide: Venice* (London, 1987), pp. 48-9.
58. J. Martineau and A. Robinon, eds, *The Glory of Venice* (New Have & London, 1994), pp. 95, 444.
59. 同註19，pp. 76-7.
60. F. Fernández-Armesto, 'Naval Warfare after the Viking Age', in M. Keen, ed., *Medieval Warfare: a History* (Oxford, 1999), pp. 230-51.

❖第十二章

1. C. Pelras, *The Bugis* (Oxford, 1996).
2. J. Zhang, 'Relations between China and the Arabs', *Journal of Oman Studies*, 6: 1 (1983), pp.91-101, at p. 99.
3. W. Grainge White, *The Sea Gypsies of Malaya* (London, 1922), p. 298.
4. 同上，pp. 40-7, 58-60.
5. *Iliad*《伊里亞德》，23.744.
6. H. Goedicke, ed., *The Report of Wenamun* (Baltimore, 1975).
7. *Ezekiel*〈以西結書〉，27.3.
8. L. W. King, *Bronze Relief from the Gates of Shalaneser* (London, 1915), plates 13-14; 大英博物館古文物部A. H. layard素描圖，翻印於D. Harden, *The Phoenicians* (London, 1962), plate 50, right-hand section; E. Goubel et al., *Les Phéniciens et le monde méditerranéen* (Luxembourg, 1986), figs. 13, 21.
9. *British Museum Catalogue of Coins: Phoenician* (London, 1910), pls. 18, nos 6 and 7; 19, no. 5 (Sidon galley and waves); 28, no. 9 (Tyre: dolphin).
10. J. B. Pritchard, *Rediscovering Sarepta, a Phoenician City* (Princeton, 1978), p. 29.
11. *Ezekiel*〈以西結書〉, 29.9.
12. P. MacKendricks, *The North African Stones Speak* (Chapel Hill, 1980), pp. 8-27.
13. R. I. Page, *Runes* (Berkeley, 1987), p. 8.
14. R. L. Morris, *Runic and the Mediterranean Epigraphy* (Odense, 1988).
15. P. V. Glob, *The Mound People* (1974).
16. P. Foote and D. Wilson, *The Viking Achievement* (London, 1984).
17. G. Jones, *A History of the Vikings* (Oxford, 1968), pp. 192-4.
18. 同上，p. 212.
19. A.V. Berkis, *The History of the Duchy of Courtland, 1561-1765* (Towson, Md., 1969), pp. 75-9, 144-57, 191-5.
20. I. Semmingsen, *Norway to America: a History of the Migration* (Minneapolis, 1980), pp. 121-31; A. Schrier, *Irland and the American Migration* (Minneapolis, 1958).
21. J. Needham, *Science and Civilisation in China* (Cambridge, 1954- in progress), vol. 4, pt 1 (Cambridge, 1962), pp. 330-2; pt 2 (1965), pp. 599-602; pt 3 (1971), pp. 651-6; vol. 5, pt 7 (1986), pp. 568-9; D. Lach, *Asia in the Making of Europe*, vol. 2 (Chicago, 1977), pp. 395-445, 556-60; J. Goody, *The East in the West* (Cambridge, 1996).
22. *Hamlet*, IV, iv, 17-22.
23. R. J. Harrison, *The Beaker Folk: Copper Archaeology in Western Europe* (London, 1980).
24. A. Burl, *Megalithic Brittany* (London, 1985).
25. *De Bello Gallico*, III, 8.
26. S. Schama, *The Embarrassment of Riches: an Interpretation of Dutch Culture in the Golden Age* (New York, 1987), p. 263.
27. C. R. Boxer, *The Dutch Seaborne Empire* (New York, 1965), pp. 65-6.
28. W. Kloosters, *The Dutch in the Americas, 1600-1800* (Provindence, RI, 1998), p. 7.
29. 同上，p. 25.

30. Charles Davenant, 轉引自註26，p. 224.
31. 同註27，p. 4.
32. 同註28，p. 23.
33. 同註27，p. 90.
34. 同上，p. 96.
35. 同上，p. 236.
36. 同註26，p. 44.
37. 同上，p. 38.
38. 同註27，p. 171.。
39. B. de Mandeville, *The Fables of the Bees, ed. D. Garman* (London, 1934), p. 144; 轉引自註26，p. 297.
40. 同上，尤其是pp. 310-2.
41. Mary W. Helms, *Ulysses' sail: an Ethnographic Odyssey of Power, Knowledge and Geographical Distance* (Princeton, 1988).
42. C. Renfrew, 'Varna and the Social Context of Early Metallurgy', in C. Renfrew, ed., *Problems in European Prehistory* (London, 1979), pp. 377-84; *Le Premier 2Or de l'humanité en Bulgarie: Ve millénaire* (Paris, 1989).
43. T. Heyerdahl and A. Skjølsvold, *Archaeological Evidence of Pre-spanish Visits to the Galápagos Islands* (Oslo, 1990);T. Heyerdahl, *American Indians in the Pacific: the Theory behind the Kon-tiki Expedition* (London, 1952); C. Jack Hinton, *The Search for the Islands of Solomon, 1567-1838* (Oxford, 1969), pp. 24-7, 32-4,
44. A. Szassdy Nagy, *Los guías de Guanahani y la llegada de Pinzón`a Puerto Rico* (Valladolid, 1995).
45. J. Perez de Tudela Bueso, *Mirabilis in Altis: Estudio crítico sobre el origen y significado del proyecto descubridor de Cristóbal Colón* (Madrid, 1983).

❖ 第十三章

1. E. Blunden, *A Hong Kong House: Poems 1951-61* (London, 1962), p. 34.
2. D. J. Lu, ed., *Japan: a Documentary History* (New York, 1997), p. 19.
3. D. Keene, *Anthology of Japanese Literature* (New York, 1960), p. 29.
4. D. Keene, *Travellers of a Hundred Ages* (New York, 1989), p. 114.
5. 同上，p. 179.
6. 《魏書》，轉引自註2，p. 12.
7. D. M. Brown ed., *The Cambridge History of Japan, 1: Ancient Japan* (Cambridge, 1993), pp. 124, 131, 140-4.
8. 同上，pp. 33-207.
9. 同上，pp. 312-5.
10. L. Smith, ed., *Ukiyoe: Images of Unknown Japan* (London, 1985), p.39.
11. Muneshige Narazaki, *Hokusai: 'The Thirty-Six Views of Mount Fuji'*(Tokyo, 1968), pp.36-7；比較北齋較後期的海浪畫，見*One Hundred Views of Mount Fuji*, ed. H. D. Smith II (New York, 1988), pp. 118-9, 205.
12. 同註4，pp. 21-5.
13. T. J. Harper, 'Bilingualism as Bisexualism', in W. J. Boot, ed., *Literatuur en tweetaligheid* (Leiden, 1990), pp.247-62。感謝Boot推介並惠贈此書。
14. 同註3 ，pp. 82-91；參閱C. von Verschuer, *Les Relations officielles du Japon avec la Chine aux VIIIe et IXe siècles* (Geneva, 1985), pp. 40-5.
15. G. R. Tibbetts, *Arab Navigation in the Indian Ocean before the Coming of the Portuguese* (London, 1971).
16. M. Rice, *Search for the Paradise Land: an Introduction to the Archaeology of Bahrain and the Persian Gulf* (London, 1985); *The Archaeology of the Arabian Gulf, c. 5000-323 B.C.* (London, 1994).
17. D. T. Potts, *The Arabian Gulf in Antiquity*, vol. 2 (Oxford, 1990), pls 1 and 2.
18. 同上，pls 5, 6 and 7.
19. G. W. B. Huntingford, *The Periplus of Erythraean Sea* (London, The Hakluyt Society, 1980), p. 37.
20. G. Hourani, *Arab Seafaring in the Indian Ocean in Ancient and Medieval Times* (Princeton, 1995).
21. P. Crone and M. Cook, *Hagarism: the Making of the Islamic World* (Cambridge, 1977).
22. J. B. Harley and D. Woodward, eds, *The History of Cartography* (Chicago, in progress), vil. 2,

part 2: *Cartography in the Traditional East and Southeast Asian Societies* (1994).
23. M. Aung-Thwin, *Pagan: the Origins of Modern Burma* (Honolulu, 1985), pp. 104-5, 151.
24. K. R. Hall, *Maritime Trade and State Development in Early Southeast Asia* (Honolulu, 1985), p. 48.
25. J. Mirsky, *The Great Chinese Travellers: an Anthology* (Chicago, 1974).
26. 同上，p. 85.
27. O. W. Wolters, *The Fall of Srivijaya in Malay History* (Ithaca, 1970), p. 39.
28. 同上，p. 10.
29. G. Coedès, *Angkor: an Introduction* (London, 1963), pp. 71-2.
30. John Miksic, *Borobudur: Golden Tales of the Buddhas* (Boston, 1990), p. 17.
31. Soekomono, *Chandi Borobudur* (Amsterdam & Paris, 1976), p. 17.
32. 同註30，pp. 67-9.
33. 同上，pp. 88, 91-3.
34. 同註27，p. 19.
35. O. W. Wolters, *Early Indonesian Commerce: a Study of the Origins of Sri Vijaya* (Ithaca, 1967), p. 251; 同註24，p. 195.
36. T. Pigoaud, *Java in the Fourteenth Century*, 5 vols (The Hague, 1960), vol. 3, pp. 9-23, 97, 99; vol. 4, pp. 37, 547.
37. Anthony Reid, *Southeast Asia in the Age of Commerce, 1450-1680*, 2 vols (Cambridege, 1988-93), vol. 2, pp.39-45; P. Y. Manguin, 'The Southeast Asian Ship: an Historical Approach', in F. Fernández-Armesto, ed., *The Global Opportunity* (Aldershot & Brookfield, Vt., 1995), pp. 33-43.
38. 同註24 ，p. 183.
39. 同註22 ，vol. 2, part1 (1992), pp. 337, 397, plate 30; vol. 2, part 2 (1994), pp. 723-8.
40. *The Jataka or Stories of the Buddha's Former Birth*, ed. E. B. Cowell, 7 vols (Cambridge, 1895-1913), vol. 1, pp. 10, 19-20; vol. 2, pp. 89-91; vol4, pp. 10-12, 86-90 (nos. 2, 4, 196, 442).
41. K. R. Hall, *Trade and Statecraft in the Age of Colas* (New Delhi, 1980), p. 166.
42. 同上，p. 9; B. Stein, *Peasant State and Society in Medieval South India* (Delhi, 1980), p. 322.
43. 同註41，p. 193.
44. 同上，p. 173.
45. B. K. Pandeya, *Temple Economy Under the Colas. (c.850-1070)* (New Delhi, 1984), p. 38.
46. V. Dehejia, *Art of the Imperial Cholas* (New York, 1990), p. xiv.
47. 同上，pp. 79-80.
48. 同註40 ，vol. 3, pp. 123-5; vol. 4, pp. 86-90.
49. B. Chattopadhyaya, *The Making of Early Medieval India* (Delhi, 1997), p. 112.。
50. M. Mehta, *Indian Merchants and Entrepreneurs in Historical Perspective* (Dehli, 1991), pp. 16-19; 35-6; V. K. Jain, *Trade and Traders in Wester India, AD 100-1300* (New Dehli, 1990), p. 84.
51. A. T. Embree, *Sources of Indian Tradition*, vol. 1 (New York, 1988), p. 74.
52. 同註50，pp. 18, 98.
53. *Décadas da Asia*, Dec. IV, book 5, ch. 1.
54. F. Fernández-Armesto, 'Naval Warfare after the Viking Age', in M. H. Keen, ed, *Medieval Warfare: a History*.
55. Marco Polo, *The Travels*《馬可波羅遊記》, ed. R. Latham (Harmondsworth, 1968), p. 290.
56. G. Winius, *Portugal the Pathfinder* (Madison, 1995), p. 119-20.
57. 同註50 ，pp. 119-20.
58. H. R. Clark, *Communities, Trade and Networks: Southern Fujian Province from the Third to the Thirteenth Conturies* (Cambridge, 1991), p. 65.
59. 同上，p. 123.
60. E. B. Vermeer, *Chinese Local History: Stone Inscriptions from Fukien in the Sung to Ching Periods* (Boulder, 1991), p.156. 關於橋樑的部分另見 'The Great Granite Bridges of Fukien' in C. R. Boxer, ed., *South China in the Sixteenth Century* (London, The Hankluyt Society, 1953), p. 332-40 和 L. Renchuan, 'Fukien's Private Sea Trade in the 16th and 17th Centries' in E. B. Vermeer, ed,. *Development and Decline of Fukien Province in the 17th and 18th Centuries*

(Leiden, 1990), pp. 163-215. 感謝L. Blussé借給我這本有關福建航海歷史的重要著作。

61. 同註58 ，p. 4.
62. 同上，p. 135-50.
63. J. N. Green, 'The Sung Dynasty Shipwreck of Quanzhou, Fujian Province, People's Republic of China', *International Journal of Nautical Archaeology*, xii, (1983), p. 253-61.
64. C. Pin-Tsun, 'Maritime Trade and Local Economy in Late Ming Fukien', 見註60所引書，pp. 63-81, at p. 69.
65. J. Duyvendak, 'The True Dates of the Chinese Maritime Expeditions of the Early Fifteenth Century', *T'oung Pao*《通報》34 (1938), p. 399-412; 另見 F. Fernández-Armesto, *Millennium: A History of Our Last Thousand Years* (New York, 1995), p. 144.
66. T'ien Ju-k'ang（田汝康）, 'The Chinese Junk Trade: Merchants, Entrepreneurs and Coolies 1600-1850', in K. Friedland, ed., *Maritime Aspects of Migration* (Cologne, 1989), p.382. 感謝L. Blussé推薦此書。
67. Renchuan, 'Fukien's Private Sea Trade in the 16th and 17th Centries' in E. B. Vermeer, ed., *Development and Decline of Fukien Province in the 17th and 18th Centuries* (Leiden, 1990), pp. 176-7.
68. 同上，p. 180.
69. L. Blussé, 'Mannan-Jen or Cosmopolitan? The Rise of Cheng Chin-lung Alias Nicolas Iquan', in Vermeer, ed., 註60所引書，pp. 244-64.
70. Fernández-Armesto, 註65所引書，pp. 315-19; Wang Gungwu（王庚武）, 'Merchants without Empire: The Hokkien Sojourning Communities', in J. D. Tracy, *The Rise of Merchant Empires: Long-Distance Trade in the Early Modern World, 1350-1750* (Cambridge, 1990), pp. 399-421.
71. L. Blussé, 'Chinese Century: the Eighteenth Century in the China Sea Region', *Archipel*, lviii (1999), pp. 107-29.

❖ 第十四章

1. *Works and Days*, pp. 392-420, 450-75, 613-705; tr. A.W. Mair (Oxford, 1908), pp. 11, 15-17, 23-5.
2. Critias, Ⅲ B.
3. J. D. Hugjes, *Ecology in Ancient Cililizations* (Albuquerque), pp. 53-4.
4. *Histories*, 4.152.
5. J. Boardman, *The Greeks Overseas: their Early Colonies and Trade* (London, 1980) .
6. C. Morgan, *Athletes and Oracles: the Transformation of Olympia and Delphi in the Eighth Century BC* (Cambridge, 1990), pp. 188.
7. 同上，pp. 172-8, 186-90.
8. *Birds*, 33, tr. B. Bickley Rogers (London, 1924), p. 133.
9. A. Snodgrass, 'The Nature and Standing of the Early Western Colonies', in G. R. Tsetskhladze and F. De Angelis, eds, *The Archaeology of Greek Colonization: Essays Presented to Sir John Boardman* (Oxford, 1994), pp. 1-10.
10. I. Malkin, *Religion and Greek Colonization* (Leiden, 1987); 同註5，p. 163.
11. G. R. 'Tsetskhladze Greek Penetration of the Black Sea', 見註9所引書，p. 117.
12. 同註5，pp. 119-21.
13. 同上，pp. 131-2.
14. W. L. West, *The East Face of Helicon: West Asiatic Elements in Poetry and Myth* (Oxford, 1997) .
15. Aristophanes, *Frogs*, pp. 1462-4; tr. Rogers (London, 1924), p. 431.
16. R. Meiggs, *The Athenian Empire* (Oxford, 1972).
17. *Poetics*, XIII, pp. 5-6; W. Hamilton Fyfe (London, 1997), pp. 46-7.
18. *Republic*, ed. D. Lee (Harmondsworth, 1974), p. 444.
19. F. Fernández-Armesto, *Truth: a History* (London, 1997), pp. 102-4.
20. *A History of Greek Philosophy* (Cambridge, 1962-81), vol. 6 (1981), p. 11.
21. U. Eco, *The Name of the Rose*《玫瑰的名字》(San

Diego, 1983), p. 473.
22. L. Cottrell, *Wonders of Antiquity* (London, 1983) .
23. 同上，p. 63; P. M. Fraser, *Ptolemaic Alexandria* (Oxford, 1972), vol.1, p. 317.
24. 同上，p. 61.
25. 同上，pp. 132-72.
26. 同上，pp. 717-63.
27. 同上，p. 774.
28. P. A. Clayton and M. J. Price, *The Seven Wonders of the Ancient World* (London and New York, 1998), pp. 138-57.
29. 摩索勒斯的容貌有錢幣肖像可參考*Annual of the British School at Athens*, liii-liv, (1958-9), pl. 73, BM Coins, Caria), p. 195 no. 11.
30. K. Jeppesen and A. Lutlrell, *The Mausolleion at Halikarnassos*, ii (1986).
31. 同註28，p. 12.
32. A. Bammer, 'Les Sanctuaires a l'Artemision d'Ephèse', *Revue Archéologique*, (1991), pp. 63-84; 同註28 ，pp. 78-99.
33. Karousus, *Rhodes* (n. p., n. d., (original Greek ed. 1949)), p. 30.
34. H. Maryon, 'The Colossus of Rhodes', *Journal of Hellenic Studies*, lxxvi (1956), pp. 68-86.
35. H. van Loog, 'Olympie: politique et culture', in D. Vanhove, ed., *Le Sport dans la Grèce antique* (Brussels, 1992), p. 137.
36. G. M. A. Richter, 'The Pheidian Zeus at Olympia', *Hesperia*, 25 (1966), plates 53 and 54; J. Swaddling, *The Ancient Olympic Games* (London, 1980); A. Gabriel, 'La construction, l'attitude et l'emplacement du Colosse de Rhodwes'), *Bulletin de correspondance hellénique*, lvi (1932), pp. 337（重建舉著火把的巨神像）。Helios relief: Rhodes' Archaeological Museum, inv no 13612（翻印於 *Clara Rhodos*; 5, (1932), pp. 24-6, plate II and fig. 15)
37. Horace (to Vergil), *Odes*, I. 3, vv, 9-12.
38. P. Salway, *The Frontier People of Roman Britain* (London, 1965), p. 213.
39. *Satyricon*, ed. W. K. Kelly (London, 1854), p. 219.
40. 同上，pp. 231.
41. *Satires*, II. 8.301.
42. *Odes*, I. 31.
43. 同註19，pp. 107-8; M. Gibson ed., *Boethius: His Life, Thought and Influence* (Oxford, 1981), pp. 73-134.
44. P. Hunter Blair, *The World of Bede* (Cambridge, 1990) .
45. 我在 *The Times Illustrated History of Europe* (London, 1996), p. 98之中試圖以地圖表明文藝復興傳布的情況。
46. V. Fraser, *The Architecture of Conquest: Building in the Viceroyalty of Peru, 1535-1635* (Cambridge, 1990)..
47. R.H. Jenkyns, *The Victorians and Ancient Greece* (London, 1981), pp. 13-16, 171-2.
48. W. F. B. Laurie, ed., 'Lord Macaulay's Great Minute on Education in India', *Sketches of Some Distinguished Anglo-Indians*, ii (1888), p. 176.
49. 同註47，p. 97.
50. Agatharchides of Cnidos, *On the Erythraean Sea*, ed. S. M. Burstein (London, the Hakluyt Society, 1989), pp. 49, 70, 85, 174; G. W. B. Huntingford, ed., *The Periplus of the Erythraean Sea* (London, The Hakluyt Society, 1980).
51. Swami Vivekananda, *Complete Works* (Calcutta, 1992), vol. 4, p. 401; T. Rayachaudhuri, *Europe Reconsidered: Perceptions of the West in Nineteenth-Century Bengal* (Delhi, 1988), pp. 271-3.
52. J. Sarkar, *History of Bengal*, vol. 2(Calcutta, 1948), p. 498.
53. D. Kopf, *British Orientalism and the Bengali Renaissance* (London, 1969), pp. 273-91.
54. M.K. Haldar, *Renaissance and Reaction in Nineteenth-Century Bengal: Bankim Chandra Chattopadhyay* (Columbia, Mo., 1977), pp. 4-6; A.F. Salahuddin Ahmed, 'Rammohun Roy and His Contemporaries', in V.C. Joshi ed., *Rammohun Roy and the Process of Modernisation in India* (Delhi, 1975), p. 94.
55. R. K. Ray in Joshi ed., *Rammohun Roy and the Process of Modernisation in India* (Delhi, 1975), p. 7; A. Poddar, *Renaissance in Bengal:*

Quest and Confrontations, 1800-60 (Simla, 1970), p. 48.
56. D. Kopf, *The Brahmo Samaj and the Shaping of the Modern Indian Mind* (Princeton, 1979), p. 94.
57. 感謝 Wiliam Radice 提出此一闡釋。
58. A. Coates, *Rizal* (London, 1968), p. 149.

❖ 第十五章

1. E.A. Alpers, 'Trade, State and Sociey among the Yao in the Nineteenth Century', *Journal of African History*, 10 (1970), pp. 405-20.
2. H. A. R. Gibb, ed., *The Travels of Ibn Battuta A. D. 1325-54*, vol. 2 (Cambridge, The Hakluyt Society, 1962), pp. 360-401; vol. 4 (1994), pp. 827-8, 841.
3. 同上，vol. 3 (1971), p. 616.
4. 同上，p. 657.
5. 同上，p. 900.
6. 「新歐洲」是克羅斯比（W. Crosby）在 *Ecological Imperialism: the Biological Expansion of Europe, 900-1900* (Combridge, 1986) 之中發明的用語。
7. H. Hasan, *A History of Persian Navigation*; (London, 1928), p. 1.
8. S. Ratnagar, *Encounters: the Westerly Trade of the Harapan Civilization* (Delhi, 1981).
9. L. Casson, *The Periplus Maris Erythraei* (Princeton, 1989), pp. 7, 21-7, 34-5, 58-61, 74-89; G. W. B. Huntingford, ed., *The Periplus of the Erythraean Sea* (London, The Hakluyt Society, 1980), pp. 8-12, 81-6, 106-20.
10. *Natural History*, 6(26), p. 104.
11. J. Needham, *Science and Civilisation in China* (Cambridge, 1954- in progress), vol. 4, part III(1971), pp. 42-4.
12. O. W. Wolters, *Early Indonesian Commerce: a Study of the Origins of Srivijiya* (Ithaca, N. Y., 1967), pp. 32-48; M. Tampoe, *Maritime Trade Between China and the West: an Archaeological Study of the Ceramics from Siraf [Persion Gulf], 8th to 15th Centuries AD* (London, 1986), p. 119; K.N. Chaudhuri, *Trade and Civilization in the Indian Ocean: an Economic History from the Rise of Islam to 1750* (Cambridge, 1985).
13. O. H. K. Spate, *The Spanish Lake* (Minneapolis, 1979), pp. 101-6; M. Mitchell, *Friar Andres de Urdaneta, Q.S.A.* (London, 1964), pp. 132-9.
14. R. H. Grove, *Green Imperialism: Colonial Expansion, Tropical Island Edens and the Origins of Environmentalism, 1600-1800* (Cambridge, 1995), pp. 168-263, 374-9, 386-93.
15. Chaudhuri, 註 12 所引書，p. 15.
16. K. Nebenzahl, *Atlas of Columbus and the Great Discoveries* (Chicago, 1970), pp. 4-5.
17. 同註 7 ，pp. 129-30.
18. Al-Masudi, *Les Prairies d'or*, ed. B. Meynard and P. Courteille, (Paris, 1861-1914), vol. 3 (1897), p. 6; M. Longsworth Dames, ed., *The Book of Duarte Barbosa* (London, The Hakluyt Society, 1898), vol. 1, p. 4; C. R. Boxer, ed., *The Tragic History of the Sea, 1589-1622* (London, The Hakluyt Society, 1959).
19. 'Narrative of the Journey of Abd-er-Razzak' in R. H. MajorIndia, *India in the Fifteenth Century* (London, The Hakluyt Society, 1857), p. 7.
20. A. Villiers, *Monsoon Seas: the Story of the Indian Ocean* (New York, 1952), pp. 56-7.
21. Buzurg ibn Shahriyar of Ramhormouz, *The Book of the Wonders of India*, ed. G. S. P. Freeman-Grenville (London, 1981), pp. 49ff.
22. Tampoe, 註 12 所引書，pp. 121; J. Zang, 'Relations between China and the Arabs', *Jounal of Oman Studies, 6: Part I* (1983), pp. 99-109, at p. 99; J.C. van Leur, *Indonesian Trade and Society: Essays in Asian Social and Economic History* (The Hague, 1955), pp. 85-6; J. Takakusu, trans., I Tsing（高楠順次郎）, *A Record of the Buddhist Religion*《南海寄歸內法傳》(Oxford, 1896).
23. Ma Huan（馬歡）, *The Overall survey of the Ocean Shores*; ed J. V.G. Mills (London, The Hakluyt society, 1970), pp. 15-18.
24. 同上，p. 27.
25. C. Buondelmonti, *Descriptio Insule Crete et Liber Insularum, c. Xl: Creta*, ed. M.-A. van

Spitael (Herakeion, 1981).

26. J. H. Pryor, *Geography, Technology and War: Studies in the Maritime History of the Mediterranean, 649-1571* (Cambridge, 1988), pp. 1-3, 23, 36, 51, 89-90, 98. 參看 F. Braudel, *La Mediterranee et le monde mediterraneen a l'epoque de Philippe II* (Paris, 1966), vol. 1, pp. 331-5.
27. P. Chaunu, *Conquete et exploitation des nouveaux mondes (XVle siècle)* (Paris, 1969), pp. 277-90; *Séville et l'Atlantique* (1504-1650); part I, vol. 6 (Paris, 1956), pp. 178-89, 312-21.
28. G. Parker, *The Grand Strategy of Philip II* (New Haven & London, 1998), pp. 50.
29. J. Spencer Trimingham, *Islam in West Africa* (Oxford, 1944), pp. 144; J. O. Hunwick 'Religion and State in the Songhay Empire, 1464-1591', in I. M. Lewis, ed., *Islam in Tropical Africa* (Oxford, 1966), pp. 296-317.
30. *The Wealth of Nations*, 4(6), b.61.
31. A. Disney, 'Vasco da Gama's Reputation for Violence: the Alleged Atrocities at Calicut in 1502', *Indica*, 32 (1995), pp. 11-28; S. Subrahmanyam, *The Career and Legend of Vasco da Gama* (Cambridge, 1997), pp. 205-10, 318.
32. E. W. Mote（牟復禮）'The Cheng-hua and Hung-Chih Reigns, 1464-1505', in D. Twitchett（杜希德）and J. K. Fairbank（費正清）eds, *The Cambridge History of China* (Cambridge, 1988), pp. 343-402. 我想到的是波士頓美術館的吳偉所畫的「小僊」。另見 R. M. Burchart et. al., *Painters of the Great Ming: the Imperial Court and the Zhe School* (Dallas, 1993).
33. B. Stein, *Vijayanagar*, pp. 111-12; G. Michell, *Architecture and Art of South India* (Cambridge, 1995), pp. 13, 39, pl. 13.
34. F. Fernández-Armesto, 'O Mundo dos 1490' in D. Curto, ed., *O Tempo de Vascoda Gama*, pp. 43-58.
35. 同上，pp. 191-307; 另參見 Petry, *Protectors or Praetorians: the Last Mamluk Sultans and Egypt's Waning as a Great Power* (Cambridge, Mass., 1994).
36. F. Fernández-Armesto, *Before Columbus: Exploration and Colonisation from the Mediterranean to the Atlantic*, p. 201.
37. P. Brummett, *Ottoman Seapower and Levantine Diplomacy in the Age of Discovery* (New Haven, 1994); A. C. Hess, 'The Evolution of the Ottoman Seaborne Empire in the Age of Dceanic Discoveries, 1453-1525', *American Historical Review* (lxxv, 1970), pp. 1892-919.
38. J. Martin, *Treasure of the Land of Darkness* (Cambridge, 1986), pp. 83, 95; 'Muscovy's North-east Expansion: the Context and a Cause', *Cahiers du monde russ et soviétique*, 14(4) (1983), pp. 459-70; Y. Semyonov, *Siberia* (London, 1963), p. 23; M. Alefa, 'Muscovite Military Reforms in the Second Half of the Fifteenth Century', *Forschungen zur osteuropaischen Geschichte*, 18 (1973), pp. 73-108.
39. S. von Herberstein, *Notes upon Russia, ed. R. H. Major* (London, The Hakluyt Society, 1852), 2, pp. 42.
40. Van Leur, 註22 所引書，pp. 122, 268-89l; A.H. Lybyer, 'The Ottoman Turks and the Routes of Oriental Trade', *English Historical Review*, 30 (1915), pp. 577-88. A. Disney, ed., *Historiography of Europeans in Africa and Asia, 1450-1800* (Aldershot, 1995), pp. 12-16.
41. G. Winius, 'The Shadow Empire of Goa in the Bay of Bengal', *Itinerario*, 7 (1983), pp. 83-101; S. Subrahmanyam, *Improvising Empire: Portuguese Trade and Settlement in the Bay of Bengal, 1500-1700* (Delhi, 1990).
42. Subrahmanyam，同上書，pp. 145-8.
43. J. de Barros, *Asia*, ed. A. Baiào (Lisbon, 1932), p. 80.
44. 同註36，pp. 283.
45. K. C. Chaudhuri, *Asia Before Europe* (Cambridge, 1986), pp. 346-6.

❖ 第十六章

1. *Itinerario* (24, 2000) 出現了一個新版本.
2. S. E. Morison, *The European Discovery of*

America: the Southern Voyages (New York, 1974), pp. 502-17; L. Olschki, 'Ponce de Leon's Fountain of Youth: History of a Geographic Myth', *Hispanic American Historical Review*, 21, (1941), pp. 361-85.

3. *Encyclopaedia of Islam*, new edition, s.v. 'Djuggroffiya'; J. B. Harley and D. Woodward, eds, *The History of Cattography*, 2, I and II (Chicago, 1992).
4. F. Fernández-Armesto, *Before Columbus: Exploration and Colonization from the Mediterranean to the Atlantic, 1229-1492* (Philadelphia, 1987); *Millennium: A History of Our Last Thousand Years* (New York, 1995), pp. 162-3; J. R. S. Phillips, *European Expansion in the Middle Ages* (Oxford, 1988); P. Chaunu, *L'Expansion europeenne du xiiie au xve siecles* (Paris, 1969), pp. 93-7.
5. F. Fernández-Armesto, 'Spanish Atlantic voyages and Conquests Before Columbus' in J. B. Hartendorf, ed., *Maritime History,vol. I: the Age of Discovery* (Malabar, Fl., 1996)，p. 138.
6. 同上，pp. 137-47.
7. F. Fernández-Armesto, 'Atlantic Exploration Before Cloumbus' in G. R. Winius, ed., *Portugal the Pathfinder* (Madison, 1995), pp. 41-70.
8. F. Fernández-Armesto, *Before Columbus: Exploration and Colonisation from the Mediterranean to the Atlantic, 1229-1492*, pp. 245-52.
9. A. Cortesao, *História da cartografia portuguesa* (Coimbra, 1968-70), 2, 150-2.
10. J. Duyvendak, 'The True Dates of the Chinese Maritime Expeditions in the Early XVth Century', *T'oung Pao*. 34(1938), pp. 399-412.
11. C. Jack-Hinton, *The Search for the Isles of Solomon* (Oxford, 1965), p. 25; T. Heyerdahl, *American Indians in the Pacific: the Theory behind the Kon-Tiki Expedition* (London, 1952).
12. R. Cormack and D. Glaze, eds, *The Art of Holy Russia: Icons from Moscow, 1400-1600* (London, 1998), pp. 152-5.
13. E. L. Dreyer, *Early Ming China: a Political History, 1355-1435* (Stanford, 1982), pp. 67-120.
14. C. Picard, *L'Ocean atlantique musulman au moyen âge* (Paris, 1997), pp. 31-2.
15. 同上，pp. 393-458.
16. E. J. Alagoa, 'Long-distance Trade and States in Niger Delta', *Journal of African History*, 6 (1970), pp. 319-29; 'The Niger Delta States and Their Neighbors', in J. F. Ade Ajayi and M. Crowder eds, *History of West Africa*, vol. 1 (Harlow, 1976), pp. 331-73. J. G. Campbell, *A Short History of the Ilajes* (London, 1970). 感謝拉哥斯大學 Ayodei Olukujo 介紹此書。
17. R. W. Unger, *The Art of Medieval Technology: Images of Noah the Shipbuilder* (New Brunswick, NJ, 1991).
18. R. W. Unger, 'Portuguese Shipbuilding and the Early Voyages to the Guinea Coast', in F. Fernández-Armesto, ed., *The European Opportunity* (Aldershot and Brokfield, Vt. 1995), pp. 43-64; F. Fernández-Armesto, ed., 'Naval Warfare after the Viking Age' in M. H. Keen, ed., *Medieval Warfare: a History*, pp. 230-52; P. E. Russell, *Prince Henry 'the Navigator': a Life* (New Haven, 2000), pp. 225-30.
19. R. Barker, 'Shipshape for Discoveries and Return', *The Mariner's Mirror*, lxxviii (1992), pp. 433-47.
20. R. Laguarda Trías, *El enigma de las latitude de Colon* (Valladolid, 1974).
21. P. Adam, 'Navigation primitive et navigation astronomique', *Vle colloque internationale d'histoire maritime* (Paris, 1966), pp. 91-110.
22. T. Campbell, 'Portulan Charts from the Late Thirteenth Century to 1500', in J. B. Harley and D. L. Woodward, eds, *The History of Cartography, I: Cartography in Prehistoric, Ancient and Medieval Europe and the Mediterranean* (Chicago, 1987), pp. 371-463; 同註8，p. 15.
23. 同註8，pp. 75-6.
24. F. Fernández-Armesto,ed., *The Global Opportunity* (Aldershot and Brookfield Vt., 1995), pp. 1-93.
25. A. W. Crosby, *The Measure of Reality: Quantification and Western Society, 1250-1600*

(Cambridge, 1997); F. Fernández-Armesto, *Truth: a History* (London, 1997), pp. 120-60; J. Goody, *The East in the West* (Cambridge, 1996); 以R. Collins, *The Sociology of Philosophies* (Cambridge, Mass., 1998) 包羅最廣。

26. F. Fernández-Armesto, *Millennium: A History of Our Last Thousand Years* (New York, 1995), pp. 283-308.
27. M. H. Keen, *Chivalry* (New Haven, 1984).
28. F. Fernández-Armesto, 'The Sea and Chivalry in Late Medieval Spain', in J. B. Hattendorf, ed., *Maritime History, vol. I: The Age of Discovery* (Malabar, Fl., 1996), pp. 137-148; 'Exploration and Discovery,' in C. Allmand, ed., *The New Cambridge Mediei al History*, vol 7 (Cambridge, 1998), pp. 175-201.
29. F. Fernández-Armesto, 'The Context of Columbus: Myth, Reality and Self-Perception', in A. Disney, ed., *Columbus and the Consequences of 1492* (Melbourne, 1994), pp. 7-19.
30. F. Fernández-Armesto, 'Inglaterra y el Atlantica en la baja edad media', in A. Béthencourt Massieu et al., *Canarias e Inglaterra a través de la historia* (La Palmas, 1995), pp. 11-28.
31. A. Milhou, *Colón y su mentalidad mesianica en el ambiente franciscanista español* (Valladoid, 1983); S. Subrahmanyam, I*mprovising Empire: Portuguese Trade and Settlement in the Bay of Bengal, 1500-1700* (Delhi, 1990), pp. 54-7.
32. L. E. R. Tomaz, 'The Economic Policy of the Sultanate of Malacca (XVth-XVIth centuries)', *Moyen-orient et Océan Indien*, 7, pp. 1-12.
33. *La vida de Lazarillo de Tormes*, tratado I. A. Valbuena y Prat, ed., *La novela picaresca española* (Madrid, 1968), p. 85.
34. 同註8，pp. 198-9.
35. F. Fernández-Armesto, *Las Islas Canarias después de la conquista: la creación de una sociedad colonial a principios del siglo XVI* (Las Palmas, 1997), p. 135.
36. D. B. Quinn, *England and the Discovery of America, 1481-1620* (New York, 1974), pp. 5-23.
37. D. B. Quinn, *New American World* (New York, 1978), vol. 5, p. 235.
38. 同上，p. 238.
39. 同上，p. 239.
40. 同上。
41. W. Strachey, *The Historie of Travell into Virginia Britannia* (1612), ed. L. B. Wright and V. Freund (London, The Hakluyt Society, 1953), pp. 56-61.
42. 'Instruction to Sir Thos Gates for Government of Virginia', May 1609, Quinn, *New American World*, vol. 5, p. 213.
43. J. Smith, *The True Travels, Adventures and Observations*, vol. 1, p. 152.
44. Thomas Studley, *The Proceedings of the English Colonie in Virginia*, p. 318.
45. D. Lloyd, *The Legend of Captain Jones* (London, 1636).
46. 同註41，p. 315.
47. K. O. Kuppermann, ed., *Captain John Smith* (Chapel Hill, 1988), p. 129.
48. 同註41，pp. 289-90.
49. J. Smith, *The General History of Virginia, New England and the Summer Isles* (Glasgow, 1907), p. 306.
50. M. Henderson, *Tobacco in Clonial Virginia (Williamsburg*, 1957).
51. C. M. Gradie, 'Spanish Jesuit in Virginia: The Mission that Failed', *The Virginia Magazine of History and Biography* (xcix, 1988)，pp. 131-156; C. M. Lewis and A.J. Loomie, eds, *The Spanish Jesuit Mission in Virginia, 1570-72* (Chapel Hill, 1953)
52. R. Blackburn, *The Making of New World Slavery from the Baroque to the Modern, 1492-1800* (London, 1997), pp. 225-58; M. Sobel, *The World They Made Together* (Princeton, 1987); I. Berlin, *Many Thousands Gone: the First Two Centuries of Slavery in Colonial America* (Cambridge, 1998); P. D. Morgan, *Slave Counterpoint: Black Culture in the Eighteenth-Century Chesapeake and Low Country* (Chapel Hill, 1998).
53. R. Price, *Maroon Societies: Rebel Slave*

Communities in the Americas (Garden City, 1973), p. 152.

54. A. J. Russell-Wood, *The Black Man in Slavery and Freedom in Colonial Brazil* (London, 1982), p. 1.
55. G. Heuman, 'British West Indies', in W. R. Louis et al., eds, *The Oxford History of the British Empire* (Oxford, 1999), vol. 3, p. 472. 最為詳盡的數字見D. Eltis, 'Atlantic History in Global perspective', *Itinerio*, 23, (1999), no. 2, pp. 141-161, at pp. 151-2.
56. J. Thornton, *Africa and the Africans in the Making of the Atlantic World, 1400-1680* (Cambridge, 1992).
57. Durand, of Dauphiné, *A Frenchman in Virginia, Being the Memoirs of a Huguenot Refugee in 1686*, ed. F. Harrison, (n.p., 1923), p. 95.
58. Blackburn，註52所引書，p. 259.
59. 註54所引書，p. 4; K. M. de Queiros Mattoso, *To Be a Slave in Brazil, 1550-1880* (New Brunswick, NJ, 1986), pp. 96-9.
60. J. Benci, *Economia cristiana dos senhores no governo dos escravos*, ed. S. Leite (Porto, 1954), p. 100.
61. C. R. Boxer, *The Golden Age of Brazil* (Berkley & Los Angeles, 1962), p. 1.
62. 同上，p. 174.
63. A. Bewell, ed., Slavery, *Abolition and Emancipation: Writings in the British Romantic Period, vii, Medicine and the West Indian Slave Trade* (London, 1999), p. 288.
64. 有關近期的證據可參考J. Inikori and S. Engerman eds, *The Atlantic Slave Trade: Effects on Economics, Society and Peoples in Africa, the Americas and Europe* (Durham, 1997).
65. H. Thomas, *The Slave Trade: the History of the Atlantic Slave Trade, 1440-1870* (London, 1997), p. 719.
66. P. Hogg, *Slavery: the Afro-American Experience* (New York, 1979), pp. 20-30.
67. R. Bastide, *African Civilizations in the New World* (New York, 1971), p. 52.
68. M. L. Conniff and T.J. Davis eds, *Africans in the Americas: a History of the Black Diaspora* (New York, 1994), p. 98.
69. D. Freitas, *Palmares, a guerra dos escravos* (Rio de Janeiro, 1982), p.103.
70. Queiros Mattoso，註59所引書，p. 32.
71. 同上，p. 128.
72. 註67所引書，p. 92.
73. 同上，p. 53.
74. A. Metraux, *Haiti: Black Peasants and their Religion* (London, 1960); Bastide, 註67所引書，p. 72; R. Bastide, *The African Religions of Brazil* (Baltimore, 1978).
75. P. Emmer, 'European Expansion and Unfree Labour: an Introduction', *Itinerario*, 11(1997), p. 9-14.
76. 同註65，p. 44. 按農莊主人的觀點，在得不到更好的勞工資源的情況下，役使奴隸是合乎經濟原則的，R. W. Fogel and S. Engerman, *Time on the Cross: the Economics of Negro Slavery* (London, 1974) 中舉的範例，尤其是58-106、158-92頁，已有大幅修改，僅密西西比河流域的部分例外，兩位作者的多數統計數字來自這個地區。
77. 同上，pp. 616, 683.
78. 同上，p. 776.
79. 同上，p. 72, 113.
80. P. J. Kiston, ed., *Theories of Race* (London, 1999), p. 4.
81. J. Thornton, *Africa and the Africans in the Making of the Atlantic World, 1400-1680* (1992), esp. pp. 129-205.
82. 同註65，p. 466.
83. P. J. Kitson, D. Lee et al., eds, *Slavery, Abolition and Emancipation: Writings in the Britsh Romantic Period* (London, 1999), vol. 1, pp. 343-64; vol. 2, pp. 3-36; vol. 4, pp. 126-57; vol. 6, pp. 66-7.
84. D. Northrup, 'Migration: africa, Asia, the Pacific', 見註55所引書，vol. 3, pp. 88-100.
85. J. Green, *Peripheries and Center* (Athens, Ga., 1986), pp. 166-7.
86. D. W. Meinig, *The Shaping of America, Vol.1: Atlantic America, 1492-1800* (New Haven, 1986).
87. G. R. Stewart, *Names on the Land: a Historical*

Account of Place-Naming in the United States (New York 1945).

88. V. Fraser, *The Architecture of Conquest: Building in the Viceroyalty of Peru, 1535-1635*(Cambridge, 1990).
89. A. W. Crosby, *The Columbian Exchange: Biological and Cultural Consequences of 1492* (Westport, Conn., 1972)
90. J. Lockhart and E. Otte, *Letters and People of the Spanish Indies: Sixteenth Century* (Cambridge, 1976).
91. G. Baudot, *Utopie et histoire an Mexique: les premiers chroniqueurs de la civilisation mexicaine, 1520-69* (Toulouse, 1979); J. L. Phelan, *The Millennial Kingdom of the Franciscans in the New World: a Study of the Writings of Geronimo de Mendieta* (Berkeley & Los Angeles, 1970).

❖第十七章

1. M. Pachter and F. Wein eds, *Abroad in America: Visitors to the New Nation* (Reading, Mass. & London, 1976).
2. W. A. Hinds, *American Communities and Co-operative Colonies* (New York, 1967); D. D. Egbert, *Socialism and American Art* (New York, 1967); A. E. Bestor, *Backwoods Utopias: the Sectarianism and Owenite Phases of Communitarian Socialism in America, 1663-1829* (Phialdelphia, 1950), especially pp. 36, 59, 94-132.
3. T. Hall, *The Spiritualists* (London, 1962).
4. J. Bryce, *The American Commonwealth* (London, 1888), vol. 3, pp. 357-63.
5. J. Hasse, ed., *Ragtime: its History, Composers and Music* (London, 1985), pp. 29-32, 80-2.
6. M. Kimmelman, 'A Century of Art: Just How American Was it?', *The New York Times* (April 8, 1999), 感謝Claudio Véliz提供剪報。
7. R. B. Perry, *The Thought and Character of William James* (London, 1948), p. 621.
8. G. Wilson Allen, *William James: a Biography* (London, 1967), p. 417.
9. F. Boas, *The Mind of Primitive Man* (New York, 1913), p. 113.
10. G. Stocking ed., *The Shaping of American Anthropology, 1883-1911: a Frank Boas Reader* (New York, 1998); E. E. Evans-Prichard, *Theories of Primitive Religion* (Oxford, 1965), p. 35; F. Fernández-Armesto, *Truth: a History* (London, 1998), p. 24.
11. L. P. Paine, *Ships of the World* (Boston, 1997), pp. 460-1.
12. P. Butel, *Histoire de l'atlantique de l'antiquite a nos jours* (Paris, 1997), p. 253.
13. F. Fernández-Armesto, *Millennium: A History of Our Last Thousand Years* (New York, 1995), pp. 394-422; M. Eksteins, *Rites of Spring* (London, 1990), pp. 326-62. 感謝Jim Cochrane推薦此書。
14. 同註12，p. 280.
15. D. Kennedy, *Freedom from Fear* (New York, 1999), pp. 277-9, 378, 392.
16. 同上，pp. 363-80.
17. J. Patterson在*Grand Expectations* (Oxford, 1998)一書中所創的名詞。
18. M. Glenny, *The Balkans: Nationalism, War and the Great Powers* (London, 1999), p. 657.
19. W. T. Jeans, *The Creaters of the Age of Steel* (London, 1884), p. 10.
20. L. T. C. Rolt, *Isambard Kingdorn Brunel* (1957), pp. 185-6.
21. S. Smiles, *Industrial Biography: Iron-Workers and Tool-Markers* (Boston, 1864), p. 400.
22. 同註19，p. 38.
23. J. Benet and C. Martí, *Barcelona a mitjan segle XIX* (Barcelona, 1976), vol. 1, p.67.
24. R. Porter, *London: a Social History* (London, 1984); G. Doré and B. Jerrold, *London: a Pilgrimage* (London, 1842); J. Burnett, *A Social History of Housing, 1815-1970* (London, 1978), pp. 142-4.
25. J. M. Mackenzie, 'The Popular Culture of Empire in Britain', in W. R. Louis, ed., *The Oxford History of the British Empire* (Oxford, 1999), pp. 212-31.
26. 這是樂觀派著述者或是不由自主陷入悲觀者

表現得最顯著的，例如J. Roberts, *Twentieth Century* (London, 1999), pp. 575-82, 838-9; M. Gilbert, *Challenge to Civilization: a History of the Twentieth Century, 1952-1999* (London, 1999), pp. 908-32.

27. Gilbert, 同註26所引書，p. 932.
28. K. Thomas, *Man and the Natural World: Changing Attitudes in England, 1500-1800* (London, 1983).
29. R. Aubert, ed., *Dictionaire d'histoire et de geographie ecclesiastiques* (Paris, 1988).
30. S. Pinker, *The Language Instinct: the New Science of Language and Mind* (London, 1994), pp. 335-42.
31. H. W. Janson, *Apes and Ape Lore in the Middle Ages and Renaissanc* (New York, 1952), p. 352.
32. Laurie Garret, 'The Return of Infectious Disease', *Foreign Affairs*, Jan./Feb. 1996, pp. 66-79; *The Coming Plague: Newly Emerging Diseases in a World Out of Balance* (New York, 1994), pp. 411-56, 618-19.
33. P. Kennedy, *Preparing for the Twenty-First Century* (New York, 1993), p. 44-6; A. Sen, *Food, Economics and Entitlement* (Helsinki, 1987); *Hunger and Public Action* (Oxford, 1989); P. R. & A. E. Ehrlich, *The Population Explosion* (New York, 1991); *The Stork and the Plow: the Equity Answer to the Human Dilemma* (New York, 1995)
34. L. Brown, *Who Will Feed China? Wake-up Call for a Small Planet* (New York, 1995).
35. J. E. Hardoy and D. Satterthwaite, eds, *Small and Intermediate Centers: Their Role in Regional and National Development in the Third World* (Boulder, Co., 1986).
36. S. Huntington, *The Clash of Civilizations and the Remaking of World* (Boulder, Co,. 1986), p. 302.
37. O. Tunander, P. Baev and V. I. Einagel, eds, *Geopolitics in Post-Wall Europe: Security, Territory and Identity* (London, 1997).
38. 這是A. Tofflex在*Future Shock* (London, 1970) 一書中所創的用語。
39. F. Fernández-Armesto, *Religion* (London, 1998), pp. 30-1.
40. S. Winchester, *The Pacific* (London, 1992), p. 446; F. Fernández-Armesto, 註13所引書，pp. 631-720.
41. J. M. Roberts, *The Triumph of the West* (London, 1985).
42. D. Held, A. McGrew, D. Goldblatt, J. Perraton, *Global Transformations: Politics, Economics and Culture* (Cambridgee, 1999), pp. 2, 15. 本書是當代辯論全球化之本質及進展的必備詳盡指南。
43. 同上，pp. 149-235.
44. 同上，pp. 283-326.
45. M. Albrow, *The Global Age* (Cambridge, 1996), p. 85.
46. 同註42 ，pp. 124-48.
47. 同上，pp. 242-82.
48. S. Roic, 'La Globalisation dans sa poche', *PEN International*, xlix (1999), no. 2, pp. 48-50.
49. M. Geyer and C. Bright, 'World History in a global Age' *American Historical Review*, c (1995); R. Burbach, ed., *Globalization and Its Discontents* (London, 1997).
50. F. Fernández-Armesto, 同註13所引書，pp. 603-29.
51. J. Friedmann, 'Global System, globalization and the Parameters of Modernity', in M. Featherstone, S. Lash and R. Robertson, eds, *Global Modernities* (London, 1995)，pp. 69-90. 感謝Heide Gerstenberger推薦此書。
52. *Derek Jarman's Garden* (London, 1995).
53. R. D. Moury, *Worlds Within Worlds: the Richard Rosenblaum Collection of Chinese Scholars' Rocks* (Cambridge, Mass., 1997).

左岸歷史 227

文明的力量

人與自然的創意關係

CIVILIZATIONS

作　　者　菲立普・費南德茲－阿梅斯托（Felipe Fernández-Armesto）
譯　　者　薛絢
總 編 輯　黃秀如
責任編輯　林巧玲
協力編輯　劉佳奇

社　　長　郭重興
發行人暨出版總監　曾大福
出　　版　左岸文化／遠足文化事業有限公司
發　　行　遠足文化事業有限公司
231新北市新店區民權路108-2號9樓
電話：（02）2218-1417　傳真：（02）2218-8057
客服專線：0800-221-029　E-Mail：service@bookrep.com.tw
左岸臉書　facebook.com/RiveGauchePublishingHouse
法律顧問　華洋法律事務所　蘇文生律師
印　　刷　成陽印刷股份有限公司
二版一刷　2015年9月
二版三刷　2019年10月
定　　價　600元

ISBN　978-986-5727-26-0

文明的力量：人與自然的創意關係／
菲立普・費南德茲－阿梅斯托（Felipe Fernandez-Armesto）著；薛絢譯
.－二版.－新北市：左岸文化出版：遠足文化發行，2015.09
面；　公分.－（左岸歷史；227）
譯自：Civilizations : culture, ambition, and the transformation of nature
ISBN 978-986-5727-26-0（平裝）
1.文化史 2.自然環境 3.人類自然史
713　　104016163